I0288972

www.ingramcontent.com/pod-product-compliance
Lightning Source LLC
Chambersburg PA
CBHW080537230426
43663CB00015B/2625
9786009530212

بسم الله الرحمن الرحیم

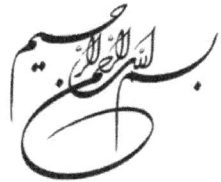

ناهید عبقری

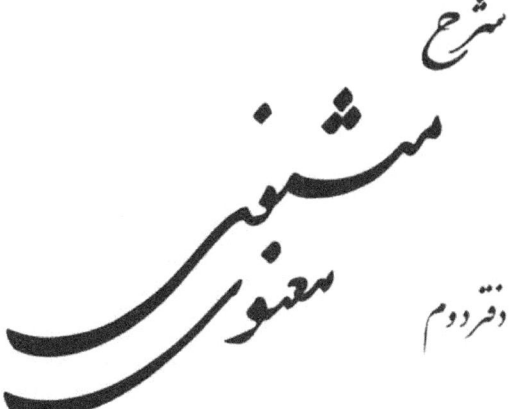

شرح
مثنوی
معنوی
دفتر دوم

با نگاهی تطبیقی به مبانی عرفان نظری

سرشناسه : عبقری، ناهید، ۱۳۳۱ -
عنوان قراردادی : مثنوی. شرح
عنوان و نام پدیدار : شرح مثنوی معنوی (با نگاهی تطبیقی به مبانی عرفان نظری) /ناهید عبقری.
مشخصات نشر : مشهد: بانگ نی، ۱۳۹۴ -
مشخصات ظاهری : ج.
شابک : دوره 978-600-95302-6-7 ؛ 978-600-95302-1-2: ج. ۲ ؛
وضعیت فهرست‌نویسی : فیپا
موضوع : مولوی، جلال‌الدین محمد بن محمد، ۶۰۴ - ۶۷۲ ق. مثنوی -- نقد و تفسیر
موضوع : شعر فارسی -- قرن ۷ ق. -- تاریخ و نقد
شناسه افزوده : مولوی، جلال‌الدین محمد بن محمد، ۶۰۴ - ۶۷۲ ق. مثنوی. شرح
رده‌بندی کنگره : ۱۳۹۴ ۴ش ۲۶ ع/۵۳۰۱ PIR
رده‌بندی دیویی : ۸فا۱/۳۱
شماره کتابشناسی ملی : ۴۱۰۶۸۲۸

نام کتاب : شرح مثنوی معنوی (با نگاهی تطبیقی به مبانی عرفان نظری) دفتر دوم
نویسنده : ناهید عبقری
ویراستار : عفت‌السّادات شهیدی
ویراستار : زهرا رحمانی
ویراستار : نسیم نیک‌پور
حروف‌چینی و صفحه‌آرایی : اسد احمدی
طراح جلد : نسیم نیک‌پور
چاپ : دقت
نوبت چاپ : اول / ۱۳۹۵
شمارگان : ۲۰۰۰
شابک : ۹۷۸-۶۰۰-۹۵۳۰۲-۱-۲
شابک دوره : ۹۷۸-۶۰۰-۹۵۳۰۲-۶-۷
تعداد صفحات : ۵۶۸ صفحه وزیری
بها : ۵۱۰۰۰ تومان (دورهٔ ۶ جلدی: ۳۵۰۰۰۰ تومان)
ناشر : بانگ نی e-mail : info@bangeney.ir

مرکز پخش: انتشارات بانگ نی، مشهد، هنرستان ۵، پلاک ۲۴، تلفن ۳۸۶۷۳۳۱۳ ۰۵۱ تلفکس ۳۸۶۷۳۱۲۹ ۰۵۱
سایت: bangeney.ir کانال در تلگرام: bangeney@ ارتباط با ما در تلگرام: bangeney2@

فهرست اجمالی حکایات و قصص و مطالب
دفتر دوم

عنوان	شماره بیت
هلال پنداشتن آن شخص خیال را در عهد عمر رضی الله عنه	۱۱۳
دزدیدن مارگیر ماری را از مارگیری دیگر	۱۳۶
التماس کردن همراه عیسی(ع) زنده کردن استخوان‌ها...	۱۴۲
اندرز کردن صوفی خادم را در تیمارداشت بهیمه و لاحول خادم	۱۵۷
حکایتِ مشورت کردن خدای تعالیٰ با فرشتگان در ایجاد خلق	۱۷۲
بسته شدنِ تقریر معنیِ حکایت به سببِ میل مستمع به استماعِ ظاهر...	۱۹۴
یافتن شاه باز را به خانهٔ کمپیرزن	۳۲۴
حلوا خریدن شیخ احمد خِضْرُویَه جهت غریمان...	۳۷۸
ترسانیدن شخصی زاهدی را که کم گِری تا کور نشوی	۴۴۷
خاریدن روستایی در تاریکی شیر را به ظنِّ آنکه گاو است	۵۰۵
تعریف کردن منادیان قاضی مفلس را گرد شهر	۵۸۷
مَثَل	۷۴۱
ملامت کردنِ مردم شخصی را که مادرش را کشت به تهمت	۷۷۸
امتحان پادشاه به آن دو غلام که نو خریده بود	۸۴۵
حسد کردن حشم بر غلام خاص	۱۰۴۹
کلوخ انداختن تشنه از سر دیوار در جویِ آب	۱۱۹۵
آمدنِ دوستان به بیمارستان جهت پرسش ذوالنوّن مصری رحمة الله علیه	۱۳۸۹
امتحان کردن خواجهٔ لقمان زیرکی لقمان را	۱۴۶۵
عکس تعظیم پیغامِ سلیمان در دلِ بلقیس...	۱۶۰۴
انکار فلسفی بر قرائتِ «إنْ أَصْبَحَ ماؤُكُمْ غوْراً»	۱۶۳۶
انکار کردن موسیٰ، علیه السّلام، بر مناجات شُبان	۱۷۲۲

پرسیدن موسیٰ(ع) از حقّ سِرِّ غلبهٔ ظالمان را	۱۸۱۸
رنجانیدن امیری خفته‌یی را که مار در دهانش رفته بود	۱۸۸۰
اعتماد کردن بر تملّق و وفای خرس	۱۹۳۴
گفتن نابینای سائل که دو کوری دارم	۱۹۹۴
گفتن موسیٰ(ع) گوساله‌پرست را که آن خیال‌اندیشی و حزم تو کجاست؟	۲۰۳۷
تملّق کردن دیوانه جالینوس را و ترسیدن جالینوس	۲۰۹۶
سبب پریدن و چریدن مرغی با مرغی که جنسِ او نبود	۲۱۰۴
رفتن مصطفی علیه السَّلام به عیادت صحابی و بیان فایدهٔ عیادت	۲۱۴۳
وحی کردن حق تعالیٰ به موسیٰ(ع) که چرا به عیادت من نیامدی؟	۲۱۵۸
تنها کردنِ باغبان صوفی و فقیه و عَلَوی را از همدیگر	۲۱۶۹
گفتنِ شیخی ابویزید را که کعبه منم، گرد من طوافی می‌کن	۲۲۲۱
حکایت	۲۲۳۰
دانستن پیغامبر علیه السَّلام که سبب رنجوری آن شخص گستاخی بوده است در دعا	۲۲۵۵
عذر گفتن دلقک با سیّد اجلّ که چرا فاحشه را نکاح کرد	۲۳۳۸
به حیلت در سخن آوردن سائل آن بزرگ را که خود را دیوانه ساخته بود	۲۳۴۳
حمله بردن سگ بر گورگدا	۲۳۵۹
خواندنِ محتسب مستِ خراب افتاده را به زندان	۲۳۹۲
بیدار کردن ابلیس معاویه را که خیز وقت نماز است	۲۶۱۱
شکایت قاضی از آفتِ قضا و جواب گفتن نایب او را	۲۷۵۲
فضیلت حسرت خوردنِ آن مخلص بر فوت نماز جماعت	۲۷۷۹
فوت شدن دزد به آوازِ آن شخص صاحبْ‌خانه را	۲۸۰۳
قصّهٔ منافقان و مسجدِ ضِرار ساختن ایشان	۲۸۳۳
قصّهٔ آن شخص که اشتر ضالّهٔ خود می‌جُست و می‌پرسید	۲۹۱۹
مترّدد شدن در میان مذهب‌های مخالف و بیرون‌شو و مَخلص یافتن	۲۹۳۱
امتحان هر چیز تا ظاهر شود خیر و شرّی که در وی هست	۲۹۵۵
حکایتِ هندوی که با یار خود جنگ می‌کرد بر کاری و خبر نداشت که او هم...	۳۰۳۵
قصد کردن غُزان به کشتنِ یک مردی تا آن دگر بترسد	۳۰۵۴
بیان حال خودپرستان و ناشکران در نعمت وجود انبیا و اولیا علیهم السَّلام	۳۰۶۷
شکایت گفتنِ پیرمردی به طبیب از رنجوری‌ها	۳۰۹۶
قصّهٔ جوحی و آن کودک که پیشِ جنازهٔ پدر خویش نوحه می‌کرد	۳۱۲۴
ترسیدنِ کودک از آن شخص صاحب جثّه	۳۱۶۳

قصّهٔ تیراندازی و ترسیدن او از سواری که در بیشه می‌رفت	۳۱۷۱
قصّهٔ اعرابی و ریگ در جُوال کردن و ملامت آن فیلسوف او را	۳۱۸۴
کرامات ابراهیم اَدْهَم قدَّس الله سِرَّه بر لب دریا	۳۲۱۸
آغاز منوّر شدن عارف به نور غیب‌بین	۳۲۴۸
طعن زدن بیگانه در شیخ و جواب گفتن مریدِ شیخ او را	۳۳۱۱
دعوی کردن آن شخص که خدای تعالیٰ مرا نمی‌گیرد به گناه و...	۳۳۷۶
گفتن عایشه رضی الله عنها مصطفی را علیه السَّلام که تو بی مصلّیٰ...	۳۴۳۶
کشیدن موش مهار شتر را و معجب شدن موش در خود	۳۴۴۸
کراماتِ آن درویش که در کشتیْ متَّهمش کردند	۳۴۹۰
تشنیعِ صوفیان بر آن صوفی که پیشِ شیخ بسیار می‌گوید	۳۵۱۸
بیانِ دعوی که عین آن دعوی گواهِ صدق خویش است	۳۵۸۵
سجده کردنِ یحییٰ(ع) در شکم مادر مسیح را(ع)	۳۶۱۴
سخن گفتن به زبان حال و فهم کردن آن	۳۶۳۷
پذیرا آمدن سخن باطل در دل باطلان	۳۶۴۸
جُستن آن درخت که هر که میوهٔ آن درخت خورَد نمیرد	۳۶۵۳
منازعت چهار کس جهتِ انگور که هر یکی به نامِ دیگر فهم کرده بود آن را	۳۶۹۳
برخاستن مخالفت و عداوت از میان انصار به برکاتِ رسول علیه السَّلام	۳۷۲۵
قصّهٔ بطّ‌بچگان که مرغ خانگی پروردشان	۳۷۷۸
حیران شدن حاجیان در کرامات آن زاهد که در بادیه تنهاش یافتند	۳۸۰۰

بیان سبب تأخیر افتادن انشای این نیمهٔ دوم از کتاب مثنوی نَفعَ الله به قلوبَ العارفین و بیان شروع بعد از فتور و شروع وحی بر آدم بعد از فتور و انقطاع وحی به سبب زَلَّت او و سبب فتور هر صاحب حالتی و سبب زوال آن فتور به شرح صدور والله اعلم بالصّواب.

دیباچه

بسم الله الرّحمن الرّحیم

بیان بعضی از حکمت تأخیر این مجلّد دوم که اگر جمله حکمت الهی بنده را معلوم شود، در فواید آن کار، بنده از آن کار فرو مانَد و حکمت بی‌پایان حق ادراک او را ویران کند، بدان کار نپردازد؛ پس حق تعالی شمّه‌ای از آن حکمت بی‌پایان مهار بینی او سازد و او را بدان کار کشد، که اگر او را از آن فایده هیچ خبر نکند هیچ نجنبد؛ زیرا جنباننده از بهره‌های آدمیانست که از بهر آن مصلحت کنیم، و اگر حکمت آن بر وی فرو ریزد، هم نتواند جنبیدن. چنان‌که اگر در بینی اشتر مهار نَبُوَد، نرود و اگر مهار بزرگ بُوَد هم فرو خسپد. **وَ إنْ مِنْ شَیْءٍ إلاّ عِنْدَنَا خَزَآئِنُهُ وَ مَا نُنَزِّلُهُ إلاّ بِقَدَرٍ مَعْلُومٍ.**[1] خاک بی‌آب کلوخ نشود، و چون آب بسیار باشد هم کلوخ

---

۱ - قرآن کریم، حجر: ۲۱/۱۵: خزائن و گنجینه‌های همه چیز نزد ماست؛ ولی ما جز به اندازهٔ معیّن آن را نازل نمی‌کنیم.
جمیع ممکنات مقدور خداوند و مملوک وی‌اند و او هرگونه که بخواهد مخلوق را از عدم به وجود می‌آورد.

نشود، وَٱلسَّمَآءَ رفَعَهَا وَ وَضَعَ ٱلْمِيزَان،[1] به میزان دهد هر چیزی را نه بی‌حساب و بی‌میزان، الاّ کسانی را که از عالم خلق مبدَّل شده‌اند وَ يَرْزُقُ مَنْ يَشَآءُ بِغَيْرِ حِسَابٍ[2] شده‌اند وَ مَنْ لَمْ يَذُقْ لَمْ يَدْرِ.[3]

پرسید یکی که عاشقی چیست؟ گفتم که چو ما شوی بدانی

عشق محبّت بی‌حسابست، جهت آن گفته‌اند که صفت حقّ است به حقیقت و نسبت او به بنده مجازست. يُحِبُّهمْ تمامست، يُحِبُّونَهُ کدامست.؟[4]

---

۱ - قرآن کریم، الرّحمن: ۷/۵۵: آسمان را برافراشت و میزان و معیار مقرّر داشت.

مراد از میزان هر آن چیزی است که حقایق اشیا و اندازهٔ آن‌ها با آن معلوم می‌شود، چه مادّی باشد مانند: پیمانه و ترازو، چه معنوی مانند: وحی، بداهت، عقل و فطرت. هر قانون تکوینی و هر دستور تشریعی «میزان» می‌گردد؛ زیرا همه وسیله‌ای برای سنجش‌اند.

۲ - قرآن کریم، بقره: ۲۱۲/۲: خداوند هرکس را که بخواهد روزی بی‌حساب می‌دهد. همچنین آل‌عمران: ۳۷/۳ و نور: ۳۸/۲۴.

۳ - مَنْ لَمْ يَذُقْ لَمْ يَدْرِ. هرکس نچشیده باشد، نمی‌داند. (مثل عربی)

۴ - اشارتی قرآنی، مائده: ۵۴/۵: يا ايُّهَا ٱلَّذينَ آمَنُوا مَنْ يَرْتَدَّ مِنْكُمْ عَنْ دينِهِ فَسَوْفَ يَأْتي ٱللهُ بِقَوْمٍ يُحِبُّهُمْ وَ يُحِبُّونَهُ. ای کسانی که ایمان آورده‌اید، هرکس از شما که از دین خود مرتد شود، حق تعالی [به جای شما] یقیناً قومی را خواهد آورد که او آنان را دوست می‌دارد و آنان او را دوست می‌دارند. (يُحِبُّهُمْ وَ يُحِبُّونَهُ)

مجلّد دوم از مثنوی

مــدّتی ایــن مــثنوی تأخـیر شـد ــــ مهلتی بایست تـا خـون شـیر شـد ۱

مدّتی نظم مثنوی به تأخیر افتاد. فرصتی لازم بود تا خون بـه شـیر مـبدّل گـردد؛ یـعنی جوشش و جریان چشمه‌های الهام، زلال و صافی شود و چونان گذشته از هر آلایش پاک گردد.

دفتر دوم در سال ۶۶۲ هـ.ق، آغاز گردید، دفتر اوّل دو سال قبل از آن به پایان رسیده بود. مولانا علّت این فترت دوساله را در ابیات پایانی دفتر اوّل «سخت خاک‌آلود می‌آید سخن» بیان کرده است. افلاکی سبب آن را وفات همسر حُسام‌الدّین قید می‌کند.

حقیقت آنکه مسلماً اندوهی که خاطر حُسام‌الدّیـن را رنـجه سـاخت و او را بـه احـوال درونی خویش مشغول داشت در این فترت تأثیرات فراوان داشته است؛ زیرا مـولانا بـرای نظم کلمات، خواستار آهنگ درونی او بود و جاذب شیر معانی از پستان حقایق در آن زمان، همو بود که به حال درون اشتغال داشت.

مقارن با آغاز دفتر دوم حُسام‌الدّین به خلافت و شیخی مولانا منصوب شد و احـتمال است که در این دوران نیازمند تحوّلات درونی یا تولّدی دیگر بوده است.

تــا نــزایــد بـختِ تـو فـرزندِ نـو ــــ خون نگردد شیرِ شیرین خوش شنو ۲

تا بخت و اقبال دیگری مجدداً نصیبت نگردد، ادراکات و الهام ربّانی که در اثر تماس با اندیشه‌های دنیوی آلایش یافته و آلوده گشته است، صافی و زلال نمی‌گردد.

چون ضیاءُالحق[1] حُسامالدّین، عِنان　　بازگردانید ز اوج آسمان ۳

چون ضیاءالحق حُسامالدّین، عِنان همّت را از اوج آسمان باز گردانید،

چون به معراجِ حقایق رفته بود　　بی‌بهارش غنچه‌ها ناکفته بود ۴

او به معراج روحانی رفته و گویی از خود ربوده گشته بود و بی وجودش که چونان بهار، زنده‌کننده است، غنچه‌های اسرار و معانی در ضمیر ما شکفته نمی‌شد.

چون ز دریا سویِ ساحِل بازگشت　　چنگِ شعرِ مثنوی با ساز گشت ۵

اینک که از دریای حقایق به ساحل بازگشته است (از محو به صحو و هوشیاری)، نظم مثنوی که بسان چنگی خوش‌آهنگ است، پس از دو سال باز به ترنّم آمد.

مثنوی که صیقلِ ارواح بود　　بازگشتش روزِ اِستفتاح[2] بود ۶

نظم ابیات مثنوی که صیقلی دهنده روح انسان‌ها بود و انفاس آنان را از زنگار غفلت‌ها پاک و منوّر می‌ساخت، تقریر مجدّدش در روز استفتاح بود. روزی که طلب گشایش کردیم و ابواب غیب به عنایت باز گردید و فتوح خاصّ و عام فرارسید.

مَطلعِ تاریخ این سودا و سود　　سال اندر ششصد و شصت و دو بود ۷

تاریخ آغاز دوباره تقریر مثنوی که چیزی جز جوشش و جریان چشمه‌های الهام ربّانی از درون مولانا و جذب و کشش و طلبِ حُسامالدّین نبود (سودا و سودی روحانی و معنوی)، در سال ششصد و شصت و دو هجری قمری بود.

بلبلی زینجا برفت و بازگشت　　بهرِ صیدِ این معانی بازگشت ۸

حُسامالدّین که هزاردستان گلبوتهٔ عطرآگین بوستان و گلستان روحانی درون ما به شمار می‌آید، مدّتی در عین آنکه وجود جسمانیش در کنار ما بود، به معراج حقایق رفت و در بازگشت به بازی شکاری بدل شد. بازگشت او از اوج استغراق برای شکار و جذب این معانی شگرف بود.

---

۱ - **ضیاءُالحق** : نور حق، لقب حُسامالدّین چلبی.

۲ - **استفتاح** : در لفظ به معنی گشایش طلبیدن و نصرت خواستن است. بنا بر مشهور روز استفتاح را مسلمانان پانزدهم رجب می‌دانند و دعای امّ داوود را در آن روز می‌خوانند؛ امّا قدر مسلّم، با سازگشتن مجدّد چنگ شعر مثنوی در ارتباط مستقیم با احوال روحی و درونی حُسامالدّین بوده است؛ بنابراین احتمال می‌رود که بازگشت ضیاءالحق از معراج حقایق روز استفتاح بوده است و اگر جز این باشد، مولانا بنا بر سیاق کلام عارفانهٔ خود روز عنان بازگردانیدن حُسامالدّین را از اوج آسمان، روز استفتاح خوانده است.

ساعدِ شه مسکنِ این باز باد تا ابد بر خلق این دَرْ باز باد ۹

امید که جایگاه این باز بلندپرواز همواره بازوی شاه وجود باشد (همیشه جزو مقرّبان درگه حق تعالیٰ باشد) و از طریقِ او درِ معانی تا ابد بر روی خلق گشوده بادا.

آفتِ این در، هوا و شهوت است ورنه اینجا شربت اندر شربت است ۱۰

درِ بارگاه حقایق و معانی همواره به روی همگان گشوده است. آفت و علّت بسته شدن آن چیزی جز پیروی از هوا و هوس و شهوات نیست و گرنه اینجا جرعه در جرعه شربت وصل است.

این دهان بربند تا بینی عیان چشمْبندِ آن جهان حلق و دهان ۱۱

این دهان را از پرخواری و زیاده‌خواهی و یاوه‌گویی ببند تا آشکارا ببینی پرده‌ای که تو را از شهود حقایق باز می‌دارد، حلق و دهان است.

ای دهان! تو خودْ دهانهٔ دوزخی وی جهان! تو بر مثالِ برزخی[1] ۱۲

ای دهان، تو بسان دهانهٔ دوزخ محلّ ورود به عذاب و درد و رنجی. تو همانند دوزخ زیاده‌خواه و سیری‌ناپذیری. ای جهان، حقیقت تو مانند برزخ است؛ یعنی وجودت حایلی است میان هستی و نیستی [سُعدا محلّ ظهور و تجلّی نور حق‌اند و اشقیا مظهر آتش نفس‌اند].

نورِ باقی پهلویِ دنیایِ دون شیرِ صافی پهلویِ جوهایِ خون ۱۳

در این برزخ، نورِ حق در جوار عالم مادّی است. شیر صافی که کنایه از پاکی است، در کنار جوی خون که کنایه از ناپاکی است، قرار دارد. در اینجا شیر و خون نمادی است از نور و ظلمت درون آدمی.

چون در او گامی زنی بی‌احتیاط شیرِ تو خون می‌شود از اختلاط ۱۴

اگر با بی‌احتیاطی گامی برداری و به کارهای نادرست بپردازی؛ یعنی در جهت برآوردن هوا و هوس‌ها بکوشی، به ناپاکی‌ها آلوده می‌شوی.

یک قدم زد آدم[2] اندر ذوقِ نَفس شد فراقِ صدرِ جنّت طوقِ نَفس ۱۵

آدم(ع) برای برآوردن خواستهٔ نفسانی فقط یک‌گام برداشت و از چیزی که نهی شده بود خورد که موجب هبوط او از صدر جنّت گردید.

۱ - اشارتی قرآنی؛ الرّحمن: ۵۵/۲۰-۱۹؛ ر.ک: ۲۵۸۲/۱. ۲ - اشارت قرآنی: ر.ک: ۹۳۱/۱.

۱۶ **همچو دیو، از وی فرشته می‌گریخت   بهرِ نانی، چند آبِ چشمْ ریخت**

سرپیچی از اوامر و نواهی، چنان او را خوار و بی‌مقدار ساخت که فرشتگان از وی می‌گریختند که گویی شیطان است. خوردن گندم در مقامِ آدم(ع) خطایِ بزرگی بود و برایِ طلبِ مغفرت بسیار گریست.

۱۷ **گرچه یک مو بُد، گنه کو جُسته بود   لیک آن مُو در دو دیده رُسته بود**[1]

هرچند آن گناه به اندازهٔ مویی بود؛ امّا این مو گویی که در دیدگان روییده بود، یک موی بی‌قدر در دیده بسیار عظیم می‌نماید.

۱۸ **بود آدم دیدهٔ نور قدیم   موی در دیده بُوَد کوه عظیم**

آدم(ع)، انسان کامل بود و نسبت او با حق تعالیٰ چون نسبت مردمک به چشم، پس موی در دیده بود و موی در دیده کوهی عظیم می‌نماید. چنانکه گفته‌اند: حَسَناتُ ٱلْأَبرارِ سَيِّئاتُ المُقَرَّبينَ: اعمال نیک دین‌داران برای برگزیدگان و مقرّبان حق، عملی ناپسند به شمار می‌آید.

۱۹ **گر در آنْ، آدم بکردی مشورت   در پشیمانی نگفتی معذرت**

اگر در آن لحظه که حوّا(س)، او را به خوردن میوهٔ ممنوع فرا می‌خواند، آدم(ع) با حق تعالی مشورت می‌کرد، همانگونه که انسان در بسیاری از موارد خیر را از شرّ نمی‌شناسد و با خداوند مشورت می‌کند و امر را به حق می‌سپارد، دچار پشیمانی نمی‌شد. مشورت با حق تعالی، همان مشورت با عقل کلّ است که فرشتگان صورتی از آن‌اند.

۲۰ **زانکه با عقلی چو عقلی جفت شد   مانعِ بدفعلی و بدگفت شد**

زیرا مشورت سببِ تبادل افکار و اتّحاد میان دو عقل و مانع انجام اعمال ناشایست و سخنان نارواست.

۲۱ **نَفْس با نَفْسِ دگر چون یار شد   عقلِ جزوی عاطل و بی‌کار شد**

اگر نفس آدمی با نفس فردی دیگر متّحد گردد، قدرت مخرّب نفس امّاره افزون می‌شود و عقل جزوی را که به جهت ارتباط مستمر با نمودهای طبیعت، همواره آمادهٔ گمراهی است، عاطل و تباه می‌سازد.

---

۱ - ابن عربی می‌گوید: نسبت انسان کامل با حق چون نسبت مردمک چشم است با چشم و نظر بدو حاصل است و مقصود اصلی از چشم انسان عین است: ر.ک: ۱۰۰۹/۱.

چون ز تنهایی تو نومیدی شوی   زیرِ سایهٔ یار، خورشیدی[1] شوی ۲۲

چون از تنهایی ناامید شدی و در امور دنیوی و معنوی نیازمند راهنمایی صالح و کامل بودی، نزد یاری برو که درونی تابناک دارد. محضر تربیت او را دریاب و در زیر سایهٔ هدایت وی بیاسای.

رو، بجو یارِ خدایی را تو زود   چون چنان کردی، خدا یارِ تو بود ۲۳

شتاب کن تا ولیِّ حق و انسانِ کاملِ مکمل را بیابی و زیر چتر همّت او قرار گیری، چون چنین کردی، خداوند یار و یاور توست.

آنکه در خلوت[2] نظر بر دوخته‌ست   آخر آن را هم ز یار آموخته‌ست ۲۴

کسی که در خلوت نشسته و دیده را از ماسِوَی‌الله بردوخته است، بدان که این خلوت‌نشینی را هم از مُرشد آموخته و طبق دستورات وی بدان پرداخته است.

خلوت از اغیار باید، نه ز یار   پوستین بهرِ دِی آمد، نه بهار[3] ۲۵

مقصود از خلوت، کناره‌گیری از خلق و تفرقه و به عبارتی با حق بودن است؛ امّا ولیّ خدا و انسان کامل از اغیار نیست، او یاری راستین است.

عقل با عقلِ دگر دوتا شود   نور افزون گشت و ره پیدا شود ۲۶

عقل جزویِ خود را با عقل کاملِ استاد قرین ساز تا نور اندیشه و فکر تابناک وی، عقل و اندیشه‌ات را روشن سازد و به امداد آن راه حق را بیابی.

نَفْس با نَفْسِ دگر خندان شود   ظلمت افزون گشت و ره پنهان شود ۲۷

نفسِ ناقص در کنار نفسِ ناقصِ دیگر خشنود و شادمان می‌گردد؛ امّا این همجواری، تاریکی‌ها را افزون می‌کند و راه حق گم می‌شود.

یارْ چشم توست، ای مردِ شکار   از خس و خاشاک او را پاک دار ۲۸

همان‌گونه که مرد شکارچی برای شکار به دیده‌ای بینا نیازمند است و بدون چشم از شکار باز می‌ماند، پیر راه‌دان، دیدهٔ بینای توست، توجّه کن که بر این چشم بینا خس و خاشاک ننشیند.

---

۱ - **یار خورشیدی**: مرشد کامل، ر.ک: ۲۹۵۱/۱ و ۲۹۸۲/۱.

۲ - **خلوت**: خلوت‌نشینی و لزوم و شرایط و آداب آن، ر.ک: ۵۵۳/۱.

۳ - خلوت نشینی را به سان پوستینی به گرد خود می‌کشند برای محافظت از دم سرد هواپرستان دنیادوست، نه دم بهاری و زنده کنندهٔ مردان حق.

هین! به جاروبِ زبان گردی مکن   چشم را از خَسْ ره‌آوردی مکن ۲۹

آگاه باش که در محضرِ مردانِ حق سخنی به گزافه نگویی و با زبان خود که بسان جاروبی خس و خاشاکِ خواسته‌هایِ نَفْسانی‌ات را بیرون می‌ریزد، گرد و غباری برنیانگیزی.

چونکه مؤمن آینهٔ مؤمن بُوَد   رویِ او ز آلودگی ایمِن بُوَد ۳۰

چون مؤمن آیینهٔ مؤمن است[1]، احوال درونی خود را در آیینهٔ صافی وجودِ او ببین؛ چون او از آلایش‌ها به دور است، خس و خاشاکی را که برپا داشته‌ای، در آیینهٔ روی او دیده می‌شود.

یارْ آینه‌ست جان را در حَزَن[2]   در رخِ آینه ای جان! دم مزن ۳۱

انسان کامل، دوست حقیقی تو در اندوه هجرانی است که از مبدأ هستی داری. ای عزیز من، آگاه باش که در حضورِ او دم نزنی، کلامی گستاخانه نگویی و تا مورد خطاب قرار نگرفته‌ای، هوشیار و خاموش باشی.

تا نپوشد رویِ خود را در دمت   دم فرو خوردن بباید هر دَمَت ۳۲

برای آنکه از تو روی نگرداند، باید آداب مریدی و مرادی را به جای آوری و یکی از این آداب، سکوت و دم فرو بردن در محضر بزرگان است.

کم ز خاکی؟ چونکه خاکی یار یافت   از بهاری صد هزار اَنوار یافت ۳۳

آیا تو از خاک کمتر و بی‌قدرتری؟ خاک که در زمستان افسرده و پژمرده است، با فرا رسیدن بهارِ دل‌انگیز، روشنی و طراوت می‌یابد.

آن درختی کو شود با یار جفت   از هوایِ خوش ز سَر تا پا شکُفت ۳۴

هر درختی که قرین یار خویش، یعنی باران بهاری گردد، در آن هوای فرح‌بخش سراپا شکفته و سبز و تازه می‌شود.

در خزان چون دید او یارِ خلاف   درکشید او رُو و سَر زیرِ لحاف ۳۵

در خزان طبیعت که یارِ خلاف، یعنی سرما و باد و باران پاییزی را همراه خویش می‌یابد، در خود فرو می‌رود و از یار نامساعد پرهیز می‌کند.

---

۱ - اشاره به حدیث: ر.ک: ۳۱۶۰/۱.   ۲ - حَزَن: حزن و اندوه، زمین ناهموار.

گفت: یارِ بد بلا آشفتن است   چونکه او آمد، طریقم خفتن است ۳۶

و با زبان حال می‌گوید: یار بد، مانند بلا سبب تباهی و آشفتگی می‌شود. اینک که از راه رسیده است، باید دوری کنم و به خواب روم.

پس بخسپم، باشم از اصحابِ کهف   بِهْ زِ دقیانوس[1]، آن محبوسِ لَهف[2] ۳۷

پس با خوابیدن و دوری جُستن از مصاحب ناجنس، همانند اصحاب کهف خواهم بود که از دقیانوس گریختند و به ارادهٔ الهی به خوابی فرو رفتند که بهتر از بیداری جاهلانه بود.

یَقظه[3]شان مصروفِ دقیانوس بود   خوابشان سرمایهٔ ناموس بود ۳۸

اگر آنان بیدار می‌ماندند، دقایق عمرگران‌بهایشان در خدمت به دقیانوس و ادّعای بیهودهٔ او صرف می‌شد، در حالی که خوابِ آنان ناموس و شرفِ هستی‌شان را حفظ کرد.

خوابْ بیداری‌ست چون با دانش است   وایِ بیداری که با نادان نشست ۳۹

از دیدگاه عارف، تعریف احوالی از قبیل «خواب و بیداری»، بنا بر توجّه دل به حق مفهوم می‌یابد؛ پس خوابی که توأم با معرفتِ سالک نسبت به حقایق باشد، عین بیداری است و برعکس. وای بر آن کس که در بیداری فیزیکی است و با جاهل و غافل همکلام می‌گردد.

چونکه زاغان خیمه بر بهمن زدند   بلبلان پنهان شدند و تن زدند ۴۰

چون زاغ‌صفتان مردارخوارِ بدفعل در سرمای بهمنِ بی‌مهری‌ها، خیمه و خرگاه برافراشتند و استقرار یافتند، بلبلانِ عاشق که نغمهٔ توحید سر می‌دهند، سر به گریبان بردند و خلوت گزیدند.

---

۱ - **دقیانوس** : معرّب دسیوس، امپراتور روم در قرن سوم میلادی که سلطانی جابر و بت‌پرست بود و اصحاب کهف از ترس او به غار پناه بردند. خواجه عبدالله انصاری در باب ایشان چنین نوشته است: جبّاری متمرّد بود که با لشکر و خدم و حَشَم فراوان از پارس آمده بود و شهر اِفِسُس را دارالملک خود ساخته بود و هر کس که از دین وی برمی‌گشت او را هلاک می‌کرد، از تکبّر ادّعای خدایی کرد و اگر کسی به خدایی وی اقرار نمی‌کرد نابودیش قطعی بود، روزی به دقیانوس خبر رسید که فلان مَلک با لشکری عظیم قصد ولایت تو دارد، لرزه بر وی افتاد و هراسی عظیم، آن چنان که تاج از سر او بیفتاد و زرد روی گشت. آن روز نوبت خدمت با «یملیخا» از اصحاب کهف بود که آب بر دست وی می‌ریخت، چون «یملیخا» از خدمت ملک فارغ گشت، نوبت اجتماع یاران «اصحاب کهف» در خانهٔ وی بود، همگان بر خوان نشستند و «یملیخا» متفکّر بود و سِرّ پریشانی خود بر ایشان آشکار کرد و گفت که این مَلک ادّعای خدایی دارد و من امروز او را بر حالی دیدم که خدایان را چنان نباشد و چنین بود که یاران وی به یک‌باره آواز بر آوردند که دقیانوس خدا نیست و جز خداوندی که آفریدگار زمین و آسمان است، خدایی وجود ندارد: کشف الاسرار، ج ۵، ص ۶۴۶؛ دهخدا، با تلخیص و تصرّف.

۲ - **محبوسِ لَهف** : کسی که در حبس دریغ و درد و حسرت خوردن بر کارهای ناشایست خود باشد.

۳ - **یقظه** : در اصطلاح عارفان، بیداری از خواب غفلت به سبب معرفت و تجلّی انوار حق در قلب است.

زانکه بی‌گلزار بلبل خامُش است ‏ ‏ غیبتِ خورشید بیداری کُش است ۴۱

زیرا بلبل در غیاب گل خاموش است و در غیبتِ خورشید به خواب می‌رود.

آفتابا ! ترکِ این گُلشن کنی ‏ ‏ تا که تحت آلارض را روشن کنی ۴۲

ای آفتاب عالمتاب، این گلشن را ترک می‌کنی تا در آن سوی زمین طلوع نمایی.

آفتابِ معرفت را نقل نیست ‏ ‏ مشرقِ او غیرِ جان و عقل نیست ۴۳

آفتابی که طلوع و غروبی دارد، خورشید آسمان است؛ امّا آفتاب تابناک معرفت که تابش و اِشراق او بر مشرقِ جان و عقلِ آدمی است، از جایی به جای دیگر نمی‌رود.

خاصه خورشیدِ کمالی، کآن سری‌ست ‏ ‏ روز و شب، کردارِ او روشنْ‌گری‌ست ۴۴

به ویژه خورشیدِ کمالِ جانِ آدمی که آن جهانی و روز و شب در حال پرتوافشانی است.

مطلع شمس[1] آی، گر اسکندری ‏ ‏ بعد از آن هر جا رَوی، نیکوفری ۴۵

همان‌طور که ذوالقرنین از مغرب تا مشرق را گردش کرد (کهف: ۱۸/۹۹-۸۳) و به مَطلعِ شمس حقیقی رسید، تو نیز اگر از مغربِ نفسانیّات به مشرقِ جان و دل روی آوری، همواره شکوه و حشمتی بسزا خواهی داشت.

بعد از آن هر جا روی، مشرق شود ‏ ‏ شرق‌ها بر مغربت عاشق شود ۴۶

بعد از رسیدن به کمال، هرجا که باشی همان‌جا مشرق است؛ یعنی همانجا محلّ اشراق انوار حق به شمار می‌آید و همهٔ عارفان که به درجات گوناگونی از مراتب کمال و معرفت رسیده‌اند و وجودشان نیز به سبب آنکه محلّ اشراق انوار الهی است، خود مشرق است،

---

۱ - دربارهٔ ذوالقرنین به ذیل بیت ۵۷۸ دفتراوّل مراجعه کنید. دراین قطعه اسکندر مظهر و نمادی ازانسان کامل است. اشارتی قرآنی؛ کهف : ۹۰/۱۸ : حَتّی إِذا بَلَغَ مَطْلِعَ الشَّمْسِ وَجَدَها تَطْلُعُ عَلیٰ قَوْمٍ لَمْ نَجْعَلْ لَهُمْ مِنْ دُونِها سِتْراً. چون به محلّ طلوع خورشید رسید آن را بر مردی طالع یافت که ما میان آن‌ها و آفتاب هیچ پوششی ننهاده بودیم. در بعضی آثار نقل کرده‌اند که ذوالقرنین پس از گشودن شهرها در خاور و باختر، به قومی رسید که همه همرنگ و همسان بودند در سیرت و طریقت پسندیده و در اخلاق و اعمال شایسته بر یک‌دیگر مهربان، نه قاضی به کارشان بود و نه داور همه بر یک‌دیگر مشفق، نه در طبعشان جنگ بود و نه در کلامشان زشتی و نه در میانشان خوی ناپسند. ایشان قومی بودند که سرای خویش را نزدیکِ گورها قرار داده بودند تا پیوسته به یاد مرگ باشند و با بیرون راندن کینه و حسد و خشم و غضب از دل به موافقت و دوستی و صلاح و سداد زندگی می‌کردند: کشف الاسرار، تفسیر ادبی و عرفانی، ج ۲، ص ۲۱، با تلخیص و تصرّف.

برخی از مفسّران و دانشمندان، ذوالقرنین را با دلایل موجّهی با کوروش بزرگ پادشاه هخامنشی یکی می‌دانند.

عاشق وجودِ تو می‌گردند؛ یعنی نه تنها به روح متعالی‌ات عشق می‌ورزند؛ بلکه به قالبی که آن روح را در بر گرفته است، یعنی جسم فانی نیز مهر می‌ورزند. این پوشش مادّی چون نهان کنندهٔ انوار حق است، در این بیت، به مغرب تعبیر شده است.

حسِّ خُفّاشت سوی مغرب دوان — حِسِّ دُرپاشت[1] سوی مشرق روان[2] ۴۷

حواسّ ظاهری‌ات نشأت گرفته از طبیعت بشری‌اند و همانند خفّاشی که از نور گریزان است، به سوی ظلمت طبیعت تمایل دارند. در صورتی که حسِّ باطنی‌ات که از نور حق دوام و استمرار می‌یابد، همواره به سوی خورشید حقیقت گرایش دارد.

راهِ حس راه خران است ای سوار — ای خران را تو مُزاحم! شرم‌دار ۴۸

ای آنکه با پیروی از هوا و هوس گویی بر خر نفس امّاره سوار شده‌ای و می‌تازی، آگاه باش که این راه، راهِ حسّ ظاهری یا راهِ چهارپایان است. شرم کن و مزاحم آنان نشو.

پنج حسّی هست، جز این پنج حس — آن چو زرّ سرخ و این حس‌ها چو مِس ۴۹

به غیر از پنج حسّ ظاهری، پنج حسّ درونی نیز هست. اگر حواسّ باطنی را همانند زرّ سرخ بدانیم، در مقایسه با آن، حواسّ ظاهری، مانند مس بی‌قدر است.

اندر آن بازار[3] کاهلِ محشرند — حسِّ مس را چون حسِ زرکی خرند؟ ۵۰

در جایگاهِ اهل معنا، حواسّ ظاهری و درکِ ناشی از آن اعتبار و قدری ندارد.

حسِّ ابدان قُوتِ ظلمت می‌خورد — حسِّ جان از آفتابی می‌چَرد ۵۱

حسِّ ظاهری از طبیعت بشری نیرو می‌گیرد؛ ولی حسّ باطنی از آفتاب حقیقت قوّت می‌یابد.

ای بِبُرده رختِ حس‌ها سوی غیب — دستْ چون موسی، برون آور ز جیب[4] ۵۲

ای که حواسّ خویش را به عوالم غیبی معطوف داشته‌ای، همان‌گونه که موسی(ع) به عنوان یک معجزه ید بیضا را از گریبان خارج نمود، موسی‌وار دست خویش را که قدرت قادر یکتا پشتوانهٔ آن است، از گریبان برآور و صفات حق را که در تو متجلّی گشته است، آشکار ساز.

---

۱ - **دُرپاش**: پاشندهٔ مروارید.
۲ - تقابل حواسّ ظاهری که ادراک آن در حیطهٔ محسوسات مادّی است و حواسّ باطنی که ادراک آن در حیطهٔ عوالم معنوی و ادراکات روحانی و کشف و شهود عارفانه است.
۳ - **بازار**: مجازاً قرار و عهد و پیمان، روش و رفتار، اعتبار و حرمت. ۴ - **جَیب**: گریبان.

ای صــــفاتت آفــتابِ مــعرفت　　　و آفــتابِ چــرخ بـندِ یک صـفت ۵۳

ای انسان کامل، اینک صفات حق در تو متجلّی است. این‌ها صفاتِ آفتابِ تابناکی است که آفتاب چرخ گردون با تمام عظمت خویش، وابسته و مقیّد به یکی از آن صفات، یعنی «نور» است.

گاه خورشیدی، و گـه دریـا شـوی　　　گـاه کـوهِ قـاف و گـه عَـنقا[1] شـوی ۵۴

ای عارف کامل، گاه بسان خورشیدی درخشان می‌درخشی و عالَمی را با نـور مـعرفت روشن می‌سازی، گاه مانندِ دریا مشتاقان علوم و اسرار الهی را در میان امواج خروشان لطف خویش غرقه می‌داری و گاه چونان کوه قاف تو را با صلابتی می‌یابند که بر سـراسـر عـالم احاطه داری، و گاه نیز همانند سیمرغی می‌شوی که صفیرش خفتگان را بیدار می‌کند.

تو نه این باشی نه آن در ذات خویش　　　ای فـزون از وهـم‌ها، وز بـیش بـیش ۵۵

ای آنکه از هرچه بیندیشیم برتر و والاتری، تو را در اتّحاد با تمام جهان هستی می‌توان به نامی از نام‌ها خواند؛ امّا حقیقت ذات تو، نه این است و نه آن.

روح با علم است و با عقل است یار　　　روح را با تازی و تُـرکی چـه کـار؟ ۵۶

حقیقت تو آن روح عالی عِلوی و آن جان مجرّد است که با اَعراضی از قبیل الفاظ و نژاد هیچ مشابهتی ندارد و جنسِ آن از جواهری است مانند علم و عقل.

از تو ای بی‌نقش با چـندین صُـوَر　　　هم مُشَبِّه[2]، هم مُوحِّد[3]، خـیره سـر ۵۷

ای خدایی که برای تو نقش و صورتی را نمی‌توان تصوّر کرد؛ امّا در تمامی صورت‌ها و

---

۱ - سیمرغ ازل را کنایه از عقل مجرّد و فیض مقدّس دانسته‌اند: ف. سجّادی، ص ۴۹۱.

۲ - **مُشَبِّه** : گروهی که در توحید به تشبیه قائل بودند. مُشَبِّهَهٔ شیعه جزو شیعیان غالی (غلوّ کننده) محسوب می‌شوند، از آن جمله می‌توان هشام بن حَکَم کوفی را نام برد که از سران شیعهٔ بغداد است و به قولی تا زمان مأمون حیات داشت و دیگر از متکلّمین شیعه هِشام بن سالم جوالیقی که از نظر زمان مقدّم بر هشام بن حکم است. هشام بن سالم گوید: باری تعالیٰ به صورت «انسان» است. اَعلاء او مجوّف اَسفلش مُصمَت (توپُر، ضدّ مجوّف)، و او نوری است تابان که می‌درخشد. وی را سبحانه پنج حس است و دست و پای و بینی و گوش و چشم و دهان، لیکن از خون و گوشت منزّه است. و نوشته‌اند که هشام بن حکم معتقد بود که باری تعالیٰ جسم است؛ امّا مشابه هیچ مخلوقی نیست. هشام قائل بود به حادث بودن صفات حق تعالیٰ از قبیل قدرت و حیات و می‌گفت: او پیش از خلق این صفات، عالم و قادر و حی و سمیع و بصیر نبود: ملل و نحل، ج ۱ صص ۱۳۲ و ۲۴۷ و ۲۴۹.

۳ - نیکلسون می‌نویسد: در اینجا **موحّد** مقابل **مُشَبِّه** و معادل **مُنَزِّه** قرار دارد و در اصطلاح علم کلام به کسانی اطلاق می‌گردد که «همهٔ شباهت‌های انسانی را از آرای مربوط به الوهیّت طرد می‌کنند. اهل تنزیه معتقدند که صفات منسوب به حق را در قرآن به مفهومی که دربارهٔ هر یک از مخلوق او می‌توان به کار برد نباید فهم کرد. صوفیان اهل وحدت وجود در عین حال که اصل تنزیه حق را می‌پذیرند آن را تنها نیمی از حقیقت می‌دانند، آنان می‌گویند: کلّ حقیقت عبارت است از جمع میان تنزیه و تشبیه. اصل تنزیه به تنهایی به دوگانگی خدا و عالم راه می‌برد و اصل تشبیه به تنهایی، چندخدایی و شرک است: شرح مثنوی مولوی، دفتر دوم، ص ۵۹۸.

نقوش عالم امکان تجلّی‌ات را می‌توان دید، از تو و قدرت الهی‌ات همه حیران و در عظمتت واله و سرگردان‌اند، چه اهل تشبیه و چه اهل تنزیه.

عابدان حقیقی الله آنان‌اند که حق را یگانه وجود حقیقی و متجلّی در همهٔ صُور هستی می‌دانند و قائل‌اند به تشبیه در عین تنزیه.

گـــه مُشَـــبِّه را، مُـــوَحِّد مـــی‌کند   گـــه مـــوحّد را صُـــوَر رَهْ مـــی‌زَند ۵۸

احوال گوناگونی که در کشف و شهود برای عارفان رخ می‌دهد، ایشان را دچار حیرت می‌کند و تحیّر در قدرت و حکمت الهی است که گاه مُشَبِّه را مُنَزِّه می‌سازد و گاه برعکس.

گه تو را گوید ز مستی بـوالحسَـن[1]   یا صغیرَ آلسِـنِّ یـا رَطْبَ آلبَـدَن![2] ۵۹

ای خداوند، آن مرد نیک، آن عارف متحیّر در قدرت و عظمت الهی، گاه تو را در چهرهٔ یک کودک خردسال متجلّی می‌یابد که تمام بدنش سرشار از طراوت و شادابی است.

گاه نـقش ِ خـویش ویـران می‌کُند   آن پـــیِ تــنزیهِ جـانان مـی‌کُند ۶۰

گاه عارف متحیّر همان نقشی را که از تو در خیال ساخته است، ویران می‌کند تا تو را از هرگونه تشبیه منزّه شمارَد.

چشم حس را هست مذهب اعتزال   دیـدهٔ عـقل است سُنّی در وصـال ۶۱

چشم ظاهری نمی‌تواند به شهود حق تعالیٰ نایل آید و در این مورد مانند معتزله است که معتقدند در دنیا و آخرت دیدن حق تعالی ممکن نیست؛ امّا دیدهٔ عقل، ایمان تام دارد که این شهود امکان‌پذیر است و این امر همان روش فکری سنّی‌ها و دیگر مسلمانان است.

معتزله[3]**؛** فرقهٔ معتبری از فرق اسلامی که از اوّل قرن دوم هجری در اواخر عهد بنی امیّه ظهور کرد و تا چند قرن در تمدّن اسلامی تأثیری به‌سزا داشت. مؤسّس این فرقه یکی از شاگردان حسن بصری بود به نام **واصل بن عطا** که با استاد خود بر سر سرنوشت مرتکب معاصی کبیره و تعیین حدود کفر و ایمان اختلاف نظر یافت و از مجلس درس او کناره گرفت. یک روز واصل بن عطا در مسجد با دیگر شاگردان شیخ حسن بصری سخن می‌گفت و حکایت می‌کرد که مرتکبان کبائر نه مؤمن‌اند و نه کافر و اثبات **منزلت بین‌المنزلتین** می‌کرد. شیخ این سخن شنید و فرمود که «**اعتزال منّا**» یعنی جدا شده و دور افتاده از ما. و از این سخن اسم معتزله بر آن گروه ماند. این فرقه را **اهل عدل و توحید** نیز می‌نامند که در فارسی همان **عدلی مذهب** است. معتزله معتقد بود که ایمان عبارت است از خصال خیر

---

۱ - **بوالحَسَن** : اسم خاص نیست. به مناسبت رعایت وزن آمده است. مراد یک موحّد و یا یک عارف است.

۲ - مصراع دوم از غزلی به زبان عربی از کلیّات نقل شده است که در آن تشبیه تصویر می‌شود: کلیّات شمس تبریزی، ص ۷۹۷، غزل ۲۱۲۷.

۳ - تاریخ ادبیّات در ایران، ج ۱، صص ۵۹-۵۳، با تلخیص و تصرّف.

که چون در کسی جمع شد مؤمن است، لیکن فاسق چون جامع خصال نیک نیست مؤمن مطلق نیست؛ امّا کافر مطلق هم نمی‌باشد؛ زیرا شهادت را جاری کرده است و بعضی اعمال خیر نیز از وی سر می‌زند. با اعتقاد به این اصل، معتزله مجبور شدند تمام وقایعی را که تا آن زمان در اسلام رخ داده بود، توجیه و تأویل کنند، مانند: قتل عثمان، واقعهٔ جَمَل و جنگِ صفّین، چون غالب تأویلات آنان در این موارد به سود اُمویان بود، برخی از خُلفای اخیر بنی امیّه مثل یزید بن ولید (م. ۱۲۶ هجری) و مروان بن محمّد مذهب اعتزال را پذیرفتند.

بعدها معتزله به حدود بیست فرقه منقسم گردیدند که در اصول معیّنی شریک‌اند.

پنج اصل کلّی که همهٔ انشعابات معتزله بدان معتقدند عبارت‌اند از:

۱ـ قول به المنزلة بین المنزلتین و اینکه مرتکب کبیره نه کافر است نه مؤمن، بلکه فاسق است و از جهت فسق استحقاق نار جهنّم را دارد.

۲ـ قول به توحید، که می‌گویند: صفات حق تعالی غیر ذات او نیست و هر یک از آیاتی را که منجر به اثبات صفات زاید بر ذات می‌شد، یعنی برای خداوند صفاتی را مانند صفات مخلوق اثبات می‌نمود، به نوعی تأویل می‌کردند.

۳ـ قول به عدل و آن نتیجهٔ قول به قَدَر است. معتزله در این باب بحث فراوان کرده‌اند که خلاصهٔ آن چنین است: خداوند خلق را به غایتِ خلقت، یعنی کمال سیر می‌دهد، افعال مخلوق را از خوب و بد خلق نمی‌کند، بلکه اراده انسان در انتخاب آن‌ها آزاد است و در حقیقت آدمی خود خالق افعال خویش است.

۴ـ قول به وعد و وعید، یعنی می‌گویند: خداوند در وعده برای پاداش و وعید برای کیفر کبائر صادق است، خلف خداوند از وعده مستوجب نقص اوست. همچنین است خلف از وعید مگر آنکه قلم عفو بر سیاههٔ گناهان کسی بکشد.

۵ـ امر به معروف و نهی از منکر.

اساس افکار معتزله بر مبادی عالی مانند توحید و نفی جسمیّت و استحالهٔ رؤیت و عدل و اختیار و بسیاری موضوعات دقیق دیگر که همگی حاجت به اثبات دارد گذاشته شده بود، ناگزیر با استفاده از فلسفه از طریق مباحث عقلی و منطقی عقاید خویش را اثبات می‌کردند، اینان مردمی روشن‌بین و غالباً به دور از تعصّبات دینی بودند و به جای توسّل به احادیث و سنن، عقل را وسیلهٔ تحقیق می‌دانستند؛ بنابراین باید اذعان کرد که معتزله مقدّمهٔ ایجاد یک حرکت فکری عظیم در عالم اسلام به وجود آوردند و یکی از دلایل توجّه مسلمانان به فلسفه و علوم در آن عهد وجود متکلّمان معتزلی بود.

با توجّه به افکار ایشان مسلّم است که معتزله مواجه با دشمنی و مخالفت گروه بزرگی از مسلمانان خاصّه محدّثین و اشاعره بودند.

متعزله بعد از خلافت متوکّل (۲۴۷-۲۳۲) به ضعف گرایید با این حال در تمام قرن چهارم و قسمتی از قرن پنجم در ممالک اسلامی خاصّه بغداد و ایران قدرت و نفوذ فراوان داشتند و علی‌رغم تمام مخالفت‌هایی که با آنان می‌شد تا قرن هفتم رجال بزرگی از میان ایشان ظهور می‌کرد. از مشاهیر ائمه معتزلی در قرن ششم جارالله زمخشری صاحب تألیفات متعدّد و بعد از او در قرن هفتم عبدالحمید بن ابی‌الحدید را می‌توان نام برد.

معتزله بر اثر استفاده از مباحث منطقی و فلسفی برای اثبات عقاید خود و ردّ آرای دیگران در حقیقت بنیانگذار علم کلام در اسلام به شمار می‌روند.

سُنّی[1]**:** نخستین موضوعی که سبب ایجاد اختلافاتی میان مسلمانان شد موضوع جانشینی حضرت پیامبر(ص) است که اهمّ فِرق اسلامی بر اثر آن پدید آمد؛ یعنی اهل سنّت و شیعه و خوارج. این فِرق در ابتدا رنگ سیاسی داشتند؛ امّا اندک‌اندک جنبهٔ خالص مذهبی یافتند. گروهی از مسلمانان که معتقد بودند پیامبر(ص) جانشینی برای خود تعیین نکرده و این کار را بر عهدهٔ امّت گذاشته است، همان‌اند که به اهل سنّت مشهورند و اکثریّت مسلمانان همواره با آنان بوده است و در ایران نیز تا حدود قرن نهم همواره غلبه با این دسته بود.

اختلاف در اصول عقاید[2]**:** در میان مسلمانان اختلاف بر سر مسائل ماوراءالطبیعی و فلسفی دین اسلام از اواخر قرن اوّل آغاز شد و موضوعات اساسی این اختلافات بحث بر سر موضوعاتی از قبیل جبر و اختیار و قِدَم یا حدوث کلمةالله و کلام‌الله و جسمیّت خالق یا عدم جسمیّت و محدود بودن یا لایتناهی بودن آن و امثال این مسائل بود. در قرآن کریم مواردی که دلیل بر جبر در امور یا اختیار در آن‌ها باشد، متعدّد است و همین موارد است که مایهٔ ایجاد دو دسته در مقابل یکدیگر گردید که در اواخر قرن اوّل هجری با یکدیگر به مشاجره پرداختند و این دو دسته عبارت‌اند از: مُجَبِّره و قَدَریّه.

دستهٔ اوّل یا **مُجَبِّره**، معتقد بودند که انسان در همهٔ اعمال خود مجبور است هر فعل و عملی مخلوق باری تعالیٰ بوده و نسبت آن به انسان از راه مجاز است. این دسته مسائل مهم دیگری را نیز از قبیل نفی صفات و حدوث کلام‌الله و انکار رؤیت و دائم نبودن جنّت و دوزخ مورد تحقیق قرار دادند و به سبب تأویل آیات قرآن از طرف ایشان با مخالفت‌های سخت روبرو گشتند.

دستهٔ دوم یا **قَدَریّه**، بر خلاف دستهٔ اوّل معتقد به قدرت انسان بودند.

بنابراین مولانا می‌فرماید: چشم حس را می‌توان به معتزله مانند کرد که بر عقل جزوی تکیه می‌کنند و از شهود روحانی عاجزند؛ امّا دیدهٔ عقل کمال یافته به این شهود ایمان دارد و چنین شهود عارفانه‌ای مورد تأکید قرآن و سنّت است؛ پس به کار بردن اصطلاح سنّی در این بیت، تقابلی است میان مخالفان شهود عارفانه (معتزله که آنان را قَدَریّه نیز می‌نامند به سبب قول به قَدَر) و معتقدان آن که روش فکری سنّی‌ها و دیگر مسلمانان است؛ بنابراین مولانا در این قطعه معتزله را مورد انتقاد قرار می‌دهد؛ زیرا با پرداختن بسیار به امور عقلی، جایگاه درکِ معنوی و روحانی را فراموش کرده‌اند.

**سُخرهٔ حسّ‌اند اهلِ اعتزال		خویش را سُنّی نمایند از ضلال** ۶۲

معتزله اسیر حواس ظاهری‌اند؛ امّا از شدّت گمراهی تظاهر به ادراکات عارفانه دارند.

**هر که در حس ماند، او معتزلی‌ست		گرچه گوید: سُنّی‌ام، از جاهلی‌ست**[3] ۶۳

هر کس که بنابر درکِ حواسّ ظاهری بیندیشد و سخن بگوید مانند معتزله است و اگر ادّعای درکِ عالی معنوی را داشته باشد، از جهل اوست.

---

۱ - تاریخ ادبیّات ایران، ج ۱، ص ۴۳.	۲ - همان، صص ۵۳-۵۱.

۳ - این بیت در متن نیست در حاشیه آن را افزوده‌اند.

هر که بیرون شد ز حس، سُنّی وی است　　　اهلِ بینش چشمِ عقلِ خوش‌پی است ۶۴

کسی که بتواند خود را از قید حواسّ ظاهری برهاند و به عوالم روحانی دست یابد، موحّدِ راستین و اهل بینش، بصیرت، کشف و شهود است.

گر بدیدی حسّ ِ حیوان شاه را　　　پس بدیدی گاو و خر، الله را ۶۵

اگر حسّ ظاهری می‌توانست به شهود حق نایل آید؛ پس هر چهارپایی شهودی تام داشت.

گر نبودی حسّ ِ دیگر مر تو را　　　جز حس ِ حیوان ز بیرونِ هوا ۶۶

اگر در خلقت تو ای انسان، به جز حواسّ ظاهری، حواسّ دیگری عاری از هوا نبود،

پس بنی آدم مُکَرَّم[1] کِی بُدی؟　　　کِی به حسّ ِ مُشترک[2] مَحْرم شدی؟ ۶۷

چگونه بنی آدم گرامی بود و با برخورداری از حسّ ِ مشترک میان انسان و حیوان (حواسّ ظاهری) محرم اسرار حق تعالیٰ می شد؟

نا مصوَّر یا مصوَّر گُفتنت　　　باطل آمد، بی ز صورت رَستنت ۶۸

تا حواسّ باطنی‌ات شکوفا نشود و از قید ظاهر یا صُورت‌ها رهایی نیابی، هر چیزی را که دربارهٔ حق تعالیٰ بیندیشی و بگویی، خواه مُنَزِّه باشی یا مُشَبِّه، بیهوده است و به حقیقت دست نخواهی یافت.

نا مصوَّر یا مصوَّر پیش ِ اوست　　　کو همه مغز است و بیرون شد ز پوست ۶۹

حقیقتِ تنزیه و تشبیه را انسانی متعالی می‌داند که از قیدِ قشرها و الفاظ و صُوَر رهیده و به مغز نغز رسیده است.

گر تو کوری، نیست بر اعمیٰ حَرَج[3]　　　ورنه رو، کَالصَّبْرُ مِفْتَاحُ الْفَرَج ۷۰

اگر از ادراکات معنوی و شهود عارفانه محرومی، بر آدمِ کور حَرَج و گناهی نیست و اگر تصوّر می‌کنی که کور باطن نیستی و روزی نابینایی روحانیِ تو به بینایی بدل می‌شود، صبر کن که صبر کلید گشایش است.

---

۱ - اشارتی قرآنی؛ اسراء : ۷۰/۱۷ : ر.ک: ۷۶۷/۱.

۲ - **حسّ ِ مشترک :** قوایی که در آن صُوَر ادراکاتِ جزیی اتّحاد می‌یابد، اینجا حواسّ ظاهری.

۳ - اشارتی قرآنی؛ فتح : ۱۷/۴۸ : لَيْسَ عَلَى ٱلْأَعْمَىٰ حَرَجٌ : بر آدم کور حرج و گناهی نیست. [که اگر نتواند در جنگ با کفّار شرکت کند] در حقیقت این بیت انتقاد و طعنه‌ای است بر آنان که نمی‌خواهند در جهاد اکبر، یعنی جهاد با نفس شرکت کنند، پس همواره نابینایی معنوی و روحانی خواهند داشت.

دفتر دوم ۲۵

پـــردههایِ دیـــده را داروی صَـــبْر   هم بسوزد، هم بسازد شرحِ صـدر[1] ۷۱

«صبر»، همانند دارویی پردههای روی چشم دل و ادراکات روحانی را از بین میبرد و سینهٔ آدمی را میگشاید و به آن وسعت میدهد.

آینهٔ دل چون شــود صــافی و پــاک   نقشها بینی بـرون از آب و خــاک ۷۲

اگر آیینهٔ دل از زنگار نفسانیّات و تعلّقات، مصفّا گردد، در آن آیینهٔ پاک نقشهایِ گوناگون عالم معنا را میتوان دید.

هــم ببینی نـقش و هــم نـقّاش را   فـرشِ دولت را و هــم فـرّاش را[2] ۷۳

نقشهای حیرتانگیزِ نقّاشِ ازل را بر صفحهٔ عالم هستی میبینی و فرشِ دولت را بـا گسترانندهٔ آن مشاهده میکنی.

چـون خـلیل آمـد خـیالِ یـارِ مـن   صورتش بُت، معنیِ او بُت شکـن ۷۴

خیال یار من و نقش چهرهٔ او به ظاهر بت مینماید؛ امّا این خیال، همانند خلیل بت شکن است؛ زیرا یارِ من انسان کاملی است که خیال نیرومندِ او در ذهن و دل و جانم چنان جای گرفته که هر خیال دیگری را محو کرده است.

شُکرْ یزدان را که چون او شد پدید   در خیالش، جان خیالِ خود بـدید ۷۵

حمد و ثنای بیکران درگاه یزدان را که با پدیدار شدن محبوب و خیال دلانگیز او، جان من توانست خود را ببیند؛ یعنی با تمرکز در آیینهٔ شفافِ وجودِ او، جان خویش را دیدم.

خــاکِ درگــاهت دلم را میفریفت[3] **خاکْ بَر وی، کو ز خاکت میشکیفت**[4] ۷۶

خاک درگاهِ تو دلم را شیفته میکرد؛ امّا این دل بیچاره و خوار بود که به سویِ تو نمیآمد و در برابر خاک کوی تو صبر و آرام داشت و بیقرار نبود.

گـفتم: ار خـوبم، پـذیرم ایـن از او   ورنه خود خندید بر من زشت رُو[5] ۷۷

با خود گفتم که اگر من استعداد و همّتِ رسیدن به کوی او را داشته باشم، شـیدایـیام

---

۱ - اشارتی قرآنی، انشراح : ۱/۹۴ : أَلَمْ نَشْرَحْ لَكَ صَدْرَكَ : آیا ای پیامبر، ما سینهٔ تو را نگشادیم؟

۲ - اشارتی قرآنی، ذاریات : ۴۸/۵۱ : وَ الْأَرْضَ فَرَشْنَاهَا : و زمین را بگستردیم.

فرش دولت : اقبال یا بخت موافق که مانندِ فرش زیر پای مردِ حق گسترده شده و راه او را هموار کرده است.

۳ - **میفریفت** : فریب میداد، اینجا میفریبید و شیفته میکند.   ۴ - **میشکیفت** : از شکیفتن، شکیبا بود.

۵ - **من زشت‌رو** : موصوف و صفت است که بنا به ضرورت وزن کسرهٔ موصوف ادا نمیشود.

هدایتم می‌کند تا سختی‌های راه را به جان بخرم و اگر شایسته نباشم، او به سبب زشتی درونم مرا تمسخر و تحقیر می‌کند.

چاره آن باشد که خود را بنگرم   ورنه او خندد مرا: من کی خِرَم؟ ۷۸

چاره آن است که ببینم برای رسیدن به محبوب شایستگی‌های لازم و دل پاک را به دست آورده‌ام؟ اگر جز این باشد، او به من می‌خندد و می‌گوید: با چنین احوالی چگونه خریدار تو باشم؟

او جمیل است و مُحِبٌّ لِلْجَمال[1]   کِی جوانِ نو گزیند پیرِ زال؟ ۷۹

او زیباست و زیبایی را دوست دارد، همان‌گونه که جوانی سرشار از طراوت و لطافت، پیرزنی سالخورده و افسرده را به عنوان یار بر نمی‌گزیند، یار جمیل من هم صاحب جمال را می‌پسندد.

خوب خوبی راکند جَذبْ، این بدان   طیِّبات و طَیِّبین[2] بر وی بخوان ۸۰

بدان که همجنس بودن سببِ جذب و نزدیکی دو پدیده با یک‌دیگر است، پس خوب، خوبی را جذب می‌کند. خداوند در قرآن می‌فرماید: زنان پاک برای مردان پاک‌اند.

در جهان هر چیز چیزی جذب کرد   گرمْ گرمی را کشید و سردْ سرد ۸۱

در جهان، این یک قانون است که هر پدیده‌ای با پدیده‌ای از جنس خود سازگاری دارد و آن را به سوی خود جذب می‌کند.

قسمِ باطل باطلان را می‌کَشند[3]   باقیان از باقیان هم سرخوشند ۸۲

باطل، باطل را جذب می‌کند. باقیان نیز چنین‌اند و با دیگر فانیان در حق، سرخوش و شادمان‌اند.

ناریان مر ناریان را جاذب‌اند   نوریان مر نوریان را طالب‌اند ۸۳

اهل دوزخ، شیطان‌صفتان گمراه را به سوی خود می‌کشانند و اهل نور، طالب افراد منوّرند.

چشم چون بستی، تو را جان کَنْدنی‌ست   چشم را از نورِ روزن صبر نیست[4] ۸۴

چشم‌هایت را که می‌بندی، ناراحت می‌شوی و اگر با چشم بسته مجبور به کار و فعالیّت باشی، دشواری آن را بهتر در می‌یابی، گویی که در حال جان کندن هستی و می‌فهمی که چقدر به چشمی برای دیدن و نور روزن محتاج و وابسته‌ای.

---

۱ - اشاره به حدیث: إِنَّ اللهَ جَمیلٌ یُحِبُّ الْجَمالَ: بی‌شک خداوند زیباست و زیبایی را دوست دارد: احادیث مثنوی، ص ۴۲.   ۲ - اشارتی قرآنی؛ نور: ۲۶/۲۴: وَالطَّیِّباتُ لِلطَّیِّبینَ: زنان پاک برای مردان پاک‌اند.
۳ - کند همجنس با همجنس پرواز.   ۴ - این بیت را نیکلسون در پاورقی آورده است.

۸۵ **چشم چون بستی، تو را تاسه[1] گرفت نورِ چشم از نورِ روزن کِی شکفت؟[2]**

با بسته شدن چشمانت دچار اضطراب و پریشانی شدی، چون نورِ چشمان تو وابسته به نور روزن یا نور دیگری است و این جدایی را نمی‌تواند بپذیرد.

۸۶ **تاسهٔ تو، جذبِ نورِ چشم بود تا بپیوندد به نورِ روز زود**

اضطراب و بیقراری تو سبب می‌شود که جویای نور باشی تا ببینی و این همان جذب نور از طریق روزن است.

۸۷ **چشمْ باز ار تاسه گیرد مر تو را دان که چشم دل ببستی، بر گُشا**

اینک بدان که اگر با چشمِ باز دچار افسردگی و دلگرفتگی هستی، سببِ آن بسته بودن چشم دل است، آن را بگشا.

۸۸ **آن تقاضایِ دو چشم دل شناس کو همی جوید ضیایِ بی‌قیاس**

دلتنگی نشان تقاضای دو چشم دل توست که خواهان نور بی‌حدّ حق است.

۸۹ **چون فراقِ آن دو نورِ بی‌ثبات تاسه آوردت، گشادی چشم‌هات**

چون جدایی آن دو نور ناپایدار، یعنی نور چشمانت و نور روزن، تو را دلتنگ کرد و در جست‌وجوی نور، چشم‌ها را گشودی،

۹۰ **پس فراقِ آن دو نورِ پایدار تاسه می‌آرَد، مر آن را پاس دار**

پس آگاه باش که دوری از آن دو نور بی‌زوال پایدار، یعنی نور دل و ضیای حق، دلتنگ کننده است، بکوش تا آن نور پایدار را پاس بداری تا به حرمان مبتلا نگردی.

۹۱ **او چو می‌خواند مرا، من بنگرم لایقِ جذبم و یا بد پیکَرم؟**

وقتی که یار مرا به خود می‌خوانَد، به درون خویش توجّه می‌کنم که لیاقت و قابلیّت و استعدادِ جذبِ انوارِ الهی را دارم یا نامصفّا و ناسازم و شایستهٔ آن نیستم.

۹۲ **گر لطیفی زشت را در پی کند تَسْخَری باشد که او بر وِیْ کند[3]**

اگر انسانی لطیف و زیباروی، در پی فردی زشت‌صورت و زشت سیرت باشد و او را به خود بخواند، این دعوت تسخر و استهزاست؛ زیرا آنان از جنس یک‌دیگر نیستند.

---

۱ - **تاسِه** : اضطراب، اندوه. ۲ - این بیت را در حاشیه افزوده‌اند.

۳ - اشاره به دعوت عامّ انبیا و اولیا که فقط در دل آنان که سنخیّتی روحانی با ایشان دارند، تأثیر نیکو دارد.

کِیْ ببینم رویِ خود را ای عجب؟ تا: چه رنگم؟ همچو روزم یا چو شب؟ ۹۳

من در حیرتم که بالاخره کی و کجا می‌توانم روی حقیقی خود و صورت باطنی‌ام را ببینم و بدانم که چه رنگ است؟ مانند روزِ تابان است یا شب تاریک؟

نقشِ جانِ خویش من جُستم بسی هیچ می‌ننمود نقشم از کسی ۹۴

برای دیدن صورتِ جان خویش بسیار جست‌وجو کردم؛ امّا کسی نتوانست آن را به من بنماید.

گفتم: آخر آینه از بهرِ چیست؟ تا بداند هر کسی کو چیست و کیست؟ ۹۵

با خود گفتم که آخر آیینه برای چیست؟ مگر آیینه هر کسی را به او نمی‌نماید؟

آینهٔ آهن برای پوست‌هاست آینهٔ سیمایِ جانْ سنگی بهاست ۹۶

آیینهٔ ظاهری نقش ظاهری را نشان می‌دهد؛ امّا آیینه‌ای که در آن بتوان سیمای جان را مشاهده کرد، بسیار گران‌بها است. مانند سنگ‌های بی‌نظیر که برای آن نمی‌توان بهایی تعیین کرد.

آینهٔ جان نیست اِلاّ رویِ یار رویِ آن یاری که باشد زآن دیار ۹۷

آیینه‌ای که در آن می‌توان جان خود را دید، روی یار است، محبوبی که علی‌رغم زندگی در کسوت بشر، آن جهانی است و حقیقت ناب او در اتّصال با حق است و گویی که به عالمی ماورای این جهان تعلّق دارد.

گفتم: ای دل آینهٔ کلّی بجو رو به دریا، کار برناید به جُو[1] ۹۸

با خود گفتم: ای دل، جویای آیینهٔ کلّی باش، انسانی کامل که متخلّق به اخلاق الله و محلِ تجلّی اسما و صفات باری تعالیٰ باشد. او آیینهٔ تمام‌نمای حق و اقیانوسی بیکران است که دیگران، یعنی سالکان و عارفان در قیاس با او جویباری بیش نیستند.

زین طلب، بنده به کویِ تو رسید دردْ مریم را به خُرمابُن کشید[2] ۹۹

ای یار، درد و طلبی که در وجودم برای یافتن و رسیدن به تو بود، مرا به کوی تو رهنمون شد، همان‌گونه که درد و نیاز، مریم(س) را به سوی درخت خرما کشانید.

---

۱ - مُراد آنکه: نقش جان را در آینهٔ رویِ یارانِ کمال نیافته نمی‌توانی ببینی، آنان در تقابل با اقیانوسِ وجودِ انسان کامل، جویبارند.

۲ - مصراع دوم اشارتی است قرآنی، مریم: ۲۳/۱۹ : آنگاه درد زایمان او را به پناه تنهٔ درخت خرمایی کشانید... .

دیـدهٔ تـو چـون دلم را دیـده شـد شُـد دلِ نـادیده، غـرقِ دیـده شـد ۱۰۰

هنگامی که تو ای یار، به من توجّه باطنی و معنوی کردی، دیدگان منوّر و بابصیرت دل تو، دیدگان دل من شد، آنگاه دلی که بینش نداشت، سراپا دیده و بینش شد.

آیـینهٔ کـلّی تـو را دیـدم اَبَـد دیدم اندر چشمِ تو من نقش ِ خَـود ۱۰۱

آنگاه با دلی که دیده از تو یافته بود، تو را دیدم و مشاهده کردم که همان آیینهٔ تمام‌نمایی هستی که حقیقتت از حق تعالیٰ بقا یافته و با چشمی که به من عطا کردی، نقش خود و هستی خویش را در چشمانت مشاهده کردم.

گـفتم: آخـر خـویش را مـن یـافتم در دو چشـمش راهِ روشـن یـافتم ۱۰۲

با خود گفتم بالاخره توانستم خود را بیابم و در دو چشم روشن او، راه تابناک رسیدن به حقایق را یافتم.

گفت وَهمم: کآن خیالِ توست، هان! ذاتِ خود را از خـیالِ خـود بـدان ۱۰۳

در این اندیشه بودم که توهّمی مرا تکان داد و گفت: آنچه دیدی، خیال توست. ذات خود را از خیال خود باز دان.

نـقش مـن از چشـم تـو آواز داد کـه: مـنم تـو، تـو مـنی در اتّـحاد ۱۰۴

در همان حال روح من که در آیینهٔ تابناک چشم تو منعکس شده و گویی روح تو بود، در درونم ندا داد و گفت: من توأم و تو منی، این عین اتّحاد و وحدت است.

کـاندَر ایـن چشـم مُـنیرِ بـی‌زوال از حـقایق، راه کِـی یـابد خـیال؟ ۱۰۵

زیرا در این چشم منوّر زوال‌ناپذیر که حقیقت همواره در آن منعکس است؛ یعنی روح انسان کامل، خیال و وهم چگونه ره یابد؟

در دُو چشم غیرِ من، تو نقش خَود گـر بـبینی، آن خـیالی دان و رَد ۱۰۶

یار حقیقی گفت اگر در جای دیگری غیر از چشمان من خود را دیدی، بدان که خیال و مردود است.

زانکـه سُـرمهٔ نـیستی در مـی‌کَشد بـاده از تـصویرِ شـیطان مـی‌چَشد ۱۰۷

زیرا، کسی که بر چشمانش سرمه‌ای از خواهش‌های نفسانی کشیده شده، از نقشی که شیطان بر دل و جانش القا می‌کند، سرمست است.

چشمشان خانهٔ خیال است و عدم   نیست‌ها را هست بیند لاجرم ۱۰۸

و چنین کسانی که چشمشان فقط خیالات و عدم‌های هستی‌نما را می‌بیند، لاجرم دنیای فانی را باقی می‌پندارند و نیست‌ها را هست می‌انگارند.

چشم من چون سُرمه دید از ذوالجلال   خانهٔ هستی‌ست، نه خانهٔ خیال ۱۰۹

امّا چشم من که سُرمه از نور عنایت خداوند ذوالجلال یافته است، خانهٔ خیال نیست و جایگاه شهود هستی است.

تا یکی مُو باشد از تو پیشِ چشم   در خیالت، گوهری باشد چو یشم ۱۱۰

تا به قدر یک تار مو از خودی تو، در وجودت باقی باشد، دیدهٔ حق‌بین نداری و در خیال و تصوّرت گوهری تابناک شأنِ سنگ یشم را دارد و بی‌قدر است.

یشم را آنگه شناسی از گهر   کز خیالِ خود کنی کُلّی عَبَر[1] ۱۱۱

هنگامی می‌توانی یشم را از گوهری نایاب باز شناسی که به کلّی از دام خیال رهیده باشی؛ یعنی ادراک حق و باطل بدون این رهایی ممکن نیست.

یک حکایت بشنو ای گوهرشناس   تا بدانی تو عیان را از قیاس ۱۱۲

ای کسی که مشتاق رسیدن به کمالِ گوهرشناسان هستی، حکایتی را گوش کن که در ضمن آن بهتر دریابی که شهود حقیقت چیست و قیاسِ حقایق کدام است.

هلال پنداشتنِ آن شخص خیال را در عهدِ عُمَر رضی اللهُ عَنْهُ[2]

ماه رمضان فرارسیده بود، مردم برای رؤیت هلال ماه بر سر کوهی رفتند. یکی از آنان خطاب به عمر خلیفهٔ دوم مسلمانان گفت: اینک هلال ماه را می‌بینم. عمر به آسمان نگاه کرد و هلال ماه را ندید. به آن شخص رو کرد و گفت: چیزی که می‌بینی خیال توست. اگر باور نمی‌کنی، سرانگشتان

---

۱ - **عَبَر**: عَبَر به جای عَبْر به معنی عبور کردن و گذشتن.

۲ - مأخذ آن را روایت منقول در صحیح مسلم، ج ۸، ص ۱۶۳ دانسته‌اند که به موجب آن اَنَس بن مالک در برابر عمر قرار می‌گیرد؛ امّا مضمون آن با روایت مثنوی متفاوت است: احادیث، صص ۱۵۷ و ۱۵۸.

را ترکن و بر ابرویت بکش. آن مرد چنان کرد و با حیرت دریافت که هلال را نمی‌بیند. عمر گفت: یک تار ابروی تو جلوی چشمت را گرفته بود و آن را هلال ماه می‌پنداشتی.

جان کلام در تقابل میانِ اهل «شهود» و «اهل ظنّ» است و نیاز خلق به کاملان و تحذیر ایشان از ابلیسان و ابلیس صفتان.

مـــاهِ روزه گشت در عـــهدِ عُـــمَر   بـــر ســـرِ کـــوهی دویـــدند آن نَـفر ۱۱۳

در روزگار خلافت عمر ماه رمضان فرا رسید. گروهی به سرعت بر سر کوهی جمع آمدند.

تـــا هـــلالِ روزه را گـــیرند فـــال   آن یکی گفت: ای عُمر! اینک هلال ۱۱۴

تا رؤیت هلال ماه رمضان را به فال نیک گیرند. یکی از آنان گفت: هلال ماه را دیدم.

چون عمر بـر آسـمان مَـهْ را نـدید   گفت: کین مَـهْ از خـیالِ تـو دمـید ۱۱۵

چون عمر در آسمان اثری از هلال ماه ندید، گفت هلالی که دیدی، از خیال تو بوده‌است.

ورنـــه مـــن بـــیناترم افـــلاک را[1]   چـــون نـــمی‌بینم هـــلالِ پـاک را؟ ۱۱۶

وگرنه من که برای دیدن آسمان و افلاک از تو دیده‌ای بیناتر دارم، چگونه هلال این ماه پاک را نمی‌بینم؟

گفت: تَر کُن دست و بر اَبرُو بـمال   آنگـــهان تـــو در نگـــر ســـوی هـــلال ۱۱۷

عمر به آن مرد گفت: دستت را ترکن و بر ابرویت بکش، آنگاه به هلال ماه نگاه کن.

چونکه او تر کـرد اَبـرُو، مـه نـدید   گفت: ای شه! نیست مه، شد ناپدید ۱۱۸

چون او دست تر را بر ابرو کشید، هلال ماه را ندید و گفت: ای شاه، ماه ناپدید شد.

گـفت: آری مـویِ ابـرو شُـد کَـمان   ســـویِ تـــو افکـند تـیری از گُـمان ۱۱۹

عمر گفت: آری، موی ابروی تو مانند کمانی به پایین خمیده بود و تیری از گُمان به ضمیرت پرتاب کرد.

چون یکی مُو کـژ شـد، او را راه زد   تـــا بـــه دعـــوی لافِ دیـدِ مـاه زَد ۱۲۰

با خمیده شدن یک تار مو، او چنین گمراه شد که ادّعای رؤیت هلال ماه را کرد.

مـویِ کـژ، چـون پـردهٔ گـردون بُـوَد   چون همه اجزات کژ شد، چون بُوَد؟ ۱۲۱

هنگامی که کج شدن یک تار مو، همانند پرده مانع دیدن حقیقت شود، اگر تمام اجزای وجودت به بیراهه رفته باشد، چه اتّفاقی می افتد؟

۱ - اشاره به انسان کامل که دیده‌ای بینای حقایق دارد.

راست کن اجزات را از راستان[1]   سر مکش ای راستْ‌رو[2] زآن آستان ۱۲۲

ای طالبِ راهِ راستِ رهروان، اجزای وجودت را در جوار مردان حق به راهِ راست بیاور و هرگز از آستان کاملان روی نگردان.

هم ترازو را ترازو راست کرد   هم ترازو را ترازو کاست کرد ۱۲۳

برای تعیین صحّت ترازو که خود محکِ سنجش است، از ترازویِ دقیقِ دیگری استفاده می‌کنند، پس همان گونه که ترازوی دقیق، ترازوهای دیگر را میزان می‌کند و ترازوی غیر سالم، ترازوهای دیگر را مانند خود به کمی و کاستی می‌برد. انسان کامل نیز دیگران را به سوی کمال می‌برد، در حالی که انسان ناقص، مردم را به نقص و گمراهی می‌کشانَد.

هر که با ناراستان هم‌سنگ شد   در کمی افتاد و عقلش دَنگ شد ۱۲۴

هر که با آدم ناراست، یعنی کسی که کمال نیافته است، همراه شد و او را به عنوان محک و میزان برگزید، به سوی گمراهی می‌رود و عقلش تباه می‌شود.

رو اَشِدّاءُ عَلَی اَلکُفّار[3] باش   خاک بر دلداریِ اغیار[4] پاش ۱۲۵

همان گونه که اصحاب پیامبر(ص) با کفّار که پوشانندهٔ حقایق‌اند، سخت‌گیر بودند، تو نیز با اغیار که از هوای نفس پیروی می‌کنند، سخت‌گیر و بیگانه باش.

بر سرِ اغیار[5] چون شمشیر باش   هین! مکن روباه بازی[6]، شیر باش ۱۲۶

در برابر دنیاپرستان مانند شمشیر، بُرنده و سخت‌گیر باش. به خود بیا و با آنان روش سازش‌کارانه را پیش نگیر.

تا ز غیرت[7] از تو یاران نسکُلند[8]   زانکه آن خاران عدوّ این گُل‌اند ۱۲۷

تا یاران حقیقی به سبب غیرت از تو دوری نکنند؛ زیرا گمراهان، مانند خار با گل معطّرِ وجودت دشمنی می‌ورزند.

---

۱ - **راستان**: مردان حق، سالکان متعالی.   ۲ - **راستْ‌رو**: کسی که در راه راست است، اینجا طالبِ راهِ راست.

۳ - اشارتی قرآنی؛ فتح: ۲۹/۴۸: ...وَالَّذینَ مَعَهُ أَشِدّاءُ عَلَی الْکُفّارِ رُحَماءُ بَیْنَهُمْ...: آنان که با وی‌اند، بر کافران سخت‌گیر و نسبت به یک‌دیگر رحیم‌اند.   ۴ - **دلداریِ اغیار**: دوستیِ اهلِ دنیا.

۵ - **اغیار**: جمعِ غیر: اینجا اهلِ دنیا.   ۶ - **روباه‌بازی**: ریاکاری و چاپلوسی.

۷ - **غیرت**: اینجا غیرت حق که غیرِ حق را بر نمی‌تابد.   ۸ - **نَسْکُلَند**: از نَگُسلَند، گُسسته و دور نشوند.

آتش اندر زن به گُرگان چون سپند   زانکه آن گُرگان عـدوّ یـوسفـانـد[1] ۱۲۸

همان‌طور که اسپند را در آتش فروزان می‌سوزانی، در وجود گرگ‌صفتانی که دورت را گرفته‌اند نیز آتش بزن؛ زیرا این درنده‌خویانِ آدم‌نما، دشمن یوسف وجودت هستند.

جـانِ بـابا گـویدت ابـلیس، هـین!   تـا بـه دم بـفریبدَت دیـوِ لعـین ۱۲۹

آگاه باش که ابلیس لعین در کسوت آن گرگ‌صفتان و گمراهان با مهربانی سخن می‌گوید و تو را «جان بابا» خطاب می‌کند تا فریبت دهد.

این چنین تلبیس[2] بـا بـابات کـرد   آدمی را ایـن سیهْ رُخ مـات کـرد[3] ۱۳۰

همین تزویر را با پدرت آدم(ع) به کار برد. این روسیاه آدمی را مات کرد.

بر سرِ شطرنج چُست است این غُراب   تو مبین بـازی بـه چشمِ نـیمْ خـواب ۱۳۱

این کلاغ سیاه (شیطان) در شطرنج زندگی ماهر و مکّار است. در عرصهٔ زندگی و در برد و باخت آن هوشیار باش. با چشمی نیم‌خواب و غفلت‌آلود هستی خود را به بازی نگیر.

زانکـه فـرزین‌بندها[4] دانـد بسـی   که بگیرد در گـلویت چـون خسـی ۱۳۲

او با تمام فنون عرصهٔ زندگی که بسان صفحهٔ شطرنجی است، آشناست. در لحظات خاص و حسّاسی تو را در تنگنا قرار می‌دهد که نتوانی راه نجاتی بیابی.

در گـــلو مـــانَد خس ِ او ســـال‌ها   چیست آن خس؟ مِهْرِ جاه و مال‌ها ۱۳۳

هنگامی که در تنگنای شرایط خاص و وسوسه قرار گرفتی، مـرتکب اعـمالی مـی‌شوی کـه نتایج آن مانند خاری درگلو آزار دهنده است، آن خار و خس چیزی جز مهرِ ثروت و مقام نیست.

مالْ خس باشد، چو هست ای بی‌ثبات!   در گــــلویت مـــانعِ آبِ حـــیات ۱۳۴

ای بی‌ثبات، ثروت همانند خار و خسی راه‌گلویت را بسته و آزرده ساخته است به حدّی که نمی‌توانی آب حیات را بیاشامی.

---

۱ - اشارتی قرآنی: یوسف: ۱۷/۱۲.   ۲ - **تلبیس**: فریب و حیله، تزویر.

۳ - اشارتی قرآنی: اعراف: ۲۰/۷: آنگاه شیطان آنان را وسوسه کرد تا سرانجام عورتشان را که از دید آنان پوشیده بود آشکار شد و گفت: پروردگارتان شما را از این درخت نهی نکرد مگر از آن روی که [با خوردن میوهٔ آن] دو فرشته شوید یا از جاودانگان گردید.

۴ - **فرزین بند**: از اصطلاحات شطرنج، آن است که فرزین (وزیر) به تقویت پیاده که پس او باشد، مهرهٔ حریف را اجازهٔ پیشروی ندهد؛ زیرا اگر مهرهٔ حریف پیاده‌ای را بکشد، فرزین انتقام او را خواهد گرفت.

گـــر بَـرَدْ مـالت عـدوّی، پـر فـنی   رەزنـــی را بُـرده بـاشد، رەزنـــی ۱۳۵

اگر ثروتت را دشمنی حیله‌گر و مکّار به یغما ببرد، رهزن جانت را رهزنی برده است.

دزدیدنِ مارگیر ماری را از مارگیرِ دیگر

روزی دزدی از مارگیری، ماری را ربود. مار زهرآگین او را نیش زد و به هلاکت رساند. مارگیر جسد دزد را دید و شناخت و اندیشید که این بلای عظیم را او از من ربود و به یغما برد. دعا می‌کردم که مار را به من باز گردانَد. اینک می‌بینم که خواستهٔ من می‌توانست سبب نابودی‌ام باشد.

دزدکـــی از مـــارگیری مـــار بُـــرد   زابـــلهی، آن را غـــنیمت مـی‌شمرد ۱۳۶

دزد بی‌قدری از مارگیری ماری را ربود و از جهل آن را غنیمتی گران‌بها به شمار می‌آورد.

وارهـــید آن مـــارگیر از زخـمِ مـار   مـــار کُشت آن دزدِ او را، زارِ زار ۱۳۷

مارگیر از نیش مار زهرآگین نجات یافت؛ امّا مار، دزد بیچاره را به زاری و خواری کشت.

مـــارگیرش دیـــد، پس بشـناختش   گفت: از جان مارِ مـن پـرداخـتش ۱۳۸

مارگیر او را دید و شناخت و با خود گفت: مارِ من جان او را گرفت و به هلاکت رسانید.

در دعـــا مـی‌خواستی جـانم از او   کِش بـــیابم، مـــار بســتانم از او ۱۳۹

در راز و نیاز با خداوند، از دل و جان می‌خواستم که او را بیابم و مار را از او بستانم.

شکر حق را کآن دعـا مـردود شـد   من زیـان پـنداشـتم، آن سـود شـد ۱۴۰

شکر که آن دعا اجابت نشد، چیزی را که زیان می‌پنداشتم، سود بود.

بس دعاها کآن زیان است و هلاک   وز کــرم مــی‌نشنود یـزدانِ پـاک[1] ۱۴۱

آدمی به سبب عدم آگاهی بر حقایق، غالباً خواستار چیزهایی است که برایش زیان‌بار است؛ بنابراین خداوند به جهت کرم الهی آن‌ها را اجابت نمی‌کند.

---

۱ - مناسب است با گفتهٔ مولای متقیان علی(ع): ای بسا که اجابت دعای تو به تأخیر افتاده است که اجر و عطایت به عنوان خواستار بیشتر و پرمایه‌تر گردد. و ای بسا به چیزی که خواسته‌ای دست نیافتی؛ امّا به زودی یا بعدها، بهتر از آن به تو می‌دهند و آنچه به نفع توست، به تو باز می‌گردد. چه بسا طالب چیزی بوده‌ای که اگر به آن دست می‌یافتی به نابودی دینت منجر می‌شد: احادیث، ص ۱۵۸.

التماس کردن همراه عیسی، عَلَیْهِ السَّلام، زنده کردنِ استخوان‌ها از عیسی، عَلَیْهِ السَّلام[1]

شخصی نادان با عیسی(ع) همراه شد. ناگهان در راه به توده‌ای از استخوان برخورد کردند. آن شخص به اصرار از عیسی(ع) خواست تا به وی اسم اعظم را بیاموزد که بر استخوان‌ها بخوانَد و آن‌ها را زنده کند. عیسی(ع) نپذیرفت و گفت: تو لایق چنین مقامی نیستی. مرد ابله گفت: پس تو خود این استخوان‌ها را زنده کن. عیسی(ع) از حق تعالیٰ خواهان سِرّ این امر گردید. خداوند فرمود: او را اجابت کن، حاصل آن هرچه باشد، سزای اوست؛ پس عیسی(ع) بنا به خواهش آن جوان صورت استخوان‌ها را زنده کرد. ناگهان شیری سیاه بر جهید و سر آن ابله را از تن جدا کرد. عیسی(ع) از شیر پرسید: چه شد که با این سرعت او را تباه و نابود ساختی؟ شیر گفت: چون تو از او آشفته گشتی. عیسی(ع) پرسید: چرا خون او را نخوردی؟ شیر پاسخ داد که رزق و روزی من نبود.

گشت با عیسی یکی ابله رفیق   استخوان‌ها دید در حفرهٔ عمیق ۱۴۲

فردی نادان با عیسی(ع) همراه شد، از مسیری عبور می‌کردند که ناگاه آن ابله در گودالی عمیق مقداری استخوان دید.

گفت: ای همراه! آن نامِ سَنی[2]   که بدان مُرده تو زنده می‌کنی ۱۴۳

آن مرد نادان گفت: ای همراه، آن نام عالی و رفیع که به وسیلهٔ آن مردگان را زنده می‌کنی،

مر مرا آموز تا احسان کنم   استخوان‌ها را بدان با جان کنم ۱۴۴

به من بیاموز تا به کمک آن بر مردگان نیکی و احسان روا دارم و آنان را زنده کنم.

گفت: خامُش کن که آن کارِ تو نیست   لایقِ اَنفاس و گفتارِ تو نیست ۱۴۵

عیسی(ع) گفت: خاموش باش که آن امر شگرف، کار تو نیست. چنین نام و کلامی بسی برتر از نَفَس و سخن توست.

---

۱ - این حکایت اقتباسی است از داستانی با همین مضمون در الهی‌نامهٔ عطّار، که در روایت الهی‌نامه، مرد ابله با سوگند دادن بسیار از عیسی(ع) نام اعظم حق را می‌آموزد و بر استخوان‌ها می‌خواند، شیری از میانه می‌جهد و او را می‌درد. عیسی(ع) از ماجرا آگاه می‌شود و با آشفتگی از سرنوشت شوم آن مرد می‌گوید: او چیزی را از حق خواست که لیاقت و شایستگی آن را نداشت: مأخذ قصص و تمثیلات مثنوی، صص ۴۲-۴۳.

۲ - **نام سَنی**: نام درخشان و پاک، مراد اسم اعظم است که بزرگ‌ترین نام خداست. بعضی معتقدند که تمام اسامی خداوند اعظم‌اند.

کآن نَفَس خواهد ز باران پاک‌تر وز فرشته در رَوِش دَرّاک‌تر ۱۴۶

زیرا، برای آموختن اسم اعظم باید نَفَسی پاک‌تر از باران داشت و از فرشتگان نیز در سلوک هوشمندتر گام برداشت.

عمرها بایست تا دَم پاک شد تا امینِ مخزنِ افلاک شد ۱۴۷

برای آنکه دم آدمی بسان باران لطیف و پاک شود، روزگار بسیاری باید سپری گردد تا انسان به آن مقام لطیف و شامخ برسد و بتواند محرم گنجینهٔ اسرار آسمانی گردد.

خودگرفتی این عصا در دستِ راست دست را دستانِ موسی از کجاست؟ ۱۴۸

فرض کنیم که عصای موسی(ع) را در دست گرفتی، آیا دست تو، اعجازِ دستِ موسی(ع) را دارد؟ این کجا و آن کجا؟

گفت: اگر من نیستم اسرارْ خوان هم تو برخوان نام را بر استخوان ۱۴۹

مرد نادان گفت: اگر من نمی‌توانم آن نام پاک را بر زبان آورم، تو آن را بر استخوان بخوان.

گفت عیسی: یا رب این اسرار چیست؟ میلِ این ابله در این بیگار چیست؟ ۱۵۰

عیسی(ع) گفت: پروردگارا، چه سِرّی است؟ چرا این ابله بر کاری چنین، اصرار می‌کند؟

چُون غم خود نیست این بیمار را ؟ چُون غمِ جان نیست این مُردار را ؟ ۱۵۱

چرا این مرد که خود بیمار و غافل است، غمی از آن بابت ندارد؟ چرا این مردهٔ متحرک، غم جان خود را نمی‌خورد؟

مردهٔ خود را رها کرده‌ست او مردهٔ بیگانه را جوید رفو ۱۵۲

جانِ مردهٔ خود را رها کرده و می‌خواهد مردهٔ بیگانه را زنده کند.

گفت حق: اِدبارگر[1] اِدبارجوست خارِ رویید جزای کَشتِ اوست ۱۵۳

خداوند فرمود: آدم بدبخت که تیره‌بختی‌اش به سبب درون شقی اوست، همواره جویای قضای بد و بدبختی است و این خار از کِشت اعمال او روییده است.

آنکه تخم خار کارد در جهان هان و هان! او را مجو در گلْستان ۱۵۴

کسی که در این دنیا با کارهایِ ناپسند و افکار رذیلانه، تخم خار می‌کارد، آگاه باش که به یقین او را در گلستان نخواهی یافت.

---

۱ - **ادبارگر** : آدم بدبخت، کسی که بخت و اقبال به او پشت کرده است.

گر گُلی گیرد به کف، خاری شود ورسوی یاری رَوَد، ماری شود ۱۵۵

چنین کسی اگر گلی به دست گیرد، از دَمِ سیاه او بدل به خار می‌شود و اگر به سوی یاری رود، به ماری تبدیل می‌گردد.

کیمیای[1] زهر و مار است آن شقی بر خلافِ کیمیایِ متّقی ۱۵۶

موجود شقی و سیه‌روز، مانند کیمیای تباهی هر چیزی را به زهر مار تبدیل می‌کند و این برعکسِ کیمیای گرانقدر درون پاک مردان الهی و متّقی است که همه چیز را به طلا مبدّل می‌سازد.

اندرز کردنِ صوفی خادم را در تیمارْداشتِ بَهیمه، و لاحَوْلِ خادم

مردی صوفی که اهل سیر و گشت در آفاق بود، در حین سفر، شبی در خانقاهی[2] مهمان شد و خر خود را در آخور بست و با دیگر صوفیان به وجد و طرب پرداخت. در پایان مجلس خوان نهادند و طعام آوردند. صوفی به یاد چهارپای خویش افتاد و خادم خانقاه را صدا کرد و گفت: برای آن حیوان بی‌زبان هم کاه و جو فراهم کن تا گرسنه نماند. خادم که از توصیهٔ صوفی ناراحت شده بود، گفت: لاٰ حَوْلَ وَ لاٰ قُوَّةَ إلاّ باللّٰه. این چه حرفی است؟ این موضوع همیشه کار من بوده است. صوفی گفت: چهارپای من سالخورده و پیر است؛ پس جو را خیس کن که با دندان‌های سستی که دارد، بتواند آن را بخورد. خادم با خاطری آزرده گفت: لاٰ حَوْلَ وَ... آنچه را که تو به من می‌گویی، همه از من می‌آموزند که چگونه چهارپایان را باید تیمار کرد. بدین ترتیب صوفی پس از سفارش‌های دلسوزانه و دقیق با خاطری سخت آسوده و دلی خوش به خواب رفت؛ زیرا خادم از بابت آسایش حیوان او را مطمئن کرده بود، بی‌خبر از آنکه چهارپای او تمام شب را با گرسنگی و ضعف به سر برده و بامداد قدرت حرکت

---

۱ - **کیمیا** : ر.ک: ۵۲۰/۱.

۲ - **خانقاه** : محلّی که در آن درویشان گرد آیند و به مراقبه و ذکر پردازند چنانکه مساجد. دربارهٔ اصل و ریشهٔ تاریخی آن سخن بسیار رفته است. گفته‌اند: خانقاه معرّب خوانگاه یعنی محلّ خوردن است. اساس بنای آن برای این بوده که درویشان بی‌مسکن، خاصّه فقرای صوفیّه به هر شهری وارد شوند جای و مسکن و خوراک داشته باشند. مصرف عمدهٔ موقوفات خانقاه اطعام فقرا و درویشان بوده است: ف. سجّادی، ص ۳۳۸.
خانقاه محل تجمّع و تشکیل مجالس فقری است. سالکان إلی الله در آنجا گرد پیرشان حلقه می‌زنند تا به امداد او زنگ انانیّت را از سینه و آیینهٔ دل بزدایند تا دلشان جلوه‌گاه حق گردد.

ندارد. با فرارسیدن صبح، خادم به شتاب پالان را بر درازگوش نهاد و با ضربات نیشتر حیوان را به دویدن واداشت که صوفی نداند بر خرش چه گذشته است.

صوفی بر چهارپای خویش سوار شد و عزم راه کرد. حیوان گرسنه و تشنه که قدرت حرکت نداشت، با هر گام به رو درمی‌افتاد.

جمعی از دوستان و یاران خادم جمع شدند و هر کدام به نوعی کوشیدند تا درازگوش را وادار به حرکت کنند. یکی گوشش را می‌پیچد. یکی نعل او را بررسی می‌کرد که در آن سنگی نباشد و از این قبیل. چون موفق به راه انداختن حیوان نشدند، عاقبت به صوفی گفتند: مگر تو دیروز نمی‌گفتی که این چهارپا حیوان نیرومندی است؟ صوفی که از حال نزار درازگوش پی به چگونگی مراقبت‌های ویژهٔ خادم برده بود، رندانه پاسخ داد که آن خری که شب فقط غذایش لاٰ حَوْلَ... باشد، جز بدین شیوه نمی‌تواند راه برود، تمام شب را تسبیح گفته است؛ پس بامداد اندر سجده خواهد بود.

این لطیفه، نقدِ خطاهای بشری است که همواره دستاویزِ طعنِ صوفیه بوده و هشدار به صوفیان ظاهربین است که از غرور و پندار باز آیند و در سیر تکامل به تکاپو افتند و با واگذاری کار خود به غیر، متّهم به طفیلی‌گری نگردند. «ستورِ صوفی» نمادی است از «نَفْسِ» او که اگر سپردن مهار آن به دست لاحول‌گویی شهوات باشد، الزاماً در صبح حقایق به رو خواهد افتاد.

۱۵۷ صوفیی می‌گشت در دور اُفُق تا شبی در خانقاهی[۱] شد قُنُق[۲]

یکی از صوفیان که در اطراف عالم و آفاق و انفس می‌گشت، شبی در خانقاهی میهمان شد.

۱۵۸ یک بهیمه داشت، در آخُر ببَست او به صدر صُفَّه[۳] با یاران نشست

درازگوشی داشت که در آخور بست و با یاران در صدرِ مجلس نشست.

---

۱ - مولانا در یکی از مکتوبات در ارتباط با علّت بنای خانقاه چنین می‌نویسد: خانقاه و خیرات که در عالم بنا کرده‌اند، بر امید آن کرده‌اند که بندهٔ حق نه بندهٔ دق، یار خاصّه نه یار کاسه، عاشق دیدار نه عاشق دینار و درویش جاندار نه درویش نان‌خوار باشد که روزی از اقبال، اتفاقاً، در این عمارت گذر کند، کو طمع آنکه مقیم شود: مکتوبات، ص ۲۱۹.

همچنین در نامهٔ دیگری چنین می‌فرماید: فرقی است میان کسی که بقعه‌ای و گوشه‌ای طلبد از بهر طمع لقمهٔ نان، که امروز به سقایه برد و فردا به گور، و میان کسی که بقعه‌ای طلبد تا حلقهٔ اهل خبر در او جمع آیند و به قوّتِ همدگر راه آخرت سپرند و از نان و جان برگذرند. شرح این گفته شدی اگر خوفِ ملالت خاطر نبودی: مکتوبات، ص ۲۲۸.

۲ - **قُنُق** : لفظ ترکی، میهمان.

۳ - **صُفّه** : ایوان مسقّف، در صدر اسلام، برخی از مسلمانان که به سبب زهد و عبادت بسیار، از دنیا روی گردانده بودند، در ایوان مسجد پیامبر(ص) زندگی می‌کردند و به آنان اصحاب صُفّه می‌گفتند. همچنین قسمتی از جمع‌خانه که محلّ جلوس شیخ است و آن را صدر مجلس فقری می‌دانند.

پس مراقب[1] گَشتْ با یارانِ خویش　　　دفتری باشد حضورِ یار پیش ۱۵۹

پس با سایر صوفیان به مراقبه مشغول شد و کوشید تا در حضور یار و به امدادِ او، صفحه‌ای از صحیفهٔ دل را بخواند و گامی به شناختِ نَفْس نزدیک‌تر شود.

دفترِ صوفی[2] سوادِ[3] حرف نیست　　　جز دلِ اسپیدِ همچون برف نیست ۱۶۰

در «دفترِ صوفی» نوشته‌ای نیست که برای فضل‌فروشی از آن کلامی بگوید. دفترِ صوفی دل اوست که از زنگار هوس‌ها و تعلّقات پاک شده و پذیرنده فیوضات ربّانی است.

زادِ دانشمند آثارِ قلم　　　زادِ صوفی چیست؟ آثارِ قَدَم ۱۶۱

توشهٔ آنان که در علوم مختلف نظری می‌کوشند، آثاری است که می‌نگارند؛ امّا توشهٔ صوفی که گام بر آثار قدمِ اولیایِ حق می‌نهد، دلی پاک است که با آن به علوم و اسرار آگاهی می‌یابد و به کشف و شهود نایل می‌گردد.

همچو صیّادی سویِ اِشکار شد　　　گام آهو دید و بر آثار شد ۱۶۲

صوفی، همانند آن شکارچی است که برایِ صید، ردّپای آهو را می‌بیند و در پی آن به راه می‌افتد. ردّ پای آهو در این قطعه، نمادی است از انجامِ مقلّدانهٔ دستورات پیر راه‌دان که سالک در آغاز سیر و سلوک معنوی و روحانی بدان ملزم و مکلّف می‌شود و متعبّدانه بدان اهتمام می‌ورزد، هرچند که شاید در ابتدا از انجام آن هیچ ذوق و جاذبه‌ای نیابد.

---

۱ - **مراقبه** : مراقبت از دل و توجّه تام به واردات الهی. مراقبت در جمع را صوفیه به خلوت در انجمن تعبیر می‌کنند که نزد اهل تصوّف از احوال است؛ پس موهوبی است نه مکسوبی: ف. سجّادی، صص ۷۱۰ و ۷۱۱.
مراقبت آن است که اگر تو حق تعالیٰ را نبینی، دانی که او تو را می‌بیند و تداوم این علم در بنده، مراقبت خدای بُوَد و این اصلِ همهٔ چیزهاست: رسالهٔ قشیریّه، ص ۲۸۹، با تلخیص.

۲ - **صوفی** : پیرو طریقهٔ تصوّف. پشمینه‌پوش. آنان که از طریق ریاضت و تعبّد و تهذیب نفس، طالب حق و حقیقت‌اند. گروهی که از اواخر قرن دوم هجری در اسلام پدیدار گشتند و در سراسر تاریخ اسلام و ایران در علوم و آداب و اجتماع اثر شگرفی داشته‌اند. پیروان این طریقه به صوفی و عارف و اهل کشف موسوم‌اند.
دربارهٔ وجه تسمیهٔ صوفی و پیدایش این کلمه گفته‌اند: تصوّف منسوب به اهل صُفّه است و جماعتی از فقرای مسلمان که در صدر اسلام در صُفّهٔ مسجد پیامبر(ص) سکونت داشتند، لیکن درست نیست؛ زیرا نسبت صُفّه، صُفّی است، نه صوفی. بعضی گفته‌اند: صوفی به صوف (پشم، لباس پشمین) منسوب است. برخی گفته‌اند: صوفی از صفا می‌آید. گروهی صوفی را از صف دانسته‌اند؛ زیرا این طایفه از نظر قلب در صف اوّل‌اند. شاید بهترین فرض همان باشد که صوفی کلمه‌ای عربی و مشتق از صوف بدانیم و معنی کلمهٔ تصوّف را به عنوان پشمینه پوشیدن بپذیریم: ف. سجّادی، ص ۵۳۶ و دهخدا، با تلخیص.

۳ - **سواد** : کالبد، تاریکی، مرکّب دوات، کتابت و نوشته.

چند گاهش گام آهُو[1] در خور است بعد از آن خود نافِ آهو[2] رهبر است ۱۶۳

در ابتدا، اثر پای آهو شکارچی را به سوی صید هدایت می‌کند؛ یعنی تقلیدِ صِرف هادی سالک است؛ امّا پس از طی مسیری، بوی دلپذیرِ ناف آهو به مشامش می‌رسد و او را به سوی خود می‌کشانَد. در این مرتبه تقلید آرام آرام به تحقیق بدل می‌گردد.

چونکه شُکرِ گام کرد و ره بُرید[3] لاجرم زآن گام در کامی[4] رسید ۱۶۴

اگر سالک شأنِ «آثارگام» یا دستورات مُرشد کامل را بداند و شاکرانه به سلوک ادامه دهد، لاجرم آن گام او را به کام می‌رسانَد.

اشاره به حقوق مراد بر مرید است که پاس حقوق مراد را بدارد و حقّ مریدی را به کمال به جا آورد.

رفتنِ یک منزلی بر بُویِ ناف بهتر از صد منزلِ گام و طواف[5] ۱۶۵

رفتنِ منزلی از منازل راه با کمکِ معنوی مرشدِ کامل، مرتبهٔ برتری نسبت به انجام طاعات و عباداتِ بدونِ معرفت و محبّت دارد.

آن دلی کو مَطلعِ مهتاب‌هاست بهرِ عارف فُتِّحَتْ اَبْوابُها[6]ست ۱۶۶

در دلِ عارف ماهتاب معارف طالع است و این دل منوّر برایِ عارف دروازهٔ بهشت قُربِ وصالِ حق است.

با تو دیوار است و با ایشان در است با تو سنگ و با عزیزان گوهر است ۱۶۷

دل که می‌تواند محلِّ گشایش درهای اسرار و بهشتِ مشاهدت باشد، برای تو که غافلی، مانند دیوار و سنگِ غیر قابل نفوذ است و برای عزیزانِ درگاهِ حق گوهری دُردانه.

---

۱ - **گامِ آهو** : «جایِ پایِ آهو»: اینجا تعبیری از آثار ظاهری حقایق.

۲ - **نافِ آهو** : چندی پس از انجام دستورات و تعالیم مرشد کامل، سالک ذوق و شوقی در دل می‌یابد و احوال درونی وی دگرگون می‌گردد و جاذبه روحانی مراد تداوم‌بخش این شور و حال معنوی در سلوک است که اینجا به «ناف آهو» تعبیر شده است. ۳ - **ره بُرید** : راه را طی کرد. ۴ - **کام** : اینجا وصل حق.

۵ - انجام دستورات شریعت به امید یافتن حقیقت مرتبهٔ برتری است از انجام اوامر و نواهی صرفاً در قوالب ظاهری آن و پیروان شرایع که در آغاز مقلّدانه تکالیف شرعی را می‌پذیرند. اگر لطف الهی شامل حالشان باشد، بوی حقایق به مشام جانشان می‌خورد و آنان را به مراتبی برتر از تقلید یعنی تحقیق می‌رساند.

۶ - اشارتی قرآنی؛ زُمَر : ۷۳/۳۹ : وَ سِيقَ ٱلَّذِينَ ٱتَّقَوْا رَبَّهُمْ إِلَى ٱلْجَنَّةِ زُمَراً حَتَّى إِذَا جَآؤُهَا وَ فُتِحَتْ أَبْوَابُهَا... : و پرهیزکاران خداترس را فوج فوج به بهشت برند و چون به آنجا رسند همهٔ درهای بهشت به رویشان گشوده گردد.

آنــچه تــو در آیــنه بــینی عــیان   پیرْ اندر خِشْت[1] بـیند بـیش از آن ۱۶۸

چیزی را که تو در آیینهٔ نقش‌های هستی می‌بینی، اموری ناپایدارند. پیر نه تنها ظاهر را می‌بیند؛ بلکه از باطن آن نیز آگاهی کامل دارد و حقیقت هر چیز و غایت آن را مـی‌بیند و می‌داند. علم او از حق نشأت گرفته و نیازمند ابزار مادّی نیست.

پــیر، ایشــان‌انـد کـین عــالم نـبود   جانِ ایشان بـود در دریـایِ جـود[2] ۱۶۹

چون انسان کامل محمّدیّه(ص) واسطهٔ ظهور ممکنات و عوالم است؛ پس جان ایشان پیش از آنکه عالمی موجود شده باشد، در دریای بیکران ذات خداوندی حضور داشته است.

پیش از این تن،[3] عُمرها بگذاشتند   پـیشتر از کِشت،[4] بَـرْ بـرداشـتند[5] ۱۷۰

حقیقتِ انسان کامل در ابتدای وجود، «به حسب قوس نزول»، واسطهٔ ظهور موجوداتِ عالم و مبدأ خیر و برکات است و چون جامع جـمیع مـراتب وجـود است؛ پس پـیش از نشأت عنصری، عمرها گذرانده‌اند و پیش از کِشت میوه‌ها برداشته‌اند؛ یعنی پیش از زنـدگی ایـن جهانی، زندگی را به معنای غیبی و الهی آن ادراک کرده‌اند.

پیشتر از نَـقش[6]، جـان پـذرفته‌انـد   پـیشتر از بـحر[7]، دُرهـا[8] سُـفته‌انـد ۱۷۱

همان گونه که در بیت پیشین گفته شد، انسان کامل مـحمّدیّه(ص) از جـهتی مـنسوب بـه حضرت غیب وجود است و از جهتی جامع مراتب کونیّه، پس به اعتبار برخورداری از وجود عنصری عبد محسوب می‌شود و به اعتبار آنکه مبدأ تجلیّات خلقی است، ربّ بـه شـمار می‌آید؛ پس کاملان پیش از نقش، جان پذیرفته‌اند؛ یعنی پیش از حضور در این هستیِ مادّی، زندگی را به معنای غیبی و الهیِ آن درک کرده‌اند و در دریایِ عالم معنا به مرواریدِ حقیقت دست یافته‌اند.

۱ - **خشت** : آجر خام، خشت یا صفحهٔ آهنی که با صیقل زدن به آیینه مبدّل می‌شود. مرحوم دهخدا در فرهنگ بیتی از ابیات شاهنامه را آورده و نتیجه گرفته‌اند که خشت از آهن نیز بوده است.

۲ - انسان کامل محمّدیّه(ص) به اعتبار فنا در احدیّت، واجد این مرتبه از تعیّن است و به اعتبار ظهور در واحدیّت مشتمل بر این مرتبه است و چون عین ثابت انسان کامل، سمت سیادت بر سایر اعیان دارد و مبدأ تعیّن جمیع اعیان است به این اعتبار مبدأ ظهور اعیان ثابتهٔ جمیع ممکنات است و اعیان ممکنات، صورت ظاهر و باطن انسان‌اند: شرح مقدّمهٔ قیصری، ص ۲۲۱ و ر.ک: ۳۶۹۱/۲، توضیحاتی بیشتر در ارتباط با اصطلاحات مربوطه.

۳ - پیش از زندگیِ این جهانی. ۴ - **پیش از کِشت** : پیش از جدّ و جهد در زندگی.

۵ - **بَرْ برداشتند** : نتیجه یا حاصلِ آن را به دست آوردند. ۶ - **نقش** : صورت و ظاهر.

۷ - **بحر** : اینجا عالم معنا. ۸ - **دُر** : دُرّ: مروارید حقیقت، کنایه از معرفت.

حکایتِ مشورت کردنِ خدای تعالی در ایجاد خلق

خبر دادن خداوند به فرشتگان دربارهٔ جای دادن خلیفه در زمین که عبارت است از آماده ساختن زمین و نیروها و ارواح آن که قوام و نظام زمین بدان است، برای زیستن نوعی از آفریدگان که در آن تصرّف کند.

مشورت می‌رفت در ایجادِ خلق[1]   جانشان در بحرِ قدرت تا به حلق ۱۷۲

خداوند با فرشتگان در ارتباط با آفرینش انسان گفت‌وگو و مشورت می‌فرمود، در حالی که روح و جان انسان کامل و آنان که با ایشان اتّحاد روحی و نوری دارند، در دریایِ قدرت الهی موجود بود.

چون ملایک مانعِ آن می‌شدند   بر ملایک، خُفیه خُنبک[2] می‌زدند ۱۷۳

هنگامی که فرشتگان [فرشتگان خاکی که قبل از آفرینش آدم(ع) به فرماندهی عَزازیل به زمین آمدند تا کرهٔ ارض راکه جنّیان در آن سکونت داشتند به نظم آورند] با حق تعالیٰ چون و چرا می‌کردند، حقیقتِ انسانِ کاملِ محمّدیّه(ص) و متّحدان روحی و نوری او [کاملان واصل]، به اعتبار فنا در مقام احدیّت، واجد این مرتبه از تعیّن و موجود بود و بر فرشتگان به سبب جهلی که از این امر داشتند، لبخندی مخفیانه می‌زد.

مُطّلع بر نقشِ هر که هست شد[3]   پیش از آن‌کین نَفْس کُل پابست[4] شد[5] ۱۷۴

قبل از آنکه پای نَفْس کُلّ با علایق مادّی بسته شود، پیران از نقش هرچیزی که بعداً می‌بایست آفریده شود، خبردار بودند.

---

۱ - اشارتی قرآنی؛ بقره: ۳۰/۲: ر.ک: ۲۶۷۱/۱، در باب آفرینش انسان.

۲ - **خُنبک زدن**: تنبک زدن، لبخند از سر استهزا.   ۳ - **هر که هست شد**: هر چیزی که قرار بود آفریده شود.

۴ - **نَفْس کُل پابست شد**: پیش از آنکه نَفْسِ کل وابسته و علاقه‌مند به صُوَر مادّی گردد.

۵ - پیش از آنکه «نَفْس کُلّ» پایبندِ صُوَر مادّی شود، جانِ پیران از آنچه آفریده خواهد شد، آگاه بود.
«حقیقت وجود» بعد از تجلّی در «عقل اوّل یا عقل کلّ»، از عالم عقول مرور می‌کند و به «نَفْس کُلّی» می‌رسد و با ظهور در نفس کلّی، صورتی روحانی فیضان می‌یابد که آن را «لوح قدر» یا نفس کلّی می‌نامند: شرح مقدّمهٔ قیصری، ص ۲۱۶. اهل ذوق گویند: این عالم یک شخص است که آن را عالم کبیر خوانند یا نفس کلّی و او را روانی است که عامل فعل در اوست: فرهنگ علوم عقلی، ص ۵۹۸: دهخدا، ذیل نفس کلّی. پس نفس کلّی که آن را نفس حضرت محمّد(ص) نیز دانسته‌اند: فرهنگ مصطلحات عُرفا، ص ۴۰۱: دهخدا، ذیل نفس کلّ. پیش از پابست شدن؛ یعنی مقیّد و مرتبط گشتن با عالم شهادت، حقایق و نقوش عالم هستی راکه در لوح قدر ظهور نموده است، آشکارا دیده و بر آن وقوف دارد.

پیشتر ز افلاک، کیوان دیده‌اند   پیشتر از دانه‌ها نان دیده‌اند[1] ۱۷۵

ارواح کاملان پیش از آفرینش افلاک و عالم امکان،[2] آن را به‌طور تفصیل در «لوحِ قَدَر» یا «نَفْس کلّی»، شهود کرده و تمامِ اجزایِ هستی را دیده‌اند.

بی‌دِماغ[3] و دل پُر از فکرت بُدند   بی‌سپاه و جنگ، بر نُصرت زدند[4] ۱۷۶

وجود آنان برتر از آن است که نیازمندِ ابزارِ تفکّر باشند، فکرت ایشان به اعتبار ظهور تفصیلی حقایق در نفس کلّی، به جمیع حقایق قبل از ایجاد آگاه است.

آن عیان[5] نِسْبت به ایشان فکرت است   ورنه خود نسبت به دُوران[6] رؤیت است ۱۷۷

برای کاملانِ شهودِ حقایق، آگاهی از «عالم امکان و اعیان ثابته» است که فکرت نامیده می‌شود؛ امّا غیر عارفان یا «ناآگاهان» می‌پندارند که شهود حقایق، با چشمِ سر و «رؤیت» است، حال آنکه حقیقت را جز با چشمِ دل نمی‌توان دید.

فکرت از ماضی و مُستقبل بُوَد   چون ازاین دو رَست، مُشکِل حل شود[7] ۱۷۸

به‌طور کلّی در رابطه با «فکرت و اندیشه»، «ماضی و مستقبل» یا «زمان» مطرح است و خلق در مورد گذشته یا دربارهٔ آینده می‌اندیشند. اگر آدمی از این دو، یعنی از قید زمان رها گردد، همان‌گونه که کاملان رهیده‌اند، حقیقت را آشکار می‌یابد؛ یعنی کثرت را محو در اصل وجود می‌بیند و این شهودی است در ماورای زمان.

دیده چون بی‌کیف[8] هر باکَیْف را[9]   دیده پیش ازکان صحیح و زَیْف[10] را ۱۷۹

آنان در آن عالم و قبل از وجودِ صوری‌شان، موجودات این جهانی را که مقیّد به قیودِ عالم مادّه‌اند، دیده‌اند و پیش از پدیدار گشتن کان و معادن، موادِ خالص و ناخالصِ آن را شناخته‌اند.

---

۱ - پیش از وجودِ ظاهری گندم ماهیت نان را شناخته‌اند.

۲ - **عالم امکان:** آنچه غیرِ ذاتِ خداست و آفریده شده است.

۳ - **بی‌دِماغ:** بدون قوای دِماغی، بدون ابزار ظاهریِ تعقّل و تفکّر، بدون مغز.

۴ - مُراد آنکه: پیروزیِ آنان نیز بدون ابزار ظاهری بود، بدون سپاه و جنگ.   ۵ - **عیان:** مشاهدهٔ حقایق.

۶ - **دوران:** غیر عارفان، ناآگاهان.

۷ - بعد از این بیت، بیتی در نسخهٔ نیکلسون آمده که در نسخهٔ خطی کهن وجود ندارد:

روح از انگور می را دیده است   روح از معدوم شَی را دیده است

معمولاً سالک مجاهد نیز پس از طیِ مراحلی به این بیرون رفتن از زمان و به بی‌فکری می‌رسد.

۸ - **بی‌کیف:** اینجا وجودِ معنوی و غیبیِ پیرانِ کامل قبل از وجودِ صوری.

۹ - شهود ایشان به نحوهٔ تعیّن اشیا در علم حق و مشاهدهٔ کلیّهٔ حقایق به‌طور تفصیلی در لوح قدر است.

۱۰ - **صحیح و زیف:** سره و ناسره، خالص و ناخالص.

پــــیشتر از خـــــلقتِ انگـــورها خـــورده مِـــی‌ها و نـموده شُـورها[1] ۱۸۰

روح انسان کامل، قبل از آفرینش صُوَر مفصلهٔ وجودی، صورت تمامی اشیا را دیـده و قابلیّت و استعدادِ هر یک را، ادراک کرده است.

در تــــموزِ[2] **گــرم، مــی‌بینند دی در شــعاعِ شـمس، مـی‌بینند فَـیْ**[3] ۱۸۱

کاملان واصل در گرمای شدید تابستان، زمستان را می‌بینند و در پرتو نور خورشید سایه را.

در دلِ انگـــور مِـــیْ را دیـــده‌انـــد در فـنایِ مَـحْض شـیْ را دیـده‌انـد ۱۸۲

آنان در انگور، استعداد نهفته و قابلیّتی که آن را به شراب مبدّل می‌سازد، دیده‌اند و به صورت خارجی اشیا در حالی که هنوز در فنای محض و در عالم مجرّدات بوده‌اند، شهود داشته‌اند.

آسمان در دورِ ایشان[4] **جـرعه‌نوش آفـتاب از جُـودشان زربـفتْ‌پوش** ۱۸۳

در سلسلهٔ آفریدگان که از «عقل اوّل و حقیقت محمّدیّه(ص)» در قوس نزول فیض الهی شروع می‌شود و به آخرین مراتب هستی می‌رسد، کاملان واسطهٔ فـیض حق‌انـد؛ پس آسـمان و افلاک و خورشید، از وجودِ ایشان فیضِ وجود و شکوه و زیبایی می‌یابند و جرعه‌نوش بادهٔ آنان‌اند.

چون از ایشان مجتمع بینی دو یار هم یکی باشند و هم ششصد هـزار ۱۸۴

اگر اجتماعی از دو انسان کامل واصل را دیدی، بدان که علی‌رغم کثرت ظاهری، وحدتی ذاتی دارند که به اعتبار آن، می‌توان آنان را یک تن یا ششصدهزار تن به شمار آورد و با همهٔ کاملان یکی دانست.

بـــر مـــثالِ مـــوج‌ها اَعـــدادشـــان در عـــــدد آورده بـــاشد بـــادشان ۱۸۵

همان‌گونه که با وزیدن باد تعدّد و کثرتی در امواج دریا ایجاد می‌شود؛ امّا حقیقتِ امواج که دریاست، تغییر نمی‌کند، کاملان نیز بر خلافِ کثرت ظاهری، وحدتی روحانی دارند که «باد» یا «نمایهٔ غیبی» که نمادی از ارادهٔ باری تعالیٰ است، آنـان را در کـثرتی ظـاهری نـمایان ساخته است.

---

۱ - گویی که از آفرینشِ انگوری که هنوز آفریده نشده «مِیْ» می‌خورده و شورِ مستی داشته‌اند.

۲ - **تموز:** نامِ ماه اوّل تابستان، تابستان. ۳ - **فَیْ:** سایه. ۴ - **در دور ایشان:** در سایهٔ قدرت آنان.

مُـفترق[1] شـد آفـتابِ جـان‌ها[2] در درونِ روزنِ ابـدانِ[3] مـا ۱۸۶

«آفتاب جان»ها یا «حقیقت انسان» که مظهرِ حق از جهت ربوبیّت است، برای ظهور تـجلّی کرد و هر موجودی بنا بر استعداد و قابلیّت خود از آن بهره بُرد و در وجود انسان که از مظاهر آن است تابید و به ظاهر پراکنده شد.

چون نظر در قُرص داری، خودیکی‌ست وانکه شد محجوبِ اَبدان، در شکی‌ست ۱۸۷

اگر به «اصل» توجّه کنی، یک «حقیقت» در تن آدمی تجلّی دارد. این «جوهرِ ذات» که آن را «روح» می‌نامند، لطیفه‌ای روحانی است که برایِ ظهور باید مراتبِ حیوانی را طی کند و به افق اعلای انسانی وارد شود. آنان که محبوسِ عالم مادّه و «بدن»اند، باور نمی‌کنند که هستیِ حقیقی یکی است.

تـفرقه در روحِ حـیوانـی بُـوَد نَـفْسِ واحـد، روح انسانی بُـوَد ۱۸۸

جوهرِ ذاتِ نَفْس آدمی مادّی نیست و استعدادِ تعالی دارد و اگر بتواند از عالمِ محسوس و مراتب حیوانی گذر کند و به افق ادراکات عالی وارد شود، به لطیفهٔ روحانی خاصّ نـوع انسان که به ملکوت اعلیٰ اتّصال دارد، دست می‌یابد؛ امّا روح حیوانی استعدادِ این ترقّی را ندارد و متمایل به عالم مادّه و در تفرقه است.

چـونکه حـق رَشَّ عَـلَیْهِمْ نُـورَهُ[4] مـفترق هـرگز نگـردد نـورِ او ۱۸۹

چون حق تعالی نور خویش را بر این جان‌ها افشانده، در آن پراکندگی و تفرقه نیست.

یک زمان بگـذار ای هـمره! مـلال[5] تا بگویم وصفِ خالی[6] زآن جـمال ۱۹۰

ای که در قافلهٔ سلوک همراه من گشته‌ای، دمی ملالت ناشی از عدم درکِ این حقایق را به فراموشی سپار تا وصفی از خال جمال دوست بگویم.

---

۱ - **مُفْتَرِق** : پراکنده و جداگردیده. ۲ - **آفتابِ جان** : حقیقتِ انسان. ۳ - **ابدان** : بدن‌ها.

۴ - مصراع نخست اشاره به حدیث است، ر.ک: ۷۶۵/۱.

۵ - احتمالاً «ملال» یاران و مریدان حاضر در جلسات تقریر مثنوی، مولانا را که مشتاق تبیین «جمال روح انسان» است به این توصیه واداشته است تا بتواند در «وصف خال» او سخن بگوید.

۶ - **خال** : نزد سالکان طریق و اهل ذوق، نقطهٔ وحدت حقیقی است که مبدأ و منتهای کثرت و مشابه هویّت غیبی است که از ادراک و شعور محتجب است.

در بـــیان نـــاید جـــمالِ حـــالِ او هر دو عالم چیست؟ عکس ِ خالِ او[۱] ۱۹۱

زیبایی و جمال حقیقت حال او «انسان کامل محمّدیّه(ص)» کـه در مـقامی بـالاتر از عـوالم ملکوتی؛ یعنی در اتّصالِ با مقام الوهیّت است، در بیان نمی‌گنجد. هر دو عالم، یعنی مُلک و ملکوت، پرتوی از حَسَنات او ست.

چونکه من از خالِ خوبش دَم زنـم نطق، می‌خواهـد کـه بشکـافد تـنم ۱۹۲

هنگامی که می‌خواهم از وحدت بی‌نظیرش سخن گویم، نفس ناطقهٔ من مـی‌خواهـد کـالبد جسمانی‌ام را بشکافد و پاره کند؛ زیرا وحدتِ او کثرتی را نمی‌پذیرد و تن از عالم کثرت است.

همچو موری اندر این خرمن خوشم تا فزون از خـویش بـاری مـی‌کَشم ۱۹۳

مانندِ مـوری بـا شـادی و خـرسندی در خـرمن هستی، بـاری افـزون‌تر از تـوان را بـر دوش می‌کشم.

بسته شدنِ تقریرِ معنیِ حکایت به سببِ میلِ مستمع به استماعِ ظاهرِ صورتِ حکایت

کِی گذارد آنکه رشکِ رُوشنی‌ست[۲] **تا بگویم آنچه فرض و گُفتنی‌ست**[۳] ۱۹۴

آن خورشیدِ عالم معنا که روشنی‌ها و خورشیدهایِ ظاهری حسرتش را دارند، اجـازه نمی‌دهد گفتنی‌ها را که بر خود فرض می‌دانم، بگویم.

بحرْ کَـف پـیش آرد و سـدّی کُـند جَـرْ کُـند، وز بـعدِ جـر مَـدّی کُـند ۱۹۵

همان گونه که دریا در حال جزر و مد گاه کف به همراه می‌آوَرَد و اجسامِ میانِ کف‌ها، در

---

۱ - انسان کامل محمّدیّه(ص) جامع جمیع مراتب وجودی است به سبب فنای او در احدیّت و ظهور در واحدیّت و تجلّی او در صورت عقول و نفوس و بروز در حقایق برزخی و ظهور در عالم اجسام؛ پس هر دو عالم انعکاس و تجلّی و پرتوی از وحدت اوست.

۲ - **آنکه رشکِ روشنی‌ست** : اینجا حُسام‌الدّین که از همهٔ روشنی‌ها روشن‌تر است.

۳ - سخن به وحدت تام و بی‌نظیرش رسیده بود که شنوندگان تقریر مثنوی که مریدان و یاران خاص‌اند، از بحث پیرامون حقایق الهی، خسته و دلتنگ شدند و خستگی ایشان، همان عدم کشش از جانب معشوقه است که نمی‌گذارد فراتر از درک و فهمِ عام سخنی گفته شود.

برابر امواج مقاومت می‌کنند و مانع پیشروی می‌شوند، بحر حقایق درون مولانا نیز که در حال جزر و مد بود از شدّت تلاطمش کاسته شد؛ زیرا کفی پیش آمد و مانندِ سدّی مانعِ جوشش و فَیَضانِ معانی شد.

این زمان بشنو چه مانع شد؟ مگر   مستمع را رفت دل جایِ دگر ۱۹۶

اکنون بشنو که چه چیز موجب شدکه بحر کفی آوَرَد و نگذارد گفتنی‌ها گفته شود. علّت آن غیرتِ حق است بر حقایق والا که نمی‌گذارد درگوش غافلان گفته آید و اینک در این مجلس، مستمعان از حق غافل شدند و دلشان به جای دیگر تمایل یافت.

خاطرش شد سویِ صوفیِ قُنق   اندر آن سودا فرو شد تا عُنُق[1] ۱۹۷

توجّه شنونده به داستان صوفی و میهمان شدن وی در آن خانقاه متمایل شد و در این اندیشه غوطه‌ور گردید.

لازم آمد باز رفتن زین مقال   سویِ آن افسانه بهرِ وصفِ حال ۱۹۸

بنابراین از مباحث الهی می‌گذریم و به قصّهٔ آن صوفی می‌پردازیم؛ زیرا رعایت حال شنونده از لطایف تعلیم و تعلّم است.

صوفی آن صورت مپندار ای عزیز!   همچو طفلان تا کی از جوز و مَویز؟[2] ۱۹۹

ای عزیز، صوفی را فقط آن صورت و ظاهر نپندار. تا کی مانندِ کودکان برای تو از «جوز و مویز» یا خوراک ذهنی کودکانه بگوییم؟

جسم ما جوز و مَویز است[3] ای پسر!   گر تو مردی، زین دو چیز اندرگُذر ۲۰۰

جسم مادّی، همانند جوز و مویز برایِ کودکان و کودک‌صفتان است. اگر مردِ راه حق هستی، از تن و تمایلاتِ آن بگذر.

ور تو اندر نگذری اِکرام حق   بگذراند مر تو را از نُه طَبَق[4] ۲۰۱

و اگر از این امر ناتوانی، دست در دامن کَرَم و لطف الهی بزن تا یاریت کند و تو را به عالمی فراتر از مادّه برساند.

---

۱ - **عُنُق**: گردن.   ۲ - مُراد آنکه: اگر فقط به ظاهر توجّه کنی، کودک صفت هستی و رشد نیافته‌ای.
۳ - **جسم ما جوز و مویز است**: قالب مادّی در تقابل با حقیقت نهانی آن بازیچه است.
۴ - مصراع دوم: از نُه طبق گذراندن؛ یعنی از عوالم مادّی عبور دادن و به ماورا رساندن.

بشنو اکنون صورتِ افسانه را   لیک، هین! از کَهْ جدا کن دانه را ۲۰۲

اکنون صورت ظاهری و وقایع داستان را بشنو؛ امّا آگاه باش و در حین شنیدن، کاه را از دانه یا معنا را از قالب حکایت دریاب.

التزام کردنِ[1] خادم تعهّدِ[2] بهیمه[3] را و تخلّف نمودن[4]

حلقهٔ آن صوفیانِ مُستفید[5]   چونکه در وجد و طرب آخر رسید ۲۰۳

چون وجد و طربِ صوفیانِ فیض‌جو که به شکل حلقه نشسته بودند، به منتها رسید،

خوان بیاوردند بهرِ میهمان   از بهیمه یاد آورد آن زمان ۲۰۴

هنگامی که برای میهمان سفرهٔ طعام را گستردند، به یاد درازگوش خویش افتاد.

گفت خادم[6] را که: در آخُر برو   راست کن بهرِ بهیمه کاه و جو ۲۰۵

صوفی به خادم خانقاه گفت: به آخور برو و برای چهارپای من کاه و جو آماده کن.

گفت: لاٰ حَوْل[7]، این چه افزون گفتن است؟   از قدیم این کارها کارِ من است ۲۰۶

خادم گفت: لاٰ حَوْلَ وَ لاٰ قُوَّةَ إلاّٰ بِالله، چه حرفِ بیهوده‌ای می‌گویی؟ از قدیم کار من همین است.

گفت: تر کُن آن جُوَش را از نُخُست   کآن خرِ پیر است و دندان‌هاش سُست ۲۰۷

صوفی گفت: دندان‌هایِ چهارپایِ پیرِ من سست است، ابتدا جو را خیس کن که بتواند بخورد.

گفت: لا حول، این چه می‌گویی مِها؟   از من آموزند این ترتیب‌ها ۲۰۸

خادم گفت: پناه بر خدا، ای آقا، این حرف‌ها چیست؟ دیگران این کارها را از من می‌آموزند.

---

۱ - **التزام کردن**: بر خود لازم گرفتن کاری را، ملتزم شدن. ۲ - **تعهّد**: مراقبت.

۳ - **بهیمه**: چهارپا، ستور.

۴ - در مثنوی کهن، عنوان چنین است: «گمان بردنِ کاروانیان که بهیمهٔ صوفی رنجورست»، در مقابله اصلاح کرده‌اند.

۵ - **مستفید**: استفاده کننده، سود خواهنده، اینجا بهره‌مند از تعالیم استاد طریقت.

۶ - **خادم**: اهل خدمت، گروهی از مبتدیان و سالکان جدید که به خانقاه آمده‌اند و ایشان را خدماتی گوناگون می‌فرمایند تا بدان واسطه مقبول و منظور دل‌های اهل معاملات و ملحوظ نظر رحمت و شفقت ایشان گردند و از لباس اجنبیّت و بُعد، منسلخ گردند و اهلیّت صحبت و استعداد قبول فواید آن را یابند و به برکت افعال و اقوالشان مقیّد به ادب و شایسته خلوت گردند.

۷ - لاٰ حَوْل، «نیست نیرو و قدرتی مگر خدا را»، گاه برای پناه بردن به حق از شرّ کسی آن را گویند.

گفت: پالانش فرو نِهْ پیش پیش   داروی مَنبل[1] بِنِه بر پُشتِ ریش ۲۰۹

صوفی گفت: پالانش را بردار و بر جراحتی که در پشت اوست، داروی مَنْبَل بگذار.

گفت: لا حول، آخر ای حکمتْ‌گزار[2]   جنسِ تو مهمانم آمد صد هزار ۲۱۰

خادم گفت: پناه بر خدا، سخنان حکیمانه نگو، مانندِ تو تاکنون صدهزار میهمان داشته‌ام.

جمله راضی رفته‌اند از پیشِ ما   هست مهمان جانِ ما و خویشِ ما ۲۱۱

همه با رضایت از اینجا رفته‌اند. میهمان برای ما مانند جان، عزیز و خویشاوند است.

گفت: آبش دِه و لیکن شیرْ گَرم   گفت: لا حول، از تُوام بگرفت شرم ۲۱۲

میهمان گفت: آب هم بده؛ امّا ولرم، مانند شیر تازه. خادم گفت: پناه بر خدا که از سخنان تو شرمنده شدم.

گفت: اندر جو تو کمتر کاه کن   گفت: لا حول، این سخن کوتاه کن ۲۱۳

صوفی گفت: جو را که با کاه مخلوط می‌کنی، کاهِ کمتری بریز. خادم گفت: پناه بر خدا، این حرف را نزن.

گفت: جایش را برُوب از سنگ و پُشک   ور بُوَد تر، ریز بر وی خاکِ خشک ۲۱۴

صوفی گفت: جایش را از سنگ و پِشگل و کثافات پاک کن و اگر طویله تر است، کمی خاک خشک بریز.

گفت: لاحول، ای پدر! لا حول کن[3]   با رسولِ اهل کمتر گو سخُن ۲۱۵

خادم گفت: پناه بر خدا، ای پدر تو نیز به خدا پناه ببر و با نمایندهٔ شایسته در مورد کار و وظیفه‌اش پرگویی نکن.

گفت: بستان شانه، پُشتِ خر بخار   گفت: لا حول، ای پدر! شرمی بدار ۲۱۶

صوفی گفت: با شانه، پشت الاغ را قشو بزن. خادم گفت: پناه بر خدا، ای پدر، شرم کن.

خادم این گفت و میان را بَست چُست   گفت: رفتم کاه و جو آرم نُخست ۲۱۷

خادم این حرف را زد و از جای جَست و گفت: می‌روم که اوّل کاه و جو را بیاورم.

---

۱ - **داروی مَنْبَل**: مرهم زخم.
۲ - **حکمت‌گزار**: کسی که به دانش خود می‌نازد و آن را به رُخ دیگران می‌کشد.
۳ - **لا حول کن**: به خدا پناه ببر که تو را از بیهوده‌گویی باز دارد.

رفت و از آخُر نکرد او هیچ یاد   خوابِ خرگوشی بدان صوفی بداد ۲۱۸

خادم رفت و از آخور یادی نکرد و با سخنانی که گفته بود، صوفی را فریب داد.

رفت خادم جانبِ اوباش[1] چند   کرد بر اندرزِ صوفی ریش‌خند ۲۱۹

خادم به سوی اراذل و اوباشی، مانند خود رفت و به اندرزِ صوفی استهزا کرد.

صوفی از ره مانده بود و شد دراز   خواب‌ها می‌دید با چشمِ فراز[2] ۲۲۰

صوفی که از راه دراز آمده و خسته بود، خوابید و در خواب چیزهایی را دید.

کآن خرش در چنگِ گرگی مانده بود   پاره‌ها از پُشت و رانش می‌ربود ۲۲۱

در خواب دید که خرش در چنگال گرگی گرفتار شده است و گرگ از پشت و ران او می‌کَنَد.

گفت: لا حول، این چه مالیخولیا[3]ست؟   ای عجب! آن خادم مشفق کجاست؟ ۲۲۲

گفت: عجب، این چه خیالِ باطلی است؟ پس آن خادم مهربان کجاست؟

باز می‌دید آن خرش در راه رو[4]   گَه به چاهی می‌فُتاد و گَهْ به گَوْ ۲۲۳

باز در خواب دید که خرش گاه در راه رفتن به چاهی و گاه درگودال می‌افتد.

گونه‌گون می‌دید ناخوش واقعه   فاتحه می‌خواند او وَالْقارِعه[5] ۲۲۴

وقایع گوناگونی می‌دید و شروع کرد به خواندن سوره فاتحة و قارعة.

گفت: چاره چیست؟ یاران جَسته‌اند   رفته‌اند و جُمله درها بَسته‌اند ۲۲۵

صوفی میهمان اندیشید: همه رفته و درها را بسته‌اند و اینک کاری از من بر نمی‌آید.

باز می‌گفت: ای عجب! آن خادمَک   نه که با ما گشت هم نان و نَمک؟ ۲۲۶

باز با خود می‌گفت: عجیب است، مگر آن خادم با ما نان و نمک نخورد؟

من نکردم با وی الاّ لطف و لین[6]   او چرا با من کند بر عکس کین؟ ۲۲۷

من که با او جز به مهربانی و نرمش سخن نگفتم، چه دلیلی دارد که با من کینه بورزد؟

---

۱ - **اوباش** : جمع «وَبش» و «بَوش» است که گویند: به طریق قلب حروف واقع شده است. به معنی مردم فرومایه، ولگردان.

۲ - **با چشم فراز** : با چشم بسته، «خواب دیدن با چشمِ فراز»: خواب دیدن مانندِ با چشمِ بسته دیدن است.

۳ - **مالیخولیا** : بیماری که در آن قوای عقلی و عصبی دچار اختلال و اوهام می‌شود، اینجا پندار یا خیالِ بیهوده.

۴ - **راه‌رو** : اینجا راه رفتن.   ۵ - این سوره‌ها را برای محافظت از خطر و مهالک می‌خوانده‌اند.

۶ - **لین** : نرمی.

دفتر دوم

هـر عـداوت را سـبب بـاید سَـنَد　　　ورنــه جــنسیَّت وفــا تـلقین کـند ۲۲۸

هر دشمنی به سبب علّتی است و گرنه نتیجهٔ مناسبت‌های روحی باید وفا باشد.

باز می‌گفت: آدم بـا لُـطف و جُـود　　　کی بر آن ابلیس جوری کرده بود؟ ۲۲۹

باز با خود می‌گفت: مگر آدم(ع) که با لطف و سخاوت بود، در حقِّ ابلیس چه بدی کرده بود؟ پس دشمنی بدون سابقه هم امکان دارد.

آدمی مر مار و کـژدُم را چـه کـرد؟　　　کو همی خواهد مر او را مرگ و دَرْد ۲۳۰

مگر آدمی در حقّ مار یا عقرب چه بدی کرده است که آن‌ها مرگ و دردِ او را می‌خواهند؟

گرگ را خود خاصیت بِدْریدن است　　　این حسد در خلق آخر روشن است ۲۳۱

امّا گرگ خاصیّتش دریدن است، حسادت هم آشکارا در سرشت مردم هست که گاه سبب درنده‌خویی آنان می‌شود.

باز می‌گُفت: این گُمانِ بد خطاست　　　بر برادر این چنین ظنّم چـراست؟ ۲۳۲

باز با خود می‌گفت: سوء ظن نابجاست، چرا در حقّ برادر خود بدگمان باشم؟

باز گفتی: حـزمْ سُـوءُ ٱلظـنّ تـوست　　　هر که بد ظن نیست، کی مانَد دُرُست؟ ۲۳۳

باز می‌گفت: مردم دوراندیش همواره سوءظن دارند، کسی که به همگان اعتماد می‌کند، به سلامت نمی‌مانَد.

صوفی اندر وسوسه و آن خر چنان　　　کـه چـنین بـادا جـزایِ دشـمنان ۲۳۴

صوفی گرفتارِ وسوسه و اندیشه‌ها بود و چهارپای او حال زاری داشت که نصیب دشمنان بادا.

آن خر مسکین میانِ خاک و سنگ　　　کـژ شـده پـالان، دریـده پـالهنگ[1] ۲۳۵

آن خر بینوا میان خاک و سنگِ آخور افتاده بود با پالانی کج و پالهنگی پاره.

کُشـته از ره، جـملهٔ شب بـی‌علف　　　گاه در جـان کـندن و گـه در تـلف ۲۳۶

حیوان بینوا که از راه بسیار خسته و مانده بود، تمام شب را بی آب و علف در حال جان کندن گذراند.

---

۱ - **پالهنگ** : ریسمانی که بر لگام اسب می‌بندند و صید و شکار و یا مجرم را بدان محکم نگاه می‌دارند، افسار.

خر همه شب ذکر می‌کرد: ای اِلـه! جو رها کردم، کم از یک مشتِ کاه ۲۳۷

حیوان بینوا تمام شب می‌گفت: خدایا، جو نمی‌خواهم، حداقل یک مشت کاه به من بدهند.

با زبانِ حال می‌گفت: ای شُیوخ![1] رحمتی، که سوختم زین خامِ شوخ[2] ۲۳۸

به زبان حال می‌گفت: ای بزرگان، به من هم رحمتی آورید که از دست این جاهل بی‌شرم سوختم.

آنچه آن خر دیـد از رنـج و عـذاب مرغ خـاکـی بـیند انـدر سـیلِ آب ۲۳۹

رنج و عذابی که حیوان بینوا در آن شب کشید، همان‌گونه است که پرندهٔ خاکی در سیلاب می‌کشد.

پس به پهلو گَشت آن شب تا سحر آن خـرِ بـیچاره از جـوعُ اَلبَـقَر[3] ۲۴۰

حیوان زبان بسته آن شب از گرسنگیِ شدید تا سحر از این پهلو به آن پهلو غلتید.

روز شـد، خـادم بـیامد بـامداد زود پالان جُست بـر پُشـتش نـهاد ۲۴۱

با فرارسیدن روز، خادم به آخور رفت و به سرعت پالان را بر پشت او نهاد.

خـرفروشانه دو سـه زخـمش بـزَد کرد با خر آنچه زآن سگ مـی‌سزَد ۲۴۲

خادم، مانند خرفروشان که با تزویر حیوانات بینوا را نیشی می‌زنند و به حرکتِ سریع وامی‌دارند، چهارپا را دو سه نیش زد. این کار از سگ صفتی چون او بر می‌آمد.

خـر جـهنده گشت از تـیزیِ نـیش کو زبان تا خر بگوید حالِ خویش؟ ۲۴۳

حیوان بیچاره از تیزی نیش از جا جهید؛ امّا کو زبانی که حالِ خویش را بگوید؟

گمان بردنِ کاروانیان که بهیمهٔ صوفی رنجور است

چونکه صوفی بر نشست و شد روان رُو در افتادن[4] گرفت او هـر زمـان ۲۴۴

چون صوفی بر چهارپا سوار شد و آهنگ راه کرد، حیوان ناتوان لحظه به لحظه با سر به زمین می‌افتاد.

---

۱ - **ای شیوخ**: ای بزرگان. ۲ - **خام شوخ**: نادانِ بی‌شرم، مُراد خادم است.
۳ - بیماری گرسنگی شدید که مبتلا به آن هر چه می‌خورد سیر نمی‌شود.
۴ - **رو در افتادن**: با سر به زمین خوردن.

هر زمانش خلق بر می‌داشتند　　جمله رنجورش همی پنداشتند ۲۴۵

هر بار که حیوان بر زمین می‌غلتید، مردم به تصوّر اینکه بیمار است، او را بلند می‌کردند.

آن یکی گوشش همی پیچید سخت　　و آن دگر در زیرِ کامش جُست لَخت ۲۴۶

یکی از آنان گوشش را به سختی می‌پیچید و دیگری زیر زبان و دهان او را نگاه می‌کرد که ببیند زخم و مرضی در آنجا وجود دارد یا نه؟

و آن دگر در نعلِ او می‌جُست سنگ　　و آن دگر در چشم او می‌دید زنگ[1] ۲۴۷

دیگری در نعلِ حیوان سنگی می‌جُست. یکی چشم او را می‌دید که شاید لکّه‌ای باشد.

باز می‌گفتند: ای شیخ این ز چیست؟　　دی نمی‌گفتی که: شُکر، این خر قوی‌ست؟ ۲۴۸

پس از بررسی‌های بسیار به صوفی گفتند: مگر تو دیروز نمی‌گفتی که الاغ من قوی است؟

گفت: آن خر کو به شب لاحول خَورد　　جز بدین شیوه نداند راه کَرد ۲۴۹

صوفی در اثر وقایعی که در خواب دیده بود و حال زاری که اینک در حیوان می‌دید، متوجّه بود که این ماجرا به سبب ضعف است؛ پس گفت: خری که تمام شب غذای او لاحول بوده است، جز بدین شیوه نمی‌تواند راه برود.

چونکه قُوتِ[2] خَر به شب لا حول بود　　شب مُسبِّح بود و روز اندر سُجود ۲۵۰

چون علوفهٔ او در شب لاٰ حَوْل بوده و تمامِ شب را از گرسنگی به خدا پناه برده و تسبیح گفته، روز هم به روی افتادن، سجود اوست.

آدمی خوارند اغلب مردمان　　از سلامْ عَلَیکشان کم جو امان ۲۵۱

آری، اکثر خلق چنین‌اند و از انسانیّت بویی نبرده‌اند، از سلام گرم‌شان فریب نخور و ایمن نباش.

خانهٔ دیو[3] است دل‌هایِ همه　　کم پذیر از دیوْ مردم دَمدمه[4] ۲۵۲

دلِ بیشترِ مردم جایگاه وسوسه‌هایِ شیطانی و نَفْسانی است؛ پس فریبِ این شیطان‌صفتان را نخور.

---

۱ - **می‌دید زنگ** : جویای لکّه‌ای بود.　۲ - **قُوت:** غذا، اینجا علوفه.

۳ - **دیو** : اینجا کنایه از وسوسه‌های نَفْسانی و شیطانی.

۴ - **دمدمه** : سخنان دلپذیر و فریبنده گفتن، گول زدن.

از دَمِ دیو آنکه او لا حول خَورد[1] همچو آن خر در سر آید در نَبَرد ۲۵۳

آن که وسوسهٔ شیطان و شیطان‌صفتان را بپذیرد، سرنوشتِ آن خر را دارد.

هرکه در دنیا خورَد تلبیسِ[2] دیو وز عدوِّ دوستْ‌رُو تعظیم[3] و ریو[4] ۲۵۴

کسی که از ابلیس فریب بخورد و از دشمنِ دوست‌نما بزرگداشت و ریاکاری را باور کند،

در رهِ اسلام و بر پولِ صراط[5] در سر آید همچو آن خر از خُباط[6] ۲۵۵

مانندِ آن خر در راه دین و درگذر از پل صراط از پریشانی و سرگشتگی با سر سقوط می‌کند.

عشوه‌هایِ[7] یارِ بد[8] مَنْیوش[9] هین! دام بین، ایمن مرو تو بر زمین ۲۵۶

آگاه باش که وعدهٔ دروغ و فریبِ یارِ بد را باور نکنی. دام را ببین. با اطمینان راه نرو و از دام ایمن نباش.

صد هزار ابلیسِ لا حَوْل آر[10] بین آدما ابلیس را در مار بین ۲۵۷

همواره صدها هزار انسان‌نمای ابلیس‌صفت هستند که لاٰ حَوْل گوی‌اند. ای بنی آدم از سرنوشت پدر پند بگیر و شیطان را در انسان‌های خوش خطّ و خال که بسان مار گِردِ وجودت چنبره می‌زنند، مشاهده کن.[11]

دم دهد،[12] گوید تو را: ای جان ودوست تا چو قصّابی کَشَد از دوستْ پُوست ۲۵۸

تو را می‌فریبد و جان من و دوست خطاب می‌کند و هدفش جز آن نیست که مانند قصّاب دمار از روزگارت برآوَرَد.

دم دهد تا پُوستت بیرون کَشَد وایِ او کز دشمنان اَفیون چشَد ۲۵۹

تو را با محبّت‌های ظاهری افسون می‌کند تا پوستت را بکَنَد، وای بر کسی که با فریبِ افیونِ سخنانِ ریاکارانه در دام افتد.

---

۱ - **لا حَوْل خورد**: اینجا وسوسه را پذیرفت، گول خورد. ۲ - **تلبیس**: فریب و حیله.

۳ - **تعظیم**: بزرگداشت. ۴ - **ریو**: ریا، مکر.

۵ - **پول صراط**: پل صراط: گویند پل صراط پلی است بین بهشت و دوزخ از موی باریک‌تر و از شمشیر برنده‌تر. در ادبیّات عرفانی عبارت است از دشواری‌های سیر و سلوک که در طیّ آن بسی ورطه‌های هولناک قرار دارد: ر.ک: ۲۷۴۳/۱. ۶ - **خُباط**: حیرت و سرگشتگی، حالی شبیه جنون. ۷ - **عشوه**: وعدهٔ دروغ، فریب.

۸ - **یارِ بد**: نَفْسِ امّاره، شیطان. ۹ - **مَنْیوش**: نشنو، باور نکن. از نیوشیدن.

۱۰ - **ابلیسِ لاحول آر**: شیطانی که به تظاهر بندگی می‌کند.

۱۱ - اشاره به ابلیس که درکسوت مار حوّاوآدم(ع) رافریفت: کتاب مقدّس، عهد عتیق، سِفْر پیدایش، باب سیّم، ص ۴.

۱۲ - **دم دهد**: گول می‌زند.

سر نهد بر پایِ تو قصّاب‌وار دم دهد تا خُونْت ریزَد زارِ زار ۲۶۰

این ریاکار همان‌گونه که قصّاب هنگام کندنِ پوستِ گوسفند به سمت پای حیوان خم می‌شود، در برابرت تواضع می‌کند تا به خواری خونت را بریزد.

همچو شیری صیدِ خود را خویش کن ترکِ عشوهٔ اَجنبی و خویش کن ۲۶۱

بکوش مانند شیر صید خویش را خود شکار کنی و صید دیگران نشوی. به عشوه و مهرِ فریبکارانهٔ بیگانه و خویش دل نبند.

همچو خادم دان مُراعاتِ[1] خسان[2] بی‌کسی بهتر ز عشوهٔ ناکسان[3] ۲۶۲

همدردی و غم‌خواریِ فرومایگان، مانند مواظبتِ آن خادم است. تنهایی و بی‌کسی بهتر از رفاقت و احترامِ بدسرشتان است.

در زمین مردمانْ خانه مَکُن کارِ خود کُن، کارِ بیگانه[4] مکُن ۲۶۳

در راهِ کمال به زمینه‌ای که دیگران نشان می‌دهند، توجّه نکن. تلاش خود را در جهتی که زمینه‌ساز پیشرفتِ توست به کار گیر. بیگانه را رها کن.

کیست بیگانه؟ تنِ خاکیِ تو کز برای اوست غمناکیِ تو ۲۶۴

بیگانه چه کس است؟ تنِ خاکی توست که همهٔ اندوه و تلاش‌ات برای برآوردن خواسته‌هایِ اوست. آن‌ها که قبلاً گفتیم، بیگانگان بیرونی‌اند که چون با این بیگانهٔ خانگی همجنس‌اند، می‌توانند آدمی را فریب دهند.

تا تو تن را چرب و شیرین می‌دهی جوهرِ خود را نبینی فربهی ۲۶۵

تا تنِ خاکی را می‌پروری و از چرب و شیرین پُر می‌کنی، هرگز جلوهٔ جوهرِ جانِ پاکِ خویش را نخواهی دید.

گر میانِ مُشکْ تن را جا شود روزِ مُردن گَنْدِ او پیدا شود[5] ۲۶۶

اگر تن آدمی در میان مُشک جای گیرد، روز مرگ، بوی مشمئزکننده‌اش آشکار می‌شود.

---

۱ - **مراعات** : نگهداشت، محافظت، مشفقانه مراقبت کردن. ۲ - **خَسان** : فرومایگان.
۳ - **ناکس** : بدسرشت، پست. ۴ - **بیگانه** : اینجا کنایه از «تن» و خواسته‌هایِ غیر منطقیِ آن.
۵ - زیرا از نشئهٔ عنصری است و به حکم کون و فساد محکوم به فناست.

مُشک را بر تـن مـزن بـر دل بـمال   مُشک چه بْوَد؟ نام پاکِ ذوالجـلال ۲۶۷

پس با معطّر کردن این تنِ فانی، زندگی‌ات خوشبو نمی‌شود. دل را معطّر کن. نام پـاک خداوند ذوالجلال و یاد او دل را خوشبو می‌سازد.

آن مـــنافقْ مُشک بـرتن مـی‌نهد   روح را در قـعر گُـلْخَن [1] مـی‌نهد ۲۶۸

منافقان ظاهر را می‌آرایند و عطر می‌زنند؛ امّا جان را در قعرِ لجن رها می‌کنند.

بـر زبـان نـام حـق و در جـانِ او   گـــنْدها از فکـرِ بـی‌ایـمانِ او ۲۶۹

نام حق بر زبان اوست؛ امّا از جان و اندیشه‌هایِ بی‌ایمانِ او بوی گَند برمی‌خیزد.

ذکر [2] با او همچو سبزهٔ گـلخن است   بر سر مَبْرَزْ [3] گُل است و سوسن است ۲۷۰

نام خدا بر زبان و دهان او، مانند سبزه‌ای است که در لجنزار بروید یـا سـوسن و گـلی خوشبو که رویِ کثافات و مستراح بشکفد.

آن نـبات آنـجا یـقین عـاریّت است   جایِ آن گُل مجلس است و عِشْرت است ۲۷۱

گل و گیاهِ آنجا عاریتی است و جایِ آن مجلس شادمانی و محفل سرور است.

طـیِّبات آیـد بـه سـویِ طـیِّبین   لِلْخَبیثین الخَبیثات [4] است، هـین! ۲۷۲

آگاه باش که این یک قانون کلّی است که خداوند در قرآن کریم می‌فرماید: زنان پاک از آنِ مردان پاک‌اند و مردان پلید از آنِ زنـان پـلیدند. پس پـاکی بـه پـاکی و پـلیدی بـه پـلیدی جذب می‌شود.

کین مدار، آن‌ها که از کین گـمرهند   گـورشان پـهلویِ کـینْ‌داران نـهند ۲۷۳

کینه‌توز نباش؛ زیرا آنان که با کینه‌توزی گمراه شده‌اند، قرینِ همکیشانشان خواهند بود.

اصلِ کینه دوزخ است، و کـینِ تـو   جزوِ آن کُل است و خصمِ دینِ تـو ۲۷۴

ریشهٔ کینه از دوزخ است و کینهٔ تو، جزئی از آن دوزخِ کُل است که دشمن دین و ایمان توست.

---

۱ - **گُلْخَن**: آتشدان حمام‌های قدیمی که پر از دوده و کثافات بود.

۲ - **ذکر**: درکلمات عارفان به معانی یادکردن، مواظبت بر عمل، حفظ و طاعات به کار رفته است. و یادکردن حق تعالی در بدایت کار به تکرار اسم آن حضرت و اقرار به وحدانیّت اوست: ف. سجّادی، ص ۴۰۲.

۳ - **مَبْرَز**: مستراح.   ۴ - اشارتی قرآنی؛ نور: ۲۶/۲۴.

چون تو جزوِ دوزخی، پس هوش‌دار — جـزو سُـویِ کُـلِّ خـود گـیرد قـرار ۲۷۵

اگر تو با کینه‌ورزی جزوی از دوزخ هستی بدان که جزو به سویِ کُلِّ خود می‌رود.

ور تـو جـزوِ جـنّتی ای نـامدار — عیشِ تـو بـاشد ز جـنّت پـایدار[1] ۲۷۶

ای نامور، اگر تو با صفات خوب جزوی از بهشت هستی، شادمانی‌ات ابدی است.

تلخ بـا تـلخان یـقین مُـلْحَق شـود — کِـی دمِ بـاطل قـرینِ حـق شـود؟ ۲۷۷

به یقین زشت‌سیرتانِ تلخ‌کام با هم‌مسلکان خویش همراه‌اند. کی سخنِ بیهوده قرینِ سخنِ حق است؟

ای بـرادر تـو هـمان انـدیشه‌ای — مـابقی تـو اسـتخوان و ریشه‌ای ۲۷۸

ای برادر، هستیِ تو اندیشه و جهان‌بینی توست؛ یعنی شأنِ هر کس به بینش و بصیرت اوست. از این که بگذریم، باقیِ وجودت استخوان و رگ و پی است که در چهارپایان نیز هست.

گر گُل است انـدیشهٔ تـو، گـلشنی — ور بُـوَد خـاری، تـو هـیمهٔ گـلخنی ۲۷۹

اگر اندیشه‌ات، حق‌جو و در پیِ درک معانی است، مانند گلی خوش‌بو و زیباست و مثلِ گلشنی شاداب عطرافشانی می‌کنی؛ امّا اگر جز این است، خار و خسی هستی که به دردِ سوزاندن در آتشدان حمام می‌خورد.

گـر گـلابی، بـر سـر جَـیْبت زنـند — ور تو چون بَـوْلی، بُـرونت افکـنند ۲۸۰

اگر جانت به سببِ درک حقایق، مانند گلاب خوش‌بوست، تو را بر سر و روی جای می‌دهند و اگر به سببِ نادانی و خودبینی، پلید و ناپسند هستی، طردت می‌کنند.

طـبله‌ها[2] در پـیشِ عـطّاران بـبین — جنس را با جنسِ خود کرده قرین ۲۸۱

ظرف‌های دکان عطّاران را دیده‌ای که چگونه هر چیزی را در کنار جنس مشابه قرار می‌دهند؟

جـنس‌ها بـا جـنس‌ها آمـیخته — زیـن تَـجانُس زیـنتی انگـیخته ۲۸۲

عطّار جنس‌های مشابه را کنار یک‌دیگر قرار داده و با این تجانس، دکان را زینت داده است.

---

۱ - این بیت با قید «صح» در حاشیه آمده و در پاورقی نسخهٔ نیکلسون نوشته شده است.

۲ - **طَبْله** : صندوق کوچک.

گـــر درآمــیزند عُــود[1] و شکَــرش   بر گزینند یک یک از یک دیگـرش ۲۸۳

اگر دو جنس مختلف را در هم و آمیخته ببیند، مانند عود و شکر، آن‌ها را یک‌یک از هم جدا می‌کند.

طبله‌ها بشکست و جان‌ها ریـختند   نـیک و بـد در هــمدگر آمیختند ۲۸۴

اینک مثالی را که در مورد دکان عطّاری آوردیم، گسترش بده و جهان را دکـانی بـزرگ تصوّر کن که در آن ظرف‌ها شکسته شده و جانِ آدمیان از نیک و بد در کنار یک‌دیگر قرار گرفته است.

حــق فــرستاد انــبیا را بــا ورق[2]   تـــا گُـزید ایـن دانـه‌ها را بـر طَـبَق ۲۸۵

حق تعالیٰ پیامبران را با شریعت (بعضاً باکتب الهی) به سوی مردم فرستاد تا دانه‌های نیک، یعنی انسان‌های شریف و صالح با هـدایت ایشـان از دانـه‌های پـوک، یـعنی انسـان‌نماهای زشت‌سیرت جدا شوند و هر یک در طبقهٔ ویژهٔ خویش جای گیرند.

پیش از ایشان ما همه یکسان بُدیم[3]   کس ندانستی که مـا نـیک و بَـدیم ۲۸۶

قبل از آن ما امّت واحدی بودیم و کسی نمی‌دانست که دیگری خوب است یا بد.

قــلب و نـیکو در جـهان بـودی روان   چون همه شب بود و ما چون شب‌روان ۲۸۷

خوب و بد یا صالح و طالح در جهان با یک‌دیگر آمیخته بودند؛ زیرا تاریکیِ جهل بسان شب، پرده‌ای افکنده بود و ما مانند شبروان در آن تیرگی روان بودیم.

تـــا بـــرآمــد آفــتاب انـبیا   گفت: ای غِش دور شو، صافی بیا! ۲۸۸

تا آفتاب بی‌زوالِ انبیا از جهان بی‌نهایت به خلق رسید و آگهی داد که اهل نور بیاید و آنکه به انوار هدایت ایمان نمی‌آورد، دور شود.

چشــم دانــد فـرق کـردن رنگ را   چشــم دانـد لعــل را و ســنگ را ۲۸۹

«چشم بینا» می‌تواند رنگ‌ها را باز شناسد و سنگ را از لعل جدا کند.

---

۱ - **عود**: چوبی معطّر و خوش بو. ۲ - **ورق**: اینجا کنایه از کتابِ الهی.

۳ - اشارتی قرآنی؛ بقره: ۲۱۳/۲: کانَ النّاسُ اُمَّةً واحِدَةً فَبَعَثَ اللهُ النَّبیّینَ مُبَشِّرینَ وَ مُنْذِرینَ...: مردم یک قوم بودند، خداوند پیامبران را به عنوان بشارت‌آوران و هشداردهندگان فرستاد.

چشم[1] داند گوهر و خاشاک را — چشم را زآن می‌خَلَد خاشاک‌ها ۲۹۰

چون «چشم بینا» گوهر را از خاشاک می‌شناسد، «کافر و معاند» با «چشمِ بینا»، یعنی «انبیا و اولیا» دشمنی می‌ورزد.

دشمن روزند این قَلاّبکان[2] — عاشقِ روزند آن زرهایِ کان ۲۹۱

این دغلبازان دشمن نور و حقایق‌اند؛ امّا طلاصفتان به نور و حقایق عشق می‌ورزند؛ زیرا زیبایی و اعتبارشان در نور روز هویداست.

زانکه روز است آینهٔ تعریفِ[3] او — تا ببیند اشرفی تشریفِ[4] او ۲۹۲

زیرا روزِ روشن، مانند آیینه درخشش طلای ناب را عیان می‌کند و برتریِ او آشکار می‌شود.

حق قیامت را لقب زآن روز کرد — روز بنماید جمالِ سرخ و زرد ۲۹۳

به همین مناسبت، حق تعالیٰ رستاخیز را «روز قیامت» نامید؛ زیرا در «روز» روی سرخ و زرد دیده می‌شود و در آن روزِ خاص، اسرار همگان که رنگِ باطن هر کس است، آشکار می‌گردد: طارق: ۹/۸۶

پس حقیقت، روزْ سِرِّ اولیاست — روز، پیش ماهشان[5] چون سایه‌هاست ۲۹۴

پس به حقیقت، «روز»، همان درون و باطن تابناک اولیاست که نورِ روزِ دنیوی در تقابل با آن تاریکی است.

عکسِ[6] رازِ مردِ حق[7] دانید روز — عکسِ ستّاریش، شامِ چشمْ دوز ۲۹۵

روشنیِ «روز» بازتابی از «سِرّ» مردان حق است که روشنگرِ «حق و باطل»اند و «شب»، بازتابی از «ستّاریّت» ایشان که چشم‌ها را می‌دوزد و دیدِ آن‌ها را می‌گیرد تا عیب و زشتیِ خلق پوشیده بمانَد و به آنان مهلت می‌دهد تا به حق رجوع نمایند. نیکلسون مصراع دوم را احتجاب ولیّ به طبیعت جسمانی می‌داند.

---

۱ - **چشم** : «چشمِ بینا» کنایه از وجود انبیا و اولیاست که چشم و تمامِ وجودشان چشمی باطنی با درک برتر است.
۲ - **قَلاّب** : کسی که سکّهٔ تقلّبی را به جای زر عرضه می‌کند، دغلباز. «قلاّبکان»: کاف تصغیر برای تحقیرِ «اهلِ دنیا» آمده است. ۳ - **آینهٔ تعریف** : ابزارِ شناساندن. ۴ - **اشرفی تشریف** : برتر بودن شرف و حیثیّت.
۵ - **ماهشان** : ماهِ رخسارِ آنان که در برابر درخشش باطن ایشان مانند مهتاب است.
۶ - **عکس** : انعکاس، پرتو، بازتاب.
۷ - **رازِ مردِ حق** : سرّ مرد حق: انوار حق که در دل و جان او متجلّی است و بازتاب صفات پروردگار است.

زآن سبب فرمود یزدان: وَٱلضُّحیٰ[1]   وَٱلضُّحیٰ نورِ ضمیرِ مصطفی ۲۹۶

به همین دلیل خداوند به «سپیده‌دم»، چون بازتابِ نور محمّد(ص) است، سوگند خورد؛ زیرا وجود او نسخهٔ ظاهر و باطن «هستی» است، از جهتی منسوب به «غیب الغیوب و صِرافتِ عالمِ هستی» و از جهتی «جامعِ مراتبِ کونیّه خلقی» است و هرچه که در عالم وجود هست، از مظاهرِ نورِ اوست.

قولِ دیگر کین ضُحیٰ راخواست‌دوست   هم برای آنکه این هم عکسِ اوست ۲۹۷

قولی دیگر آن است که اگر سوگندِ حق تعالیٰ به «روز و چاشتگاه» ظاهری هم باشد، نشانهٔ آن است که «روز و تابش خورشید» نیز حسنه‌ای از حسناتِ انسانِ کاملِ محمّدیّه(ص) است؛ زیرا چنانکه پیش از این نیز بارها گفته شد، هرچه در عالمِ وجود موجود است، از مظاهرِ نورِ اوست.

ورنه بر فانی قَسَم گفتن، خطاست   خود فنا، چه لایقِ گفتِ خداست؟ ۲۹۸

وگرنه، سوگند به چیزی فانی جایز نیست. «فانی» ارزشی ندارد که حق تعالیٰ از آن سخن بگوید.

از خلیلی[2]، لاٰ أُحِبُّ ٱلآفِلین[3]   پس فنا چون خواست ربّ العالمین؟[4] ۲۹۹

ابراهیم(ع) که دوست خدا بود، گفت: غروب کنندگان و فانیان را دوست ندارم؛ پس چگونه حق تعالیٰ به پدیدهٔ فانی توجّه کند و به آن سوگند بخورَد؟

باز وَٱلّلیل[5] است سَتّاریِ او   و آن تنِ خاکیِ زنگاریِ[6] او ۳۰۰

و همین گونه در «وَالّلیل»، که حق تعالیٰ می‌فرماید: «سوگند به شب» که سوگند به شبِ دنیا نیست و به «ستّاریّت» حضرت ختمی مرتبت(ص) و «نشئهٔ عنصری» او که «جنبهٔ خلقی» اوست، هست و همین «جنبهٔ خلقی وکِسوت بشری» است که «وجه ربوبی» او را که جامعِ جمیعِ مراتبِ کونیّهٔ خلقی است، می‌پوشانَد و اغیار را دورباش می‌دهد.

---

۱ - اشارتی قرآنی؛ وَالضُّحیٰ: ۱/۹۳: وَالضُّحیٰ: سوگند به روز و چاشتگاه.
اهل معرفت و ذوق معتقدند که «وَالضُّحیٰ»، سوگند به نور دل منوّر و پاک حضرت ختمی مرتبت(ص) است و اگر جز این باشد امری فناپذیر، اعتبار و ارجی برای سوگند الهی ندارد.

۲ - **خلیل:** لقب ابراهیم(ع)، دوستِ خالص، صادق.   ۳ - اشارتی قرآنی؛ انعام: ۷۶/۶؛ ر.ک: ۴۲۹/۱.

۴ - در متن چنین آمده: «لا أُحِبُّ الآفِلینَ گفت آن خلیل / کی فنا خواهد ازین ربّ جلیل» در مقابله تصحیح کرده و بیت را با قید «صح» در هامش افزوده‌اند.

۵ - **وَٱلّلیل:** اشارتی قرآنی؛ لیل: ۱/۹۲: قسم به شب در آن هنگام که [جهان را] بپوشاند.

۶ - **تنِ خاکیِ زنگاری:** «تن» از جنسِ مادّه و مانند فلز زنگار گرفته و مقیّد به قیودِ زندگیِ این جهانی است.

آفـتابش چـون بـر آمـد زآن فـلک   با شبِ تن گفت: هین! مـا وَدَّعَکْ [1] ۳۰۱

با طلوعِ آفتاب نبوّت او از فلک باری تعالیٰ به تنِ شبْ‌مانند هم خطاب آمد که «خدا تو را ترک نکرده و خشمگین نشده است».

وصـــل پـــیدا گشت از عــینِ بــلا   زآن حلاوت [2]**، شد عبارت ماقَلیٰ** [3] ۳۰۲

پس از قطع وحی، اتّصال تام آغاز گردید و عبارت «ما قلیٰ»، یعنی قـهر نکـرده است، از حلاوتِ وصل پدیدار شد.

هر عـبارت خـود نشـانِ حـالتی‌ست   حالْ [4] **چون دست و عبارتْ آلتی‌ست** ۳۰۳

هر عبارت، بیانگر حالتی خاصّ است و عباراتی که در ابیات گذشته آمد، نیز بیان احوال پیامبر(ص) بود. «حال»، مانندِ «دست» و «عبارت» همانندِ «ابزار» است.

آلتِ زرگـــر بـــه دستِ کـفشگر   هــمچو دانـهٔ کِشت کـرده ریگْ در ۳۰۴

به عنوان مثال، ابزارِ زرگر در دستِ کفشگر، مانند کِشتِ دانه در ریگزار است.

و آلتِ اِسکـــاف [5] **پـــیشِ بـــرزگر   پیشِ سگ کَهْ، استخوان در پیشِ خر** [6] ۳۰۵

یا ابزار کفشگر در دست کشاورز، مانندِ کاه در برابر سگ و استخوان در مقابل درازگوش است.

---

۱ - اشارتی قرآنی: وَ الضُّحیٰ: ۳/۹۳: مٰا وَدَّعَكَ رَبُّكَ وَ مٰا قَلیٰ: خدای تو، تو را بدرود نکرد و زشت نگرفت و خشم نکرد.

در ارتباط است با آنکه: روزی چند وحی نیامد، رسول خدا دلتنگ شد و گفت: ندانم چرا وحی بریده شده و روح امین نمی‌آید؟ ابوبکر گفت: دشمنان همی گویند که خدای محمّد او را رها کرد. پیامبر(ص) بر بالای کوه بُوقُبیس رفت و به زاری گریست. نوشته‌اند: آن ساعت لرزش در ارکان ملکوت افتاد و زمین به جنبش آمد و ناگاه اثر وحی در طلعت مبارک پیدا شد. جبرئیل امین حضرت حق، وحی را به گوش دل پیامبر(ص) رسانید که ای سیّد، به حقّ روشنایی روی تو و به حقّ سیاهی موی تو، ما تو را فرو نگذاشتیم و از دوستی تو نکاستیم و در این عتاب جز سعادت امّت تو نخواستیم.

شأن نزول سوره آن است که روزی جهودان از مصطفی(ص) از موضوع ذوالقرنین و اصحاب کهف و حقیقت روح پرسیدند، حضرت گفت: فردا جواب می‌دهم و نگفت «إنْ شاءَ الله» و در نتیجه مدّتی وحی قطع شد: کشف الاسرار، تفسیر ادبی و عرفانی، ج ۲، ص ۶۱۹-۶۱۸.

۲ - **حلاوت**: شیرین شدن.

۳ - **ماقَلیٰ**: قهر نکرده یا دشمن نداشته است.

۴ - **حال**: آنچه به ارادهٔ حق بر دلِ آدمی فرود آید.

۵ - **اِسکاف**: کفشگر.

۶ - مقصود از بیان این تمثیل‌ها آن بود که عبارات قرآنی نیز چنین است و اهل فنّ و آنان که به مفاهیم عالی کلام حق معرفت یافته‌اند، به زیبایی تمام طرایف و لطایف آن را استخراج می‌کنند.

بود اَنَا اَلحق [1] در لبِ منصورْ [2] نور　　　بـــود انَـــا الله در لبِ فـــرعونْ زور ۳۰۶

به عنوان مثال، منصور حلاج «أنَا الحقّ» گفت. «این کلام، حاکی از فنای او در توحید و فنای ذات او در وجود حق بود.[3]

فرعون هم «أنا الله» گفت؛ امّا میان این و آن فرقی است بی‌نهایت. فرعون ادّعای الوهیّت کرد و ادّعای او به سببِ کبر و خودبینی بود و عملی کفرآمیز؛ پس آن عبارت مخصوص همان حالت بود، نه حالتی دیگر.

شد عـصا انـدر کـفِ مـوسی گـوا [4]　　　شد عـصا انـدر کـفِ سـاحر هَـبا [5] ۳۰۷

و یا عصا در دستِ موسی(ع)، گواه حقانیّت او شد؛ امّا عصا در دستِ ساحران چیزی جز بیان ناتوانی تباهی آنان نبود.

زین سبب عیسی بدآن همراه خَـود　　　در نـــیاموزید آن اســـمِ صَـــمد ۳۰۸

به این سبب عیسی(ع) به همراه نادان خود، اسم اعظم را نیاموخت؛ زیرا همان‌گونه که گفته شد، هر عبارت نشان حالتی است که باید نزدِ اهلِ آن حال باشد و دیگری نمی‌داند از آن چگونه استفاده کند.

کـو نـدانـد نـقص بـر آلت نـهد　　　سنگ بر گِل زن تو، آتش کی جَهَدْ؟ ۳۰۹

کسی که آن «حالت» یا آن «علم خاص» را ندارد، چون نمی‌داند چگونه می‌توان از این «ابزار»

---

۱ - **اَنَا اَلحق** : مُراد آنکه: این کلام را منصور که غرق حق بود، نگفت، حق بر زبان او سخن راند.

۲ - **منصور** : حسین بن منصور بیضاوی از بزرگان و عُرفا و صوفیه که با جُنید بغدادی و بعضی از بزرگان صوفیه مصاحبت داشته است. اقوال در بابِ وی متفاوت است. برخی او را از اولیا پندارند و گروهی کذّاب و شعبده‌بازش شمارند. از کلماتِ وی «اناالحق» و «لیس فی جبّتی الا الله» است.

۳ - منصور در آن حالت مغلوب حکم وحدت بود و سخن او ناشی از تجلّی ذاتی حق در وجود او به شمار می‌آمد و نتیجهٔ این تجلّی ذاتی سخنانی از قبیل «أنَا الحقّ» و یا «لَیْسَ فی جُبَّتی إلاّ الله» است که اهل توحید آن را شطحیّات می‌نامند. این کلام، از دهان منصور نور بود؛ زیرا عدم او را ثابت می‌کرد و علّت اظهار چنین کلامی از دهان بعضی از بزرگان تصوّف حال خاصّ ایشان بوده که در مرحلهٔ «عدم صحو بعد از محو» و «عدم تمکین بعد از تلوین» بوده‌اند. آنان که حکم به الحاد او دادند، افشای اسرار الهی را برنمی‌تافتند و از چگونگی احوال وی خود را بی‌خبر قلمداد کردند. منصور در سیر به حق از حالت محو به هوشیاری باز نگشته بود و اعتدال روحی لازم را که لازمهٔ شروع به سفر ثانی است نیافته بود.»: با استفاده از فرهنگ اشعار حافظ، دکتر احمدعلی رجایی بخارایی، صص ۷۷-۶۵.

۴ - مصراع اوّل: مُراد آنکه: مرد حق می‌داند که چگونه از ابزار هدایت استفاده کند؛ زیرا نورِ درون هادی و حامیِ اوست.　۵ - **هَبا** : حقیر، ناچیز، تباه و ضایع.

استفاده کرد، جهل خود را به «آلت» نسبت می‌دهد و می‌پندارد که آن «ابزار» معیوب است. نقص از خودِ توست که سنگ را بر گِل می‌زنی، چگونه از آن جرقهٔ آتش بجهد؟

۳۱۰ **دست و آلت همچو سنگ و آهن است   جُفت باید، جفت شرط زادن است**[1]

مرد الهی با حالِ خاصّی که ناشی از کمالِ جان و معرفت الهی اوست، عبارت یا عباراتی را می‌گوید که حکم سنگ و آهن را دارد و از آن جرقه یا بارقهٔ لطفِ الهی پدیدار می‌گردد و این «حالت و عبارت» لازم و ملزوم‌اند.

۳۱۱ **آنکه بی جُفت است و بی‌آلت، یکی‌ست   در عددشکّ است و آن یک بی‌شکی‌ست**

«حقیقتِ هستی»، ذات حق تعالیٰ است که برتر از وجود ذهنی و خارجی است. «حقیقتِ وجود» مقیّد به قیدی نیست و اینکه ناآگاهان در وحدانیّت حق «شک» می‌کنند و به اشتباه می‌افتند، به واسطه ظهور «حقیقتِ وجود» در ماهیّات مختلف است که همه یک نورند؛ امّا مراتب و رنگ‌های مختلف، اختلافی در میان این و آن انداخته است.

۳۱۲ **آنکه دُو گفت و سه گفت و بیش از این   متّفق باشند در واحد یقین**

آنان که به گمراهی مبتلاگشتند مانند اصحاب هیاکل [پرستندگان کواکب که هفت ستاره را «ارباب الهه» خواندند و حق تعالیٰ را رب‌الارباب] و یا اصحاب اشخاص [که عابدان بتان گوناگون بودند و آن‌ها را الهه می‌خواندند و شفیع خویش به درگاه خدا می‌دانستند][2] و آنان که قائل به ثنویّت[3] هستند، همه به یگانگی خداوند یکتا معتقدند.

۳۱۳ **اَحْوَلی[4] چون دفع شد، یکسان شوند   دو سه گویان هم یکی گویان شوند**[5]

اگر این «دوبینی»ها که ناشی از نادانی و عدم معرفت است، رفع گردد، اختلافات از میان بر می‌خیزد.

۳۱۴ **گر یکی گویی[6] تو، در میدانِ او   گِردْ بر می‌گَرد از چوگانِ او**

اگر تو موحّدی، باید اقرار و عملت هماهنگ باشند؛ پس در عرصه زندگی که میدانِ آزمون در سیرِ به حق است، مانند گویِ چوگان با ضربهٔ مشیّت حق به هر سویی برو تا در جهتِ اهداف آفرینش حرکت کنی و تسلیمِ حُکمِ حُکم‌آفرین باشی.

---

۱ - در مقام صِرافتِ هستی، جفت بودن شرط آفرینش نیست.   ۲ - ملل و نحل، ج ۲، ص ۶۷-۶۴.
۳ - **ثنویّت**: برخی که در دین مسیح(ع) به «رب، ابن، روح‌القُدُس» قائل شدند.   ۴ - **اَحْوَل** : دوبین، لوچ.
۵ - مُراد آنکه: ناآگاهیِ خلق سبب می‌شود که جلوه‌های متعدّدِ هستیِ واحد را متعدّد و هستیِ جداگانه‌ای بپندارند.
۶ - **یکی گوی**: قائل به توحید، موحّد. اینجا موحّدی که مانند «گوی» با «چوگانِ» حُکم و مشیّتِ حق به هر سو می‌دود؛ یعنی تسلیم است.

گویْ آنگه راست و بی‌نقصان شـود کو ز زخمِ دستِ[1] شه[2] رقصان شود ۳۱۵

کسی در سلوک بی نقص است که با ضربهٔ دست حق در میدانِ معرفت بچرخد و حرکت کند.

گوش دار ای اَحْوَل این‌ها را به هوش داروِی دیـــده بِکَش[3] از راهِ گـوش ۳۱۶

ای دوبین، آنچه را که می‌گویم، به گوش هوش بشنو و بـا فـهمِ آن و درکِ ایـن مـفاهیم بکوش تا با شنیدن این رموز و اسرار درمان شوی.

پس کـلامِ پـاک در دل‌هـایِ کـور مـی‌نپاید، می‌رود تـا اصـلِ نـور[4] ۳۱۷

اگر این کلام در دل و جانت اثر نکند، به سببِ کوری و تاریکیِ باطن توست؛ زیرا دلِ پاک، کلام پاک را جذب می‌کند و چون در دلِ ناپاک جایگاهی ندارد، به اصل خود که نور است، باز می‌گردد.

وآن فســونِ دیــو در دل‌هــایِ کـژ می‌رود چون کفش ِکژ در پـایِ کـژ ۳۱۸

وسوسهٔ شیطانی هم در دلِ ناپاک اثر می‌کند، مانند پای کژ که درکفش ِکج جای می‌گیرد.

گرچه حکـمت را بـه تکـرار آوری چون تو نااهلی، شـود از تـو بَـری ۳۱۹

اگر حکمت یا معرفت را بارها و بارها تکرار کنی، چـون شـایستهٔ آن نـیستی، در دل و جانت اثر نمی‌کند و نمی‌توانی آن را بیاموزی.

ور چـه بـنویسی، نشـانش مـی‌کنی ور چـه مـی‌لافی، بـیانش مـی‌کنی ۳۲۰

حتّی اگر آن را بارها بنویسی و حفظ کنی و به دیگران بگویی و به خود ببالی،

او ز تـو رُو در کشـد ای پُـر سـتیز بـندها را بگسـلد، وز تـو گـریز ۳۲۱

ای لجوج، او روی خود را از تو پنهان می‌کند و می‌گریزد؛ یعنی نه در دل تو اثر می‌گذارد و نه در دل شنونده.

ور نـخوانـی و بـبیند سـوزِ تـو عِـلم بـاشد مـرغِ دستْ‌آمـوزِ تـو ۳۲۲

اگر کلام حکمت الهی را نخوانی و ندانی؛ امّا در تو سوز و دردی برایِ درکِ حقایق و

---

۱ - **زخم دست** : ضربهٔ دست. ۲ - **شه** : اینجا کنایه از «حق».

۳ - **دارو کشیدن** : دارو را با میله زیرِ پلک می‌کشیدند.

۴ - مناسب است سخنی از علی(ع): حکمت را از هر جا که بود به دست آور؛ زیرا حکمت در سینهٔ منافق بیقراراست و سرانجام او را رها می‌کند و در سینهٔ مؤمن که جایگاه حقیقی اوست، مستقر می‌شود: احادیث، صص ۱۶۰ و ۱۶۱.

معرفت باشد، روزی این طلب و درد تو را به مقصود می‌رساند و پرتوی از دانش و آگاهی بر دلت می‌تابد و بسان مرغی دست‌آموز در اختیارت قرار می‌گیرد.

او نـــپاید پـــیشِ هـــر نـــاأوســـتا همچو طـاووسی بـه خـانهٔ روسـتا ۳۲۳

او مانند طاووسی زیباست که در خانهٔ محقَّر روستایی جایی برای نشان دادن زیباییِ خود نمی‌یابد و به زبانِ حال خواهانِ مکانی است که بتواند شایستگیِ خود را به نمایش آوَرَد و نزدِ هر نااهل نمی‌مانَد.

یافتنِ شاه باز را به خانهٔ کمپیر[1] زن[2]

بازی شکاری که بس گران‌قیمت و دست‌آموز شاه بود، گریخت و به خانهٔ پیرزنی پناه بُرد. پیرزن او را با ناخن و پرهای بلند دید و اندیشید که چرا تاکنون او را نیاراسته‌اند؟ پس ناخن و پرهای آن حیوان را کوتاه کرد.

مهرِ جاهلانه به‌طور معمول چنین است. شاه که در جست‌وجوی شاهباز تیزپرواز خویش بود پس از چند روز تلاش او را با حالی زار در خانهٔ پیرزن یافت و گفت: این است سـزای کسی که در وفا ثبات ندارد.

دین نه آن بازی‌ست کو از شه گریخت سویِ آن کـمپیر، کـو مـی آرد بـیخت ۳۲۴

«دین»، همانند آن بازی نیست که از شاه گریخت و به خانهٔ پیرزنی سالخورده که آرد را الک می‌کرد، پناهنده شد؛ بلکه شاهینی است که از دست نااهلان به شاهان راستین می‌گریزد.

---

۱ - **کمپیر** : بسیار پیر، فرتوت.

۲ - این قصّه قبل از مولانا در کتب فارسی شهرت داشته چنانکه در کشف‌المحجوب به طریق اشارت آمده است: و لا محاله چون بازِ مَلِک بر دیوار سرای پیرزنی نشیند پروبالش ببرند.

شیخ عطّار این حکایت را به تفصیل در اسرارنامه آورده است و مولانا در غزلیّات هم بدین قصّه به طریق اشارت فرماید: تو بازِ خاص بُدی در وثاق پیرزنی چو طبلِ باز شنیدی به لامکان رفتی

و در مقالات شمس، نسخهٔ کتابخانه فاتح استانبول (شماره ۲۷۸۸) آمده است: آخر آن باز هزار دینار بیش می‌ارزید. اکنون چون به خانهٔ کمپیرزن رفت پایش بسته بود و در میان آن دود سیاه پر و منقار بریده و دود سیاه خورده: احادیث، صص ۱۶۱ و ۱۶۲.

تـا کـه تُـتماجی[۱] پَـزَد اولاد را دیـد آن بـازِ خـوشِ خـوشْ زاد را ۳۲۵

پیرزن آرد را الک می‌کرد تا برای فرزندانِ خود آش بپزد که آن بازِ زیبای اصیل را دید.

پـایَکَش بَست و پَـرَش کـوتاه کـرد نـاخنش بُـبرید و قـوتش کـاه کـرد ۳۲۶

پایِ باز را بست و پرهایش را کوتاه کرد. ناخن‌های بلند او را چید و به عنوان غذا برایش مقداری کاه ریخت.

گفت: نااهلان نکردندت بـه سـاز[۲] پر فزود از حـدّ و نـاخن شـد دراز ۳۲۷

پیرزن اندیشید: تاکنون در دست مردم نالایق بودی و آن‌ها تو را نیاراستند. پرهایت بلند و ناخن‌هایت دراز شده است.

دستِ هـر نـااهـل بـیمارت کـند سـویِ مـادر آ، کـه تـیمارت کـند ۳۲۸

در دست نااهلان بیمار و افسرده می‌شوی، باید به سوی من می‌آمدی که مادرانه و با دلسوزی از تو مراقبت کنم.

مِهرِ جاهل را چنین دان ای رفـیق! کـژ رود جـاهل هـمیشه در طـریق ۳۲۹

ای رفیق، مهر جاهل چنین است، همیشه در هر راه به بیراهه می‌رود و خطا می‌کند.

روزِ شه در جُست و جو بیگاه شـد سویِ آن کـمپیر و آن خـرگاه[۳] شـد ۳۳۰

شاه تمام روز را در جست‌وجوی باز گذرانید تا عاقبت به خانهٔ آن پیرزن رسید.

دیـد نـاگـه بـاز را در دود و گـرد شه برو بگریست زار و نـوحه کـرد ۳۳۱

شاه ناگهان باز را در میان دود و گرد و غبار منزل پیرزن یافت و بر حال زارِ او گریست و نوحه کرد.

گفت: هر چند این جزایِ کارِ توست کـه نـباشی در وفـایِ مـا دُرُست ۳۳۲

شاه گفت: هرچند این سزایِ کارِ توست که در وفاداری به ما کامل نیستی.

چون کنی از خلد زی دوزخ فـرار؟ غـافل از لایَسْـتَوِی اصـحابِ نـار[۴] ۳۳۳

چگونه حاضر شدی از بهشت برین که جایگاهت بود، به دوزخ پناه ببری؟ مگر نمی‌دانی که بهشتیان و دوزخیان یکسان نیستند؟

---

۱ - **تُتماج**: نوعی آش، خوراک معروف ترکان، در اصل تُتم آش بوده است که با خمیر و دوغ یا کشک می‌سازند. یا خمیری که به صورت رشته بریده باشند. ۲ - **نکردندت به ساز**: تو را نیاراستند، پیرایش نکردند.

۳ - **خرگاه**: خیمه‌مانند.

۴ - اشارتی قرآنی؛ حشر: ۲۰/۵۹: لاٰ یَسْتَوِی أَصْحٰابُ النّارِ وَ أَصْحابُ الْجَنَّةِ: دوزخیان و بهشتیان برابر نیستند.

ایـن سـزای آنکـه از شـاهِ خـبیر　　خیره بگریزد بـه خـانهٔ گـنده پـیر[1] ۳۳۴

این بلا سزایِ کسی است که احمقانه از شاهِ بصیر و آگاه به خانهٔ گَنده پیر پناه بَرَد.

بـاز مـی‌مالید پـر بـر دستِ شـاه　　بـی‌زبان مـی‌گفت: مـن کـردم گـناه ۳۳۵

باز، پر و بال خود را به دست شاه می‌مالید و به زبان بی‌زبانی می‌گفت: خطا کردم.

پس کـجا زارد کـجا نـالد لئـیم؟　　گر تو نپذیری به جز نیک، ای کریم![2] ۳۳۶

ای خداوند کریم، اگر تو جز بندگان نیک را نپذیری، گنهکار به که روی آورد؟ کجا بنالد و زاری کند؟ بخشش از که بخواهد؟

لطفِ شه جان را جـنایت‌جو کـند　　زآنکه شه هر زشت را نـیکو کـند[3] ۳۳۷

به سبب لطف بی‌منتهای باری تعالیٰ بندگان جرأت گناه کردن می‌یابند؛ زیرا پروردگارِ توبه‌پذیر، از گناهان آنان می‌گذرد و زشتی اعمالشان را به افعالی نیک مبدّل خواهد ساخت.

رو، مکن زشتی، کـه نـیکی‌هایِ مـا　　زشت آمـد پـیشِ آن زیـبایِ مـا ۳۳۸

بکوش تا مرتکبِ کارِ زشت و نکوهیده نشوی؛ زیرا کارهایِ نیکِ ما نیز اگر خالص و برای رضای خدا نباشد، زشت است.

خـدمتِ خـود را سـزا پـنداشتی　　تـو لوای جُـرم از آن افـراشـتی ۳۳۹

خدمت و طاعات و عباداتت را شایستهٔ قبول یافتی و خود را سزاوار پاداش دانستی، این اندیشهٔ خطا، پرچم جُرم و غرور و خودبینی توست که شرایط درونی‌ات را مستعدِ جرایم دیگری کرده است.

چون تو را ذکر و دعا دسـتور شـد　　زآن دعـا کـردن دلت مـغرور شـد ۳۴۰

چون شرع مقدّس تو را به ذکر و دعا امر کرده است، با انجامِ اوامر، مغرور شده‌ای.

---

۱ - **گَنده پیر** : پیر بسیار فرتوت، کنایه از دنیا و اهل آن است.

۲ - افلاکی می‌نویسد: مناقب، ج ۱، ص ۴۲۸ : علاءالدّین چلبی، پسر دوم مولانا که یکی از عوامل اصلی شهادت شمس و تشدید فتنهٔ یارانِ به ظاهر یار، علیه شمس بود، در اواخر شوّال ۶۶۰ هجری قمری درگذشت، مولانا در مراسم تدفین او حاضر نشد، مدّتی بعد که برای زیارت تربت پدر بزرگوارش سلطان‌العلما رفته بود، بر سر قبر علاءالدّین رفت و بر مزار فرزند این شعر را نوشت:

پس کـجا زارد؟ کـجا نـالد لئیم؟　　گر تو نپذیری به جز نیک ای کریم!

۳ - اشارتی قرآنی؛ مائده: ۱۲/۵ : لَأُكَفِّرَنَّ عَنكُمْ سَيِّئَاتِكُمْ: سیئات شما را می‌زدایم.

در ارتباط است با پیمانی که خداوند از بنی اسرائیل گرفت که نماز برپا دارند و زکات بپردازند و به پیامبران ایمان آورند و آنان را گرامی دارند و در راه خدا وامی نیکو دهند تا پروردگار سیئاتشان را به لطف بزداید.

۳۴۱ **هم‌سُخن دیدی تو خود را با خدا — ای بسا کو زین گُمان، افتد جدا**

با ذکر و دعا، خود را همکلام با خدا پنداشتی و ندانستی که پروردگار از سرِ عنایت به بندگان اجازه می‌دهد با او سخن بگویند. چه بسا کسانی که با چنین پنداری از حق دور شده‌اند.

۳۴۲ **گر چه با تو شه نشیند بر زمین — خویشتن بشناس و نیکوتر نشین**

اگر شاه از سر لطف و کَرَم، مرتبهٔ اعلای خود را تنزّل دهد و با تو همنشین گردد، مقامِ خویش را بشناس تا مغرور نشوی و در رعایت ادبِ ظاهر و باطن بکوش.

۳۴۳ **باز گفت: ای شه! پشیمان می‌شوم — توبه کردم، نومسلمان می‌شوم**

اینک باز می‌گردیم به داستان باز و کمپیرزن، باز گفت: ای شاه، پشیمان شدم و توبه کردم. به راه راست باز می‌گردم و تسلیم شما می‌شوم.

۳۴۴ **آنکه تو مستش کنی و شیرْگیر — گر ز مستی کژ رود، عذرش پذیر**

کسی را که تو محوِ جمال و کمال خویش می‌کنی و به قدرت خود، قوّتی بسزا می‌بخشی، اگر از سر مستی کژ رَوَد، عذرش را بپذیر.

۳۴۵ **گرچه ناخن رفت، چون باشی مرا[1] — بر کَنم من پرچم خورشید را[2]**

هرچند که ناخن‌هایم را از دست دادم؛ امّا اگر تو حمایتم کنی، می‌توانم پرچمِ خورشید را سرنگون کنم؛ یعنی بیش از او بدرخشم.

۳۴۶ **ورچه پرَّم رفت، چون بنوازیَم — چرخ، بازی گُم کند در بازیَم[3]**

با وجود آنکه پرهایم از دست رفت؛ امّا اگر مورد لطفِ تو باشم، چرخ گردون از بلندپروازی‌ام، خود را می‌بازد؛ یعنی برتر از چرخ و افلاک پرواز خواهم کرد.

۳۴۷ **گر کمر بخشیم[4]، کُه را بر کَنم — گر دهی کِلکی[5]، عَلَم‌ها بشکنم[6]**

اگر به من کمر همّت ببخشی، می‌توانم کوه را از جای برکَنَم و اگر قدرتی عطا کنی، می‌توانم پرچمِ قدرتمندان ظاهری را در هم بکوبم.

---

۱ - **چون باشی مرا:** اگر مرا بپذیری و حمایت کنی.

۲ - مصراع دوم: بر خورشید غلبه می‌کنم، می‌توانم از او تابناک‌تر باشم. «پرچمِ خورشید را کندن»: کنایه از مغلوب کردن خورشید است.

۳ - مصراع دوم: می‌توانم برتر از چرخ گردون بچرخم و پرواز کنم.
بیت می‌تواند از سخنِ بندهٔ توبه‌کننده‌ای باشد که خواهان عنایتِ حق برای پرواز و رسیدن اوست.

۴ - **کمر بخشیدن:** علامتِ دادنِ منصب و مقام. ۵ - **کِلک:** قلم.

۶ - مُراد آنکه: با قدرتی که تو می‌دهی، هر غیرممکنی ممکن می‌شود.

۳۴۸ **آخــر از پشّــه نــه کـم بـاشد تـنم ملکِ نمرودی به پَر بـر هـم زنـم**[۱]

آخر تن من، از پشّه حقیرتر نیست که نتواند سلطنت دنیاپرستان را بر هم زند.

۳۴۹ **در ضــعیفی تــو مـرا بـابیل**[۲] **گـیر هر یکی خصم مرا چون پـیل گـیر**

مرا از ضعف و حقارت، مرغِ ابابیل فرض کن و هر یک از دشمنانم را پیلی نیرومند.

۳۵۰ **قـدر فُـنْدق افکـنم بُـندق**[۳] **حـریق بُنْدُقم در فعلْ صد چون مـنجنیق**[۴]

گلولهٔ گِلینِ آتش‌زا پرتاب می‌کنم که هر یک به اندازهٔ فندق است؛ امّا قدرتی مانند صد منجنیق دارد.

۳۵۱ **گرچـه سـنگم هست مـقدارِ نـخُود لیک در هیجا**[۵]**، نه سر ماند نه خُود**[۶]

گرچه سنگی را که پرتاب می‌کنم به اندازهٔ نخود و کوچک است؛ امّا در جنگ نه سر برای کسی باقی می‌گذارد، نه کلاه‌خُودی.

۳۵۲ **موسی آمد در وَغا**[۷] **با یک عصاش زد بر آن فرعون و بر شـمشیرهاش**

موسی(ع) با یک عصا وارد عرصهٔ مبارزه با فرعون شد و با همان چـوبدستی فـرعون و فرعونیان را نابود کرد.

۳۵۳ **هر رسولی یک تنه کآن در زَدَه‌ست بـر هـمه آفـاق، تـنها بـر زَدَه‌ست**

همهٔ رسولان حق چنین بوده‌اند و یک تنه در برابر تمام جهانیان می‌ایستاده‌اند.

۳۵۴ **نوح چون شمشیر در خواهید از او موجِ طوفان گَشت از او شمشیرخو**[۸]

نوح(ع) که سالیان دراز معاندان را به حق فـراخـوانـد و اجـابتی نـدید، هـلاک ایشـان را خواست. حق تعالیٰ هم امواج توفان را بسان شمشیری در نابودی و محو تبهکاران به کار برد.

---

۱ - اشارتی قرآنی: الفیل: ۵/۱۰۵-۱.

۲ - اشارتی قرآنی، که پرندگان ابابیل علی‌رغم جثّهٔ کوچک، سپاه نیرومند ابرهه را نابود کردند: ر.ک: ۱۳۱۹/۱ و ۲۹۱۱/۲. ۳ - **بُنْدُق** : گلولهٔ گلین.

۴ - **منجنیق** : از ابزار جنگ در قدیم که با اهرم سنگ و یا مواد مشتعل را به قلعه‌ها پرتاب می‌کرده‌اند.

۵ - **هَیجا** : جنگ و کارزار.

۶ - این بیت در مقابله با قید «صح» در هامش افزوده شده و در پاورقی نسخهٔ نیکلسون آمده است.

۷ - **وَغا** : کارزار، جنگ. ۸ - **شمشیرخو** : تیز و برنده.

احمدا! خود کیست اسپاهِ زمین؟ ماه بین بر چرخ و بشکافش جبین[۱] ۳۵۵

ای احمد، سپاهیان و دشمنان زمینی چه قدر و منزلتی در قِبالِ عظمتِ روحانی و قدرتِ تو دارند که از آن‌ها بیمناک گردی؟ ماه را بر چرخ گردون بنگر و پیشانی او را از هم بشکاف. این امر تاکنون سابقه نداشته و هیچ رسولی اجازهٔ آن را نداشته است.

تا بداند سعد و نحس[۲] بی‌خبر دورِ توست این دور، نه دورِ قمر ۳۵۶

تا اهل سعد و نحس؛ یعنی منجّمان که به اثرِ ستارگان در سرنوشت انسان‌ها معتقدند، بدانند که اینک دوران اقتدار و تسلّط روحانی توست و پیروی از شریعتی که تو مأمور ابلاغ آن شده‌ای، سرنوشت آدمیان را رقم می‌زند، نه تأثیر ستارگان.

دورِ توست، ایرا که موسیٰ کلیم آرزو می‌بُرد زین دورت مُقیم[۳] ۳۵۷

اینک دوران دولت و حشمت توست که موسی کلیم‌الله(ع) آرزو می‌کرد آن را دریابد.[۴]

چونکه موسی رونقِ دورِ تو دید کاندر او صبحِ تجلّی[۵] می‌دمید ۳۵۸

چون موسیٰ(ع) شکوه سلطنت معنوی تو را دید و دانست که در دوران تو عالی‌ترین تجلیّات حق در کِسوت بشر آشکار خواهد شد،

گفت: یا رب آن چه دورِ رحمت است؟ آن‌گذشت از رحمت، آنجا رؤیت است[۶] ۳۵۹

گفت: پروردگارا، آن دورانِ شکوهمند، فراتر از رحمت و عین رؤیت و شهود است.

غوطه ده موسیٰ خود را در بِحار[۷] از میانِ دورهٔ احمد بر آر ۳۶۰

موسیِ خود را هم در دریای زمان غوطه‌ور ساز و از دوران حشمت و جلال احمدی بیرون آور.

---

۱ - اشاره‌ای است به شقّ القمر، سورهٔ قمر: ۱/۵۴ : ر.ک: ۱۱۸/۱.

۲ - **سعد و نحس:** نیکلسون نیز آن را اشاره به منجّمان دانسته است. ۳ - **مقیم :** پیوسته.

۴ - مأخذ آن روایتی است که ابوالفتوح در تفسیر خود ج ۲، ص ۴۶۱، ۴۷۴ نقل کرده و در دیگر مآخذ نیز به وجوه مختلف آمده است و اینک خلاصهٔ آن را نقل می‌کنیم: چون خدای تعالیٰ موسیٰ را الواح داد، موسیٰ گفت: بارخدایا! مرا کرامتی دادی که کس را ندادی پیش از من. خدای تعالیٰ فرمود: آنچه من تو را دادم بِستان و به جدّ محافظت کن و چنان کن که بر دوستی محمّد(ص) پیش من آیی. موسیٰ گفت: بارخدایا! محمّد(ص) کیست؟ گفت: احمد است. آنکه من نام او را بر عرش نقش کرده‌ام، پیش از آنکه آسمان و زمین را آفریده‌ام. فضل امّت او بر دیگر امّتان چنان است که فضل من بر خلقانم. موسی گفت: کاش من ایشان را بدیدمی: احادیث، ص ۱۶۲.

۵ - **صبح تجلّی :** اشاره به شهود عارفانهٔ پیامبر(ص).

۶ - حضرت ختمی مرتبت(ص) از عالمی فوق محسوسات و از جهانی محیط بر عالم اجسام، بلکه از مقامی بالاتر از عوالم ملکوتی که مقام اولوهیّت است، حقایق را شهود می‌نمود: شرح مقدّمهٔ قیصری، ص ۴۵.

۷ - **بِحار :** بحرها: اینجا دریاهای زمان.

گفت: یا موسی! بدآن بنمودمت   راهِ آن خلوت بدآن بگشودمت ۳۶۱

خداوند فرمود: ای موسیٰ، از آن‌رو شکوه قرب احمدی(ص) را به تو نشان دادم و راه رسیدن به آن خلوت خالی از اغیار را برایِ تو گشودم،

که تو زآن دوری در این دور ای کلیم!   پا بکَش، زیرا دراز است این گلیم[1] ۳۶۲

زیرا تو هم متعلّق به همان دوران هستی؛ امّا اینک از آنان بسی دوری و نمی‌توانی آن امّت را ببینی. گمان نکن آنچه به تو عطا شد، به دیگری ندادیم، افزون‌تر از آن در روز ازل نصیب احمد(ص) گشته است؛ بنابراین حدّ خویش را که مرتبهٔ تکلیم است، بشناس و حدّ بی‌حدّ او را دریاب.

من کریمم، نان نمایم بنده را   تا بگریاند طمع آن زنده[2] **را** ۳۶۳

من کریم و بخشنده‌ام و اقتضای کرم الهی است که نان را به بنده نشان می‌دهد تا اشتیاق به نان، او را به خواهش وادارد؛ پس آن قُربِ بی‌منتها را به تو نمایاندم تا مشتاق آن قُرب و مقرّب گردی.

بینیِ طفلی بمالد مادری   تا شود بیدار و واجوید خَوری[3] ۳۶۴

همان‌گونه که مادر مهربان بینیِ کودکِ خُفته را به آرامی می‌مالد تا بیدار شود و شیر یا غذا بخورد و قوّت یابد.

کُو گرسنه خُفته باشد بی خبر   و آن دو پستان می‌خلد زو بهرِ دَر[4] ۳۶۵

زیرا طفلِ گرسنه در خواب نمی‌داند که پستان مادر برای تغذیه او چگونه می‌سوزد و سوزن‌سوزن می‌شود.

---

۱ - صافی‌ترین علم و عالی‌ترین مقام در اوّلین تجلّی یا اوّلین تنزّل در مقام احدیّت یا تعیّن اوّل است که وجود منبسط با فیض اقدس به مرتبهٔ واحدیّت تنزّل می‌یابد و فیض مقدّس در کسوت صور خارجیّه و صور ادراکیّه ظاهر می‌گردد؛ پس صافی‌ترین علم، علم شهودی و حضوری است و مقام اشرف انبیا همان است و علم سایر انبیا مأخوذ از مقام نازل این مأخذ است؛ بنابراین حضرت ختمی مرتبت(ص) به حسب ظهور خلقی، عین عقل اوّل و اوّلین صورت وجود مطلق است که وجود خارجی پیدا کرده و گرچه از اولاد آدم صفی(ص) است ولی به حسب حقیقت، جدّ حقیقی اوست، بلکه آدم(ص) و جمیع انبیا(ص) از ظهورات و تجلیّات آن نیّر اعظم‌اند: شرح مقدّمه قیصری، صص ۱۵۳، ۵۰، ۴۷۳.   ۲ - **زنده**: اینجا کسی که دلش به نور حق منوّر و زنده شده است.

۳ - **واجوید خوری**: خوراک بخواهد.

۴ - **می‌خَلَد زو بهرِ دَر**: پستان مادر برای شیر دادن خارخار دارد. «دَرّ»: بسیار شیر دادن ناقه، شیر فرو گذاشتن.

كُـنتُ كَـنْزاً رَحْـمَةً مَـخْفِيَّةً[1] فَـــابْتَعَثْتُ أُمَّـــةً مَـــهدِيَّةً ۳۶۶

من گنجی نهانی بودم سرشار از رحمت، برای آنکه آشکار گردم، اُمّتی رستگار را برانگیختم.

هر کراماتی که مـی‌جویی بـه جـان او نـمودت تـا طـمع کـردی در آن ۳۶۷

هر کمالی را که می‌طلبی و با دل و جان در جهت نیل بدان می‌کوشی، بدان که حق آن را به طریقی به تو نشان داده و اشتیاق رسیدن به آن مرتبه را در تو به وجود آورده است.

چند بُت بشکست احمد در جهان تـا کـه یـارب‌گوی گشـتند اُمَّـتان ۳۶۸

پیامبر گرامی اسلام(ص) بت‌هـایِ ظاهری و بـاطنی اُمّت را شکست تـا اقـوام گـوناگـون یاربّ‌گوی گشتند.

گر نبودی کوشش ِ احـمد، تـو هـم مـی‌پرستیدی چـو اجـدادت صَـنَم ۳۶۹

اگر تلاش و همّتِ حضرت محمّد(ص) نبود، تو نیز اکنون مانند اجدادت بُت‌پرست بودی.

این سرت وارَست از سجدهٔ صـنم تـا بـدانـی حـقِّ او را بـر اُمَـم ۳۷۰

پیامبر(ص) تو و دیگران را از حقایق آگاه کرد و سرت را از سجود در برابر بت و خواری رهانید تا حقِّ عظیمی را که بر گردنِ امّت‌ها دارد، بدانی و سپاسگزار باشی.

گر بگویی، شکرِ ایـن رَسـتن بگـو کـز بتِ بـاطن هَـمَت بِرْهانَد او ۳۷۱

اگر شکر می‌گویی، شکرِ این نجات را بگو که او تو را از بت‌های بیرونی رهانید و از بتی عظیم‌تر که در باطن توست، نیز می‌رهانَد.

مر سَرَت را چـون رهـانید از بـتان هم بـدآن قُـوَّت تـو دل را وارهـان ۳۷۲

چون پیامبر(ص) سرت را از سجده در برابر بت ظاهری رهانید، اینک تو با راه و روش‌های «شریعت و طریقت» و همان نیرو که بُتِ ظاهری را سرنگون کرد، بُت درون خود را سرنگون کن و دلت را از وسوسه‌ها بِرَهان.

سـر ز شُکـرِ دیـن از آن بـرتافتی کـز پـدر، مـیراثِ مُـفْتَش یـافتی[2] ۳۷۳

هرگز برای دین و اعتقاداتت شاکر نبودی؛ زیرا برای آن تلاش نکردی و از پدر به سهولت میراث برده‌ای.

---

۱ - اشاره به حدیثی مشهور: ر.ک: ۲۸۷۵/۱ و ۲۸۷۶/۱.

۲ - در حاشیه به جای کلمهٔ «مفتش» در مقابله «ارزان» نوشته‌اند.

مـردِ مـیراثـی چـه دانـد قـدرِ مـال　　　　رُستمی جان کَند و مَجّان یافت زال ۳۷۴

وارث هرگز نمی‌داند که برای کسب آن مال چه‌سان رنج برده‌اند، همان گونه که رستم، پهلوان نامدار برای رسیدن به جایگاهِ خود، تلاش بسیار کرد؛ امّا زال پدر او که فرزند سام نریمان، پهلوان اساطیری ایران بود؛ پس از بـالندگی در دامـنهٔ البـرز در دامـان سـیمرغ، بـا جوشش مهر پدر به آغوش خانواده بازگشت و چون «منوچهر» شاه ایران، حکومت نواحی شرقی تا سرحدّ هندوستان و سند و چین را به نام سام صادر کرده بود، سام فرمانروایی را به زال سپرد و خود به مقرّ حکومتی خویش، یعنی گرگساران بازگشت. از این روست که مولانا می‌فرماید: «مجّان یافت زال»[1]؛ یعنی زال برای حکومت و قدرت جهدی نکرد.

چـــون بگـریانم، بـجوشد رحـمتم　　　　آن خـــروشنده بـــنوشد نـــعمتم ۳۷۵

اگر بنده‌ای را بگریانم، گریه و سوز و درد او دریای رحمت الهی‌ام را به جوش می‌آورد و آن بنده از نعمت حق برخوردار می‌گردد.

تضرّع خالصانه نشان‌گشایش باب رحمت است.

گر نـخواهـم داد، خـود نـنمایمش　　　　چُونْش کردم بسته دل، بگشـایمش ۳۷۶

اگر نخواهم چیزی به کسی بدهم و یا عنایتی در حقّش کنم، آن نـعمت را بـه او نشـان نمی‌دهم. چون وابسته‌اش کردم، در دلِ او روزنهٔ معرفت را می‌گشایم.

رحـمتم مـوقوفِ آن خـوش‌گـریه‌هاست　　　　چون‌گریست از بحرِ رحمت موج خاست ۳۷۷

رحمت من وابسته به آن گریه‌ها و ناله‌های خوش سوزناکِ بنده به درگاه حق است، چون بگرید و با تمام وجود بخواهد، دریای رحمت الهی می‌جوشد.

۱ - شاهنامه فردوسی به نثر، دکتر دبیرسیاقی، صص ۳۸-۳۵.

حلوا خریدنِ شیخ احمد خِضْرُویَه جهتِ غریمان به الهامِ حق تعالی[1]

شیخ احمد خِضْرُویَه یکی از صوفیان بنام و طراز اوّل مشایخ طریقت بود. نام وی احمد بن الخضر بود که به خِضْرُویَهٔ بلخی معروف گشته بود. کتابی به نام الرعایة بحقوق الله را هجویری در کشف المحجوب به وی نسبت می‌دهد.

کنیهٔ او ابوحامد بود و با ابوتراب نخشبی و حاتم اصم مصاحبت داشت و نوشته‌اند با بایزید و ابوحفص نیشابوری دیدار داشته است. وفات او به سال (۲۴۰ هجری) بود.

عطّار در تذکرة الاولیاء نوشته است: از معتبران مشایخ خراسان بود و از کاملان طریقت و از مشهوران فتوّت. دختر امیر بلخ که فاطمه نام داشت عیال او بود و اندر طریقت آیتی بود. احمد قصد زیارت بایزید کرد. عیال نیز با وی همراه گشت. چون پیش بایزید رسیدند، فاطمه نقاب از رخ برکشید و با بایزید سخن می‌گفت. احمد متغیّر شد. فاطمه گفت: تو محرم طبیعت منی و بایزید محرم طریقت من. از تو به هوا برسم و از وی به خدا. روزی بایزید را چشم بر دست فاطمه افتاد که حنا بسته بود، گفت: یا فاطمه از برای چه حنا بستی؟ گفت: بایزید تا این غایت تو دست و حنای من ندیده بودی و مرا بر تو انبساط بود، اکنون که چشم تو بر این‌ها افتاد، صحبت ما با تو حرام شد؛ پس به نیشابور باز گشتند. نوشته‌اند که شیخ از غایت جوانمردی و سخاوت و دستگیری از مستمندان همواره مقروض و وامدار بود. داستانی را که مولانا اینک به شرح آن می‌پردازد در ارتباط با همین امر است و اعتمادِ تامّ شیخ به لطف باری تعالی.

---

۱ - مأخذ آن قصّه‌ای است که در رسالهٔ قشیریه، صص ۱۷-۱۶ و در تذکرةالاولیاء، ج ۱، ص ۲۹۴ ذکر شده است. و ما آن را از مأخذ اخیر نقل می‌کنیم: چون او را (احمد خضرویه) وفات نزدیک آمد هفتصد دینار وام داشت. همه به مساکین و مسافران داده بود. غریمانش به یک بار بر بالین او آمدند. احمد گفت: الهی، مرا می‌بری و گرو ایشان جان من است، کسی را برگمار تا به حق ایشان قیام نماید. در این سخن بود که کسی در بکوفت که غریمان شیخ بیرون آیند. چون وام گزارده شد، جان از احمد جدا شد ـ رحمة الله علیه ـ.

مولانا این حکایت را با قصّه‌ای که در اسرارالتّوحید نقل شده به هم آمیخته است اینک آن قصّه: شیخ ما ابوسعید از هر کسی چیزی فام کرده بود برای درویشان. غریمان تقاضا می‌کردند. یک روز جمله به در خانقاه آمدند. در پیش شیخ بنشستند. کودکی طوّاف بر در خانقاه بگذشت و حلوا آواز می‌داد. شیخ گفت: آن طوّاف را در آرید. او را در آوردند. شیخ گفت: آنچه دارد جمله برکش. جمله را برکشید و پیش شیخ و صوفیان نهاد. کودک طوّاف گفت: زر می‌باید. شیخ گفت: پدید آید. یک ساعت بود. دیگر بار تقاضا کرد. شیخ گفت: پدید آید. سیّم بار تقاضا کرد. شیخ همان جواب داد. آن کودک گفت: استاد مرا بزند. این بگفت و به گریستن ایستاد. در حال کسی از در خانقاه در آمد و صُرّهٔ زر در پیش شیخ بنهاد و گفت: فلان کس فرستاده است و می‌گوید که مرا به دعا یاد دار. شیخ، حسن مؤدب را گفت: برگیر و بر غریمان تفرقه کن و بر متقاضیان. حسن زر برگرفت و همه را بداد و زر ناطف آن کودک بداد که هیچ چیز باقی نماند. شیخ گفت: این زر در بند اشک این کودک بوده است.

در جوامع الحکایات (باب سوم از قسم اوّل)، مضمون حکایت همان است: احادیث، صص ۱۶۳ و ۱۶۴ و اسرار التوحید، چاپ تهران، به اهتمام بهمنیار، ص ۷۸.

۳۷۸ **بـــود شـــیخی دایـــما او وامـــدار   از جـوانـمردی کـه بـود آن نـامدار**

یکی از مشایخ طریقت به سبب جوانمردی بسیار همواره مقروض و بدهکار بود.

۳۷۹ **ده هـــزاران وام کـــردی از مِـــهان   خـــرج کـــردی بـر فـقیرانِ جـهان**

شیخ بزرگوار از ثروتمندان ده‌ها هزار قرض می‌گرفت و برای نیازمندان هزینه می‌کرد.

۳۸۰ **هـم بـه وام او خـانقاهی سـاخته   جـان و مـال و خـانقه دربـاخته**

با گرفتن وام، خانقاهی ساخته بود و جان و مال و خانقاه را در راه خدا ایثار کرده بود.

۳۸۱ **وامِ او را، حق ز هـر جـا مـی‌گزارد   کرد حق بـهرِ خـلیل از ریگ آرد[1]**

حق تعالیٰ به سبب صدقِ او، بدهیِ او را به صورت‌های گوناگون ادا می‌کرد، همان‌گونه که برای خلیل خود ریگ بیابان را تبدیل به آرد کرد.

۳۸۲ **گـفت پـیغمبر کـه: در بـازارهـا   دو فـرشته مـی‌کنند ایـدر[2] دعـا**

پیامبر(ص) فرمود که همواره دو فرشته در بازارها چنین دعا می‌کنند:

۳۸۳ **کِای خدا ! تو مُنفقان[3] را دِه خـلف   ای خدا ! تو مُـمْسکان[4] را دِه تـلف**

ای خداوند، انفاق‌کنندگان را پاداش نیک ده، و امساک‌کنندگان را تباهی مال بده.[5]

۳۸۴ **خاصه آن مُنفق که جان اِنفاق کـرد   حـلقِ خـود قُـربانیِ خـلاّق کـرد**

بخصوص کسی که در راه رضای حق جان خود را ایثار می‌کند، مانندِ اسماعیل، فرزند ابراهیم(ع) است که برای اجرای فرمان حق تعالیٰ و رضای او حلق خود را در برابر تیغ قرار داد و از مرگ هراسی نداشت.

---

۱ - روایات مختلفی دربارهٔ این معجزه وجود دارد که ابراهیم(ع) برای غذا دادن به خانواده یا پذیرایی از میهمانان خود آرد خواست. انبانی را از ریگ پر کرد و حق تعالیٰ سبب تبدیل آن به آرد شد: شرح مثنوی مولوی، دفتر دوم، ص ۶۴۱.   ۲ - **ایدر** : اینجا، در بیت به معنیِ «این چنین» یا «این‌طور» آمده است.

۳ - **منفقان** : انفاق کنندگان، کسی که در راه خدا چیزی ببخشد.   ۴ - **ممسکان** : امساک کنندگان، خسیسان.

۵ - اشاره به حدیث: ر.ک: ۲۲۳۳/۱.

۳۸۵ **حلق پیش آورد اسماعیلْوار کارد بر حلقش نیارد کرد کار**[1]

کسی که اسماعیل‌وار حلق را در برابر کارد قرار می‌دهد، تیغ تیز، «حقیقت وجود» او را که «روح انسانی» است، نمی‌بُرَد.

۳۸۶ **پس شهیدان، زنده زین روی‌اند و خَوش**[2] **تو بدآن قالب بمنگر گَبْرَوَش**[3]

بنابراین، بر همین منوال بدان که شهیدان زنده و خوش‌اند، تو مانند منکران و کافران فقط به قالب جسمانی ایشان توجّه نکن که با شهادت نابود می‌شود.

۳۸۷ **چون، خلَف**[4] **دادستشان جانِ بقا جانِ ایمن از غم و رنج و شَقا**[5]

چون خداوند به آنان، مانند خَلَفِ صالح شان، اسماعیل(ع)، جانی باقی عطا کرده که از غم و درد و رنج ایمن است.

۳۸۸ **شیخِ وامی**[6] **سال‌ها این کار کرد می‌سِتَد، می‌داد، همچون پایْ مَرد**[7]

اینک بازگردیم به داستان، شیخ سال‌ها چنین می‌کرد. همواره مانندِ واسطه از ثروتمندان وام می‌گرفت و به نیازمندان می‌داد.

۳۸۹ **تخم‌ها می‌کاشت تا روزِ اجل تا بُوَد روزِ اجلْ، میرِ اجل**[8]

و به این ترتیب، با کارهایِ نیک، تخمِ احسان را در زمین وجود خویش می‌کاشت تا هنگام مرگ سپیدروی و محترم باشد.

۳۹۰ **چونکه عمرِ شیخ در آخر رسید در وجودِ خود نشانِ مرگ دید**

چون عمر شیخ به پایان رسید و نشانه‌های مرگ را در خود مشاهده کرد،

---

۱ - اشاره است به روایت: چندان که ابراهیم(ع) کارد می‌مالید، هیچ نمی‌برید. از ضجارت کارد از دست بیفکند. روایتی دیگر می‌گوید: چندان که تیزی کارد می‌خواست تا بر او مالد، کارد بر می‌گردید: تفسیر ابوالفتوح، ج ۴، ص ۴۴۰ به نقل از احادیث، ص ۱۶۵. در تفسیرِ مکتوب ۶۲۸ هـ ق نیز آمده است که: چون کارد بگشت، ابراهیم سر کارد در حلق او زد، کارد دو تا شد: احادیث، ص ۱۶۵. پس خداوند، صدق ابراهیم(ع) و فرزندش را پدیدار ساخت.

۲ - اشارتی قرآنی؛ آل عمران: ۱۶۹/۳: وَ لاٰ تَحسَبَنَّ الَّذین قُتِلُوا فی سَبِیْلِ اللهِ أَمْواتاً بَلْ أَحْیٰاءٌ عِنْدَ رَبِّهِمْ یُرْزَقُونَ: آنان که در راه خدا کشته شدند، مردگان مپندارید؛ بلکه ایشان زنده‌اند و نزد پروردگارشان روزی می‌خورند.

۳ - **گَبروَش**: مانند کافران. ۴ - **خَلَف**: جانشین، عوض. ۵ - **شَقا**: شقاوت، بدبختی.

۶ - **وامی**: وام‌دار. ۷ - **همچون پایْ مرد**: مانند یک واسطه و میانجی.

۸ - **میرِ اجل بودن**: با فرارسیدن مرگ، مشتاق انتقال به جهان باقی باشد؛ یعنی نزد خداوند سپیدروی به شمارآید.

وامْداران گِـــردِ او بـــنشسته جـــمع شیخ بر خود خوش گدازان همچو شمع ۳۹۱

طلبکاران گِردِ او جمع شده بودند و پول خود را می‌خواستند؛ امّا شیخ مانند شمعی تابناک به خوشی می‌سوخت و بیمی نداشت.

وامْداران گشـــته نـومید و تُـرُش دردِ دل‌ها یار شد با دردِ شُش[1] ۳۹۲

طلبکاران با ناامیدی و ترشرویی نشسته بودند، جسم و جانشان از دیدن نشانه‌هایِ آخرین دقایق عمر شیخ، آزرده بود.

شیخ گفت: ایـن بـدگمانان را نگـر نیست حق را چـارصد دیـنارِ زر؟ ۳۹۳

شیخ اندیشید: چقدر این مردم به حق بدگمان‌اند، آیا خداوند چهارصد دینار زر ندارد که وام آنان را باز دهد؟

کـودکی حـلوا ز بـیرون بـانگ زَد لافِ حـــلوا بـر اُمـیدِ دانگ[2] **زد** ۳۹۴

در همین اثنا، کودکی حلوافروش به امید فروش حلوا، داد زد.

شیخ اشارت کرد خـادم را بـه سـر کـه: بـرو، آن جـمله حـلوا را بـخر ۳۹۵

شیخ با سر به خادم اشاره کرد که برو و همهٔ حلوای آن کودک را بخر.

تا غریمان، چونکه آن حلوا خورند یک زمـانی تـلخ در مـن نـنگرند ۳۹۶

تا طلبکاران از خوردنِ حلوا، کامشان شیرین شود و لحظه‌ای با ترشرویی و تلخی به من نگاه نکنند.

در زمـان خـادم بـرون آمـد بـه در تـا خَـرَد او جـمله حـلوا را بـه زر ۳۹۷

خادم بلافاصله بیرون آمد تا با پرداخت پول همهٔ حلوا را بخرد.

گفت او را: گُوتُرو[3]**، حلوا به چند؟**[4] **گـفت کـودک: نـیم دیـنار و اِدَنْـد** ۳۹۸

خادم به کودک گفت: همهٔ حلوا را چند می‌دهی؟ کودک گفت: نیم دینار و اندی.

گفت: نه از صـوفیان افـزون مـجو نـیم دیـنارت دهـم، دیگـر مگـو ۳۹۹

خادم گفت: از صوفیان زیاد نخواه، نیم دینار می‌دهم، بگیر و چیزی نگو.

---

۱ - **درد شُش**: دردی که در شُش می‌پیچد، قدما معتقد بودند که جایگاه اندوه شُش است.

۲ - **دانگ**: یک ششم درهم. درهم یک دینار بوده است.

۳ - **گُوتُرو**: نیکلسون، عبارت گوتوری آلمق را که ترکی است، یکجا خریدن، معنی کرده است و «اِدَنْد» را به معنی «اَنْد»: عدد کوچک مبهم.

۴ - مصراع اوّل را در مقابله در هامش به صورتِ «گفت او را کین همه حلوا به چند» نوشته‌اند.

او طَبَق بنهاد اندر پیشِ شیخ　　　تو ببین اسرارِ سِرّاندیشِ[1] شیخ ۴۰۰

خادم طبق حلوا را در برابر شیخ نهاد. دقّت کن که ماجرا چه بود و اسرار شیخِ آگاه را ببین.

کرد اشارت با غریمان[2]، کین نَوال[3]　　　نک[4] تبرُّک، خوش خورید این را حلال ۴۰۱

شیخ به طلبکاران اشاره کرد که اینک نعمت حلال را به عنوان تبرّک بخورید و دهان را شیرین کنید.

چون طبق خالی شد، آن کودک سِتَد　　　گفت: دینارم بده ای باخِرَد ۴۰۲

هنگامی که طبق حلوا خالی شد، کودک آن را برداشت و پول خود را طلب کرد.

شیخ گفتا: از کجا آرم درم؟　　　وام دارم، می‌روم سویِ عدم ۴۰۳

شیخ گفت: پول از کجا بیاورم؟ بدهکارم و دارم می‌میرم.

کودک از غم زد طبق را بر زمین　　　ناله و گریه بر آورد و حَنین[5] ۴۰۴

کودک از شدّت اندوه طبق را بر زمین کوبید و با حالی زار به گریه و ناله و فغان پرداخت.

می‌گریست از غبنْ[6] کودک، های های　　　کِای مرا بشکسته بودی هر دو پای ۴۰۵

کودک از زیانی که دیده بود، های‌های می‌گریست و می‌گفت: ای کاش پاهایم شکسته بود و اینجا نمی‌آمدم.

کاشکی من گردِ گلخن[7] گشتمی　　　بر درِ این خانقه نگذشتمی ۴۰۶

ای کاش دور گلخن‌ها گشته بودم و سراغ آن آدم‌های فرومایه رفته بودم؛ امّا به در این خانقاه نیامده بودم.

صوفیانِ طبلْخوارِ[8] لقمه‌جو　　　سگ دلان[9] و همچو گربه رُوی شُو ۴۰۷

صوفیانِ مفت‌خورِ شکمبارهٔ بدباطن مانندِ گربه دست و روی خود را می‌لیسند تا پاک به نظر آیند.

از غریوِ[10] کودک آنجا خیر و شر　　　گِرد آمد، گشت بر کودک حَشَر[11] ۴۰۸

از فریاد و فغان کودک، گروهی کثیر از مردم خوب و بد گرد آمدند.

---

۱ - **سِرّاندیش** : آگاه.　۲ - **غریمان** : جمعِ غریم: وام‌دار، وام‌خواه، از اضداد است.　۳ - **نوال** : نعمت.
۴ - **نَک** : اینک.　۵ - **حنین** : ناله.　۶ - **غبن** : زیان دیدن، ضرر.
۷ - **گلخن**: آتش‌خانهٔ حمّام، توسّعاً هرجای کثیف و بد.　۸ - **طَبل‌خوار** : طَبله‌خوار، مفت‌خور.
۹ - **سگ‌دل** : بدباطن، سگ‌صفت.　۱۰ - **غریو** : فریاد.　۱۱ - **حَشَر** : جماعت، انبوه، غوغا.

پیشِ شیخ آمد که: ای شیخِ دُرُشت[۱] تو یقین دان که مرا استادْ کُشت ۴۰۹

کودک نزد شیخ رفت و گفت: ای شیخِ خشن، مطمئن باش که استادم مرا می‌کُشد.

گر رَوَم من پیشِ او دستِ تهی او مرا بُکْشد، اجازت می‌دهی؟ ۴۱۰

اگر با دست خالی به سوی او باز گردم مرا می‌کشد، آیا دلت می‌آید و راضی می‌شوی؟

و آن غریمان هم به انکار و جُحود[۲] رُو به شیخ آورده، کین باری چه بود؟ ۴۱۱

طلبکاران هم که از شیخ ناراضی بودند، به او گفتند: این چه کاری بود که کردی؟

مالِ ما خوردی، مظالم می‌بری[۳] از چه بود این ظلمِ دیگر بر سری[۴]؟ ۴۱۲

پول ما را که خوردی و بار سنگینش را با خود به آن دنیا می‌بری، این ظلم دیگر را چرا به آن‌ها افزودی؟

تا نمازِ دیگر[۵] آن کودک گریست شیخ دیده بست و در وی ننگریست ۴۱۳

کودک تا نماز دیگر، زار گریست. شیخ چشم‌ها را بسته بود و به او نگاه هم نمی‌کرد.

شیخ فارغ از جفا و از خلاف درکشیده رویِ چون مَه در لحاف ۴۱۴

شیخ با آسودگی لحاف را روی صورت کشیده و فارغ از اندیشهٔ نیک و بد بود.

با ازل خوش با اجل خوش، شادکام فارغ از تشنیع[۶] و گفتِ خاص و عام ۴۱۵

شیخ با هستی ازلی و اجلی که او را بدان سو می‌برد، خوش بود و بیمی از بدگویی و اعتراضِ خاص یا عام نداشت.

آنکه جان دَر رُویِ او خندد چو قند از تُرُش‌رویی خلقش چه گزند؟ ۴۱۶

کسی که جان پاک به رویش شکرخند می‌زند، از ترشرویی خلق چه باکی دارد؟

آنکه جان[۷] بوسه دهد بر چشمِ او کِیْ خورد غم از فلک وز خشمِ او؟ ۴۱۷

کسی که جانِ جان به چشم او بوسه می‌دهد؛ یعنی به بینش و معرفت والای او اعتبار می‌نهد، هرگز غم زمانه و حوادث روزگار را ندارد و از خشم جهان و جهانیان نمی‌هراسد.

---

۱ - **دُرُشت** : زمخت، خشن. ۲ - **جُحود** : انکار. ۳ - **مظالم می‌بری** : بارِ این ظلم را به آن دنیا می‌بری.
۴ - **بر سری** : علاوه بر آن، اضافه بر آن. ۵ - **نماز دیگر** : نماز عصر. ۶ - **تشنیع** : سرزنش.
۷ - **جان** : اینجا جانِ جان یا هستیِ حقیقی، جانِ باقی.

در شبِ مهتاب مـه را بـر سِـماک[1] از سگان و وَعْوعِ ایشان چه بـاک؟ ۴۱۸

واصلان کامل که بسان «ماه» در شب جهلِ عوام، در اوج آسمانِ معارف می‌تابند، از پارس سگان چه بیمی دارند؟

سگ وظیفهٔ خـود بـه جـا مـی‌آورد مه وظیفهٔ خـود بـه رخ مـی‌گُسترد[2] ۴۱۹

هر کسی کار خود را انجام می‌دهد. سگ پارس می‌کند و ماه پرتو می‌افشاند.

کـارَکِ خـود مـی‌گزارد هـر کسـی آب نگـــذارد صــفا بــهرِ خســی ۴۲۰

در جهان هستی، هرکس عهده‌دار کار کوچکی است که بدان مـی‌پردازد. آب، لطـف و صفای خود را با وجود خار و خس از دست نمی‌دهد.

خس خســانه مـی‌رود بـر رویِ آب آبْ صـافی مـی‌رود بـی‌اضـطراب[3] ۴۲۱

خس، به سبب سبکی بر روی آب گستاخانه به هر سو می‌رود؛ امّا آب نـرم و آرام بـه حرکت خویش ادامه می‌دهد.

مـصطفی مـه مـی‌شکافد نـیمْ‌شب[4] ژاژ مـــی‌خاید[5] ز کـینه بـولَهَب[6] ۴۲۲

محمّد مصطفی(ص) در نیمه‌شب ماه را به دو نیم می‌کند و ابولهب با کینه‌توزی به یاوه‌گویی می‌پردازد.

آن مســیحا، مُـرده زنـده مـی‌کُند و آن جهود از خشم سِبلت می‌کَنَد[7] ۴۲۳

عیسی مسیح(ع) مُرده را زنده می‌کند و آن یهودی از خشم بر خود می‌پیچد و سبیل خود را می‌کند.

بانگِ سگ[8] هرگز رَسد در گوشِ ماه؟ خــاصه مـاهی کـو بُوَد خـاصِ اِلٰـه ۴۲۴

آیا هرگز صدای پارسِ سگ به ماه می‌رسد؟ بخصوص اگر آن ماه از مقرّبان درگاه حق باشد؟

می‌خورد شه بر لبِ جُو[9] تـا سـحر در سماع، از بانگِ چَغزان[10] بی‌خبر ۴۲۵

«انسانِ کامل» در زندگی این جهانی تا طلیعهٔ فجرِ انتقال به جهان باقی، از شراب مـعارف می‌نوشد و با طرب و استغراق در جانان از بانگِ مُنکران دنیا دوست بی‌خبر است.

---

۱ - **سِماک :** ر.ک: ۵۹۱/۱. ۲ - **به رُخ می‌گسترد :** در چهرهٔ خود نمایان می‌کند؛ یعنی پرتو می‌افشانَد.

۳ - **بی‌اضطراب :** نرم و آرام. ۴ - اشاره به معجزهٔ پیامبر(ص): ر.ک: ۱۱۸/۱ و ۱۰۸۲/۱.

۵ - **ژاژ می‌خاید :** یاوه می‌گوید. ۶ - ابولهب، کنیهٔ عموی پیامبر(ص): ر.ک: ۲۶۷۳/۲.

۷ - **سِبْلَت می‌کَنَد :** کنایه از اینکه بسیار خشمگین و ناراحت است؛ زیرا دینِ عیسی(ع) ناسخِ دین یهود است.

۸ - **بانگ سگ :** اینجا کنایه از بدگوییِ دنیادوستان از مردان حق.

۹ - **لب جو :** کنایه ازگذران عمر در مسیر زندگی.

۱۰ - **چغزان :** جمع چغز، قورباغه، اینجا کنایه از مُنکران یا دنیاپرستان.

هم شدی توزیعِ[1] کودک دانگِ چند هـمّتِ شـیخ آن سـخا را کـرد بـند ۴۲۶

می‌شد پول حلوا را میان جمع سرشکن کنند؛ امّا همّتِ شیخ به چنین امری تن در نداد، در نتیجه سخا و بخشش آن گروه نهان ماند.

تا کسی ندهد به کـودک هـیچ چـیز قوّتِ پیران[2] از این بیش است نـیز ۴۲۷

همّتِ او نگذاشت کسی به کودک چیزی دهد. نیروی باطنی مردان حق بیش از تصوّر و ادراک ماست.

شـد نـمازِ دیگـر، آمـد خـادمی یک طبق بر کف ز پیشِ حـاتمی[3] ۴۲۸

نماز عصر فرا رسید، ناگاه خدمتکاری از سوی مرد سخاوتمندی طبقی را آورد.

صاحبِ مالی و حـالی[4] پـیش پـیر هـدیه بـفرستاد، کـز وی بُـد خـبیر ۴۲۹

ثروتمندِ صاحب حالی هدیه‌ای برای شیخ فرستاده بود؛ زیرا از حالِ وی باخبر بود.

چـارصد دیـنار بـر گـوشهٔ طَـبَق نـیم دیـنارِ دگـر انـدر وَرَق ۴۳۰

در گوشهٔ طبقی که خادم آورد، چهارصد دینار قرار داشت و نیم‌دینار هم در کاغذ پیچیده شده بود.

خـادم آمـد شـیخ را اکـرام کـرد و آن طبق بـنهاد پـیشِ شـیخِ فـرد ۴۳۱

خادم در برابر شیخ ادای احترام کرد و آن طبق را پیشِ شیخ یگانه گذاشت.

چـون طـبق را از غِـطا[5] واکـرد رُو خـلق دیـدند آن کـرامت[6] را از او ۴۳۲

چون سرپوشِ روی طبق کنار رفت، مردم آن کرامت شیخ را دیدند.

آه و افـغان از هـمه بـرخـاست زود کِای سرِ شیخان و شاهان! این چه بود؟ ۴۳۳

ناله و فغان از همگان برخاست و گفتند: ای سرور مشایخ و شاهانِ عالم معنا، سِرّ این ماجرا چه بود؟

این چه سِرّ است؟ این چه سُلطانی است باز؟ ای خـداونـدِ خـداونـدانِ راز ! ۴۳۴

ای پیشوایِ عارفانِ صاحب سرّ، این چه راز و سلطنتی است بر دل‌ها؟

۱ - **توزیع** : سرشکن کردن خرجی را، قسمت کردن بر جمعی برای کسی.
۲ - **قوّت پیران** : نیرویِ معنوی مردان حق. ۳ - **حاتمی** : بخشنده‌ای، ثروتمندی.
۴ - **صاحبِ حال** : کسی که با عالم معنا و وارداتِ قلبی آشناست. ۵ - **غِطا** : پوشش.
۶ - **کرامت** : کارِ خارقِ مردِ حق.

مـا نـدانسـتیم، مـا را عـفو کـن   بس پراکنده کـه رفت از مـا سـخُن ۴۳۵

ما را ببخش که مقام عالی تو را نمی‌دانستیم و بسیار ناروا و بیهوده گفتیم.

مـا کـه کـورانـه[۱] عـصاها مـی‌زنیم   لاجـرم قـندیل‌ها[۲] را بشکـنیم[۳] ۴۳۶

ما که حقایق را نمی‌دانیم، کورکورانه قضاوت می‌کنیم و ممکن است به کسانی که در راه حق مانند قندیل نورانی‌اند و پرتوافشانی می‌کنند، توهین کنیم.

ما چو کـرّان نـاشنیده یک خـطاب   هرزه‌گویان از قیاس[۴] خود جـواب ۴۳۷

ما مانند آدم‌های ناشنوا بدون شنیدنِ سخن از سر قیاس جوابِ یاوه‌ای می‌دهیم.

مـا ز مـوسی پـند نگـرفتیم، کـو   گشت از انکـارِ خِـضْری زردْ رُو[۵] ۴۳۸

ما از موسی(ع) پند نگرفتیم که با انکارِ کارهایِ خضر(ع)، شرمگین و زرد روی گشت.

با چنان چشمی که بالا مـی‌شتافت   نورِ چشمش آسمان را مـی‌شکافت ۴۳۹

با بینشِ تام و مقام نبوّت، قادر به درکِ کمالِ خضر(ع) نبود و انکار ورزید.

کرده با چشمت تـعصُّب، مـوسیا !   از حـماقت چشـمِ مـوشِ آسـیا ۴۴۰

ای شیخ بزرگوارِ موسیٰ‌صفت، ما از جهل، بسان موش آسیا به انکـار مـقام روحـانی و معنوی تو برخاستیم.

شیخ فرمود: آن هـمه گـفتار و قـال   من بِحِل کـردم[۶] شـما را آن حـلال ۴۴۱

شیخ فرمود: هر چه گفتید، من بخشیدم و حلال کردم.

سِرّ این آن بود کـز حـق خـواسـتم   لاجـــرم بـــنمود راهِ راســـتم ۴۴۲

راز این ماجرا آن بود که من از حق تعالیٰ خواستم دِیْنی را که بر گردن دارم، ادا کند و او این راه را در برابر من نهاد.

گفت: آن دینار اگرچه انـدک است   لیک مـوقوفِ غـریوِ کـودک است ۴۴۳

خداوند به دلم الهام فرمود که آن پول گرچه اندک است؛ امّا منوط به زاری آن کودک است.

---

۱ - **کورانه** : کورکورانه.   ۲ - **قندیل** : اینجا کنایه از مرد حق که منوّر است، عارف.

۳ - اعتراض ما به نظام هستی چیزی جز کورانه عصا زدن نیست.   ۴ - **قیاس** : پندار، تصوّر وهم‌آلود.

۵ - اشاره به همراهی موسیٰ(ع) با خضر(ع): کهف: ۱۸/۸۰-۶۶.   ۶ - **بِحِل کردم** : بخشیدم.

تا نگرید کودکِ حلوا فروش　　بحرِ رحمت در نمی‌آید به جوش ۴۴۴

تا کودک حلوافروش عاجزانه به درگاه حق ننالد، دریای رحمت الهی به جوش نمی‌آید.

ای برادرا! طفلْ طفلِ چشم[1] توست　　کامِ خود موقوفِ زاری دان درست ۴۴۵

ای برادر، کودک، همان چشمِ توست که برای دیدن حقایق بالغ نیست. مرادت در گریه‌های بی‌امان است.

گر همی خواهی که آن خِلعت[2] رسد　　پس بگریان طفلِ دیده بر جسد[3] ۴۴۶

اگر مشتاقی که عنایتِ الهی شامل حالت گردد، بر جسم مادّی‌اَت که تو را به سوی غفلت از حق می‌کشاند، گریان باش.

ترسانیدنِ شخصی زاهدی را که: کم گِری تا کور نشوی[4]

زاهدی هنگام راز و نیاز با حق تعالیٰ بسیار می‌نالید و می‌گریست. یکی از یاران به او تذکّر داد که گریه فراوان به چشمانت آسیب وارد می‌کند. مرد زاهد گفت: چشمان من یا جمال یار را خواهد دید یا نخواهد دید. اگر ببیند که دو دیده برای آن دیدار کم است و اگر نبیند که چه نیازی است به این دیدگان؟

این قصّه طرز تفکّر عامِ زُهّاد صوفی را بیان می‌کند که «ور نخواهد دید حق را، گو: برو».

---

۱ - **طفل چشم** : مردمک دیده.

۲ - **خِلعت** : جامه یا تن‌پوشی که شاه یا امیر به کسی بپوشانَد، اینجا عنایتِ حق.

۳ - **جسد** : جسم یا قالبِ عنصری، کنایه از وجهِ مادّیِ نَفْسِ آدمی.

۴ - مأخذ آن روایتی است که در طبقات ابن سعد، جزء دوم قسم دوم، ص ۸۵ نقل شده و ترجمهٔ آن چنین است: یکی از اصحاب پیامبر(ص) بینایی خود را از دست داد. وی می‌گفت: من چشم‌هایم را برای دیدنِ رسول خدا(ص) می‌خواستم اکنون که خداوند آن حضرت را از ما گرفته است، داشتن چشمان مرا خوشحال نخواهد کرد: احادیث، صص ۱۶۶ و ۱۶۷.

نظیر آن قصّهٔ ذیل است: آن نشنیده‌ای که روزی جان پاک مصطفی(ص) را وعده در رسید که تا پیش حق تعالی برند، عبدالله انصاری نزدیک پدر رفت و خبر کرد از رفتن پیغمبر. پدرش گفت که نخواهم که پس از مصطفی(ص) دیدهٔ من کس را بیند. دعا کرد: خدایا، چشم مرا کور گردان. در ساعت کور شد: تمهیدات، عین‌القضات، طبع شیراز، ص ۱۰.

و این قصّه که در ربیع‌الابرار، باب الخلق و صفات و احوال نقل شده است هم مأخذ مولانا تواند بود.

در زمان حسن (بصری) دختری به نام بُریره زندگی می‌کرد. وی پارسا بود و از خوف خدا بسیار می‌گریست. مردم از حسن بصری خواستند تا به وی توصیه کند به خاطر حفظ بینایی، این قدر نگرید. حسن گفت: چشم‌هایت بر تو حقی دارند، بنگر که حقشان را رعایت کنی. بریره پاسخ داد: اگر من دوزخی شوم (هرچند بینا باشم) خداوند بینایی مرا از من خواهد گرفت؛ امّا اگر بهشتی شوم (هرچند نابینا گردم) خداوند بهتر از این چشم‌ها را به من خواهد داد. حسن به گریه افتاد.

زاهــدی را گـفت یـاری: در عـمل   کم گِری تـا چشـم را نـاید خَـلل[۱] ۴۴۷

زاهدی هنگام راز و نیاز با خداوند بسیار اشک می‌ریخت. دوستی به او گفت که گـریهٔ بسیار برای چشمانت ضرر دارد، کمتر گریه کن تا آسیبی به بینایی‌ات نرسد.

گفت زاهد: از دو بیرون نیست حال   چشــم، بـیند یـا نـبیند آن جـمال ۴۴۸

مرد پارسا گفت: از دو حالت خارج نیست، یا چشم من جمال یار را می‌بیند یا نمی‌بیند.

گر ببیند نورِ حق خود چه غم است؟   در وصالِ حق دو دیده چه کم است ۴۴۹

اگر جمالِ معبود ازلی را ببیند که غمی از نابینایی نیست و در لحظه شهود دو دیدهٔ بینا بسیار اندک است.

ور نخواهد دیـد حـق را، گـو: بـرو   این چنین چشمِ شقی گو: کور شو[۲] ۴۵۰

و اگر چشمم سعادت شهود جمال یار را نداشته باشد، بهتر است این چشم تیره‌بخت کور باشد.

غم مخور از دیده، کآن عیسی[۳] **تو راست**[۴]   **چپ مرو، تـا بـخشدت دُو چشـم راست** ۴۵۱

اگر چشمی که ظواهر را می‌بیند، نباشد، اندوه نخور؛ زیرا «روح عالی عِلوی» که همان «روحِ الهیِ عیسی‌دم» است، در تو هست و اگر گمراه نشوی، دیدگانی حقیقت‌بین به تو می‌بخشد.

عـیسیِ روحِ تـو بـا تـو حـاضر است   نـصرت از وی خـواه، کـو خـوش نـاصر است ۴۵۲

«روحِ مجرّد» انسانی تو، با توست، فتحِ باب و شهود عارفانه را از این نفخهٔ الهی بخواه که یاور بسیار خوبی است. تا در عالمِ طبع غوطه‌ور باشی و تا از مراتب گوناگون طبع و نفس نگذری، روح تو در کدورت و تاریکی طبایع بشری باقی می‌ماند. از جوهر ذاتی خود که استعداد پیمودن طُرُقِ ملکوتی را دارد، یاری بخواه.

لیک بـیگارِ تـنِ پُـر اسـتخوان[۵]   **بـر دلِ عـیسی مـنه تـو هـر زمـان** ۴۵۳

امّا بدان که این «روح الهی» در اثر توجّه بسیار به امور مادّی و دنیوی، آزرده می‌شود و از تعالیِ نفس تو باز می‌مانَد. غفلت از حق و توجّه به دنیا برای «روح انسانی»، مثل بیگاری، رنج‌آور است.

---

۱ - احتمالاً زاهد از بکّائین اهل خوف بوده است.

۲ - توضیح در مورد این ابیات: شهودِ حقایق در ملکوتِ وجودِ خودِ آدمی به امداد نوری صافی و صِرف که چشم قلب را منوّر به نور حق می‌سازد، با گذشتن از کدورت میسّر می‌گردد.   ۳ - **عیسی**: اینجا «روحِ عالیِ عِلْوی».

۴ - **تو راست**: با تو هست.

۵ - **بیگارِ تنِ پُر استخوان**: کارهایی که صِرفاً جنبهٔ بهره‌مندی از زندگیِ دنیوی را دارد، زحمت بیهوده.

همچو آن ابله که اندر داستان ذکرِ او کردیم بهرِ راستان ۴۵۴

همانندِ داستانِ آن مرد احمق که برای حق‌جویان گفتیم و شرح دادیم که دمِ عیسوی و اسم اعظم را در چه راهی می‌خواست به کار بَرَد.

زندگیِّ تن مجو از عیسی‌ات کامِ فرعونی مخواه از موسی‌ات ۴۵۵

روح عیسی دم تو، به حسب جوهر پاک ذات و مقام تجرّد، از مواد و اجسام مستغنی است و با خواسته‌های طبیعت بشری‌ات مغایرت دارد. کار روح، تصرّف در بدن و تدبیر قوای آن است، نفس ناطقه‌ات به سبب تعلّقی که به بدن یافته و با مادّهٔ جسمانی متّحد گشته، در صمیمِ ذات، نار معنوی و فرعون‌صفت است؛ امّا استعداد آن را هم دارد که به مقام روح برسد و به نور محض مبدّل گردد، فرعون صفتی را از او نخواه.

بر دلِ خود کم نِهْ اندیشهٔ معاش[1] عیش کم نایَد، تو بر درگاه باش[2] ۴۵۶

«اندیشهٔ معاش» یا «زیاده‌طلبی‌های دنیوی» را که در عُرفِ عارفان چیزی جز وسوسه‌هایِ نفسانی نیست، مانندِ باری بر دل خویش نگذار که این «دل» می‌تواند محلِّ تجلّیِ انوار الهی باشد. عیشِ حقیقی در قربِ به حق است، در این تقرّب بکوش.

این بدن خرگاه آمد روح را یا مثالِ کَشتیی مر نوح را ۴۵۷

این بدن، مانندِ خیمه‌ای است که «روح» در آن مستقر گشته یا کشتی که نوح(ع) در آن سوار شده است.

تُرک[3] چون باشد بیابد خرگهی خاصه چون باشد عزیزِ درگهی ۴۵۸

همان‌گونه که تُرک در خیمه‌ای استقرار می‌یابد، می‌بینند، جان مجرّد نیز که عزیز درگه دوست است، در خیمهٔ تن مستقر می‌شود و به برکت این حضور، خیمه متبرّک می‌شود و این جسمِ پاک نیز از رزق دنیوی بهره‌مند می‌گردد تا اندیشهٔ معاش نداشته باشد.

تمامیِ قصّهٔ زنده شدنِ استخوان‌ها به دعایِ عیسی، علیه‌السَّلام

خواند عیسی نامِ حق بر استخوان از برای التماسِ آن جوان ۴۵۹

عیسی(ع) به اصرارِ آن جوان نادان، نام حق تعالیٰ را بر استخوان‌های پوسیده خواند.

---

۱ - اشاره به مضمون آیهٔ شریفه: طه: ۱۳۲/۲۰: ...ما به تو روزی می‌دهیم... . ۲ - **بر درگاه باش** : متوجّه باش.

۳ - **تُرک** : اینجا امیرِ تُرک، تُرک صاحب جاه.

حُکم یزدان از پی آن خامْ مَرد   صورتِ آن استخوان را زنده کرد ۴۶۰

به امر خداوند بنا بر خواهش آن مردِ جاهل، صورت آن استخوان‌ها زنده شد.

از میان بر جست یک شیرِ سیاه   پنجه‌یی زد، کرد نقشش را تباه ۴۶۱

ناگهان شیر سیاهرنگی از میان تودهٔ استخوان جست و پنجه‌ای زد و مرد جاهل را نابود کرد.

کلّه‌اش برکَند، مغزش ریخت زود   مغزِ جوزی کاندر او مغزی نبود ۴۶۲

سر او را از تن جدا کرد و مغزش را که مانند گردویی پوک بود، بر زمین ریخت.

گر وَرا مغزی بُدی، اِشکستنش   خود نبودی نقص اِلاّ بر تنش ۴۶۳

اگر او مغزی داشت و می‌دانست که نباید پا را از گلیم خود فراتر نهد، این شکستِ تن، تنها زیانی بود که می‌دید و جانش به سلامت می‌ماند.

گفت عیسی: چون شتابش کوفتی؟   گفت: زآن رُو که تو زو آشوفتی ۴۶۴

عیسی(ع) گفت: چرا به شتاب او را دریدی؟ شیر پاسخ داد: زیرا تو از او برآشفته شدی که حدّ خویش را در برابرت درنیافته است.

گفت عیسی: چون نخوردی خونِ مرد؟   گفت: در قسمت نبودم رزقْ خَورد ۴۶۵

عیسی(ع) گفت: اکنون که او را دریدی، چرا گوشت و خونش نخوردی؟ شیر گفت: در روزیِ من مقرّر نشده بود.

ای بسا کس همچو آن شیرِ ژیان   صید خود ناخورده رفته از جهان ۴۶۶

چه بسا افرادی که مانند آن شیر خشمگین قبل از بهره‌مند شدن از شکار و تلاشِ خود از دنیا رفته‌اند.

قسمتش کاهی نه و حرصش چو کوه   وَجْهْ[1] نَه و کرده تحصیلِ وجوه ۴۶۷

او نمی‌داند که بهره و نصیبش به اندازهٔ پرِ کاهی هم نیست؛ امّا طمع و حرصش، مانند کوهی عظیم است. وجهی در تقدیر الهی برای او مقرّر نشده، ولی او از هر راه که توانسته مال و منال جمع کرده است.

ای مُیسّر کرده بر ما در جهان   سخره و بیگار، ما را وارهان ۴۶۸

ای خداوندی که هر چیزِ دشوار به قدرتِ تو ممکن و آسان می‌شود، معرفتی بده که از بیگاری برای تن برهیم و در مسیر اهداف خلقت بکوشیم.

---

۱ - **وجه** : پول، مال، زر.

طعمه[۱] بنموده به ما و آن بوده شست[۲]   آن چنان بنما به ما آن راکه هست[۳] ۴۶۹

خداوندا، با چشم ظاهربین دنیا را فریبنده می‌یابیم. این ظواهر، مانند طعمه، در دامِ دنیاست و ما غافلانه در آن گرفتار می‌شویم. از روی کَرَم، هر چیز را آن چنانکه هست، به ما بنما.

گفت آن شیر: ای مسیحا! این شکار   بود خالص[۴] از برای اعتبار[۵] ۴۷۰

شیر گفت: ای مسیح، این دریدن فقط به جهت عبرت مردم بود.

گر مرا روزی بُدی اندر جهان   خود چه کارستی مرا با مُردگان؟ ۴۷۱

اگر من قرار بود باز هم در این دنیا رزق بخورم که در جایگاه مردگان نبودم.

این سزایِ آنکه یابد آبِ صاف[۶]   همچو خر در جُو بمیزد[۷] از گزاف ۴۷۲

این سزای کسی است که آب صاف را می‌یابد و بدون بهره‌مند شدن، آن را آلوده می‌کند. اشاره به جاهلی که مرد حق را می‌بیند و از وجودِ او برای تعالی خویش استفاده نمی‌کند و با حماقت خود را از پاکی‌ها محروم می‌دارد.

گر بداند قیمتِ آن جوی، خر   او به جایِ پا نهد در جوی سر[۸] ۴۷۳

اگر آن درازگوش شأنِ جُوی زلال را درمی‌یافت، در آن، به جای پا، سر می‌نهاد.

او بیابد آن چنان پیغمبری   میرِ آبی،[۹] زندگانی پروری ۴۷۴

او چنان پیامبر عظیم‌الشأن، حیات‌بخش و جان‌پروری را بیابد،

چُون نمیرد پیش ِ او، کز امرِ کُنْ[۱۰]   ای امیرِ آبْ ما را زنده کن ۴۷۵

چگونه در برابرِ او جان را نبازد و از خواسته‌های جاهلانه برنخیزد و ملتمسانه نخواهد که ای شاهِ حیات‌بخش، ما را از «حیاتِ جسمانیِ صِرف» نجات ده و حیات حقیقی ببخش.

---

۱ - **طعمه** : اینجا کنایه از جاذبه‌های دنیوی.   ۲ - **شست** : قلاّبِ ماهیگیری، دام.

۳ - اشاره به حدیث: اَللّٰهُمَّ أَرِنَا ٱلأَشْیَاءَ کَمَا هِیَ : خدایا، اشیا را آن گونه که هست به ما نشان ده: احادیث، ص ۱۶۸.

۴ - **خالص** : اینجا فقط.   ۵ - **اعتبار** : عبرت گرفتن.   ۶ - **آبِ صاف** : اینجا عیسی(ع) و یا هر مردِ حق.

۷ - **بمیزد** : ادرار کند.

۸ - مصراع دوم: به جایِ پا سر می‌نهاد: به جایِ بی‌توجّهی و بی‌حُرمتی، بسیار احترام می‌کرد.

۹ - **میرِ آب** : امیرِ آبِ حیات، کسی که حیاتِ معنوی می‌بخشد.

۱۰ - اَمرِ کُن، اشارتی قرآنی، یس: ۸۲/۳۶: ر.ک: ۱۷۹۸/۱.

هین! سگِ نَفْس[1] تو را زنده مخواه کو عدوِّ جانِ توست از دیرگاه ۴۷۶

آگاه باش و سگ نفس خود را (اشاره به نفس امّاره) زنده نخواه؛ زیرا نفس اگر متعالی نشود، حُکمِ طبیعت را دارد و تو را به سوی خواسته‌هایِ پست سوق می‌دهد و دشمنِ ترقّیِ جانِ توست.

خاک بر سر استخوانی[2] راکه آن مانعِ این سگ بُوَد از صیدِ جان[3] ۴۷۷

خاک بر فرق تمایلات نَفْسانی و شهوانی بریز که همین خواسته‌ها، مانعِ تعالی نفس و رسیدن به جان پاک است.

سگ نِه‌ای، بر استخوان چون عاشقی؟ دیوچه[4]وار از چه بر خون عاشقی؟ ۴۷۸

اگر تو حقیر و بی‌قدر نیستی، چرا دلبستهٔ جیفهٔ دنیا و لذایذ ناچیز آن شده‌ای؟ چرا مانند زالو به خون خوردن علاقه داری؟

آن چه چشم است آن‌که بینایی‌ش[5] نیست؟ ز امتحان‌ها[6] جز که رسوایی‌ش نیست ۴۷۹

این چه چشمی است که حقایق را نمی‌بیند و در امتحانات الهی جز رسوایی به بار نمی‌آوَرَد؟

سهو[7] باشد ظنّ‌ها[8] را گاه‌گاه این چه ظَنّ است این که کور آمد ز راه؟[9] ۴۸۰

سهو و خطاگه‌گاه در دانش و درکِ آدمی دیده می‌شود. این چه دانش و درکی است که راهِ حق را نمی‌شناسد؟ جهل مطلق و گمراهی است.

دیده‌آ،[10] بر دیگران نوحه‌گری؟ مدّتی بنشین و بر خود می‌گری ۴۸۱

ای دیده که بر دیگران نوحه می‌کنی، مدّتی در خویش ژرف بیندیش تا بر حالِ خود اشک بریزی.

ز ابرِ گریان شاخْ سبز و تر شود زانکه شمع از گریه روشن‌تر شود ۴۸۲

همان‌گونه که با گریهٔ ابر، شاخ و برگ گیاهان و درختان شاداب می‌شود، اشک، تیرگیِ

---

۱ - **سگِ نَفْس** : «نَفْسِ امّاره» به سگ تشبیه شده است.

۲ - **استخوان** : کنایه از تمایلات نَفْسانی، شهوات و منافع دنیوی.

۳ - **صیدِ جان** : رسیدن به نَفْسِ متعالی که در جهت اهدافِ آفرینش می‌کوشد.

۴ - **دیوچه** : زالو، کرمی که چون بر اعضای بدن بچسبانند خون فاسد را می‌مکد.

۵ - **بینایی** : اینجا دیدن و درکِ حقایق، چشم ظاهر. ۶ - **امتحان** : اینجا آزمونِ الهی.

۷ - **سهو** : خطا، اشتباه.

۸ - **ظنّ** : پنداشت، گُمان، اینجا مُراد «دانشِ کسبیِ اهلِ ظاهر» که در نظر عارف در حیطهٔ حقایق و معارف، مبتنی بر سهو و خطاست. ۹ - مُراد آنکه: دانشِ کسبی اگر با علمِ کشفی همراه نباشد، در معرفتِ به حق عاجز است.

۱۰ - **دیده‌آ** : ای دیده، حالت منادا دارد.

طبیعتِ مادّی‌ات را می‌زداید و وجودت را با درکِ معانی، لطیف و شاداب می‌سازد، مانندِ اشک شمع که نور را افزون‌تر می‌کند.

هر کجا نوحه کنند، آنجا نشین　　زانکه تو اولیتری اندر حنین ۴۸۳

هر جا نوحه و ناله دیدی، بنشین و با آنان همراه باش؛ زیرا تو که عمر را غافلانه گذرانده‌ای و فرصتِ رسیدن به گنج معنوی درون خود را از دست داده‌ای، برای ناله و حنین از ایشان سزاوارتری.

زانکه ایشان در فراقِ فانی‌اند　　غافل از عُمرِ بقای جانی‌اند[1] ۴۸۴

زیرا آنان در فراقِ چیزی فانی گریان‌اند و از حیاتی ابدی که می‌تواند نصیبشان باشد، بی‌خبرند. اگر آگاه بودند، بر عمری که غافلانه زیستند، چه اشک‌ها که نمی‌ریختند!

زانکه بر دل نقشِ تقلید است بند　　رو به آبِ چشم بندش را بِرَند[2] ۴۸۵

زیرا «تقلید»، «دل»ها را اسیر کرده است و مانندِ سدّی مانعِ آگاهی می‌شود. برو و با قدرتِ اشکِ فراوان این سدّ را در هم شکن.

زانکه تقلید آفتِ هر نیکویی‌ست　　کَهْ بُوَد تقلید، اگر کوهِ قوی‌ست ۴۸۶

زیرا تقلید کورکورانه و بدون معرفت، آفت همهٔ خوبی‌هاست، هرچند که به ظاهر هیبت و عظمتی دارد؛ امّا قوّت و مغزی در آن نیست؛ زیرا دانشی که از طریق تقلید حاصل می‌شود، با جان صاحب آن علم عجین نشده و آن معارف در وجود وی تحقّق نیافته و امری بیگانه محسوب می‌شود.

گر ضریری[3]، لَمْتُر[4] است و تیز خشم　　گوشت‌پاره‌ش دان، چو او رانیست چشم ۴۸۷

اگر نابینایی، بدنی نیرومند و طبعی خشمگین داشته باشد، او را تکّه‌گوشتی بدان؛ زیرا فاقد بینایی است و از او کاری بر نمی‌آید.

گر سخن گوید ز مُو باریکتر　　آن سِرش را زآن سخن نَبْوَد خبر ۴۸۸

اگر مدّعیِ معرفت، سخنانِ ظریف و لطایفی دقیق در بیان اسرار و معارف بگوید، کلامِ او، طوطی‌وار است که از دیگران آموخته و معنای آن را نمی‌داند.

---

۱ - مصراع دوم در متن چنین است: «غافل از لعل بقایِ کانی‌اند»، در مقابله اصلاح شده است.

۲ - **بِرَند**: از رندیدن؛ رنده کردن، بتراش، نابود و ویران کن. بکوش تا از مقام تقلید به مقام تحقیق ارتقا یابی؛ یعنی به امداد جهدی وافر، مرتبه‌ای از مراتب والای حقیقت در وجود تو تحقّق یابد.　۳ - **ضریر**: کور.

۴ - **لَمْتُر**: درشت هیکل.

مستیی دارد ز گفتِ خود و لیک — از برِ وی تا به مِیْ راهی‌ست نیک ۴۸۹

از کلام خود مست است؛ امّا از تظاهراتِ مستانهٔ او تا مستیِ استغراق در حق راهی بس دراز است.

همچو جُوی است او، نه او آبی خورَد — آب از او بر آب‌خواران بگذرد ۴۹۰

او مانند جویی است که آبِ آن، دیگران را بهره‌مند می‌کند؛ امّا خود او نصیبی ندارد.

آب در جُو زآن نمی‌گیرد قرار — زانکه آن جو نیست تشنه و آب‌خوار ۴۹۱

آب در جوی قرار نمی‌گیرد؛ چون جوی مشتاق و تشنه نیست، محلّی برای جریان آب است. مدّعی نیز چنین است، کلام عارفانه را می‌گوید؛ امّا مشتاق درکِ معانی و مفاهیم آن نیست.

همچو نایی نالهٔ زاری کُند — لیک بیگارِ خریداری کُند ۴۹۲

همانند نی‌زنی که با حزن می‌نوازد؛ امّا حزن نوایِ او از سوز دل نیست، برای جلب توجّه دیگران و تشویق است. او هرگز مفهومِ «هجران» و یا «بُعد از حق» را در نیافته است.

نوحه‌گر باشد مُقلّد در حدیث — جز طمع نَبْوَد مرادِ آن خبیث ۴۹۳

مقلّد با گفتاری سوزناک مطالب را بیان می‌کند؛ امّا این سوز هم ریاکارانه است.

نوحه‌گر گوید حدیثِ سوزناک — لیک کو سوزِ دل و دامانِ چاک؟ ۴۹۴

نوحه گر، سخنانِ پرسوزی می‌گوید؛ امّا «اهل درد» نیست. دلِ او نمی‌سوزد و گریبان چاک نمی‌زند.

از محقّق تا مُقلّد فرق‌هاست — کین چو داوود[1] است و آن دیگر صداست ۴۹۵

از «محقّق» که «حقیقت» با تهذیبِ نَفْس در او تحقّق یافته تا «مقلّد»، تفاوتی عظیم است.

---

۱ - **داوود:** پادشاه بنی اسرائیل و از انبیای آن قوم و پدر سلیمان(ع)، پیامبری و سلطنت را همچون فرزندش سلیمان(ع) جمع داشت. در بیت‌اللحم در سال ۱۰۸۶ یا ۱۰۷۱ قبل از مسیح(ع) متولّد گشته است. صدای دلکش او در کوه طنین و انعکاسی خاص داشت. چهل سال سلطنت نمود و در ۷۱ سالگی وفات یافت. در شهر داوود بر کوه صهیون مدفون گشت و مقبرهٔ او در آن مکان موجود است. تمامی مکشوفات قلبی خود را در مزامیر آشکار ساخت و آن‌ها اشعار ملهمهٔ او هستند که شامل توبه، اعتماد و توکّل به خدا می‌باشد. مزامیر به زبان عبرانی بر فراز صهیون و وادی‌های بیت‌اللحم سروده می‌شد، حالا نزد مسیحیان در تمام دنیا به زبان‌هایی که در آن وقت معروف نبودند، سراییده می شود و همان اثر و شیرینی و طراوت را دارد. داوود در اخلاق نمونهٔ مسیح(ع) بود و ظفرها و فتوحات او ظلِّ ظفرها و فتوحات ملکوت مسیح(ع) است. سلسلهٔ سلطنت او به‌طور روحانی در شخص عیسی(ع) تجدید شد که از طرف جسم از نسل او بود و بنابراین «فرزند داوود» خوانده شد. داوود(ع) را پشت یازدهم یعقوب(ع) دانسته‌اند، خداوند به او خلافت و زبور داد و خوش‌آوازترین مردم بود، چون زبور به آواز دلکش می‌خواند هر که می‌شنید، مجال گذشتن نمی‌یافت. در قرآن کریم اشارتی به صوت خوش داوود(ع) رفته است. سبا: ۱۰/۳۴: تاریخ گزیده، حمدالله مستوفی، صص ۵۱ و ۵۲، چاپ اروپا: دهخدا.

سخنِ محقّق برخاسته از نور درون است و تأثیری شگرف دارد. مانند صوت داوود(ع) که سخت تأثیرگذار بود؛ امّا صدایِ دیگران چنین تأثیرِ شِگفتی ندارد.

منبعِ گفتارِ این سوزی بُوَد و آن مقلّد کهنه‌آموزی بود ۴۹۶

گفتارِ محقّق از سوز دل است و با عشقِ حق، رنگی دلنشین می‌یابد که بر دل و جان شنونده اثری بی‌نظیر دارد؛ امّا کلام مقلّدی که از حقیقت بهره‌ای ندارد، طوطی‌وار است و شرحِ مکاشفات اهل دل به شمار می‌آید.

هین! مشو غرّه بدان گفتِ حزین بار بر گاو است و بر گردون حنین[1] ۴۹۷

آگاه باش که فریبِ سخنانِ سوزناکِ مقلّدِ نوحه‌گر را نخوری. این امر تمثیلی است از ضرب‌المثلی که می‌گوید: بار را گاو می‌کشد و ناله را گاری سر می‌دهد.

هم مقلّد نیست محروم از ثواب نوحه‌گر را مُزد باشد در حساب ۴۹۸

امّا مقلّدِ نوحه‌گر هم از پاداش الهی بی‌بهره نیست. نوحه و زاری او هم علی‌رغم آنکه از حقیقت بی‌بهره است، مزد خویش را دریافت می‌دارد. پاداشِ او برخورداری از اقبالِ این جهانی و امور مادّی است که در حدّ خود از آن بهره‌مند می‌شود. و اگر نالهٔ سوزناک او در دلِ پاکِ شنونده‌ای اثر بگذارد و او به حقیقت رهنمون شود، اجرِ معنوی این هدایت نیز به وی می‌رسد.

کافر و مؤمن خداگویند، لیک در میانِ هر دو فرقی هست نیک ۴۹۹

کافر و مؤمن هر دو الله گوی‌اند؛ امّا میان گفت ایشان تفاوت بسیاری است.

آن گدا گوید: خدا، از بهرِ نان متّقی گوید: خدا از عینِ جان[2] ۵۰۰

سائل هم خدا خدا می‌گوید، برای لقمه نانی؛ امّا مؤمن خدا را از دل و جان می‌خوانَد.

گر بدانستی گدا از گفتِ خویش پیشِ چشمِ او، نه کَم ماندی نه بیش ۵۰۱

اگر سائل می‌دانست چه می‌گوید و از حقیقتِ نامِ «الله» باخبر بود، کم و بیش نزدش اعتباری نداشت.

---

۱ - مدّعیان معرفت و مقلّدان نوحه‌گر نیز چنین‌اند، هرگز بار رنج و مشقّت تهذیب نَفْس را برای حصول درکِ عوالم روحانی نبرده‌اند؛ امّا ناله و زاری ایشان همانند عارف حقیقی سوزناک است. ۲ - **از عینِ جان**: از صمیمِ دل.

ســـال‌ها گــوید خــدا آن نــان خــواه   همچو خر مُصْحَف کشد از بهرِ کاه[1] ۵۰۲

او که سال‌ها نامِ خدا را برای نان بر زبان آورده، مانند درازگوشی است که بر وی باری از کتاب‌هایِ الهی نهاده‌اند.

گــر بــه دل در تـافتی گـفتِ لبش   ذرّه ذرّه گشـــته بــودی قــالبش ۵۰۳

اگر از سخنانی که می‌گفت، نوری بر دلش می‌تابید، قالب جسمانی‌اش متلاشی می‌شد.

نــامِ دیــوی ره بَــرَد در ساحری   تو بـه نـامِ حـق پشـیزی مـی‌بری؟ ۵۰۴

ساحر با نام دیو و شیطان سِحرها می‌کند و به مقصود می‌رسد، تو با نام پاک خدا در پیِ پشیزی هستی؟

خاریدن روستایی در تاریکی شیر را به ظنِّ آنکه گاوِ اوست[2]

مردی روستایی گاو خود را در طویله به آخوری بسته بود. شیری به طویله وارد شد. گاو را خورد و بر جای او نشست. شب هنگام، روستایی به طویله سر زد و به سوی محلّی که گاو را بسته بود، رفت و بر عادت مألوف دست به اندام و اعضایِ شیر که او گاوِ خود می‌پنداشت،

۱ - ر.ک: ۳۴۶۲/۱.

۲ - مأخذ آن داستانی است که در سندبادنامه طبع استانبول، صص ۲۲۱-۲۱۸ آمده است و اینک خلاصه‌ای از آن را نقل می‌کنیم: آورده‌اند که جماعتی کاروانیان بر در رباطی مقام کردند. مالی فاخر و تجمّلی وافر با ایشان بود. در آن رباط، صُعلوکی «راهزن» متوطّن بود، چون آن مال و منال بدید، طمع بر بست که چیزی بیرون آرد. پاسبان را دید که گِرد کاروان می‌گشت، با خود اندیشید که در طویلهٔ چهارپایان روم و ستوری نیکو بگیرم تا سعی من باطل نگردد؛ پس در میان ستوران رفت. آن شب شیری به اتّفاق با عزم شکار بیرون آمده بود و در پایگاه چهارپایان از هول و فزع پاسبان می‌ترسید و منتظر و مترصّد می‌بود تا مگر مشغلهٔ پاسبان بنشیند و مشعلهٔ کاروانیان فرو میرد، ستوری بشکند و جراحت مجاعت را شفا و مرهم سازد. صُعلوک به احتیاط تمام گام بر می‌داشت و دست بر پشت ستوران می‌نهاد تا کدام فربه یابد، بر نشیند و از میان بیرون آرد. در آن اثنا، دست بر پشت شیر نهاد، به دست او از دیگر ستوران بهتر نمود و فربه‌تر آمد، بر فور پای در پشت شیر آورد و بر وی سوار شد و به تعجیل از میان ستوران بیرون راند و شیر از بیم شمشیر صُعلوک روان گشت و در نشیب و فراز از خوف جان، سهل‌العنان او را مُنقاد می‌نمود. سپیده بوزید. مرد نگاه کرد خود را بر پشت شیری شرزه دید، با خود گفت: اگر در این صحرا پیاده گردم، شیر قصد من کند و مرا امکان مقاومت نباشد، همچنان می‌راند تا به درختی رسید. چنگ در شاخ درخت زد و بر دوید و شیر از رنج او خلاص یافت: احادیث، ص ۱۶۸ و ۱۶۹.

کشید. شیر اندیشید: این مرد چنین گستاخانه مرا در ظلمات شب، دستی می‌کشد و می‌خارد؛ زیرا گاو خویش می‌پندارد. اگر از حقیقت واقف بود، زهره‌اش می‌درید و دلش از ترس پر خون می‌شد.

جان کلام در بیانِ تبیین این معناست که معرفت به حق و حقایق بسی برتر از ادراک عام خلق است و گستاخی آنان که ترکتازی می‌کنند، از آن‌روست که شیرِ درندهٔ حقایق را همان گاو نَفْس خویش می‌پندارند.

روستایی گـاو در آخُـر[1] بِـبَست   شیر، گاوش خورد و بر جایش نشست ۵۰۵

روستایی گاو خود را در آخور بسته بود، شیری آمد و گاو را خورد و به جای گاو نشست.

روستایی شد در آخُر سویِ گـاو   گاو را می‌جُست شب آن کُنجْ کـاو ۵۰۶

روستایی وارد طویله شد، به سوی گاو رفت و در شبی تیره و تار او را می‌جُست.

دست مـی‌مالید بـر اعـضایِ شـیر   پُشت و پـهلو، گـاه بـالا، گـاه زیـر ۵۰۷

روستایی به تصوّر آنکه شیر، گاو اوست، بر اعضای بدنش دست می‌کشید، بر پشت و پهلو و بالا و زیر.

گفت شیر: ار روشنی افزون شـدی   زَهره‌اش بدریدی و دل خون شدی ۵۰۸

شیر با خود گفت: اگر هوا روشن بود، زهره‌اش می‌ترکید و دلش از وحشت پر خون می‌شد.

این چـنین گسـتاخ زآن مـی‌خاردم   کـو درایـن شب، گـاو مـی‌پندارَدَم ۵۰۹

این چنین گستاخانه دست بر اندام من می‌کشد؛ زیرا در این شب تار مرا گاو می‌پندارد.

حق همی گوید که: ای مغرورِ کـورا!   نه ز نامم پـاره پـاره گشت طـور؟[2] ۵۱۰

حق تعالیٰ به کسانی که نامِ او را بهر لقمه نانی یا از بهر تقلید بر زبان جاری می‌سازند، می‌فرماید: ای آدمی‌زادگان مغرور و کوردل، مگر از تجلّیِ حقیقتِ نامم، کوه طور در هم شکسته و پاره‌پاره نشد؟

کـه: لَـوْ اَنْـزَلْنا کِـتاباً لِـلْجَبَلْ   لانْـصَدَع ثُـمَّ انْـقَطَع، ثُـمَّ ارْتَـحَلْ[3] ۵۱۱

که اگر «کتاب را بر کوه نازل می‌کردیم، پاره‌پاره می‌شد»، سپس از جای خود حرکت می‌کرد.

---

۱ - **آخُر** : آخور: ستورخانه، طویله.   ۲ - اشارتی قرآنی؛ اعراف : ۱۴۳/۷ : ر.ک: ۲۵/۱.

۳ - اشارتی قرآنی؛ حشر: ۲۱/۵۹: لَوْ أَنْزَلْنا هذَا الْقُرانَ عَلیٰ جَبَلٍ لَرَاَیْتَهُ خاشِعاً مُتَصَدِّعاً مِنْ خَشْیَةِ اللهِ...: اگر ما این قرآن را بر کوه نازل می‌کردیم، مشاهده می‌کردی که کوه از ترس خدا خاشع و ذلیل و متلاشی می‌گشت.

از مـن ار کـوهِ اُحُـد[1] واقـف بُـدی پاره گشتی و دلش پر خـون شـدی ۵۱۲

همهٔ موجودات از علم و شعور و حبّ به ذات، عشق و تسبیح و تنزیه مبدأ وجود بهره دارند، ولی بهرهٔ انسان کافی‌تر و تمام‌تر است. اگر این بهرهٔ تمام به کوه داده می‌شد، متلاشی و پرخون می‌گشت.

از پـدر وز مـادر ایـن بشـنیده‌ای لاجـرم غـافل در ایـن پـیچیده‌ای ۵۱۳

نام پاک حق تعالیٰ را از پدر و مادر شنیده و ناآگاهانه آن را به کار برده‌ای. هرگز تلاشی نکردی که به حقیقت آن واقف گردی. از این روست که غافلانه نام پاک باری تعالیٰ را بر زبان جاری می‌سازی.

گر تو بی‌تقلید از ایـن واقـف شـوی بی‌نشان، از لطف چون هاتف[2] شوی ۵۱۴

اگر بدون تقلید و از طریق تصفیهٔ باطن به حقایق آگاه شوی، به مرتبهٔ کشف مـی‌رسی و بـه سببِ اتّصال به مخزن علم به علوم حقیقی آگاه می‌گردی. در این حالت، از جهان مادّی و تعلّقات آن می‌رهی و به «جانِ مجرّد» خود دسترسی می‌یابی و می‌توانی هاتفِ وجودِ خود باشی.

بشـنو ایـن قـصّه پـیِ تـهدید را تـا بـدانـی آفتِ تـقلید را ۵۱۵

اینک این داستان را که تبیین آن برای بیمناک شدن توست، بشنو، تا از آفات و زیان‌های تقلید کورکورانه با خبر گردی.

فروختن صوفیان بهیمهٔ مسافر را جهتِ سماع[3]

مردی صوفی به خانقاهی رسید، سُتور خود را آب و علوفه داد و در آخوری بست. صوفیان آن خانقاه که بینوا و تهیدست بودند، برای تهیهٔ سور و سات و لوت و سماع شبانه، چهارپای صوفی میهمان را در نهان فروختند و شبانگاهان سفره و سماعی را آغاز کردند.

---

۱ - **اُحُد**: کوهی است نزدیک مدینه. در سال سوم هجری غزوهٔ احد در آن مکان رخ داد، بین مسـلمانان و کـفّار قریش. در این جنگ هفتاد تن از مسلمانان شهید شدند و دندان پیامبر(ص) شکست.
در قرآن کریم، آل عمران: ۱۶۵/۳ اشارتی بدان است.

۲ - **هاتف**: در اصطلاح، داعی و منادی حق که در دل سالک متجلّی شود و او را توفیق سلوک عنایت کند.

۳ - مأخذ این لطیفه را چنین دانسته‌اند: ابوالحسن علاّف، پدر ابوبکر بن علاّف شاعر محدّث، از کسانی بود که به پرخوری شهرت داشت. روزی به حضور ابوبکر محمّد بن مهلبی وزیر رسید. وزیر دستور داد الاغ وی را ذبح کردند و همراه با آب و نمک پختند و بر سر سفره حاضر کردند. ابوالحسن می‌خورد به این گمان که گوشت گاو است. هنگام بازگشت که مرکب را خواست، گفتند: هم اکنون در شکمت جای دارد! : احادیث، ص ۱۷۰.

صوفی تازه‌وارد که آن همه نواخت و اقبال و ناز را دید، ساده‌لوحانه اندیشید اگر اینک که وقت وجد و طرب است، همراه آنان پایکوبان نباشد، حالی را بر باد داده است؛ بنابراین با گرم شدن مجلس و نواخته شدن آهنگی سنگین که در میانِ آن جملهٔ «خر برفت و خر برفت» تکرار می‌شد، دست‌افشان و پای‌کوبان این کلمات را مقلّدانه با مطرب و صوفیان تکرار می‌کرد. صبحگاهان صوفی میهمان جویای ستور خود شد و آن را نیافت. پس از جرّ و بحثی طولانی با خادم خانقاه فهمید که چهارپای او را فروخته و هزینهٔ سوروسات شبانه کرده‌اند و هنگامی که متعرّض گردید که چرا خادم او را از چنین ظلمی مهیب آگاه نساخته است؟ خادم پاسخ داد که بارها به نزدت آمدم که تو را بیاگاهانم؛ امّا هر بار دیدم که «خر برفت و خر برفت» را می‌گفتی «از همه گویندگان با ذوق‌تر»، اندیشیدم که مردی عارف هستی و راضی به قضا.

این قصّه علی‌رغم آنکه ناظر است به شرحِ محرومیّتِ گروهی از صوفیان که به سبب عدم درک حقایق، قطع تعلّقات را با قطع کسب یکی می‌دانند و به تَبَع آن به کژی می‌افتند، همچنین نقدی است بر تقلیدِ آنان که حال و مقام کاملان متصوّف را معیاری برای رفتارهای ظاهری و وجدآمیز خود قرار می‌دهند، بی‌آنکه از سِرّ حال و مقام ایشان بویی برده باشند، که رفتاری مقلّدانه کجا و حالی متحقّقانه کجا؟

صوفیی در خانقاه از ره رسید مرکبِ خود بُرد و در آخُر کشید ۵۱۶

مردی صوفی به خانقاهی وارد شد، چهارپای خود را برد و در آخور بست.

آبَکَش داد و علف از دستِ خویش نه چنان صوفی که ما گفتیم پیش[1] ۵۱۷

با دست خود به چهارپا آب و علف داد. او مانندِ صوفیِ داستانِ پیشین نبود.

احتیاطش کرد از سهو[2] **و خُباط**[3] **چون قضا**[4] **آید، چه سوداست احتیاط؟** ۵۱۸

صوفی احتیاط کرد که در تیمار چهارپا سهو و کوتاهی نشود؛ امّا قضا که برسد، دوراندیشی چه سودی دارد.

صوفیان تقصیر[5] **بودند و فقیر کادَ فَقْرٌ اَنْ یَعیِ کُفْراً یُبیر**[6] ۵۱۹

صوفیان آن خانقاه بینوا و تهیدست بودند. فقر ایشان نزدیک بود به کفر که نابودکننده است، بینجامد.

---

۱ – داستان آن صوفی: ر.ک: ۱۵۶/۲ به بعد و ادامهٔ آن ۲۵۶/۲–۲۰۳/۲ آمده است. ۲ – **سهو** : فراموشی.

۳ – **خُباط** : خبط در دماغ، کوتاهی و فراموشی. ۴ – **قضای الهی** : ر.ک: ۹۱۵/۱.

۵ – **تقصیر** : کوتاهی کردن در کاری، بازماندن از چیزی، بی‌چیز و بینوا.

۶ – اشاره به حدیث: کادَ الْفَقْرُ أنْ یَکُونَ کُفْراً: نزدیک است که فقر به کفر انجامد: احادیث، ص ۱۷۱.

ای توانگر که تو سیری، هین! مخند بـــر کـــژیِّ آن فـــقیر دردمـــند ۵۲۰

ای توانگر، آگاه باش و به کج‌رفتاریِ بینوایی تهیدست، پوزخند نزن؛ زیـرا فـقر و درد، آدمی را گاه به کج‌رفتاری وامی‌دارد.

از ســرِ تــقصیر آن صــوفی رمــه خــر فــروشی درگـرفتند آن هــمه ۵۲۱

آن گروه صوفیان به سبب ناداری و بی‌پولی تصمیم گرفتند که چهارپای میهمان را بفروشند.

کز ضرورت هست مُرداری مُباح[1] بس فسادی کز ضرورت شد صلاح ۵۲۲

همان‌گونه که در هنگام اضطرار خوردن گوشت مُردار مجاز می‌گردد، بسا کارهای ناروا نیز به ضرورت، مصلحت شناخته می‌شود.

هـم در آن دم آن خـرک بـفروختند لوت[2] آوردنـد و شـمع افـروختند ۵۲۳

صوفیان فوراً چهارپای میهمان را فروختند و با پول آن غذایی تهیّه کردند و چراغ خانقاه را به شادی افروختند.

ولوله افـــتاد انـــدر خـــانقَه کامشبان لوت و سماع[3] است و شَرَه[4] ۵۲۴

در خانقاه غوغایی برخاست که امشب سفرهٔ ما رنگین است. لوت و سماع و سورچرانی داریم.

چند از این صبر و از این سه روزه[5]؟ چند؟ چند از این زنبیل[6] و این دریوزه[7]؟ چـند؟ ۵۲۵

صوفیان با خود می‌گفتند: تا کی صبر کنیم و از بینوایی روزهٔ سه روزه بگیریم؟ تا کی با زنبیل دریوزگی بر دوش از این و آن گدایی کنیم؟

ما هم از خلقیم و جـان داریـم مـا دولت امشب مـیهمان داریـم مـا ۵۲۶

ما هم انسان‌ایم و جانی داریم، امشب بخت و اقبال میهمان ماست.

---

۱ - اشارتی قرآنی؛ مائده : ۳/۵ : ...فَمَنِ اضْطُرَّ في مَخْمَصَةٍ غير مُتَجانِفٍ لِإِثْمٍ فَإِنَّ اللهَ غَفُورٌ رَحيمٌ: پس هـرگاه کسی در ایام سختی و از روی اضطرار نه به قصد گناه، [چیزی از آنچه نهی شده است، بخورد] بداند که خدا بسیار بخشنده و مهربان است. [همچنین بقره: ۱۷۳/۲]

۲ - **لوت** : غذا، طعام، اصطلاحی متداول خانقاه و تکیهٔ درویشان و صوفیان. در شعرهای مولانا همواره با صوفی همراه آمده است و غذایی را گویند که در نان تُنُک پیچیده‌اند، لقمهٔ بسیار بزرگ.

۳ - **سماع** : پایکوبیِ صوفیانه، شنیدنِ قول و غزلِ عارفانه.

۴ - **شَرَه** : حرص و در اینجا به معنی سورچرانی و افزون‌خواری.

۵ - **سه روزه** : روزه‌ای که سه روز پیاپی است و بعد از سه روز افطار می‌کنند، اینجا به سببِ فقر روزهٔ «سه‌گانه» می‌گرفته‌اند. ۶ - **زنبیل** : زنبیلی که برای تکدّی بر می‌داشتند. ۷ - **دریوزه** : گدایی.

تـــخمِ بــاطل را از آن مــی‌کاشتند   کآن‌که آن جان نیست، جان پنداشتند ۵۲۷

افکار این گروه نادرست بود؛ زیرا چیزی را که جان نیست، «جان» می‌پنداشتند. آنان تحت تأثیرِ نَفْس امّاره و تسلّط روح حیوانی بودند؛ بنابراین خواسته‌های نفسانی را تمایلاتِ «جان» یا «روح انسانی» می‌پنداشتند.

و آن مســــافر نـــیز از راهِ دراز   خسته بود و دید آن اقبال[1] و نـاز[2] ۵۲۸

مسافر نیز خسته از راه درازی رسیده بود و از اقبال و توجّه صوفیان خشنود بود.

صوفیانش یک به یک بـنواخـتند[3]   نردِ خدمت‌هایِ خوش می‌باختند[4] ۵۲۹

صوفیان مقیم خانقاه، تک‌تک با مهربانی او را گرامی داشتند و در جهت آسایش او خوش خدمتی کردند.

گفت: چون می‌دید مَیلانش[5] به وی   گر طرب امشب نخواهم کرد، کِی؟ ۵۳۰

صوفی میهمان چون لطف و محبّت ایشان را دید، اندیشید: اگر امشب را به وجد و طرب نگذرانم، پس کی چنین کنم؟

لوت خـوردند و سـماع آغـاز کـرد   خانقه تا سقف شد پُـر دُود و گَـرد ۵۳۱

آنان طعام را خوردند و سماع را آغاز کردند و از وجد و پایکوبی ایشان خانقاه پر از گرد و غبار شد.

دودِ مـــطبخ گَــردِ آن پــاکــوفتن   ز اشتیاق و وَجْدِ[6] جـان آشُـوفتن[7] ۵۳۲

دیگِ مطبخِ خانقاه و دودِ آن که نویدبخش لوتی خوش بود، سبب آن پای کوفتن‌ها و گرد و غبار می‌شد، اشتیاق سفره‌ای رنگین آنان را به هیجان آورده بود.

گاه دست‌افشـان[8] قـدم مـی‌کوفتند   گه به سـجده صُـفّه[9] را مـی‌روفتند ۵۳۳

گاه در حالِ وجد، دست‌افشان پای بر زمین می‌کوفتند و گاه به سجده بر زمین می‌افتادند و خاک صُفّه را با مژگان می‌روفتند.

---

۱ - **اقبال :** دولت و سعادت.   ۲ - **ناز :** نعمت، آسایش.   ۳ - **بنواختند :** تفقد و مهربانی کردند.

۴ - **نرد خدمت باختند :** برایِ خدمتِ به او کوشیدند.   ۵ - **مَیْلان :** میل.

۶ - **وجد :** حالِ خوشی که به ارادهٔ حق بر دلِ سالک مستولی می‌شود.

۷ - **جان آشوفتن :** جان را به هیجان آوردن.

۸ - **دست‌افشان :** کنایه از حرکاتی که در شادی و رقص دیده می‌شود.

۹ - **صُفّه :** ایوان مسقّف، بخشی که محلّ نشستن مُرشد روحانی است.

۵۳۴ **دیـــر یـــابد صـوفی آز[1] از روزگـار   زآن سبب صوفی بُـوَد بسیارْخوار**

صوفی چنین سفرهٔ رنگینی را دیر به دست می‌آورد و از این رو پرخواره است.

۵۳۵ **جــز مگـر آن صـوفیی کـز نـورِ حـق   سیر خورد، او فارغ است از ننگِ دَق[2]**

امّا آن صوفی که به درجات عالیِ روحانی رسیده است و از مراتب حیوانی و نَفْسانی گذشته و لطیفهٔ روحانی انسان در وی تحقّق یافته است، از حرص و شهوت مبرّا و بی نیاز از خلق است.

۵۳۶ **از هـزاران انـدکی زیـن صـوفی‌انـد   بـــاقیان[3] در دولتِ او مـــی‌زیند**

در میان هزاران نفر از «سالکان طریقت و رهروان راه حقیقت»، تعدادِ کمی به افق اعلای انسانی رسیده‌اند و جان ایشان به ملکوت اعلیٰ اتّصال یافته است، دیگران در «تیرگیِ سرشتِ طبیعی» و مراتب مختلفهٔ نفس در حال سیر و سلوک‌اند و در پناه کاملان زندگی می‌کنند.

۵۳۷ **چـــون سـماع آمـد ز اوّل تـاکـران   مُـطرب آغـازید یک ضـربِ گـران**

هنگامی که سماع در حال پایان بود، مطرب ضربی سنگین و پرطنین را آغاز کرد.

۵۳۸ **خر برفت و خر بـرفت آغـاز کـرد   زین حـراره[4] جـمله را انـباز[5] کـرد**

خواننده که به‌طورِ معمول ابیات عارفانه را می‌خواند، همراهِ نوازندگان، نوای «خر برفت و خر برفت» را چنان با حرارت و شور و حال سر داد که همه با او همراه شدند.

۵۳۹ **زیــن حــراره پــای‌کوبان تــا سـحر   کف‌زنان:خر رفت و خر رفت ای پسر[6]**

جماعت از شور و حال او گرم شدند و تا سحر کف‌زنان و پایکوبان، «خر برفت و خر برفت» راخواندند.

۵۴۰ **از رهِ تـــقلید آن صـــوفی هــمین   خر بـرفت آغـاز کـرد انـدر حـنین**

صوفیِ میهمان نیز «مقلّدانه»، بدون‌آنکه مقصود ایشان را از این جمله بداند، با آنان همراه شد.

۵۴۱ **چون گذشت آن نوش و جوش و آن سماع   روز گشت و جـــمله گـــفتند: الوَداع**

چون آن همه جوش و خروش و حال خوش و سماع به پایان رسید و روز شد، همه خداحافظی کردند و رفتند.

---

۱ - **آز:** زیاده‌جویی، افزون‌طلبی، حرص، حاجت و نیاز.

۲ - **ننگِ دَق:** کسی که از دق‌الباب درِ ماسِوی‌الله بی‌نیاز است.   ۳ - **باقیان:** اینجا صوفیان دیگر.

۴ - **حراره:** ترانهٔ پُرشور.   ۵ - **انباز:** شریک.

۶ - گروهی از صوفیان که از ماجرا باخبر نبودند، «خر» را کنایه از «تن و تمایلاتِ نَفْسانی» می‌دانستند و از رفتنِ آن شاد بودند؛ یعنی از تبدیلِ صفات با خرسندی و کف‌زدن یاد می‌کردند.

خانقه خـالی شـد و صـوفی بـماند   گَرد از رخت آن مسـافر مـی‌فشاند ۵۴۲

خانقاه خالی شد و صوفی میهمان ماند که در حال تکاندن گرد و غبارِ جامه‌هایش بود.

رخت از حُـجره[۱] بُـرون آورد او   تا به خـر بـر بـندد آن هـمراهْ جـو ۵۴۳

صوفی میهمان، لوازمِ خود را از حجره بیرون آورد تا بر چهارپا ببندد.

تا رسد در همرهان، او مـی‌شتافت   رفت در آخُر، خر خـود را نـیافت ۵۴۴

او شتاب داشت که به سرعت به دیگر صوفیان بپیوندد، بنابراین وارد آخور شد و چهارپای خود را آنجا ندید.

گـفت: آن خـادم بـه آبش بُـرده است   زانکه خر دوش آب کمتر خورده است ۵۴۵

اندیشید: چون چهارپا دیشب آب کمی خورده، لابد خادم او را برای سیراب کردن برده است.

خادم آمد، گفت صوفی: خر کجاست؟   گفت خادم: ریش بین،[۲] جنگی بخاست ۵۴۶

خادم وارد شد، میهمان پرسید: خر من کجاست؟ خادم گفت: این چه سؤال احمقانه‌ای است؟ و بدین ترتیب جنگ و جدالی برپا شد.

گفت: من خـر را بـه تـو بسپرده‌ام   من تـو را بـر خـر مُـوَکَّـل کـرده‌ام ۵۴۷

صوفی گفت: من خر را به تو سپردم و تو را مسؤول مواظبت او قرار دادم.

از تو خواهم آنچه مـن دادم بـه تـو   بـاز دِه آنـچه فـرستادم بـه تـو ۵۴۸

آنچه را که به تو سپرده‌ام، از تو می‌خواهم. باید امانت را پس دهی.

بحث با توجیه کن،[۳] حجَّت میار[۴]   آنچه من بسـپردمت، واپس سـپار[۵] ۵۴۹

حرفِ منطقی بگو، دلایل بیهوده نیاور، آنچه را به تو امانت سپرده‌ام، بازگردان.

گفت پیغمبر که: دستت هر چه بُرد   بـایدش در عـاقبت واپس سُـپرد[۶] ۵۵۰

پیامبر(ص) گفت: دست تو هر چیز را که بگیرد، عاقبت باید آن را پس دهد.

---

۱ - **حُجره**: اتاق. ۲ - **ریش بین**: به ریشِ خود نگاه‌کن و سن و سالت را ببین تا سؤال احمقانه نپرسی.

۳ - **توجیه کن**: دلیلِ واضح بگو. ۴ - اینجا عذر و دلیلِ بیهوده نگو.

۵ - این بیت در متن نیامده با علامت‌گذاری در جایی که باید نوشته شود، در حاشیه افزوده‌اند.

۶ - حدیث: عَلَی الْیَدِ مَا أَخَذَتْ حَتّٰی تُؤَدِّیَهُ: دست آنچه را گرفت باید بَرَش گرداند: احادیث، ص ۱۷۱.

ور نه‌ای از سرکشی راضی بدین   نک من و تو، خانهٔ قاضیِ دین[1] ۵۵۱

اگر تو آن قدر سرکشی که به فرمان حق تن در نمی‌دهی، اینک من و تو باید به خانهٔ قاضیِ شرع برویم.

گفت: من مغلوب بودم، صوفیان   حمله آوردند و بودم بیمِ جان ۵۵۲

خادم گفت: من مجبور بودم؛ زیرا صوفیان دسته‌جمعی حمله کردند و من برجان خود بیمناک بودم.

تو جگربندی[2] میانِ گُربکان   اندر اندازی و جویی زآن نشان؟ ۵۵۳

تو جگری را در میان تعدادی گربه گرسنه انداخته‌ای و حالا سراغ آن را می‌گیری؟

در میانِ صد گرسنه گِرده‌ای   پیشِ صد سگ گربهٔ پژمرده‌ای ۵۵۴

در میان صد نفر آدم گرسنه قرص نانی چگونه می‌ماند؟ و یا چگونه نزد صد سگ، گربهٔ ناتوان جان به سلامت می‌برد؟

گفت: گیرم کز تو ظُلما بستدند   قاصدِ[3] خونِ منِ مسکین شدند ۵۵۵

صوفی گفت: فرض کنیم که آنان به زور چهارپا را از تو گرفتند و قصد جان من بینوا کردند،

تو نیایی و نگویی مر مرا   که: خرت را می‌بَرند ای بی‌نوا ؟ ۵۵۶

تو نباید بیایی و به من بگویی که ای بینوا، آن‌ها دارند خرت را می‌برند که بفروشند؟

تا خر از هر که بُوَد من واخِرم   ورنه توزیعی کُنند ایشان زَرَم ۵۵۷

تا من خر خود را نزد هر کس که بود، پس بگیرم و اگر نتوانستم، بهای چهارپا را میان آن جماعت تقسیم کنم و از هر یک مبلغی بگیرم.

صد تدارک[4] بود، چون حاضر بُدند   این زمان هر یک به اقلیمی[5] شدند ۵۵۸

تا صوفیان اینجا بودند، صدها راه بود که به پول یا چهارپای خود برسم. اینک که هر یک به سویی رفته‌اند، چه تدبیری بیندیشم؟

من که را گیرم؟ که را قاضی بَرَم؟   این قضا خود از تو آمد بر سرم ۵۵۹

من چه کسی را بگیرم و نزد قاضیِ شرع ببرم؟ تو مسؤول بلایی هستی که بر سر من آمده است.

---

۱ - **قاضیِ دین**: قاضیِ شرع.   ۲ - **جگربند**: مجموع جگر و شش و دل، خواه از انسان یا حیوانات.
۳ - **قاصد**: نعت فاعلی از قصد، قصدکننده.   ۴ - **تدارک**: تدبیر، چاره.
۵ - **اقلیم**: بخشی از زمین، اینجا جا و مکان.

چون نیایی و نگویی: ای غریب! پیش آمد این چنین ظلمی مَهیب؟ ۵۶۰

چرا نیامدی و نگفتی که ای غریب، چنین ستم وحشتناکی بر تو روا داشته‌اند؟

گفت: وَالله آمدم من بارها تا تو را واقف[1] کنم زین کارها ۵۶۱

خادم گفت: به خدا سوگند، من بارها نزد تو آمدم که تو را از این جریانات باخبر کنم.

تو همی گفتی که: خر رفت ای پسر از همه گویندگان با ذوق‌تر[2] ۵۶۲

امّا دیدم که تو شادتر از همه همنوا با صوفیان «خر رفت ای پسر» را پرشور می‌گویی.

باز می‌گشتم، که او خود واقف است زین قضا راضی‌ست مردی عارف است ۵۶۳

بنابراین باز می‌گشتم و می‌گفتم: او از ماجرا خبر دارد و عارف است و راضی به قضا.

گفت: آن را جمله می‌گفتند خَوش مر مرا هم ذوق آمد گفتنش ۵۶۴

صوفی گفت: آنان این سخن را با حالی خوش می‌گفتند، در من هم شوقی برای گفتن آن پدید آمد.

مر مرا تقلیدشان بر باد داد که دو صد لعنت بر آن تقلید باد ۵۶۵

تقلیدِ کلامِ آنان مرا بر باد داد. دو صد لعنت بر آن تقلید کورکورانه باد.

خاصه تقلیدِ چنین بی‌حاصلان خشمِ ابراهیم با بَر آفلان[3] ۵۶۶

بخصوص در تقلید از این آدم‌های بی‌حقیقت باید خشم گرفت، همان‌گونه که ابراهیم(ع) بر فانیان غروب کننده گرفت.

عکسِ[4] ذوقِ آن جماعت می‌زدی وین دلم زآن عکسْ ذوقی می‌شدی ۵۶۷

پرتوی از ذوق آن جماعت بر من می‌زد و دلم به ذوق و شوق می‌آمد.

عکسْ چندان باید از یارانِ خَوش[5] که شوی از بحرْ[6] بی‌عکسْ آبْ کَش[7] ۵۶۸

اینک مولانا از داستان نتیجه‌گیری می‌کند که مصاحبت و همنشینی، اثرات شگفتی دارد؛ پس برای مصاحبت باید کسانی را برگزید که درونی متعالی و منوّر دارند تا پرتوی از تعالی آنان در دل آدمی انعکاس یابد و شخص را به مرتبه‌ای برساند که بدون نیازمندی به این و آن، خود به بحر معانی اتّصال یابد.

---

۱ - **واقف** : آگاه. ۲ - بسیاریِ شعف و شادمانی، درجات اوّلیّهٔ شهودِ حق.

۳ - اشارتی قرآنی؛ انعام : ۷۶/۶ : لاٰ أُحِبُّ ٱلْأٰفِلِينَ : آنان را که غروب می‌کنند، دوست ندارم.
در این بیت مراد آنان‌اند که خورشید حقیقت در درونشان طلوع نکرده است. ۴ - **عکس** : انعکاس، پرتو.

۵ - **یاران خَوش** : سالکان راه حق. ۶ - **بحر** : اینجا دریای معنا. ۷ - **آبْ‌کش شدن** : بهره‌مند شدن.

۵۶۹ **عکسْ کاوّل زد، تو آن تقلید[1] دان — چون پیاپی شد، شود تحقیق[2] آن**

هنگامی که طالب حقایق در جمع یارانِ صاحبدل قرار می‌گیرد، اوّلین پرتوی که از احوال ایشان بر دلش می‌زند، حالی و شوق و ذوقی در وی پدید می‌آورد، این «حال» را که شخص بر آن معرفتی ندارد، «تقلید» می‌نامند. اگر این حال تکرار شود و بر چگونگی آن معرفتی حاصل آید، آن را «تحقیق» نامند.

۵۷۰ **تا نشد تحقیق، از یاران مَبُر — از صدف مگسِل، نگشت آن قطره دُر**

ارتباط و همنشینی با یارانِ صاحبدل برایِ سالکی که مراتب و منازل مختلف طبع و نَفْس را طی می‌کند، ضروری است، همان‌گونه که مروارید تا به درّی شاهوار مبدّل نگردد، از صدف خارج نمی‌شود، سالک نیز تا رسیدن به مرحلهٔ کمال و «مقام تمکین» ناگزیر است در جمع سالکان متعالی و ارشادِ مرشدِ کامل مکمل، طیّ طریق کند.

۵۷۱ **صاف خواهی چشم و عقل و سمع را — بر دَران تو پرده‌هایِ طمْع را**

ای طالب، اگر خواهان عقل و چشم و گوشی پاک هستی، بکوش تا «حرص و طمع» را که پرده یا حجابِ جان تو شده است، کنار بزنی.

۵۷۲ **زانکه آن تقلیدِ صوفی از طمع — عقل او بر بست از نور و لُمَع[3]**

زیرا تقلیدِ صوفی از طمع بود که عقل او نتوانست حقیقت را ببیند؛ اگر طمعی در حال و شور صوفیان نمی‌داشت، در مقام داوری حال ایشان، حقیقت وقایع را درک می‌کرد.

۵۷۳ **طمع لوت و طمع آن ذوق و سَماع — مانع آمد عقلِ او را زِ اطّلاع**

طمعِ طعامِ خوش و شورِ صوفیان و سماع، مانع تعقّل او و آگاهی بر ماجرا بود.

۵۷۴ **گر طمع در آینه بر جاستی — در نفاق آن آینه چون ماستی**

اگر در آیینه هم طمع بود، هرگز نمی‌توانست بیانگر حقایق باشد و مانند انسان‌ها ریاکار می‌شد.

۵۷۵ **گر ترازو را طمع بودی به مال — راست کی گفتی ترازو وصفِ حال؟**

اگر ترازو به مال حرص و طمعی داشت، چگونه می‌توانست حال را به درستی بیان کند.

---

۱ - **تقلید** : اینجا حالی که شخص بر چگونگیِ آن آگاه نیست.

۲ - **تحقیق** : تحقّق حقیقت در وجود سالکِ متعالی.

۳ - **لُمَع** : جمع لَمْعَة؛ درخشش. سالک برای ادراک حقایق، ناگزیر از قطع تعلّقات و طمع است.

۵۷۶ **هر نَبیّی گفت با قوم از صفا من نخواهم مُزدِ پیغام از شما[1]**

هر پیامبر نیز، همانندِ آیینه یا میزان، هرگز طمعی در چیزی نداشته و از صفا به قوم خود گفته است که من مزدی برای رسالت نمی‌خواهم و چشمداشتی ندارم.

۵۷۷ **من دلیلم، حق شما را مُشتری[2] داد حق دلّالیم هر دُو سری**

من هدایت‌کنندهٔ شما هستم، خداوند خریدارِ شماست. او حقِّ هدایت و رسالت مرا این جهانی و آن جهانی داده است.

۵۷۸ **چیست مُزدِ کارِ من؟ دیدارِ یار گرچه خود بوبکر بخشد چل هزار[3]**

دستمزد و پاداش رسالت من دیدار یار است، هرچند که ابوبکر در راه دوستی با من و به جهت پیشبرد اهداف دین چهل هزار درهم ببخشد.

۵۷۹ **چل هزارِ او نباشد مُزدِ من کِی بُوَد شِبْهِ شَبَهْ دُرِّ عَدَن[4]**

چهل هزار درهمِ او مزد رسالت من نیست، امور دنیوی با امور معنوی برابری نمی‌کند، همان‌گونه که سنگ سیاه شَبَه، هرچند که نرم و برّاق است، هرگز مانند مرواریدِ عَدَن نیست.

۵۸۰ **یک حکایت گویمت بشنو به هوش تا بدانی که طمع شدْ بندِگوش[5]**

داستانی را می‌گویم، به گوش هوش بشنو تا بدانی که چگونه طمع و حرص راهِ گوش را می‌بندد و شخص را از دریافت حقایق باز می‌دارد.

۵۸۱ **هر که را باشد طمع اَلْکَن شود با طمع کی چشم و دل روشن شود؟**

هر طمعکار، چشمِ بصیرتش کور می‌شود و دلش تیره می‌گردد. زبانش نیز از گفتن حقایق باز می‌ماند، مانند کسی که لکنتِ زبان دارد.

---

۱ - اشارتی است به آیاتی از قبیل: هود: ۲۹/۱۱: وَ یَا قَوْمِ لاٰ أَسْئَلُکُمْ عَلَیْهِ مالاً إِنْ أَجْرِیَ إِلاّٰ عَلَی اللهِ...: ای قوم من، از شما دستمزد و مال و ثروتی نمی‌خواهم، تنها بر خداست که مرا پاداش و اجر دهد.

۲ - اشارتی قرآنی؛ توبه: ۱۱۱/۹، که خداوند در آن آیه وعده می‌دهد که تن‌ها و مال مؤمنان را می‌خرد تا بهشت از آن ایشان باشد.

۳ - مأخذ این امر روایتی است که به طرق مختلف در کتب محدّثین و صوفیّه آمده است: ابوبکر در کار تجارت سرشناس بود. به هنگام بعثت پیامبر(ص) چهل هزار درهم داشت و از آن در راه پیامبر و تقویت مسلمانان هزینه می‌کرد، به‌طوری که در مدینه، تنها پنج هزار درهم برایش ماند. در آنجا نیز مانند مکّه به هزینه‌کردن دارایی خود ادامه داد: احادیث، ص ۱۷۲.

۴ - **عَدَن** : شهری از شهرهای مشهور عربستان در ساحل دریای هند از جانب یمن. مروارید خوب از آنجا به دست می‌آید و از قدیم‌ترین بازارهای عرب است. ۵ - **بندِ گوش** : چیزی که مانعِ شنیدنِ سخنِ حق شود.

پیشِ چشم او خیالِ جاه و زر همچنان باشد که موی اندر بصر [۱] ۵۸۲

در نظر او فکر و خیال «جاه و مال» چنان اهمیّت یافته که گویی مویی در چشم است؛ زیرا مانعِ دیدن و درک حقیقت می‌شود.

جز مگر مستی که از حق پُر بُوَد [۲] **گرچه بِدْهی گنج‌ها او حُر بُوَد** [۳] ۵۸۳

امّا کسی که مست از بادهٔ عنایت حق است، سر نیاز به گنج‌های عالم فرود نمی‌آورد و از حرص و آز، آزاد است.

هر که از دیدار [۴] **برخوردار شد این جهان در چشم او مُردار شد** ۵۸۴

در چشمِ کسی که به مقام شهودِ حق رسیده باشد، جهان مُردار است.

لیک آن صوفی ز مستی [۵] **دور بود لاجرم در حرصْ او شبکور** [۶] **بود** ۵۸۵

امّا صوفی این حکایت از مقام شهود و مستی دور بود و مانند شبکور در ظلماتِ نَفْسِ حریص و طمّاعِ خود حقیقت را نمی‌دید.

صد حکایت بشنود مدهوشِ حرص در نیاید نکته‌ای در گوشِ حرص ۵۸۶

اسیرِ حرص و آز، صدها داستان پندآموز می‌شنود؛ امّا نکتهٔ مورد نظر را نمی‌تواند دریابد.

تعریف [۷] کردنِ مُنادیانِ [۸] قاضی مفلس [۹] را گردِ شهر [۱۰]

شخص مفلس و بی‌خانمانی در زندان به سر می‌برد. غذای دیگر زندانیان را می‌خورد و طمع سیری‌ناپذیر او موجب عذاب همگان بود. زندانیان شکایت به قاضی بردند و چون به قاضی

۱ - **موی اندر بَصَر** : چیزی که مانعِ دیدن است. ۲ - **از حق پر بُوَد** : سرشار از توجّه و عنایتِ حق باشد.
۳ - مقامات سلوک متفاوت است و مقام کاملان حریّت و آزادی است. آنان در جایگاه تحقیق‌اند نه تقلید.
۴ - **دیدار** : دیدار حق. ۵ - **مستی** : مستیِ عشقِ حق. ۶ - **شبکور** : خفّاش، کسی که در شب هیچ نبیند.
۷ - **تعریف** : آگاهانیدن. ۸ - **مُنادی** : جارچی، جارزننده. ۹ - **مفلس** : بینوا.
۱۰ - مأخذ این حکایت، داستان ذیل است: قاضی حکم افلاس مردی را اعلام کرد و دستور داد او را بر الاغی سوار کنند و بگردانند و به اطّلاع همه برسانند که او مفلس است و کسی با او معامله نکند. در پایان وقتی از الاغ پیاده‌اش کردند، صاحب الاغ کرایه‌اش را طلب کرد. وی گفت: ای احمق، از صبح تا حالا متوجّه نشدی که از من مفلس، کمترین انتظاری نباید داشت! : محاضرات راغب، ج ۱، ص ۲۹۷ و اخبار الظِّرافِ وَالْمُتَماجِنینِ ابن جوزی، طبع دمشق، ص ۸۸ آمده است: احادیث، ص ۱۷۳.

ثابت شد که او مفلس است و خان و مانی ندارد و پی کاری هم نمی‌رود، دستور داد تا او را در شهر بگردانند تا کسی با او معامله‌ای نکند.

مأموران برای انجام این دستور، شتر مرد کُرد هیزم‌فروشی را به زور گرفتند و هر چه مرد صاحب اُشتر لابه کرد و اشتر خویش را خواست گوش ندادند و مفلس را از صبح تا شام سوار بر شتر در شهر سو به سو و کو به کو گرداندند و مردم را از افلاس او باخبر کردند.

چون شب شد و مفلس از اشتر به زیر آمد، مردِ کُرد گفت: دیر وقت است و خانهٔ من دور، مرا در منزل خود جای ده. مرد مفلس به او گفت: ما از پگاه تا کنون چه می‌کردیم؟

از صبح تا کنون مدام طبل ناداری و افلاس مرا بر سر هر کوی و برزن می‌زدند و هر کلوخ و سنگ بدان آگاهی یافتند. تو مگر صدای طبل آنان را نمی‌شنیدی که می‌خواهی تو را به خانه‌ام ببرم؟!

مرد مفلس هر چه که کوشید تا به صاحب شتر بفهماند که او خانه‌ای ندارد، کارگر نیفتاد؛ زیرا طمع گوش آن مرد را پر کرده و مانعِ دریافتِ حقیقت بود.

جان کلام آن است که حرص و طمع، چشمِ حق‌بین و گوشِ حق‌نیوش را از آدمی می‌گیرد.

بود شخصی مفلسی بی‌خان و مان ‌‌‌‌‌‌ مانده در زندان و بندِ بی‌امان[1] ۵۸۷

شخص مفلس و بی‌خانمانی محکوم به حبس ابد شده بود.

لقمهٔ زندانیان خوردی گزاف[2] **بر دلِ خلق از طمع چون کوهِ قاف**[3] ۵۸۸

او پرخواره بود و به زور غذای دیگر زندانیان را می‌خورد و به سببِ حرص و طمع مانند کوه قاف بر دل دیگران سنگینی می‌کرد.

زَهره نه کس را که لقمهٔ نان خورد ‌‌‌‌ زانکه آن لقمه‌رُبا گاوش بَرَد[4] ۵۸۹

هیچ کس به آسودگی نمی‌توانست لقمه نانی بخورد؛ زیرا آن لقمه‌دزد به سرعت طعام را می‌ربود.

هر که دور از دعوتِ رحمان بُوَد ‌‌‌‌ او گداچشم[5] **است، اگر سلطان بُوَد** ۵۹۰

هر کس از رحمت الهی سیراب نشود، چشمی حریص دارد، هرچند که سلطان باشد.

۱ - **بندِ بی‌امان :** حبسِ ابد. ۲ - **گزاف :** بیهوده و هرزه، اینجا به زور. ۳ - **کوه قاف :** ر.ک: ۱۳۹۳/۱.
۴ - **گاوش بَرَد :** اصطلاحی است که امروزه متداول نیست، به معنی کلَک چیزی را کندن و از بیخ و بن برانداختن.
۵ - **گداچشم :** حریص، کسی که چشمش گرسنه است.

مــر مــروّت را نــهاده زیــرِ پــا گشــته زنـدان دوزخـی زآن نـانْرُبا ۵۹۱

انصاف و مروّت را زیر پا نهاده بود و با رفتار بد او، زندان برای زندانیان دوزخ شده بود.

گــر گــریزی بــر اُمــیدِ راحــتی زآن طـرف هـم پـیشت آیـد آفـتی ۵۹۲

اگر برای آسایش خاطر به گوشهٔ دنجی بگریزی، می‌بینی که در آنجا هـم آفـتی یـافت می‌شود و امنیّت خاطرت را بر هم می‌زند. زندانیان نیز اندیشیده بودند کـه در آن مـحبس کسی یا چیزی نمی‌تواند مزاحمشان باشد؛ ولی چنین نبود.

راحتی و آسایش در عالم محسوسات یافت نمی‌شود.

هیچ کُنجی بی ددْ و بـی‌دام نـیست جز به خـلوتگاهِ حـق، آرام نـیست ۵۹۳

هیچ کُنجِ خلوتی نیست که در آن درنده خوی و حیوان صفتی نباشد، جز خلوتِ با خدا و انس با حق، که در آن خلوتگاه نیز اگر دد و دام بیرونی نباشند، دد و دام درونی که چیزی جز صفات پست و رذیله آدمی نیستند، با وی حاضرند؛ بنابراین امنیّت خاطر امری درونی است که از ضمیر انسان و در اثر ارتقای جان می‌جوشد و به او آرامش حقیقی می‌بخشد.

کُــنجِ زنــدانِ جــهانِ نــاگــزیر نیست بی پامُزد[1] و بی دَقّ ٱلحَصیر[2] ۵۹۴

در هر گوشهٔ این جهان که ما ناگزیریم در آن زندگی کنیم، همواره آدمی چیزی را از دست می‌دهد تا چیز دیگری را بیابد؛ مثلاً اگر خانهٔ نوی بنا کنی، برپا داشتن ضیافتی برای آن خانه اجتناب‌ناپذیر است و گذشته از آن هدایایی را هم باید به عنوان پای‌مزد و زحمتِ قـدم رنـجه کـردن بـه مـیهمانان بپردازی؛ پس آمدن به دنیا هم میهمانی و ضیافت خود را دارد که در آن نمی‌توان آسود.

وَ اللّــه ار ســوراخِ مـوشی در روی مــبتلایِ گــربه چــنگالی شـوی[3] ۵۹۵

به خدا اگر در سوراخ موشی پنهان گردی، گربه‌ای پیدا می‌شود که تو را با چنگال بدرد.

آدمــی را فـربهی[4] هست از خـیال گر خیالاتش بُوَد صاحب جـمال[5] ۵۹۶

پس اینک که در جهان همواره فشارها و سختی‌ها هست، چه باید کرد؟ مولانا راه مقابله

---

۱ - **پامزد**: رسمی که در گذشته متداول بوده است. ۲ - **دَقّ الحَصیر**: بوریا کوبی، میهمانی برای بنای نو.

۳ - با مضمون این حدیث مناسبت دارد: مؤمن حتّی اگر به لانهٔ سوسماری پناه بَرَد، خداوند کسی را برای آزردنش مأمور می‌کند: احادیث، صص ۱۷۳ و ۱۷۴.

بزرگان تصوّف گفته‌اند: هر رونده‌ای را رنجاننده‌ای هست، اگر کسی رنجاننده نداشته باشد، رونده نیست.

۴ - **فربهی**: چاقی، اینجا کنایه از بزرگی و قدرتِ معنوی یا «توانِ روحی».

۵ - **صاحب جمال**: اینجا صاحب جمال بودنِ خیالات به معنیِ اندیشهٔ نیک یا اندیشهٔ معنوی است.

با این درد و رنج‌ها را نشان می‌دهد و می‌فرماید: در نگاهِ عارفانه، نیرومندی و توان آدمی در «خیال» اوست، یعنی شخص از «خیال نیک» و «اندیشهٔ معنوی» برخوردار باشد؛ زیرا همان‌گونه که در ذیل ابیات (۷۱-۶۹) دفتر اوّل در مورد «خیال» آمد، تصوّرات و صُوَرِ مثالی ذهـنی کـه در عرصهٔ ضمیر در رفت و آمدند، قوّهٔ ادراک معانی جزئی را می‌سازند؛ پس در حیاتِ معنوی تأثیری بسزا دارند و باید این درک را تعالی بخشید.

ور خـــیالاتش نـــماید نـــاخوشی　　　مـــی‌گدازد هـــمچو مـــوم از آتشی ۵۹۷

اگر «نَفْس» به عوالم معنوی روی نیاوَرَد، خطا می‌کند؛ یعنی به سببِ توجّه تامّ به دنیا، از حقایق درکی اشتباه دارد که «وهم» نامیده می‌شود و نتیجهٔ رذایل نفسانی است؛ پس به سببِ «خیالاتِ» ناپسند، فرد به رنجِ درونی مبتلا می‌شود که او را همچون موم در آتش می‌گدازد.

در مـــیانِ مـار و کـژدُم[1] گـر تـو را　　　بــا خـیالاتِ خـوشان[2] دارد خـدا ۵۹۸

اگر تو در میان رنج‌ها یا انسان‌هایی با صفات رذیله که مانندِ مار و عقرب گزنده‌اند، قرار گیری؛ امّا خداوند تو را با خیالاتی خوش مشغول کند؛ یعنی به درجه‌ای از تعالی روحانی رسیده باشی که نفسِ تو به حقایق غیبی متّصل باشد، تلخکام نیستی.

مار و کـژدُم مـر تـو را مـونس بُـوَد　　　کآن خـیالت کـیمیایِ مس بُـوَد[3] ۵۹۹

عارف در شرایط ناهنجار هم با خیالات خوشِ برخاسته از نَفْسِ جلا یافته شادمان است و با بدی‌ها نیز آرامشِ خود را از دست نمی‌دهد؛ زیرا خیالِ او متّصل به «عالمِ خیالِ مطلق» یا «عالمِ مثال» است که حدّ فاصل «لاهوت و ناسوت» است و در ادراکات خیالی، حقایق را با اتّصال به عالَمِ وسیع خیال که لوح جمیع حقایق است، درک می‌نماید و حقیقت و علّت هر پدیده را می‌داند. چنین خیالی کیمیای مس وجود است.

صبرْ شیرین از خیالِ خوش شده‌ست　　　کآن خیالاتِ فـرج[4] پـیش آمـده‌ست ۶۰۰

خیالِ خوش برای وقوعِ اتّفاقی خوشایند، صبر را شیرین می‌کند؛ زیرا فکرِ رسیدن بـه اهداف و آمال، سببِ شادیِ آدمی است.

---

۱ - **مار و کژدُم**: اینجا کنایه از فشارها و سختی یا افرادی که صفاتِ رذیله دارند و آدمی را مـانند مـار و عـقرب می‌گزند و صدمه می‌زنند.

۲ - **خیالاتِ خوشان**: خیالاتی خوش، درکی حقّانی که سبب بروز و حدوث پدیده‌ها را می‌داند و با توجّه حق آرام می‌یابد.

۳ - مصراع دوم: آن خیال، اشاره به خیالِ عارفِ حق‌بین است که به سببِ تعالی و کمال، نَفْسِ وی به «لوحِ حقایق» متّصل است.　۴ - **فَرَج**: گشایش.

آن فـرج آیـد ز ایـمان در ضـمیر ضعفِ ایـمان، نـاامیدی و زَحیر[۱] ۶۰۱

اندیشهٔ فرج وگشایش در امور و رسیدن به اهداف، از ایمان نشأت می‌یابد، شخص مؤمن که از ایمانی راستین برخوردار است، همواره با شادمانی زندگی می‌کند؛ امّا ضعف ایمان، همیشه همراه با وسوسه‌ها و توأم با ناامیدی، بیقراری و ناشکیبایی است.

صـبر از ایـمان بـیابد سـر کُـلَهْ حَـیْثُ لاٰ صَـبْرَ فَـلا ایـمٰانَ لَـهْ[۲] ۶۰۲

صبر با ایمان راستین «تاج» یا اعتبار می‌یابد. صبر، مانند «سر» است و ایمان «تاجِ» آن. آدمِ بدونِ صبر، ایمان ندارد.

گفت پیغمبر: خـداش ایـمان نـداد هـر کـه‌را صـبری نـباشد در نـهاد[۳] ۶۰۳

پیامبر گفت: کسی که صبر ندارد، ایمان ندارد.

آن یکی در چشم تو باشد چو مـار هم وی اندر چشـم آن دیگـر نگـار ۶۰۴

شخصی که در نظر تو، همانند مار ناخوشایند است، در نظر دیگری نگـار است، ایـن اختلاف عقیده و دیدگاه ناشی از چیست؟

زانکه در چشمت خیالِ کفرِ اوست و آن خیالِ مؤمنی در چشم دوست[۴] ۶۰۵

زیرا تو به جنبه‌های منفی و کفرآمیز او توجّه می‌کنی و دیگری به نکات مثبت و ایمان او نظر دارد. این اختلاف دیدگاه در همهٔ امور وجود دارد.

کاندر این یک شخص هر دو فعل هست گـاه مـاهی بـاشد او وگـاه شست[۵] ۶۰۶

در این شخص، نکات منفی و مثبت هر دو هست. گاه صفاتِ منفی به سبب وسوسه‌هایِ نَفْس شدّت می‌یابد وگاه ویژگی‌های خوب به سبب غلبهٔ درکِ معنوی برتری می‌یابند.

نـیم او مـؤمن بُـوَد، نـیمیش گَـبْر نیمِ او حرص‌آوری، نـیمیش صَـبْر ۶۰۷

پس او مجموعه‌ای است از «ایمان و کفر»، «حرص و صبر» و اختلاف دیدگاه نسبت به وی، وابسته به فاعلِ دیدگاه است که به کدام وجه شخص نظر داشته باشد.

---

۱ - **زحیر**: نفس تنگی و به‌طور کلی به معنی رنج است.

۲ - از حضرت علی(ع) در شرح نهج‌البلاغه، ج ۴، ص ۲۷۹، مأثور است: بر شما باد به داشتن صبر، زیرا رابطهٔ صبر با ایمان همچون رابطهٔ سر با بدن است. همان‌طوری که بدن بی‌سر فایده‌ای ندارد، ایمان بدون صبر هم بی‌فایده است: احادیث، ص ۱۷۴.

۳ - این حدیث مراد است: مَنْ لاٰ صَبْرَ لَهُ لاٰ إیمَانَ لَهُ: کسی که صبر ندارد، ایمان ندارد: احادیث، ص ۱۷۴.

۴ - مُراد آنکه: نگاه و داوری ما در مورد دیگران تحت تأثیر درک و زمینه‌های نَفْسانی شخصی نیز هست.

۵ - مصراع دوم: در اینجا «ماهی» کنایه از عوالم معنوی و «شست» نمادی از تیرگیِ سرشتِ بشری است.

گفت یزدانت: فَمِنْکُمْ مؤمِنٌ[1] باز مِنْکُمْ کافرٌ، گَبْرِ کهُن ۶۰۸

خدای تو گفت: بعضی از شما مؤمن‌اید و فرمود: برخی از شما کافرید، کافری قدیم.

همچو گاوی نیمهٔ چَپّش سیاه نیمهٔ دیگر سپیدِ همچو ماه ۶۰۹

انسان تا به کمالِ روحانی نرسد، مجموعهٔ نور و ظلمت و آمیخته‌ای از خیر و شرّ است، همانند گاوی که نیمی از بدنش سیاه و نیمی سپید است.

هر که این نیمه ببیند، رَد کند هر که آن نیمه ببیند، کَدْ[2] کند ۶۱۰

هر کس که قسمت سیاه را ببیند، او را نمی‌پسندد و هر کس که نیمهٔ روشن را ببیند، خواهان او می‌شود.

یوسف اندر چشمِ اِخوان چون ستور هم وی اندر چشمِ یعقوبی، چو حُور ۶۱۱

وجود یوسف(ع)، با آن همه جمال در نظر برادران، نفرت‌انگیز بود که راضی شدند او را در چاهی بیفکنند؛ امّا به چشمِ یعقوب(ع)، بس دل‌انگیز بود.

از خیالِ بد مر او را زشت دید چشمِ فرع و چشمِ اصلی ناپدید ۶۱۲

خیالِ بدِ برادران که ناشی از زمینهٔ ذهنی و درک بد بود، سبب می‌شد که او را زشت بپندارند و گمان کنند که به سببِ وجود او توجّه پدر به ایشان کم است. آنان با چشم توهّم یا خیال بد به وی می‌نگریستند. نفس ایشان نیز از صفات مذموم پاک نشده بود تا جلا یابد و حقایق را بپذیرد؛ پس با چشم خیال‌اندیش می‌دیدند و چشم اصلی که بصیرت است، در آنان تحقّق نیافته بود، چشم ظاهر نیز تحت تأثیر چشم خیال‌اندیش از درکِ حقایق عاجز بود.

چشمِ ظاهر سایهٔ آن چشم دان هر چه آن بیند، بگردد این بِدان ۶۱۳

«چشمِ ظاهر» «سایه» یا فرع «چشمِ باطن» است. اگر انسان مراحل کمال را بپیماید و حقایق به

---

۱ - اشارتی قرآنی؛ تغابن: ۲/۶۴: هُوَ الَّذی خَلَقَکُمْ فَمِنْکُمْ کافِرٌ وَ مِنْکُمْ مُؤمِنٌ: اوست آنکه شما را آفرید، گروهی از شما کافر و گروهی مؤمن هستید.

در شرح این آیه، برخی از مفسّران مانند زمخشری که قائل به اختیار است، می‌گویند: انسان فاعل مختار افعال خویش است؛ یعنی بعضی از شما کفر پیش می‌آورید و فاعل آن هستید و برخی ایمان پیش می‌آورید و فاعل آن به شمار می‌آیید. گروهی که به جبر معتقدند، می‌گویند که معنی آیه آن است که خداوند انسان‌ها را در شکم مادر یا مؤمن آفریده است یا کافر. ابوالفتوح می‌نویسد: معنی آن است که از شما کسی هست که کافر است به آنکه خداوند خالق اوست و کسی هست که به این امر مؤمن است: قرآن، ترجمه خرّمشاهی، ص ۵۶۶.

۲ - **کَد**: کوشش و تلاش، گدایی.

نَفْس وی القا گردد؛ چون چشم دل حقیقت را درک می‌کند، چشم ظاهر هم که تحتِ سیطرهٔ چشمِ باطن است، آنچه را که چشم دل تأیید می‌کند، می‌پذیرد.

تو مکانی اصلِ تو در لامکان این دُکان بر بند و بگشا آن دکان ۶۱۴

ای انسان، تو به اعتبارِ «وجودِ عنصری»، در این عالم زندگی می‌کنی؛ امّا اصلِ وجودِ تو، حقیقتی منبسط است که در موجودات امکانی ظهور نموده است. بکوش تا از اسارتِ حواسِّ طبیعی برهی و به حواسّی ماورایِ آن دست یابی و حقایق را بشناسی تا در عین حال که جسم تو در مکان است، جانت به لامکان و عوالم روحانی اتّصال یابد.

شش جهت مگریز، زیرا در جهات شِشدره[1] است و شِشدره مات است مات[2] ۶۱۵

ای انسان، برای یافتن خلوتگاهی که در آن آرام یابی، به هیچ یک از شش جهت عالم نمی‌توانی بگریزی؛ زیرا در هر سو جز حیرانی و سرگشتگی نصیبی نمی‌یابی، چون آرامشِ آدمی جز با رسیدن به اصل او که در لامکان است، حاصل نمی‌شود.

شکایت کردنِ اهلِ زندان پیشِ وکیلِ قاضی، از دستِ آن مفلس

با وکیلِ قاضیِ ادراک‌مَنْد اهلِ زندان در شکایت آمدند ۶۱۶

زندانیان به وکیل قاضی شکایت بردند و امید داشتند که قاضی آگاه، به موضوع آنان رسیدگی کند.

که سلامِ ما به قاضی بَر کنون بازگو آزارِ ما زین مردِ دون ۶۱۷

آنان توسط وکیل به قاضی سلام و احترام عرضه داشتند و گفتند: به او بگو که این مرد پست چه سان ما را آزار می‌دهد.

۱ - **ششدره**: اصطلاحی در بازی تخته‌نرد، هرگاه مهره در خانه‌ای در منتهای تخته بندگردد و از شش خانهٔ جانب خود به هیچ خانه‌ای نتواند برود و رهایی یافتن بدون رهایی دادن حریف مقابل امکان‌پذیر نباشد، این حالت را اصطلاحاً ششدره گویند. کنایه از مغلوب شدن، حیران و سرگردان گشتن.

۲ - **مات**: اصطلاحی در شطرنج، گرفتار و مقیّد شدن شاه شطرنج است. مولانا توسّعاً در نرد نیز استفاده کرده است. کنایه‌ای است از سرگشتگی و تشویش و مغلوب گشتن.

کاندر این زندان بماند او مُستَمِر   یاوه‌تاز[1] و طبل‌خوار[2] است و مُضِر[3] ۶۱۸

و به قاضی بگو که او زندانی ابد است. بیهوده گو، پرخواره و زیان‌آور است.

چون مگس حاضر شود در هر طعام   از وقاحت، بی‌صَلا و بی‌سلام ۶۱۹

از بی‌شرمی هر جا که غذایی باشد، بی‌دعوت و سلام مانند مگس حضور می‌یابد.

پیش او هیچ است لوتِ شصت کس   کَر کُند خود را، اگر گوییش: بس ۶۲۰

غذای شصت نفر برایِ او کافی نیست و اگر بگوییم بس کن، وانمود می‌کند کر است.

مردِ زندان را نیاید لُقمه‌یی   ور به صد حیلت گُشاید طُعْمه‌یی[4] ۶۲۱

هیچ یک از زندانیان نمی‌تواند مخفیانه و با صد حیله آمادهٔ خوردنِ لقمه‌ای شود.

در زمان پیش آید آن دُوزخْ گلو[5]   حُجّتش این که خدا گفتا: کُلوا[6] ۶۲۲

بلافاصله آن فرومایه که گلویی چون دوزخ سیری‌ناپذیر دارد، می‌رسد و دلیلش این است که می‌گوید: خداوند گفته است: بخورید.

زین چنین قحطِ سه ساله داد داد   ظلِّ مولانا، ابد پاینده باد ۶۲۳

امان از این حریص پرخواره که مانندِ قحطی سه‌ساله، چیزی را بر جای نمی‌گذارد. سایهٔ مولانا قاضی پاینده و جاوید باد!

یا ز زندان تا رَوَد این گاومیش   یا وظیفه[7] کُن ز وَقْفی[8] لُقمه‌ایش ۶۲۴

یا امر کنید که این گاومیش از زندان برود یا از محلّ اوقاف مقرّری خاصی برای خورد و خوراک او تعیین کنید.

ای ز تو خوش هم ذکور[9] و هم اِناث[10]   داد کن، اَلْمُسْتَغاث[11] اَلْمُسْتَغاث ۶۲۵

ای قاضی دادگر که در پناه قضاوتِ عادلانهٔ تو خلق در آسایش‌اند، عدالت را برقرار کن و به فریاد ما برس! ای فریادرس!

---

۱ - **یاوه‌تاز**: بیهوده‌گو. ۲ - **طبل‌خوار**: پرخواره. ۳ - **مضرّ**: زیان رساننده.

۴ - **گشاید طُعمه یی**: سفرهٔ غذای خود را باز کند.

۵ - **دوزخ گلو**: اشاره‌ای است به ق: ۳۰/۵۰ که ترجمه آن چنین است: روزی که به جهنّم گوییم آیا پرشدی؟ و گوید آیا باز هم بیشتر هست؟ (هَلْ مِنْ مَّزِیدٍ): ر.ک: ۱۳۸۶/۱.

۶ - **کُلُوا**: اشاره به اعراف: ۳۱/۷: ...کُلُوا وَٱشْرَبُوا وَ لاٰ تُسْرِفُوا...: از نعمت‌های خدا بخورید و بیاشامید؛ ولی اسراف نکنید. ۷ - **وظیفه**: مستمری، حقوق. ۸ - **وقفی**: اوقاف.

۹ - **ذکور**: جمعِ ذکر: مرد، نر، پسر.

۱۰ - **اِناث**: جمعِ اُنثیٰ: زن. در فارسی به‌طور معمول «اُناث» تلفّظ می‌کنند. ۱۱ - **مُسْتَغاث**: فریادرس.

سوی قاضی شد وکیلِ بانَمَک[1] گفت با قاضی شکایت یک به یک ۶۲۶

وکیلِ خوش‌سخن نزد قاضی رفت و شکایت زندانیان را موبه‌مو بازگو کرد.

خواند او را قاضی از زندان به پیش پس تفحّص کرد از اعیانِ خویش[2] ۶۲۷

قاضی او را احضار کرد و از بزرگان قابلِ اعتماد خود نیز تحقیق کرد.

گشت ثابت پیشِ قاضی آن همه که نمودند از شکایت آن رمه[3] ۶۲۸

در نتیجه به قاضی ثابت شد که زندانیان در آن شکایت حق دارند.

گفت قاضی: خیز از این زندان برو سوی خانهٔ مُرده‌ریگِ[4] خویش شو ۶۲۹

قاضی به او امر کرد که از این زندان برو و در خانهٔ واماندهٔ خود زندگی کن.

گفت: خان و مان من احسانِ توست همچو کافر، جنّتم زندانِ توست ۶۳۰

مفلس گفت: خانهٔ من لطف و احسان توست، کافرِ دوزخی‌ام که زندانِ تو بهشت من است.

گر ز زندانم برانی تو به رَد[5] خود بمیرم من ز تقصیری[6] و کَد ۶۳۱

اگر مرا از زندان بیرون کنی، حتماً از بینوایی و فقر می‌میرم.

همچو ابلیسی که می‌گفت: ای سلام[7] رَبِّ أَنْظِرْنِي إِلیٰ يَوْمِ ٱلْقِيَام[8] ۶۳۲

مانند ابلیس که می‌گفت: ای خداوند، به من تا روز قیامت مهلت ده.

کاندر این زندانِ دنیا من خوشم تا که دشمن‌زادگان را می‌کُشم ۶۳۳

من زندان دنیا را دوست دارم؛ زیرا می‌توانم فرزندان آدم(ع) را از راه راست به در ببرم و به نابودی بکشانم.

---

۱ - **بانمک** : خوش‌صحبت، باملاحت. ۲ - **اعیانِ خویش** : افرادِ قابلِ اعتمادِ خود.

۳ - **رمه** : همگی، جملگی.

۴ - **مُرده ریگ** : میراث، چیزهای بی‌ارزش، دشنام‌گونه‌ای با مفهومی نزدیک به بی‌صاحب و وامانده، منفور.

۵ - **به رَد** : با ردکردن. ۶ - **تقصیری** : فقر، بی‌چیزی. ۷ - **سلام** : از اسماء الهی، حشر : ۲۳/۵۹.

۸ - اشارتی قرآنی؛ اعراف : ۱۴/۷ : أَنْظِرْنِي إِلَى يَوْمِ يُبْعَثُونَ : مرا تا روز رستاخیز مهلت ده.

شیطان از فرمان الهی سر پیچید و به آدم(ع) سجده نکرد، پس مطرود درگاه الهی گردید و از خداوند تا قیامت مهلت خواست تا بتواند هرچه بیشتر بر شیطنت خویش بیفزاید.

هـر کـه او را قُـوتِ ایـمانی بُـوَد وز بـرای زادِ رَه نـانی بُـوَد ۶۳۴

هر کس که ایمانی دارد یا برای زاد راه و آخرتِ خود توشه‌ای فراهم کرده،

می‌ستانم، گه به مکر[1] و گه به ریو[2] تـا بـر آرنـد از پشیمانی غـریو[3] ۶۳۵

نان و زاد راه او را با روش‌هایی زیرکانه و گاه با تزویر می‌ربایم تا از پشیمانی و اندوه فریاد برآورد.

گه بـه درویشـی کـنم تـهدیدشان[4] گه به زلف و خـال بـندم دیـدشان ۶۳۶

گاه فرزندان آدم را از بینوایی می‌ترسانم، گاه وسوسه‌شان می‌کنم که پای‌بند زلف و خال زیبایان گردند و منحرف شوند.

قُـوتِ ایـمانی در ایـن زنـدان کـم است وانکه هست از قصدِ این سگ در خَم‌است ۶۳۷

در دنیا که مانند زندان است، ایمان حقیقی بسیار کم یافت می‌شود و هرجا که هست از وسوسه‌هایِ این سگ درنده که همواره در فکر دریدن پردهٔ عفاف و شرف مردمان است، در رنج و تهدید به سر می‌برد.

از نماز و صـوم[5] و صـد بـیچارگی قُـوتِ ذوق[6] آیـد، بَـرَد یکـبارگی ۶۳۸

مردم با صد بیچارگی در طاعات و عبادات می‌کوشند تا ذوق و شوقی در تقرّب به حق بیابند، او با وسوسه همه را یکباره می‌بَرَد.

أَسْـتَعِيذُ اللّـهَ مِـنْ شَـيْطانِهِ قَـدْ هَـلَكْنا، آه مِـنْ طُـغْيانِهِ ۶۳۹

از شیطان به خدا پناه می‌برم. ما تباه شدیم، آه از این موجودِ سرکش.

یک سگ[7] است و در هزاران می‌رود هـر کـه در وِیْ رفت او، او مـی‌شود ۶۴۰

ابلیس، سگی درنده خوست که می‌تواند به دل و جان هزاران نفر و بلکه همهٔ آدمیان ره یابد، هر جا وارد شود، آدمی را چون خود ابلیس‌خُو می‌کند.

هر که سردت کرد، می‌دان کو در اوست دیـو پـنهان گشـته انـدر زیـرِ پـوست ۶۴۱

هر کس که تو را از راهِ حق و نیکی‌ها دلسرد کرد، ابلیسی در نهادِ او نهان گشته است.

---

۱ - **مکر** : عمل زیرکانه، نیرنگ. ۲ - **ریو** : فریب. ۳ - **غریو** : فریاد.

۴ - اشارتی قرآنی؛ بقره: ۲۶۸/۲: أَلشَّيْطانُ يَعِدُكُمُ ٱلْفَقْرَ وَ يَأْمُرُكُمْ بِالْفَحْشاءِ...: شیطان شما را به تهیدستی تهدید می‌کند و به کارهای زشت امر می‌دهد. ۵ - **صَوم** : روزه داشتن.

۶ - **قوتِ ذوق** : ذوقی روحانی و معنوی. ۷ - **سگ** : کنایه از شیطان.

چون نیابد صورت، آید در خیال   تا کَشاند آن خیالت در وَبال[1] ۶۴۲

اگر چیزی یا صورتی را در عالم خارج نیابد که تو را توسّط آن از راه به در بَرد، از راه خیال وارد می‌گردد تا از طریق خیالاتِ زشت تو را به تباهی بکشاند.

گه خیالِ فُرجه[2] و گاهی دکان   گه خیالِ عِلْم و گاهی خان و مان ۶۴۳

گاه با خیال رهایی از غم و غصّه، گاه با خیال کسب و کار، گاه خیال دانش اندوختن و گاهی فکر و خیال خانه و کاشانه، هر دم با خیالی تو را از حق دور می‌کند.

هان! بگو لاٰ حَوْل‌ها[3] اندر زمان   از زبان تنها نه، بل کز عینِ جان ۶۴۴

آگاه باش و از شرّ او به خداوند پناه ببر و در هر لحظه «**لاٰ حَوْلَ وَ لاٰ قُوَّةَ إلاّٰ بِاللهِ**» را بگو؛ امّا نه فقط به زبان، بلکه از اعماقِ جان.

تتمّهٔ قصّهٔ مفلس[4]

گفت قاضی: مفلسی را وانما   گفت: اینک اهلِ زندانت گوا ۶۴۵

قاضی گفت: بینوایی و افلاس خود را ثابت کن. مرد گفت: تمام زندانیان گواه‌اند.

گفت: ایشان متَّهم باشند، چون   می‌گریزند از تو، می‌گریند خون ۶۴۶

قاضی گفت: زندانیان در مظانّ اتّهام‌اند، زیرا از تو می‌گریزند و خون می‌گریند، چگونه شهادتِ ایشان را بپذیرم؟

وز تو می‌خواهند هم تا وارهند   زین غرض باطل گواهی می‌دهند ۶۴۷

آن‌ها می‌خواهند از شرّ تو رهایی یابند و ممکن است با غرض‌ورزی، شهادت ناروا بدهند.

جمله اهلِ محکمه گفتند: ما   هم بر اِدبار و بر اِفلاسش گوا ۶۴۸

تمام کسانی که در محاکمهٔ او بودند، گفتند: ما بر بدبختی و بینوایی او شهادت می‌دهیم.

---

۱ - **وبال**: گناه.   ۲ - **فُرجه**: تفرّج، گشت و گذار.

۳ - **لاٰ حَوْلَ وَ لاٰ قُوَّةَ إلاّٰ بِاللهِ**: نیست نیرو و قدرتی مگر خدای تعالی را. آن را برای پناه بردن به حق و راندن شیطان گویند و گاه در مقامِ اعتراض.   ۴ - عنوان در متن فراموش شده در هامش آورده‌اند.

هر که را پرسید قاضی حالِ او گفت: مولا! دست از این مفلس بشُو ۶۴۹

قاضی از هر کس دربارهٔ احوال او جویا شد، گفت: ای آقا، دست از سر این بینوا بردار.

گفت قاضی: کِش‌بگردانید فاش گِردِشهر، این‌مفلس‌است و بس قَلّاش[1] ۶۵۰

قاضی فرمان داد تا او را در شهر بگردانند و جار بزنند که این مرد فقیر و کلاهبردار است.

کو به کو او را مناداها زنید طبلِ افلاسش عیان هر جا زنید ۶۵۱

قاضی گفت: محلّه به محلّه، جار بزنید و افلاسِ او را اعلام کنید.

هیچ کس نسیه بنفروشد بدو قرض ندهد هیچ کس او را تَسو[2] ۶۵۲

هیچ کس به او چیزی را نسیه نفروشد و پشیزی قرض ندهد.

هر که دعوی آردش اینجا به فن بیش زندانش نخواهم کرد من ۶۵۳

هر کس او را برای دادخواهی نزد من بیاورد، بداند که او را بیش از این زندانی نمی‌کنم.

پیشِ من افلاسِ او ثابت شده‌ست نقد و کالا، نیستش چیزی به دست ۶۵۴

نزد من بینوایی و تهیدستی او ثابت شده است که نه پولی دارد و نه مالی.

آدمی در حبس دنیا زآن بُوَد تا بود کِافلاسِ او ثابت شود ۶۵۵

انسان هم علی‌رغم جوهر غیر مادّی در تن و دنیای مادّی محبوس شده است تا فقرِ معنویِ خود را بداند و در راه حق از «هستیِ» خویش بگذرد تا خداوند او را از قید «سرشتِ طبیعی» بِرَهانَد.

مفلسیِ دیو را یزدانِ ما هم منادیٰ کرد در قرآنِ ما[3] ۶۵۶

خداوند در قرآن کریم، افلاس و تهیدستی ابلیس را به همگان اعلام فرموده است.

کو دغا[4] **و مفلس است و بد سخُن**[5] **هیچ با او شرکت**[6] **و سودا**[7] **مکن**[8] ۶۵۷

که او مکّار، تهیدست و دروغگوست، هرگز با او همراهی و معامله نکن.

---

۱ - **قلّاش**: حیله‌گر، مفلس و تهیدست، کلاهبردار. ۲ - **تَسو**: پشیز، پول خرد و ناقابل.

۳ - اشارتی قرآنی؛ اعراف: ۱۳/۷: فَاخْرُجْ إِنَّكَ مِنَ الصَّاغِرِينَ: بیرون رو که تو از زمرهٔ پست‌ترین فرومایگانی.

۴ - **دغا**: مکّار، حیله‌گر. ۵ - **بدسخن**: دروغگو. ۶ - **شرکت**: مشارکت و همکاری.

۷ - **سودا**: داد و ستد.

۸ - اعراف: ۱۶/۷ و حِجر: ۳۹/۱۵.

پس از ابلیس که مکّار و مفلس و وسوسه‌گر است بپرهیز و با او همیاری و همراهی مکن.

ور کنی، او را بهانه آوری　　مفلس است او، صرفه از وی کِی بَری[1]؟ ۶۵۸

و اگر با این موجود مطرود شراکت و داد و ستد کنی و زیان ببینی، او تهیدست است، چگونه زیان تو را جبران کند؟

حاضر آوردند چون فتنه فروخت[2]　　اُشترِ کُردی که هیزم می‌فروخت ۶۵۹

هنگامی که افلاس او ثابت شد و آتش فتنه شعله‌ورتر شد، شتر مرد کُرد هیزم‌فروشی را آوردند.

کُردِ بیچاره بسی فریاد کرد　　هم موکَّل[3] را به دانگی[4] شاد کرد ۶۶۰

مرد کُرد با بیچارگی فریاد کرد که از شتر او درگذرند؛ حتّی پولی هم به مأمور پرداخت.

اُشترش بردند از هنگام چاشت[5]　　تا شب و افغان او سودی نداشت ۶۶۱

شترش را از آغاز روز بردند و ناله و فغان او که تا شب ادامه یافت، اثری نداشت.

بر شتر بنشست آن قحطِ گران[6]　　صاحبِ اشتر پیِ اشتر دوان ۶۶۲

مرد که وجودش بسان قحط بود، بر شتر نشست و صاحب شتر هم در پی حیوان می‌دوید.

سو به سو و کو به کو می‌تاختند　　تا همه شهرش عیان[7] بشناختند ۶۶۳

همه جا و در تمام محلاّت به سرعت رفتند تا مردمِ شهر آشکارا او را شناختند.

پیش هر حمّام و هر بازارگه　　کرده مردم جمله در شکلش نگه ۶۶۴

جلوی هر حمّام و بازار مردم به شکل و شمایل او با دقّت نگاه کردند.

دَه منادی‌گر[8] بلندْآوازیان[9]　　تُرک و کُرد و رومیان و تازیان ۶۶۵

ده نفر جارچی به زبان‌های ترکی، کردی، رومی و تازی، جار می‌زدند.

مفلس است این و ندارد هیچ چیز　　قرض تا ندهد کس او را یک پشیز ۶۶۶

جارچیان می‌گفتند: این مرد مفلس و بینواست، چیزی ندارد و هیچ کس نباید به او قرض دهد.

ظاهر و باطن ندارد حبّه‌یی　　مفلسی قلبی[10] دغایی دَبّه‌یی[11] ۶۶۷

این مرد آشکارا و نهان چیزی ندارد، آدمی مفلس و متقلّب و حیله‌گر و پیمان‌شکن است.

---

۱ - **صرفه بردن :** سود بردن.　۲ - **فتنه فروخت :** فتنه بالا گرفت.　۳ - **مُوَکَّل :** مأمور.

۴ - **دانگ :** یک ششم درهم، اینجا پول خُرد.　۵ - **چاشت :** اوّل روز.

۶ - **قحطِ گران :** قحطی بی‌امان، کنایه از مرد شکمبارهٔ حریص.　۷ - **عیان :** آشکار.

۸ - **منادی‌گر :** جارچی.　۹ - **بلندآوازیان:** بلندآواز.　۱۰ - **قلب :** متقلّب.

۱۱ - **دَبّه :** نکول از معاملات و شکستن عهود و به وعدهٔ خود وفا نکردن.

۶۶۸ **هان و هان! با او حریفی کم کنید[1] چونکه گاو آرد، گِره محکم کنید[2]**

ای مردم، بدانید و آگاه باشید که با این مرد معامله‌ای نکنید که قلاّش زبردستی است.

۶۶۹ **ور به حکم آرید این پژمرده[3] را من نخواهم کرد زندان مُرده را**

اگر این مرد افسرده را به محکمه بیاورید، من مرده را زندانی نمی‌کنم.

۶۷۰ **خوشْ دَم است[4] او و گلویش بس فراخ با شِعار[5] نو، دِثارِ[6] شاخْ شاخ**

این مرد دمی گرم دارد و پرخور است. لباس زیرینش نو و لباس زبرینش پاره‌پاره است؛ یعنی کلاهبردار است و ظاهر و باطنش یکی نیست.

۶۷۱ **گر بپوشد بهرِ مکر آن جامه را عاریه[7] است آن تا فریبد عامه را**

اگر چنان جامه‌ای برای نیرنگ بپوشد، عاریه است تا مردم را بفریبد.

۶۷۲ **حرفِ حکمت[8] بر زبانِ ناحکیم حُلّه‌هایِ[9] عاریت دان، ای سلیم[10]!**

ای ساده‌دل، کلام حکیمانه از غیر اهل آن، همان جامهٔ عاریتی است بر تن فریبکار.

۶۷۳ **گرچه دزدی حُلّه‌یی پوشیده است دستِ تو چون گیرد آن ببریده‌دست[11]؟**

گرچه مدّعی خود را به کلام حکیمانهٔ عارفان آراسته است؛ ولی او که سارق سخن بزرگان است، نمی‌تواند دست تو را بگیرد.

۶۷۴ **چون شبانه از شتر آمد به زیر کُرد گفتش: منزلم دُور است، و دیر**

شب که مفلس از شتر به زیر آمد، کُرد گفت: منزلم دور است و دیر شده است.

۶۷۵ **بر نشستی اشترم را از بگاه[12] جو رها کردم کم از اِخراج[13] کاه!**

از صبحگاهان تا کنون بر شترم سوار شدی، بهای جو را نمی‌خواهم، لااقل پول کاه را به من بده.

---

۱ - **حریفی کردن** : اینجا معامله کردن و همسنگ شدن.

۲ - «چونکه گاو آرد گره محکم کنید» ضرب‌المثل قدیمی فارسی است، اگر فلانی گاوی آورد و به تو فروخت، محکم ببند تا ندزدد: شرح مثنوی مولوی، دفتر دوم، ص ۶۶۵. ۳ - **پژمرده** : افسرده، توسّعاً جامد، مُرده.

۴ - **خوش دم** : چرب زبان. ۵ - **شِعار** : جامه‌ای که بر تن بساید مانند پیراهن و کلاه، ضدّ دثار.

۶ - **دِثار** : جامه‌ای که روی لباس زیرین بر تن کنند مانند عبا.

۷ - **عاریه** : آنچه داده یا گرفته یا استفاده شود به شرط بازگرداندن و موقّتی.

۸ - **حرفِ حکمت** : اینجا کلام عارفانه، اسرار الهی. ۹ - **حُلّه** : جامهٔ نو. ۱۰ - **سلیم** : ساده‌دل، سالم.

۱۱ - **بُبْریده دست** : دست سارق به حکم شرع بریده می‌شود. ۱۲ - **بگاه** : سپیده‌دم.

۱۳ - **اخراج** : هزینه.

گفت: تا اکنون چه می‌کردیم پس؟ هوش تو کو؟ نیست اندر خانه کس؟[۱] ۶۷۶

مرد مفلس گفت: از صبح تا کنون چه می‌کردیم؟ هوش و حواس تو کجاست؟

طبلِ اِفلاسم به چرخ سابعه رفت، و تو نشنیده‌ای بد واقعه؟ ۶۷۷

طبل افلاس من به آسمان هفتم رسید، گوشِ تو این حادثهٔ تلخ را نشنید؟

گوش تو پُر بوده است از طمْعِ خام پس طمع کَر می‌کند کور ای غلام! ۶۷۸

گوش تو از طمعی بیهوده پُر بود، ای پسر، طمع گوش را کر می‌کند و چشم را کور.

تا کلوخ و سنگ بشنید این بیان مفلس است و مفلس است این قَلتَبان[۲] ۶۷۹

سنگ و کلوخ هم این سخن را شنیدند که این مردِ بی‌غیرت مفلس است.

تا به شب گفتند و در صاحبْ شتر بر نزد، کو از طمع پُر بود پُر ۶۸۰

تا شب جار زدند؛ امّا صاحب شتر نشنید؛ زیرا گوشِ او از طمع پُر بود، پُر.

هست بر سمع و بصر مُهرِ خدا[۳] **در حُجُب بس صورت است و بس صدا** ۶۸۱

بر گوش و چشم حریصان و حسودان و آنان که دارای صفات رذیله‌اند، خداوند مُهری از قهر نهاده است، و گرنه در پس پرده‌ها، صورت‌ها و صداهای بسیاری است که صاحبان درکِ روحانی می‌بینند و می‌شنوند.

آنچه او خواهد، رساند آن به چشم از جمال و از کمال و از کَرَشْم[۴] ۶۸۲

هرچه را حق‌تعالیٰ بخواهد، چشم آدمی خواهد دید از جمال، کمال و ناز.

وآنچه او خواهد رساند آن به گوش از سماع[۵] **و از بشارت**[۶] **وز خروش** ۶۸۳

و هرچه را که بخواهد گوش خواهد شنید از سرود و نوا، خبر خوش یا فریاد.

---

۱ - **نیست اندر خانه کس؟** : عقل نداری؟ در سرت مغز نیست؟

۲ - **قَلتَبان** : بی‌غیرت، سنگی مدوّر به شکل استوانه که بر پشت بام می‌غلتانند تا سخت و محکم گردد. شخص بی‌غیرت و بی‌حیا را از آن رو قَلتَبان گویند که مانند آن سنگ که در دست دیگری می‌غلتد، محکوم زن خود است.

۳ - اشارتی قرآنی؛ بقره : ۷/۲ : خَتَمَ اللهُ عَلیٰ قُلُوبِهِمْ وَ عَلیٰ سَمْعِهِمْ وَ عَلیٰ أَبْصارِهِمْ غِشاوَةٌ وَ لَهُمْ عَذابٌ أَلِيمٌ: خداوند بر دل و گوش ایشان مهر نهاده و بر دیده‌هاشان پرده افکنده که فهم حقایق و معارف الهی را نمی‌کنند و بر ایشان عذابی سخت است. ۴ - **کَرَشم** : کرشمه، غمزه، در اصطلاحات عرفانی، تجلّی جلالی را کرشمه گویند.

۵ - **سماع** : ر.ک: ۱۳۵۲/۱. شنیدن، سرود، آهنگ.

۶ - **بشارت** : خبری که در بشره اثر گذارد و آن را دگرگون کند. استعمال آن بیشتر در خبرهای شادی‌بخش است.

کَوْن[1] پر چاره‌ست هیچت چاره نی — تا که نگشاید خدایت روزنی ۶۸۴

جهان پر از چاره است برای آنان که جویای چاره‌اند؛ امّا تو که جویای چاره نیستی، چه چاره‌ای برای تو باشد؟ مگر خداوند به لطف، روزنی از نور را به ظلمتِ جهلِ تو بیفکند.

گرچه تو هستی کنون غافل از آن — وقتِ حاجتْ حق کند آن را عیان ۶۸۵

هرچند که تو از چارهٔ بیچارگی‌ها غافلی؛ امّا حق هنگام نیاز آن را آشکار می‌کند.

گفت پیغمبر که: یزدانِ مجید — از پیِ هر درد درمان آفرید[2] ۶۸۶

پیامبر(ص) فرمود: خداوند برای هر درد درمانی قرار داده است.

لیک زآن درمان نبینی رنگ و بو — بهرِ دردِ خویش بی‌فرمانِ او ۶۸۷

امّا تا ارادهٔ حق تعالیٰ نباشد، از درمانِ درد اثری نمی‌بینی.

چشم را ای چاره‌جو در لامکان — هین بنه چون چشمِ کُشته سویِ جان[3] ۶۸۸

ای چاره‌جو، بدان که حق چارهٔ هر درد است؛ پس توجّه قلبی‌ات را به او معطوف بدار، همان‌طور که چشمِ مُرده پس از مرگ متوجّه جانِ او می‌شود.

این جهان از بی‌جهت[4] پیدا شده‌ست — که ز بی‌جایی جهان را جا شده‌ست ۶۸۹

این جهان و هر چه در اوست، از غیب مطلق پیدا شده است، مقامی که در آن، مکان مفهومی ندارد.

باز گرد از هست سویِ نیستی — طالبِ ربّی و ربّانیستی ۶۹۰

ای طالب حقایق، از این «هستیِ موهومی» به «هستیِ حقیقی» باز گرد؛ زیرا حقیقتِ تو مادّی نیست و حقّانی است.

---

۱ - **کَون** : هستی.

۲ - اشاره به حدیث: مَا أَنْزَلَ اللهُ داءً إِلاَّ أَنْزَلَ لَهُ شَفَاءً : خداوند دردی را بدون درمان قرار نداده است: احادیث، ص ۱۷۵.

۳ - مناسب است با مضمون این روایت: از امّ سلمه (یکی از همسران پیامبر) نقل شده که آن حضرت(ص) بر جنازهٔ ابوسلمه که چشم‌هایش باز مانده بود، وارد شد. چشم‌های او را بست و فرمود: وقتی روح از بدن جدا می‌شود، چشم‌ها آن را دنبال می‌کند. حاضران به زاری افتادند. پیامبر فرمود: در چنین لحظه‌هایی از پروردگار جز صلاح و نیکی برای خود درخواست نکنید؛ زیرا فرشتگانِ مأمور قبض روح برای استجابت دعاهایتان آمین می‌گویند: احادیث، ص ۱۷۶. ۴ - **بی‌جهت** : لامکان، عالم معنا.

جایِ دخل است این عدم، از وی مَرَم — جایِ خرج است این وجودِ بیش و کم ۶۹۱

از «عدم» یا «جهان ماورای محسوسات»، هر چیزی حاصل می‌شود. باید جسم و توانایی مادّی را برای وصول بدان به کار گرفت و گرنه در هر حال، «قالب عنصری» مانند تمام اجزای «عالم کون و فساد» زوال می‌پذیرد؛ پس از قوای خود در جهت اهداف آفرینش استفاده کنیم.

کارگاهِ صُنع حق چون نیستی‌ست — جز معطَّل [۱]، در جهانِ هست کیست؟ ۶۹۲

آفرینش در «کارگاه صنع حق»، پدید آمدنِ همهٔ حقایق نازل در عالم عقل، ملکوت و موجودات از تجلّی و ظهورِ حق تعالیٰ است. از آنجا که هر فرعی به اصل خود رجوع می‌کند؛ پس آدمی نیز با طیّ مراحل کمال و فانی شدن در حق، به اصل خود باز می‌گردد و هر کس که عمر را در راهی جز این صرف کند، انسانی معطّل و بی‌کار است.

یاد دِه ما را سخن‌هایِ دقیق — که تو را رحم آورد آن ای رفیق [۲] ! ۶۹۳

خداوندا، اینک که کارگاه صنع تو بر نیستی است، به ما سخنانی ظریف و دقیق بیاموز که سببِ لطف و رحمتِ تو باشد.

هم دعا از تو اجابت هم ز تو — ایمنی از تو مَهابت هم ز تو ۶۹۴

بارپروردگارا، دعایِ ما به تعلیم توست. اینک که اجازه دادی تو را بخوانیم، ما را اجابت بفرما. ای قادری که امنیّت و بیم از توست.

گر خطا گفتیم، اصلاحش تو کن — مُصلحی تو، ای تو سلطانِ سخُن ۶۹۵

اگر ناروا گفتیم، تو اصلاح بفرما؛ زیرا تو ای سلطانِ سخن، اصلاح‌کننده‌ای.

کیمیا داری که تبدیلش کنی — گرچه جویِ خون بود نیلش کنی ۶۹۶

خدایا، ارادهٔ خداوندی تو، کیمیایی است که اگر بخواهی، می‌توانی خطاها را به صواب و عیوب را به حسن مبدّل سازی، همان‌گونه که رود نیل را که برایِ فرعونیان خون بود، برای پیروان موسیٰ(ع) به آبی زلال مبدّل ساختی.

این چنین میناگری‌ها کارِ توست — این چنین اکسیرها اسرارِ توست ۶۹۷

این کارهایِ لطیف و دقیق از قدرت تو بر می‌آید، این سرّی از اسرار توست که جوهر اشیا را تغییر دهد.

---

۱ - **معطَّل** : بی‌کار. ۲ - **رفیق** : از اسم‌های باری تعالیٰ.

آب را و خــاک را بــر هــم زدی ز آب و گِـلْ نـقش ِ تـنِ آدم زدی[1] ۶۹۸

خداوندا، از مشتی خاک و آب و امتزاج آن، قالبِ عنصریِ زیبایِ آدمی را آفریدی.

نسبتش دادی و جُفت و خال و عم بـا هـزار انـدیشه و شـادی و غـم ۶۹۹

برای انسان، نسبت‌ها و وابستگی‌ها قرار دادی و هزاران اندیشهٔ غم و شادی.

بـاز بـعضی را رهـایی داده‌ای زین غم و شـادی جـدایـی داده‌ای ۷۰۰

امّا دلِ گروهی را از تعلّقات و پیوندهای این عالم و از غم و شادیِ زودگذر دنیوی رها ساختی.

بُرده‌ای از خویش و پیوند و سِرِشت کرده‌ای در چشمِ او هر خوب، زشت ۷۰۱

چنان این عارفان را از هستی خویش رها ساخته و در خود مستغرق نموده‌ای که در دل آنان جایگاهی برای تعلّقات و پیوندها و تمایلاتِ سرشتِ طبیعی نیست و هر چیزی که در نظر غیر عارف، خوب و خوشایند جلوه می‌کند، در نظر او ناخوشایند است؛ زیرا به ماسِوَی‌الله نظر ندارد.

هر چه محسوس است، او رَد می‌کند وآنـچه نـاپیداست مَسْـند[2] مـی‌کند ۷۰۲

او هر چیزِ محسوس را رد می‌کند و نامحسوس را می‌پذیرد؛ زیرا دانش ِ عارف، از کشف و شهود است و به مخزن علم اتّصال دارد که بر دیگران ناپیداست.

عشـق او پـیدا و مـعشوقش نـهان یـارْ بـیرون، فـتنهٔ او در جـهان ۷۰۳

احوال عاشقانهٔ او عیان و معشوقش نهان است، نهان از چشمی که محجوب از حقایق است، محبوب حقیقی با ابزار و حواسّ ِ مادّی قابل درک نیست؛ امّا آزمون و ابتلای عشق او دامنگیرِ عاشقان هست.

این رهـا کـن، عشـق‌هایِ صـورتی نیست بر صورت، نه بر رُویِ سِتی[3] ۷۰۴

این حرف‌ها را رها کن؛ حتّی عشق ِ به ظاهر و صورت هم شیدایی به ظاهرِ یک زن نیست، به حقیقتِ اوست.

آنچه معشوق است، صورت نیست آن خواه عشقِ این جهان، خواه آن جـهان ۷۰۵

عشق به هر معشوقی، این جهانی یا آن جهانی، عشق به صورت و ظاهرِ او نیست.

---

۱ - اشارت قرآنی، انعام: ۲/۶. ۲ - مَسْند : جایی که می‌نشینند و بر آن تکیه می‌کنند.

۳ - سِتی : خانم، سیدتی، برای خطاب به زن آید.

آنچه بر صورت تو عاشق گشته‌ای چون برون شد جان، چرایش هِشته‌ای؟ ۷۰۶

اگر تو عاشقِ صورت شده‌ای، پس چرا هنگامی که جان از تن جدا می‌گردد، قالبی را که عاشقانه دوست داشتی، رها می‌کنی؟

صورتش برجاست، این سیری زچیست؟ عاشقا ! واجو که معشوقِ تو کیست؟ ۷۰۷

صورت ظاهری او که هنوز هست، چرا دلزده می‌شوی، ای عاشق، تأمّل کن و بیندیش که معشوقِ واقعی کیست؟

آنچه محسوس است اگر معشوقه است عاشقستی هر که او را حسّ هست ۷۰۸

اگر امور محسوس می‌تواند معشوق باشد؛ یعنی اگر سببِ عشق، محسوسات جهان است؛ پس هرکس که دارای حواس است، باید عاشق باشد.

چون وفا آن عشق افزون می‌کند کِی وفا صورت دگرگون می‌کند؟ ۷۰۹

چون وفای معشوق، عشقِ عاشق را افزون می‌کند؛ یعنی، سببِ عاشق‌تر شدنِ عاشق می‌شود، آیا باوفابودن، صورتِ او را تغییر می‌دهد که عشقِ عاشق افزون‌تر می‌شود؟ پس عشقِ عاشق به امورِ محسوس، مثل صورت و ظاهر نیست.

پرتوِ خورشید بر دیوار تافت تابشِ عاریّتی دیوار یافت ۷۱۰

در اثر تابش خورشیدِ جانِ آدمی، صورت ظاهر معشوق پرتوی عاریتی یافته است.

بر کلوخی دل چه بندی ای سلیم[1] ؟ واطلب اصلی که تابد او مُقیم ۷۱۱

ای ساده‌دل، چرا شیدای ظاهر می‌شوی؟ جویای اصلِ تابناکی باش که زوالی ندارد.

ای که تو هم عاشقی بر عقلِ خویش خویش بر صورتْ‌پرستان دیده بیش ۷۱۲

ای کسی که به عقل جزوی خود و علوم حاصل از برهان عشق می‌ورزی و خود را از حس‌گرایان [صورت‌پرستان] برتر می‌پنداری،

پرتوِ عقل است آن بر حسِّ تو عاریت می‌دان ذَهَب بر مِسِّ تو ۷۱۳

درکِ «عقل جزوی» که تو آن را «عقل» می‌نامی، به کمکِ «حواس ظاهری» است؛ پس می‌تواند آمیخته با اوهام باشد. عقل جزوی، پرتوِ نازلی از عقل کلّ است که بر حسّ آدمی تابیده؛ امّا عاریتی است، مانندِ روکشی از طلا که بر مس کشیده شده باشد.

---

۱ - **سلیم** : ساده‌لوح.

چون زراندود است خوبی در بشر — ورنه چون شد شاهدِ تو پیره خـر؟ ۷۱۴

زیبایی در آدمی عاریتی است و همانند روکش طلاست که در کهنسالی برداشته می‌شود و چهره‌ای فرتوت آشکار می‌گردد، اگر جز این است، چرا دلدار تو مـانند حـیوانـی پـیر و چندش‌آور شد؟

چون فرشته بود، همچون دیو شـد — کآن مـلاحت[1] انـدر او عـاریّه بُـد ۷۱۵

چرا دلبر که مانند فرشته زیبا بود، مانندِ شیطان زشت شد؟ زیـرا لطـف و جـمال در او عاریتی بوده است.

انـدک انـدک مـی‌ستانند آن جـمال — اندک انـدک خشک مـی‌گردد نـهال ۷۱۶

اندک اندک، جمال را از آدمی می‌گیرد و نهال عمر آرام آرام می‌خشکد.

رو نُـعَمِّرْهُ نُـنَكِّسْهُ بـخوان — دل طلب کن،[2] دل منه بر استخوان[3] ۷۱۷

آیهٔ ۶۸سورهٔ یس را بخوان که می‌فرماید: وَ مَنْ نُعَمِّرْهُ نُنَكِّسْهُ فِي الْخَلْقِ أَفَلاَ يَعْقِلُونَ : هرکس راکه عمر دراز دهیم، او را از نظر خلقت طبیعی رو به سقوط می‌بریم. آیا نمی‌اندیشید؟

پس دلی را بخواه که قابلِ تجلّی انوارِ حق باشد. دلبستهٔ تن و تمایلاتش نباش.

کآن جـمالِ دل جـمالِ بـاقی است — دولتش[4] از آبِ حیوان ساقی است ۷۱۸

زیرا جمالِ دل جاودان است و عنایتِ حق ساقیِ آبِ حیاتِ اوست. عارفی که دلِ او به مرتبهٔ روح رسیده، جمال دلش، جمال حق شده و دولتِ این دل جاودان است؛ زیرا از ساقیِ باقی، آبِ حیات دریافت داشته است.

خود هم او آب است و هم ساقی و مست — هر سه یک شد،[5] چون طلِسم تو شِکَست ۷۱۹

دلی که وصف آن گفته شد، دل انسان کامل واصلی است که بعد از اتمام قوس صعودی به «کمال و ولایت» رسیده که آن را «بطن پنجم» از بطون وجود انسان دانند و در این مقام حق را در «مرآت وحدت» شهود می‌نماید و بیان حال آن، «وحدت آب و ساقی و مست» است و این حال بدون شکسته شدنِ «طلسمِ انانیت» و «فنایِ هستیِ موهومی» ممکن نیست.

---

۱ - **ملاحت :** لطافت و دلربایی. ۲ - **دل طلب کن :** جویای دلی منوّر باش.

۳ - **استخوان :** اینجا کنایه از تن و تمایلاتِ آن. ۴ - **دولت :** بخت، اقبال، اینجا عنایت حق.

۵ - **هر سه یک شد :** وحدت وجود: ر.ک: ۶۹۳/۱ و ۲۴۷۸/۱.

آن یکی را تو ندانی از قیاس[۱] بندگی کن، ژاژکم خا،[۲] ناشناس[۳] ۷۲۰

ای عاری از معرفت، چگونگیِ «وحدت» را از طریق برهان و نظر که تحت تأثیر «وهم» و «قیاس» است، نمی‌توان دریافت؛ پس در آن مقوله وارد نشو. بندگی کن و یاوه نگو.

معنیِ تو، صورت است و عاریت بر مُناسب شادی و بر قافیت[۴] ۷۲۱

چیزی را که تو «معنا» می‌پنداری و آن را «علوم و معارف اهل نظر» می‌نامند، در مقایسه با «معارف اهل کشف و یقین»، صورت و فرع است؛ زیرا «علم اهل نظر» از پسِ حجاب است؛ ولی اهل مکاشفه آن را بلاواسطه از عقل اوّل[۵] دریافت می‌دارند.

مصراع دوم: حالِ آنان که از طریقِ استدلال و برهان به کشف حقایق می‌پردازند، مانند حال شاعری است که با بیان لفظی زیبا و قافیه‌ای مناسب راضی است و تنها به آراستگی کلام می‌اندیشد.

معنی آن باشد که بستاند تو را[۶] بی‌نیاز از نقش گرداند تو را ۷۲۲

«عالمِ معنا» آن است که تو را از تو بگیرد و از «ظاهر» بی‌نیازت کند.

معنی آن نَبْوَد که کور و کر کُند[۷] مرد را بر نقش عاشق‌تر کُند ۷۲۳

«معنا» آن نیست که تو را با «عقل و استدلال» و پرداختن به اشکالات مترتّب بر آن کور و کر کند و ناچار شوی برای اثبات علوم نظری خود «صغریٰ و کبریٰ» بچینی و در واقع به ظواهر پای‌بندتر و از معانی دورتر گردی.

کور[۸] را قسمت خیالِ غم‌فزاست بهرهٔ چشم این خیالاتِ فناست ۷۲۴

تکیه بر «علوم نظری» برای بیانِ حقایق، مانندِ حال کوری است که خیالاتی از جهان دارد؛ ولی آن‌ها را ندیده است، نتیجهٔ این دیدگاه از فنای در حق، خیال فناست.

حرفِ قرآن را ضریران[۹] معدن‌اند خر نبینند و به پالان بر زنند ۷۲۵

«کوردلان» که از عوالم معنوی بی‌بهره‌اند، تنها به الفاظ قرآن بسنده می‌کنند و با حفظ

---

۱ - **قیاس :** استدلالی که از کُلّی به جزوی می‌رسد یا از اصل به نتیجه یا از قانون به موارد اطلاقِ آن، به عنوان مثال: انسان فناپذیر است؛ پس پرویز فناپذیر است. ۲ - **ژاژ خاییدن :** بیهوده گفتن.

۳ - **ناشناس :** کسی که خود و حقایق را نمی‌شناسد، غریبه.

۴ - معنیِ بیت: «معنا» نزدِ تو همین چیزهایی است که با هم مناسبت‌های ظاهری دارند.

۵ - **عقل اوّل :** ر.ک: ۱۸۱۷/۱. ۶ - **بستاند تو را :** هستیِ موهومیِ تو را محو کند.

۷ - **کور و کر کند :** راهی به حقایق نداشته باشد. ۸ - **کور :** اینجا صاحبِ علوم رسمی که علمِ تقلیدی دارد.

۹ - **ضریران :** کوران، نابینایان.

آیات، مانند معدنی از کلام حق‌اند و به معنای حقیقی آن التفاتی ندارند. مَثَل آنان مانند کسی است که خرش گریخته است و از بیچارگی پالان را می‌زند.

چون تو بینایی [1]، پیِ خر [2] رو که جَست   چند پالان دُوزی [3] ای پالانْ‌پرست؟ ۷۲۶

اگر تو بینایی، جویای اصل باش که می‌جهد و از دستت به در می‌رود. تا کی مانندِ پالان‌دوزان، در پی دوختن و ردیف کردن کلمات باید بود؟

خر چو هست، آید یقین پالان تو را   کم نگردد نان، چو باشد جان تو را ۷۲۷

اگر «اصل» را داشته باشی؛ یعنی به «عوالم معنا» اتّصال یابی، به کمالی آراسته می‌شوی که کلامِ تو برای عام و خاص دل‌انگیز می‌شود، این امر تمثیلی از آن معناست که هر جانداری روزیِ خود را می‌یابد و هر کس به اصل برسد، فرع نیز از آنِ اوست.

پُشتِ خر دکّان و مال و مَکسب [4] است   دُرِّ قلبت مایهٔ صد قالب است [5] ۷۲۸

کالا را برای داد و ستد بر پشت حیوان بار می‌کنند و می‌برند، اگر مقصود تو از بیانِ علومِ الهی و معارف، تجارت نیست؛ پس به دل خود بپرداز که دل منوّر می‌تواند صدها قالب عنصری را تربیت کند.

خر برهنه بر نشین ای بوالفضول   خر برهنه نی که راکب شد رسول؟ ۷۲۹

ای یاوه‌گو بدون لفّاظی به عوالم معنوی بپرداز، مگر رسول خدا(ص) بر مرکب برهنه سوار نمی‌شد؟ حقیقت را بگیر و زواید را رهاکن.

النَّبِیُّ قَدْ رَکِبْ مَعْرُورِیا   وَالنَّبِیُّ قِیلَ سافَرْ ماشِیا [6] ۷۳۰

پیامبر(ص) بدون پالان سوار خر می‌شد، همچنین گفته‌اند که بی‌مرکب و پیاده می‌رفت.

شُد خرِ نفس، تو بر میخی‌ش بند   چند بگریزد ز کار و بار؟ چند؟ [7] ۷۳۱

نفس امّارهٔ تو مانند درازگوش از بارِ تکالیف و عبادات می‌گریزد، افسارش را به میخِ تهذیب بکوب تا به بیراهه نرود.

---

۱ - **بینا** : اینجا آگاه.   ۲ - **خر** : اینجا کنایه از «اصل» یا «معنا».

۳ - **پالان دوختن** : اینجا کنایه از «حرف زدن» و در پیِ فرع بودن.   ۴ - **مَکْسَب** : جایِ کسب.

۵ - مصراع دوم: «فرع» ابزار زندگی دنیوی است.

۶ - اشاره‌ای به روایاتی با این ترجمهٔ: ۱ـ پیامبر بر پشت الاغ بدون پالان سوار می‌شد. ۲ـ پیامبر(ص) به مسجد قبا گاهی سواره و گاه پیاده حاضر می‌شد: احادیث، ص ۱۷۷.

۷ - در ابیات پیشین «خر» نمادی از معنا و پالان نمادی از صفات بشری بود، از این بیت به بعد، «خر» تمثیل نفس امّاره است.

بـارِ صـبر و شکـر، او را بُـردنی‌ست   خواه در صدسال و خواهی سی و بیست ۷۳۲

برای تعالی معنوی، نَفْس آدمی باید به «صبر» و «شکر» روی آوَرَد و تسلیم شود، خواه در صد سال و خواه در بیست سال و سی سال.

هیچ وٰازِرْ[1] وِزْرِ[2] غیری بر نداشت[3]   هیچ کس نَدْرود تا چیزی نکـاشت ۷۳۳

هیچ کس بارِگناه دیگری را بر دوش نخواهد کشید. تا کِشت نکنی، محصولی نداری.

طَمْع خام است آن، مخور خام ای پسر!   خـامْ خـوردن عـلَّت آرد در بشـر ۷۳۴

ای پسر، «کمال» بدون «پالایش نَفْس» طمع خام و بیهوده‌ای است. این طمع را رها کن که موجب آفت است.

کآن فـلانی یـافت گـنجی نـاگـهان   من همان خواهم، مَه[4] کار و مَه دکان ۷۳۵

اینکه بگویی: فلانی ناگهانی به‌گنج معانی دست یافت و من نیز می‌خواهم چون او بدون جهد به‌گنج برسم، خیالی واهی است.

کارِ بخت است آن، و آن هم نادِر[5] است   کسب بـاید کـرد، تـا تـن قـادر است ۷۳۶

اگر کسی ناگهان به گنجی چه در عالم ظاهر و چه در عالم معنا دست یابد، انسان نیک‌بختی است؛ ولی همگان مقبل نیستند؛ پس تا تن آدمی توانایی دارد، باید بکوشد.

کسب کـردن گـنج را مـانع کِی است؟   پا مَکَش از کار آن خود در پی است[6] ۷۳۷

کار و کوشش مانع حصول گنج نیست. از کار و تلاش خودداری نکن که پیامدِ آن به‌یقین گنج هست.

تـــا نگـــردی تـــو گـــرفتارِ اگـــر   کـه: اگـر ایـن کـردمی یـا آن دگـر ۷۳۸

مبادا گرفتارِ دام «اگر»ها بشوی و بگویی: اگر این کار را می‌کردم، یا اگر به آن کارِ دیگر می‌پرداختم.

کـز اگـر گـفتن رسـولِ بـا وِفـاق[7]   منع کرد و گفت: آن هست از نفاق[8] ۷۳۹

رسول(ص) که با خلق موافق و سازگار بود، گفتنِ «اگر» را منع کرد و فرمود که بیان آن نشانهٔ دورویی است.

---

۱ - **وازِر** : حمل کننده، بارگران را برداشتن.   ۲ - **وِزْر** : بارگران، بارگناه.

۳ - اشارتی قرآنی؛ اسراء : ۱۵/۱۷ : وَ لاٰ تَزِرُ وازِرَةٌ وِزْرَ أُخْریٰ. هیچ کس بارگناه دیگری را حمل نخواهد کرد.

۴ - **مَه** : نه.   ۵ - **نادر** : چیزی که کم پیدا شود، به ندرت.

۶ - «گنج بی رنج میسّر نمی‌شود، جان برادر کارکن».   ۷ - **وفاق** : موافقت، سازگاری کردن، محبّت.

۸ - اشاره به حدیث: از «اگر گفتن» بپرهیزید که فتح باب اعمال شیطانی است: احادیث، ص ۱۷۸.

کآن منافق در اگر گفتن بِمُرد وز اگر گفتن به جز حسرت نَبُرد[1] ۷۴۰

زیرا آن منافق هم در حال گفتن «اگر» بود که مُرد و جز حسرت با خود نبرد.

مَثَل

آن غریبی خانه می‌جُست از شتاب دوستی بُردش سویِ خانهٔ خراب ۷۴۱

شخصی غریب به شتاب جویای خانه‌ای بود، دوستی او را به خانهٔ ویرانه‌ای برد.

گفت او: این را اگر سقفی بُدی پهلویِ من مر تو را مسکن شدی ۷۴۲

گفت: اگر اینجا سقف داشت، می‌توانستی در کنار من مسکن گزینی.

هم عیالِ تو بیاسودی اگر در میانه داشتی حُجرهٔ دگر ۷۴۳

اگر وسطِ این ویرانه، اتاق دیگری هم بود، با عیال و خانواده در آن می‌آسودی.

گفت: آری پهلویِ یاران خوش است[2] لیک ای جان! در اگر نتوان نشست ۷۴۴

غریب گفت: آری، همسایگیِ یاران نیکوست؛ امّا ای جان، در «اگر» نمی‌شود مسکن گزید.

این همه عالم طلبْ‌کارِ خوش‌اند[3] وز خوشِ تزویر[4] اَندر آتش‌اند[5] ۷۴۵

تمام مردم جهان خواهان خوشی‌اند و برای خوشیِ موهوم در آتش رنج و محنت می‌سوزند.

طالبِ زر[6] گشته جمله پیر و خام لیک قلب از زر نداند چشم عام ۷۴۶

از پیر و جوان خواهان زرّ ناب حقیقت‌اند؛ امّا چشم عوام نمی‌تواند «حق» را از «باطل» بشناسد.

پرتوی بر قلب زدْ،[7] خالص ببین بی مِحَک[8]، زر را مَکن از ظن[9] گُزین ۷۴۷

هنگامی که پرتوی به «دلِ» تو می‌تابد، دقّت کن که از سویِ «حق» هست یا نه؟ بدون «محک» آن را نپذیر.

---

۱ – اشارتی قرآنی؛ منافقون: ۱۰/۶۳، که در طیّ آن منافقی به هنگام مرگ می‌گوید: پروردگارا، چرا مرگ مرا به تأخیر نینداختی تا صدقه دهم و از نیکان و صالحان و تائبان باشم؟

۲ – در متن «بهست» بوده، سپس آن را به «خوشست» تغییر داده‌اند.

۳ – **طلب‌کارِ خوش‌اند**: خواهان خوشی‌اند و این خوشی فقط در «حقایق» یافت می‌شود.

۴ – **خوش تزویر**: کنایه از خوشیِ این جهانی که زوال‌پذیر است. ۵ – **اندر آتش‌اند**: رنج می‌کشند.

۶ – **زر**: اینجا کنایه از حقیقت. ۷ – **پرتوی بر قلب زد**: اگر نوری به دل تابید.

۸ – **محک**: اینجا کنایه از «مرد حق»، عارف، بصیرت و بینش. ۹ – **ظن**: وهم، پندار، کنایه از باطل.

گر محک داری، گزین کُن، ورنه رو نــزدِ دانــا خــویشتن را کــن گـرو ۷۴۸

اگر در باطن معیاری داری، آن را بسنج و گرنه خود را به دانا بسپار.

یا محک باید میـانِ جـانِ خـویش ور ندانی ره، مـرو تـنها تـو پـیش ۷۴۹

یا باید این «محک» در میان جان آدمی باشد، اگر نیست و انسان فاقد آن است، ناچار است خود را به دست تربیت انسان کاملی بسپارد.

بـانگِ غـولان[1] هست بـانگِ آشـنا آشــنایی، کـه کَشَـد سـویِ فـنا ۷۵۰

«جاذبه‌های زندگیِ دنیوی»، که شخص را بـه سـوی ِ خـود مـی‌خوانَـد، بـرای آدمـی بـانگی آشناست [نفس در صمیم ذات مادّی است و به سفل گرایش دارد.] که شخص را به سوی نابودی محض می‌خوانَد.

بانگ می‌دارد که: هـان ای کـاروان! سـویِ مـن آیـید، نَک راه و نشـان[2] ۷۵۱

این وسوسه‌ها جلوه می‌کنند و فریاد می‌زنند: ای کاروانیان بیایید که این بهترین راه است.

نام هر یک مـی‌بَرَد غـول ای فـلان! تـا کـند آن خـواجـه را از آفـلان[3] ۷۵۲

بانگ شیطان هر کس را به نام می‌خواند تا او را نیز جزو گمرهان سازد.

چون رسد آنجا، ببیند گرگ و شیر[4] عُـمرْ ضـایع، راهْ دور و روزْ دیـر ۷۵۳

چون فرد گمراه از راهی که شیاطین نشان داده‌اند، می‌رود، می‌بیند که زندگی ضایع شده و گروهی درنده‌خو او را احاطه کرده‌اند. راه تا رسیدن به حقایق دور است و روزگار به سر آمده است.

چون بُوَد آن بانگِ غول؟ آخر بگـو مال خواهم، جاه خواهـم و آبِ رُو ۷۵۴

بانگ غول چیست؟ آمال و آرزوهای دور و دراز دنیوی، تمنّای مال و جاه و آبرو؛ یعنی توهّم آبروی دنیوی که آدمی از درون ندای خواسته‌ها را می‌شنود که پیاپی مشتاقِ ثـروتی افزون و مقام و منصبی برتر و آبرویی این چنینی است.

از درونِ خــویش ایــن آوازهــا مــنع کــن تــا کشف گـردد رازهـا ۷۵۵

این خواسته‌ها را از درون حذف کن تا حقایق کشف شود.

---

۱ - **بانگ غولان** : کنایه از جلوه‌های زندگیِ دنیوی.

۲ - پیشینیان بر این باور بودند که در بیابان غول اهل کاروان را به نام می‌خوانَد و هلاک می‌کند.

۳ - **آفلان** : کسانی که افول می‌کنند. ۴ - **گرگ و شیر** : کنایه از افراد درنده‌خو.

۷۵۶ **ذکرِ حق کُن بانگِ غولان را بسوز — چشمِ نرگس[1] را از این کرکس[2] بدوز**

با نام و یاد حق، این صدا را خاموش کن، نگذار خواسته‌ها بصیرتت را بگیرد، چشم دل را به رویِ آن‌ها ببند.

۷۵۷ **صبحِ کاذب[3] را ز صادق[4] واشناس — رنگِ میْ را بازدان از رنگِ کاس**

«آگاهی از حقایق» [صبح صادق] که طالع شدن «جان» از تاریکیِ نفس است را از [صبح کاذب] که توهّم کمال است، بشناس که «علمِ معنوی»، مانند رنگِ «میْ» است و «علمِ دنیوی»، مانندِ رنگ جام.

۷۵۸ **تا بُوَد کز دیدگانِ هفت رنگ — دیده‌یی پیدا کند صبر و درنگ[5]**

شاید بر اثر صبر و پایمردی بجز این دیدگان که فقط رنگ‌های مادّی را می‌بینند، دیده‌ای حقیقت‌بین بیابی.

۷۵۹ **رنگ‌ها بینی بجز این رنگ‌ها[6] — گوهران بینی به جایِ سنگ‌ها**

اگر چشم دلت گشوده شود، بجز رنگ‌های طبیعت، رنگ‌هایی را در «عالم معنا» می‌بینی و «گوهرِ حقیقتِ» هر چیز را شهود می‌کنی.

۷۶۰ **گوهرِ چه، بلکه دریایی شوی — آفتابِ چرخْ پیمایی شوی**

اگر سیر کمال را بپیمایی، از گوهر برتر و عین دریای معنا می‌شوی یا همانند آفتاب چرخ‌پیما می‌گردی.

۷۶۱ **کارْکُن، در کارگه باشد نهان — تو برو در کارگهْ بینَش عیان**

«حقیقتِ انسان»، «تعیّنِ اوّل[7]» است، این مرتبه را اصطلاحاً «کارکُن» نامیده است، چون آفرینش از اوست. این مغز حقایق در کارگاه هستی یا «تعیّنِ اوّل» نهان است. هرکس بخواهد «صفحات عالم وجود» را بشناسد، ناگزیر باید صحیفهٔ وجود خود را بشناسد و به عالم غیب اتّصال روحانی یابد.

۷۶۲ **کار، چون بر کارْکُن پرده تنید — خارجِ آن کار نتوانیش دید**

چون جمیع موجودات، از ظهور و تجلّیِ مراتبِ مختلفِ عقل در «تعیّنِ اوّل» به وجود

---

۱ - **چشم نرگس** : چشمِ بصیرت، چشمِ باطن. ۲ - **کرکس** : اینجا کنایه از دنیاپرستی و جلوه‌های آن.
۳ - **صبح کاذب** : توهّم کمال، توهّم آگاهی یا آگاهیِ این جهانی. ۴ - **صبح صادق** : آگاهیِ معنوی.
۵ - قدما معتقد بودند که دیدگان انسان هفت پرده دارد و هر پرده به رنگی است.
۶ - مصراع اوّل: عوالم معنوی را می‌بینی که به کلّی متفاوت است. ۷ - **تعیّن اوّل** : ر.ک: ۳۶۹۱/۲.

آمده‌اند؛ پس جمیع عوالم وجود، مانند پرده‌ای، **«کارکن»** را از چشم غیر عارف پوشانده است، برای رسیدن به «کارکن» راهی جز تکاملِ نَفْس نیست؛ یعنی «کارکن» را خارج از کاری که او حقیقت نهانی آن است، نمی‌توان یافت.

کارگه، چون جایِ باشِ عامل است   آنکه بیرون است، از وی غافل است ۷۶۳

کارگاه هستی که حق به قوّت در آن ظهور دارد، در حجاب عزّت مستور است و کسی که خارج از این کارگاه است؛ یعنی به مقام فنا و سپس بقا نرسیده، از غافلان است.

پس درآ در کارگه، یعنی عدم[1]   تا ببینی صُنعْ و صانع را به هم[2] ۷۶۴

پس به کارگاه صنع حق، یعنی عدم [نیستی از این هستی موهومی] بیا تا صنع و صانع را با هم ببینی.

کارگه، چون جایِ روشن دیدگی‌ست   پس بُرونِ کارگه پوشیدگی‌ست ۷۶۵

چون از «کارگاه هستی» می‌توان ناظر به «هستی» بود و حقایق را در «عالم اعیان ثابته»[3] شهود کرد؛ پس بیرون از آن، حقایق نهان‌اند.

رُو به هستی داشت فرعونِ عنود[4]   لاجرم از کارگاهش کور بود ۷۶۶

فرعون ستیزه‌جو، مشتاقِ «هستی موهومی و عالم محسوسات» بود و هرگز نتوانست ماورای حجاب و حقایق را درک کند.

لاجرم می‌خواست تبدیلِ قَدَر[5]   تا قضا را بازگرداند زِ در ۷۶۷

بنابراین می‌خواست تقدیر را تغییر دهد و قضا را بازگردانَد.

خود قضا بر سِبْلَتِ[6] آن حیله‌مند   زیرِ لب می‌کرد هر دم ریشْخند ۷۶۸

قضای الهی به زبان حال آن مکّار را ریشخند می‌کرد.

صد هزاران طفل کُشت او بی‌گناه   تا بگردد حُکم و تقدیرِ اِلٰه ۷۶۹

برای تغییرِ حکم و تقدیرِ الهی صدها هزار کودک بی‌گناه را کُشت.

تا که موسیّ نبی نایَد برون   کرد درگردن هزاران ظلم و خون ۷۷۰

بار آن همه ظلم و جنایت را بر گردن گرفت تا موسی(ع) زنده نمانَد و به ظهور نرسد.

---

۱ - **عدم**: عالم ماورای جهان مادّی. ۲ - **صنع و صانع را به هم دیدن**: شهودِ وحدت.
۳ - **اعیان ثابته**: ر.ک: ۳۶۹۱/۲. ۴ - **عنود**: ستیزه‌گر. ۵ - **قَدَر**: فرمان، حُکم، اندازهٔ چیزی، سرنوشت.
۶ - **سبلت**: سبیل.

آن همه خون کرد و موسی زاده شد   وز بـــرای قــهرِ او[1] آمــاده شــد ۷۷۱

علی‌رغم آن خونریزی‌ها موسی(ع) زاده شد و برای نابودیِ او آماده شد.

گـــر بـــدیدی کـــارگاهِ لایـــزال   دست و پایش خشک گَشتی زِ احتیال[2] ۷۷۲

اگر فرعون «کارگاه هستی» و «حقایق الهی» را می‌دید، دست و پایش از کار می‌افتاد و هرگز در پی حیله نبود.

انـــدرونِ خـانه‌اش مـوسی مُـعاف[3]   وز برون می‌کُشت طفلان را گـزاف ۷۷۳

موسیٰ(ع) درونِ خانهٔ فرعون در امن بود و او در بیرون اطفال را می‌کشت.

همچو صاحبْ نَفْس[4] کو تن پرورد[5]   بر دگر کس ظـنّ[6] حِـقدی[7] مـی‌بَرَد ۷۷۴

مانند نَفْس‌پرستی که نفسش در تن آسایش دارد و او دیگری را دشمن می‌داند.

کین عدو[8] و آن حسود و دشمن است   خود حسود و دشمنِ او، آن تن است ۷۷۵

و می‌پندارد که این دشمن من است و آن دیگری حسادت دارد، نمی‌داند که حسود و دشمنِ واقعی جسم عنصری اوست که تمایلات پستی دارد.

او چـو فـرعون و تـنش مـوسیِّ او   او به بیرون مـی‌دود کِـه کُـو عـدُو؟ ۷۷۶

او مانندِ فرعون است که دشمنِ حقیقی‌اش نَفْسِ رذیلهٔ اوست؛ امّا او بیرون را می‌جوید که دشمن کو؟

نَــفْسش انـــدر خـــانهٔ تـن نـازنین   بر دِگر کَس دست می‌خاید[9] به کین ۷۷۷

نَفْسِ او با برآوردن تمایلات پرورده می‌شود و او دیگران را دشمن می‌پندارد و با خشم دست را گاز می‌گیرد.

---

۱ - **قهرِ او**: اینجا غلبه و نابودیِ او.   ۲ - **احتیال**: حیله، نیرنگ.

۳ - **موسیٰ معاف**: آسایش موسیٰ در خانهٔ فرعون طنزِ «قَدَر» بود که بر وی ریشخند می‌کرد.

۴ - **صاحبْ نَفْس**: نَفْس‌پرست.   ۵ - **تن پرورد**: به تن‌پروری می‌پردازد.   ۶ - **ظنّ**: گمان.

۷ - **حِقد**: کینه.   ۸ - **عدو**: دشمن.   ۹ - **می‌خاید**: به دندان می‌گیرد.

ملامت کردنِ مردم
شخصی راکه مادرش راکُشت به تُهمت

مردی از سر خشم مادر خود را کُشت. شخصی به او گفت: سرشت پلیدت سبب شد که حقّ مادری را فراموش کردی. مگر او چه کرده بود؟ مرد گفت: کار او ننگی را در پی داشت. سؤال کننده گفت: بهتر بود آن مرد بدکار را می‌کشتی. قاتل گفت: پس هر روز باید یکی را می‌کشتم.

در این داستان رمزآمیز، مادر بدخاصیّت نمادی از نفس امّاره است که در هر لحظه و هر جا فسادی می‌انگیزد و جهان را بر آدمی تنگ می‌دارد و سلامت جز با هلاکت او ممکن نیست.

آن یکی از خشم مادر را بکُشت   هم به زخمِ خنجر و هم زخمِ مُشت ۷۷۸

مردی با خشم و به ضربات خنجر و مشت مادر خویش را کشت.

آن یکی گفتش که از بدگوهری   یاد ناوردی تو حقِّ مادری ۷۷۹

شخصی به او گفت: سرشت پلیدت سبب شد که حقّ مادری را فراموش کردی.

هی[1] ! تو مادر را چرا کشتی؟ بگو   او چه کرد آخر؟ بگو ای زشت‌خو! ۷۸۰

آهای زشت‌خو! بگو چرا مادر را کشتی؟ او چه کرده بود؟

گفت: کاری کرد کآن عارِ[2] وی است   کشتمش، کآن خاک ستّارِ وی است ۷۸۱

گفت: کاری کرد که ننگ در پی داشت. او را کشتم؛ زیرا خاک، پوشانندهٔ او و پلیدی اوست.

گفت آن کس را بکُش ای محتشَم!   گفت: پس هر روز مردی را کُشَم؟ ۷۸۲

سؤال کننده گفت: ای بزرگوار، آن مرد بدکار را می‌کشتی. قاتل گفت: پس هر روز مردی را بکشم؟

کُشتم او را رَستم از خون‌های خلق   نایِ او بُرَّم بِهْ است از نایِ خلق ۷۸۳

او را که عاملِ فساد بود، کشتم و از ریختن خونِ خلق خود را رهاندم. بریدن گلوی او بهتر از بریدن گلوی مردم است.

نَفْسِ توست آن مادرِ بدخاصیت   که فسادِ اوست در هر ناحیت[3] ۷۸۴

نفس امّارهٔ تو، مانند آن مادرِ پلید است که همه جا فتنه به پا می‌کند.

---

۱ - **هی**: هِی، کلمه‌ای برای آگاه کردن.   ۲ - **عار**: عیب و ننگ.

۳ - مصراع دوم: یعنی در تمام وجوه زندگی اثر بدِ آن پیداست.

هین! بکش[1] او را که بهرِ آن دنی[2] هر دمی قصدِ عزیزی می‌کنی ۷۸۵

آگاه باش و نفس را بکش که به سبب فتنهٔ او هر لحظه قصد جان عزیزی را داری.

از وی این دنیایِ خوش بر توست تنگ از پیِ او با حق و با خلق جنگ ۷۸۶

به سبب وسوسهٔ او دنیای خوشایند را تنگ و غیر قابل تحمّل می‌بینی و برای او با حق و خلق به جنگ و ستیز می‌پردازی.

نَفْس کُشتی باز رَستی زِ اعتذار[3] کس تو را دشمن نمانَدْ در دیار ۷۸۷

اگر در پیِ نفس امّاره نروی، در واقع آن را کُشته‌ای و کارِ ناپسندی نمی‌کنی که عذرخواه باشی و چون دشمنی نداری، در صلح کلّی زندگی می‌کنی.

گر شِکال[4] آرد کسی بر گُفتِ ما از برای انبیا و اولیا ۷۸۸

اگر کسی بر کلام ما در ارتباط با بزرگان، یعنی انبیا و اولیا ایرادی را وارد بداند،

کانبیا را نی که نَفْس ِکُشته بود؟ پس چراشان دشمنان بود و حسود؟ ۷۸۹

و بگوید: انبیا که نفسی نداشتند؛ چرا این همه دشمن و حسود پیرامونشان بود؟

گوش نِهْ تو ای طلب‌کارِ صواب بشنو این اِشکال و شُبهت را جواب ۷۹۰

ای خواهان راستی، گوش کن و پاسخ این ایراد و شُبهه را دریاب.

دشمنِ خود بوده‌اند آن مُنکِران زخم بر خود می‌زدند ایشان چنان ۷۹۱

مُنکرانِ انبیا دشمن خود بودند و ضربه‌ای که می‌زدند به خود می‌زدند.

دشمن آن باشد که قصدِ جان کُند دشمن آن نَبْوَد که خود جان می‌کَنَد ۷۹۲

دشمن آن است که «جان» را به هلاکت افکَنَد؛ یعنی آن را به تباهی و پلیدی بکشاند، آن نیست که خود را به تباهی بکشد و در حال جان کَندن باشد.

نیست خُفّاشک[5] عدُوِّ آفتاب او عدوِّ خویش آمد در حجاب[6] ۷۹۳

خفّاش حقیری که از آفتاب عالمتاب رخ بر می‌تابد، دشمن آفتاب نیست، با پرده‌ای که می‌تند، خود را از انوار محروم می‌دارد و با خویش دشمنی می‌ورزد.

---

۱ - کشتن نفس، تعبیری عرفانی است که به مفهوم تبدیل و تبدّل نفس امّاره یا نفس بهیمی به مراتب عالی نفس اطلاق می‌شود. ۲ - **دنی** : فرومایه. ۳ - **اعتذار** : عذرخواهی. ۴ - **شِکال** : اشکال، ایراد.

۵ - **خفّاشک** : خفّاش حقیر، کنایه از مُنکر و معاند.

۶ - **حجاب** : پرده، اینجا کنایه از ناتوانی یا حق‌ستیزیِ مُنکران که مانندِ پرده یا حجابی مانعِ دیدن حقایق است.

تـابشِ خـورشید او را مـی‌کُشَد رنجِ او خورشید هرگز کِی کَشَدْ؟ ۷۹۴

از درخشش خورشید به رنجی مرگبار مبتلا می‌شود، کی بارِ این محنت را خورشید می‌کشد.

دشـمن آن بـاشد کـزو آیـد عـذاب مـانع آیـد لعـل[1] را از آفـتاب ۷۹۵

«دشمن» آن است که با پرده‌ای عذاب‌آور مانعِ تابیدنِ آفتابِ حقیقت به «دل» شود.

مـانعِ خـویش‌انـد جـملهٔ کـافران از شـعاعِ جـوهرِ پـیغمبران ۷۹۶

کافران و منکران، مانند خفّاش با جهل و کینه‌توزی بر خود پرده‌ای می‌کشند و از انوارِ تابناکِ وجودِ پیامبران محروم می‌مانند.

کِی حجابِ چشمِ آن فردند خـلق؟ چشمِ خود را کور و کژ کردند خلق ۷۹۷

خلقی که به انکار برخاستند، هرگز نتوانستند پرده بر چشمِ حقیقت‌بین انبیا بکشند، چشمِ دلِ خود را کور کردند.

چون غلامِ هـندوی کـو کـین کَشَدْ از ستیزهٔ خواجه، خـود را مـی‌کُشَد ۷۹۸

اعمالِ آنان، مانند آن غلام سیاهی است که برای دشمنی با ارباب، خویش را می‌کشد.

سـرنگون مـی‌افـتد از بـامِ سـرا تـا زیـانی کـرده بـاشد خـواجـه را ۷۹۹

از بام خانه خود را سرنگون می‌افکَنَد تا به تصوّر خویش به ارباب زیانی رسانَد.

گر شـود بـیمار دشـمن بـا طـبیب ور کند کـودک عـداوت[2] بـا ادیب[3] ۸۰۰

اگر بیمار با طبیب دشمنی کند یا کودک با استاد خود بغض و دشمنی ورزد،

در حـقیقتْ رهْزنِ جـانِ خـودند راهِ عقل و جانِ خود را خود زدنـد ۸۰۱

آنان در حقیقت راهِ تعالی و سلامت جانِ خود را بسته‌اند.

گازُری[4] گـر خشـم گـیرد ز آفـتاب مـاهیی گـر خشـم می‌گیرد ز آب ۸۰۲

اگر رختشویی به آفتاب خشم گیرد، یا ماهی از آب خشمگین باشد،

تـو یکـی بـنگر: کـه‌را دارد زیـان؟ عاقبت که بْوَد سیاهْ اختـر[5] از آن؟ ۸۰۳

تو ببین که چه کسی زیان می‌بیند و چه کسی بدبخت می‌شود؟

---

۱ - **لعل**: ر.ک: ۲۶۰۴/۱. ۲ - **عداوت**: دشمنی. ۳ - **ادیب**: خداوندِ ادب، استاد.
۴ - **گازُر**: رختشوی. ۵ - **سیاه‌اختر**: سیاه‌بخت.

دفتر دوم ۱۳۵

گـر تـو را حـقّ آفـریند زشتْ‌رُو هان! مشو هم زشتْ‌رُو هم زشتْ‌خُو ۸۰۴

اگر خداوند تو را زشت آفریده است، آگاه باش و به زشتی صورت، زشتی سیرت را اضافه نکن.

ور بُـرَد کـفشت، مـرو در سـنگلاخ ور دُو شاخ استت[1]، مشو تو چارشاخ ۸۰۵

اگر کفشت پاره شد، اجباری نداری در سنگلاخ راه بروی یا اگر نقصی داری، مجبور نیستی آن را افزون‌تر کنی و ضرر مضاعفی به خود بزنی.

تو حسودی، کـز فُـلان مـن کـمترم مـی‌فزایـد کـمتری در اخـترم ۸۰۶

تو حسادت می‌ورزی که من از فلانی کمترم و این حقارت روز به روز در طالع من افزون می‌شود.

خود حسد نُقصان و عیبی دیگر است بـلکه از جـملهٔ کـمی‌ها بَـتَّر است ۸۰۷

وجود حسد، کاستی و عیبی دیگر و از همهٔ عیوب بدتر است.

آن بـلیس از نـنگ و عـارِ کـمتری خویش را افکـند در صـد ابـتری[2] ۸۰۸

ابلیس هم از ننگ و عارِ اینکه من از آدم کمتر نیستم، خود را به صد گونه بدبختیِ ابدی مبتلا کرد.

از حسد مـی‌خواست تـا بـالا بُـوَد خود چه بالا؟ بلکه خونْ‌پالا[3] بـود ۸۰۹

از حسادت می‌خواست برتر از آدم(ع) باشد، چه برتری؟ حسد او را به وضعیّتی مبتلا کرد که باید از چشمانش به سبب پستی و بُعد از حق خون جاری شود.

آن ابوجهل از مـحمّد نـنگ داشت وز حسد خود را به بالا مـی‌فراشت ۸۱۰

ابوجهل هم به سبب جهل و حسد برتری پیامبر(ص) را نمی‌پذیرفت و خود را بالاتر می‌پنداشت.

بوالْحَکَم[4] نامش بُد و بـوجهل شـد ای بسا اهـل از حسـد نـااهـل شـد ۸۱۱

«عمرو بن هشام» را قریش «صاحب خرد» می‌نامیدند؛ امّا به سبب سرسختی در دشمنی با پیامبر(ص)، ایشان او را ابوجهل خواندند. چه بسا کسانی که از حسد به تباهی کشیده شده‌اند.

من ندیدم در جـهانِ جُست و جُـو هـیچ اهـلیَّت[5] بِـهْ از خـویِ نکـو ۸۱۲

در جهانی که مبنا کار و تلاش است، جهدی برتر از کسب خوی پسندیده ندیدم.

---

۱ - **ور دو شاخ استت** : اگر به وسیلهٔ دو شاخ مقیّد به قید شده‌ای، خود با دست خویش چهار میخ‌اش مکن و موجبات محکم‌تر شدن این قید را فراهم میاور؛ یعنی اگر عیبی داری، آن را زیادتر نکن.

۲ - **ابتر** : دُم‌بریده، بی‌ثمری، بی‌حاصلی. ۳ - **خون پالا** : خون‌فشان، خون‌ریز.

۴ - **بوالحکم** : ر.ک: ۲۶۷۳/۲. ۵ - **اهلیّت** : صلاحیّت، شایستگی.

انبیا را واسطه زآن کرد حق تا پدید آید حسدها در قَلَق[1] ۸۱۳

انبیا را خداوند واسطهٔ ابلاغ شرایع قرار داد تا کسانی که این برتری را نمی‌پذیرند، حسد خود را در اضطراب حاصل از آن نمودار سازند.

زانکه کس را از خدا عاری نبود حاسدِ حق هیچ دیّاری نبود ۸۱۴

زیرا، هیچ کس از برتری و عظمت خداوند، احساس حقارت نکرده و حسد نورزیده است.

آن کسی کِش مِثلِ خود پنداشتی زآن سبب با او حسد برداشتی ۸۱۵

حسادت همیشه در مورد کسی است که او را مانند خود می‌پنداری.

چون مقرَّر شد بزرگیِّ رسول پس حسد ناید کسی را از قبول ۸۱۶

چون بزرگیِ مقامِ انبیا الهی است، کسی که آن را بپذیرد، حسد نمی‌ورزد.

پس به هر دوری ولیّی[2] **قایم است تا قیامت آزمایش دایم است** ۸۱۷

پس در هر دوره‌ای بعد از پیامبر اسلام(ص) ولیّ کاملی قائم به حق هست که «محکِ» تمییزِ حق از باطل است و این آزمون الهی تا رستاخیز تداوم دارد.

هر که را خویِ نکو باشد، بِرَست هر کسی کو شیشه‌دل باشد، شکست ۸۱۸

هر کس که به دور از حسد، با خوی نکو برتری باطنی ولیّ را بپذیرد، نجات می‌یابد و هر کس که زودرنج و نازک‌دل باشد، در آزمون‌های الهی می‌شکند و نجات نمی‌یابد.

---

۱ - **قَلَق** : بی‌آرامی.

۲ - **ولیّ** : صوفیان کسی را ولیّ گویند که حضرت حق او را متولّی گشته و از عصیان و مخالفت او را محفوظ داشته است تا به نهایت مرتبهٔ فنای جهت عبدانی و بقای جهت ربّانی وصول یابد.

ولیّ نامی از نام‌های خدای تعالی است به معنی دوست. ولیّ نزد مسلمانان چون قدّیس است نزد نصاری.

ولایت؛ به کسر «واو» به معنی اِمارت و تولیّت و سلطنت و به فتح «واو» به معنی محبّت است. در اصطلاح اهل معرفت، حقیقت کلیّه‌ای است که شأنی از شؤن ذاتیّه حق و منشأ ظهور و بروز و مبدأ تعیّنات و متّصف به صفات ذاتیّهٔ الهیّه و علّت ظهور و بروز حقایق خلقیّه، بلکه مبدأ تعیّن اسما الهیّه در حضرت علمیّه است. حقیقت ولایت به مذاق اهل تحقیق، نظیر وجود متجلّی در جمیع حقایق است. ولایت به اعتبار آن که صفتی از صفات الهیّه است مطلق و به اعتبار استناد به انبیا و اولیا(ع) مقیّد می‌شود: شرح مقدّمهٔ قیصری، صص ۸۶۷-۸۶۵

ولایت از آن جهت عامّه است که شامل جمیع اهل ایمان می‌گردد. [اللهُ وَلِیُّ الَّذینَ آمَنُوا یُخْرِجُهُمْ مِنَ الظُّلُماتِ إِلَی النُّورِ] و از آن جهت خاصّه نامند که اختصاص به اهل سلوک و شهود دارد و با فنای در حق و بقای به ربّ به این مقام می‌رسند، در ولیّ، جهات بشری و صفات امکانی او در جهت ربوبی فانی گشته و صفات بشری مبدّل به صفات الهی گردیده است.

۸۱۹ **پس امـــامِ حـیِّ قـایم آن ولی‌ست خواه از نسلِ عمر، خواه از علی‌ست**

پس مُقتدای زنده‌ای که برای حفظ دین قیام می‌کند، ولیّ خداست که نسب روحانی با پیامبر(ص) دارد. اصل و نسب دنیوی او در این امر تأثیری ندارد.

۸۲۰ **مهدی و هادی[1] وی است ای راه‌جو هـم نـهان و هـم نشسـته پـیش‌رُو**

ای جوینده‌راه، «ولیّ» که از جانب خداوند به مقام هدایت رسیده است، مقام باطنی‌اش از خلق نهان است، جز در نظر معدودی که او را می‌شناسند؛ امّا در نشئهٔ عنصری حضور دارد، هرچند که او را نشناسند. باطن ذات او، «کنز مخفی» است.

۸۲۱ **او چو نور است و خرد جبریلِ اوست وآن ولیِّ کـــم از او، قـــندیلِ اوست**

حقیقت او نورِ محض است که «عقل» جبرائیل اوست؛ زیرا عقل اوّل، تعیّنِ این کنز مخفی است؛ پس بر حسب باطن ولایت، جبرائیل حسنه‌ای از حسناتِ ولایت محمّدی است[2] و از همین رو بود که در معراج جبرائیل نتوانست در تحقّق تامّ وحدت همراه با پیامبر(ص) باشد. اولیای فروتر از قطب، از او کسب فیض و نور می‌کنند.

۸۲۲ **وانکه زین قندیل[3] کم، مِشکاتِ[4] ماست نـــور[5] را در مـــرتبه تـــرتیب‌هاست**

کسی که در این قندیل منوّر، در مقامی نازل‌تر از قطب و دیگر اولیا قرار دارد، برایِ ما مانند مشکات است که نور در آن متجلّی شده؛ زیرا نور نیز به اعتبار تجلّی، درجاتی دارد و اولیا هم به اعتبار کمال روحانی به مراتبی طبقه‌بندی می‌شوند.

---

۱ - **مهدی و هادی** : اینجا مراد اسم خاص نیست، بلکه مقصود بیان صفات است؛ زیرا «قطب» که پیشوای روحانی است از جانب حق هدایت یافته و خود هدایت کنندهٔ خلق است. ۲ - شرح مقدّمهٔ قیصری، ص ۷۹۵.

۳ - **قندیل** : چراغدان و فانوس.

۴ - **مشکات** : ظرف بلورین که در آن چراغ می‌افروختند و نور آن به هر سو منعکس می‌شد.
اشارتی قرآنی؛ نور : ۳۵/۲۴ : اَللهُ نُورُ السَّمواتِ وَ الْأَرْضِ. مَثَلُ نُورِهِ کَمِشْکاةٍ فیها مِصْباحٌ : خدا، نور آسمان‌ها و زمین است، مَثَل نور او مانندِ چراغدانی است که در آن چراغی است تابان...

۵ - **قطب**؛ بالاترین مرتبهٔ معنوی و روحانی است، پس از آن **افراد** که «سه» تن هستند و به تجلّی فردیّت محقّق شده‌اند. اوتاد که چهار تن هستند و ارکان عالم قائم به آن‌هاست، **بُدلاء** را هفت شخص معیّن گفته‌اند و امنای حق می‌باشند، **نُجباء** چهل نفرند که رجال‌الغیب هستند. رتبهٔ **نُقباء** انزل از رتبهٔ جمیع اولیا است، عدد آن‌ها سیصد و از ابرار به شمار می‌روند. این طوایف به عقیدهٔ برخی از ارباب معرفت تا قیام قیامت موجودند و مدار عالم امکان می‌باشند و عالم از آن‌ها خالی نخواهد بود. به برکت ایشان اهل عالم محفوظ‌اند، نبوّت منقطع می‌گردد ولی وِلایت چون از اسمای حق است دولت آن ابدی و سرمدی است: ر.ک. پیشین، صص ۵۰۹-۵۰۸.

زانکه هفصد پرده[1] دارد نورِ حق   پرده‌های نوردان، چندین طَبَق[2] ۸۲۳

زیرا نور حق هفتصد حجاب دارد که این پرده‌ها نیز دارای طبقاتی خاص‌اند.

از پسِ هر پرده قومی را مقام   صف صف‌اند این پرده‌هاشان تا امام[3] ۸۲۴

در پسِ هر پرده عدّه‌ای جای دارند و به همین ترتیب صف در صف گروه‌های متفاوتی قرار می‌گیرند تا برسد به مقامِ مُقتدا یا قطب.

اهلِ صفِّ آخرین از ضعفِ خویش   چشمشان طاقت ندارد نورِ پیش ۸۲۵

کسانی که در مراتب نازل قرار دارند، به سبب ضعف باطنی نمی‌توانند نورِ مراتب بالاتر را ببینند.

و آن صفِ پیش، از ضعیفیِّ بصر   تاب نارَد روشنایی پیشتر ۸۲۶

صف پیشتر هم به سبب ضعف بینایی، تحمّل دیدنِ نور صف جلوتر را ندارد.

روشنیّی کو حیاتِ اوّل است   رنج جان و فتنهٔ این اَحْوَل[4] است ۸۲۷

نوری که برای نفرات صفِ اوّل حیات‌بخش و الزامی است، برای کسی که در صفوف آخر قرار گرفته و به سبب عدم درک حقایق، دوبین است، مایهٔ عذاب است.

احولی‌ها اندک اندک کم شود   چون ز هفصد بگذرد او یم[5] شود[6] ۸۲۸

با ترقّیِ معنوی، آرام آرام، دوبینی‌ها کم می‌شود و سالک در می‌یابد که «وجود» در مراتب مختلف تجلّی کرده و با اتّصال به حقایق و درکِ وحدت، عین دریای وحدت می‌شود.

آتشی که اصلاح آهن یا زر است   کِی صلاح آبی و سیبِ تَر است؟[7] ۸۲۹

آتشی که برای شکل دادنِ آهن یا طلا به کار می‌رود، برای میوه‌های لطیفی مانند «به» و «سیب» مناسب نیست و آن‌ها را نابود می‌کند.

---

۱ - **پرده یا حجاب** : ر.ک: ۱۶۰۸/۱ و ۱۹۴۳/۱.   ۲ - **چندین طَبَق** : چندین مرتبه.

۳ - اینک به بیان این امر می‌پردازد: همان‌طور که اولیای حق را مراتبی است و درجاتی، عموم مردم نیز از نظر استعداد و قابلیّت درکِ روحانی مراتبی دارند و سالکان نیز در دامان تربیت مرشد روحانی و پیر کامل، به زبانِ استعداد و قابلیّت آنچه را که در «عین ثابته» ایشان در مرتبهٔ «اعیان ثابته» و «مخزن علم» است، طلب می‌کنند و برای از قوّه به فعل آمدن آن می‌کوشند و می‌جوشند.   ۴ - **اَحْوَل** : دوبین، اینجا فاقد درکِ معنوی.

۵ - **یم** : دریا، اینجا دریای وحدت.

۶ - با شهودی عینی می‌بیند که کثرت ظاهری به واسطهٔ ظهور حقیقتِ وجود در ماهیّاتِ مختلف است. [جمله یک نورند امّا رنگ‌های مختلف]

۷ - در این‌بیت و چند بیتِ پس ازآن، ارتباط فیضان نور حق به بنده به ارتباط حرارت با اشیاء گوناگون مانند می‌شود که برای نرم شدنِ «آهن» باید آتش کوره باشد و برای پختن و نرم شدن میوه‌های لطیف اندک حرارتی کافی است.

دفتر دوم ۱۳۹

سیب و آبی،[۱] خامیی دارد خفیف   نی چو آهن، تابشی خواهد لطیف ۸۳۰

سیب و به، شباهتی به آهن ندارد. خامی آن‌ها اندک است و به حرارتی ملایم پخته می‌شوند.

لیک آهن را لطیف آن شعله‌هاست   کو جذوبِ[۲] تابشِ آن اژدهاست[۳] ۸۳۱

امّا برای آهن شعله‌های سرکش، حرارتِ زیاد مناسب است که قابلیّتِ جذب شراره‌های اژدها مانندِ آتش را دارد.

هست آن آهن فقیرِ سخت‌کَش[۴]   زیرِ پُتک و آتش است او سُرخ و خَوش ۸۳۲

«آهن»، نمادِ سالکی سخت‌کوش و مستعد است که بار ریاضت را که چون «پُتک» بر وجودش ضربه می‌زند، می‌کشد و در آتش رنج‌ها سرخ‌روی و خوش است.

حاجبِ آتش بُوَد بی واسطه   در دلِ آتش رود بی‌رابطه ۸۳۳

او چنان در حق محو شده است که بدون نیاز به واسطه در دلِ آتش بلایا و مصائب می‌رود و در واقع خود، پرده‌دارِ آتش است.

بی حجابِ آب و فرزندانِ آب[۵]   پُختگی ز آتش نیابند و خطاب ۸۳۴

امّا آنان که در مقایسه با «آهن» که نماد سخت‌کوشی و استعداد ذاتی است، «آب» و «فرزندان آب» به شمار می‌آیند، بدون واسطهٔ استاد کامل نمی‌توانند به شعلهٔ عشق الهی وارد شوند و خطاب «در من در آی» را بشنوند.

واسطه دیگی بُوَد یا تابه‌یی   همچو پا را در رَوِش پاتابه‌یی[۶] ۸۳۵

برای برقراری ارتباط میانِ «فرزندان آب» با «آتش»، وجود واسطه‌ای ضروری است، مانندِ غذاکه برای طبخ آن را درون دیگ یا تابه می‌گذارند، یا همان‌طورکه برای حفظ سلامتِ پا در راه رفتن ازکفش استفاده می‌کنند.

یا مکانی در میان تا آن هوا   می‌شود سوزان و می‌آرَد به ما[۷] ۸۳۶

یا اینکه میان «آتش و آب»، فاصلهٔ مکانی باشد تا هوای آن گرم و سوزان شود و حرارت از طریق هوای داغ به آب برسد، مانند پخته شدن خمیر در تنور نانوایی.

---

۱ - **سیب و آبی** : سیب و به: نماد سالکی که نیازی به تحمّل ریاضت و سختی‌های سلوک ندارد و زود پخته می‌شود.   ۲ - **جذوب** : جاذب.   ۳ - **اژدها** : اینجا کنایه از شرارهٔ آتش.

۴ - **فقیرِ سخت‌کش** : سالک سخت‌کوش.   ۵ - **فرزندان آب** : میوه‌ها.   ۶ - **پاتابه** : پای‌افزار، کفش.

۷ - **ما** : همان «ماء» عربی است به معنی آب.

پس فقیر آن است کو بی‌واسطه است　　شعله‌ها را بـا وجـودش رابـطه است ۸۳۷

پس فقیر یا درویش حقیقی کسی است که بدون واسطه در شعله‌های سرکش و سوزان آتش درآید.

پس دلِ عالم وی است ایرا که تـن　　می‌رسد از واسـطهٔ ایـن دل بـه فـن ۸۳۸

پس دل عالم اوست که انسان کاملی است واصل به حق؛ زیرا جهان هستی که در مقایسه با انسان کامل، «تن» به شمار می‌آید، به واسطهٔ این دل منوّر فیض هستی را دریافت می‌دارد و استمرار می‌یابد.

دل نباشد، تن چه دانـد گـفت و گـو؟　　دل نجوید، تن چه داند جُست و جو؟ ۸۳۹

اگر «انسان کامل محمّدی(ص)» که به منزلهٔ «دلِ عالم هستی» است، نباشد، «عالم هستی» و «عـالم شهادت» به اعتبار آنکه «مادّی» و از «تجلیّات خلقی» است، سنخیّتی با حق تعالیٰ ندارد که از او درخواست تجلّی و تداوم هستی داشته باشد، به سبب وجود «انسان کامل واصل محمّدی(ص)» که نسخهٔ «ظاهر و باطن» است، می‌تواند به زبانِ حال استدعای افاضهٔ فیض کند؛ زیرا «انسان کامل» از جهتی منسوب به «هستیِ حقیقی» است و از جهتی جامع مراتب خلقی است.

پس نـظرگاهِ شـعاع، آن آهـن است　　پس نظرگاهِ خدا، دل، نه تـن است ۸۴۰

پس نظرگاهِ حق تعالیٰ وجودِ انسانِ کامل است که هستی به سبب او هست شده است.

باز این دل‌هایِ جزوی چون تن است　　بـا دلِ صـاحبْ‌دلی کـو مـعدن است ۸۴۱

در مقام مقایسه با دل منوّرِ «صاحب‌دل»، دل‌های کوچک دیگران به منزلهٔ «تن» است، زیرا دلِ او مخزن اسرار الهی و در اتّصال با مخزنِ علمِ حق است.

بس مثال و شرح خواهد این کـلام　　لیک تـرسم تـا نـلغزد وَهْـمِ عـام ۸۴۲

برای شرح و توضیح کامل این کلام باید مثال‌های گوناگونی را بر شمرد و موضوع را باز هم شکافت؛ امّا نگرانم مبادا عامّه که از درک معانی بلند بی‌بهره‌اند، دچار لغزش ادراک گردند.

تـــا نگــردد نــیکویِّ مــا بَــدی　　اینکه گفتم هم نَـبُد جـز بـی‌خودی ۸۴۳

سخن را کوتاه می‌کنیم تا نیّت خیر ما به عواقب بدی نینجامد، همین قدر را هم که گفتم، در حال بی‌خویشی و استغراق در حق بود و گرنه بر زبان جاری نمی‌ساختم.

پـــایِ کـژ را کـفش ِ کـژ بـهتر بُـوَد　　مــر گــدا را دســتگه بــر در بُـوَد ۸۴۴

بهتر است که عوام در همان فهم کج خویش بمانند، همان‌گونه که برای پایِ کج، کفش کج مناسب است یا همان‌طور که سائل جز دستگیرهٔ درِ خانه‌ها، دستگیر دیگری نمی‌شناسد.

امتحانِ پادشاه به آن دو غلام، که نو خریده بود

پادشاهی دو غلام را خرید و با آنان به گفت‌وگو نشست. یکی را تیزهوش یافت و دیگری را گنده‌دهانی سیاه دندان.

شاه به بهانهٔ استحمام، غلام تیزهوش را از خویش دور کرد و به غلام گنده‌دهان گفت: تو مردی دانا و زیرک هستی و بدین جهت ارزش صد غلام را داری و چنانکه آن غلام حسود می‌گفت و مرا نسبت به تو سرد می‌کرد، نیستی. اینک عیوب آن غلام را بگو تا بدانم که غم‌خوار من هستی. غلام گنده‌دهان که مردی زیرک و پاکدل بود در پاسخ گفت: عیب او مهر، وفاداری، صدق، ذکا و همدمی است. پس از بازگشت غلامِ دیگر از حمام، پادشاه غلام گنده‌دهان را پی کاری فرستاد و به غلام تیزهوش گفت: ای غلام نیک صورت! دریغا که اگر صفات بدی را که فلانی در ارتباط با تو می‌گفت، صحّت نمی‌داشت، دیدار روی تو به ملک جهانی می‌ارزید. غلام که شنید دیگری از وی بدگویی کرده است، سخت خشمگین شد و شروع به بدگویی کرد و او را به زشتی‌های بسیاری متّهم کرد. هنگامی که بدگویی او به درجهٔ اعلا رسید، شاه گفت: دانستم که تو را جان گندیده است و او را دهان؛ پس او امیر است و تو مأمور.

در این داستان رمزآمیز، پادشاه نمادی است از حضرت باری و غلامان نمادی از بندگان به شمار می‌آیند که صفا و پاکی دل و ضمیر سببِ عنایت به آنان است: «پس نظرگاه خدا دل نه تن است».

پـــادشاهی دو غـــلام ارزان خـــرید ‌‌ ‌ با یکی زآن دو سخن گفت و شنید ۸۴۵

پادشاهی دو غلام را به قیمتی ارزان خرید، سپس با یکی از آنان به گفت‌وگو پرداخت.

یافتش زیرکْ‌دل[1] و شیرینْ جـواب ‌ ‌ ‌ از لبِ شکّر[2] چه زاید؟ شکّـر آب[3] ۸۴۶

او را غلامی هوشیار و شیرین سخن یافت، لبِ شکّرین کلامِ شیرین دارد.

آدمـــی مـــخفی‌ست در زیـرِ زبـان ‌ ‌ ‌ این زبان پرده‌ست بر درگـاهِ جـان ۸۴۷

منشِ آدمی با سخن گفتن آشکار می‌شود، زبان مانندِ پرده بر جان و روان کشیده شده است.

چونکه بادی[4] پرده را در هم کَشید ‌ ‌ ‌ سِرِّ صحنِ خانه[5] شد بـر مـا پـدید ۸۴۸

با وزش باد، پرده کنار می‌رود و هر چیزی که در صحن خانه باشد، آشکار می‌شود،

۱ - **زیرکْ‌دل**: زیرک. ۲ - **لبِ شکّر**: لبِ شکرین. ۳ - **شکّر آب**: شربت.
۴ - **باد**: اینجا نَفَس که سبب حیات و سخن گفتن است و همچنین «نَفْس» که چگونگیِ کلام وابسته به مرتبهٔ اوست.
۵ - **صحنِ خانه**: اینجا جان و ضمیرِ آدمی.

۱۴۲ شرح مثنوی معنوی

۸۴۹ **کاندر آن خانه گُهر یا گندم است؟ گنجِ زر[1] یا جمله مار و کژدُم[2] است؟**

که در آن خانه جواهر است یا گندم؟ گنجِ طلاست یا پُر از حیوانات موذی و گزنده است؟

۸۵۰ **یا در او گنج است و ماری بر کران[3] زانکه نَبْوَد گنجِ زر بی‌پاسبان**

یا اینکه گنجی هست و ماری کنار آن نشسته است؛ زیرا گنج زر بی‌نگهبان نیست.

۸۵۱ **بی تأمُّل، او سخن گُفتی چنان کز پسِ پانصد تأمُّل دیگران**

غلام بی‌درنگ چنان شیوا سخن می‌گفت که دیگران با تأمّل بسیار می‌توانند بگویند.

۸۵۲ **گفتیی[4] در باطنش دریاستی جمله دریا گوهرِ گویاستی**

گویی که در درون او دریایی سرشار از معرفت وجود دارد.

۸۵۳ **نورِ هر گوهر[5] کز او تابان شدی حقّ و باطل را از او فرقان[6] شدی**

هر سخنی که می‌گفت، حُسن کلام و معرفتِ آن، میزانی برای جدا کردن حق از باطل بود.

۸۵۴ **نورِ فرقان فرق کردی بهرِ ما ذرّه ذرّه حقّ و باطل را جُدا**

نور قرآن هم برای ما همین است که با دقّت، ذرّه ذرّه حق را از باطل جدا می‌کند.

۸۵۵ **نورِ گوهر[7] نورِ چشمِ ما شدی هم سؤال و هم جواب از ما بُدی**

اگر نور گوهرِ آیات الهی به چشمِ دل ما می‌تابید که می‌توانست حقایق را ببیند، اشکال یا ایراد و شُبهه‌ای باقی نمی‌ماند و سؤالی مطرح نمی‌شد.

۸۵۶ **چشمْ کژ کردی، دو دیدی قرصِ ماه چون سؤال است این نظر، در اشتباه**

اگر چشم را کج کنی، ماه را دوتا می‌بینی، این نگاه کج‌بین به ماه، مانند سؤالی است که در نتیجهٔ کج‌بینی مطرح می‌شود و نام آن را «شُبهه یا ایراد و اشکال» می‌گذارند.

۸۵۷ **راست گردان چشم را در ماهتاب تا یکی بینی تو مَهْ را، نَک جواب**

جوابِ شخص کج‌نگر این است که چشم را راست کن تا ماه را یکی ببینی.

---

۱ - **گنج زر :** اینجا معنویات. ۲ - **مار و کژدم :** اینجا تمایلات این جهانی.
۳ - **ماری بر کران :** اینجا اندیشهٔ امور دنیوی که مانعِ رسیدن به‌گنج معانی است.
۴ - **گفتیی :** گویی که، مثل این که. ۵ - **هر گوهر :** اندیشهٔ او به‌گوهر تابناک مانند شده است.
۶ - **فُرقان :** فرق گذارنده، جدا کنندهٔ حق و باطل، از نام‌های قرآن کریم.
۷ - **نورِ گوهر :** اینجا نور آیات قرآن، نور حق، نور ذات.

**فکرتت که: کَژ مبین نیکو نگر		هست هم نور و شعاعِ آن گُهَر** ۸۵۸

وجود این اندیشه که «کج نبین» و درست نگاه کن، در واقع پرتوِ آن گوهرِ حقیقت است که جریان فکرِ تو را به سوی حقایق هدایت می‌کند.

**هر جوابی کآن ز گوش آید به دل		چشم گفت: از من شنو، آن را بِهِل**[1] ۸۵۹

چشم می‌گوید: آنچه که گوش می‌شنود و اثری که در دل دارد، رها کن، حقایق را باید دید.

**گوش دلّاله است و چشمْ اهلِ وصال		چشمْ صاحبْ‌حال وگوشْ اصحابِ قال**[2] ۸۶۰

برای درکِ حقایق، گوش مانند واسطه است؛ امّا «چشمِ دل» که «اهل وصال» است، بی‌واسطه حقایق را شهود می‌کند. چشم تمثیلی از «عارفِ مکاشف» و گوش نمادی از «اصحاب قال» است؛ یعنی آنان که از معارف به علوم رسمی بسنده کرده‌اند.

**در شنودِ گوش تبدیلِ صفات		در عیانِ دیده‌ها تبدیلِ ذات** ۸۶۱

سالک از شنیدنِ کلام عارفانه، در حال و رفتارش تغییری حاصل می‌شود و در اثر استمرار، صفاتِ وی تبدّل می‌یابند و متعالی می‌شوند؛ امّا دیدنِ حقایق، موجب تغییر و دگرگونیِ او می‌گردد.

**ز آتش ار علمت یقین شد از سخُن		پُختگی جو، در یقین منزل مکن** ۸۶۲

اگر از شنیدنِ علوم الهی، «حقیقت» را دریافتی، به «علمِ‌الیقین» رسیده‌ای؛ امّا باید از یقین علمی بگذری و جویای پختگی و سوختگی باشی.

**تا نسوزی، نیست آن عین‌الیقین		این یقین**[3] **خواهی، در آتش در نشین** ۸۶۳

آنچه که در پرتوِ آتش عشق کسب می‌کنی، «علم‌الیقین» است؛ امّا در میانِ شعله‌ها شهود جِرم آتش که نور از آن می‌تابد، به مثابه «عین‌الیقین» و سوختن و محو شدن در آتش «حق‌الیقین» است. تا در دلِ آتش نروی و نسوزی، «عین‌الیقین» حاصل نمی‌شود.

گوش، چون نافذ بُوَد[4] **دیده شود		ورنه قُلْ در گوش پیچیده شود** ۸۶۴

اگر سالک گوشی شنوا داشته باشد، یعنی خواهان درکِ حقایق باشد، تأثیر کلامی که

---

۱ - **بِهِل** : بگذار، رها کن.		۲ - این بیت در تقابلِ علمِ «اهل ظاهر» با علمِ «اهلِ معنا»ست.

۳ - علم‌الیقین و عین‌الیقین در تکاثر: ۵/۱۰۲ و ۷ و حق‌الیقین در واقعه: ۹۴/۵۶ آمده که در هر سه مورد اشارتی است به سوختن در آتش دوزخ: ف. سجّادی، ص ۸۰۵

اینجا اصطلاح عین‌الیقین که شهود است، در معنای حق‌الیقین که در دل آتش رفتن است، به کار رفته و همان معنا از آن مستفاد است.		۴ - **نافذ بُوَد** : شنوا باشد، بخواهد که بفهمد.

می‌شنود چنان است که گویی آن را دیده است، اگر جز این باشد قول و کلام دیگران در فضای گوش می‌پیچد و اثری بر جای نمی‌گذارد.

این سخن پایان ندارد، بازگرد تا که شه با آن غلامانش چه کرد ۸۶۵

این سخن و اسرار و رموز آن را پایانی نیست، بازگردیم و ببینیم که شاه با غلامان چه کرد.

به راه کردنِ شاه یکی را از آن دو غلام و از این دیگر پرسیدن

آن غلامک را چو دید اهلِ ذکا[۱] آن دگر را کرد اشارت که: بیا ۸۶۶

چون شاه آن غلام را اهل ذکاوت و هوشیار دید، به غلام دیگر اشاره کرد که اینک تو بیا.

کافِ رحمت گفتمش، تصغیر نیست جَدْ گُوَدْ: فرزندکَم، تحقیر نیست ۸۶۷

اگر غلام را غلامک گفتم، مقصودم کوچک کردن او نبود، بلکه این کاف را در مفهوم محبّت و عاطفه به کار بردم، همانگونه که پدربزرگ گاه از سر محبّت به نوهٔ خود فرزندکم یا طفلکم می‌گوید.

چون بیامد آن دُوُم در پیش شاه بود او گَنده دهان، دندان سیاه ۸۶۸

چون غلام دوم پیش آمد، شاه متوجّه شد که او دهانی بدبو و دندان‌هایی سیاه دارد.

گرچه شه ناخوش شد از گفتارِ او جُست و جویی کرد هم ز اسرارِ او ۸۶۹

هرچند که شاه از سخنان او حسِّ ناخوشایندی یافت؛ امّا سعی کرد از درون او مطلّع گردد.

گفت: با این شکل و این گَنْدِ دهان دور بنشین، لیک آن سوتر مران ۸۷۰

شاه به غلام گفت: با این شکل و بوی بد دهان، دور بنشین؛ امّا زیاد هم فاصله نگیر.

که تو اهلِ نامه و رقعه[۲] بُدی نه جلیس[۳] و یار و هم بُقعه[۴] بُدی ۸۷۱

به نظر می‌رسد که تاکنون عهده‌دار وظایفی بوده‌ای که از فاصله‌ای دور با تو ارتباط داشته‌اند و هرگز همدمِ نزدیک خواجهٔ خویش نبوده‌ای و گرنه دهانی بدبوی نمی‌داشتی.

تا علاج آن دهانِ تو کنیم تو حبیب و ما طبیبِ پُر فنیم ۸۷۲

اینک دور بنشین تا به موقع دهان تو را معالجه کنیم، زیرا دوست هستی و ما نیز طبیبی حاذقایم.

---

۱ - **اهلِ ذکا**: هوشمند، هوشیار. ۲ - **رُقعه**: نامه. ۳ - **جلیس**: همنشین. ۴ - **بُقعه**: اتاق، حجره.

بـهرِ کـیکی[1] نـو گـلیمی سـوختن   نـیست لایـق از تـو دیـده دوخـتن ۸۷۳

همان‌طور که به سبب وجود کک گلیم نو را نمی‌سوزانند، نباید به علّت بوی بد دهانت از تو چشم بپوشیم.

با همه بنشین، دو سه دستان[2] بگـو   تـا بـبینم صـورتِ عـقلت نکـو ۸۷۴

با این همه، اکنون بنشین و دو، سه داستان بگو تا عقل و اندیشه‌ات را بیازمایم.

آن ذَکی[3] را پس فرستاد او بـه کـار   سویِ حمّامی که رو خود را بِـخار[4] ۸۷۵

آنگاه، شاه دستور داد که غلام با ذکاوت به حمّام برود و خود را بشوید.

وین دگر را گفت خَـهْ[5] تـو زیـرکی   صـد غـلامی در حـقیقت نـه یکـی ۸۷۶

و به غلام گنده‌دهان گفت: آفرین بر تو که بسیار هوشیاری و به صد غلام می‌ارزی.

آن نه‌ای که خواجه‌تاشِ[6] تو نـمود   از تو ما را سرد مـی‌کرد آن حسـود ۸۷۷

تو آنگونه که غلام همتایت می‌گفت، نیستی، او با حسادت ما را نسبت به تو دلسرد می‌کرد.

گفت: او دزد و کژ است و کژنشین   حیز و نامرد و چُنین است و چُنین ۸۷۸

او گفت که تو دزد، ناراست، بدکردار، نامرد مردنما و چنین و چنانی.

گفت: پیوسته بُـدست او راستْ‌گو   راست گـویی مـن نـدیدَستم چـو او ۸۷۹

غلام گفت: او همیشه راستگو بوده و من تا کنون کسی را این چنین صادق ندیده‌ام.

راستگـویی در نـهادش خـلقتی‌ست   هر چه گوید، من نگویم: آن تهی‌ست ۸۸۰

راستگویی جزو سرشت اوست و هرچه بگوید، من خالی از راستی نمی‌دانم.

کـژ نـدانـم آن نکـوانـدیش را   مـتَّهم دارم وجـودِ خـویش را ۸۸۱

پس آن شخص نیک‌اندیش را دروغگو نمی‌دانم و خود را متّهم می‌کنم.

بـاشد او در مـن بـبیند عـیب‌ها   مـن نـبینم در وجـودِ خـود شـها! ۸۸۲

شاها، شاید او در من عیب‌هایی را ببیند که من در خود نبینم.

---

۱ - **کیک** : کک، حشره‌ای کوچک.   ۲ - **دستان** : داستان، حکایت.   ۳ - **ذکی** : تیزهوش.

۴ - **خود را بخار** : خود را بشوی.   ۵ - **خَه** : خِه، به به، آفرین.

۶ - **خواجه تاش** : دو غلام که ارباب واحدی دارند، هم‌قطار.

هر کسی گر عیب خود دیدی ز پیش کِی بُدی فارغ وی از اصلاحِ خویش؟ ۸۸۳

اگر هر کس به خود رجوع می‌کرد و عیب‌ها را می‌دید، هرگز از اصلاح خود فراغت می‌یافت؟

غافل‌اند این خلق از خود ای پدرا! لاجرم گویند عیبِ همدگر ۸۸۴

این مردمی که به عیب‌جویی یک‌دیگر می‌پردازند، از عیب‌هایِ خود غافل‌اند و گرنه سرگرم رفع معایب خود می‌شدند و فرصتی برای عیب دیگری نمی‌یافتند.

من نبینم رویِ خود را ای شَمَن[1] من ببینم رویِ تو، تو رویِ من ۸۸۵

ای خودپرست، من هم مانند توام، من روی تو را می‌بینم و تو روی مرا، هیچ کس نمی‌تواند رویِ حقیقی یا «جمالِ جانِ» خود را ببیند.

آن کسی که او ببیند رُویِ خویش نورِ او از نورِ خلقان است بیش[2] ۸۸۶

کسی که می‌تواند روی حقیقی خویش را در پسِ صورتِ خود ببیند، از دیگران منوّرتر است.

گر بمیرد دیدِ او[3] باقی بُوَد زانکه دیدش دیدِ خلاّقی بُوَد[4] ۸۸۷

هنگامی که چنین شخصی می‌میرد، دیدهٔ او که بصیرتِ اوست، می‌مانَد؛ زیرا بینش او الهی است.

نورِ حسّی نَبْوَد آن نوری که او رویِ خود محسوس بیند پیشِ رُو ۸۸۸

نوری که در پرتو آن شخص می‌تواند صورت جان خویش را ببیند، نور حسّی و طبیعی نیست.

گفت: اکنون عیب‌هایِ او بگو آنچنان که گفت او از عیبِ تو ۸۸۹

شاه گفت: اینک عیب‌های او را بگو همچنان که او عیب‌های تو را گفت.

تا بدانم که تو غمخوارِ منی کدخدایِ[5] مُلکت و کارِ منی ۸۹۰

تا بپذیرم که تو خیرخواه منی و شایستگی انجام کارها و امور مرا داری.

گفت: ای شه! من بگویم عیب‌هاش گرچه هست او مر مرا خوش‌خواجه‌تاش ۸۹۱

غلام گفت: ای شاه، من عیب‌هایِ او را می‌گویم، هرچند که او برایم همتایی نیک است.

---

۱ - **شَمَن**: بت‌پرست، اینجا خطاب به کسی است که فقط به وجه مادّی خود توجّه دارد و نمی‌تواند وجه غیر مادّی خویش را ببیند.. ۲ - مُراد آنکه: نوری که سببِ بینش اوست، نور غیر مادّی است. ۳ - **دیدِ او**: بصیرتِ او.
۴ - **خلاّقی بُوَد**: الهی است. ۵ - **کدخدا**: کارگزار.

عـیبِ او مِـهْر و وفـا و مـردمی[1] عیبِ او صـدق و ذکـا و هـمدمی[2] ۸۹۲

عیب او، محبّت و وفاداری و انسانیّت، صداقت و هوشیاری و همدمی است.

کمترین عیبش جوانمردی[3] و داد[4] آن جوانمردی که جان را هـم بـداد ۸۹۳

کوچک‌ترین عیب او، جوانمردی و دادگری است، جوانمردی که جان را هم نثار می‌کند.

صد هزاران جان خـدا کـرده پـدید چه جوانـمردی بـود کآن را نـدید؟ ۸۹۴

خداوند صدها هزار جان آفریده است، کسی که نتواند این را ببیند، چگونه مدّعیِ آزادگی باشد؟

ور بدیدی، کِی به جان بُـخلش بُـدی؟ بهرِ یک جان، کِی چنین غمگین شدی؟ ۸۹۵

و اگر به کمالی رسیده باشد که زندگی روحانی جان را بعد از حیات مادّی ببیند، کی برای ایثار یک جان غمگین می‌شود؟

بـر لبِ جـو، بُـخلِ آبْ آن را بُـوَد کـو ز جـویِ آب نـابینا بُـوَد ۸۹۶

کسی در کنار جویبار، از بخشیدن آب بخل می‌ورزد که جوی آب را نبیند.

گفت پیغمبر کـه: هـر کـه از یـقین داند او پاداشِ خود در یومِ دیـن[5] ۸۹۷

پیامبر(ص) فرمود: هر کس یقین داشته باشد که پاداش را در رستاخیز دریافت می‌کند،

کـه یکـی را ده عـوض مـی‌آیدش[6] هر زمان جُودی[7] دگـرگون زایـدش ۸۹۸

که یکی را ده برابر عوض می‌دهند، در هر لحظه بخششِ دیگری از او به ظهور می‌رسد.

جودْ جمله از عوض‌ها دیدن است پس عوض دیدن ضدِ ترسیدن است ۸۹۹

«جود» فضیلتی است ناشی از ادراک دریافت پاسخ یا عوض؛ بنابراین دریافت پاداش در ازای بذل مال، بیم ناشی از زوال آن را زایل می‌سازد.

---

۱ - **مردمی :** انسانیّت، انسان بودن. ۲ - **همدمی :** دوستی، مهربانی.

۳ - **جوانمرد :** کسی که برای خلق جانفشانی می‌کند؛ زیرا جان او بر حقایق آگاه است و می‌داند که خدمت به خلق نیز نوعی عبادت محسوب می‌شود. ۴ - **داد :** عدل.

۵ - اشاره به روایت: کسی که به دریافت پاداش الهی مطمئن گردد رغبتش در جود و بخشش بیشتر می‌شود: احادیث، ص ۱۸۰.

۶ - اشارتی قرآنی؛ انعام : ۱۶۰/۶ : وَ مَنْ جاءَ بِالْحَسَنَةِ فَلَهُ عَشْرُ أَمْثالِها : و هر کس کار نیکی کند، ده برابر آن پاداش می‌گیرد. ۷ - **جُود :** بخشش.

بُخل[1] نادیدن بُوَد اَعْواض[2] را شاد دارد دیدِ دُر خُوّاض[3] را ۹۰۰

تنگ‌نظری، ناشی از عدم درکِ دریافت پاداش است، دیدن آن شادی‌آور است، همان‌گونه که غوّاص با صید مروارید شاد می‌شود.

پس به عالم هیچ کس نَبْوَد بخیل زانکه کس چیزی نبازد بی‌بدیل ۹۰۱

پس در دنیا هیچ کس نباید بخیل باشد؛ زیرا هیچ کس چیزی را از دست نمی‌دهد، مگر اینکه عوضِ آن را بگیرد.

پس سخا از چشم آمد نه ز دست دید دارد کار، جز بینا نَرَست ۹۰۲

پس «سخاوت» نتیجهٔ چشمی بیناست نه دستِ بخشنده. برایِ هر کاری باید بصیر بود. جز «بینا» کسی نجات نمی‌یابد.

عیب دیگر این که: خودْبین نیست او هست او در هستیِ خود عیبْ‌جو ۹۰۳

عیب دیگرِ او آن است که خودبین نیست و همواره جویای عیب‌هایِ خویش است.

عیب‌گوی و عیبْ‌جویِ خود بُده‌ست با همه نیکو و با خود بد بُده‌ست ۹۰۴

عیب خود را می‌گوید و عیب خود را می‌جوید، با همه به نیکی رفتار می‌کند؛ امّا با نَفْسِ خود سخت‌گیر است.

گفت شه: جَلدی[4] مکُن در مدح یار مدحِ خودْ در ضمنِ مدحِ او میار ۹۰۵

شاه گفت: در ستایش از همتایت زیاده‌روی نکن که تو با ستایشِ او، مدحِ خود را می‌گویی.

زانکه من در امتحان آرَم ورا شرمساری آیدت در ماورا[5] ۹۰۶

زیرا او را خواهم آزمود، آنگاه ممکن است شرمسار شوی.

قسمِ غلام در صدق و وفایِ یار خود، از طهارتِ ظنّ[6] خود

گفت: نه واللهِ بِاللهِ اَلعَظیم مالِکُ اَلملک و به رحمان و رحیم ۹۰۷

گفت: نه، سوگند به خدا، به خدایی که مالکِ مُلک هستی و رحمان و رحیم است.

---

۱ - **بُخل**: تنگ‌نظری. ۲ - **اعواض**: عوض‌ها. ۳ - **خُوّاض**: خَوّاض: غوّاض، غوطه‌خورنده.
۴ - **جَلدی**: چست و چالاک بودن، زرنگی. ۵ - **در ماورا**: پس از آن. ۶ - **طهارت ظَنّ**: حسن نیّت.

آن خدایی که فرستاد انبیا نه به حاجت، بَل به فضل[1] وکبریا[2] ۹۰۸

به خدایی که نه از نیاز؛ بلکه به سبب فضل و بزرگی پیامبران را به رسالت فرستاد.

آن خداوندی که از خاکِ ذلیل آفرید او شهسوارانِ جلیل ۹۰۹

خداوندی که از خاک بی‌قدر، شهسوارانِ عالم معنا (انبیا و اولیا) را آفرید.

پاکشان کرد از مزاجِ خاکیان بگذرانید از تکِ افلاکیان[3] ۹۱۰

آن بزرگان را از سرشت زمینیان پاک کرد و از منازل و مراتب طبع و نفس گذرانید و لطیفهٔ روحانی ایشان را به افق اعلای انسان و ملکوت اعلیٰ رسانید و بر افلاکیان (فرشتگان) نیز برتری بخشید.

برگرفت از نار و نورِ صاف ساخت وانگه او بر جملهٔ انوار تاخت[4] ۹۱۱

حق تعالیٰ نَفْسِ آدمی را که در صمیم ذات «نار معنوی» است برای انبیا و اولیا برگرفت و به نور مبدّل کرد و این نور صاف بر همهٔ انوار برتری یافت.

آن سَنابرقی[5] که بر ارواح تافت تا که آدم معرفت زآن نور یافت ۹۱۲

آن نور تابناکی که در واحدیّت بر «اعیان ثابتهٔ ارواح» تجلّی کرد، به همهٔ ارواح فیض مقدّس را رسانید و آدم(ع) از آن معرفتی تمام یافت، همان‌گونه که روحِ پاک دیگر برگزیدگان از آن نور روشن شد و معرفت یافت.

---

۱ - **فضل :** لطف الهی.

۲ - **کبریا :** عظمت. اشاره به مبحثی در علم کلام، که رسالت انبیا بنا بر احتیاج خداوند به وجود رسولان برای تحقّق اهداف آفرینش نیست، بلکه بر اساس فضل و کبریای اوست.

۳ - **تک افلاکیان :** عالم ملکوت که عرصهٔ تاخت و تاز افلاکیان است.

۴ - مُراد آنکه: حق تعالیٰ، نَفْسِ «انبیا و اولیا» را که به اعتبارِ وجودِ نَفْسی و تعلّق به بدن و اتّحاد با مادّهٔ جسمانی در صمیم ذات و جوهرِ وجودش نارِ معنوی است [هُمَزَة: ۶/۱۰۴: نارُ اللهِ الْمُوقَدَةُ. آتشی که خدا افروخته]، برگرفت و پس از تحوّل و ترقّی و استکمال به مقام «روح» و «نور محض» و «عقل صِرف» رسانید: با استفاده از شرح مقدّمهٔ قیصری، ص ۸۱۳. نورِ صافیِ بزرگانی که حقّانی شده‌اند، در اتّصال است با «تجلّی ذاتی» حق در «تعیّن اوّل» که مقام احدیّت است و اختصاص به حقیقت محمّدیه(ص) و اهل بیت او(ع) دارد: همان، ص ۵۷۸. بدین ترتیب، حقیقتِ وجود با فیض اقدس به مرتبهٔ واحدیّت تنزّل می‌یابد و در این مرحله فیض مقدّس درکسوت صور خارجیّه و صور ادراکیّه ظاهر می‌گردد: همان، ص ۱۵۳. این مقام را حضرت عمائیّه نیز نامیده‌اند و گاه عماء را در تعیّن اوّل اعتبار نموده‌اند، حقیقت عمائیّة باطن اسم‌الله است و مقام اسم‌الله، مقام جمع‌الجمع جمیع اسما است: همان، ص ۲۱۰. پس بدین جهات است که می‌فرماید: آن نور صافی مبدأ جمیع حقایق است و بر همهٔ انوار برتری دارد.

۵ - **سَنابرق :** روشنی برق. از سورهٔ نور: ۴۳/۲۴.

آن کز آدم رُست و دست شیث چید　　　پس خـلیفه‌ش کـرد آدم کآن بـدید ۹۱۳

گل‌هایِ بوستان معرفتی را که در آدم(ع) رویید، شیثِ پیامبر چید که آدم(ع) او را خـلیفهٔ خود کرد؛ زیرا خوشه‌چینِ معانی بود.

نوح از آن گوهر که برخـوردار بـود　　　در هـوایِ بـحرِ جـان[1] دُربـار بـود ۹۱۴

نوح(ع) هم از آن معرفت گهربار برخوردار بود که در عشق بحر جان، دُرفشانی می‌کرد و معارف را بر قوم فرو می‌خواند.

جـانِ ابـراهـیم[2] از آن انـوارِ زَفْت[3]　　　بـی‌حَذَر[4] در شـعله‌هایِ نـار رفت ۹۱۵

جانِ ابراهیم(ع) از آن انوار معرفت چنان منوّر و عظیم گـردید کـه بـدون هـراس گـام در شعله‌های آتش نمرود نهاد.

چونکه اسـماعیل در جـویَش فُـتاد　　　پـیشِ دشـنهٔ آبـدارش سـر نـهاد[5] ۹۱۶

هنگامی که اسماعیل(ع) در جریان جویبار معرفت قرار گرفت، چنان بیخود شـد کـه در برابر دشنهٔ برّان سر نهاد.

جان داوود[6] از شـعاعش گـرم شـد　　　آهـن انـدر دستْ‌بـافش نـرم شـد[7] ۹۱۷

جان داوود(ع) از پرتو انوار الهی چنان مشتعل گردید که آهن در دستِ او چون موم نرم شد. خداوند داوود(ع) را صنعت زره‌بافی تعلیم فرمود.

چون سلیمان[8] بُد وصالش را رَضیع[9]　　　دیـو گشـتش بـنده فرمان و مـطیع ۹۱۸

سلیمان(ع) از شیر وصال انوار الهی چنان نوشید که در پرتو عظمتِ سلطنتِ ظاهری و باطنیِ او، دیو و دد مطیع بودند و سر بر خط فرمان داشتند.

در قضا یـعقوب چـون بـنهاد سـر　　　چشـمْ روشـن کـرد از بـویِ پسـر ۹۱۹

چون یعقوب(ع) از نور الهی منوّر بود، به قضای حق تسلیم شد و بار دیگر از بوی پیراهن یوسف(ع) بینایی را باز یافت.[10]

---

۱ - **بحرِ جان :** حقیقتِ جان انسان.　　۲ - **ابراهیم**(ع) : ر.ک: ۵۵۱/۱.　　۳ - **زَفت :** بزرگ، عظیم.

۴ - **حَذَر :** پرهیزکننده، ترسان.　　۵ - داستان ذبح اسماعیل(ع) : ر.ک: ۲۲۸/۱. «سر نهاد»: تسلیم شد.

۶ - **داوود**(ع) : ر.ک: ۴۹۵/۲.

۷ - اشارتی قرآنی؛ سبا : ۱۰/۳۴ : ... وَ أَلَنّٰا لَهُ اْلحَدیدَ : ... و آهن را برای او نرم کردیم.

۸ - **سلیمان**(ع) : ر.ک: ۲۶۲۰/۱. اشارتی قرآنی؛ سبا: ۱۲/۳۴.　　۹ - **رضیع :** شیرخواره.

۱۰ - **یوسف**(ع) : ر.ک: ۳۲۴۲/۲. اشارتی قرآنی، یوسف : ۹۴/۱۲.

یوسفِ مَه‌رو چو دید آن آفتاب   شد چنان بیدار در تعبیرِ خواب ۹۲۰

یوسف(ع) صاحب جمال، آن خورشید تابناک را در خواب دید که در بیداری به مقامِ پیامبری و عظمتِ دنیایی رسید و در تعبیر و تأویل خواب چنان آگاه بود.

چون عصا از دستِ موسی[1] آب خَورد   مُلکتِ[2] فرعون را یک لقمه کَرد ۹۲۱

موسیٰ(ع) از انوار الهی بهره‌مند بود که عصایِ او، سلطنتِ فرعون را مانند لقمه‌ای بلعید و نابود کرد.

نردبانش عیسی[3] مریم چو یافت   بر فرازِ گُنبدِ چارم شتافت ۹۲۲

عیسیٰ(ع) آن نور را یافت که توانست به آسمان چهارم صعود کند.

چون محمّد یافت آن مُلک[4] و نعیم[5]   قرص ِ مَه را کرد او در دم دُو نیم[6] ۹۲۳

چون پیامبر(ص) به آن مُلک و نعمت ابدی رسید، توانست قرص ماه را بشکافد.

چون ابوبکر[7] آیتِ توفیق شد   با چنان شه صاحب و صدّیق[8] شد ۹۲۴

چون به ابوبکر نشانه‌ای از انوار و توفیق الهی رسید، با چنان شاهی همنشین شد و لقب صدّیق یافت.

چون عُمَر[9] شیدایِ آن معشوق شد   حقّ و باطل را چو دل فاروق[10] شد ۹۲۵

چون عمر شیدای معشوق ابدی شد، فاروق حق و باطل گردید.

چونکه عثمان آن عیان[11] را عین[12] گشت[13]   نورِ فایض[14] بود و ذِی‌اَلنُّورَیْن[15] گشت ۹۲۶

چون که عثمان برای آن نور عیان، چشمه‌ای جوشان شد، وجودِ فیض رساننده‌ای گردید که توانست از دو نورِ چشم پیامبر(ص)، یعنی دو دختر ایشان بهره‌مند گردد.

---

۱ - **موسیٰ(ع)** : ر.ک: ۲۷۹/۱ و ۱۶۲۵/۱.   ۲ - **مُلکت** : پادشاهی، سلطنت.
۳ - **عیسی(ع)** : ر.ک: ۲۸۰۲/۱.   ۴ - **مُلک** : پادشاهی.   ۵ - **نعیم** : نعمت و ناز.
۶ - **شقّ القمر** : ر.ک: ۱۱۸/۱.   ۷ - **ابوبکر** : ر.ک: ۲۷۰۰/۱.   ۸ - **صدّیق** : لقب ابوبکر.
۹ - **عمر** : ر.ک: ۱۲۴۶/۱.   ۱۰ - **فاروق** : فرق‌گذارندهٔ میان حق و باطل.   ۱۱ - **آن عیان** : نور آشکار.
۱۲ - **عین** : چشمه.   ۱۳ - **عین گشت** : چشمهٔ آن نور شد.   ۱۴ - **فایض** : فیض رساننده.
۱۵ - **ذوالنّورین** : لقب عثمان بن عفان، بدان جهت که دو کریمهٔ رسول(ص) را به زنی داشت، اوّل رقیه(س) و پس از وفات وی دختر دیگر آن حضرت امّ‌کلثوم(س).

چون ز رویش مرتضی شد دُرفشان گشت او شیرِ خدا در مَرْج[۱] جان ۹۲۷

چون علی(ع) در پرتو تابشِ انوارِ الهی دُرفشان شد و به بیان علم و اسرار الهی پرداخت، وجود منوّرش، چون شیری در مرغزار جان‌ها، پرده‌های جهل و ظلمت را درید.

چون جُنید[۲] از جُندِ او[۳] دید آن مدد خود مقاماتش فزون شد از عدد ۹۲۸

وقتی که جنید بغدادی، صوفی و عالم نامی، آن نور و امداد الهی را در پناه ایمان و تسلیم یافت، به عالی‌ترین مقامات معنوی رسید.

بایزید[۴] اندر مزیدش راه دید نامِ قطب‌العارفین از حق شنید ۹۲۹

بایزید بسطامی، صوفی نامی، راهِ استغراقِ افزون‌تر در حق را در ازدیاد انوار الهی دید؛ زیرا او هم از فیض مقدّس بهره‌مند بود و از سوی حق ملقّب به «قطب‌العارفین» گردید.

چونکه کَرخی[۵] کَرخ[۶] او را شد حَرَس[۷] شد خلیفهٔ عشق و رَبّانی نَفَس ۹۳۰

چون که معروف کرخی پاسبان حرم عشق گردید، نَفَسی ربّانی یافت و خلیفهٔ عشق شد.

پورِ اَدهم[۸] مرکب آن سو راند شاد گشت او سلطانِ سلطانانِ داد ۹۳۱

ابراهیم بن ادهم هم مرکب همّت به سوی انوار معرفت راند و سلطانِ سلاطینِ عدالت شد.

و آن شقیق[۹] از شقِّ[۱۰] آن راهِ شگرف[۱۱] گشت او خورشیدْ رای[۱۲] و تیزْطَرْف[۱۳] ۹۳۲

شقیق بلخی عارف معروف هم از باز شدن آن راه عظیم برای کمال معنوی و روحانی، به افق اعلای انسانی اتّصال یافت که دارای اندیشه‌ای منوّر و نظری قاطع بود.

---

۱ - **مَرْج** : مرغزار.

۲ - **جُنید** : صوفی و عارف بزرگوار، اصل وی از نهاوند بود، به سال ۲۹۷ یا ۲۹۸ وفات یافت.

۳ - **جُندِ او** : سپاه او، امداد الهی. ۴ - **بایزید** : ر.ک: ۲۲۸۵/۱.

۵ - **معروف کَرخی** : معروف بن فیروز یا فیروزان بغدادی کرخی مُکَنّیٰ به ابومحفوظ از مشاهیر عرفاست. پدر و مادرش نصرانی بودند، گفته‌اند: در هفت سالگی بر حسب ارشاد حضرت رضا(ع) اسلام آورد، سلسله‌ای از صوفیّه سند طریقتی خویش را به او و به واسطهٔ او به امام رضا(ع) می‌رسانند. در سال ۲۰۰ هجری در بغداد درگذشت.

۶ - **کَرخْ** : خانه، محلّه‌ای در بغداد که شاپور ذوالاکتاف آن را بنا نهاد. معروف کرخی از این محلّه که سابقاً دهی بوده، برخاسته است.

۷ - **حَرَس** : جمع حارس؛ نگاهبان درگاه سلطان، در فارسی به جای مفرد نیز به کار رفته است.

۸ - **ابراهیم اَدْهَم** : ر.ک: ۳۲۱۷/۲.

۹ - **شقیق بلخی** : ابوعلی شقیق بن ابراهیم بلخی، مقتول به سال ۱۹۴ قمری، در طریقت مصاحب ابراهیم ادهم و استاد حاتم اصم بود. در جنگ با ترکان به قتل رسید. ۱۰ - **شق** : شکاف و رخنه.

۱۱ - **راهِ شگرف** : اینجا راه حق. ۱۲ - **خورشیدرای** : صاحب اندیشهٔ تابناک.

۱۳ - **تیزْطَرْف** : قاطع و نافذ.

صد هزاران پادشاهانِ نهان   سرفرازان‌اند زآن سوی جهان[1] ۹۳۳

علاوه بر شهسوارانی که نامشان در این قطعه آمد، صدهزاران تن اولیای حق و بزرگان عالم معنا هستند که عظمتِ روحانی‌شان از نظر خلق نهان است؛ امّا سرافرازانِ عوالمِ روحانی‌اند و از پرده‌نشینانِ حرمِ ستر و عفاف.

نامشان از رشکِ[2] **حق پنهان بماند   هر گدایی نامشان را بر نخواند** ۹۳۴

از غیرت حق نامِ آنان نهان است تا هر بی‌سروپا نامِ این بزرگواران را بر زبان جاری نکند.

حقِّ آن نور و حقِ نورانیان   کاندر آن بحرند همچون ماهیان ۹۳۵

به حقِّ نوری که در ازل تجلّی کرد و به حقّ مردان نورانی که در دریایی از نور شناورند،

بحرِ جان و جانِ بحر ار گویمش   نیست لایق نامِ نو می‌جویمش ۹۳۶

اگر آن را «دریای جان» یا «جانِ دریا» بنامم، حقّ مطلب را ادا نکرده‌ام و نامی شایسته می‌جویم.

حقِّ آن آنی که این و آن از اوست   مغزها نسبت بدو باشند پوست[3] ۹۳۷

به حقِّ آن حقیقتی که «ظاهر و باطن» رَشَحاتی از ظهور ظلّی اوست و «باطن حقایق» نیز نسبت به ذاتِ او ظاهر و پوست است،

که صفاتِ خواجه‌تاش و یارِ من   هست صد چندان که این گفتارِ من ۹۳۸

که صفاتِ همتا و دوستِ من، صد چندان بیش از این است که گفته‌ام.

آنچه می‌دانم ز وصفِ آن ندیم   باورت ناید، چه گویم؟ ای کریم! ۹۳۹

ای کریم، من در وصف آن مونس چه بگویم هنگامی که تو باور نمی‌کنی؟

شاه گفت: اکنون از آنِ خود بگو   چند گویی آنِ این و آنِ او؟ ۹۴۰

شاه به غلام گنده‌دهان گفت: اکنون از احوال و اوصاف خود بگو، تا کی از این و آن سخن می‌گویی؟

تو چه داری و چه حاصل کرده‌ای؟   از تکِ دریا چه دُر آورده‌ای؟ ۹۴۱

بگو تو چه کمالاتی داری و چه حاصل کرده‌ای؟ چه گوهرهایی توانستی از اعماق دریای جان خود استخراج کنی؟

---

۱ - مستفاد است از مضمون حدیث قدسی: أَوْلِیَائي تَحْتَ قِبابِي لا یَعْرِفُهُمْ غَیْرِي: دوستان من زیر سقف و گنبدهای خاصّ من به سر می‌برند و کسی جز من از آنان خبر ندارد: احادیث، ص ۱۸۱.

۲ - **رشک**: غیرت، دور نگاه داشتن نامحرمان.

۳ - ادامه در بیت بعد، اینک رشتهٔ کلام به دست غلام گنده‌دهان داستان سپرده می‌شود.

روزِ مرگ این حسّ تو باطل شود   نورِ جان داری که یارِ دل شود؟ ۹۴۲

با فرارسیدن اجل که حواسّ طبیعی از میان می‌رود، جان تو منوّر هست که همدمِ دلِ تو شود؟

در لَحَد کین چشم را خاک آکَنَد   هست آنچه گور را روشن کُند؟ ۹۴۳

هنگامی که خاک چشمِ ظاهری‌ات را پر می‌کند، چیزی داری که گور تو را روشن کند؟

آن زمان که دست و پایت بردَرَد   پرّ و بالت هست تا جان برپَرد؟ ۹۴۴

آن زمانی که اندامِ تو متلاشی می‌شود، جانِ تو بال و پری دارد که پرواز کند؟

آن زمان کین جانِ حیوانی نماند   جانِ باقی بایدت بر جا نشاند ۹۴۵

زمانی که «حیات حیوانی» یا این «کالبد عنصری» از تکاپو بیفتد، باید جان باقی را به جای آن بنشانی.

شرطِ مَنْ جٰا بِالحَسَن[1]، نه کردن است   این حَسَن را سویِ حضرت بُردن است ۹۴۶

شرط آنکه خداوند در قرآن کریم فرموده است: هر کس کار نیکو کند، ده برابر پاداش می‌یابد، تنها انجام دادنِ فعلِ نیک نیست، باید در انجام آن چنان صداقت و نیّت پاکی باشد که این کارِ نیک به درگاه حق برسد.

جوهری[2] داری ز انسان؟ یا خری؟   این عَرَض‌ها که فنا شد چون بَری؟ ۹۴۷

آیا به «حقیقت» یا «جوهر صافی» باطن خود که می‌تواند به ملکوت عالم متّصل باشد، رسیده‌ای؟ روزی که فقط حقایق جلوه‌گرند، چگونه این عَرَض‌هایِ فانی را به بارگاه باری تعالیٰ می‌رسانی؟

این عرض‌هایِ نماز و روزه را   چونکه لا یَبْقیٰ زَمانَیْنِ انْتَفیٰ ۹۴۸

این «نماز و روزه» از جنسِ «عَرَض»‌اند و عَرَض در دو زمان باقی نمی‌مانَد و منتفی می‌شود. غرض از انجام عبادات و افعال نیک، تأثیری است که انجام خالصانهٔ توأم با معرفت آن فعل در ترقّیِ معنوی آدمی دارد. اگر این نتیجهٔ معنوی حاصل نشود، انجام فیزیکیِ این افعال در جهت اهداف عالی هستی نیست و اموری «فانی و عَرَض» به شمار می‌آیند و چون هر

---

۱ - اشارتی قرآنی، انعام: ۱۶۰/۶، ر.ک: ۸۹۸/۲

۲ - **جوهر و عَرَض**: حکما موجودات را به واجب و ممکن، و ممکن را به جوهر و عَرَض، مجرّد و مادّی تقسیم نموده‌اند. مجرّدات منحصر در عقول و نفوس و عالم مثال‌اند. جوهر و عَرَض اصطلاحاتی منطقی و فلسفی‌اند، چیزی را که قائم به نفس خود باشد جوهر نامند، ضدّ عَرَض. هر چیزی را که قائم به چیز دیگری باشد مثل الوان و صفات، عَرَض نامند.

عَرَضی بنا بر مسلک اشاعره در دو زمان باقی نمی‌ماند و فانی می‌گردد؛ پس هنگامی شأن حقیقیِ خود را می‌یابند که بر «روح انسانی» در جهت کمال اثر بگذارند.

نقل نتوان کرد مر اَعْراض را　　لیک از جوهر بَرَند امراض را ۹۴۹

اَعراض را که فانی‌اند نمی‌توان به جهان باقی برد؛ امّا خاصیّت امور عَرَضی آن است که اگر با معرفت و خالصانه عمل شوند، در مادّهٔ جوهری تحوّلاتی ایجاد می‌کنند؛ یعنی «صفات بشری» به «صفات حقی» تبدّل می‌یابند.

تا مبدَّل گشت جوهر[1] زین عَرَض　　چون ز پرهیزی، که زایل شد مرض ۹۵۰

چون «جوهر انسانی» به اعتبار وجود مادّی عین بدن است و چون مادّهٔ جوهریِ آن قابلیّتِ تغییر و تحوّل به صورت‌های مختلف: جمادی، نباتی، حیوانی و انسانی را دارد؛ پس به سبب تأثیر امور عَرَضی از قبیل طاعات و عبادات و افعال نیک، در جهت کمال تبدیل می‌یابد، مانند بیماری که با پرهیز از خوراک زیان‌بخش می‌تواند بهبود یابد.

گشت پرهیزِ عَرَض جوهر، به جهد　　شد دهانِ تلخ از پرهیزْ شهد ۹۵۱

هنگامی که بیمار با پرهیز از چیزهای زیان‌بخش که عَرَض‌اند، می‌تواند جوهرِ وجود خود را سلامت ببخشد و دهانی را که در اثر ابتلای به بیماری تلخ شده است، شیرین کند؛ پس نتیجه می‌گیریم که امور عَرَضی، مانند «صفاتِ بشری» هم قابل تبدیل به اموری جوهری و حقیقی‌اند.

از زراعت خاک‌ها شد سُنبله　　داروِیِ مُو کرد مُو را سلسله ۹۵۲

به عنوان مثال، در زراعت هم همین امر رُخ می‌دهد؛ یعنی با کشت و زرع، مادّهٔ جوهریِ خاک از مرحلهٔ جمادی به نباتی ارتقا می‌یابد، یا داروی مو، سبب پرپشت شدن موی سر می‌گردد.

آن نکاحِ[2] زن عَرَض بُد، شد فنا　　جوهرِ فرزند حاصل شد ز ما ۹۵۳

نکاح با زن نیز به خودی خود عَرَضی و فانی است، حاصل این فعل می‌تواند جوهر وجود فرزند باشد که قابلیّت و استعداد بقا دارد.

---

۱ - **جوهر** : جوهر انسانی، قابلیّتی که نَفْس آدمی برای ترقّی و تنزّل دارد، شأنی که موجب تمایز انسان از حیوان است.　۲ - **نکاح** : زناشویی.

جفت کردن اسب و اشتر را، عَرَض   جوهر کُرّه بزاییدن، غَرَض ۹۵۴

آمیزش حیوانات نر و ماده نیز عَرَضی و فناپذیر است؛ امّا غرض از آن، به وجود آمدن کرّه حیوان است که دارای مادّهٔ جوهری است.

هست آن بُستان نشاندن هم عَرَض   کشتِ جوهر گشت بُستان، نَک غرض ۹۵۵

کاشتن گل و گیاه در بوستان نیز عَرَض است و مقصود از آن، جوهر، یعنی محصول است.

هم عَرَض دان کیمیا بُردن به کار   جوهری زآن کیمیا گر شد، بیار ۹۵۶

به کار بردن کیمیا نیز عَرَض است و منظور تبدیلِ جوهر مس به طلاست.

صیقلی کردن عَرَض باشد شها !   زین عَرَض، جوهر همی زاید صفا ۹۵۷

آیینهٔ درون آدمی با طاعات و عبادات، اوراد و اذکار و افعال نیک صیقلی می‌شود که اموری عَرَضی‌اند و از این عَرَض‌ها «جوهرِ وجود» مصفّا می‌گردد.

پس مگو که من عمل‌ها کرده‌ام   دخلِ[1] آن اعراض را بنما، مَرَم[2] ۹۵۸

پس ادّعا نکن که طاعات و عبادات و نیکی‌ها داشته‌ام، به حاصلِ آن بنگر و ببین که چقدر تعالی روحانی یافته‌ای؟ و از سخن من آزرده نشو.

این صفت کردنْ عَرَض باشد خمُش   سایهٔ بُز را پیِ قربان مَکُش[3] ۹۵۹

خاموش باش و در توصیف کارهایِ خود سخن نگو که گفتن نیز عَرَض است. اگر عَرَض‌ها در تبدیلِ صفاتِ تو اثر داشته‌اند و به جوهر حقیقت خویش رسیده‌ای که حقایق مبیّن اوصاف خویش‌اند؛ امّا اگر افعال را که عَرَض‌اند، وصف می‌کنی، مانند آن است که برای ذبح، سایهٔ بُزی را به قربانگاه ببری که قربانی کنی، بُز را پیش آور.

گفت: شاها ! بی‌قُنوطِ[4] عقل نیست   گر تو فرمایی عَرَض را نقل نیست[5] ۹۶۰

غلام گفت: ای شاه، اگر تو بگویی که عَرَض قابل انتقال نیست، عقل آدمی مأیوس می‌شود؛ زیرا عقلِ خداجو می‌پندارد که از طریق طاعات و عبادات می‌توان به حق رسید.

پادشاها ! جز که یأس بنده نیست   گر عَرَض کآن رفت باز آینده نیست ۹۶۱

ای پادشاه، این سخن که عَرَض می‌رود و باز نمی‌گردد، جز یأس نتیجه‌ای ندارد.

---

۱ - **دخل** : درآمد، حاصل.   ۲ - **مَرَم** : رم نکن، آزرده نشو.   ۳ - ضرب المثل.
۴ - **قُنوط** : ناامیدی، یأس.   ۵ - **نقل نیست** : قابل انتقال نیست.

گر نبودی مر عَرَض را نَقل[1] و حَشْر[2] فــعل بــودی بـاطل و اقـوالْ فَشْـر[3] ۹۶۲

اگر برای اَعراض انتقال و حشر نباشد، تمام کارها و گفتارها بیهوده‌اند.

این عَرَض‌ها نقل شـد لونـی دگـر[4] حَشْـر هـر فـانی بُـوَد کَـوْنی دگـر[5] ۹۶۳

«عَرَض»ها هم انتقال می‌یابند؛ امّا نوعی دیگر که متناسب با ماهیّت و مرتبهٔ وجودیِ آنان است، یعنی به تعبیر فلسفی با حفظ ماهیّت، به مرتبهٔ دیگری از مراتب موجودات امکانی منتقل می‌شوند.

نقلِ هـر چـیزی بُـوَد هـم لایـقش[6] لایـقِ گَـلّه بُـوَد هـم سـایقش[7] ۹۶۴

هر عَرَضی متناسب با شایستگی‌اش منتقل می‌شود، مانند هر گلّه که چوپانی متناسب دارد.

وقتِ محشر هر عَرَض را صورتی‌ست صورتِ هـر یک عَـرَض را نـوبتی‌ست ۹۶۵

هنگام حَشر، هر عَرَضی، صورتی خاص دارد که در زمان مناسب آشکار می‌شود.

بنگر اندر خود، نه تو بودی عَرَض؟ جنبشِ جُفتی و جـفتی بـا غَـرَض ۹۶۶

به خودت نگاه کن، مگر تو روزی عَرَض نبودی؟ وجود فعلی‌ات نتیجهٔ جنبش هدفمند زن و مردی بوده است.

بــنگر انــدر خــانه و کــاشانه‌ها در مــهندس بــود چــون افسـانه‌ها ۹۶۷

به ساختمان‌ها و خانه‌ها بنگر، هر یک از آن‌ها ابتدا در فکرِ مهندس شکلی ذهنی و خیالی بوده است.

آن فلان خانه که ما دیـدیم خَـوش بود موزون صُفّه[8] و سـقف و دَرَش ۹۶۸

مثلاً فلان خانهٔ خوشایندی را که دیدیم و در آن ایوان و سقف و در متناسب بود،

از مـهندس آن عَـرَض و انـدیشه‌ها آلت آورد و ســـتون از بــیشه‌ها ۹۶۹

عَرَضی در ذهن مهندس سبب شد برای تحقّقِ صورتِ ذهنی وسایلی را گرد آوَرَد.

چیست اصل و مایهٔ هـر پـیشه‌یی؟ جز خیال و جز عَرَض و اندیشه‌یی ۹۷۰

اصلِ هر پیشه چه چیزی بوده است؟ دقّت کنید، می‌بینید که چیزی جز تحقّقِ انـدیشهٔ اوّلیه نبوده است.

---

۱ - **نقل** : انتقال. ۲ - **حشر** : برانگیخته شدن، ایجاد بعد از فنا. ۳ - **فَشْر** : هذیان، بیهوده.
۴ - **لونی دگر** : اینجا نوعی دیگر. ۵ - **کَوْنی دگر** : عالمِ وجودی دیگری، مرتبهٔ دیگری.
۶ - **لایق** : در خور، سزاوار.
۷ - **سایق** : سائق: رانندهٔ چاروا، شبان، کسی که نابینا را از پس سرکمک می‌کند و می‌رانَد. ۸ - **صُفّه** : ایوان.

جمله اجزایِ جهان را بی‌غَرَض   در نگر حاصل نشُد جز از عَرَض ۹۷۱

اگر به اجزای جهان بدون غرض توجّه کنی، می‌بینی که منشأیی جز عَرَض‌ها ندارند.

اوّلِ فکر، آخِر آمد در عمل   بِنْیَت[1] عالَم چنان دان در ازل[2] ۹۷۲

آنچه در ابتدا به صورت «اندیشه» بود، در عمل، بعد از انجامِ کارها ظاهر شد، بنیان عالم از ازل چنین بوده است.

میوه‌ها در فکرِ دل اوّل بُوَد   در عمل، ظاهر به آخر می‌شود ۹۷۳

همواره فکرِ یک چیز بر آن تقدّم دارد، «فکر»، همان «صورت ذهنی» است که پس از فعالیّت تحقّق خارجی می‌یابد.

چون عمل کردی شجر بنشاندی   اندر آخر حرفِ اوّل خواندی ۹۷۴

چون کاری کردی و درختی کاشتی که هدف از آن، حصول میوه است، با پدید آمدن ثمره، صورت ذهنیِ نخستین را متحقّق می‌یابی.

گرچه شاخ و برگ و بیخش اوّل است   آن همه از بهرِ میوه مُرسل است[3] ۹۷۵

هرچند که شاخه، برگ و ریشه، نسبت به میوه، تقدّم زمانی دارند؛ امّا برای پیدایش میوه‌اند.

پس سِری که مغزِ آن افلاک بود   اندر آخِر خواجهٔ لولاک[4] بود ۹۷۶

پس هدفِ آفرینش «افلاک و عالم هستی»، تحقّقِ «صورت علمی انسان کامل محمّدی(ص)» در «صورت خلقی» و ظهور او در این عالم بوده است. این حقیقت در ابتدای وجود و بر حسب قوس نزول، واسطهٔ ظهورِ ممکنات و به اعتبار قوس صعود شاهد بر جمیع انبیا و قافله‌سالار کائنات است.

---

۱ - **بنیت** : بنا، ساختمان.

۲ - صورت عالم هستی و اجزای عالم خلق در علم حق تعالیٰ موجود است و در مرتبهٔ واحدیّت، وجود درکسوت صور خارجیّه و صور ادراکیّه ظاهر می‌گردد.   ۳ - **مُرسَل** : فرستاده شده.

۴ - اشاره به حدیث قدسی: لَوْلاكَ لَمّا خَلَقْتُ الْأَفْلاكَ : اگر نه بهر تو بود، افلاک را خلق نمی‌کردم.

پس با وجود خواجهٔ لولاک، اهداف آفرینش تحقّق یافته است، به این معنی که در مقام واحدیّت وجود که مقام حقیقت محمّدیّه(ص) و مقام جمع‌الجمع است، ذات حق تعالیٰ با تجلّی علمی که همان تجلّی و ظهور خود به ذات خود باشد، اوصاف جمال خویش را به خود قرائت می‌کند و خود می‌شنود، این ظهور خود به خود، متضمّن علم و ظهور جمیع حقایق در این موطن است و از آن به مطلع کتاب تعبیر شده است: شرح مقدّمهٔ قیصری، ص ۲۵۰.

نقل اعراض است این بحث و مقال　　نقلِ اعراض است این شیر و شغال ۹۷۷

همهٔ این «بحث و گفت‌وگو» هم انتقال اعراض است، یعنی انتقال «صورت ذهنی اندیشه» به ذهنی دیگر برای تحوّلِ جوهری شنونده، داستان شیر و شغالِ کلیله و دمنه هم همین مقصود را در پی دارد و نقل اعراض است.

جمله عالم خود عَرَض بودند تا　　اندر این معنی بیامد هَلْ اَتا[1] ۹۷۸

بنابراین نتیجه می‌گیریم که همهٔ «عالَم هستی» قبل از آنکه «حقیقت کلّی انسان» که «وجود صِرف» است، به انسان کامل تعلّق یابد، عَرَض بوده‌اند.

این عَرَض‌ها از چه زاید؟ از صُوَر　　وین صُوَر هم از چه زاید؟ از فِکَر ۹۷۹

عَرَض‌ها از صورت‌ها زاده می‌شوند و صورت‌ها هم از اندیشه‌ها.

این جهان یک فکرت است از عقلِ کُل　　عقلْ چون شاه است و صورت‌ها رُسُل ۹۸۰

«عوالم هستی» حاصلِ اندیشه‌ای از عقل کلّ است که تمام مراتب وجود، ظهور و تجلیِّ آن‌اند و عقل به منزلهٔ روح ساری در همهٔ حقایق است؛ پس عقل کلّ، مانند شاه است که صورت خارجیِ اشیا رسولان وی‌اند و حُکمِ عقل فعلاً و کمالاً در آن‌ها ساری و جاری‌است.

عالَمِ اوّل[2] جهانِ امتحان　　عالَمِ ثانی[3] جزایِ این و آن ۹۸۱

دنیا یا «عالم اوّل»، جهان آزمون است و آخرت یا «عالم ثانی»، محلّ جزاست.

چاکرت، شاها! جنایت می‌کند　　آن عَرَض، زنجیر و زندان می‌شود ۹۸۲

ای شاه، اگر چاکرت مرتکب جنایتی شود که عَرَض و فانی است، همان عَرَض سبب زندان و زنجیر می‌گردد و در جوهر وجودش اثر می‌گذارد.

بنده‌ات چون خدمتِ شایسته کرد　　آن عَرَض، نی خلعتی شد در نَبَرد؟ ۹۸۳

امّا اگر بندهٔ شما، خدمتی شایسته کرد، این عَرَض خلعتی را می‌آورد که «جوهر» است، یعنی قُربِ شاه.

---

۱ - اشارتی قرآنی؛ انسان: ۱/۷۶: هَلْ أَتَىٰ عَلَى ٱلْإِنسَانِ حِينٌ مِّنَ ٱلدَّهْرِ لَمْ يَكُن شَيْـًٔا مَّذْكُورًا: بر انسان روزگاری گذشت که او در طیّ آن، هیچ چیز مذکوری نبود.

ابوبکر نیشابوری در قصص قرآن می‌نویسد: خدای تعالی بر خاک آدم چهل روز باران اندوهان بارید و یک ساعت باران شادی، سپس پیش از آنکه جان در کالبد آوَرَد، چهل سال میان مکّه و طائف بماند.　۲ - **عالمِ اوّل:** دنیا.

۳ - **عالمِ ثانی:** آخرت.

این عَرَض با جوهر، آن بیضه[1]ست و طَیْر[2]   ایـن از آن و آن از ایـن زایـد بـه سَیْر[3] ۹۸۴

ارتباط عَرَض با جوهر، مثل ارتباط تخم مرغ و مرغ است که در سیر تکامل، این از آن و آن از این حاصل می‌شود.

گفت شاهنشه: چنین گیر، اَلْمُراد   این عَرَض‌هایِ تو یک جوهر نزاد؟ ۹۸۵

شاه به غلام گنده‌دهان گفت: فرض کنیم که چنین باشد، آیا عَرَض‌های تو جوهری پدید نیاورده است؟

گفت: مخفی داشته‌ست آن را خِرَد[4]   تا بُوَد غیب این جهانِ نیک و بد ۹۸۶

غلام گفت: «عقلِ کُل» نیک و بدِ باطن‌ها را در این جهان نهان داشته، یعنی حق تعالیٰ اراده کرده است که «جوهر» در دنیای محسوس آشکار نباشد.

زانکه گر پیدا شدی اشکالِ[5] فِکر[6]   کافر و مؤمن نگفتی جز که ذِکر ۹۸۷

زیرا اگر شکل و صورت‌های اندیشه‌ها آشکار می‌گردید، کافر و مؤمن جز «ذکر حق» به کار دیگری نمی‌پرداختند.

پس عیان بودی نه غیب ای شاه! این   نقشِ دین و کفر بودی بر جَبین[7] ۹۸۸

پس همه چیز آشکار بود و آثار ایمان و کفر بر پیشانی هرکس به خوبی هویدا بود و جهان عیان همان جهان غیب بود.

کی دراین عالم بُت و بتگر بُدی؟   چون کسی را زَهرهٔ تَسْخَر بُدی؟ ۹۸۹

در نتیجه، در دنیا بت و بت‌ساز باقی نمی‌ماند، چه کسی جرأت داشت کسی را ریشخند کند؟

پس قیامت بودی این دنیایِ ما   در قیامت که کند جُرم و خطا؟ ۹۹۰

بنابراین، همین دنیا قیامت بود، در رستاخیز چه کسی خطا می‌کند؟

گفت شه: پوشید حق پاداشِ بد   لیک از عامه، نه از خاصان خود ۹۹۱

شاه گفت: حق تعالیٰ، کیفر اعمال بد را از عوام مخفی داشته است نه از خواص.

---

۱ - **بیضه**: تخم، تخم مرغ.   ۲ - **طَیر**: مرغ.   ۳ - **به سیر**: در سیر تکاملی.
۴ - **خِرَد**: اینجا عقل کُل.   ۵ - **اَشکال**: شکل‌ها.   ۶ - **اشکالِ فکر**: صورتِ ذهنیِ اندیشه‌ها.
۷ - **جبین**: پیشانی.

گر بـه دامـی افکـنم مـن یک امـیر — از امـیران خُـفیه دارم، نـه از وزیـر ۹۹۲

اگر امیری را محبوس کنم، شاید از امیران و فرماندهان نهان بدارم؛ ولی از وزیر که محرم است، مخفی نمی‌کنم.

حق به من بنمود پس پـاداشِ کـار — وز صُـوَرهایِ عـمل‌ها صـد هـزار ۹۹۳

حق تعالیٰ پاداش کارها را در صورت‌های اعمال به وفور به من نشان داده است.

تـو نشـانی دِه کـه مـن دانـم تـمام — مـاه را بـر مـن نـمی‌پوشد غَـمام[1] ۹۹۴

تو هم اگر این را می‌دانی و پاداشِ اعمال بر تو پوشیده نیست، نشانی را بگو تا من متوجّه شوم؛ زیرا ماهِ حقایق را ابر نمی‌تواند بر من بپوشانَد.

گفت: پس، ازگفتِ من مقصود چیست؟ — چون، تو می‌دانی که آنچه بود چـیست ۹۹۵

غلام گفت: اگر تو حقیقتاً می‌دانی، گفتن من بیهوده است.

گفت شه: حِکمت در اظهارِ جهان — آنکـه دانسـته بـرون آیـد عـیان[2] ۹۹۶

شاه گفت: خداوند که «عالِمِ مطلق» است و به «هستی» علم داشت، آن را در وجود آورد تا علم او عینی گردد؛ بنابراین تو هم دانسته‌هایت را عیان کن و بگو.

آنـچه مـی‌دانست، تـا پـیدا نکـرد — بر جهان نـنهاد رنـج طَـلق[3] **و درد** ۹۹۷

همان گونه که مادر مشتاق است تا طفل متولد نشدهٔ خود را به دنیا آوَرَد، حق تعالیٰ هم خواسته است تا «عالَم» که «انسان» نمونهٔ کامل و خلاصهٔ آن است، گنج پنهان علم او را آشکار سازد. فعالیّت‌های بی‌وقفهٔ ما از وظیفه‌ای بر می‌خیزد که به اقتضای ظهور اسرار نهان در علم تفصیلی حق که بر مبنای سرشت انسان است، به ما محوّل شده است.[4]

یک زمـان بـی‌کار نـتوانی نشست — تا بـدی یـا نـیکیی از تـو نَـجَست ۹۹۸

به جهت تحقّق یافتن اهداف هستی، آدمی هر لحظه به کاری مشغول است، چه بد و چه نیک.

ایــن تــقاضاهایِ کــار از بـهرِ آن — شد مُوَکَّل[5] **تـا شـود سِـرّت عـیان** ۹۹۹

اعمال و افکارگوناگون آدمی برای آشکار شدن راز نهانی اوست که اقتضای ظهور دارد.

---

۱ - **غمام**: ابر.

۲ - اشارتی است به تجلّی علمی حق تعالیٰ در مقام احدیّت و واحدیّت و ظهور وجود منبسط در اعیان ثابته و ظاهرگشتن در اسما و صفات و ظهور در عالم خلق و عالم خارج در عیان. ۳ - **طَلق**: درد زه، درد زادن.

۴ - شرح مثنوی مولوی، دفتر دوم، ص ۷۰۳. ۵ - **مُوَکَّل**: مأموری که برای کاری وکالت یافته است.

پس کلابهٔ[1] تن کجا ساکن شود؟ چون سرِ رشتهٔ ضمیرش می‌کشد ۱۰۰۰

همان گونه که سرِ رشته، کلاف را می‌گردانَد، تن آدمی نیز کلافی است که سررشته‌اش در ضمیرِ اوست و هر لحظه وی را به تکاپو وامی‌دارد.

تاسهٔ[2] تو شد نشانِ آن کَشِش بر تو بی‌کاری بُوَد چون جانْ کَنِش ۱۰۰۱

ناآرامی و بیقراری هنگام بیکاری نشان کشش درونی است که تو را به انجام وظایف فرا می‌خوانَد، گویی بطالت برای تو، مانند جان کندن دشوار است.

این جهان و آن جهان زاید اَبَد هر سببْ مادر، اثر از وی وَلَد ۱۰۰۲

در جهان مادّی و معنوی، هر سبب یا هر علّت، معلولی را دارد که آن معلول، علّت به وجود آمدن معلول دیگری می‌شود؛ پس هر سبب، مانندِ مادری است که از وی فرزندی به وجود می‌آید و این زنجیره تداوم دارد.

چون اثر زایید آن هم شد سبب تا بزاید او اثرهایِ عجب ۱۰۰۳

چون اثر زاده شد، خود به «سبب» تبدیل می‌شود تا «اثر»هایِ حیرت‌انگیزی را به وجود آوَرَد.

این سبب‌ها نسل بر نسل است، لیک دیده‌یی باید مُنَوَّر، نیک نیک ۱۰۰۴

سلسلهٔ «علّت و معلول» و زنجیرهٔ «سبب و اثر» و استمرارِ تداوم آن همیشگی است؛ امّا چشمِ منوّر آن را می‌بیند.

شاه با او در سخن اینجا رسید یا بدید از وی نشانی یا ندید ۱۰۰۵

شاه در سخن گفتن با غلام به اینجا رسید و اینکه نشان عارفانه‌ای در او دید یا نه، امر دیگری است.

گر بدید آن شاهِ جویا دور نیست لیک ما را ذِکرِ آن دستور نیست ۱۰۰۶

اگر نشان معرفت را در او یافت که عجب نیست؛ زیرا این درک از مقام عارفانهٔ شاه دور نیست؛ امّا ما اجازهٔ بیان آن را نداریم، با دنبال کردن قصّه آن را درخواهید یافت.

چون ز گرمابه بیامد آن غلام سویِ خویشش خواند آن شاه و همام[3] ۱۰۰۷

چون غلام شیرین سخن از گرمابه آمد، آن شاه بلندمرتبه او را نزد خود خواند.

---

۱ - **کلابه** : کلاف. ۲ - **تاسه** : اضطراب، بی‌آرامی. ۳ - **هُمام** : جوانمرد، مهتر، سرور.

گفت: صَحّاً لَكَ،[۱] نعیمٌ دایمٌ[۲] بس لطیفی و ظریف و خوب رو ۱۰۰۸

شاه گفت: تندرستی نعمتِ پایدارِ تو باد؛ زیرا بسیار لطیف، ظریف و زیبا هستی.

ای دریغا! گر نبودی در تو آن که همی گوید برای تو فُلان ۱۰۰۹

امّا دریغ! اگر عیب‌هایی که همتایت می‌گفت، در تو نبود،

شاد گشتی هر که رویت دیدیی دیدنت مُلکِ[۳] جهان ارزیدیی ۱۰۱۰

هر کس که رویِ تو را می‌دید، شاد می‌شد، این دیدار به مُلکِ جهان می‌ارزد.

گفت: رمزی زآن بگو ای پادشاه! کز برای من بگفت آن دینْ تباه ۱۰۱۱

گفت: ای شاه، نمونه‌ای از سخنان آن بی‌دین را که دربارهٔ من گفت، بگو.

گفت: اوّل وصفِ دو روییِ‌ت کرد کاشکارا تو دوایی خُفیه[۴] درد ۱۰۱۲

پاسخ داد: اولاً تو آدمی دورو هستی، در ظاهر مانند دارو و در باطن عین دردی.

خُبثِ[۵] یارش را چو از شه گوش کرد در زمان دریایِ خشمش جوش کرد ۱۰۱۳

چون بدطینتیِ دوستِ خود را از شاه شنید، بلافاصله خشمگین شد.

کف برآورد آن غلام و سرخ گشت تا که موج هجو او از حد گذشت ۱۰۱۴

از خشم کف بر دهان آورد و چهره‌اش سرخ شد و بدگویی او از حد گذشت.

کو ز اوّل دم که با من یار بود همچو سگ در قحط، بس گُه‌خوار بود[۶] ۱۰۱۵

و گفت: او از آغاز دوستی با من مانند سگ قحطی‌زده بدبخت و پلید بود.

چون دُمادُم[۷] کرد هجوش چون جَرَس[۸] دست بر لب زد شهنشاهش که: بس! ۱۰۱۶

چون پیاپی همچون جرس از او بدگویی می‌کرد، شاهنشاه دست را بر دهان نهاد که کافی است.

گفت: دانستم تو را از وی، بدان از تو جان گنده است[۹] و از یارت دهان ۱۰۱۷

شاه گفت: هر دو نفر شما را شناختم، تو جانی متعفّن داری و او دهانی چنین.

۱ - **صَحّاً لَكَ**: تندرست باشی. ۲ - **نعیمٌ دایمٌ**: نعمت بر تو پایدار. ۳ - **مُلک**: سلطنت.
۴ - **خُفیه**: پنهان، نهان. ۵ - **خُبث**: پلیدی. ۶ - مصراع دوم: بسیار بدبخت و پلید بود.
۷ - **دُمادُم**: پیاپی، پشت سر هم. ۸ - **جَرَس**: زنگ. ۹ - **جان گَنده است**: باطن بدی داری.

۱۰۱۸ **پس نشین ای گَنده جان از دورْ تـو تـا امـیرْ او بـاشد و مأمـورْ تـو**

ای گندیده جان، دور بنشین و بدان که او دستور می‌دهد و تو باید اجرا کنی.

۱۰۱۹ **در حدیث [1] آمد که تسبیح [2] از ریـا همچو سبزهٔ گولخن [3] دان ای کیا [4] !**

ای سَروَر، در حدیث آمده است که ذکر از روی ریا، مانند سبزه‌ای است که در مزبله روییده باشد.

۱۰۲۰ **پس بدان که صورتِ خوب و نکـو بـا خـصالِ [5] بد نـیرزد یک تَسـو [6]**

پس بدان که چهرهٔ زیبا با صفات زشت و خوی ناپسند پشیزی ارزش ندارد.

۱۰۲۱ **ور بُـوَد صـورت حـقیر و نـاپذیر چون بُوَد خُلقش نکو، در پاش میر**

اگر صورت حقیر و ناخوشایندی با خُلق و خویی خوشایند یافتی، جان را فدایش کن.

۱۰۲۲ **صُـورتِ ظـاهر فـنا گـردد بـدان عـالمِ مـعنی بـمانَد جـاودان**

بدان که صورت ظاهر فانی است؛ امّا عالم معنا همواره باقی است.

۱۰۲۳ **چند بازی عشـق بـا نـقش سبُو [7]؟ بگذر از نـقشِ سـبو، رو آب [8] جـو**

تا کی به نقشِ سبو عشق می‌ورزی، از سبو بگذر و جویای آب باش.

۱۰۲۴ **صـورتش دیـدی، ز مـعنی غـافلی از صـدف دُرّی [9] گُـزین گـر عـاقلی**

صورت ظاهرِ جهان را دیدی و از حقیقت آن غافلی، جویای معنا باش اگر عاقلی.

۱۰۲۵ **این صـدف‌هایِ قـوالب در جـهان گرچه جمله زنده‌اند از بـحرِ جـان**

هرچند که صدفِ تنِ همهٔ انسان‌ها حیات دارند و از «بحر جان» یا «وجود» بهره برده‌اند،

۱۰۲۶ **لیک انــدر هـر صـدف نَبْوَد گُـهر چشـم بگشـا، در دلِ هـر یـک نگـر**

امّا در هر صدف، مروارید نیست، با چشم بصیرت درون هر یک را ببین.

۱۰۲۷ **کآن چه دارد؟ وین چه دارد؟ می‌گزین زانکـه کـم‌یاب است آن دُرِّ ثـمین [10]**

دقّت کن که آن یک چه دارد و این یکی چه؟ آنگاه انتخاب کن؛ زیرا آن مروارید گرانبها حقیقتاً کمیاب است.

---

۱ - مأخذ آن را نیافتم. ۲ - **تسبیح** : خدای را به پاکی یاد کردن. ۳ - **گولخن** : زباله‌دان، مزبله.
۴ - **کیا** : بزرگ، سرور، آقا. ۵ - **خصال** : خوی، خصلت. ۶ - **تَسو** : پشیز، پول سیاه، سکّهٔ کم‌بها.
۷ - **نقش سبو** : کنایه از ظواهر و جلوه‌های زندگیِ این جهانی. ۸ - **آب** : اینجا کنایه از «عالم معنا».
۹ - **دُرّ** : مروارید: اینجا عوالم معنوی. ۱۰ - **دُرّ ثمین** : مروارید گرانبها.

گر به صورت می‌روی، کوهی به شَکل در بزرگی هست صد چندان که لعل ۱۰۲۸

اگر فقط به ظاهر توجّه کنی، کوه از نظر بزرگی قابل قیاس با لعل نیست.

هم به صورت دست و پا و پَشمِ تو هست صد چندان که نقش چَشم تو ۱۰۲۹

دست و پا و موی تو نیز از نظر ظاهر بسیار بزرگ‌تر از چشم توست.

لیک پوشیده نباشد بر تو این کز همه اعضا دو چشم آمد گزین ۱۰۳۰

امّا بر تو پوشیده نیست که در مقام مقایسه، دو چشم آدمی بر همهٔ اعضای او رجحان دارد؛ پس امور ظاهری ملاک نیستند.

از یک اندیشه که آید در درون صد جهان گردد به یک دم سرنگون ۱۰۳۱

گاه از ظهورِ اندیشه‌ای، نابودی عظیمی به بار آمده است؛ زیرا آدمی در سیطرهٔ اندیشهٔ خویش است.

جسمِ سلطان گر به صورت یک بُوَد صد هزاران لشکرش در پِی دَوَد ۱۰۳۲

هرچند که جسم شاه در نظر یکی بیش نیست؛ امّا صد هزار لشکر در پی او روان‌اند.

باز شکل و صورتِ شاهِ صفی[1] هست محکومِ یکی فکرِ خفی ۱۰۳۳

باز به همین ترتیب، صورت این شاه و ظاهر او، در تسلّطِ اندیشهٔ نهانی اوست.

خلقِ بی‌پایان ز یک اندیشه بین گشته چون سیلی روانه بر زمین ۱۰۳۴

مخلوقات بی‌شمار را بنگر که چگونه در پی اندیشه‌ای، مانند سیل بر زمین روان‌اند.

هست آن اندیشه پیشِ خلق خُرد لیک چون سیلی جهان را خورد و بُرد ۱۰۳۵

اندیشه در نظر مردم کوچک می‌نماید؛ امّا می‌تواند جهان را مانندِ سیل بشوید و نابود کند.

پس چو می‌بینی که از اندیشه‌یی قایم است اندر جهان هر پیشه‌یی ۱۰۳۶

پس چون هر پیشه و کاری در جهان بر اندیشه و فکری استوار است،

خانه‌ها و قصرها و شهرها کوه‌ها و دشت‌ها و نهرها ۱۰۳۷

خانه‌ها، کاخ‌ها، شهرها، کوه‌ها، دشت‌ها و نهرها،

---

۱ - **صفی**: برگزیده.

هم زمین و بحر و هم مهر و فلک زنده از وِی، همچو کز دریا سَمَک[1] ۱۰۳۸

زمین و دریا، خورشید و آسمان، همه و همه از «اندیشه» و «فکر» حیات دارند، همان‌گونه که ماهی در دریا حیات دارد.

پس چرا از ابلهی، پیشِ تو کور[2] **تن سلیمان است و اندیشه چو مُور؟**[3] ۱۰۳۹

پس چرا از حماقت، نزد تو کور، تن که از «مادّه» است، مانند سلیمان ارزشمند است و اندیشه مانند مور؟

می‌نماید پیشِ چشمت کُهْ بزرگ هست اندیشه چو موش و کوهْ گرگ ۱۰۴۰

به امور ظاهری اهمّیّت بسیاری می‌دهی، کوه در نظرت عظیم و مانند گرگ وحشت‌آور می‌نماید؛ امّا اندیشه و فکرت آدمی بس ضعیف و بسان موش.

عالَم اندر چشمِ تو هول[4] **و عظیم ز اَبر و رعد و چرخ داری لرز و بیم** ۱۰۴۱

دنیا در نظرت عظیم و ترسناک است، از ابرهای سیاه، رعد، برق و آسمان بیمناک و لرزانی.

وز جهانِ فکرتی ای کم زِ خر! ایمن و غافل، چو سنگِ بی‌خبر ۱۰۴۲

ای پست‌تر از درازگوش، از عوالم عقلی و اندیشه چون سنگ، بی‌خبر هستی.

زانکه نقشی وز خرد بی‌بهره‌ای آدمی‌خو[5] **نیستی، خر کُرّه‌ای** ۱۰۴۳

زیرا وجود تو همین ظاهر است، از خرد بهره نداری و خوی انسانی در تو نیست، کرّه‌خری.

سایه[6] **را تو شخص**[7] **می‌بینی ز جهل شخص از آن شد نزدِ تو بازی و سهل**[8] ۱۰۴۴

از نادانی سایهٔ انسان را خودِ انسان می‌پنداری و چون به حقیقتِ او توجّه نداری، «اصل» در نظرت بازیچه و خوار است.

باش تا روزی که آن فکر و خیال بر گشاید بی‌حجابی پرّ و بال ۱۰۴۵

صبر کن تا روزی که ببینی «فکر و خیال» بدونِ حجاب پر و بال می‌گشاید و به ظهور می‌رسد.

---

۱ - **سَمَک**: ماهی. ۲ - **کور**: اینجا کسی که از عالم معنا و حقایق بهره‌ای ندارد.
۳ - مصراع دوم: اندیشه مانند مور بی‌قدر است؛ امّا جنبه‌های حیرانیِ زندگی مادّی‌ات مهم است؟
۴ - **هول**: ترس. ۵ - **خو**: خصلت. ۶ - **سایه**: اینجا کنایه از ظاهر یا وجه مادّی وجود آدمی.
۷ - **شخص**: اینجا کنایه از «اصل» یا «حقیقتِ» انسان. ۸ - **سهل**: آسان، خوار.

کوه‌ها بینی شده چـون پَشـمْ نـرم[1]   نیست گشته این زمینِ سرد و گـرم ۱۰۴۶

آنگاه می‌بینی که کوه‌ها چون پنبه نرم شده و زمین با همهٔ وسعت و سردی و گرمی‌اش چگونه از میان رفته است.

نه سما[2] بینی، نه اختر[3]، نه وجُـود   جـز خـدایِ واحـدِ حیِّ وَدود[4] ۱۰۴۷

در آن روز، نه آسمان را می‌بینی، نه ستاره‌ای و نه وجودی جز خداوند یکتای مهربان که «وجود حقیقی و حقیقت وجود» اوست.

یک فسـانه راست آمـد یـا دروغ   تـا دهـد مـر راسـتی‌ها را فـروغ[5] ۱۰۴۸

حکایتی را که آغاز می‌کنیم راست یا دروغ، پیمانهٔ بیان معانی بلند است و مهم آن است که در قالبِ آن حقایقی برای خواننده روشن می‌شود.

حسد کردنِ حَشَم[6] بر غلامِ خاص

پادشاهی وظیفه و مقرّری غلام خاصّ خویش را افزود و این امر سبب حسادت حاسدان شد و در نهان توطئه کردند تا پادشاه را به قتل غلام وادار کنند؛ امّا شاه از سِرّ حال ایشان واقف گردید و با عتابی آنان را سیه‌روی کرد.

این داستان که از بیت ۱۰۴۹ آغاز شده و تا بیت ۱۶۰۳ به نحوی توالی آن ادامه یافته و بیش از پانصد و پنجاه بیت مثنوی را شامل گردیده است و از آغازِ حکایت، تداعی‌گر قصّه‌های دیگری شده و با آوردن حکایاتی از قبیل داستان باز در میان جغدان و قصّهٔ کلوخ انداختن تشنه از سر دیوار در جوی آب، داستان والی و خاربن، حکایت دوستان ذوالنّون در بیمارستان و داستان امتحان کردن لقمان تداوم یافته و در چهارچوب آن، حکایات متعدّدی طرح شده است.

پـادشاهی بـنده‌یی[7] را از کَـرَم   بـر گـزیده بـود بـر جـملهٔ حَشَـم ۱۰۴۹

پادشاهی از سر لطف یکی از غلامان را بر جملهٔ خادمان خود برتری داده بود.

---

۱ - اشارتی قرآنی؛ قارعه : ۵/۱۰۱ : وَ تَکُونُ الْجِبالُ کَالْعِهْنِ الْمَنْفُوشِ : وکوه‌ها مانند پشم حلاّجی‌شده گردد.
۲ - **سما** : آسمان. ۳ - **اختر** : ستاره. ۴ - **ودود** : مهربان. ۵ - **فروغ دهد** : روشن کند.
۶ - **حَشَم** : خدمتگزاران. ۷ - **بنده** : غلام.

جامگیِ[1] او وظیفهٔ[2] چل امیر ده یکِ[3] قدرش ندیدی صد وزیر ۱۰۵۰

حقوقِ او معادل مقرّریِ چهل امیر بود و صد وزیر یک‌دهم ارج او را نداشتند.

از کمالِ طالع و اقبال و بخت او ایازی[4] بود و شه محمودِ وقت ۱۰۵۱

از کمالِ بخت، اقبال و طالع، گویی او ایاز بود و شاه، سلطان محمود آن عصر.

رُوحِ او با روحِ شه در اصلِ خویش پیش از این تن بوده هم‌پیوند وخویش[5] ۱۰۵۲

روحِ او با روحِ شاه، قبل از تعلّق یافتن به بدن، پیوستگی و خویشی داشت.

کارْ[6] آن دارد که پیش از تن بُده‌ست بگذر از این‌ها که نو حادث شده‌ست ۱۰۵۳

اموری شأنِ حقیقی دارند که قبل از تعلّقِ روح به «تن» بوده‌اند. از چیزهای «حادث» که تازه به وجود آمده‌اند، بگذر.

کارْ عارفْ راست، کو نه اَحْوَل است چشمِ او بر کِشت‌هایِ اوَّل است ۱۰۵۴

«عارف» شأن و اعتبار حقیقی دارد که دوبین نیست و توجّه او به کشتزار ازلی است.

آنچه گندم کاشتندش و آنچه جو چشمِ او آنجاست روز و شب گِرو ۱۰۵۵

چشمِ او همواره متوجّه «حقایق» در عالَمِ «اعیان ثابته» است که آنجا در قلمرو ازلی کاشته‌اند، چه گندم و چه جو.

آنچه آبست است شب، جز آن نزاد[7] حیله‌ها و مکرها[8] باد است[9] باد ۱۰۵۶

این عالم آبستنِ تخم حوادثی است که در ازل کاشته شده است و جز آن را نمی‌زاید. تدبیر در برابر تقدیر هیچ است.

کِی کند دل خوش به حیلت‌هایِ کَش[10] آنکه بیند حیلهٔ حق بر سَرَش؟[11] ۱۰۵۷

کسی که تقدیر را می‌بیند، چگونه می‌تواند به تدبیر دل خوش باشد؟

---

۱ - **جامگی** : جامه‌بها، حقوقِ ماهانه. ۲ - **وظیفه** : مقرّری، مستمرّی. ۳ - **ده یک** : یک‌دهم.

۴ - **ایاز** : غلام ترک خوش‌سیما که مورد توجّه سلطان محمود غزنوی بود. در مثنوی نمادی از عارف بالله است.

۵ - مقتبس است از مفاد این روایت: ارواح به منزلهٔ تجمعی از لشکریان‌اند، هر کدامشان با هم آشنا باشند، بینشان الفت و انس برقرار می‌شود و آنانکه ناآشنااند، از هم دور می‌شوند: احادیث، ص ۱۸۱.

۶ - **کار** : اهمیّت و اعتبار. ۷ - ضرب المثلی معروف؛ سحر تا چه زاید شب آبستن است.

۸ - **حیله ها و مکر ها** : اینجا تدبیر. ۹ - **باد است** : بیهوده است.

۱۰ - **کَش** : خوش. «حیلت‌های کَش»: اینجا تدبیرهای عاقلانهٔ ما که در برابر تقدیر بی‌حاصل‌اند.

۱۱ - اشارتی قرآنی؛ آل عمران : ۵۴/۳: وَ مَکَرُوا وَ مَکَرَ اللهُ وَاللهُ خَیْرُ الْماکِرینَ : آنان حیله کردند و خدا حیله‌کرد و خداوند از همهٔ آنان حیله‌پردازتر است.

او درونِ دام و دامی می‌نهد   جانِ تو، نی آن جَهَد نی این جهد ۱۰۵۸

او در دام نهان حق اسیر است و دام می‌نهد، به جانِ تو، نه این که دام نهاده و نه آن که در دام افتاده است، رهایی ندارند و در دام حق گرفتارند.

گر بروید، ور بریزد صد گیاه   عاقبت بر روید آن کِشتهٔ اِلٰه ۱۰۵۹

اگر صدها گیاه بروید و پژمرده شود، عاقبت آنچه را که حق تعالیٰ کاشته است، می‌روید.

کِشت نو کارند بر کِشتِ نُخست   این دوم فانی‌ست، و آن اوّل دُرُست ۱۰۶۰

اگر کشت تازه‌ای روی کشت قدیمی بکارید، کشت قدیمی می‌روید و تخمِ تازه تباه می‌شود.

تخم اوّل کامل و بُگْزیده است   تخم ثانی فاسد و پوسیده است ۱۰۶۱

تخمِ اوّل کمال یافته و ریشه زده؛ امّا تخمِ تازه فاسد شده و پوسیده است.

افکن این تدبیر خود را پیشِ دوست[1]   گرچه، تدبیرت هم از تدبیرِ اوست ۱۰۶۲

تدبیرِ عقل جزوی را رها کن و خود را به تدبیر و تقدیر الهی بسپار، هرچند که چاره‌اندیشیِ تو نیز به ارادهٔ خداوند پدید آمده و به او مستند است.

کارْ آن دارد که حقّ افراشته‌ست   آخِر آن روید که اوّل کاشته‌ست ۱۰۶۳

چیزی را که خداوند مقدّر کرده مهم است و سرانجام همان که او کاشته است، می‌روید.

هر چه کاری از برای او بکار   چون اسیرِ دوستی ای دوستدار ۱۰۶۴

ای دوستدار حق، چون اسیر پنجهٔ قدرت خداوند هستی، بکوش که هر کارِ تو خالص برای او باشد تا در مسیر تحقّق یافتن اهداف آفرینش قرار گیری.

گِردِ نَفْسِ دُزد و کارِ او مپیچ   هر چه آن نه کارِ حقْ، هیچ است هیچ ۱۰۶۵

از «نَفْس امّاره» که مانند «دزد» سرمایه‌ات را می‌بَرَد، برحذر باش، کاری که در ارتباط با حق نباشد، هیچ است، هیچ.

پیش از آنکه روزِ دین پیدا شود   نزدِ مالک دزدِ شب رسوا شود ۱۰۶۶

پیش از آنکه رستاخیز فرارسد و نَفْسِ دزد که در شبِ غفلتِ آدمی متاع او را ربوده است، نزد مالک روز جزا رسوا گردد، گِردِ او نگرد و گول نخور.

---

۱ - تدبیرِ ما در برابر تقدیر چیزی جز حیله و نیرنگ نیست، باید تسلیم بود.

رختِ دزدیـــده بـه تـدبیر و فَـنَش مـــانده روزِ داوری بــر گـــردنش ۱۰۶۷

آنچه را که با هزار تدبیر و حیله دزدیده است، روزِ داوری بارِ گرانی است بر دوشِ او.

صد هزاران عقل بـا هـم بـر جَـهَند تــا بــه غـیرِ دامِ او دامـی نـهند ۱۰۶۸

صدهزاران عقل متّحد می‌شوند تا با تدبیر از دامِ تقدیر بگریزند.

دامِ خود را سخت‌تر یـابند و بس کِـی نـماید قـوّتی بـا بـادْ خس؟ ۱۰۶۹

امّا دامِ تقدیر را سخت‌تر می‌یابند و بس، چگونه پَرِکاه در برابر بادِ تند یارای ایستادگی دارد؟

گر تو گویی فایدهٔ هستی چه بـود؟ در سؤالت فـایده هست ای عـنود! ۱۰۷۰

اینک اگر بگویی: چون در دنیا، دانه‌های اصلیِ کارها و حوادث در روز ازل کاشته شده و مستند به مشیّتِ الهی است؛ پس فایده و حکمت آفرینش جهان هستی چه بوده است؟ ای ستیزه‌جو، آیا در همین پرسش تو فایده‌ای هست یا نه؟

گــر نـدارد ایـن سـؤالت فـایده چه شْنویم این را، عَبَث بی‌عایده[1]؟ ۱۰۷۱

اگر پرسش تو فایده ندارد، چرا سؤالی بی‌حاصل را بشنوم و پاسخ گویم؟

ور سـؤالت را بسـی فـایده‌هاست پس جهانْ بی‌فایده آخِر چـراست؟ ۱۰۷۲

و اگر در پرسشِ تو فایده‌ها نهفته است، پس چرا جهان بی‌فایده باشد؟

ور جهان از یک جهت بی‌فایده‌ست[2] از جـهت‌هایِ دگـر پُر عـایده‌ست ۱۰۷۳

اگر جهان را از یک جهت بی‌فایده بدانی، از جهت‌هایِ دیگر پُر از فایده است.

فـایدهٔ تـو گـر مـرا فـایده نـیست مر تو را چون فایده‌ست، از وِیْ مه‌ایست ۱۰۷۴

اگر آنچه که برای تو فایده محسوب می‌شود، برای من فایده نداشته باشد، چون برای تو نتیجهٔ خوب دارد، باید به آن توجّه کنی.

حُسـنِ یـوسف عـالمی را فـایده گرچه بر اِخْـوان عـبث بُـد، زایـده ۱۰۷۵

جمالِ یوسف(ع) برای عالمی ثمربخش و پرفایده بود، در حالی که برادران آن را بیهوده و زاید می‌دانستند.

---

۱ - **عایده:** آنچه به کسی مسترد شود و باز گردانده‌گردد از وجوه نقد و جز آن، نتیجه.

۲ - مصراع اوّل: از جهتی که تو فکر می‌کنی و در نظر داری.

لحنِ داوودی چـنان مـحبوب بـود لیک بر محروم، بانگِ چـوب بـود ۱۰۷۶

صوت دلکش داوود(ع) که آن همه دلپذیر بود، برای کسی که ذوق درک آن را نـداشت، مانندِ برهم‌خوردن چوب بود.

آبِ نـیل از آبِ حـیوان بُـد فـزون لیک بر محروم[1] و مُنکِر بود خون[2] ۱۰۷۷

آب نیل که برای پیروان موسی(ع) از آب حیات گواراتر بود، برای محروم و منکر خون بود.

هست بـر مـؤمن شـهیدی[3] زنـدگی بـر مـنافق، مُـردن است و ژنـدگی ۱۰۷۸

شهادت برای مؤمن، حیات جاودان و برایِ منافق نابودی است.

چیست در عـالم بگـو یک نـعمتی کـه نـه مـحروم‌انـد از وی امّـتی؟ ۱۰۷۹

پس بگو که در عالم کدام نعمت است که گروهی از آن محروم نیستند؟

گاو و خـر را فـایده چـه در شکَـر هست هر جان را یکی قُـوتی دگـر ۱۰۸۰

شکر برای حیواناتی از قبیل گاو و خر چه لطفی دارد؟ هر جان و هر جـانداری تـغذیهٔ مناسب حال خود را دارد.

لیک گر آن قوت بر وی عـارضی[4]ست پس نصیحت کردن او را رایضی‌ست[5] ۱۰۸۱

امّا اگر کسی تغذیهٔ حقیقی خود را فراموش کند، اندرز به او، تربیتِ اوست.

چون کسی کو از مرض، گِل داشت دوست گرچه پندارد کـه آن خـود قـوتِ اوست ۱۰۸۲

مانندِ بیمارِ گِل‌خوار که می‌پندارد گِل غذای مناسبِ اوست.

قُوتِ اصلی[6] را فرامُش کـرده است رُوی در قُوتِ مـرض[7] آورده است ۱۰۸۳

غذای اصلی را فراموش کرده و به چیزی روی آورده است که بیماری را افزون می‌کند.

نوش[8] را بگذاشته، سم خورده است قُوتِ علّت را چُو چربِش[9]کرده است ۱۰۸۴

نوش را گذاشته و سم می‌خورد، به سبب بیماری به چیزی علاقه دارد که بیماری‌زاست، مانند چربی که آن را نیروزا پنداشته است.

---

۱ - **محروم** : اینجا محروم از درکِ حقیقت. ۲ - اشارتی قرآنی؛ اعراف : ۱۳۳/۷.

۳ - **شهیدی** : شهید بودن. ۴ - **عارضی** : چیزی که بر کسی عارض یا حادث شود و در او نباشد.

۵ - **رایض** : تربیت‌کردن اسب سرکش، ورزش دادن.

۶ - **قُوتِ اصلی** : توجّه به عالمِ معنا و درک حقایق که جان را می‌پرورَد.

۷ - **قُوتِ مرض** : برخورداریِ بیمارگونه از بهره‌های دنیوی، یا غافلانه زیستن. ۸ - **نوش** : عسل.

۹ - **چربش** : چربی.

قُـوتِ اصـلیّ بشـرْ نـورِ خـداست قُوتِ حیوانـی مـر او را نـاسزاست ۱۰۸۵

غذایِ اصلیِ انسان نور خداست؛ زیرا حقیقتِ او «جان مجرّد» است و اگـر بـه اطـعمه و اشربه که غذایِ حیوانات است، اکتفا کند سزاوارِ مقامِ انسان نیست.

لیک از عـــلَّت در ایـــن افـتاد دل که خورَد او روز و شب زین آب و گِل [1] ۱۰۸۶

امّا به سبب بیماریِ نَفْسانی، «تغذیه معنوی» فراموش شده و به تغذیه جسمانی بسنده کرده است.

رویْ زرد و پایْ سُست [2] **و دلْ سبُک** [3] **کـو غـذای وَالسَّما ذاتِ اَلحُبُک** [4] ۱۰۸۷

انسان با تغذیهٔ صرفاً مادّی و نفسانی، چهره‌ای زرد، پایی ناتوان و دلی مضطرب می‌یابد، کجاست غذای آسمانی که راه‌های فراوان دارد؟

آن غـذایِ خـاصگانِ دولت است خـــوردن آن بـی‌گلو و آلت است ۱۰۸۸

آن غذای آسمانی، فیوضات ربّانی و مخصوصِ برگزیدگان دولتِ فقر است که بدونِ ابزار این جهانی، به «دل و جان» می‌رسد.

شـد غـذایِ آفـتاب از نـورِ عـرش مـر حسـود و دیـو را از دودِ فـرش ۱۰۸۹

«انسان کامل» کـه آفـتاب عـالمتاب است، از نـور الهـی بـهره‌مند مـی‌شود؛ امّـا حسـود و شیطان‌صفت از دودِ نفسانیّات و شهوات قوّت می‌یابند.

در شهیدان یُـرْزَقُونْ [5] **فـرمود حـق آن غذا را نی دهان بُـد، نـی طَـبَق** [6] ۱۰۹۰

آنچه که حق در ارتباط با شهیدان فرمود که «نزد حق روزی می‌خورند»، غذایی است که نیازی به دهان و ظرف ندارد.

دل زِ هر یـاری غـذایی مـی‌خورد دل زِ هـر عـلمی صـفایی مـی‌بَرَد ۱۰۹۱

دل آدمی از هر دوست بهره‌ای می‌برد و از هر دانش صفایی می‌یابد.

---

۱ - **خورَد از آب و گِل** : اینجا بهره‌مندیِ صِرف از دنیا. ۲ - **سُست** : ناتوان.

۳ - **دل سبک** : دلی بیمناک، مضطرب و ترسو.

۴ - اشارتی قرآنی؛ الذاریات : ۷/۵۱ : وَالسَّماءِ ذاتِ الْحُبُكِ : سوگند به آسمان که دارای راه‌هاست.

۵ - اشارتی قرآنی؛ آل عمران : ۱۶۹/۳ : وَ لا تَحْسَبَنَّ الَّذینَ قُتِلُوا فِی سَبیلِ اللهِ أَمْواتاً بَلْ أَحْیاءٌ عِنْدَ رَبِّهِمْ یُرْزَقُونَ : هرگز مپندارید آنان که در راه حق کشته شده‌اند، مرده‌اند، بلکه زنده‌اند و نزد خدای خویش روزی داده می‌شوند.

۶ - **طَبَق** : بشقاب، ظرف.

صورتِ هر آدمی چون کاسه‌ای‌ست   چشم از معنیِ او حَسّاسَه‌ای[1]ست ۱۰۹۲

ظاهرِ انسان، همانند کاسه، محتویِ «حقیقت» و «معنا»یی است که فقط چشمِ دل می‌تواند آن را حس کند.

از لقایِ[2] هر کسی چیزی خوری   وز قِرانِ[3] هر قرین[4] چیزی بَری ۱۰۹۳

از معاشرت با هر کس نصیبی می‌بری و از همجواری با هر کس چیزی را در می‌یابی.

چون ستاره با ستاره شد قرین   لایقِ هر دُو اثر زاید یقین[5] ۱۰۹۴

چون دو ستاره یا بیشتر در یک برج و یک درجه تقارن یابند، این مقارنه تأثیرِ متقابل دارد.

چون قِرانِ مرد و زن، زاید بشر   وز قِرانِ سنگ و آهن، شد شرر ۱۰۹۵

همان‌گونه که تقارن ستارگان اثراتی دارد، از تقارن و همجواری مرد و زن، انسان زاده می‌شود و از برهم خوردن سنگ و آهن، جرقّه ایجاد می‌شود.

وز قِرانِ خاک با باران‌ها   میوه‌ها و سبزه و ریحان‌ها ۱۰۹۶

از تماسِ خاک با باران‌های بهاری، میوه‌ها، سبزه‌ها و گیاهان می‌رویند.

وز قِرانِ سبزه‌ها با آدمی   دلخوشی و بی‌غمی و خُرّمی ۱۰۹۷

و از تماس آدمی با سبزه‌زاران و طبیعت، دلخوشی، بی‌غمی و خرّمی حاصل می‌شود.

وز قِرانِ خُرّمی با جانِ ما   می‌بزاید خوبی و احسانِ ما ۱۰۹۸

از دلخوشی و خرّمی که در جان ما اثر می‌گذارد، نیکی و احسان زاده می‌شود.

قابلِ خوردن شود[6] اجسامِ ما   چون بر آید از تفرّج[7] کامِ ما ۱۰۹۹

«نیکی و احسان» چنان جان را لطافت می‌بخشد که جسم نیز در پرتو آن لطیف می‌شود و «قابلیّتِ» جذبِ نور را می‌یابد.

---

۱ - **حسّاسه** : حس کننده.   ۲ - **لقا** : دیدار.

۳ - **قِران** : اصطلاح نجومی، ر.ک: ۲۲۷۷/۱، تقارن، همجواری.   ۴ - **قرین** : یار، همنشین.

۵ - نتیجهٔ کلّی این بیت و ابیات بعدی اینکه: عالَم محلّ تأثیر و تأثّر است؛ یعنی نه تنها ستارگان در مقارنه بر هم تأثیر می‌گذارند، انسان‌ها نیز در اثر ارتباط و معاشرت از هم اثر می‌پذیرند.

۶ - **قابلِ خوردن شود** : قابلیّت جذب می‌یابد.

۷ - **تفرّج** : سیر و تماشا، اینجا سیر در عالم معنا به سبب نیکی و احسان.

سـرخْ رویـی از قِـرانِ خـون بُـوَد   خون ز خورشیدِ خوش ِ گلگون بُوَد ۱۱۰۰

چهرهٔ گلگون نشانهٔ خون شادابِ رگ‌هاست که رنگ خوش را از قِرانِ تابش ِ خورشید یافته است.

بـهترینِ رنگ‌هـا سـرخـی بُـوَد   و آن ز خورشید است و از وِیْ می‌رسد ۱۱۰۱

بهترین رنگ‌ها رنگ سرخ است که از خورشید بهره می‌گیرد.

هر زمینی کآن قرین شد بـا زُحـل[1]   شوره گشت و کِشت را نَـبْوَد مـحل ۱۱۰۲

همصحبتی با بدان، جانِ آدمی را به شوره‌زاری غیر قابل کِشت تبدیل می‌کند.

قـوّت، انـدر فـعل آیـد، ز اتّـفاق   چـون قِـرانِ دیـو بـا اهـلِ نـفاق ۱۱۰۳

در اثر اتّحادِ مردمِ همفکر نیرویِ آنان از قوّه به فعل می‌آید، مانند تقارن و همراهیِ اهل نفاق با شیطان که ویژگیِ درونی‌شان را به ظهور می‌رساند.

ایـن مـعانی راستْ از چـرخِ نُـهم   بی همه طاق و طُرُم[2]، طاق و طُـرُم ۱۱۰۴

این معانیِ بلند، با همهٔ شکوهمندی، بی‌طُمطُراق از «چرخ نهم» یا «عرش الهی» سرازیر می‌شوند.
این علم از جهانی محیط بر عالم اجسام و از مقامی بالاتر از عوالم ملکوتی و مقام ثبوت حقایق در عقل اوّل می‌رسد.

خلق را طاق و طُرُم عـاریَّت است   اَمر[3] را طاق و طـرم مـاهیّت است ۱۱۰۵

شکوه در عالَمِ خلق، ناپایدار و عاریتی است؛ زیرا دنیا، محلِّ کون و فساد و زوال‌پـذیر است؛ امّا عالَمِ امر، عظمتِ حقیقی دارد و شکوهمندی عین ذات اوست.

از پیِ طاق و طُـرُم خـواری کَشَـند   بر اُمیدِ عزّ، در خـواری خـوش‌انـد ۱۱۰۶

این مردم که از حقایق و عظمت آن بی‌خبرند، به امیدِ حشمت و جلال دنیوی، خواری‌ها می‌کشند و برایِ عزّت در خواری غوطه‌ور و دلخوش‌اند.

---

۱ - **زُحل** : ستاره کیوان، منجّمان ستاره زهره را سعد و زحل را نحس می‌دانستند. و مقارن گشتن دو ستاره سعد را قران سعدین و تقارن دو ستاره نحس را قران نحسین می‌نامیدند و معتقد بودند که قران سعدین، اثرات نیک و قران نحسین اثرات بدی به بار می‌آورد.   ۲ - **طاق و طُرُم** : کرّ و فر، طُمطراق، شکوه و شوکت.

۳ - **عالَم امر** : عالمی که به امر مُوجد کلّ، بدون زمان و مدّت، موجود گشته مانند عقول و نفوس. این عالم را عالم امر یا ملکوت و یا عالم غیب نامند که با یک نَفَس رحمانی که تجلّی حق است در مجالی کثرات ظهور یافته و همان نفس رحمانی که فیض عالم و ساری در تمام موجودات است، سیر نزولی فرموده تا به نهایت مراتب که تنزّلات آن در مرتبهٔ انسانیّت است رسیده و باز همان نفس رحمانی از مرتبهٔ انسانی به سیر رجوعی که عکس سیر اوّل است باز پس شده و از آخر به اوّل رسیده و مطلق گشته است: ف. سجّادی، صص ۱۳۲ و ۱۳۳.

بـر امـیدِ عـزِّ ده روزهٔ خُـدوک[1] گردنِ خود کرده‌اند از غم چو دوک ۱۱۰۷

با امید عزّتی ناپایدار و پُر از پریشانی گردنِ خود را از غم مانندِ دوک باریک کرده‌اند.

چـون نـمی‌آیند اینجا که منم؟ کـاندر این عِزّ آفـتابِ روشـنم[2] ۱۱۰۸

آنان که خواهان عزّت‌اند، چرا به جایگاهی که من هستم، نمی‌آیند تا ببینند چه‌سان در پرتو انوارِ عزّت درخشانم؟

مشـرقِ خـورشیدْ بُـرجِ قیرگون آفـتابِ مـا ز مشـرق‌ها بـرون ۱۱۰۹

خورشیدِ تابناکِ آسمان از محلّی قیرگون طالع می‌شود؛ امّا «خورشیدِ حقایق» که ما را از خورشید فلک تابان‌تر ساخته، خارج از زمان و مکان است. آنجا که اوست، ظلمتی نیست.

مشـرقِ او نسـبتِ ذرّاتِ او[3] نـه بـر آمد نه فرو شُد ذاتِ او ۱۱۱۰

مشرقِ او، نسبت او با اجزایِ هستی است وگرنه ذات حق نه طلوع می‌کند و نه غروب.

ما که واپس مانده[4] ذرّاتِ وی‌ایم در دو عـالم آفـتابِ بـی‌فی‌ایم[5] ۱۱۱۱

ما که از کمترین ذرّاتِ دریافت کنندهٔ نورِ او هستم، در هر دو جهان، همانند آفتابی بی‌سایه می‌درخشیم.

باز گِردِ شمس[6] می‌گردم عجب! هم ز فرِّ شمس باشد این سبب ۱۱۱۲

شِگفتا، که من ذرّه‌ای از ذرّاتِ آفتاب الهی‌ام و باز گِردِ او می‌گردم و وصـلِ افزون‌تری می‌جویم. این به سببِ فرّ و شکوهِ شمسِ «حقیقت» است که ذرّاتِ او پیرامون وی می‌گردند.

شمس باشد بر سبب‌ها[7] مُطّلع هم از او حَبْلِ[8] سبب‌ها مُنقطع ۱۱۱۳

زیرا حق تعالیٰ بر همهٔ سبب‌ها آگاه است و می‌تواند سببِ هر کاری را پدید آورد یا سبب‌ها را بیکار و تعطیل کند تا آن فعل انجام نشود.

---

۱ - **خُدوک :** پریشان، پراکندگی خاطر.

۲ - سخن از زبانِ یکی از کاملانِ واصل است که چرا به عالم معنا نمی‌آیید تا مفهوم عزّت را دریابید؟

۳ - مصراع اوّل: مشرقِ او به نسبت مرتبه‌ای است که ذرّات عالم با او دارند.

۴ - **واپس مانده :** کمترین، بی‌قدرترین. ۵ - **فَی :** سایه.

۶ - **شمس :** اینجا «حقیقت» یا «ذات حق»، البتّه بی‌شک اشاره به حقیقتِ شمس تبریز هم هست.

۷ - **سبب :** رشته، طناب. ۸ - **حَبْل :** طناب.

صـــدهزاران بـــار، بُـبْریدم امـید   از که؟ از شمس، این شما باور کنید ۱۱۱۴

صدهزاران بار از وصال شمس یا «عنایت حق» ناامید شدم، این را باور کنید.

تـو مـرا بـاور مکـن کـز آفـتاب   صـبر دارم مـن و یـا مـاهی ز آب ۱۱۱۵

باور نکن که ناامیدی سببِ غفلت من از حق شود و بتوانم بر هجران صبر کنم. مگر ماهی از آب صبر دارد؟

ور شـــوم نــومید، نــومیدیِ مــن   عینِ صُنع آفتاب[1] است ای حَسَن[2]! ۱۱۱۶

ای حسن، اگر ناامید شوم، ناامیدی، «تجلّی و ظهور»ی است که به «تجلّی فعلیِ حق» تـعبیر می‌کنند؛ یعنی عینِ «صنع حق» است.

عینِ صُنع[3] از نَفْسِ صانع چون بُـرَد؟   هیچ هست از غیرِ هستی چُون چَرد؟[4] ۱۱۱۷

ناامیدی هم نمی‌تواند مرا از او جدا کند؛ زیرا ناامیدی هم صنع حق است و هر موجودی مانند مجموعهٔ عالم که دائماً در حال فنا و بقاست، در جمیعِ لحظات به فیضِ حق نیازمند است و کجا جز «وجودِ حقیقی» می‌تواند قرار یابد؟

جمله هستی‌ها از این روضه[5] چَرند   گر بُراق و تازیان، ور خـود خـرند ۱۱۱۸

تمام هستی از هر نوع و مرتبه تابعِ همین حکم‌اند و از منبع هستی یا «وجودِ واحد»، فیض الهی را دریافت می‌دارند و به آن نیازمندند.

لیک اسبِ کـور، کـورانـه[6] چَـرَد   مـی‌نبیند روضـه را زآن است رَد[7] ۱۱۱۹

امّا موجودی که بدونِ چشمِ حق‌بین کورکورانه و غافل از «حقایق» زندگی می‌کند، مردود درگاه حق است.

وانکه گردش‌ها[8] از آن دریا[9] نـدید   هر دم آرد رُو بـه مـحرابی جـدید ۱۱۲۰

کسی که «تغییر و تبدیل» را از حق نبیند و نداند که تجلیّاتِ حق در «اسما و صفات» و در مراتب

---

۱ - **صُنع آفتاب**: اینجا تجلّیِ فعلیِ حق. ۲ - **حَسَن**: مراد مخاطب ناشناس است.

۳ - **عینِ صُنع**: مصنوع، آفریده.

۴ - حق تعالیٰ توسط اسما و صفات جلالیه منشأ قهر و غضب و بُعد می‌گردد و توسط اسما و صفات جمالیه، لطف و رحمت و قرب را ممکن می‌نماید. جمال بدون جلال تحقّق ندارد. ۵ - **روضه**: اینجا مطلقِ هستی.

۶ - **کورکورانه**: باغفلت. ۷ - این بیت در حاشیه افزوده شده است. در نسخهٔ نیکلسون در پاورقی است.

۸ - **گردش‌ها**: تغییر و تحوّل‌ها. ۹ - **دریا**: اینجا دریای هستی، حقیقتِ هستی.

مختلف تجلّی می‌کند، به اندک ناامیدی به محرابی جدید روی می‌آورد و قبلهٔ خویش را تغییر می‌دهد.

او ز بحرِ عذبْ[۱] آبِ شور[۲] خَورد　　　تا که آبِ شور او را کور کرد ۱۱۲۱

او از دریای شیرین، آبی شور می‌آشامد و چنان در هستی‌هایِ مجازی غرق می‌شود که از حقیقت ناآگاه می‌مانَد.

بحر می‌گوید به دستِ راست خَور　　　ز آب من ای کور! تا یابی بَصَر ۱۱۲۲

دریای هستی می‌گوید: ای نابینا، آب را با دست راست بنوش تا چشمی حق‌بین بیابی و بصیر باشی.

هست دستِ راست[۳] اینجا ظَنِّ راست　　　کو بداند نیک و بد را کز کجاست ۱۱۲۳

مقصود از دست راست، اندیشه و گُمانی نیکوست که بداند منشأ هر چیز کجاست.

نیزه گردانی‌ست، ای نیزه! که تو　　　راست می‌گردی گهی، گاهی دو تُو[۴] ۱۱۲۴

ای انسان که مانندِ نیزه گاه راست و گاه خمیده‌ای، بدان که نیزه گردانی تو را می‌گردانَد.

ما ز عشقِ شمسِ دین بی‌ناخُنیم[۵]　　　ور نه ما آن کور را بینا کُنیم ۱۱۲۵

چنان در «معشوق ازلی» فانی شده و بی‌خویش‌ایم که پروای درمانِ کوردلان را نداریم، اینک کارِ ما برتر از درمان کوران است.

هان! ضیاءالحق حُسام‌الدّین، تو زود　　　دارُوَش کن[۶]، کوریِ چشمِ حسود ۱۱۲۶

ای ضیاءالحق، حُسام‌الدّین، تو به کوری چشم حسود، زود او را مداوا کن.

توتیایِ[۷] کبریایِ[۸] تیزْ فعل[۹]　　　داروی ظلمت کُشِ استیز فعل[۱۰] ۱۱۲۷

با داروی الهی سریع‌الاثر و نافذی که درمان کوری و بسیار مؤثّر است،

---

۱ - **عَذب** : شیرین.　　۲ - **آبِ شور** : اینجا کنایه از باطل. «آب شور خورد»: فقط به باطل‌ها روی می‌آوَرَد.

۳ - **دست راست** : گمان نیک به خداوند.　　۴ - **تو** : اینجا «واو» اشباع خوانده می‌شود.

۵ - **بی‌ناخنیم** : ناخنی را که برای گشودن این گره‌هاست، از دست داده‌ایم. اینجا «شمس»، کنایه از «حقیقت» و «محبوب ازلی» است.　　۶ - **داروَش کن** : درمان کن.

۷ - **توتیا** : سرمه کشیدن در چشم، داروی نیرودهنده در چشم گذاشتن، اینجا قدرتِ مرد حق که از حق امداد می‌یابد.　　۸ - **کبریا** : عظمتِ حق.　　۹ - **تیزفعل** : سریع‌الاثر.

۱۰ - **استیزفعل** : سخت‌کوش، اینجا بسیار مؤثّر.

آنکه گر بـر چشـمِ اعـمیٰ[1] بـر زنـد ظـلمتِ صـد سـاله را زو بـر کَـنَد ۱۱۲۸

توتیایی که اگر بر چشم کور بزنید، کورِ صد ساله را هم بینا می‌کند،

جمله کوران را دوا کن، جز حسود کز حسودی بر تو می‌آرد جُـحود[2] ۱۱۲۹

ای حُسام‌الدّین، همهٔ کوران را درمان کن، جز حسود؛ زیرا او به سبب حسادت تو را انکار می‌کند.

مـر حسـودت را اگـر چـه آن مـنم جان مده تا همچنین جـان مـی‌کَنم ۱۱۳۰

به کسی که به تو حسد می‌ورزد، حتّی اگر من باشم، حیاتِ روحانی نده تا در جهل و حسد جان بدهم.

آنکـه او بـاشد حسـودِ آفـتاب[3] وانکـه مـی‌رنجد ز بُـودِ آفـتاب ۱۱۳۱

کسی که به آفتاب حسد می‌ورزد و آن کس که از وجودِ آفتاب در رنج است،

ایـنْت[4] دردِ بـی‌دوا کـو راست، آه ایـنْتْ افـتاده ابـد در قـعرِ چـاه ۱۱۳۲

این درد بی‌درمان جز آه چاره ندارد. آدمِ بدبختی که برای ابد در اعماقِ چاهِ جهل و حسادت سرنگون شده است.

نـفیِ خـورشیدِ ازل، بـایستِ او[5] کِـی بـر آیـد ایـن مـرادِ او؟ بگـو[6] ۱۱۳۳

او می‌خواهد خورشید حقایق ازلی را نفی کند، چگونه چنین چیزی ممکن است؟

باز،[7] آن باشد که بـاز آیـد بـه شـاه بازِ کور است آنکه شد گم کرده راه[8] ۱۱۳۴

بازِ دست‌آموز شاه، بازی است که پس از برخاستن از ساعد شاه و پرواز در پی شکار، باز گردد، بازی که راه را گم کند، کور است.

---

۱ - **اعمیٰ** : نابینا. ۲ - **جُهود** : انکار. [انکار مرد حق مانعِ جذب انوار و فیضِ باطنی است.]

۳ - **آفتاب** : کنایه از حقیقت، انسان کامل. ۴ - **اینْت** : اینَ تو را، در بیان تعجّب و شگفتی.

۵ - **بایَستِ او** : آنچه در نظر اوست. خواستهٔ او و کارِ او.

۶ - در بعضی از نسخ بعد از این بیت این عنوان آمده است: «گرفتار شدن باز میان جغدان به ویرانه».

۷ - **باز** : اینجا نمادِ «سالکِ متعالی» است یا مرد حق که بنا بر تقدیر در میان «اهل دنیا» گرفتارِ جهل و خصومتِ آنان است.

۸ - اینک در قالب حکایتی شیرین، تمثیلی ارائه می‌شود که در طیّ آن به بیان احوال انسان کامل می‌پردازد که مانند شاهبازی تیزپرواز جایگاه حقیقی وی ساعد و قرب شاه وجود است؛ امّا در ویرانه دنیا گرفتار جهل و غفلت خلق است و عذاب می‌کشد.

۱۱۳۵ **راه را گُم کرد و در ویران فُتاد　　باز در ویران بَرِ جُغدانْ فُتاد**

باز شکاری راه را گم کرد و در ویرانه مقیم شد و با جغدان همنشین گردید.

۱۱۳۶ **او همه نور است از نورِ رِضا　　لیک کورش کرد سرهنگِ قضا**[1]

سراپایِ وجودِ منوّرِ او راضی به رضای حق است؛ امّا تقدیر چشم او را بست و نتوانست راه را تشخیص دهد.

۱۱۳۷ **خاک در چشمش زد و از راه بُرد　　در میانِ جُغد[2] و ویرانش[3] سپُرد**

توفانی از گرد و غبار برپا شد و راه را گم کرد و در ویرانه میان جغدان جای گرفت.

۱۱۳۸ **برسَری[4]، جغدانْش بر سر می‌زنند　　پرّ و بالِ نازنینش می‌کَنَند**

جغدان با منقار بر سرش می‌زدند و پر و بال نازنین او را می‌کَندند.

۱۱۳۹ **ولوله افتاد در جُغدان که: ها !　　باز، آمد تا بگیرد جایِ ما**

در میان جغدان غوغا شده بود که این باز آمده است تا جای ما را بگیرد.

۱۱۴۰ **چون سگانِ کوی، پُر خشم و مَهیب[5]　　اندر افتادند در دلقِ[6] غریب[7]**

مانندِ سگانِ پُرخشم و هراس‌انگیزِ کوی به بازِ غریب حمله کردند.

۱۱۴۱ **باز گوید: من چه در خوردم به جُغد؟　　صد چنین ویران فدا کردم به جُغد**

باز می‌اندیشید: من چه مناسبتی با جُغد دارم؟ صدها ویرانه مانند این خرابه را به ساکنان بی‌قدرش می‌بخشم.

۱۱۴۲ **من نخواهم بود اینجا، می‌روم　　سوی شاهنشاه راجع می‌شوم**

من نمی‌خواهم اینجا بمانم، می‌خواهم به سویِ شاهنشاه بازگردم.

۱۱۴۳ **خویشتن مکشید ای جغدان! که من　　نه مقیمم، می‌روم سویِ وطن**

ای جغدها، سروصدا نکنید و خود را نکشید، من اینجا نمی‌مانم، به وطن خود باز خواهم گشت.

۱۱۴۴ **این خراب، آبادْ در چشمِ شماست　　ور نه ما را ساعدِ شه، نازْ جاست**[8]

این ویرانه در چشمِ شما آباد است، وگرنه محلِّ نواختِ من ساعد شاه است.

---

۱ - **سرهنگِ قضا** : قضایِ الهی، تقدیر.　۲ - **جُغد** : اینجا کنایه از دنیاپرست، اهلِ دنیا.

۳ - **ویران** : کنایه از دنیا.　۴ - **برسَری** : علاوه بر آن.　۵ - **مهیب** : سهمگین، هراس‌انگیز.

۶ - **دلق** : خرقه.　۷ - **غریب** : کنایه از «انسان کامل» که در دنیا غریب است.

۸ - **نازْجا** : محلّ آسودگی، محلِّ نوازش.

۱۱۴۵ **جُغد گفتا: باز حیلت می‌کند   تا ز خان و مان شما را بر کَنَد**

جغدی گفت: باز با این سخنان مکری انگیخته تا شما را از خان و مان خود براند.

۱۱۴۶ **خانه‌هایِ ما بگیرد او به مَکر   بر کَنَد ما را به سالوسی[1] ز وَکْر[2]**

می‌خواهد خانه‌های ما را با نیرنگ بگیرد و ما را با فریبکاری از آشیانه آواره سازد.

۱۱۴۷ **می‌نماید سیری این حیلتْ پَرَست[3]   وَاللّه از جمله حریصان بتّر است**

این حیله‌گر خود را بی‌نیاز وانمود می‌کند. به خدا که از همهٔ حریصان بدتر است.

۱۱۴۸ **او خورَد از حرص، طین راهمچو دِبْس[4]   دُنبه‌مسپارید ای یاران به خرس**

او از حرص، خاک را مانند شیره می‌خورد. ای یاران، به‌هوش باشید و فریب او را نخورید.

۱۱۴۹ **لاف از شه می‌زند وز دستِ شه   تا بَرَد او ما سَلیمان[5] را زِ رَه**

با لاف و گزاف از شاه و ساعد شاه می‌گوید تا ما ساده‌دلان را گمراه کند.

۱۱۵۰ **خود چه جنسِ شاه باشد مرغکی؟   مَشنُوَش گر عقل داری اندکی**

مرغی ناتوان چه تناسبی با شاه دارد؟ اگر اندک عقلی داری، سخن او را گوش نکن.

۱۱۵۱ **جنسِ شاه است او وَ یا جنسِ وزیر؟   هیچ باشد لایقِ لوزینه[6] سیر؟**

او جنسِ شاه است یا وزیر؟ آیا سیر تناسب و شایستگیِ حلوا را دارد؟

۱۱۵۲ **آنچه می‌گوید ز مکر و فعل و فن   هست سلطان با حَشَم[7] جویایِ من**

این سخنانِ فریب‌دهنده‌ای که می‌گوید شاه با چاکران و اطرافیان جویای من‌اند،

۱۱۵۳ **اینْتْ مالیخولیایِ ناپذیر[8]   اینْت لافِ خام و دامِ گولْ‌گیر[9]**

این خیال و پندارِ غیر قابل قبول و لافِ بیهوده و دامِ ابلهان است.

---

۱ - **سالوسی** : ریاکاری.   ۲ - **وَکْر** : آشیانه، لانه.   ۳ - **حیلت‌پرست** : حیله‌گر.
۴ - **دِبس** : دوشاب یا شیرهٔ انگور یا خرما، مطلق دوشاب.   ۵ - **سلیم** : ساده‌دل.
۶ - **لوزینه** : نوعی شیرینی که با شکر، گلاب، بادام و پسته یا مغزگردو ساخته می‌شود.
۷ - **حَشَم** : اینجا لشکر و ملتزمین رکاب.
۸ - **مالیخولیا** : خبطِ دماغ، نوعی جنون، «مالیخولیای ناپذیر»: خیال و پندار غیر قابل قبول.
۹ - **دامِ گول‌گیر** : دامی که فقط احمقان در آن گرفتار می‌شوند.

هر کـه ایـن بـاور کـند از ابـلهی‌ست　　　مرغکِ لاغرْ چه در خوردِ شهی‌ست؟ ۱۱۵۴

هر کس که این سخن را باور کند، از ابلهی است، پرندهٔ حقیر چگونه شایستهٔ شاه است؟

کـمترین جُـغد ار زنـد بـر مـغزِ او　　　مـر وَرا یـاری‌گری از شـاه کُـو؟ ۱۱۵۵

اگر حقیرترین جُغد بر سر او بکوبد، یاریِ شاه چگونه به او می‌رسد؟

گفت بـاز: ار یک پـرِ مـن بشکَـند　　　بـیخِ جُـغدستان شـهنشه بـر کَـنَد ۱۱۵۶

باز گفت: اگر یک پر من شکسته شود، شاهنشاه از غیرت جغدستان را ریشه‌کن می‌کند.

جُغد چه بْوَد؟ خود اگر بـازی مـرا　　　دل بـرنجاند، کُـند بـا مـن جـفا ۱۱۵۷

جغد که قدری ندارد، اگر بازِ دیگری دل مرا برنجاند و با من جفا کند،

شه کُند توده به هر شـیب و فـراز[1]　　　صد هزاران خرمن از سـرهایِ بـاز ۱۱۵۸

شاه در هر پستی و بلندی، از سرِ بازها صدها هزار پشته می‌سازد.

پـاسبانِ مـن عـنایاتِ وی است　　　هر کجا که من روم شه در پی است ۱۱۵۹

عنایات شاه، نگهدارندهٔ من است، هرجا بروم، او همراه من است.

در دلِ سـلطان خـیالِ مـن مـقیم　　　بـی‌خیالِ مـن دلِ سـلطان سـقیم[2] ۱۱۶۰

خیال من در دل شاه است، اگر روزی به یاد من نباشد، آن روز بیمار است.

چـون بـپَرّانـد مـرا شـه در رَوِش[3]　　　مـی‌پرم بـر اوجِ دل چـون پَـرتُوِش ۱۱۶۱

چون مرا به پرواز می‌آوَرَد، در اوج آسمان دل پرواز می‌کنم و مانندِ پرتو نور او در دل‌ها می‌تابم.

هـمچو مـاه و آفـتابی مـی‌پَرَم　　　پـرده‌هایِ آسـمان‌ها مـی‌درم ۱۱۶۲

مانند تابشِ ماه و خورشید که پرده‌هایِ آسمان‌ها را می‌درد، تابشِ من هم پرده‌هایِ اسرار را می‌شکافد.

---

۱ - **شیب و فراز:** فراز و نشیب.

۲ - **سقیم** : بیمار.

شاهباز اینک به توصیف خود در مقام «انسان کامل» می‌پردازد که نحوهٔ تعیّن او در مخزن علمِ کامل در مقام تجلّی علمی در احدیّت است که جمیع حقایق در این موطن، علم و ظهور دارند و با وجود انسان کامل است که اهداف آفرینش متحقّق می‌گردد: برگرفته از شرح مقدّمهٔ قیصری، ص ۲۵۰. ۳ - **روش** : رفتن.

روشنیّ عقل‌ها از فِکْرتم[1]   انفطارِ[2] آسمان از فِطرتم ۱۱۶۳

عقل‌ها در پرتو اندیشهٔ من نور می‌یابند و افلاک به سبب خلقت من می شکافند و حقایق آشکار می شود.

بازم و حیران شود در من هُما[3]   جُغدْ که بْوَد تا بداند سِرّ ما؟ ۱۱۶۴

پرندهٔ شکوهمندی، مانند هما در من حیران می شود، جغد کیست که از اسرار ما آگاه گردد؟

شه برای من ز زندان یاد کرد   صدهزاران بسته را آزاد کرد[4] ۱۱۶۵

شاه به سبب وجودِ من از «دنیا» یاد می‌کند و صدهاهزار اسیر از قیدِ زنجیرها رها می شوند.

یک دمم با جغدها دمساز کرد   از دمِ من جغدها را باز کرد ۱۱۶۶

شاه مرا دمی همصحبت جغدان گردانید و از دم پاک من، آنان را به «باز» تبدیل کرد.

ای خنک جُغدی که در پروازِ من   فهم کرد از نیک‌بختی رازِ من ۱۱۶۷

خوشا به جغدی که از پروازم به راز نیک‌بختی من پی برد.

در من آویزید تا نازان شوید   گرچه جُغدان‌اید، شهبازان[5] شوید ۱۱۶۸

ای جُغدان، به سوی من آیید تا تقرّب یابید، گرچه جُغدید، شاهباز شوید.

آنکه باشد با چنان شاهی حبیب   هر کجا افتد چرا باشد غریب؟ ۱۱۶۹

هر کس که مورد لطفِ چنان شاهی باشد، هر جا برود، چرا غریب باشد؟

هر که باشد شاهْ دردش را دوا   گر چو نیْ نالد نباشد بی‌نوا[6] ۱۱۷۰

هر که شاه درمان اوست، اگر مانند نی بنالد، بینوا نیست.

مالکِ مُلکم،[7] نِیم من طبلْخوار[8]   طبلِ بازم می‌زند شه از کنار ۱۱۷۱

من سلطنت معنوی دارم، مفتخوار نیستم، شاه مرا می‌خوانَد و طبلِ باز را به صدا در می‌آوَرَد.

---

۱ - **فکرت:** اندیشه.   ۲ - **انفطار:** شکافتگی، پاره پاره شدن.

۳ - **هما:** مرغی که بر سر هرکس سایه افکند به دولت می‌رسد. او را مظهر فرّ و شکوه دانند و به فال نیک گیرند.

۴ - مُراد آنکه: با توجّه حق نوری به دل‌ها می‌تابد که قابلیّتِ هدایت می‌یابند.

۵ - **شهباز:** پرندهٔ شکاری، اینجا کنایه از «اهل معنا».

۶ - مُراد آنکه: برگِ بی‌برگی یا غنای درونی سرمایهٔ اوست.

۷ - انسان کامل محمّدی(ص) مطلع همهٔ صفحات عالم وجود است، اینجا: من سلطنتِ فقر دارم. غنایِ درون.

۸ - **طبل‌خوار:** مفتخوار.

۱۱۷۲ **طبلِ بازِ من نـدایِ اِرجِعی[۱] حـق گـواهِ من به رغمِ مُدَّعی**

طبلِ بازی که برای من می‌نوازند، ندای «اِرْجِعی» است، خداوند بر خلافِ میلِ مدّعی گواه من است.

۱۱۷۳ **من نِیَم جنس شهنشه دور از او لیک دارم در تـجلّی نـور از او[۲]**

من همجنسِ شاه نیستم، وجودِ او برتر از این گمان است؛ امّا محلّ تجلّیِ انوارِ او هستم.

۱۱۷۴ **نیست جنسیَّت[۳] ز رویِ شکل و ذات آبْ جنسِ خاک آمد در نبات**

«جنسیّت» تنها به شکل و ذات وابسته نیست؛ مثلاً آب و خاک که غیر متجانس‌اند و شکل و ذات مشابه ندارند، در اندام گیاه با یک‌دیگر تناسب می‌یابند.

۱۱۷۵ **باد جنس آتش آمد در قوام[۴] طبع را جنس آمده‌ست آخر مُدام[۵]**

وزش باد، شعلهٔ آتش را افزون‌تر می‌کند؛ پس علی‌رغم آنکه «باد و آتش» شکل و ذات مشترکی ندارند، با هم تجانس می‌یابند؛ پس استعداد و قابلیّتی که در سرشت نهفته است، یک نوع جنسیّت است.

۱۱۷۶ **جنس ما چون نیست جنسِ شاهِ ما مایِ ما شد بهرِ مایِ او فنا[۶]**

چون جنسِ ما جنسِ «شاهِ وجود» نیست، قابلیّت و استعدادی داریم که در اثر «ترقّیِ معنوی» می‌توانیم نَفْسِ خود را در نَفْس کُلّ، فانی سازیم.

۱۱۷۷ **چون فنا شد مایِ ما، او ماند فَرد پیش پایِ اسبِ[۷] او گردم چو گَرد[۸]**

چون نَفْسِ ما فانی شد، به «عقل محض» و «روحِ صِرف» مبدّل می‌شود و از هستیِ ما جز او چیزی بر جای نمی‌مانَد و «تنِ» خاکی به ارادهٔ حق به سبکی گَرد به هر سو می‌گردد.

۱ - مصراع اوّل، اشارتی قرآنی، فجر: ۲۸/۸۹: ر.ک: ۵۷۲/۱.

۲ - وجود انسان کامل محمّدی(ص) نسخهٔ ظاهر و باطن است، چون از جهتی منسوب به غیب مطلق و از جهتی دارای نشئهٔ عنصری است؛ پس به اعتبار آنکه مبدأ جمیع تجلیّات خلقی است «ربّ» است و به اعتبار وجود مادّی «عبد» است: شرح مقدّمهٔ قیصری، ص ۲۲۱. ۳ - **جنسیّت**: مناسبت، تناسب، سنخیّت.

۴ - **قوام**: پختن، رسیدن. ۵ - **مُدام**: همواره، شراب.

۶ - این امر همان انتقال مادّهٔ جوهری و تحوّلات آن است که به صورت‌های مختلف از جمادی و نباتی و حیوانی و انسانی صورت می‌یابد و ملازم با خلع و لُبس است و بهترین شاهد برای امکان تبدّل صفات خلقی به صفات حقّی است که همان فنای وجه خلقی در وجه حقّی می‌باشد: شرح مقدّمهٔ قیصری، ص ۸۵۰.

۷ - **اسب**: اینجا کنایه از «ارادهٔ حق». ۸ - **گَرد**: تنِ عارف واصل به گرد مانند شده است.

خـاک شـد جـان و نشـانی‌هایِ او   هست بـر خـاکش نشـانِ پـایِ او ۱۱۷۸

«وجه مادّیِ جان»، یعنی «وجه مادّیِ نَفْس»، با تحوّلاتی که در او رخ داد، مُرد و در واقع «فنا» یافت؛ امّا نشان پای حق که نشانِ «صفاتِ الهی» است، بر خاک او برجاست.

خاکِ پایش شـو بـرایِ ایـن نشـان   تـا شـوی تـاجِ سـرِ گَـردنْ‌کشـان ۱۱۷۹

برای متحقّق شدن این نشان، خاکِ درگاهش باش تا تاجِ سرِ گردنکشان عالَم شوی.

تـا کـه نـفریبد شـما را شکـلِ مـن   نُقلِ مـن نـوشید پـیش از نـقلِ مـن ۱۱۸۰

مبادا به سببِ شکل ظاهر مرا مانند خود بـدانـید. مـعارفی را کـه مـی‌گویم، بشـنوید و دریابید. پیش از آنکه به جهان باقی منتقل شوم، از این فرصت استفاده کنید.

ای بسـا کس راکـه صـورت راه زد   قـصدِ صـورت کـرد و بـر اللّـه زد ۱۱۸۱

ای بسا کسانی که از شکل ظاهری گمراه شدند، «مردِ حق» را دیدند و چون او را هم‌وزن خود پنداشتند، اهانت کردند؛ امّا نمی‌دانستند به خدا اهانت می‌کنند.

آخر این جان با بدن پیوسته است   هیچ این جان با بدن مانند هست؟[1] ۱۱۸۲

آخر این «جان» که به «بدن» تعلّق یافته و در صمیمِ ذات با مادّه متّحد شده است، شباهتی به بدن دارد؟

تابِ نورِ چشم با پیه است جُفت[2] **   نـورِ دل در قـطرهٔ خـونی نـهفت**[3] ۱۱۸۳

تابشِ نورِ چشم به سفیدی چشم مربوط است و نورِ دل مربوط به قطره‌ای خون، یعنی «سرّ سویدایِ دل» است.

شادی اندر گُـرده[4] **و غـم در جگـر   عقلْ چـون شـمعی درونِ مـغزِ سـر** ۱۱۸۴

شادی به کلیه مربوط است و غم به جگر و عقل مانندِ شمع فروزان درون مغز و سر قرار دارد.

---

۱ - از این بیت به بعد، مولانا با بیان مثال‌های گوناگون، چگونگی معیّت حق تعالیٰ را شرح می‌دهد.

۲ - سفیدی چشم یا قرنیهٔ غیر شفاف که قُدَما آن را پیه می‌پنداشتند، از خلف برای عبور عصب بصری سوراخ شده است و به واسطهٔ این عصب است که مبصرات و هرچه که به سببِ نور در چشم انعکاس یافته است، به دِماغ می‌رسد.   ۳ - مصراع دوم اشارتی است به سرّ سویدای دل، ر.ک: ۱۰۲۲/۱.

۴ - **گُرده**: کلیه. قدما اعتقاد داشتند که موضعِ شادی کلیه و گاه شش آدمی و موضعِ غم و اندوه جگر است. مولانا می‌گوید: این‌ها در ظاهر با هم نمی‌توانند مربوط باشند؛ ولی هستند و ما چگونگی این ارتباط را نمی‌دانیم.

این تعلّق‌ها نه بی کیف[1] است و چون   عقل‌ها در دانشِ چونی[2]، زبون[3] ۱۱۸۵

این تعلّق‌ها، به عنوان مثال، تعلّقی که شادی می‌تواند با کلّیهٔ آدمی داشته باشد، یعنی تعلّق اموری غیر مادّی با اموری مادّی، «کیفیّت»پذیر نیست و تبیین عقلانی ندارد و بهتر است بگوییم در جهان اموری وجود دارند که «عقل جزوی» قادر به درکِ آن نیست؛ زیرا اموری بی‌چون‌اند.

جانِ کُل[4] با جانِ جزو[5] آسیب کرد[6]   جان از او دُرّی[7] ستد، در جیب[8] کرد ۱۱۸۶

«جانِ کلّ» یا «جانِ جهان» بر «جانِ جزوی» متجلّی گشت و جان جزوی از جان کلّ فیوضات ربّانی را دریافت کرد، این هم امری است که عقل جزوی انسان قادر به درک و شرحِ عقلانیِ آن نیست.

همچو مریم، جان از آن آسیبِ جیب   حامله شد از مسیحِ دلفریب ۱۱۸۷

همان‌گونه که مریم(ع) از تجلّیِ «روح‌القُدُس» که «اهل توحید» آن را «روح‌الامین» می‌نامند و حکمای مَشّاء [ارسطو و اتباع او]، «عقل مجرّد»، بی‌واسطه حامله شد.

آن مسیحی[9] نه که بر خشک و تر است   آن مسیحی کز مساحت[10] برتر است ۱۱۸۸

در تجلّی جان کلّ بر جانِ جزوی، آنچه را که جانِ «حق‌طلب» حامله می‌شود، جسم نیست، «روحِ صرف» یا «حقیقت مطلق» است که از کون و مکان و ادراک برتر است.

پس ز جانِ جان چو حامل گشت جان   از چنین جانی شود حامل جهان ۱۱۸۹

بنابراین هنگامی که «جان جزوی» از «جان جان»، یعنی از «معرفت» بارور شد، انسان کمال می‌یابد که علّتِ آفرینش است و «حقیقتِ» او که در مرتبهٔ «کمال الهی» است، جان‌های دیگر را حامله می‌کند و به کمالِ وجودِ خود می‌رساند.

پس جهان زاید جهانی دیگری   این حَشَر[11] را وانماید مَحشَری ۱۱۹۰

پس به همین ترتیب «انسان کامل» که به اعتبار ظاهر، «عالم اصغر» و به اعتبارِ باطن، «عالم اکبر»

---

۱ - **کیف** : کیفیّت؛ چگونگی، مراد اموری غیر مادّی است که عقل جزوی از درکِ آن ناتوان است.

۲ - **چونی** : اموری که «چند و چون»پذیر نیستند و با عقلِ متعارف که عقلِ جزوی است نمی‌توان آن را درک کرد و چگونگی‌اش را شرح داد. ۳ - **زبون** : ناتوان. ۴ - **جانِ کُلّ** : روحِ مطلق. ۵ - **جان جزو** : جانِ آدمی.

۶ - **آسیب کرد** : برخورد کرد. ۷ - **دُرّ** : اینجا نورِ معارف. ۸ - **جَیب** : گریبان، توسّعاً وجود.

۹ - **مسیح** : اینجا کنایه از روحِ عالیِ عِلْوی. ۱۰ - **از مساحت** : اینجا از کون و مکان.

۱۱ - **حَشَر** : گروه، جماعت. اینجا همهٔ مردم.

است، انسانِ دیگری را به «کمال الهی» می‌رساند و بر آنان که از او فیض می‌یابند، ماهیّتِ رستاخیزِ عارفانه را آشکار می‌سازد.

تا قیامت گر بگویم بشمرم من ز شرحِ این قیامت قاصرم[1] ۱۱۹۱

اگر تا قیامت، رستاخیز عارفانه و حقایق مرتبط با آن را بگویم، باز هم از شرح آن ناتوان خواهم بود؛ زیرا این امور را می‌توان درک کرد و در مرتبهٔ کمال بر آن وقوف یافت؛ امّا وصف شدنی نیست.

این سخن‌ها خود به معنی یارَبی‌ست حرف‌ها دامِ دمِ شیرین‌لبی[2]**ست** ۱۱۹۲

امّا گفتن این سخن‌ها به منزلهٔ «یا ربّ» و استدعا از درگاه حق و در واقع دامِ صیدِ «معشوقِ شیرین‌لب» است تا با او همدم شویم.

چُون کند تقصیر[3]**؟ پس چُون تن زند**[4]**؟ چونکه لبَّیکش به یارب می‌رسد** ۱۱۹۳

چون به ندایِ «یاربِ» خود، «لبّیک» بشنود، چگونه اهمال کند و خاموش بنشیند؟

هست لبَّیکی که نتوانی شنید لیک سر تا پای بتوانی چشید ۱۱۹۴

لبّیکی می‌رسد که ممکن است نتوانی باگوش سر بشنوی؛ امّا سراپایِ وجودت می‌تواند آن را بچشد و درک کند.

کُلوخ انداختنِ تشنه از سرِ دیوار در جُویِ آب

تشنه‌ای دردمند بر سر دیواری بلند بر لب جوی آب نشسته بود. ناگاه خشتی را در آب افکند. بانگ آب را چون خطابی از یار شیرین یافت و پیاپی خشت‌ها را کند و در آب افکند. آب به زبانِ حال می‌گفت: از خشت زدن چه فایده‌ای می‌بری؟ تشنه می‌گفت: دو فایده دارد، یکی آنکه سماع بانگ آب برای تشنگان چون رباب است، دیگر آنکه هر خشتی که از دیوار برکنده می‌شود، من یک گام به آب نزدیک‌تر می‌شوم.

در این قصّه، تشنه نمادِ انسان «حق‌طلب» است که تشنهٔ رسیدن به حقایق و اصل خویش است و دیوار نمادی از تن و تعلّقات آن.

---

۱ - **قاصر** : کوتاهی کننده. ۲ - **شیرین‌لب** : اینجا معشوق، محبوب ازلی. ۳ - **تقصیر** : کوتاهی کردن.
۴ - **تن زند** : خاموش باشد.

**بـر لبِ جُـو بـود دیـواری بـلند		بـر سـرِ دیـوار، تشـنهٔ دردمـند** ۱۱۹۵

درکنار جویباری، دیواری بلند بود که بر سرِ آن تشنه‌ای دردمند نشسته بود.

**مــانعش از آب آن دیــوار بــود		از پیِ آب، او چـو مـاهی زار بـود** ۱۱۹۶

دیوار مانع رسیدن به آب بود، در حالی که او چون ماهی قراری نداشت.

**نـاگـهان انـداخت او خشـتی در آب		بانگِ آب آمد به گوشش چون خطاب** ۱۱۹۷

ناگهان خشتی را در جویبار افکند، صدای آب درگوش او، مانند خطاب و پاسخِ آب بود.

**چــون خـطاب یـارِ شـیرینِ لذیـذ		مست کرد آن بانگِ آبش چون نبیذ**[1] ۱۱۹۸

صدای آب، مانند خطاب معشوق شیرین، او را بسان شراب مست کرد.

از صــفایِ بــانگِ آب، آن مـمتحن[2] **گشت خشتْ‌انداز، از آنجا خِشتْ‌کَن** ۱۱۹۹

از صفا و ذوقِ بانگِ آب، آن پریشان روزگار خشت‌ها را می‌کند و به آب می‌افکند.

**آب می‌زد بانگ، یعنی، هی! تـو را		فایده چـه زیـن زدن خشـتی مـرا؟** ۱۲۰۰

آب به زبانِ حال می‌گفت: ای تشنه، این خشت افکندن چه سودی دارد؟

**تشنه گفت: آبا! مـرا دُو فـایده‌ست		من از این صنعت**[3] **ندارم هیچ دست** ۱۲۰۱

مرد تشنه نیز به زبان حال با ادامهٔ کار خود می‌گفت: ای آب، این کار دو فایده دارد؛ بنابراین دست از آن برنخواهم داشت.

**فــایدهٔ اوّل ســماع بــانگِ آب		کو بُوَد مر تشنگان را چون رباب**[4] ۱۲۰۲

اوّلین فایده، شنیدن صدای آب است که برای تشنگان چون نوای رباب دل‌انگیز است.

**بانگِ او چون بانگ اسـرافـیل شـد		مرده را زیـنْ زنـدگی، تـحویل شـد** ۱۲۰۳

بانگِ آب، مانند بانگِ اسرافیل و دمیدنِ در صور است که مردگان را زنده می‌کند.

**یـا چـو بـانگِ رعـد ایّـامِ بـهار		بـاغ مـی‌یابد از او چـندین نگـار** ۱۲۰۴

یا مانند صدای رعد در بهار که باغ و بوستان از آن طراوت و نقش و نگار می‌یابند.

---

۱ - **نبیذ**: شراب. ۲ - **مُمْتَحَن**: آزموده شده، محنت زده.

۳ - **این صنعت**: این کار، جدّ و جهد در راه وصول به حقایق. ۴ - **رباب**: تنبور، سازی دارای تار.

یــا چــو بــر درویش، ایّـام زکـات یا چو بـر مـحبوس، پـیغامِ نـجات ۱۲۰۵

یا مانند صدایی که درویش را به دریافت زکات می‌خوانَـد، یـا چـون پـیامِ آزادی بـرای زندانی است.

چون دَمِ رحمان بُـوَد، کآن از یَـمَن مــی‌رسد ســویِ مـحمَّد بی‌دهن[1] ۱۲۰۶

آن صدا، مانند دمِ رحمان و نَفَس الهی است که از جانب یمن به رسول اکرم(ص) می‌رسید.

یــا چــو بـویِ احـمدِ مُـرسَل بُـوَد کآن به عاصی در شفاعت مـی‌رسد ۱۲۰۷

یا چون عِطرِ نَفَسِ احمد(ص) که هنگامِ شفاعت به گناهکار و مجرم برسد.

یا چو بویِ یـوسفِ خـوبِ لطـیف مـی‌زند بـر جـانِ یـعقوبِ نـحیف[2] ۱۲۰۸

یا چون بوی خوش پیراهن یوسفِ زیبایِ لطیف که به مشامِ جانِ یعقوبِ نزار بزند.

فایدهٔ دیگـر کـه هـر خشـتی کَـزین بـر کَـنَم، آیـم سـوی مـاءِ مَـعین[3] ۱۲۰۹

فایدهٔ دیگر آنکه با کندن هر خشتِ از این دیوار بلند، به آب صاف وگوارا نزدیک‌تر می‌شوم.

کـــز کـــمیِّ خشتْ دیــوارِ بُــلند پست‌تر گردد به هر دفـعه کـه کَـنْد ۱۲۱۰

زیرا هر بار که خشت کنده شود، دیوار بلند کوتاه‌تر می‌گردد.

پســـتیِ دیــوار قُــربی مــی‌شود فــصلِ[4] **او درمـانِ وصـلی مـی‌بُوَد** ۱۲۱۱

کوتاه شدن دیوار سببِ قُرب و وصل می‌شود.

سـجده آمـد کَـندنِ خشتِ لَـزِب[5] **مُوجب قُربی که وَٱسْجُدْ وَٱقْـتَرِبْ**[6] ۱۲۱۲

سجدهٔ خالصانه نیز همان کندن خشت‌های چسبناک از دیوار تن است که در کندن هر خشت و تبدیل هر صفت ناپسند به پسندیده، از بُعد کاسته و به قُرب افزوده می‌گردد.

---

۱ - اشاره به حدیث نبوی: إِنّی لَأَجِدُ نَفَس الرَّحْمٰانِ مِنْ قِبَلِ الْیَمَنِ: من نَفَس خدای رحمان را از جانب یمن می‌شنوم: احادیث، ص ۲۵۰.

بیان پیوند روحانی اویس قرنی است با پیامبر(ص)، وی یکی از پارسایان و از مشاهیر تابعین است، اصل او از یمن بود و به درک صحبت پیامبر(ص) موفق نگردید، در جنگ صفین با علی(ع) بود و بیشتر بر آن‌اند که در همین واقعه کشته شد در سال ۳۷ هجری.

۲ - اشارتی قرآنی؛ یوسف: ۹۴/۱۲ : ر.ک: ۴۴۳/۱.

۳ - **ماء معین** : اشارتی قرآنی؛ مُلک: ۳۰/۶۷، به معنی آب روان و روشن و پاک.

۴ - **فصل** : جداکردن، اینجا فرو ریختن.

۵ - **لَزِب** : لغزنده و لزج.

۶ - اشارتی قرآنی؛ علق : ۱۹/۹۶ : ...سجده کن و پیش‌تر بیا: ر.ک: ۳۶۲۱/۱.

۱۲۱۳ **تا که این دیوارْ[1] عالی گردن است — مانعِ این سر فرود آوردن است**

تا دیوار خواسته‌های نَفْسانی بلند است، سجدهٔ خالصانه‌ای که از سر انکسار باشد، ممکن نیست.

۱۲۱۴ **سجده نتوان کرد بر آبِ حیات[2] — تا نیابم زین تنِ خاکی نجات**

تا از قید تعلّقات جسم خاکی رهایی نیابم، نمی‌توانم بر «آب حیات» خالصانه سجده کنم.

۱۲۱۵ **بر سرِ دیوار هر کو تشنه‌تر — زودتر بر می‌کَنَد خِشت و مَدَر[3]**

هرکس که بر سرِ دیوار تشنه‌تر باشد، زودتر خشت و گِل را می‌کَنَد.

۱۲۱۶ **هر که عاشق‌تر بُوَد بر بانگِ آب — او کلوخ زفت‌تر کَنْد از حجاب**

هر کس که برای شنیدن صدای آب مشتاق‌تر باشد، سنگ و کلوخ درشت‌تری را می‌کَنَد تا زودتر مانع را بردارد.

۱۲۱۷ **او ز بانگِ آب، پُر مِی تا عُنُق[4] — نشنود بیگانه جز بانگِ بُلُق[5]**

او از صدای آب مست است؛ امّا کسی که تشنه نیست، جز صدای «شلپ شلپ» آب چیزی نمی‌شنود.

۱۲۱۸ **ای خُنُک[6] آن را که او ایّام پیش — مُغْتَنَم[7] دارد، گزارد وام[8] خویش**

خوشا به کسی که ایّام جوانی را برای اداىِ دِینی که به خود دارد، غنیمت بشمارد.

۱۲۱۹ **اندر آن ایّام، کِش قدرت بُوَد — صحّت و زورِ دل و قُوَّت بود**

در روزگاری که توانایی و سلامت و دلی نیرومند و پرقوّت دارد.

۱۲۲۰ **و آن جوانی همچو باغ سبز و تر — می‌رساند بی‌دریغی بار و بَر**

جوانی، مانندِ باغی سبز و باطراوت است که بی‌دریغ به بر می‌نشیند.

۱۲۲۱ **چشمه‌هایِ قوّت و شهوت روان — سبز می‌گردد زمینِ تن بدان**

چشمه‌هایِ قوّت و شهوت از درون می‌جوشد و زمین تن را سرسبز می‌سازد.

---

۱ - **دیوار** : کنایه از تمایلات نفسانی. ۲ - **آبِ حیات** : اینجا حقیقتِ وجود، پروردگار.
۳ - **مَدَر** : گِل‌اندود کردن مکان را، درز میان سنگ‌ها را با گِل گرفتن. ۴ - **عُنُق** : گردن.
۵ - **بُلُق** : صدای آب هنگام انداختن کلوخ یا جسمی در آن. ۶ - **خُنُک** : خوشا.
۷ - **مغتنم** : غنیمت شمرده شده. ۸ - **وام گزارد** : ادایِ دِین کند.

خانهٔ[1] معمور[2] و سقفش بس بلند   معتدل ارکان[3] و بی‌تخلیط[4] و بند[5] ۱۲۲۲

«خانهٔ تن» آباد و سالم است، بی آنکه در چهار ستون آن خِللی باشد و یا آنکه نیازمندِ ستونی برای نگاه داشتن سقف شده باشد.

پیش از آن کایّامِ پیری در رسد   گردنت بندد به حَبْلٍ مِنْ مَسَد[6] ۱۲۲۳

پیش از آنکه روزگار کهولت فرا رسد و گردنت را به ریسمانی ببندند و تو را خواه ناخواه به سوی جهان باقی بکشانند، به خود بیا.

خاکْ شوره گردد و ریزان و سُست   هرگز از شوره، نباتِ خوش نَرُست ۱۲۲۴

«تن» آدمی در ایّام پیری چون خاک شوره سست و ریزان می‌شود و در آن گیاه خوب نمی‌روید.

آبِ زور و آبِ شهوت منقطع   او ز خویش و دیگران نامُنتفِع ۱۲۲۵

در کهنسال، قوّت، قدرت و شهوت از میان رفته و او از خود و دیگران بهره نمی‌برد.

ابروان چون پالدُم[7] زیر آمده   چشم را نم آمده، تاری شده ۱۲۲۶

ابروها، مانند دوال چهارپایان افتاده، از چشم‌ها آب می‌ریزد و دیدگان تار شده است.

از تشنُّج[8] رو چو پشتِ سوسمار   رفته نطق و طعم و دندان‌ها ز کار ۱۲۲۷

صورت بر اثر چروکیدگی، مانند پشتِ سوسمار شده، قوّت سخن گفتن و حسِّ چشایی از میان رفته و دندان‌ها از کار افتاده است.

روزْ بیگه، لاشه لنگ و ره دراز   کارگه ویران، عمل رفته ز ساز ۱۲۲۸

روزگار عمر پایان یافته، جسمی لنگ مانده و راهی دراز در پیش است. «کارگاه عمل» یا «زندگی این جهانی» که در آن می‌توان راهِ کمال را پیمود، رو به ویرانی نهاده و قدرتِ انجامِ کارهایی که می‌تواند سببِ ترقّی معنوی باشد، از دست رفته است.

---

۱ - **خانه** : کنایه از تن.   ۲ - **معمور** : آبادان.   ۳ - **ارکان** : رکن‌ها: اینجا چهار ستون بدن.

۴ - **تخلیط** : آمیخته کردن، خرابی.

۵ - **بند** : ستون اضافی، اینجا استفاده از انواع روش‌های پزشکی و داروها برای سرپا نگاهداشتنِ شخصِ کهنسال.

۶ - اشارتی قرآنی؛ تَبَّت : ۵/۱۱۱ : فِي جِيدِهَا حَبْلٌ مِّنْ مَسَدٍ : درگردن او ریسمانی سخت تافته شده است. [همسر ابولهب]

۷ - **پالدم** : پاردم، دوال یا پاره‌ای چرمین که دو سر آن را بر زین اسب یا پالان چهارپا دوخته و به زیر دُم می‌اندازند.

۸ - **تَشنّج** : در کشیدگی و ترکیدگی پوست، مجازاً به معنی چروکیدگی.

بیخ‌هایِ خویِ بد مُحکم شده　　قوّتِ بر کندنِ آن کم شده ۱۲۲۹

ریشهٔ عادات و صفات بد محکم شده و توان برکندن آن کاهش یافته است.

فرمودنِ والی[1] آن مرد راکه: این خاربُن[2] راکه نشانده‌ای بر سر راه، برکَن[3]

مردی خاربنی را بر سر راه خلق نشاند و چون والی از وی خواست که آن را بر کَنَد، تعلّل و مسامحه کرد تا در طیِ سال‌ها خاربُن تناور و قوی شد و مردِ کهنسال ناتوان گردید و اندک اندک قدرتِ کَندن خاربن را از دست داد به حدّی که اگر مشتاق هم بود، توانی نبود.

در این قصّه، هر یک از صفات مذموم انسان همان خاربن است که هر دمی در فزونی است، یا چون مردان راه با تبرِ ذکر باید آن را از جای برکند و یا به گُلبن وجود کاملان پیوند زد.

همچو آن‌شخص ِدُرُشتِ[4] خوش‌سخُن[5]　　درمـیـانِ رَه‌نشـانـد اوخـاربُن ۱۲۳۰

محکم شدنِ ریشهٔ صفات رذیله به سبب پیروی از «نفس امّاره»، مانند کارِ آن مردِ بدخوی پُرسخنی است که در میان راه مردم بوتهٔ خاری را کاشته بود.

رهگُـذَرْیانش[6] مـلامت‌گر شـدند　　بس بگفتندش: بِکَن ایـن را، نَکَـند ۱۲۳۱

رهگذران او را نکوهش کردند و گفتند: خاربن را بِکَن؛ امّا او نمی‌کَند.

هر دمـی آن خـاربُن افـزون شُـدی　　پایِ خلق از زخمِ آن پُر خون شدی ۱۲۳۲

بوتهٔ خار لحظه به لحظه انبوه می‌شد و پای مردم را زخمی می‌کرد.

جـامه‌هایِ خـلق بـدریدی ز خـار　　پـایِ درویشـان بـخَستی[7] زارِ زار[8] ۱۲۳۳

لباس‌هایِ عابران دریده می‌شد و پایِ بینوایان مجروح و آزرده می‌گشت.

---

۱ - **والی**: حاکم.　۲ - **خاربُن**: بوتهٔ خار.

۳ - اصل قصّه بدین صورت، شکل بسط یافتهٔ نوعی تمثیل تعلیمی است از مقولهٔ ضرب‌المثل که متضمّن تحذیر مخاطب است از تأخیر در کار خیر: سِرّ نی، ج ۱، ص ۲۹۱.　۴ - **دُرُشت**: بدخوی، خشن.

۵ - **خوش سُخُن**: خوش صحبت.　۶ - **رهگذریان**: رهگذران.　۷ - **بِخَستی**: مجروح می‌کرد.

۸ - **زار زار**: به زاری.

چون به جِد، حاکم بدو گفت: این بِکَن — گفت: آری برکَنَم روزیش من ۱۲۳۴

چون حاکم با جدیّت گفت: این بوته را بِکَن، گفت: آری، روزی آن را خواهم کَند.

مدّتی فردا و فردا وعده داد — شد درختِ خارِ او محکمْ نهاد[1] ۱۲۳۵

مدّتی وعدهٔ فردا و فردای دیگر داد تا بوتهٔ خار به درختی محکم مبدّل گردید.

گفت روزی حاکمش: ای وعده‌کَژ[2]! — پیش آ در کارِ ما، واپس مغَژ[3] ۱۲۳۶

روزی که صبر حاکم به سر رسید، گفت: ای بدعهد، دستور ما را انجام ده و کوتاهی نکن.

گفت: اَلْاَیّامُ یا عَمْ بَینَنا — گُفت: عَجِّلْ، لاتُماطِلْ دَیْنَنا ۱۲۳۷

مرد بدعهد گفت: ای عمو، هنوز فرصت هست. حاکم گفت: شتاب کن و در انجام وظیفه کوتاهی و تأخیر نکن.

تو که می‌گویی که فردا، این بدان — که به هر روزی که می‌آید زمان ۱۲۳۸

تو که وعدهٔ فردا را می‌دهی، بدان هر روزی که می‌گذرد،

آن درختِ بد جوان‌تر می‌شود — وین کَننده پیر و مُضطر می‌شود ۱۲۳۹

آن درخت بد، نیرومندتر می‌گردد و کسی که می‌خواهد آن را بِکَنَد، ناتوان‌تر و بیچاره‌تر می‌شود.

خاربُن در قُوَّت و برخاستن — خارکَنْ در پیری و درکاستن ۱۲۴۰

«خارِ صفاتِ ناپسند» روز به روز قوّت می‌یابد؛ امّا خارکن روز به روز رو به ناتوانی و ضعف است.

خاربُن هر روز و هر دم سبز و تر — خارْکَن هر روز زار و خشک‌تر ۱۲۴۱

زشتی‌ها هر روز محکم‌تر و شدیدتر و آدمی هر روز زارتر و بی‌حاصل‌تر می‌شود.

او جوان‌تر می‌شود تو پیرتر — زود باش و روزگار خود مَبَر ۱۲۴۲

صفات نکوهیده قدرتمندتر و تو پیرتر می‌شوی. شتاب کن و عمر را بیهوده سپری نکن.

خاربُن دان هر یکی خویِ بَدَت — بارها در پای[4]، خار آخِر زدت ۱۲۴۳

هر خویِ بدِ تو، مانندِ خاربن است که بارها پایِ جانِ تو را آزرده کرده است.

---

۱ - **محکم نهاد** : با ریشهٔ محکم. ۲ - **وعده‌کژ** : دروغگو. ۳ - **واپس مَغَژ** : کوتاهی نکن.
۴ - **پای** : پایِ جانِ تو که توانایی سلوک را سلب کرده است.

بارها از خویِ خود خسته شدی حس نداری، سخت بی‌حس آمدی ۱۲۴۴

تا کنون بارها از خُلق ناپسند خود آزرده شدی؛ امّا نفهمیدی که چرا این جراحت به تو رسیده است. گویی حسّ درک حقایق را نداری و کاملاً بی‌حس شده‌ای.

گر ز خسته گشتنِ دیگر کَسان که ز خُلقِ زشتِ تو هست آن رسان ۱۲۴۵

اگر از مجروح شدن روح و روان دیگران که از خلق و خوی زشت تو آزرده‌اند،

غافلی، باری ز زخم خود نه‌ای تو عذابِ خویش و هر بیگانه‌ای ۱۲۴۶

غافل هستی، از زخم و آزارِ خود غافل نیستی، تو مایهٔ عذابِ خود و دیگران شده‌ای.

یا تَبَر برگیر و مردانه بزن تو علی‌وار این درِ خَیبَر[1] بِکَن ۱۲۴۷

یا «تَبَرِ ذکر» و «یادِ حق» را برگیر و مانندِ علی(ع) درِ این قلعهٔ خیبر را برکن.

یا به گلبُن وصل کُن این خار را وصل کُن با نارْ نورِ یار را ۱۲۴۸

یا وجودت را که بوته‌های خار در آن روییده است، به بوتهٔ پر گل وجود «انسان کامل» پیوند بده و نورِ او را به آتشِ نَفْسِ خود متّصل گردان.

تا که نورِ او کُشَد نارِ تو را وصلِ او گُلشن کُند خارِ تو را ۱۲۴۹

تا نورِ او شعلهٔ خواهش‌هایِ نفسانی‌ات را خاموش کند و به سبب این پیوند، صفاتِ زشت تو را به صفاتی پسندیده مبدّل سازد.

تو مثالِ دوزخی، او مؤمن است کُشتنِ آتش به مؤمن ممکن است ۱۲۵۰

وجود تو مانند دوزخ است و وجودِ او سرشار از «نورِ ایمان»، خاموش کردن این شراره‌ها با «نور» ممکن است.

مصطفی فرمود از گفتِ جحیم کو به مؤمن لابه‌گر گردد ز بیم ۱۲۵۱

پیامبر(ص) در ارتباط با دوزخ و شراره‌های آن فرمود: جهنّم از ترس نور مؤمن زاری می‌کند.

گویدش: بگذر ز من ای شاه! زود هین! که نورت سوزِ نارم را ربود[2] ۱۲۵۲

و می‌گوید: ای شاه، زود از من عبور کن؛ زیرا نور تو شراره‌های مرا خاموش می‌کند.

---

۱ - **خیبر** : نام ناحیه‌ای در هشت منزلی مدینه از راه شام که در سال هفتم هجری قمری به دست علی(ع) فتح گردید، دارای هفت قلعه بود که علی(ع) درِ این قلعه یهودی‌نشین را از جای برکند و به عنوان سپر به کار گرفت.

۲ - اشاره به حدیث: آتش جهنّم به مؤمن می‌گوید: از اینجا بگذر و گرنه نور تو شعله‌ام را خاموش می‌کند: احادیث، ص ۱۸۲.

۱۲۵۳ **پس هلاکِ نار، نورِ مؤمن است زانکه بی‌ضدْ دفع ضِدْ لایُمْکِن است**

پس با نورِ مؤمن می‌توان آتشِ شهوات را خاموش کرد؛ زیرا هر چیزی از طریق ضدّش نابود می‌شود.

۱۲۵۴ **نار ضدِّ نور باشد روزِ عدل کآن ز قهر انگیخته شد، این ز فضل**

در رستاخیز، «نار» ضدِّ «نور» است؛ زیرا آتش مظهرِ قهرِ الهی است و نور مظهرِ لطفِ او.

۱۲۵۵ **گر همی خواهی تو دفع شرِّ نار آبِ رحمت بر دلِ آتش گُمار**

اگر تو خواستار دفعِ شرِّ آتش هستی، باید راه ورود آب رحمت و فضل الهی را بر خود بگشایی.

۱۲۵۶ **چشمهٔ آن آبِ رحمت، مؤمن است آبِ حیوان روحِ پاکِ مُحسن[1] است**

چشمهٔ آب رحمت روحِ پاکِ «مؤمن» و آبِ حیات روح اوست.

۱۲۵۷ **بس گریزان است نَفْسِ تو از او زانکه تو از آتشی، او آبْ خُو**

«نفس امّارهٔ» تو به اعتبار اتّحاد با مادّهٔ جسمانیِ «تن» نار معنوی است و این «نار معنوی» از «نورِ معنویِ» او گریزان است.

۱۲۵۸ **ز آبْ آتش زآن گریزان می‌شود کآتشش از آب ویران می‌شود**

علّت گریز آتش از آب از آن‌روست که کنارِ آب خاموش می‌شود.

۱۲۵۹ **حسّ و فکرِ تو همه از آتش است حسِّ شیخ و فکرِ او نورِ خوش است**

«حسّ و اندیشهٔ» تو در مقام انسان کمال نیافته، «نفسانی» و «نار معنوی» است، در حالی که حسّ و فکرِ او «نور معنوی» است.

۱۲۶۰ **آب نورِ او چو بر آتش چکَدْ چَک چَک از آتش برآید، برجَهَد**

آبِ رحمتِ «نورِ جانِ» او بر «نارِ جانِ» سالک اثر می‌گذارد و آرام آرام نَفْسِ او را متعالی می‌کند.

۱۲۶۱ **چون کُندچک‌چک، توگویش:مرگ‌و درد تا شود این دوزخِ نَفْسِ تو سرد**

هنگامی که نَفْسِ تو از تأثیر آب رحمت، اعتراض می‌کند، توجّهی نکن تا دشمن درونی نابود شود و این «نفس دوزخی» سرد گردد و تعالی یابد.

---

[1] - **احسان**: در لفظ، نیکویی کردن و در اصطلاح اهل تصوّف محسن کسی است که خدای را عبادت کند آن چنانکه او را در عبادت ببیند و اگر نبیند بداند که او بنده را می‌بیند. همچنین گفته‌اند که عبادت خدا در حال مشاهدهٔ انوار ذات احدیّت و آن را کمال عبودیّت، خالصاً لِوجه الله دانسته‌اند: ف. سجّادی، صص ۶۰ و ۶۱.

تا نسوزد او گلستانِ تو را — تا نسوزد عدل[1] و احسانِ تو را ۱۲۶۲

تا گلستانِ وجودت را که می‌تواند بسیار باطراوت باشد، نسوزاند و انصاف و احسان را نابود نکند.

بعد از آن، چیزی که کاری بر دهد — لاله و نسرین و سیسَنبر[2] دهد ۱۲۶۳

بعد از خاموش شدن نفس، نتیجهٔ روحانیِ «طاعات و عبادات و افعال نیک» عیان می‌شود و آرام‌آرام سالک متخلّق به اخلاق‌الله می‌گردد و صفات خلقی‌اش به صفات حقّی تبدیل می‌یابد.

باز پهنا می‌رویم از راهِ راست — باز گرد ای خواجه! راهِ ما کجاست؟ ۱۲۶۴

باز از موضوع مورد نظر خارج شدیم و بیراهه رفتیم. ای خواجه، برگرد و بگو که راه ما کجاست؟

اندر آن تقریر[3] بودیم ای حسود — که خرت لنگ است و منزل دُور، زود ۱۲۶۵

ای حسود، این نکته را می‌گفتیم که خرت لنگ است و مقصد دور، تأخیر نکن.

سال بیگه گشت، وقتِ کِشتْ نی — جز سیه‌رُویی و فعلِ زشت نی ۱۲۶۶

سال‌های مفید گذشته و زمان کشتِ تخمِ نیکی‌ها به سر آمده و جز رویی سیاه و تباه نمانده است.

کِرم[4] در بیخِ درختِ تن فُتاد — بایدش بر کَند و در آتش[5] نهاد ۱۲۶۷

«نَفْس» مانندِ کِرم در رگ و ریشهٔ درختِ تن افتاده است. باید آن را بِکَنی و در «آتشِ ریاضت» بسوزانی.

هین و هین! ای راهْرَو[6] بیگاه شد — آفتابِ عمر سویِ چاه شد ۱۲۶۸

ای سالک، آگاه باش که روزگارِ مفید کار رو به پایان و آفتاب عمر در حال غروب است.

این دو روزک را که زورت هست، زود — پیرافشانی[7] بکُن از راهِ جود ۱۲۶۹

این دو روز باقی‌مانده را که هنوز مختصر توانی داری، از راه کَرَم در حقّ خودت، به امور خیر بگذران.

---

۱ - **عدل** : در لفظ یعنی داد و میانه‌روی و نامی از نام‌های خدای تعالیٰ است. در اصطلاح سالکان طریقت، عدل دو درجه یا دو مرتبه دارد: یکی در استطاعت بنده است که او را فرموده‌اند: إِنَّ اللهَ يَأْمُرُ بِالْعَدْلِ. (نحل : ۹۰/۱۶) که این عدل نقیض با جور است و مرتبهٔ دیگر آن که در استطاعت بنده نیست، راست داشتن دل است در مهر و دوستی با همهٔ خلق: ف. سجّادی، ص ۵۷۶. ۲ - **سیسَنبر** : نوعی نعنا. ۳ - **تقریر** : بیان و شرح.

۴ - **کِرم** : اینجا «نَفْس» به کِرم مانند شده است. ۵ - **آتش** : اینجا آتشِ ریاضت.

۶ - **راه‌رو** : سالک، روندهٔ راه حق. ۷ - **پیرافشانی** : به دور ریختن کهنگی‌ها و صرف ایّام کهنسالی به نیکی‌ها.

این قدر تُخمی که مـانْدَه‌سْتت بـباز　　　تـــا بِـرویَد زیـن دو دَم عـمر دراز ۱۲۷۰

بذر ناچیزی را که در دست داری، در زمین تن بکار تا از آخرین لحظاتِ عمر، زندگانی دراز یابی.

تـا نـمُرده‌ست ایـن چـراغ بـا گُـهر　　　هین! فتیلش سـاز و روغـن زودتـر ۱۲۷۱

تا چراغ فروزان عمر خاموش نشده است، به خود بیا و فتیله و روغن آن را تنظیم کن.

هین! مگو: فردا، که فرداها گـذشت　　　تـــا بـــه کـــلّی نگـــذرد ایّـام کَشت ۱۲۷۲

هان، بیهوده نگو که فردا به این کار خواهم پرداخت. فرداها گذشت. نگذار ایّامِ کشت به کلّی بگذرد.

پند من بشنو که: تن بـندِ قـوی‌ست　　　کهنه بیرون کُن، گرت میلِ نوی‌ست ۱۲۷۳

پندِ مرا بپذیر که «تن» مانع درکِ حقایق و حجاب بزرگی است. اگر میلِ نو شدن داری، تعلّقات دنیوی و کهنگی‌ها را از دل بیرون کن.

لب بـــبند و کـــفِّ پُـــر زر بـــرگُشا　　　بُخلِ تن[1] بگذار و پیش آور سـخا[2] ۱۲۷۴

خاموش باش و دستِ پُر زر بگشا. به «تن» و تمایلاتِ آن توجّه نکن. جوانمردی را از این طریق پیشه کن تا نیرویِ این «جسمِ عنصری» در راه جانِ تو صرف شود؛ زیرا ترک شهوت‌ها سخاست.

ترکِ شـهوت‌ها و لذّت‌هـا سـخاست　　　هر که در شهوت فرو شُد، بر نخاست ۱۲۷۵

«ترکِ شهوات و لذّاتِ دنیوی»، «بذلِ نفس» و «سخا» است. هر کس در شهوت غرق شود، رهایی نمی‌یابد. بدان که با تمنیّات نفسانی لجنزاری است که از آن نمی‌توان برخاست.

این سخا شاخی‌ست از سروِ بهشت[3]　　　وایِ او کز کَف چنین شاخی بِهِشت ۱۲۷۶

«بخشش» شاخه‌ای از شاخه‌های سرو بهشتی است؛ یعنی راهـی بـرای ورود بـه بـهشتِ آزادگان از تمنیّات دنیوی است. وای بر آن کس که «سخا» را پیشه نسازد.

---

۱ - **بُخلِ تن :** در پیِ «تمایلاتِ دنیوی» بودن.

۲ - **سخاء :** در لفظ به معنی بخشش و جوانمردی. جود و سخا آن است که بذل کردن بر تو دشوار نباشد. سخا نخستین مرتبهٔ آن است، کسی که برخی بدهد و برخی را باز دارد، دارای سخا است، هرکه بیشتر بدهد و کمتر برای خویش نگاهدارد، دارای جود است، آنکه بر سختی بایستد و آن اندکی که دارد ایثار کند، صاحب ایثار است: ترجمهٔ رسالهٔ قشیریّه، ص ۴۰۱.

۳ - اشاره به روایت: سخا درختی از درختان بهشت است با شاخه‌هایی در این دنیا. کسی که به شاخه‌ای از آن تمسّک جوید، او را به بهشت می‌رساند؛ امّا بُخل درختی از درختان جهنّم است با شاخه‌هایی در دنیا و هر کس به آن تمسّک جوید، او را به جهنّم می‌کشاند: احادیث، ص ۱۸۳.

عـروَةُالوثقا[1]ست ایـن تـرکِ هـوا   بر کَشَد این شاخْ جان را بـر سَـما[2] ۱۲۷۷

ترک «هوا و هوس»، ریسمانِ الهی است. شاخه‌ای که جان را به آسمان می‌برد.

تا بَرَد شاخِ سخا ای خـوبْ کـیش!   مر تو را بالاکشان تا اصلِ خـویش ۱۲۷۸

ای خوش آیین، سخا و جوانمردی، تو را به اوج می‌برد و به اصلِ خود می‌رسانَد.

یوسفِ حُسنی و این عالم چو چاه   وین رَسَن[3]، صبر[4] است بر امـرِ اِله ۱۲۷۹

تو، یوسف صاحب جمالی که در این دنیایِ چاه‌مانند مانده‌ای، «صبر» ریسمانی است که تو را می‌رهانَد، صبر، بردباری بر «ترک محرمات و انجام واجبات» است.

یوسفا ! آمد رَسَن، در زن دو دست   از رسن غافل مشو، بیگه شـده‌ست ۱۲۸۰

ای یوسف، ریسمانِ صبر آویخته است، به آن چنگ بزن و غافل نباش که عمر رو به پایان است.

حـمدُ لِـلّه کـین رسـن آویـختند   فضل و رحمت را به هـم آمـیختند ۱۲۸۱

حمد و ثنا خداوند را که به فرمان او این ریسمان را آویختند و فضل و رحمت را به هم آمیختند.

تـا بـبینی عـالم جـانِ جـدید   عـالم بس آشکـارِ نـاپدید ۱۲۸۲

در بذل نفس صبور باش تا منوّر شوی و به «عالم معنا» یا «عالم حقایق» ره یابی، دنیایی که بس آشکار و نهان است.

این جهانِ نیست[5] چون هستان[6] شده   و آن جهانِ هست[7] بس پـنهان شـده ۱۲۸۳

«حقیقت وجود» در مراتب مختلف تجلّی نـموده کـه نـازل‌ترین آن در «عـالم مـادّه» است و فناپذیر که در چشم غیر حق‌بین، حقیقی جلوه می‌کند و «عالم معنا» که حقیقی است، در چشم چنین کسان بس نهان است.

خاک، بر باد است و بازی مـی‌کند   کـژ نـمایی، پـرده سـازی مـی‌کند ۱۲۸۴

در این تمثیل، باد می‌وزد و خاک را زبر و زیر می‌برد. بیننده خاک را می‌بیند که به هر سو

---

۱ - اشارتی قرآنی؛ بقره : ۲۵۶/۲ : ... فَمَنْ یَکْفُرْ بِالطّاغُوتِ وَ یُؤْمِنْ باللهِ فَقَدِ اسْتَمْسَكَ بِالْعُرْوَةِ الوُثْقیٰ...: هرکس که طاغوت را انکار کند و به خداوند ایمان آورد، به یقین به محکم‌ترین رشته چنگ زده است. و لقمان : ۲۲/۳۱.

۲ - **سما** : آسمان.   ۳ - **رَسَن** : طناب، ریسمان.

۴ - **صبر** : در لفظ به معنی بردباری و شکیبایی است و در اصطلاح اهل تصوّف و عرفان، ترک شکایت از سختی بلا است. گفته‌اند صبر، انتظار گشایش و فرج از ناحیهٔ حق تعالیٰ است.

۵ - **جهان نیست** : دنیا که هستیِ موهومی است.   ۶ - **هستان** : مُراد «هستیِ حقیقی» است.

۷ - **جهانِ هست** : عالم معنا.

می‌رود و باد در پس پردهٔ خاک پنهان است. «حقیقتِ» جهان هستی نیز در پس حجاب مظاهر ظهور، از چشم غیر حق‌بین نهان است.

اینکه برکار است، بی‌کار است و پوست   وانکه پنهان است، مغز و اصلْ اوست ۱۲۸۵

این جهان که به ظاهر فعّال است، قشر و پوست است و به خودی خود منشأ فعلی نیست؛ امّا جهان ماورا که در پس پرده نهان شده، مغز حقایق است.

خاک، همچون آلتی در دستِ باد   باد را دان عالی و عالی‌نژاد ۱۲۸۶

خاک همچون ابزاری در دست باد است، عالم مشهود هم در دستِ قدرت حق همین است.

چشمِ خاکی را به خاک افتد نظر   بادبین، چشمی بُوَد نوعی دگر ۱۲۸۷

چشمی که نگرش مادّی دارد، امور مادّی را می‌بیند. چشم حق‌بین، نوعی دیگر است.

اسب داند اسب را کو هست یار   هم سواری داند احوالِ سوار ۱۲۸۸

اسب، اسب را می‌شناسد؛ زیرا همجنسِ اوست، همان‌گونه که سوارکار، سوارکار دیگر را می‌شناسد.

چشمِ حسّ اسب است و نورِ حق سوار   بی‌سواره اسب خود ناید به کار ۱۲۸۹

«چشم ظاهر»، مانند اسبی است که اگر «نور حق» بر آن سیطره یابد، حقایق را می‌بیند و «چشم باطن» می‌شود که بدون نورِ حق به کار نمی‌آید.

پس ادب کُن اسب را از خویِ بد   ورنه پیشِ شاه باشد اسب رَد ۱۲۹۰

پس چشمِ خود را تربیت کن که حقایق را ببیند و گرنه نزد شاهِ وجود، مردود است.

چشمِ اسب از چشم شه رهبر بُوَد   چشم او بی‌چشم شه مُضطر بُوَد ۱۲۹۱

چشم آدمی در پرتو انوار شاه وجود، نور می‌یابد و با نظر کردن به هر چیز حقیقت آن را می‌بیند، بدون نور معرفت، چشمی درمانده و عاجز است.

چشمِ اسبان[1] جز گیاه و جز چَرا[2]   هر کجا خوانی، بگوید: نی، چرا؟ ۱۲۹۲

چشم ظاهر، جز بهره‌هایِ دنیوی چیز دیگری را نمی‌بیند و هر جا که او را بخوانی، باز هم جز خواسته‌هایِ نفسانیِ خود را نخواهد دید و مخالفت می‌کند.

---

۱ - **چشم اسبان**: اینجا چشمِ اهلِ دنیا.   ۲ - **گیاه و چَرا**: اینجا بهره‌های دنیوی.

دفتر دوم ۱۹۹

نورِ حق بر نورِ حِسْ راکب شود[1] آنگهی جان سویِ حق راغب[2] شود ۱۲۹۳

چون «نورِ حقِ» بر «نورِ مادّی» تسلّط یابد، جانِ آدمی مشتاقِ «حق» می‌شود.

اسب بی‌راکب چه داند رسمِ راه شاه باید تا بداند شاهْ‌راه ۱۲۹۴

«نورِ مادّی» بدون «نورِ حق» نشانهٔ راه را نمی‌داند، سلطان باید اسب را هدایت کند تا از شاهراه بگذرد.

سویِ حسّی رو که نورش راکب است حس را آن نورْ نیکو صاحب است ۱۲۹۵

جویای «حواسِ باطنی» باش، حواسّی که از انوار الهی نشأت می‌یابد.

نورِ حس را نورِ حق تزیین بُوَد[3] معنیِ نورٌ عَلٰی نور[4]، این بُوَد ۱۲۹۶

معنیِ نورعلی‌نور این است که نورِ الهی، نورِ حواسّ ظاهری را بیاراید.

نورِ حسّی[5] می‌کشد سویِ ثریٰ[6] نورِ حقّش می‌بَرَد سویِ عُلیٰ[7] ۱۲۹۷

نورِ ظاهری آدمی را به تعلّقات دنیوی می‌کشاند، نور حق او را متوجّه عالم بالا می‌کند.

زانکه محسوسات دون‌تر عالمی‌ست نورِ حق دریا، و حس چون شبنمی‌ست ۱۲۹۸

زیرا عالم محسوسات، پست‌ترین مرتبه را در عوالم وجودی دارد، نور حق را دریایی ناپیدا کران تصوّر کن که نور حسّ ظاهری در مقایسه با آن، چون شبنمی است.

لیک پیدا نیست آن راکب بر او جز به آثار و به گفتارِ نکو ۱۲۹۹

امّا هنگامی که نور حق بر نور حسّ ظاهری تسلّط می‌یابد، سیطره‌اش که نورانی و روحانی است، جز از طریق آثار و علائم که همان صفات متعالی است، آشکار نمی‌شود.

نورِ حسّی کو غلیظ[8] است و گران[9] هست پنهان در سوادِ دیدگان[10] ۱۳۰۰

«نورِ حسّ» هم با وجود آنکه غیر لطیف و سنگین است، در سیاهی چشم نهان است.

چونکه نورِ حس نمی‌بینی ز چشم چُون ببینی نورِ آن دینی ز چشم؟ ۱۳۰۱

تو که «نورِ حس» را که غیر لطیف است، با «چشمِ ظاهر» نمی‌بینی، چگونه می‌توانی «نورِ معنوی» را با چشم سر ببینی؟

---

۱ - **راکب شود** : سوار شود. ۲ - **راغب** : مایل.

۳ - **تزیین بُوَد** : سببِ آراستن است، سبب برتری دادن است.

۴ - اشارتی قرآنی؛ نور: ۳۵/۲۴ : ر.ک: ۲۹۴۹/۱ و ۸۲۲/۲. ۵ - **نور حسّ** : نور مادّی. ۶ - **ثریٰ** : خاک.

۷ - **عُلیٰ** : بالا. ۸ - **غلیظ** : غیرِ لطیف. ۹ - **گران** : سنگین. ۱۰ - **سوادِ دیدگان** : سیاهیِ چشم.

نورِ حس با این غـلیظی، مُـختفی[1]ست چون خفی نَبْوَد ضیایی کآن صفی[2]ست؟ ۱۳۰۲

«نورِ حسّ» با همهٔ غلظت و سنگینی نهان است، چگونه آن نور صافی نهان نباشد؟

این جهان چون خَس به دستِ بادِ غیب عــاجزیْ پیشِ گـرفت و دادِ غـیب[3] ۱۳۰۳

این جهان، مانندِ خس در دستِ «بادِ غیب» یا «ارادهٔ الهی»، مقهور و عاجز است.

گه بـلندش مـی‌کند، گـاهیش پست گه درستش می‌کند، گاهی شکست ۱۳۰۴

تصرّف و تسلّطِ اراده خداونـدی، گـاه او را بـه اوج مـی‌برد و گـاه بـه حـضیضِ پستی، می‌کشاند، گاه می‌نوازد و گاه در هم می‌شکند.

گه یمینش[4] مـی‌برد، گـاهی یسـار[5] گـه گـلستانش کـند، گـاهیش خـار ۱۳۰۵

گاه او را به راست می‌برد و گاه به چپ، گاهی جهان را گلستان می‌کند و گاهی به خار بلایا مبتلا می‌سازد.

دستْ پنهان، و قلم بین خـط‌گـزار اسب[6] در جـولان و نـاپیدا سـوار[7] ۱۳۰۶

دست حق نهان است، امّا رقمی را که می‌نگارد، آشکار است. اسب می‌تازد و سوارکار ناپیداست.

تـیرْ پـرّان بـین و نـاپیدا کَـمان جـان‌ها پیدا و پـنهان جـانِ جـان ۱۳۰۷

تیری که در هوا پرواز می‌کند، دیده مـی‌شود؛ امّـا کـمان و کشـندهٔ کـمان نـاپیداست، و همین‌گونه است «جان آدمیان» که به سبب «حیات ظاهری» آنان آشکار است؛ امّـا «جـانِ جـان»، یعنی «حیات دهنده» آشکار نیست.

تیر[8] را مشکن، که این تیرِ شـهی‌ست[9] نیست‌پرتاوی،[10] ز شصتِ آگهی‌ست[11] ۱۳۰۸

تیرِ قضای الهی را بپذیر؛ زیرا تیرِ حق است، به‌طور اتّفاقی رها نشده، از کمانِ تیراندازی آگاه و بنا بر مصلحتی پرتاب شده است.

---

۱ - **مختفی** : نهان. ۲ - **ضیاء صفی** : نور ذاتِ حق.
۳ - **گرفت و دادِ غیب** : سیطره و اثرِ حق، تصرّف و تأثیر غیب. ۴ - **یمین** : راست. ۵ - **یسار** : چپ.
۶ - **اسب** : عوامل ظاهری. ۷ - **سوار** : عامل یا عوامل غیبی. ۸ - **تیر** : تیرِ قضای الهی.
۹ - **شهی‌ست** : از حق است. ۱۰ - **نیست پرتاوی** : اتّفاقی نیست.
۱۱ - **ز شصتِ آگهی‌ست** : از دست موجودی آگاه رها شده.

مـا رَمَیْتَ اِذْ رَمَیْتَ[1] گـفت حـق کـارِ حـق بـر کـارها دارد سَبَق[2] ۱۳۰۹

خداوند به پیامبر گرامی(ص) در سورهٔ انفال: ۱۷/۸ فرمود: ای پیامبر، آنگاه‌که تو تیر انداختی، تو نمی‌انداختی، بلکه این خدا بود که تیر [به سوی مشرکان] پرانید. بدانید که کار حق بر همهٔ کـارها مـقدّم است و پیشی دارد.

خشمِ خود بشکن، تو مشکن تیر را چشمِ خشمت خون شمارد شیر را ۱۳۱۰

بر خشم خود غلبه کن که با قضا مبارزه نکنی و آن را با رویی گشاده پذیرا شوی. اجازه نده که بر اثر خشم و رنج، چشمت عواملی را که می‌تواند همانند شیرِ گوارا جانت را متعالی سازد، چون خون ناخوشایند ببیند.

بوسه دِه بر تیر و پیشِ شاه بر تـیرِ خـون‌آلود از خـونِ تـو تـر ۱۳۱۱

تیر قضا را ببوس و آن را که با خون تو رنگین شده است، به حق عرضه کن؛ یعنی با عجز به سویِ حق برو.

آنچه پیدا، عـاجز و بسـته و زبـون وآنچه ناپیدا، چنان تُند و حـرون[3] ۱۳۱۲

هر چیزِ آشکار، یعنی «عالم مادّه»، عـاجز و مـقیّد بـه قـیود گـوناگـون است و آنـچه کـه ناپیداست، یعنی «عالم معنا»، بسیار مسلّط و نیرومند است.

ما شکاریم، این چنین دامی که راست؟ گویِ چـوگانیم، چـوگانی[4] کـجاست؟ ۱۳۱۳

ما شکاریم، چه کسی چنین دامی نهاده است؟ ما مانند گوی چوگان‌ایم، چوگان‌باز کجاست؟

می‌دَرَد، مـی‌دوزد ایـن خـیّاط کُـو؟ می‌دَمَد، می‌سوزد، این نَـفّاط[5] کُـو؟ ۱۳۱۴

این خیاطی که بـر قـامت مـا لبـاسِ «سـلامت و بـیماری» و «حیات و مـمات» را مـی‌پوشانَد، کجاست؟ این آتش‌افروزی که بر جان ما می‌دمد و ما را می‌سوزاند، کجاست؟

ســـاعتی کـافر کـند صِـدّیق را ســـاعتی زاهـد کـند زِنـدیق را ۱۳۱۵

در لحظه‌ای، صدّیقی مخلص را به کافر مبدّل می‌سازد و در لحظه‌ای زندیقی بی‌ایمان را به پارسایی مؤمن تبدیل می‌کند؛ یعنی فاصلهٔ میان ایمان و کفر بسیار ناچیز است.

---

۱ - اشارتی است به جنگ بدر: ر.ک: ۲۲۴۱/۱ و ۲۲۷/۱. ۲ - **سَبَق** : پیشی گرفتن.
۳ - **حرون** : سرکش، مجازاً به معنای مسلّط و نیرومند. ۴ - **چوگانی** : چوگان‌باز، کنایه از قدرتِ حق.
۵ - **نفّاط** : آتش‌افروز.

زانکه مُخْلِص[۱] در خطر باشد ز دام[۲] تا ز خود خالص نگردد او تمام ۱۳۱۶

تغییر و تبدیل‌های لحظه‌ای از آن‌روست که انسان مخلص همواره در خطر افتادن در دامی است که حق برای آزمون در راه او نهاده است و تا ذرّه‌ای از «هستی موهومی» و «انانیّت» با اوست، این خطر وجود دارد.

زانکه در راه است و رَهزن بی‌حَد است آن رَهَد، کو در امانِ ایزد است ۱۳۱۷

زیرا مخلص هنوز در میانهٔ راه است و رهزنانِ بی‌شمار در راه‌اند، کسی جان به سلامت می‌برد که در «حِصن الهی» باشد.

آینه خالص نگشت او، مُخلِص است مرغ را نگرفته است او، مُقنِص[۳] است ۱۳۱۸

مُخلِص کسی است که هنوز آیینهٔ ضمیرش از زنگار تعلّقات خالص نشده و هنوز پرندهٔ جان را از پرواز در هوایِ نَفْس، در دام تسلیم نیاورده است و همچنان صیّادِ مرغِ جانِ خود به شمار می‌رود.

چونکه مُخْلَص[۴] گشت مُخلِص، باز رَست در مقامِ امن رفت و بُرد دست[۵] ۱۳۱۹

هنگامی که مُخْلِص از قیدِ خواهش‌های نفسانی رهید، به مقام امن می‌رسد و دستِ دست‌گیرنده را در دستِ خود می‌یابد و در این حال او را مُخْلَص می‌نامند؛ یعنی کسی که از شرّ نفس خلاص شده است.

هیچ آیینه دگر آهن نشد[۶] هیچ نانی گندمِ خرمن نشد ۱۳۲۰

هیچ آیینه‌ای دوباره آهن نمی‌شود و هیچ نانی به خرمن گندم تبدیل نمی‌گردد؛ پس کسی که به مقام امن رسید، به مراتب دون باز نخواهد گشت.

هیچ انگوری دگر غوره نشد هیچ میوهٔ پخته باکوره[۷] نشد ۱۳۲۱

هیچ انگوری غوره نشده و هیچ میوهٔ رسیده‌ای نارس نگشته است.

پُخته گرد و از تغیّر[۸] دور شو رو چو بُرهانِ مُحَقِّق[۹] نور شو ۱۳۲۲

پخته و متعالی شو تا از دگرگونی‌های احوال نَفْسانی نجات یابی. پیشرو باش تا مانندِ سیّد برهان‌الدّین محقّق تِرْمَذی، نورِ صِرف شوی و به کمال الهی برسی.

---

۱ - **مُخْلِص** : با اخلاص، بندهٔ صادق که در راه حق از خواسته‌های خود بگذرد.

۲ - اشاره است به این جمله: وَالمُخْلِصُونَ عَلی خَطَرٍ عَظیم : افراد با اخلاص هر لحظه در خطر عظیمی هستند. [مبادا که خلوص خویش را از دست بدهند.] : احادیث، ص ۱۸۳.

۳ - **مُقْنِص** : صیّاد.

۴ - **مُخْلَص** : خلاصی یافته، رهایی یافته.

۵ - **بُرد دست** : دست بردن، پیروز شدن.

۶ - قدما از آهن صیقلی یافته، آینه می‌ساختند.

۷ - **باکوره** : میوهٔ کال و نارس.

۸ - **تغیّر** : از حالتی به حال دیگر.

۹ - **سیّد برهان الدّین** : ر.ک: دفتر اوّل، زندگانی مولانا.

چون ز خود رَستی، همه بُرهان[1] شدی   چونکه بنده نیست شد، سُلطان شدی ۱۳۲۳

اگر از خودی خود رهیدی، وجودت برهان حق می‌شود؛ یعنی با فنای ذاتی و محو صفات و هستی موهومی، همه حق می‌شوی.

ور عیان خواهی، صلاح الدّین[2] نمود   دیده‌ها را کرد بینا و گشود ۱۳۲۴

اگر مشتاقی که آشکارا «سِرّ فنای عبد در حق» را بدانی، شیخ صلاح الدّین این موضوع را نشان داد. دیدگان را به دریافت حقایق گشود و به نور حق منوّر ساخت.

فقر[3] را از چشم و از سیمایِ او   دید هر چشمی که دارد نورِ هُو[4] ۱۳۲۵

هر چشمِ منوّر، بی‌نیازی از مخلوق و نیاز به خالق را از چشم و صورتِ او می‌بیند.

شیخ فعّال است بی‌آلت، چو حق   با مریدان داده بی‌گفتی سَبَق[5] ۱۳۲۶

مرشد کامل، مانند حق به ابزارِ خاصّی نیازمند نیست و با نور درون و بدون گفتار مریدان را ارشاد می‌کند.

دل[6] به دستِ او چو موم نرم رام   مُهرِ او[7] گه ننگ سازد، گاه نام ۱۳۲۷

دل در دست او، چون موم نرم و رام است. ارادتِ مرید به مُراد سبب می‌شود که تحتِ تأثیرِ روحانی و معنوی او باشد. تصرّف و سلطهٔ جان او بر جانِ مرید مُهر نام و اعتبار می‌نهد و روی گرداندن وی مُهرِ ننگ می‌زند.

مُهرِ مومش حاکیِ انگشتری‌ست   باز آن نقش نگین حاکیِ کیست؟ ۱۳۲۸

مُهرِ موم حاکیِ انگشتری است که این نشان را بر جای نهاده و خاتم آن، دل منوّر مُراد است. نقش‌هایِ دل او از چه کسی حکایت دارد؟

حاکیِ اندیشهٔ آن زرگر[8] است   سلسلهٔ هر حلقه اندر دیگر است ۱۳۲۹

حاکی از اندیشهٔ «یگانهٔ هستی» است که به نام «علم الهی» در مقام «احدیّت» و پس از آن در

---

۱ - **برهان** : دلیل قاطع، حجّت روشن.

۲ - **شیخ صلاح الدّین زرکوب قونوی** : ر.ک: دفتر اوّل، زندگانی مولانا.

۳ - **فقر** : ر.ک:، ۱۹۱۸/۱ و ۲۳۵۲/۱.   ۴ - **هُو** : ر.ک:، ۴۷۷/۱.

۵ - **سَبَق** : آنچه به طریقِ مداومت نزد استاد بخوانند.

این بیت و دو بیت قبل در حاشیه آمده و بربالای آن «ولدی» قید شده؛ یعنی از نسخهٔ سلطان ولد است.

۶ - **دل**: دل مُرید.   ۷ - **مُهرِ او**: تأثیرِ باطنیِ استاد در مُرید به نقشِ نگینِ شاهان بر روی موم مانند شده است.

۸ - **زرگر** : پروردگار.

«واحدیّت» متجلّی می‌شود و پس از مرور از «عالم عقول» به «نَفْسِ کُلّی» می‌رسد و به این ترتیب سلسلهٔ هر حلقه اندر حلقهٔ دیگری تجلّی می‌یابد.[۱]

این صدا در کوهِ دل‌ها بانگِ کیست؟ گه پُراست از بانگِ این کُه، گه تهی‌ست[۲] ۱۳۳۰

صدای چه کسی در کوهِ دل‌ها طنین افکنده است؟ که گاه پر صدا و گاه خالی است.

هر کجا هست او، حکیم است، اوستاد بانگِ او زین کوهِ دل خالی مباد ۱۳۳۱

هر جا هست، حکیمی فرزانه و استادی بی‌مانند است. کوه دل از صدای او خالی مباد.

هست کُهْ، کاوا مُثَنّا می‌کند هست کُه کاوَاز صد تا می‌کند ۱۳۳۲

کوهی صدا را دو برابر می‌کند و صد برابر؛ پس تأثیر آوایِ صدای حق بر دل مشتاقان به استعداد و قابلیّت بستگی دارد.

می‌زَهاند[۳] کوه[۴] از آن آواز و قال[۵] صد هزاران چشمهٔ آب زلال ۱۳۳۳

کوه دل مرید، از آوای درونی دل مراد و کلامِ تعلیمی او، صدهزاران چشمهٔ معرفت می‌جوشانَد.

چون ز کُه آن لطف بیرون می‌شود آب‌ها در چشمه‌ها خون می‌شود ۱۳۳۴

چون عنایت الهی، یعنی توجّه «استادکامل» قطع شود، آب زلالِ معرفت که از چشمه‌های دل مرید می‌جوشید، خون می‌گردد، یعنی «کفر و شرک» جایگزین آن می‌شود.

زآن شهنشاهِ همایونْ نعل[۶] بود[۷] که سراسر طورِ سینا[۸] لعل بود ۱۳۳۵

از وجودِ موسیٰ(ع) فرخنده‌قدم بود که حق تعالیٰ به طور سینا توجّهی خاص کرد و برکوه متجلّی گردید.

جان پذیرفت و خِرَدْ اجزایِ کوه ما کم از سنگیم آخِر ای گروه؟ ۱۳۳۶

در اثر تجلّی، اجزای کوه جان و خرد یافت و از عظمت انوار ویران شد. آخر ای آدمیان، ما از سنگ کمتریم؟

---

۱ - **احدیّت و واحدیّت** : ر.ک: ۳۶۹۱/۲.

۲ - این صدا آوای خداست که به صورت احوال و واردات قلبی بر دل سالک فرود می‌آید.

۳ - **زهانیدن** : جوشانیدن آب از چشمه، بیرون دادن قطرات آب.

۴ - **کوه** : اینجا دل مُرید به «کوه» مانند شده است. ۵ - **آواز و قال** : تعلیمِ باطنی و ظاهری.

۶ - **همایون‌نعل** : مبارک‌قدم. ۷ - موسی(ع) و کوه طور: ر.ک: ۲۸۹۱/۲ و ۲۸۹۲/۲.

۸ - **طور سینا** : کوه طور در شبه جزیرهٔ سینا که خداوند با موسیٰ(ع) در آنجا سخن گفت. موسیٰ(ع) بر طور آتش و نور دید و در پیِ آن رفت و پیغامبری یافت.

نه ز جان یک چشمه جوشان می‌شود　　نه بدن از سبزْپوشان[1] می‌شود ۱۳۳۷

نه از جان چشمهٔ معرفتی می‌جوشد، نه در بدن از انجام طاعات و عبادات و افعال نیک، طراوتی دیده می‌شود.

نی صدایِ بانگ مُشتاقی در او　　نی صفایِ جُرعهٔ ساقی در او ۱۳۳۸

نه آوای مرد حقّی در ضمیر طنین می‌افکند و نه صفایی از جرعهٔ ساقی در آن یافت می‌گردد.

کو حمیَّت[2] تا ز تیشه وز کُلَند[3]　　این چنین کُه را به کلّی بر کَنند؟ ۱۳۳۹

غیرت مردان راه کجاست تا با تیشهٔ ذکر و کلنگ تهذیبِ نَفْس، کوه خودبینی را از جای برکَنَد؟

بُو که[4] بر اجزایِ او تابد مَهی　　بو که در وی تاب مَه یابد رهی ۱۳۴۰

شاید از ماهِ تابانِ انوارِ حق، بر اجزای وجود و دلِ او پرتوی بتابد.

چون قیامت کوه‌ها را بر کَنَد　　پس قیامت این کَرَم کِیْ می‌کند؟[5] ۱۳۴۱

چون در رستاخیز، کوه‌ها از جای کنده می‌شوند، کی قیامتِ مجسّمِ تو، کرم می‌کند که کوه انانیّت را از وجودمان برکَنَد؟

این قیامت زآن قیامت کی کم است؟　　آن قیامت زخم و این چون مرهم است ۱۳۴۲

«جانِ انسانِ کاملِ واصل» که به اعتبار ظهور و تجلّیِ «اسما و صفات جمالی و جلالی»، «قیامتِ مجسّم» شده است و می‌تواند منشأ قهر یا لطف باشد، کی از قیامت موعود کمتر است؟ آن قیامت در مقایسه با این قیامت، مانندِ زخمی بر جان و دل زیانکاران است؛ زیرا فرصتی برای جبران ندارند؛ امّا این قیامت، مرهمِ دل و جان آدمی است.

هر که دید این مرهم از زخم ایمن است　　هر بدی کین حُسن دید، او محسن است ۱۳۴۳

هر کس که این وجود درمان کننده را دید و در پرتو تعلیم او قرار گرفت، از کیفرِ روزِ جزا ایمن خواهد بود. هر انسان بدی در کنارِ این صاحب جمال، تبدیل می‌یابد و دارای احسان می‌شود.

---

۱ - **سبزپوشان :** فرشتگان.　　۲ - **حمیَّت :** غیرت، عار داشتن از چیزی.

۳ - **تیشه و کلند:** تیشهٔ ذکر و کلنگِ تهذیب.　　۴ - **بو که :** باشد که، شاید که.

۵ - مصراع دوم در متن به صورت «بر سر ما سایه کی می‌افکند» بوده است در مقابله مصراع فوق را افزوده و اصلاح کرده‌اند.

ای خُنُک زشتی که خوبش شد حریف وایِ گُلْرویی که جُفتش شد خریف[1] ۱۳۴۴

خوشا به سعادت آن زشت‌سیرتی که سعادت همنشینی و درک محضر خوب‌سیرتی منوّر، نصیبش شد و وای به گلچهره‌ای که با غافلی خزان‌زده همدم گردید.

نانِ مُرده چون حریفِ جان شود زنده گردد نان و عینِ آن شود ۱۳۴۵

نانِ جامد، چون با آدمی همدم شد، عین وجود او می‌گردد.

هیزم تیره حریفِ نار شد تیرگی رفت و همه انوار شد ۱۳۴۶

تیرگیِ هیزمِ سیاه کنارِ آتش از بین می‌رود و سراپا نور می‌شود.

در نَمَکلان[2] **چون خرِ مُرده فتاد آن خری و مُردگی یکسو نهاد** ۱۳۴۷

اگر خر مرده‌ای در نمکزاری بیفتد، چون در نمک محو می‌گردد، حُکم مردار از او برمی‌خیزد؛ زیرا به نمک تبدیل شده است.

صِبْغَةُ اللّه[3] **هست خُمّ رنگِ هُو پیسه‌ها**[4] **یک رنگ گردد اندر او** ۱۳۴۸

در «وحدتِ ذاتی» یا «فنای در توحید»، انسان کامل در خمِّ رنگ حق تعالیٰ که رنگ آن بی‌رنگی است، «رنگِ وحدت» با حق را می‌یابد.

چون در آن خُم افتد و گوییش: قُمْ[5] **از طرب گوید: منم خُم، لا تَلُمْ**[6] ۱۳۴۹

چون سالک واصل می‌شود، گویی در «خُمّ وحدت» افتاده و مستغرق شده است، اگر بگویی: برخیز، استغراق کافی است، از طرب و شادی می‌گوید: من عین خمّ وحدتم، مرا سرزنش نکن.

آن منم خُم، خود انا ٱلحق[7] **گفتن است رنگِ آتش دارد، اِلاّ آهن است** ۱۳۵۰

من خمّ هستم، همان «أنا الْحَق» گفتن است، او رنگ و حرارت آتش را گرفته؛ ولی اصل و ماهیّتش که آهن بوده، تغییر نکرده است.

---

۱ - **خریف** : خزان. ۲ - **نمکلان** : نمکزار. ۳ - اشارتی قرآنی؛ بقره : ۱۳۸/۲ : ر.ک: ۷۷۱/۱.
۴ - **پیسه** : سپید و سیاه هم‌آمیخته، دو رنگ. ۵ - **قُمْ** : برخیز.
۶ - **لاٰ تَلُمْ** : سرزنش نکن.
نیکلسون می‌نویسد: عارف مستغرق در هویّت الهی را نباید به سبب سخن‌گفتن به زبان عالِم به سِرّکونِ جامع ملامت کرد: شرح مثنوی مولوی، دفتر دوم، ص ۷۳۳. ۷ - **اَنَا الْحَق** : ر.ک: ۳۰۶/۲.

رنگِ آهــن مـحوِ رنگِ آتش است　　ز آتشی می‌لافد و خامش‌وَش است ۱۳۵۱

رنگ آهن در میان شراره‌های آتش محو شده و به زبان حال از آتش بودن می‌لافد، در حالی که ذاتِ او فروزان نیست و خامش‌وش است.

چون به سرخی گشت همچون زرّکان　　پس انَا آلنَّـار[1] است لافش، بی‌زبان ۱۳۵۲

هنگامی که آهن مانند طلای معدن سرخ شد، زبان حال او «أنا النّار» است.

شـد زِ رنگ و طـبعِ آتش مـحتشم　　گـوید او: مـن آتشم، مـن آتشم ۱۳۵۳

آهن از رنگ و خو و حرارت آتش، شکوهی یافته است، و به زبان حال ادّعای آتش بودن دارد.

آتشم من، گر تو را شکّ است و ظن　　آزمُون کن، دست را بـر مـن بـزن[2] ۱۳۵۴

آهن می‌گوید: من آتشم، اگر شک داری، برای امتحان به من دست بزن.

آتشم من، بـر تـو گـر شـد مُشْـتَبِه[3]　　رُویِ خود بر رُویِ من یک دم بِـنِهْ ۱۳۵۵

من آتشم، اگر تردید و شبهه داری، یک لحظه صورت خود را بر روی من بگذار.

آدمـی چـون نـور گـیرد از خـدا　　هست مســجُودِ مـلایک زِ اجـتبا[4] ۱۳۵۶

چون انسان از انوار الهی منوّر شود، خداوند او را برمی‌گزیند و فرشتگان بر او سجده می‌کنند.

نیز مسجودِ کسـی کـو چـون مَـلَک　　رَسته باشد جانش از طغیان و شک ۱۳۵۷

همچنین شایستهٔ سجدهٔ فرشته‌صفتان که جانشان از سرکشی و تردید پاک شده است، می‌شود.

آتش ِ چـه؟ آهــنِ چـه؟ لب ببند　　ریش تشــبیهِ مُشَــبِّه[5] را مــخند[6] ۱۳۵۸

آتش چیست؟ آهن کدام است؟ خاموش باش و به ریش کسی که چنین تشبیه ناقصی را در این امر به کار برده است، نخند، هرچند که مستوجب خنده است.

---

۱ - **أَنَا النّار** : منم آتش.

۲ - شارحان این ابیات را با داستان بایزید و مریدانش منطبق می‌سازند: قصّهٔ سُبحانی مٰا أعْظَمَ شأنی گفتن بایزید: ر.ک: ۲۱۰۱/۴.　　۳ - **مُشْتَبِه** : در اشتباه، نامعلوم.　　۴ - **اِجْتِبا** : اِجْتِباء، به معنی برگزیدن.

۵ - **مُشَبِّه** : تشبیه کننده.

۶ - این تمثیل‌های ناقص برای آماده‌سازی اذهان و افهام است تا سرّ وحدت را تا حدّی دریابند، هرچند که امری است رسیدنی و دریافتنی.

پای در دریـا مـنه، کـم گـوی از آن   بر لبِ دریـا خـمُش کـن لب گـزان ۱۳۵۹

اینک مولانا به خود نهیب می‌زند که عِنان سخن را از ورود به «دریایِ وحدت» بازگیر. لب دریا، لب‌گزان و خاموش بنشین و هیچ نگو.

گرچه صد چون من ندارد تابِ بحر   لیک مـی‌نشکیبم از غـرقابِ[1] بـحر ۱۳۶۰

هرچند که صد نفر همانند من نیز تاب و تحمّلِ «دریای وحدت» را ندارند؛ امّا من شکیبایی ندارم و باید خود را به دریا بزنم.

جان و عـقلِ مـن فـدایِ بـحر بـاد   خونبهایِ عقل و جان این بحر داد ۱۳۶۱

جان و عقل من فدای دریا باد که خون‌بهای عقل و جانم را که در وحدتِ او «فنا» یافته، داده است.

تـا کـه پـایم مـی‌رود، رانـم در او   چون نماند پـا، چـو بَـطّانم[2] در او ۱۳۶۲

تا پای من توانی دارد، می‌روم، اگر پایی نماند، مانند مرغابی شناور می‌شوم.

بی‌ادب[3] حاضر ز غایب خوشتر است   حلقه گرچه کژ بُوَد، نی بر در است؟ ۱۳۶۳

حضور داشتن در مجلس، حتّی بدونِ ادبِ تـامّ، بـهتر از عـدم حـضور است. حـلقهٔ در هرچند که کج است؛ امّا بر در و متّصل به درگاه است.

ای تن آلوده! به گِردِ حـوض[4] گَـرد   پاک کی گردد برونِ حـوض مـرد؟ ۱۳۶۴

ای آلوده به هوای نَفْس، گِردِ حوض وجود انسان کاملی بگرد، شاید اجازهٔ ورود دهد و از آلودگی‌ها پاک شوی؛ یعنی در محضرِ استاد کامل حاضر شو تا توجّه معنوی او به تو معطوف گردد. چگونه آدمی بدون آب پاک شود؟

پاک، کو از حوض مـهجور اوفـتاد   او ز پاکـی خـویش هـم دور افـتاد ۱۳۶۵

سالکی که به کمکِ استاد کامل، متعالی شده، برای رسیدن به کمال، همچنان نیازمند فیض معنوی است و در صورت مفارقت از مُرشد، پاکی و صفایِ نَفْس را از دست می‌دهد.

پـاکـیِ ایـن حـوض بـی‌پایان بُـوَد   پـاکـیِ اجسـامْ کـم مـیزان بُـوَد ۱۳۶۶

پاکی حوض دل انسان کامل واصل به سبب اتّصال تام با منبع نور، بی‌منتهاست، مانند پاکی اجسام نیست که اعتباری ندارد.

---

۱ - **غرقاب** : آبِ عمیق. ۲ - **بطّ** : مرغابی.

۳ - **بی‌ادب** : کسی که مفهومِ ادب ظاهری و باطنی را نمی‌داند.

۴ - **حوض** : اینجا «دلِ» انسان کاملِ واصل به حوض مانند شده است که به‌کمک آن می‌توان پاک شد.

زانکه دل حوض است، لیکن در کمین سـوی دریـا راهِ پـنهان دارد ایـن ۱۳۶۷

زیرا دل مانند حوضی است که راه نهانی به دریایِ حقایق الهی دارد.

پـاکیِ محدودِ تـو خـواهـد مـدد ورنـه انـدر خـرج کـم گـردد عـدد ۱۳۶۸

سالکی که تا حدّی به صفایِ نفس رسیده، برای تداوم و ارتقای آن به کمکِ معنوی مُراد نیازمند است وگرنه پاکیِ جانِ او در هجومِ اندیشه‌ها و خواسته‌های دنیوی محو می‌شود.

آبْ گـفت آلوده را: در مـن شـتاب گـفت آلوده کـه: دارم شـرم از آب ۱۳۶۹

آب به زبانِ حال، آلوده را به خویش فرا می‌خواند و آلوده که از پلیدی خود باخبر است، از آب شرم دارد، شرمِ او شرمی مذموم است؛ زیرا پلیدی جز با آب پاک نمی‌گردد.

گفت آب: این شرم بی من کِی رود؟ بی من ایـن آلوده زایـل کِـی شـود؟ ۱۳۷۰

آب می‌گوید: بدون من چگونه پاک می‌شوی تا شرم تو زایل گردد؟ پلیدی و شرمِ تو، در کنارِ من زایل می‌شود.

ز آب هـر آلوده کُـو پـنهان شـود الحَـیاءُ یَـمْنَعُ آلایـمان بـود[1] ۱۳۷۱

هر آلوده که به سببِ شرم از آب دوری کند، مصداق این حدیث «شرم مانع ایمان است» است.

دل ز پایهٔ حوضِ تن[2] **گِلناک شُـد تن ز آبِ حوضِ دلهـا پـاک شـد** ۱۳۷۲

«دل» از پایهٔ «حوضِ تن»، آلوده می‌شود؛ امّا «تن» از «حوضِ دل» پاکی می‌یابد.

گِردِ پایهٔ حوضِ دل گرد ای پسـر! هان! ز پایهٔ حوضِ تن می‌کُن حذر ۱۳۷۳

ای فرزند روحانی، گِردِ دل و صاحبدل بگرد و از تن و صاحب نفس دوری کن.

بـحرِ تـن بـر بـحرِ دل بـرهم زنـان در مـیانْشان بَـرْزَخٌ لا یَـبْغِیان[3] ۱۳۷۴

«تن» و «دل» مانند دو دریا با هم برخورد می‌کنند؛ امّا مانعی نمی‌گذارد در هم آمیخته شوند.

گر تو باشی راست، ور باشی تو کژ پـیشتر مـی‌غژ، بـدو، واپس مَغَژْ ۱۳۷۵

اگر راست باشی یا کج، به «عالم معنا» توجّه کن، نه «عالم مادّه»، به عقب بازنگرد.

---

۱ - اشاره است به حدیث: اَلْحَیَاءُ یَمْنَعُ اْلإیمانَ: حیا مانع از دست‌یابی به ایمان است: احادیث، ص ۱۸۴.
حیا، مانند شرم و ناموس اغلب در تعبیرِ مولانا عدم تمایل به گذشتن از نام و مطامع دنیوی را می‌رساند: شرح مثنوی مولوی، دفتر دوم، ص ۷۳۵.

۲ - **پایهٔ حوضِ تن**: تن به حوضی مانند شده که پایهٔ آن، تمامِ فعل و انفعالاتِ صرفاً دنیوی است.

۳ - اشارتی قرآنی؛ الرّحمن: ۱۹/۵۵ و ۲۰ : ر.ک: ۲۹۸/۱ و ۲۵۸۲/۱.

پیشِ شاهان[1] گر خطر باشد به جان لیک نشکیبند از او با همّتان[2] ۱۳۷۶

هرچند که همنشینی با شاهان خطرات جانی دارد؛ امّا آنان که همّت عالی دارند، خود را از فیضِ صحبتِ بزرگان محروم نمی‌کنند.

شاه چون شیرین‌تر از شکّر بُوَد جان به شیرینی رود، خوشتر بُوَد ۱۳۷۷

چون شاه دل‌ها، از شکر شیرین‌تر است و عمر خواه ناخواه می‌رود، خوش‌تر که برای چنین شکّرینی برود و در راه حق باشد.

ای ملامت‌گر[3]! سلامت مر تو را ای سلامت جو[4]! تُوی واهِی آلعُری[5] ۱۳۷۸

ای ملامت‌گر، امن و آسایش از آن تو. ای که برای درکِ حقایق امنیّتِ خود را به مخاطره نمی‌افکنی، تو دستاویزِ سستی هستی.

جانِ من کوره‌ست، با آتش خوش است کوره را این بس که خانهٔ آتش است ۱۳۷۹

جان من، مانند کوره با آتش پیوند دارد. برای کوره همین بس که جایگاه آتش است.

همچو کوره عشق را، سوزیدنی‌ست هر که او زین کور باشد، کوره نیست ۱۳۸۰

عشق، مانند کوره می‌سوزاند، هر که این سوختن را حس نکرده باشد، جان او کورهٔ عشق نیست.

برگِ بی‌برگی[6] تو را چون برگ شد جانِ باقی یافتی و مرگ، شد ۱۳۸۱

چون غنایِ معنوی توشه‌ات شد، جانی جاودان یافتی و مرگِ تو به معنی نابودی نیست.

چون تو را غم، شادی افزودن گرفت روضهٔ جانت گل و سوسن گرفت ۱۳۸۲

اگر غم بر شادی‌ات بیفزاید، «گل‌هایِ اسرار و معارف» باغ و بوستان جانت را سرشار خواهد ساخت.

آنچه خوفِ دیگران، آن امنِ توست بط، قوی از بحر و مرغِ خانه، سُست ۱۳۸۳

چیزی که مایهٔ ترس دیگران است، در تو جز امنیت خاطر نیست. مرغ دریایی از دریا نیرو می‌گیرد؛ امّا مرغ خانگی از دریا می‌هراسد.

---

۱ - **شاهان**: مردان حق، عارفان. ۲ - **باهمّتان**: سالکان، طالبانِ حقایق.

۳ - **ملامت‌گر**: ملامت‌کنندهٔ عاشق حق. ۴ - **سلامت‌جو**: کسی که از خطرات سلوک می‌هراسد.

۵ - **واهِی العُری**: دست‌آویزی سست.

مصراع دوم را به «ای سلامت‌جو رها کن تو مرا» تغییر داده‌اند.

۶ - **برگ بی‌برگی**: تعالی معنوی و روحانی، فیض فقر روحانی، غِنای معنوی.

باز دیوانه[1] شدم من ای طبیب! باز سودایی[2] شدم من ای حبیب! ۱۳۸۴

ای عشق، ای طبیب من، باز دیوانه شدم. ای یار، باز سودایی شدم. [سیطرهٔ عشق الهی، عقل را در مقامِ تجلّی به اسم و صفت جمال، مقهور کرده و هیجانی خاص به وجود آورده است. مقهوریّت و تحیّر و هَیَمانِ عقل ناشی از تجلّی اسم قهّار است. جمال بدون جلال تحقّق نمی‌یابد].

حلقه‌هایِ سلسلهٔ[3] تو ذوفنون[4] هر یکی حلقه دهد، دیگر جنون ۱۳۸۵

تجلیّات حق تعالیٰ در مراتب طولی و عرضی و در صفاتِ جمالیّه که لطف و رحمت او را در بر دارد مانند: لطیف، نور، هادی... یا تجلّی گشتن در صفات جلالیّه که منشأ قهر و غضب و بُعد است، مانند: مانع، قابض، قهّار...، از آنجا که در باطن هر لطفی قهری نهان است و در باطن هر صفت جمالی، صفت جلالی نیز موجود است، تجلّیِ صفات «جمال و جلال»، عارف را از سویی به هیجان و شور وامی‌دارد و از سویی مقهور قهاریّت حق می‌کند و هر دم جنونی دیگر دست می‌دهد.

دادِ[5] هر حلقه فنونی دیگر است پس مرا هر دم جنونی دیگر است ۱۳۸۶

تجربیّاتِ هر تجلّی با تجلّی دیگر متفاوت است؛ پس من هر لحظه جنونی خاص دارم که با لحظهٔ پیش متفاوت است.

پس فنون باشد جنون، این شد مَثَل[6] خاصه در زنجیر این میرِ اجل[7] ۱۳۸۷

پس از این‌رو فنون را جنون دانسته‌اند و مَثَلِ «الجُنُونُ فُنُون» را برایِ احوال عاشقانهٔ عارفان به کار برده‌اند.

آنچنان دیوانگی بُگسست بند که همه دیوانگان پندم دهند ۱۳۸۸

چنان عقل من در تجلّی حق با اسم قهّار، مقهور و متحیّر گشته است که همهٔ کسانی که این چنین مقهورند، مرا پند می‌دهند.

---

۱ - **دیوانه** : مقصود خروج از عقل جزوی است و اتّصال با عقل کلّ، حالی ماورای عقل متعارَف.

۲ - **سودایی** : مالیخولیایی، اینجا حالی که سیطرهٔ عشقِ حق در عاشق ایجاد می‌کند.

۳ - **حلقه هایِ سلسله** : تجلیّات حق در مراتب مختلف. ۴ - **ذوفنون** : دارای انواعِ علم و هنر.

۵ - **داد** : بهره و حصّه، اینجا نتیجه. ۶ - **مَثَل** : الجُنُونُ فُنُون: دیوانگی چهره‌ها و جلوه‌های مختلف دارد.

۷ - **میر اجل** : امیر بزرگ، حضرت حق تعالیٰ.

آمدنِ دوستان به بیمارستان جهتِ پرسشِ[1] ذاالنُّونِ مصری، رحمة الله علیه[2]

ذوالنّون مصری را شوریدگی خاصّی پیش آمد. احوالی که برای بیگانگان با این شور و هیجان، نوعی جنون بود. به ناچار او را به زندان بردند. دوستان برای دیدار او راهی زندان شدند. چون آن جماعت به نزدیک وی رسیدند، پرسید: شما کیستید؟ گفتند: ما دوستانیم.

ذوالنّون به آنان دشنام داد و چندین قطعه سنگ به سوی ایشان پرتاب کرد. همگی گریختند. او خندید و گفت: مدّعیان دوستی را ببینید که با اندک جفا می‌گریزند.

جان کلام در بیانِ این معناست که شرطِ دوستی صبر بر جفا و تسلیم و رضاست.

۱۳۸۹ **این چنین ذاالنّونِ[3] مصری را فتاد — کاندر او شور و جنونی نو بزاد**

ذوالنّون مصری نیز از چنین سودایی به شور و دیوانگی خاصّی مبتلا شد.

۱۳۹۰ **شور چندان شد که تا فوقِ فلَک — می‌رسید از وی جگرها را نَمک**

شور او به اوج آسمان‌ها می‌رسید و گویی نمک بر جگر افلاکیان می‌پاشید.

۱۳۹۱ **هین منه تو شورِ خود ای شوره خاک[4]! — پهلوی شورِ خداوندانِ پاک[5]**

ای انسان بی‌حاصل، آگاه باش که شور و حالِ خود را با شورِ پاکان قیاس نکنی.

---

۱ - «پرسش» را در مقابله افزوده‌اند.

۲ - مأخذ آن قصّه‌ای است که در لمع ابونصر سرّاج، ص ۵۰ و در رسالهٔ قشیریّه، ص ۸۶ و ص ۱۴۶ و در کشف‌المحجوب، ص ۴۰۴ و در احیاءالعلوم، ج ۴، ص ۵۳ و در کیمیای سعادت و نیز در تذکرةالاولیاء، ج ۲، ص ۱۶۳ نقل شده و ما آن را از کتاب کیمیای سعادت در اینجا می‌آوریم:

شبلی را در بیمارستان باز داشته بودند که دیوانه است. قومی نزد او شدند، گفت: کیستید؟ گفتند: دوست‌داران توییم. سنگ بر ایشان انداختن گرفت. بگریختند. گفت: دروغ گفتید اگر دوستان بودید بر بلای من صبر کردید: احادیث، ص ۱۸۴.

۳ - **ذوالنُّون** : ثَوبان بن ابراهیم مصری، از بندگان طریقت و سالکان راه بلا و ملالت. تا زنده بود، جمعی در وی متحیّر و اغلب او را منکر بودند و زندیق می‌خواندند. نوشته‌اند: نخستین کسی که طریقهٔ تصوّف را به مصر برد، او بود. از ذوالنّون کرامات و اقوال صوفیانه و حکم و مواعظی مشهور است. درمصر به سال ۲۴۵ هجری وفات یافت.

۴ - **شوره‌خاک** : اینجا بی‌حاصل. ۵ - **خداوندانِ پاک** : مردان حق.

خلق را تابِ جنونِ او نبود — آتشِ او ریش‌هاشان می‌رُبود[۱] ۱۳۹۲

مردم تحمّلِ این جنون را که به شأنِ متعارفِ آنان حرمت نمی‌نهاد، نداشتند.

چونکه در ریشِ عوام آتش فتاد[۲] **— بند کردندش به زندانی نهاد**[۳] ۱۳۹۳

چون عامّهٔ مردم رفتار و گفتار او را درک نمی‌کردند، بلوایی به پا شد و ذوالنّون را به زندان افکندند.

نیست امکان واکشیدن این لگام — گرچه زین ره تنگ می‌آیند عام ۱۳۹۴

هنگامی که شور و مستی عارف از حدّ توان جسمی‌اش فراتر می‌رود، در او احوالی خارج از درک عوام دیده می‌شود؛ زیرا چنان غرق در انوار جمال است، که وی را پروایی از اندیشهٔ غیر نیست و توان خودداری نیز ندارد.

دیده این شاهان ز عامه خوفِ جان — کین گُرُه کورند و شاهان بی‌نشان ۱۳۹۵

این سلاطین عالم معنا، می‌دانند که عوام احوال آنان را بر نمی‌تابند و در میان جمعی کور گرفتارند و بیم جان نیز هست؛ امّا از جانبازی نمی‌هراسند؛ زیرا شاهان حقیقی‌اند و خاک‌نشینانِ این عالم، قادر به درک و رؤیت بزرگی آنان نیستند.

چونکه حکم اندر کفِ رندان[۴] **بُوَد — لاجرم ذاالنّون در زندان بُوَد** ۱۳۹۶

چون داوری در دست ناآگاهان باشد، لاجرم ذوالنّون در زندان خواهد بود.

یکسواره[۵] **می‌رود شاهِ عظیم — در کفِ طفلان**[۶] **چنین دُرِّ یتیم**[۷] ۱۳۹۷

شاهی با این عظمت، تنها و بدون همراه به دستِ انبوهِ کودک‌صفتان افتاده است.

دُرِّ چه؟ دریا نهان در قطره‌یی — آفتابی مخفی اندر ذرّه‌یی[۸] ۱۳۹۸

مروارید، تشبیه نارسایی است، بهتر است بگوییم دریا. دریایی که در قطره نهان است، یا آفتابی که در ذرّه مخفی است.

---

۱ - **ریش‌هاشان می‌ربود :** مصراع دوم: کنایه از بی‌توجّهی و بی‌حرمتی به احترامات مرسوم و آداب مألوف اجتماع.

۲ - **آتش در ریش افتادن :** در عوام آتشی افتاد و بلوایی به پا شد. ۳ - **نهاد :** نهادند.

۴ - **رندان :** اینجا ناآگاهان.

۵ - **یکسواره :** تنها. چنین است احوال اولیای حق و مردان خدا در میان مردمی که با عظمت معنوی و روحانی ایشان بیگانه‌اند. ۶ - **طفلان :** کنایه از ناآگاهان، عامّهٔ مردم. ۷ - **دُرّ یتیم :** مروارید شاهوار.

۸ - «مخفی» را در حاشیه به «درج» تبدیل کرده‌اند.

آفـــتابی خـــویش را ذرّه نـــمود و اندک اندک رویِ خود را بـرگشود ۱۳۹۹

آفتابی که درخشش خود را در ذرّه‌ای نهان داشته بود، آرام‌آرام نقاب برگشود و حقیقت خویش را آشکار کرد.

جـــملهٔ ذرّات، در ویْ مـحو شـد عالم از وی مست گشت و صحو، شد ۱۴۰۰

جملهٔ ذرّات، یعنی همهٔ صُوَر امکانی، در حقیقتی که در «انسان کامل» درج شده است، یعنی «نورِ صِرف» و «روح کلّ»، محو و مست می‌شوند.

چون قـلم در دستِ غـدّاری[۱] بُـوَد بـی‌گُمان مـنصور[۲] بر داری بُـوَد ۱۴۰۱

چون داوری به دست مکّاری باشد، بی‌گمان منصور بر دار آویخته می‌شود.

چون سفیهان راست این کار و کیا[۳] لازم آمـد یَـقْتُلُونَ ٱلاَنْـبیا[۴] ۱۴۰۲

هنگامی که قدرت و شوکت در دست بی‌خردان باشد، کشتنِ پیامبران را ضروری می‌دانند.

انـبیا را گـفته قـومی راهْ‌گُـم از سَـفَه: اِنّـا تَـطَیَّرنا بِکُـم[۵] ۱۴۰۳

گروهی گمراه از سرِ بلاهت به پیامبران گفتند: «ما به شما فال بد می‌زنیم».

چون به قولِ اوست مصلوبِ جُهود پس مر او را امن کِی تـانَد نـمود؟[۶] ۱۴۰۴

چون مسیحیان معتقدند که یهودیان عیسی(ع) را به صلیب کشیدند؛ پس او چگونه به ایشان امان دهد و یاری نماید؟

---

۱ - **غدّار:** مکّار، حیله‌گر. ۲ - **حسین بن منصور حلاّج:** ر.ک: ۱۸۱۸/۱.

۳ - **کار و کیا:** قدرت و حشمت.

۴ - اشارتی قرآنی؛ آل عمران: ۱۱۲/۳: ... وَ یَقْتُلُونَ ٱلأَنْبِیاءَ بِغَیرِ حَقٍّ: و پیامبران را به ناحق می‌کشتند...

۵ - اشارتی قرآنی؛ یس: ۱۸/۳۶: قَالُوا إِنَّا تَطَیَّرْنا بِکُمْ...: گفتند: ما به شما فال بد می‌زنیم.
در فرهنگ عرب تفأّل (فال نیک) و تطیُّر (فال بد) سابقه‌ای کهن دارد. طَیَره یا تطیّر؛ یعنی آواز پرنده‌ای مانند کلاغ یا جغد که آن را نشانهٔ شومی می‌دانستند. در فرهنگ ایرانی نیز به فال نیک مروا و به فال بد مرغوا می‌گفتند، مرغوا برابر با کلمهٔ عربی تَطَیُّر است و همان‌گونه که تَطَیُّر از طیر گرفته شده، مرغوا نیز از مرغ به اضافه آوا (آواز) گرفته شده است: قرآن، ترجمه خرّمشاهی، ذیل آیه مربوطه و اعراف: ۱۳۱/۷.

۶ - طعنی است در قول ترسایان که عیسی(ع) را ابن الله می‌انگارند و یادآور ابیاتی از ابوالعلا مَعَرّی است که می‌گوید: اگر آنچه که ترسایان در حقّ عیسی می‌گویند، صحّت دارد، چرا پدر وی او را از دست دشمنان نرهانید؟ به احتمال قوی توجّه مولانا به اشعار ابوالعلا تا حدّی به سبب علاقه به شعر متنبی نیز هست؛ زیرا مَعَرّی هم از دوست‌داران وی بوده است: سِرّ نی، ج ۱، ص ۲۴۱.

جـهلِ تـرسا[1] بـین امـان انگـیخته زآن خـداونـدی کـه گشت آویـخته ۱۴۰۵

به جهلِ مسیحیان در این مورد توجّه کن که از خداي آویخته بر دار امان می‌جویند.

چون دلِ آن شاه ز ایشان خون بُوَد عصمتِ[2] وَ اَنْتَ فِیهِمْ[3] چون بُـوَد؟ ۱۴۰۶

چون دلِ مسیح(ع) از مسیحیان که او را به دست یهودیان سپردند، خون باشد، چگونه «حصن الهی» که بنا بر فرموده حق تعالی در سورهٔ انفال: ۳۳/۸: **وَ ماکان اللهُ لِیُعَذِّبَهُمْ وَ أَنْتَ فیهِمْ**: *امّا تا تو [محمّد] در میان آنان هستی، الله عذابشان نمی‌کند.*

در مورد آنان مصداق دارد؟ در حالی که دل پیامبر خود را آزرده‌اند و حقیقتِ هر پیامبر در «روح منوّر» و «سِرّ سویدایِ دلِ» اوست و هنگامی که دل نبی از ایشان آزرده باشد، گویی در میان آنان نیست.

زرِّ خـــالص را و زرگـــر را خـــطر بـــاشد از قَـلاّبِ خـــاین[4] بـیشتر ۱۴۰۷

همواره خطرِ مردم خیانتکار و گزند و آزارشان متوجّه انبیا و اولیا بوده است، همان‌گونه که خطرِ آدمِ متقلّب بیش از همه متوجّه طلا و زرگر است.

یوسفان[5] از رشکِ زشتان[6] مخفی‌اند کـز عـدو[7] خـوبان در آتش مـی‌زیند ۱۴۰۸

زیبارویان از حسد زشت‌رویان نهان‌اند؛ زیرا از کینه‌توزیِ دشمنان همواره در رنج و عذاب‌اند.

یوسفان از مکرِ اِخـوان در چَـهْ‌انـد کز حسد یوسف به گُرگان می‌دهند ۱۴۰۹

یوسف‌رخان از نیرنگِ برادران در چاه افتاده‌اند؛ زیرا حسادت، شیطانِ درونی است که برادر را به گرگ می‌سپارد.

از حسد بر یوسفِ مصری چه رفت؟ این حسد اندر کمین گُرگی‌ست زفت ۱۴۱۰

از حسد بر سر یوسف(ع) چه آمد؟ حسد، گرگی درنده و قوی است که در کمینِ آدمی است.

---

۱ - مسیحیان از همان عصر عیسی او را تجسد کلمهٔ الله یا (لاهوت در ناسوت) یا (خدا در انسان) و دومین شخص از اقانیم سه‌گانه (اب و ابن و روح‌القدس) یا پسر خدا (توبه: ۳۰/۹) می‌شمرده‌اند. قرآن تصریح دارد که او را به صلیب نکشیده و نکشته‌اند؛ بلکه امر بر مباشران مشتبه شده و خداوند او را به آسمان به سوی خویش بالا برده است: آل عمران: ۵۵/۳ و نساء: ۱۵۸/۴-۱۵۷ : ر.ک. پیشین، ص ۵۵، برای توضیحات بیشتر، ر.ک: ۲۸۰۲/۱.

۲ - **عصمت :** پاکدامنی، پیوستگی، اینجا مصون بودن. ۳ - اشارتی قرآنی؛ انفال : ۳۳/۸.

۴ - **قلاّبِ خاین :** خاین حقّه‌باز، اینجا منافق.

۵ - پیامبران و اولیای حق و مردان خدا همیشه توسط زشت‌سیرتان به رنج‌ها و مصائب بسیار مبتلا گشته‌اند: زندگی یوسف(ع)، ر.ک: ۳۱۷۰/۱. ۶ - **زشتان :** زشت‌سیرتان. ۷ - **عدو :** دشمن، مُنکر.

لاجرم زین گُرگ یعقوبِ حلیم — داشت بر یوسف همیشه خوف و بیم ۱۴۱۱

ناگزیر یعقوبِ(ع) بردبار از بیم این گرگ همواره بر جانِ یوسف(ع) بیمناک بود.

گُرگِ ظاهر گِردِ یُوسف خود نگشت — این حسد در فعلْ از گُرگان گذشت ۱۴۱۲

گرگ به یوسف(ع) نزدیک نشد؛ امّا «حسد» در عمل از گرگ‌ها پیشی گرفت.

رحم کرد این گرگ، وَز عذرِ لَبِقْ[1] — آمده که: اِنّا ذَهَبْنا نَسْتَبِقْ[2] ۱۴۱۳

گرگ بر یوسف(ع) رحم آورد؛ امّا برادران در اثرِ گرگِ درونی، او را در چاه افکندند و گفتند که ما سرگرم مسابقه بودیم که گرگ یوسف را طعمهٔ خود ساخت.

صد هزاران گرگ را، این مکر نیست — عاقبت رسوا شود این گرگ، بیست[3] ۱۴۱۴

صدهزار گرگ چنین مکّار نیستند. صبر کن و ببین که چگونه کسانی که زمام عقل را به دست حسد می‌دهند، رسوا می‌شوند.

زانکه حَشْرِ[4] حاسدان روزِ گزند[5] — بی‌گمان بر صورتِ گُرگان کُنند ۱۴۱۵

در رستاخیز بی‌گمان حسودان به صورتِ گرگان محشور خواهند شد.

حشرِ پُرْ حرص ِ خس ِ مُردارخوار — صورتِ خوکی بُوَد روزِ شمار ۱۴۱۶

روز قیامت، شخص ِ پر حرص ِ پستِ حرام‌خوار به صورت خوک محشور می‌شود.

زانیان[6] را گَندِ اندام نهان — خمر خواران را بُوَد گَندِ دهان ۱۴۱۷

عورت زناکاران بوی تعفّن می‌دهد و دهان شراب‌خواران بوی گند.

گَندِ مخفی کآن به دل‌ها می‌رسید — گَشت اندر حَشْرِ محسوس و پدید ۱۴۱۸

بوی گندی که در این جهان به دلِ صاحبدلان می‌رسد و زیانکاران را می‌شناسند، در قیامت آشکار می‌شود.

بیشه‌یی آمد وجودِ آدمی[7] — بر حذر شو زین وجود، اَر زآن دمی ۱۴۱۹

وجود آدمی، مانند بیشه‌ای است که در آن «نَفْسی تلوین‌پذیر» جای گرفته و در هر آنی

---

۱ - **لَبِق**: زیرک و ماهر و چرب‌زبان گردیدن. ۲ - اشارتی قرآنی؛ یوسف: ۱۷/۱۲.
۳ - **بیست**: بایست، صبر کن. ۴ - **حشر**: برانگیختن.
۵ - **روزگزند**: روزی که زیانِ اعمال را خواهند دید، رستاخیز. ۶ - **زانیان**: زناکاران.
۷ - مصراع اوّل: نَفْس آدمی بسیار تلوین‌پذیر است؛ یعنی قابلیّت بروز و ظهور انواع رذیلت‌ها را دارد؛ پس به «وجه مادّیِ» آن که محلِّ ظهور انواع رذیلت‌هاست، توجّه نکن تا ارتقا یابی.

می‌تواند به صورتِ «حیوانی موذی یا درنده‌خو»، جلوه‌گر شود. اگر از روحِ الهیِ انسان بهره‌ای داری، از این بیشه بر حذر باش.

۱۴۲۰ **در وجودِ ما هزاران گرگ و خوک صالح و ناصالح و خوب و خَشوک**[1]

وجود آدمی مجموعهٔ هزاران صفتِ «زشت و رذیله» یا صفات «نیک و پسندیده» است که ما را به نیکی یا زشتی فرا می‌خوانَد.

۱۴۲۱ **حکمْ آن خُو راست کآن غالب‌تر است چونکه زر بیش از مس آمد آن زر است**

هر صفتی که غالب‌تر باشد، بیشتر در انسان تصرّف می‌کند و آن را خوی غالب می‌دانند، همان‌گونه که اگر فلزی، بیشتر از مس طلا داشته باشد، آن را طلا به شمار می‌آورند، نه مس.

۱۴۲۲ **سیرتی کآن بر وُجودت غالب است هم بر آن تصویر، حَشرَت واجب است**

هر خویی که بر تو غلبه دارد، با صورت برزخی همان صفت، برانگیخته می‌شوی.

۱۴۲۳ **ساعتی گرگی در آید در بشر ساعتی یوسف‌رُخی همچون قمر**

لحظه‌ای در آدمی «گرگ‌صفتی» ظاهر می‌شود و لحظه‌ای «لطف و مهر» جلوه می‌کند.

۱۴۲۴ **می‌رود از سینه‌ها در سینه‌ها از رهِ پنهان صلاح و کینه‌ها**

نیکی‌ها و بدی‌ها از راهی نهانی سینه به سینه منتقل می‌شود؛ پس آدمی همواره در معرض تهاجم و انتقال نیروهایِ مثبت و منفی است و نفس او استعداد خاصّی دارد که می‌تواند این نیروها را جذب کند و در محور طولی عظیمی تبدّل یابد که به سمت «عالم مادّه» سقوط کند یا به سوی «عالم معنا» اوج بگیرد.

۱۴۲۵ **بلکه خود از آدمی، در گاو و خر می‌رود دانایی و علم و هنر**

این انتقال فقط در انسان نیست؛ حتّی در چهارپایان نیز رخ می‌دهد؛ به عنوان مثال درک و دانایی و هنرگاه از انسان به حیوانات منتقل می‌شود.

۱۴۲۶ **اسبِ سُکسُک**[2] **می‌شود رهوار و رام خرس بازی می‌کند بُزْ هم سلام**

اسبِ سرکش در اثر تربیت رام و رهوار می‌شود، خرس بازی می‌کند و می‌رقصد، بُز هم سلام می‌دهد؛ پس این انتقال در آن‌ها هم رخ داده است.

۱ - **خَشوک**: حرام‌زاده. ۲ - **سُکسُک**: سرکش، چموش.

رفت انــدر سگ ز آدمـیان هـوس   تا شبان شد یا شکـاری یـا حَـرَس ۱۴۲۷

خواسته‌های انسان‌ها به سگ انتقال یافت که سگِ گله، سگِ شکاری یا نگهبان خانه شد؛ پس تمایلات آدمیان در حیوانات هم تأثیر می‌گذارد و آن‌ها را تغییر می‌دهد.

در سگِ اصحاب، خویی زآن وُفود[1]   رفت، تـا جـویایِ اللّه گشـته بـود ۱۴۲۸

در سگ اصحاب کهف هم خوی خوش آنان اثر کرد که جویای خدا شد.

هر زمان در سـینه نـوعی سـر کُـند   گاه دیـو و گـه مَـلَک، گـه دام و دَدْ ۱۴۲۹

هر لحظه در اثر انتقال احوال از دیگران و یا وارداتی که بر دل آدمی می‌رسد، خویی و صفتی خاص هویدا می‌شود، گاه خوی شیطانی، گاه فرشته صفتی، گاهی خوی بهیمی و گاه خوی درندگی بر او غلبه می‌کند.

زآن عجب بیشه[2] که هر شیر[3] آگه است   تـا بـه دام سینه‌ها[4] پـنهان ره است ۱۴۳۰

از بیشهٔ حیرت‌انگیزِ نَفْس، هر مرد خدا، چون شیر آگاه است و می‌داند که «دل»ها راهی نهان دارند.

دُزدِیی کُن[5] از درون مرجـانِ جـان   ای کـم از سگ! از درونِ عـارفان ۱۴۳۱

ای دون همّت، در مصاحبت با عارفان، معارف و حکمت را از جانِ پاک آنان جذب کن.

چـونکه دُزدی، بـاری آن دُرِّ لطـیف   چونکه حامل می‌شوی، باری شریف ۱۴۳۲

چون به راه جذب و انتقال حال و صفات از طریقِ «دل و جان» آگاهی یافتی و دانستی که «صفات و احوال» دیگران در تو نفوذ می‌کند، بگذار این نفوذ، جذب معارف و حکمت الهی باشد که در مصاحبت مردان حق و کاملان حاصل می‌شود.

فهم کردنِ مریدان که ذاالنُّون دیوانه نشد، قاصد کرده است

دوسـتان در قـصّهٔ ذاالنُّـون شـدند   سـویِ زنـدان و در آن رایـی زدنـد ۱۴۳۳

دوستان که ماجرای محبوس شدن ذوالنّون را شنیدند، به‌زندان رفتند و در این باب مشورت می‌کردند.

---

۱ - **وُفود** : جمع «وَفْد»: پیام‌آوری (پیامی از حقایق که اصحاب کهف حامل آن بودند) در بعضی از نسخ آن را «رقود» قرائت کرده‌اند به معنی «خوابیده»؛ امّا در نسخهٔ کهن مورد استفادهٔ این شرح «وُفود» آمده است.

۲ - **عجب بیشه** : کنایه از نَفْسِ آدمی.   ۳ - **شیر** : کنایه از مرد حق.

۴ - **دامِ سینه** : نَفْس به دام مانند شده.   ۵ - **دزدیی کن** : اینجا به دست آور، جذب کن.

کین مگر قاصد[1] کُند! یا حِکمتی‌ست! او در این دین قبله‌یی و آیتی‌ست ۱۴۳۴

آیا او عمداً این را خواسته یا حکمتی در کار است؛ زیرا ذوالنّون در دین آیتی از کمال و قبلهٔ صاحبنظران است.

دُورِ دُور از عقلِ چون دریایِ[2] او تا جنون باشد سَفَه فرمایِ[3] او ۱۴۳۵

از عقل و خرد کاملِ او بعید است که دیوانه شود یا بی‌خردی بر او حکم رانَد.

حاشَ لِلَّه[4] از کمالِ جاهِ او کابْرِ بیماری بپوشد ماهِ او ۱۴۳۶

پناه بر خدا، چگونه ابرِ بیماری ماه منوّرِ کمالِ معنوی او را بپوشانَد؟

او ز شرّ عامه اندر خانه شد او ز ننگِ عاقلان[5] دیوانه شد ۱۴۳۷

او از شرّ مردمِ عامی گوشه‌ای را برگزیده و از ننگِ عقلِ جزوی خود را به دیوانگی زده است.

او ز عارِ[6] عقلِ کُنْدِ تنْ‌پَرست قاصدا رفته‌ست و دیوانه شده‌ست ۱۴۳۸

او از ننگِ این عقلِ کودنِ تن‌پرستان، از روی عمد خود را به دیوانگی زده است.

که ببندیدم قوی، وَز سازِ گاو[7] بر سر و پشتم بزن وین را مکاو[8] ۱۴۳۹

که مرا محکم ببندید و با شلاّق بر سر و پشتم بزنید و سببِ آن را نپرسید.

تا ز زخم لَخت[9] یابم من حیات چون قتیل[10] از گاوِ موسی،[11] ای ثقات[12] ! ۱۴۴۰

تا با ضربات شما، ای یاران مورد اعتماد، حیاتی تازه یابم، مانندِ مقتولِ داستانِ موسی(ع) که با ضربهٔ بخشی از گاو مادهٔ زردرنگی، زنده شد.

---

۱ - **قاصد :** از روی قصد، عمداً. ۲ - **عقلِ چون دریا :** عقلِ کامل.
۳ - **سَفَه فرما :** چیزی که آدمی را به کار جنون‌آمیز وادارد. ۴ - **حاشَ لِلَّه :** پناه بر خدا.
۵ - **عاقلان :** دنیادوستانی که با عقلِ جزوی خود را عاقل می‌دانند. ۶ - **عار :** عیب و ننگ.
۷ - **سازِ گاو :** شلاّقِ چرمی که با آن چهارپا را می‌رانند و تحریک می‌کنند. ۸ - **مکاو :** نپرس.
۹ - **لخت :** پاره، قطعه. ۱۰ - **قتیل :** کُشته.
۱۱ - اشارتی قرآنی، بقره : ۲/۷۲-۶۷، چکیدهٔ آن قصّه به روایت نیشابوری: در روزگار موسی(ع) مردی بازرگان و توانگر به نام عامیل بود که وی را دختری بود و برادرزاده‌ای که دختر را خواستار شد. عامیل اجابت نکرد و برادرزاده در نهان او را کشت. به موسیٰ(ع) استغاثه بردند که از خدای تعالیٰ بخواه تا قاتل او پدید آید. موسیٰ(ع) دعا کرد و خداوند وحی فرستاد که قوم را بفرمای تا گاوی را بکشند و گوشت او را بر عامیل زنند تا زنده گردد و بگوید مرا که کشته است. ایشان صفت‌های آن گاو را از موسیٰ(ع) می‌خواستند و موسیٰ(ع) از حق تعالیٰ می‌خواست، تا زمانی بر این منوال، آخر بدان نشان گاوی نیافتند، جز نزد جوانی سخت نیکوکار و حکم الهی اجرا کردند و پاره‌ای از گوشت او بر عامیل زدند، زنده گشت و شرح ماجرا بگفت و بمرد: تفسیر سورآبادی، ص ۱۲. ۱۲ - **ثقات :** معتمدان.

۱۴۴۱ **تا ز زخم لَخْتِ گاوی خوش شوم   همچو کُشته و گاوِ موسی گَش[1] شوم**

تا از ضربات شلاّق، نفسِ حیوانی‌ام بمیرد و مانندِ آن مقتول، حیاتی تازه بیابم.

۱۴۴۲ **زنده شد کُشته ز زخمِ دُمِّ گاو   همچو مس، از کیمیا شد زرِّ ساو[2]**

مقتول از ضربات دُمِ گاو حیاتی تازه یافت، همان‌طور که مس از کیمیا زرِ ناب می‌شود.

۱۴۴۳ **کُشته بر جَست و بگفت اسرار را   وانمود آن زُمرهٔ خونْخوار را**

مقتول برخاست و اسرار را فاش کرد و کسانی را که برایِ کشتن او تبانی کرده بودند، رسوا کرد.

۱۴۴۴ **گفت روشن کین جماعت کُشته‌اند   کین زمان در خصمی‌اَم آشفته‌اند**

به وضوح گفت: این جماعت مرا کشته‌اند و اینک با ظاهرسازی دیگری را متّهم می‌کنند.

۱۴۴۵ **چونکه کُشته گردد این جسمِ گران[3]   زنده گردد هستیِ اسرار دان[4]**

هرگاه تمایلاتِ نَفْسانیِ این جسمِ خاکی به ضرب تازیانهٔ ریاضت کُشته شود، هستیِ حقیقیِ انسان که منبع علوم و اسرار الٰهی است، زنده می‌شود.

۱۴۴۶ **جانِ او بیند بهشت و نار را   باز داند جملهٔ اسرار را**

جانِ منوّری که به مقام «روح» رسیده و حقایقِ بهشت و دوزخ را می‌بیند از همهٔ اسرار آگاه است.

۱۴۴۷ **وانماید خونیانِ[5] دیو را   وانماید دامِ خُدعه[6] و ریو[7] را**

این جان مجرّد، خون‌خواران شیطان‌صفت را می‌شناسد و دام حیله و نیرنگ آنان را برملا می‌سازد.

۱۴۴۸ **گاو[8] کُشتن هست از شرطِ طریق[9]   تا شود از زخمِ دُمّش جان مُفیق[10]**

کشتنِ گاوِ نَفْس، شرط لازم برای طیّ طریق و دریافت حقایق است، «نَفْس» در اثر ریاضت ضربه و صدمه می‌بیند، تعالی می‌یابد و از خواب غفلت بیدار می‌شود.

۱۴۴۹ **گاوِ نفسِ خویش را زُوتر بکُش   تا شود روحِ خفی زنده و بهُش**

گاوِ نَفْس خود را نابود کن تا بعد از خلع حجاب‌های مادّی و کدورتِ تن، متعالی شود و در تو «لطیفهٔ روحانی انسان» به ظهور برسد.

---

۱ - **گَش** : خوب و خوش.   ۲ - **ساو** : ناب، خالص.   ۳ - **جسم گران** : مُراد وجه مادّیِ نَفْس است.

۴ - **هستیِ اسراردان** : مُراد وجه غیر مادّیِ نَفْس است.   ۵ - **خونیانَ** : قاتلان.   ۶ - **خُدعه** : تزویر.

۷ - **ریو** : ریا.   ۸ - **گاو** : اینجا کنایه از نَفْس امّاره.   ۹ - **شرط طریق** : شرط سلوک.

۱۰ - **مُفیق** : بیدار، هوشیار.

رجوع به حکایتِ ذاالنّون، رَحْمَةُ اللهِ عَلَیْه

۱۴۵۰ **چون رسیدند آن نفر[1] نزدیکِ او بانگ بر زد: هِیْ! کیانید؟ اِتَّقُوا[2]**

چون آن گروه نزد او رسیدند، فریاد کشید: شما کیستید؟ برای چه آمده‌اید؟ نزدیک نشوید.

۱۴۵۱ **با ادب گفتند: ما از دوستان بهرِ پرسش آمدیم اینجا به جان**

مؤدّبانه گفتند: ما از دوستان تو هستیم و از دل و جان برای احوالپرسی به اینجا آمده‌ایم.

۱۴۵۲ **چونی ای دریایِ عقلِ ذوفنون[3]؟ این چه بُهتان[4] است بر عقلت جنون؟**

ای دریای پر هنر عقل، چگونه‌ای؟ این تهمت چیست که به عقل تو نسبت جنون داده‌اند؟

۱۴۵۳ **دودِ گُلْخَن[5] کِیْ رسد در آفتاب؟ چُون شود عَنقا[6] شکسته از غُراب[7]؟**

مگر دود آتشدان حمّام به آفتاب می‌رسد؟ چگونه عنقا مغلوبِ کلاغ می‌شود؟ پس محال است جنون به عقلِ تو راه یابد.

۱۴۵۴ **وامگیر از ما بیان کن این سخُن ما محبّانیم[8] با ما این مَکُن**

موضوع را بگو و سرّ این ماجرا را بیان کن، ما دوستان توایم، این‌طور رفتار نکن.

۱۴۵۵ **مر محبّان را نشاید دور کرد یا به روپوش و دغل مغرور[9] کرد**

شایسته نیست که دوستداران را برانی یا با نهان داشتن حقیقت و حیله آنان را بفریبی.

۱۴۵۶ **راز را اندر میان آور شها! رُو مکُن در ابر پنهانی مَها!**

ای شاه، راز را در میان بگذار، چهرهٔ منوّرِ خود را در ابر جنون نهان نکن.

۱۴۵۷ **ما مُحبّ و صادق و دلخسته‌ایم در دو عالم دل به تو در بسته‌ایم**

ما دوستدار صادق توایم با دلی آزرده و مجروح که در دو جهان به تو دل بسته‌ایم.

۱۴۵۸ **فُحش آغازید و دُشنام از گزاف[10] گفت او دیوانگانه: زیّ و قاف[11]**

ذوالنّون شروع کرد به فحش دادن و کلمات بیهوده گفتن، مانند دیوانگان که پرت و پلا می‌گویند.

---

۱ - **نفر** : گروه، دسته. ۲ - **اِتَّقُوا** : بترسید از خدا، پرهیزکار باشید. ۳ - **ذوفنون** : خداوندِ هنر، پرهنر.
۴ - **بهتان** : تهمت. ۵ - **گلخن** : آتشدان حمّام. ۶ - **عنقا** : سیمرغ. ۷ - **غُراب** : کلاغ.
۸ - **محبّان** : دوستداران. ۹ - **مغرور** : فریفته. ۱۰ - **ازگزاف** : بیهوده و بیخودی.
۱۱ - **زیّ و قاف** : پرت و پلا.

برجهید و سنگ پَرّان کرد و چوب جملگی بگریختند از بیم کوب ۱۴۵۹

برخاست و به سوی آنان سنگ و چوب پرتاب کرد، همه از ترس زخمی شدن گریختند.

قهقهه خندید و جنبانید سر گفت: بادِ ریشِ این یاران نگر! ۱۴۶۰

چون این حال را دید، قاه‌قاه خندید و سر را به علامت تأسف تکان داد و گفت: ادّعای بیهودهٔ این دوستان را ببین که به کلامی و سنگی گریختند.

دوستان بین کو نشانِ دوستان؟ دوستان را رنج باشد همچو جان ۱۴۶۱

دوستان را ببین، نشانهٔ دوستی کجاست؟ دوستان، جفا و رنج دوست را به جان می‌خرند و نمی‌گریزند.

کِیْ کَران گیرد ز رنجِ دوستْ دوست؟ رنجْ مغز و دوستی آن را چو پوست ۱۴۶۲

دوست از رنج دوست نمی‌گریزد. رنج، مانند مغز و دوستی پوستِ آن است. فرار از جفای یار، دوستی پوک و بی‌مفهومی است؛ زیرا در دوستیِ حقیقی، ظرفیّت آدمی چنان افزون می‌شود که رنج و دردی را که از دوست می‌رسد، با رویی گشاده می‌پذیرد و در واقع آنچه را که دیگران «جفا و رنج» می‌پندارند، «رنج و درد» نمی‌داند، این مقام دوستی است.

نی نشانِ دوستی شد سرخوشی در بلا و آفت و محنتْ کَشی؟ ۱۴۶۳

نشانِ دوستی این نیست که در بلا و رنجی که از دوست رسیده است، با عشق دوست، سرخوش باشد؟

دوست همچون زَرْ، بلا چون آتش است زرِّ خالص در دلِ آتش خوش است ۱۴۶۴

همان‌گونه که خلوصِ زر در دل کوره آشکار می‌شود، خلوصِ مدّعیِ دوستی و عشقِ حق نیز در کورهٔ بلایا و رنج‌ها به اثبات می‌رسد.

امتحان کردنِ خواجهٔ لقمان، زیرکیِ لقمان را [۱]

لقمان [۲] غلامی سیاه بود که به سبب پاکی باطن و زیرکی خاص و حکمتی که در جان داشت، مورد توجّه خواجهٔ خویش بود که در امور با او مشورت می‌کرد و در واقع لقمان خواجه بود و خواجه بندهٔ ویژگی‌های پسندیدهٔ او. روزی برای خواجه خربزه آوردند. او خربزه را بُرید و به رسم معهود ابتدا به لقمان داد. لقمان در کمال خوشرویی خربزه را خورد. خواجه چون حالت خوش لقمان را هنگام خوردن خربزه دید، برش‌های دیگری را به همین نحو به او داد و قسمتی از آن را هم خود در دهان گذارد تا او نیز از خربزهٔ شیرین بچشد.

چون خربزه را خورد، از تلخی آن حالش دگرگون شد و از لقمان پرسید: چگونه این خربزهٔ تلخ را خوردی و چهره در هم نکشیدی؟ لقمان گفت: من از دست لطف تو شیرینی بسیار خورده‌ام، شرمم آمد که به اندک تلخی روی در هم کشم و رخ برتابم.

سرّ سخن در این قصّه در بیانِ حکمت لقمان است و نظیر آن در روایات مربوط به ادب و اخلاق بسیار است.

۱۴۶۵ **نی که لقمان را، که بندهٔ پاک بود — روز و شب در بندگی چالاک بود**

مگر لقمان بندهٔ پاکی نبود که روز و شب در انجام وظایف و خدمت به ارباب چابک بود؟

۱۴۶۶ **خواجه‌اش می‌داشتی در کار پیش — بهترش دیدی ز فرزندانِ خویش**

خواجه به سببِ وظیفه‌شناسی و لیاقت او، در هر امری وی را مقدّم می‌داشت و او را از فرزندان خود بهتر می‌دانست.

۱۴۶۷ **زانکه لقمان گرچه بنده‌زاد بود — خواجه بود و از هوا آزاد بود [۳]**

زیرا لقمان هرچند غلام‌زاده بود؛ امّا به سببِ رهایی از هوا و هوس، خواجه بود.

---

۱ - مأخذ آن حکایتی است با همین مضمون که در کتاب الامتاع و الموانسة از ابوحیان توحیدی، طبع مصر، ج ۲، ص ۱۲۱ آمده است.

حکایتی نظیر آن در اسرار التوحید، طبع تهران، به اهتمام دکتر صفا، صص ۷۷-۷۶ دیده می‌شود.

عوفی در جوامع‌الحکایات، باب اوّل از قسم دوم، حکایتی را در باب فضایل عادات و محاسن نظام‌الملک حسن اسحاق نقل می‌کند که در تبیین همین معناست و در طیّ آن نظام‌الملک، سه خیار تلخ را که باغبانی بنا بر تحفه آورده بود، به شیرینی تمام می‌خورد و به حاضران مجلس تعارف نمی‌کند، مبادا که بر تلخی و مرارت آن صبر نکنند و کلامی بگویند که عرق حیا و شرم بر باغبان نشیند.

شیخ عطّار نیشابوری نیز در منطق‌الطّیر حکایتی نظیر آن دارد: احادیث، صص ۱۸۸ و ۱۸۹.

۲ - **لقمان**: سرگذشت و حکمت او، ر.ک: ۱۹۷۱/۱.

۳ - اینک برای شرحِ معنای آزادگی لقمان و همهٔ آزادگان، داستان کوتاهی در میان این قصّه به تقریر می‌آید.

گفت شاهی شیخ را اندر سخُن　　　چیزی از بخشِش ز من درخواست کن[1] ۱۴۶۸

پادشاهی در حین صحبت با شیخی به او گفت: از من چیزی بخواه تا عطا کنم.

گفت: ای شه! شرم ناید مر تو را　　　که چنین گویی مرا؟ زین برتراً ۱۴۶۹

شیخ گفت: ای شاه، از آنچه گفتی شرم نمی‌کنی؟ برتر از این بیندیش.

من دو بنده دارم و ایشان حقیر　　　و آن دُو، بر تو حاکمان‌اند و امیر ۱۴۷۰

من که در نظر تو بی‌قدرم، دو بندهٔ حقیر دارم که آن‌ها بر تو امیرند و حکم می‌رانند.

گفت شه: آن دو چه‌اَند؟ این زلَّت است؟　　　گفت: آن یک خشم و دیگر شهوت‌است ۱۴۷۱

شاه گفت: سخنِ تو خطاست، آن دو چه‌اند؟ شیخ گفت: دو بندهٔ من، خشم و شهوت‌اند.

شاه آن دان کو ز شاهی فارغ است　　　بی مَه و خورشید، نورش بازغ[2] است ۱۴۷۲

شاهِ راستین از اسباب و لوازم سلطنت بی‌نیاز است؛ یعنی خود را محتاجِ شوکتِ ظاهری نمی‌داند و بدون زرق و برق، شکوهمند و درخشان است.

مخزن[3] آن دارد که مخزن ذاتِ اوست　　　هستی او دارد که با هستی عدوست ۱۴۷۳

گنج حقیقی از آنِ کسی است که ذات او در اتّصال با گنج حقایق باشد. او «هستیِ موهومی»اش را در «هستی حق» فانی ساخته و اینک وجودِ او «گنج» مجسّم است.

خواجهٔ لقمان، به ظاهر خواجه‌وش　　　در حقیقت بنده، لقمان خواجه‌اش ۱۴۷۴

خواجهٔ لقمان، به ظاهر ارباب بود؛ امّا در واقع بندهٔ لقمان بود و لقمان خواجهٔ او.

---

۱ - مأخذ آن قصّه‌ای است که شهرستانی در ملل و نحل، طبع مصر، حاشیهٔ ملل و نحل ابن حزم، ج ۳، ص ۷۱ از دیوجانس نقل کرده و در اخبارالحکماء قفطی، طبع مصر، ص ۱۳۵ به سقراط نسبت داده شده و هجویری در کشف‌المحجوب ص ۲۳ بدین گونه آورده است:

درویشی را با ملکی ملاقات افتاد. ملک گفت: حاجتی بخواه. گفت: من از بندهٔ بندگان خود حاجت نخواهم. گفت: این چگونه باشد؟ گفت: مرا دو بنده‌اند که هر دو خداوندان توانَد: یکی حرص و دیگری طولِ اَمَل.

و ابوسعید آبی در کتاب نثرالدّر این حکایت را با اندکی تغییر آورده است. حکیم سنایی نیز همین مضمون را در ابیاتی نقل کرده و حکیم نظامی در اسکندرنامه، طبع تهران، ۱۳۱۶، ص ۵۹۵ نیز این حکایت را به گونه‌ای یاد کرده است. شیخ عطّار هم این حکایت را در منطق‌الطیر آورده است: نقل از احادیث، ص ۱۸۵.

۲ - **بازغ**: روشن و تابان.

۳ - **مخزن**: گنج.

در جهانِ بازگونه[۱]، زین بسی‌ست در نظرشان گوهری کم از خسی‌ست[۲] ۱۴۷۵

در این دنیا که همه چیز واژگونه است، چنین افرادی بسیارند که در نظرشان گوهر بی‌قدرتر از خس است.

مر بیابان را مَفازه[۳] نام شد نام و رنگی عقلشان را دام شد ۱۴۷۶

بیابان بی‌آب و علف را که در آن گمراه و هلاک می شدند، مفازه یا محلِّ رهایی نامیده‌اند، همواره نام و نشان‌های بی‌اساس عقل‌ها را به دام انداخته و ربوده است.

یک گُره[۴] را خود مُعرِّف[۵] جامه است در قبا[۶]، گویند کو از عامه است ۱۴۷۷

گروهی، افراد را از نوع لباس می شناسند؛ مثلاً اگر کسی قبا بپوشد، او را از عوام می دانند.

یک گُره را ظاهرِ سالوس[۷] زُهد نور[۸] باید تا بُوَد جاسوس[۹] زُهد ۱۴۷۸

در نزد گروهی دیگر، تظاهر به زُهد و پارسایی، معیار تشخیص است؛ در حالی که پارسایی را به نور درون می‌توان شناخت و تظاهرِ به آن، دلیلی برای تأیید یا ردّ کسی نیست.

نور باید پاک از تقلید و غَول[۱۰] تا شناسد مرد را بی‌فعل و قَول ۱۴۷۹

اگر نوری پاک و عاری از تقلید و تباهی در آدمی باشد، می‌تواند دیگران را با بصیرت و فراست بشناسد، عمل و سخن اشخاص معیار درستی نیست.

در رَوَد در قلبِ او از راهِ عقل نقدِ او بیند، نباشد بندِ نقل ۱۴۸۰

«انسان متعالی» از طریق «عقل» که به منزلهٔ «روحِ ساری و جاری» در «جمیع عوالم وجودی» است، در قلب دیگران نفوذ می‌کند و حقیقتِ وجودِ هر کس را می شناسد، بی‌آنکه سخن بگوید.

بندگانِ خاصِ علاّمُ الغُیوب[۱۱] در جهانِ جانْ جواسیسُ القُلوب[۱۲] ۱۴۸۱

بندگان خاصّی که دانا به امور غیب‌اند، در عالم جان، مانند جاسوسان ماهرند که چیزی از ایشان پوشیده نیست.

---

۱ - **بازگونه** : واژگونه. ۲ - مصراع دوم: اشاره به اهل دنیاست که از حقایق غافل‌اند.

۳ - **مَفازه**: جای فوز، محلّ رهایی یافتن، بیابان بی‌آب و علف، تیه، جای هلاک. وجه تسمیهٔ آن بدین علّت است که تَیَمُّناً وَ تَفَؤُّلاً به بیابان بی‌آب و علف گویند که به برکت نام آن، بتوان به آسانی از آن گذشت. ۴ - **گُرُه** : گروه.

۵ - **معرّف** : تعریف کننده، آنکه می‌شناسانَد.

۶ - **قبا** : لباس و ردای بلند که در قدیم عوام بر روی البسهٔ زیرین می‌پوشیده‌اند. ۷ - **سالوس** : فریب دهنده.

۸ - **نور** : نورِ معرفت، آگاهی. ۹ - **جاسوس** : جستجوکننده.

۱۰ - **غَوْل** : سختی و دشواری، هر چیز که عقل را زایل کند. ۱۱ - **علاّم‌الغُیوب** : دانای غیب.

۱۲ - اشاره به عبارتی که عدّه‌ای آن را حدیث می‌دانند: اِحْذَرُوهُمْ فَإِنَّهُمْ جَوَاسیسُ الْقُلُوبِ : از بندگان خاص برحذر باشید چون جاسوس دل‌ها هستند: احادیث، ص ۱۸۷.

در درونِ دل در آیـد چـون خـیال — پیش ِ او مکشوف باشد سرِّ حال ۱۴۸۲

بندهٔ خاصّ خدا، مانند خیال در دل‌ها نفوذ می‌کند و سِرّ احوال هر کس را می‌داند.

در تنِ گنجشگ چیست از برگ و ساز — کـه شـود پوشیده آن بـر عـقلِ بـاز؟ ۱۴۸۳

گنجشک چه ساز و برگی دارد که بر عقلِ عقاب پوشیده باشد؟

آنکـه واقـف گشت بـر اسـرارِ هُـو — سِرِّ مخلوقات چـه بْـوَد پـیش ِ او؟ ۱۴۸۴

انسانی که از علوم و اسرار الهی آگاه شده است، اسرار مخلوقات چیست که از آن آگاه نباشد؟

آنکـه بـر افـلاک رفـتارش بُـوَد — بر زمین رفتن چه دشـوارش بُـوَد؟ ۱۴۸۵

کسی که روح متعالی‌اش بر آسمان‌های دل و جان، یعنی «عوالم عقل و ملکوت» به شهود حقایق می‌پردازد، چرا شهودِ حقایق ِ نازلِ زمینِ دلِ دیگران برایش دشوار باشد؟

در کـفِ داوود کآهـن گشت مـوم[1] — موم چه بْوَد در کفِ او ای ظَلوم[2] ؟ ۱۴۸۶

ای ستمگر، جان داوود(ع) از پرتو انوار الهی چنان گرم بود که خداوند آهن را برای او نرم کرد، موم در دست او چه شأنی دارد؟

بود لقمان بنده شکلی، خـواجـه‌یی — بـندگی بـر ظـاهرش دیـباجه‌یی[3] ۱۴۸۷

لقمان از نظر مراتب اجتماعی غلام به شمار می‌رفت و این ظاهر امر بود؛ زیرا او در حقیقت مرتبهٔ بلندی داشت و بندگی، مانند حجابی بر عظمتِ معنوی او کشیده شده بود.

چون رَوَد خواجه به جایِ ناشناس — در غـلامِ خـویش پـوشانَد لبـاس ۱۴۸۸

چون خواجه به مکانی ناشناس می‌رود، لباس خواجگی را بر غلامِ خود می‌پوشانَد.

او بـپوشد جـامه‌هایِ آن غـلام — مـر غـلامِ خـویش را سـازد امـام ۱۴۸۹

او لباس‌های غلام را خود می‌پوشد و در پی غلام روانه می‌شود.

در پی‌اش چون بندگان در رَه شـود — تـا نـباید زو کسـی آگـه شـود ۱۴۹۰

مانند بندگان به دنبالِ غلام به راه می‌افتد، تا مبادا کسی او را بشناسد.

---

۱ - اشارتی قرآنی؛ سبا: ۱۰/۳۴؛ ر.ک: ۹۱۷/۲ و ۴۹۵/۲. ۲ - **ظَلوم**: ستمکار.

۳ - **دیباجه**: جامه‌ای است نیمچه از دیبای خسروانی که پادشاهان عجم بر روی دیگر جامه‌ها می‌پوشیدند.

گوید: ای بنده! تو رو بر صدر شین   من بگیرم کفش چون بندهٔ کِهین ۱۴۹۱

به غلام می‌گوید: تو در بالای مجلس بنشین، من مانند غلام کفش‌هایت را برمی‌دارم.

تو دُرشتی کن، مرا دشنام ده   مر مرا تو هیچ توقیری[1] منه ۱۴۹۲

تو با من تندی کن، دشنام بده، هیچ احترامی برای من قائل نشو.

ترکِ خدمت، خدمتِ تو داشتم   تا به غربت تخم حیلت کاشتم ۱۴۹۳

خدمتِ تو این‌است که خدمتی نکنی تا در مکان ناشناخته‌ای که می‌رویم، بااین حیله کسی مرانشناسد.

خواجگان این بندگی‌ها کرده‌اند   تا گمان آید که ایشان بنده‌اند ۱۴۹۴

بزرگانی که به آزادی حقیقی رسیده‌اند، به‌طور عمد خویش را در جایگاهی فرودست می‌نهادند تا دیگران تصوّر کنند که ایشان واقعاً بنده و غلامی بیش نیستند.

چشمْ‌پُر بودند و سیر از خواجگی   کارها را کرده‌اند آمادگی ۱۴۹۵

زیرا آنان به خواجگیِ راستین که آزادگی از قید تعلّقات است، رسیده بودند و چشم و دلشان سیر از برتری‌جویی‌های دنیوی، آمادهٔ بندگیِ حق تعالیٰ بوده است.

وین غلامانِ هوا بر عکس آن   خویشتن بنموده خواجهٔ عقل و جان ۱۴۹۶

امّا آنان که بندگانِ هوا و هوس‌اند، خود را در نظر مردم، اربابِ خرد و معرفت می‌نمایند.

آید از خواجه رَهِ افکندگی   ناید از بنده به غیرِ بندگی ۱۴۹۷

از آزادگان راستینی که از قید تعلّقات دنیوی رسته‌اند، فروتنی بسیار زیبنده است؛ زیرا بندگانِ حقیقی خداوندند و همواره خود را در محضر حق تعالیٰ می‌دانند؛ بنابراین از بنده، جز بندگی سزاوار نیست.

پس از آن عالم بدین عالم چُنان   تَعبیَت‌ها[2] هست بر عکس، این بدان ۱۴۹۸

پس بدان که چیزهایی که در «عالم معنا» معیار است، در «عالم مادّه» برعکس است.

خواجهٔ لُقمان از این حالِ نهان   بود واقف، دیده بود از وی نشان ۱۴۹۹

اربابِ لقمان، این حال نهان را دریافته بود و وارونگیِ ارزش‌ها را می‌شناخت و از شأن حقیقیِ لقمان نشانه‌ها دیده بود.

---

۱ - **توقیر** : بزرگداشت.

۲ - **تعبیه** : آماده کردن و سامان دادن لشکر، پنهان کردن و پوشیدن چیزی را، حیله در مجاز مطلق.

راز می‌دانست و خوش می‌راند خر　　　از بـــرای مـــصلحت آن راهْبَــر ۱۵۰۰

او از اسرار نهانی لقمان و شأن باطنی او آگاه بود؛ امّا بنا بر مصلحت به روی خودش نمی‌آورد.

مـــر وَرا آزاد کـــردی از نـــخُست　　　لیک خشـنودیِ لقـمان را بـجُست ۱۵۰۱

او می‌توانست لقمان را از روز نخُست آزاد کند؛ امّا رضایت قلبی لقمان را می‌خواست.

زانکه لقـمان را مـراد ایـن بـود، تـا　　　کس نـدانـد سِرّ آن شـیر و فَـتیٰ ۱۵۰۲

زیرا لقمان مایل بود که کسی اسرارِ آن شیرِ بیشهٔ معانی و مردانگی را نداند.

چه عجب گر سِرّْ ز بد پنهان کنی　　　این عجب که سِر ز خَود پنهان کنی ۱۵۰۳

اگر اسرارت را از اشرار نهان کنی، عجبی نیست؛ امّا اگر از خود پنهان کنی، عجیب است و این را لقمان می‌خواست تا در مرتبهٔ غلامی بمانَد.

کارْ پنهان کن تو از چشمانِ خَـود　　　تا بُـوَد کـارت سـلیم از چشـمِ بَـد ۱۵۰۴

تو نیز مانندِ بزرگان فعلِ نیک خود را از خویش نهان کن، باشد که از گزند چشمِ بد در امان مانی.

خـویش را تسـلیم کـن بـر دامِ مُـزد　　　وانگه از خود، بی ز خود، چیزی بِدُزد[1] ۱۵۰۵

خویش را تسلیم «دامِ مزد» کن که مخصوصِ «عاشقان» حق و «مزدِ» آن «وصالِ معشوق» است، برای این ارتقا باید، «معرفت» را از «حقیقتِ» خود در لحظات شوق و اشتیاق دریـافت کـنی، بی‌آنکه «عقل جزوی و نفس» فرصتی یابند و سدّ راه شوند، این کار که محوِ «خودبینی» است، از طریقِ «ذکر و مراقبه» ممکن می‌شود و «دزدیدنِ از خود در بیخودی» است.

مـی‌دهند افـیون بـه مـردِ زخـم‌مند　　　تا که پـیکان از تـنش بـیرون کـنند ۱۵۰۶

همان‌طور که به مردِ زخمی افیون می‌دهند و در بیهوشی «تیر» را خارج می‌کنند، تو نیز باید «هوش دنیوی» خود را با «تمرکز» به «بی‌هوشی» برسانی تا «پیکانِ نَفْس» از وجـودت خـارج شود و درکِ معنوی‌ات هوشیار گردد.

وقتِ مـرگ از رنـج او را مـی‌دِرند　　　او بدان مشغول شد، جـان مـی‌برند ۱۵۰۷

هنگام مرگ نیز شخص متوجّه درد و رنج است و به گوهری که از او می‌ستانند، توجّه ندارد.

---

۱ - **ز خود چیزی بدزد:** جسم و توانایی‌هایت را بدون آگاهی وجه بشری خودت، یعنی بـدون اهـمیّت دادن بـه وسوسه‌های نفسانی، در جهتِ تعالی و تکامل جان خود به کار ببر.

چون به هر فکری که دل خواهی سپرد   از تـو چـیزی در نـهان خـواهـند بُـرد ۱۵۰۸

چون به هر چیزی تمرکز کنی، در نهان چیز دیگری را از تو خواهند ربود،

پس بدان مشغول شو کآن بهتر است   تا ز تو چیزی بَرَد کآن کهتر است[1] ۱۵۰۹

پس به اندیشه و کاری بهتر متمرکز شو تا اندیشه و کاری را که از دست می‌دهی، نسبت به آن بی‌ارزش باشد.

هر چه تحصیلی کنی، ای مُعتَنی[2] **!   می در آید دُزد، از آن سُو کـایمنی**[3] ۱۵۱۰

ای اهتمام کننده، هرچه را که به دست آوری و هر تدبیری بیندیشی، «نَـفْس» از راهی می‌آید که خود را از آن ایمن دانسته‌ای.

بـارِ بـازرگان چـو در آب اوفـتد   دست انـدر کـالۀ بـهتر زنـد ۱۵۱۱

آدمی در زندگی این جهانی، مانند بازرگانی است که کشتی‌اش گرفتار غرقاب شده است و ناگزیر باید بارهای اضافی را در دریا بریزد؛ پس بهتر است کالای گرانبها را نگاه‌دارد و کالایی را که در «عالم معنا» خریداری ندارد، در آب افکَنَد.

چونکه چیزی فوت خواهد شد درآب   تـرکِ کـمتر گـوی و بـهتر را بـیاب ۱۵۱۲

چون از دست دادن بسیاری از چیزها در این جهان الزامی است؛ پس چیزهایِ بی‌قدر را رها کن و آنچه را که بهای حقیقی دارد، بیاب و نگاه‌دار.

ظاهر شدنِ فضل و زیرکیِ لقمان پیشِ امتحان‌کنندگان

هـر طـعامی کآوریـدندی بـه وی   کس سویِ لقـمان فـرستادی ز پـی ۱۵۱۳

هر غذایی را که برای خواجهٔ لقمان می‌آوردند، او کسی را دنبال لقمان می‌فرستاد.

تـا کـه لقـمان دست سـویِ آن بَـرَد   قاصدا، تا خواجه پس خوردش خورد ۱۵۱۴

تا که لقمان خوردن را آغاز کند و خواجه پس از او طعام باقیمانده را بخورد.

---

۱ - حساب تعلّقات و دلبستگی‌هایت را داشته باش و توجّه کن که وجودت را خرج چه چیزی می‌کنی؟

۲ - **مُعتَنی**: اعتناکننده و مشغول به سعی و کوشش و رنج، کسی که گمان می‌کند مراقبِ کارهاست.

۳ - مصراع اوّل در حاشیهٔ چپ چنین بدلی دارد: «هر چه اندیشی و تحصیلی کنی».

سُؤرِ[1] او خوردی و شور انگیختی هر طعامی کو نخوردی، ریختی ۱۵۱۵

خواجه باقی‌ماندهٔ طعامِ او را با میل می‌خورد. غذایی را که لقمان نمی‌خورد، دور می‌ریخت.

ور بخوردی، بی‌دل و بی‌اشتها این بُوَد پیوندیِ بی‌انتها ۱۵۱۶

و اگر می‌خورد، رغبتی نداشت، این پیوندِ معنوی بی‌انتهاست.

خربزه آورده بودند ارمغان گفت: رو فرزند! لقمان را بخوان ۱۵۱۷

برای خواجه به عنوان تحفه خربزه آورده بودند، به غلامی گفت: برو فرزند، لقمان را بگو که بیاید.

چون بُرید و داد او را یک بُرین[2] همچو شکّر خوردش و چون انگبین ۱۵۱۸

چون خربزه را برید و به لقمان بُرشی داد، او آن را مانند شکر و عسل خورد.

از خوشی که خورد، داد او را دُوُم تا رسید آن کَرْچ‌ها[3] تا هفدهُم ۱۵۱۹

لقمان چنان با خوشی و میل می‌خورد که خواجه برش دوم را داد و قاچ‌ها به هفده رسید.

ماند کَرْچی، گفت: این را من خورم تا چه شیرین خربزه است این! بنگرم ۱۵۲۰

بُرش دیگری مانده بود که خواجه گفت: این را من بخورم و ببینم چه خربزهٔ شیرینی است.

او چنین خوش می‌خورد کز ذوقِ او طبع‌ها شد مُشتَهی[4] و لقمه‌جو ۱۵۲۱

او چنان با اشتها می‌خورد که از حالت خوش او اشتهای آدمی تحریک و مشتاقِ خوردن می‌شود.

چون بخورد از تلخی‌َش آتش فروخت هم زبان کرد آبله، هم حلق سوخت ۱۵۲۲

چون باقیمانده را خورد، از تلخی‌اش آتش گرفت، زبانش تاول زد و گلویش سوخت.

ساعتی بی‌خود شد از تلخیِّ آن بعد از آن گفتش که: ای جان و جهان[5] ۱۵۲۳

مدّتی از تلخی حالش دگرگون شد؛ پس به لقمان گفت: ای آنکه همه جانی و از عظمت جهانی،

نوش چون کردی تو چندین زهر را؟ لطف چون انگاشتی این قهر را؟ ۱۵۲۴

چگونه این زهر را با خوشی خوردی؟ و این عذاب را با رویی گشاده پذیرفتی؟

---

۱ - **سُؤر**: پس‌مانده و نیم خورده اطعمه و اشربه. ۲ - **بُرین**: بُرش، قاش هلال مانند.

۳ - **کَرْچ**: کِرْج، قاش، تراشهٔ هندوانه و خربزه. کَرَچ هم نوشته‌اند. ۴ - **مشتهی**: با اشتها.

۵ - **جان و جهان**: خواجه، لقمان را جان می‌خواند و جهان، که نشانِ شأن باطنی لقمان در نظر اوست.

این چه صبراست؟ این صبوری ازچه‌رُوست؟ یـا مگـر پـیش ِتو این جـانَت عـدوست؟ ۱۵۲۵

این چه صبری است؟ این همه شکیبایی از چه روست؟ مگر جان خود را دشمن می‌دانی؟

چون نیاوردی به حیلت حُجَّتی؟[1] که مرا عذری‌ست، بس کُن ساعتی ۱۵۲۶

چرا با ظرافت بهانه‌ای نیاوردی؟ و نگفتی معذورم، بس کن.

گفت: من از دستِ نعمتْ‌بَخش تـو خورده‌ام چندان که از شرمم دوتـو ۱۵۲۷

لقمان گفت: من از دست بخشندهٔ تو نعمت‌ها خورده‌ام که از شرم کمرم خمیده است.

شرمم آمـد کـه یکـی تـلخ از کَـفَت من ننوشم، ای تو صاحب مـعرفت ۱۵۲۸

ای انسان آگاه، آزرم نگذاشت که یکبار تلخی را از دستِ تو به شیرینی نخورم.

چـون هـمه اجـزام از انـعامِ تـو رُسته‌انـد و غـرقِ دانـه و دام[2] تـو ۱۵۲۹

چون همهٔ اجزای من از بخشش تو بالیده و غرقِ نیکی و احسانِ توست،

گر ز یک تـلخی کـنم فـریاد و داد خاکِ صد رَه[3] بـر سـرِ اجـزام بـاد ۱۵۳۰

اگر با یک تلخی فریاد برآوَرَم، خاک بر وجودم باد.

لذّتِ دستِ شکربخشت بـداشت[4] اندر این بِطّیخ[5] تلخی کِیْ گُذاشت؟ ۱۵۳۱

لذّتِ دست شکرین تو که نعمت‌ها بخشیده است، کی تلخی در این خربزه باقی گذاشت؟

از مـحبَّت تـلخ‌ها شـیرین شـود از مـحبَّت مِسّ‌هـا زرّیـن شـود ۱۵۳۲

از محبّت، تلخی‌ها و ناملایمات گوارا می‌گردد و مس وجود عاشق در پرتو محبّت به زرّ ناب مبدّل می‌شود. عشق، کیمیایی است که وجود تلخ آدمی را به کان شکر تبدیل می‌کند.

از مـحبَّت دُردهـا صـافی شـود از مـحبَّت دردهـا شـافی شـود ۱۵۳۳

از محبّت، کدورت‌های آدمی مصفّا می‌شود و محنت‌ها درمان می‌یابند.

از مـحبَّت مُـرده زنـده مـی‌کنند[6] از مـحبَّت شـاه بـنده مـی‌کنند ۱۵۳۴

از عشق و محبّت به مرده‌دلان حیاتِ حقیقی می‌بخشند و شاه، بنده و بردهٔ معشوق می‌شود.

---

۱ - **به حیلت حجّت آوردن :** بهانه آوردن.

۲ - **دانه و دام :** دام محبّت و دانهٔ عنایت، اشاره به: بیت ۱۵۰۵: دام مزد. ۳ - **خاکِ صد ره :** خاکِ بسیار.

۴ - **بداشت :** توسّعاً مانع شد.

۵ - **بِطّیخ :** هر چیز شبیه به خربزه که بر روی زمین پهن شود. (لفظی رومی است.)

۶ - در دیوان کبیر هم همین معنا، در غزلی مشهور آمده است: «مرده بُدم زنده شدم، گریه بُدم خنده شدم».

این محبَّت هم نـتیجهٔ دانش است　　　که گزافه بر چـنین تـختی نشست؟ ۱۵۳۵

«محبّت» محصول «معرفت» است، چگونه بدون معرفت، بیهوده و با ادّعا می‌توان به چنین جایگاهی رسید؟

دانش ِ ناقص کجا ایـن عشـق زاد؟　　　عشق زایـد نـاقص، امّـا بـر جـماد ۱۵۳۶

دانشی که به کمال نرسد و در اتّصال با «مخزن علم» نباشد، نمی‌تواند چنین عشقی را پدید آوَرَد، «علم ناقص» هم عشق را به وجود می‌آورد؛ امّا عشق به «عالم مادّه»، نـه بـه «عـالم مـعنا»، عشقی با انگیزه‌های بشری و سودجویی‌هایی که در عرف اجتماع، ارزش و معیار است.

بر جمادی رنگِ مطلوبی چـو دیـد　　　از صـفیری بـانگِ مـحبوبی شـنید ۱۵۳۷

«انسان کمال نیافته»، رنگی از مطلوب را در مظاهرِ دنـیوی مـی‌بینند و بـه عشـقِ آن در دام تعلّقات گرفتار می‌شود، مانند مرغی که صفیر صیّاد را بانگ مرغ می‌پندارد.

دانش نـــاقص نـدانـد فـرق را　　　لاجـرم خـورشید دانـد بـرق را ۱۵۳۸

دانش کمال نیافته تفاوتِ «اصل» و «فرع» را نمی‌شناسد؛ بنابراین انعکاس برقی فناپذیر را خورشیدی تابناک می‌پندارد.

چونکه ملعون خواند ناقص را رسول[1]　　　بـــود در تأویـــل نـــقصانِ عُـــقول ۱۵۳۹

اینکه پیامبر اکرم(ص) فرمود ناقص ملعون است، کسانی راگفت که عقل کمال نیافته دارند؛ یعنی شرایط و امکاناتِ برای رسیدن به کمال عقل را دارند؛ ولی نمی‌کوشند.

زانکه ناقصْ تن بُوَد مرحومِ رحـم[2]　　　نیست بر مرحوم لایق لَعْن و زخـم ۱۵۴۰

زیرا اگر جسم ناقص باشد، سزاوار رحم است، نه محلِّ لعن و توبیخ.

نقص ِعقل است آن که بد رنجوری است　　　مـوجبِ لعـنت، سزایِ دُوری است ۱۵۴۱

«نقصِ عقل»، بیماری بدی است که سببِ خودبینی، کفرورزی و تبهکاری در سطح جامعه می‌شود و فرعون صفتی را به ظهور می‌رسانَد، این نقص سبب دوری از رحمت و سزاوار لعنت است.

---

۱ - اشاره به حدیث: اَلنّاقِصُ مَلْعُونٌ : کسی که عقلش نقصان دارد و در صدد رفع آن نیست از رحمت خدا دور است: احادیث، ص ۱۸۹.

۲ - اشاره به حدیث: نقص عضوهایی چون نابینایی و ناشنوایی موجب آمرزش گناه هستند. هر نقص عضو دیگری این چنین است و به تناسب آن آمرزش گناه را سبب می‌شود: احادیث، صص ۱۹۰-۱۸۹.

زانکه تکمیلِ[1] خِرَدها دور نیست[2] — لیک تکمیلِ بدن مقدور نیست ۱۵۴۲

زیرا «عقل جزوی»، قابلیّت رشد دارد و انسان موظّف به تکمیلِ آن است؛ امّا رفع نقص عضو از توان آدمی خارج است.

کفر و فرعونیِّ هر گَبْرِ بعید[3] — جمله از نقصانِ عقل آمد پدید ۱۵۴۳

کفرورزی و فرعون‌صفتیِ هر کافرِ دور از خدا، از «عقلِ جزویِ» ناقص پدید آمده است.

بهرِ نقصانِ بدن آمد فَرَج — در نُبی[4] که: مٰا عَلَی ٱلْاَعْمٰی حَرَج ۱۵۴۴

خداوند در ارتباط با نقص بدن در قرآن کریم فرموده است: فتح: ۱۷/۴۸: **لَیْسَ عَلَی ٱلْأَعْمیٰ حَرَجٌ وَ لاٰ عَلَی ٱلْأَعْرَجِ حَرَجٌ**: *بر نابینا و بر لنگ ایرادی نیست.*

برقْ آفل[5] باشد و بس بی‌وفا[6] — آفل از باقی ندانی، بی‌صفا ۱۵۴۵

ای بی‌صفا، تا جانت از کدورت سرشت صیقلی نیافته است، نمی‌توانی برقی فانی را از نور باقی تشخیص دهی.

برق خندد، بر که می‌خندد؟ بگو — بر کسی که دل نهد بر نورِ او ۱۵۴۶

برق که می‌درخشد، گویی می‌خندد، می‌دانی بر که می‌خندد؟ بر کسی که به این نور ناپایدار دل بسته است.

نورهایِ چرخ بُبریده پِی[7] است — آن چو لاشرقی و لاغربی، کِی است؟[8] ۱۵۴۷

آسمان‌ها و افلاک، موجوداتی امکانی‌اند که نورِ آن‌ها نیز ناپایدار است، این نورِ ناقص ناپایدار کجا و آن نورِ ابدی که «بی‌زمان و بی‌مکان» است کجا؟ نوری که مقیّد به قیدی نیست.

برق را، خُو یَخْطَفُ ٱلاَبْصار[9] دان — نورِ باقی را، همه انصار دان ۱۵۴۸

برق‌های این جهانی مثل صاعقه، خو و ویژگیِ خاصّی دارند، لحظه‌ای می‌درخشند و

---

۱ - **تکمیل**: به کمال رساندن. ۲ - **دور نیست**: ممکن است، امکان‌پذیر است.

۳ - **بعید**: دور، اینجا دور از خدا. ۴ - **نُبی**: قرآن. ۵ - **آفل**: ناپدید گردنده. ۶ - **بی‌وفا**: اینجا فانی.

۷ - **بُبْریده پی**: ناقص، ابتر، فانی. ۸ - اشارتی قرآنی؛ نور: ۳۵/۲۴: ر.ک: ۲۹۴۹/۱ و ۸۲۲/۲.

۹ - اشارتی قرآنی؛ بقره: ۲۰/۲: یَکادُ الْبَرْقُ یَخْطَفُ أَبْصارَهُمْ...: نزدیک است برق درخشنده دیده‌های ایشان را برباید.

مفسّران شأن نزول آن را در ارتباط با منافقان عصر پیامبر(ص) دانسته‌اند که در شب تاریک و ظلمانی زندگی‌شان، باران و رعد و برق بر سرشان می‌بارید و هر زمان که برق می‌درخشید، چند گامی راه می‌رفتند و هرگاه ظلمت مسلّط می‌شد، متوقّف می‌گشتند. این نور مختصر را، فطرت توحیدی یا ایمان نخستین آنان دانسته‌اند که بعدها بر اثر تعصّبات ناروا و تقلیدهای کورکورانه و لجاجت‌های جاهلانه، پرده‌های تاریک ظلمت بر آن افتاده است.

همه جا را روشن می‌کنند؛ امّا بینایی‌ات را می‌ربایند؛ امّا اگر نور باقی بر دلت بتابد، عین بینایی، یار و مددکارِ چشم برای دیدن حقایق است.

بر کفِ دریا فَرَس را راندن　　نامه‌یی در نورِ برقی خواندن[1] ۱۵۴۹

اسب راندن بر کف‌های امواج دریا یا نامه را در پرتوِ نورِ صاعقه خواندن،

از حریصی عاقبت نادیدن است　　بر دل و بر عقلِ خود خندیدن است ۱۵۵۰

از حرص عاقبتِ کار را ندیدن و بر دل و عقل خویش خندیدن است.

عاقبتْ‌بین است عقل از خاصیت　　نَفْس باشد کو نبیند عاقبت ۱۵۵۱

«عقل»، عاقبت‌اندیش است؛ امّا «نَفْس امّاره» عاقبت‌اندیش نیست.

عقل، کو مغلوبِ نفس، او نَفْس شد　　مشتری[2] ماتِ زُحَل[3] شد، نحس شد ۱۵۵۲

اگر «عقل» در تصرّف و تسلّط «نَفْس» باشد، ویژگی‌های خود را از دست می‌دهد و عین نَفْس می‌شود. مانند ستارهٔ مشتری که هرگاه مغلوب ستارهٔ زحل شود، نامبارک می‌گردد.

هم در این نحسی[4] بِگردان این نظر　　در کسی که کرد نَحْسَت،[5] در نِگَر ۱۵۵۳

هنگامی که نُحوست و شومی غلبهٔ خواسته‌هایِ لذّت‌طلبانهٔ خود را دیدی، بدان که عِنان نفس خودکامه را رها کرده‌ای و آگاه باش که ظهورِ حق در موجودات به اقتضایِ «عینِ» آن‌هاست، نورِ پاکی که با صفات جمالی، مانند «هادی» در تو متجلّی شده بود، اینک به سبب خودکامگی‌ات، در صفاتِ جلالی، مانند: «ضارّ و مذلّ»، تجلّی یافته و منشأ بُعد شده است.

آن نظر که بنگرد این جَرّ و مد[6]　　او ز نحسی سویِ سعدی[7] نقب زد ۱۵۵۴

چشمی بصیر که بتواند این تغییر حالات درونی را که ناشی از وارداتی بر دل و جان است دریابد، از میان شومیِ نفس، نقبی به سوی نور و سعادت زده است.

---

۱ - فَرَس بر آب راندن و نامه در نور برق خواندن، محتمل است مأخوذ از این تعبیر حدیقه باشد که می‌گوید:
کس به تدبیر سفله ملک نراند　　نامه در نور برق نتوان خواند : سِرّ نی، ص ۲۵۵.

۲ - **مشتری** : سعد اکبر است از سیّارات فلک ششم که آن را به فارسی برجیس نامند. قاضی فلک نیز گویند. سیّاره‌ای است میان زحل و مرّیخ و بعد از زهره درخشان‌ترین ستارگان است.

۳ - **زُحل** : این ستاره را که نام فارسی آن کیوان است، نحس اکبر دانند، ستاره‌ای است در آسمان هفتم و به مناسبت دوری و بلندی که نسبت به زمین دارد زحل نام گرفته؛ زیرا زاحل به معنی دور و بلند است. سربی‌رنگ به نظر می‌آید، شاید به همین مناسبت آن را ستارهٔ نامیمون و عامل فلاکت می‌دانستند.

۴ - **نحسی** : اینجا غلبهٔ احوالِ نَفْسانی.　　۵ - **کسی که کرد نَحْسَت** : تقدیر الهی.

۶ - **جرّ و مد** : اینجا تغییر حال.　　۷ - **سعدی** : سعادت.

زآن همی گردانَدَت حالی به حال ضِد به ضِد پیداکنان در انتقال[1] ۱۵۵۵

حق تعالی دلِ تو را از حالی به حالی می‌گردانَد و در این تغییر حال، هر ضد را از طریق ضدّش می‌شناسانَد.

تا که خوفت[2] **زاید از ذات آلشِّمال لذّت ذاتَ آلیَمین**[3] **یُرْجِی آلرِّجال** ۱۵۵۶

تا «خوف و رجا» را که ناشی از تجلّیِ «صفاتِ جمالی و جلالی» است، بشناسی و از صفات جلالی که منشأ «قهر و غضب و بُعد» است، دچار خوف شوی و لذّت «ذات الیمین» را که «اصحاب الیمین، سورهٔ واقعه: ۲۷/۵۶» و امیدِ مردان حق و هدایت‌شدگان است، بشناسی.

تا دُو پر باشی، که مرغ یک پَره عاجز آمد از پریدن ای سَره! ۱۵۵۷

تا خوف و رجا را بشناسی و بدانی که سالک با رسیدن به مقام «خوف» و پس از آن به مقام «رجا»، به مرتبهٔ قطعِ تعلّقات رسیده و با حق مأنوس گشته است و نفس او آمادگیِ دریافتِ فَیَضان نورِ قلب را دارد و حال وی مانند مرغی است که با دو بال استعداد کامل برای پرواز را دارد.

یا رها کن تا نیایم در کلام یا بده دستور تا گویم تمام ۱۵۵۸

خداوندا! یا شور و شوق و شراره‌های عشقی را که در قلبم برای بیان حقایق است، خاموش کن تا سکوت کنم یا اجازه بده تا اسرار را به وضوح بگویم.

ور، نه این خواهی نه آن، فرمان توراست کس چه داند مر تو را مقصد کجاست؟ ۱۵۵۹

اگر اراده‌ات بر هیچ یک تعلّق نگرفته، فرمان از آن توست، چه کسی می‌داند که ارادهٔ تو در نظم مثنوی مرا تا چه حد در ژرفایِ اقیانوسِ علوم و اسرار خواهد برد؟

جانِ ابراهیم باید، تا به نور بیند اندر نار، فردوس و قُصور[4] ۱۵۶۰

جانی پاک، همانند جان ابراهیم(ع)، می‌تواند در میان آتش، بهشت برین و قصرهای آن را ببیند؛ یعنی انسانِ ابراهیم‌صفت، «نار و نور» را می‌بیند و اسیرِ ظواهر نمی‌شود.

---

۱ - مُراد آنکه: تجلّی و ظهور حق تعالی به صورت اضداد است و هر چیزی را باید از طریق ضدّ آن جست‌وجو کرد.

۲ - **خوف و رجا**: ر.ک: ۳۶۲۹/۱.

۳ - **ذات الیمین و ذات الشّمال**: مُراد صالح و ناصالح یا سعید و شقی است.

۴ - جانی پاک که بعد از سیر در اسما و صفات لطیفیّه و قهریّه، مظهر تجلّی ذاتی شده است و حق و حقایق را در ماورای حجاب‌ها مشاهده می‌کند.

پـایه پـایه بـر رود بـر مـاه و خَـور — تـا نـمانَد هـمچو حـلقه بـنِدِ در[1] ۱۵۶۱

جان پاکی که مرحله به مرحله مراتبِ معنوی را طی کند و با «فنا»، محلّ ظهور و تجلّی انوار الهی گردد، از محارم است.

چـون خـلیل از آسـمانِ هـفتمین — بگـذرد کـه لا اُحِبُّ آلآفِـلین[2] ۱۵۶۲

جان پاکی که مانند ابراهیم(ع) از آسمان هفتم نیز بگذرد و به مرتبهٔ «تجلّی ذاتی» برسد و با شهودِ حقایق بگوید «غروب‌کنندگان را دوست ندارم».

ایـن جـهانِ تـن غـلطْانـداز شـد — جز مر آن را، کو ز شهوت باز شـد ۱۵۶۳

جسم عنصری آدمی و عالم مادّی همه را گمراه می‌کند، جز کسی را که از نَفْسِ دون رهیده است.

تتمّهٔ حسدِ آن حَشَم بر آن غلامِ خاص

قـصّهٔ شـاه و امـیران و حسـد — بـر غـلامِ خـاص و سـلطانِ خِـرَد ۱۵۶۴

داستان شاه و امیران او که بر غلام خاصِّ خردمند حسد می‌ورزیدند.

دُور مـاند از جَـرِّ جَـرّارِ[3] **کـلام**[4] **— بـاز بـایدگشت و کـرد آن را تـمام** ۱۵۶۵

به جهت آنکه سخن سخن را می‌کشد، به تأخیر افتاد، اینک باز گردیم و آن را به پایان بریم.

بـاغبانِ مُـلک بـا اقبال و بـخت — چون درختی را نـدانـد از درخت؟ ۱۵۶۶

باغبان مُلک [عارف کاملی که در تقرّب به حق به مقام اتّصال رسیده است] با اقبال و بخت تمامی که دارد [مقام جامع] چگونه حقیقتِ وجودی آفریدگان را از یک‌دیگر نشناسد؟

آن درخـتی راکـه تـلخ و رد بُـوَد — و آن درختی که یکَش هـفصد بُـوَد ۱۵۶۷

درختی را که تلخ و اصلاح نشدنی است، از درختی که یک میوهٔ آن معادل هفتصد میوهٔ درخت دیگر است،

---

۱ - مُراد آنکه: «غیر» نمانَد و محرم شود. ۲ - اشارتی قرآنی؛ انعام: ۷۶/۶؛ ر.ک: ۴۲۹/۱.

۳ - **جَرّ**: کشیدن، **جرّار**: بسیار کشنده. ۴ - اشاره به مَثَل: سخن سخن را می‌کشد.

کِیْ برابر دارد اندر تربیت؟ — چون ببیندشان به چشمِ عاقبت[1] ۱۵۶۸

چگونه با چشم بصیر و عاقبت‌بینی، آن‌ها را یکسان پرورش دهد؟

کآن درختان را نهایت چیست بَر؟ — گرچه یکسان‌اند این دم در نظر ۱۵۶۹

هرچند که اینک هیچ یک از درختان به بر ننشسته‌اند؛ امّا او غایت هر یک را به خوبی می‌داند و میوهٔ ایشان را از نیک یا بد می‌شناسد.

شیخ کو یَنْظُرْ بِنُورِ اللّه شد[2] — از نهایت وز نُخست آگاه شد ۱۵۷۰

شیخ که با نور الهی هر چیز را می‌بیند، حقیقتِ آن و آغاز و انجامش را می‌داند.

چشم آخُربین ببست از بهرِ حق — چشم آخِربین گُشاد اندر سَبَق[3] ۱۵۷۱

چشمی که فقط محسوسات را می‌بیند، بسته و چشم بصیرت یا چشم دل راگشوده است.

آن حسودان بد درختان بوده‌اند — تلخْ‌گوهر، شورْبَخْتان بوده‌اند ۱۵۷۲

آن حسودان مانند درختان بدی بودند که سرشتی تلخ و اقبالی شوم داشتند.

از حسد جوشان و کف می‌ریختند — در نهانی مکر می‌انگیختند ۱۵۷۳

از حسد می‌جوشیدند، دهانشان کف می‌کرد و در خفا توطئه می‌کردند.

تا غلامِ خاص را گردن زنند — بیخِ او را از زمانه بر کَنَند ۱۵۷۴

تا دسیسه نتیجه دهد و غلامِ خاص را گردن بزنند و ریشه‌اش را از روزگار برکَنَند.

چُون شود فانی؟ چو جانش شاه بود — بیخِ او در عصمتِ اللّه بود ۱۵۷۵

آن حاسدان نمی‌دانستند که چگونه می‌توان کسی را که جانش با جان شاه پیوسته است، نابود کرد؛ زیرا «ریشه و اصل» آن شاه در حصنِ الهی است، پس جانِ بندهٔ خاص نیز در عصمتِ حق مصون است.

---

۱ - **چشمِ عاقبت**: چشم بصیر، چشم عاقبت‌بین. ۲ - مصراع اوّل اشارتی است به: ر.ک: ۲۶۴۶/۱.

۳ - **سَبَق**: پیشی گرفتن، آنچه به طریقِ مداومت پیش استاد بخوانند.

شاه از آن اسرار واقف آمده　　همچو بوبکرِ رَبابی[1] تن زده[2] ۱۵۷۶

شاه از دسیسه و نیرنگ آنان با خبر بود؛ امّا مانند ابوبکر رَبابی سکوت می‌کرد.

در تماشایِ دلِ بدگوهران　　می‌زدی خُنبک[3] بر آن کوزه‌گران ۱۵۷۷

«شاه» که در این حکایت نمادِ «انسان کامل» است، در نهان از اسرار دل آن حیله‌گرانِ بدسرشت مطّلع بود و جهل ایشان را استهزا می‌کرد.

مکر می‌سازند قومی حیله‌مَند　　تا که شه را در فُقاعی[4] در کُنند ۱۵۷۸

گروهی مکّار، نیرنگ‌ها به کار می‌بستند تا شاه را گرفتار دردسر و مخمصه کنند.

پادشاهی، بس عظیمی، بی‌کران　　در فُقاعی کِیْ بگنجد ای خران؟ ۱۵۷۹

ای قوم نادان، شاهی با آن عظمت را چگونه می‌توانید گرفتار دردسر و مخمصه کنید؟

از برای شاه دامی دوختند　　آخر این تدبیر از او آموختند ۱۵۸۰

برای شاه دامی گسترده بودند در حالی که دام‌گستری را نیز از او آموخته بودند.

نحس شاگردی که با استادِ خویش　　همسری آغازد و آید به پیش ۱۵۸۱

چه مُریدِ شومی است، آنکه با مراد خویش دم از برابری بزند و رو در روی او بایستد.

با کدام استاد؟ استادِ جهان　　پیشِ او یکسان هویدا و نهان ۱۵۸۲

آن هم مقابله کردن با که؟ با استادی که علم را بلاواسطه از حقّ اوّل دریافت می‌دارد و جمیع حقایق را به شهودی عیانی می‌بیند.

---

۱ - مولانا از ابوبکر ربابی در مثنوی جز به اشاره یاد نمی‌کند و با توجّه به اشارهٔ وی در یک غزل دیوان کبیر، ظاهراً در بین معاصران او چنین کسی وجود داشته است و گویی طرّار عیّاری است که در شعر سنایی هم نام وی هست و از روایت شمس تبریز نیز بر می‌آید که وی در نظر شمس با جوحیْ معاصر یا رقیب بوده است و همچنین از اشارت مولانا و سنایی بر می‌آید که یک شگرد معروف او در عیّاری‌ها و طرّاری‌ها «تن زدن» بوده که التزام سکوت است و چون معرکه‌ای بر می‌انگیخته بی‌سروصدا از جمع خارج می‌شده است. و اینکه بعضی از شارحان مثنوی با وجود شهرت ابوبکر رَبابی به عیّاری، وی را از اولیای مستور پنداشته‌اند، ظاهراً ناشی از عدم غور در احوال وی و یا خلط بین نام او و ابوبکر کتانی که از پیشوایان صوفیّه است، می‌توان دانست: بحر درکوزه، ص ۲۷۹.

۲ - **تن زده** : خاموش مانده بود.　　۳ - **خنبک زدن** : تنبک زدن، مجازاً تسخر و استهزا.

۴ - **فُقاع** : شیشه، کوزه، پیاله، برخی از محقّقان فقاع را آبجو دانسته‌اند. شراب خام گازدار که در کوزه‌های سنگین نگهداری می‌شده و درکوزه را با پوست می‌پوشانده‌اند، بنابر نوشتهٔ دهخدا در مذاهب اهل سنّت این مشروب حرام نبوده است. درکوزهٔ فقاع کردن، اصطلاحاً به معنی راه دخل و تصرّف را بستن یا محدود کردن است.

چشـم او یَـنْظُرْ بِـنُورِ اللّه شـده   پـرده‌های جـهل را خـارِق بُـده ۱۵۸۳

چشم پاک او اینک «به نور حق می‌بیند» و با دریدن پرده‌های جهل، به صافی‌ترین علم که «شهود حضوری» است، نائل آمده و از عالمی فوق محسوسات، هستی را مشاهده می‌کند.

از دلِ سـوراخ چـون کـهنه گـلیم   پرده‌یی بـندد بـه پـیشِ آن حکـیم ۱۵۸۴

این مرید گستاخ به تصوّر خویش اسرار دلش را که چون کهنه گلیمی سوراخ‌دار است، از مراد که حکیمی الهی است، نهان می‌دارد.

پرده می‌خندد بر او بـا صـد دهـان   هـر دهـانی گشـته اِشکـافی بـر آن ۱۵۸۵

پردهٔ سوراخ سوراخی که او بر رازِ دل خود کشیده است، به زبانِ حال با صد دهان بر او و نادانی‌اش می‌خندد.

گـوید آن اسـتاد، مـر شـاگـرد را   ای کم از سگ! نیستت با من وفـا؟ ۱۵۸۶

استاد به مرید می‌گوید: ای کمتر از سگ، آیا نباید به مراد وفادار باشی و حقِّ صحبت را بشناسی؟

خـود مـرا اسـتا مگـیر آهـنْ گُسِـل   همچو خود شاگـرد گـیر و کـوردل ۱۵۸۷

فرض کن که من استادی نیستم که می‌تواند مشکلات فرساینده را بگشاید و شاگردی کوردل، مانند توأم،

نه از منت یاری‌ست در جان و روان؟   بـی مَـنَت آبـی نـمی‌گردد روان ۱۵۸۸

مگر من همواره به تو از نظر معنوی یاری نکردم؟ مگر بدون رضایت قلبیِ من، آبِ معرفت در جویِ جانِ تو روانه می‌شود؟

پس دلِ من کـارگاهِ بـختِ تـوست   چه شکنی این کارگاه ای نادُرست؟ ۱۵۸۹

پس ای ناصالح، دل من کارگاهی است که در آن نیک‌بختی یا بدبختی برای تو رقم زده می‌شود، چرا آن را می‌شکنی و توجّه نمی‌کنی که فیض روحانی فقط از طریق دل مرشد به تو می‌رسد.

گـویی‌اش پـنهان زَنَـم آتش زنـه   نی به قلب از قـلب بـاشد روزنـه؟ ۱۵۹۰

با خود می‌گویی که نهانی آتشی می‌افروزم و مکری می‌انگیزم کـه اسـتاد نـدانـد، مگـر نیاموخته‌ای که از دل به دل راهی است نهانی؟

آخِـر از روزن بـبیند فکـرِ تـو   دل گـواهـی دهـد زیـن ذِکـرِ تـو ۱۵۹۱

آخر او بر ضمیر و دلِ تو اِشراف دارد، اندیشه‌ات را می‌داند و دلِ او بر سوء نیّتِ تو گواهی می‌دهد.

گیر در رُویت نمالد[1] از کرم هر چه گویی خندد و گوید: نَعَم[2] ۱۵۹۲

فرض کنیم که او از بزرگواری، پلیدی درونت را به روی تو نیاوَرَد و هرچه بگویی بخندد و تو را تأیید کند.

او نمی‌خندد ز ذوقِ مالشت[3] او همی خندد بر آن اِسگالشت[4] ۱۵۹۳

خندهٔ او از اینکه تو را گوشمالی می‌دهد و تنبیه می‌کند، نیست، بر اندیشهٔ جاهلانهٔ توست.

پس خِداعی[5] را خِداعی شد جزا کاسه زن، کوزه بخور، اینک سزا ۱۵۹۴

پس کیفر هر نیرنگ، نیرنگی است. اگر کاسه بر سر کسی بزنی، کوزه می‌زنند. این سزای توست.

گر بُدی با تو وَرا خندهٔ رِضا صد هزاران گُل شکفتی مر تو را ۱۵۹۵

اگر خندهٔ او از رضایت دل بود، در اثر آن، صدهزاران گل معرفت و علوم در درونت می‌شکفت.

چون دلِ او در رضا آرد عمل[6] آفتابی دان که آید در حَمَل[7] ۱۵۹۶

اگر دل مرشد کامل که «مخزن اسرار» الهی است، از تو راضی باشد، مانند آن است که خورشید به برج حَمَل وارد شود و مژدهٔ فرارسیدن بهار را به ارمغان آوَرَد.

زو بخندد هم نهار[8] و هم بهار در هم آمیزد شکوفه و سبزه‌زار ۱۵۹۷

در اثر تابشِ آفتابِ مهرِ مُراد، پرده‌های ضخیم هستی جسمانیِ سالک که پوششِ حقایق است، زایل می‌گردد و در وجود او آگاهی طلوع می‌کند. در بهارِ سلوک روحانی، شکوفه‌های حکمت الهی در سبزه‌زار ضمیرِ وی به ثمر می‌نشینند.

---

۱ - **در رویت نمالد** : به رویت سیلی نزند، به رویت نیاورد. ۲ - **نَعَم** : بلی. ۳ - **مالش** : تنبیه.
۴ - **اِسگالش** : اندیشه. ۵ - **خِداع** : خدعه، نیرنگ، غدر.
۶ - **در رضا آرَد عمل** : تأثیرِ او هنگامی که از تو راضی باشد.
۷ - **حَمَل** : به معنی بره، نام صورتی از صورت‌های بروج فلکیّه که آن را به صورت برّه‌ای توهّم کرده‌اند. اوّلین برج از بروج دوازده‌گانه، ورود خورشید به برج حَمَل معادل است با آغاز بهار و در این بیت اشاره است به آفتابِ مهر و مُراد که بر دل سالک، فیضانِ انوار را افاضه کند و چون «برج حَمَل» فرموده است، از اطوار دل، اشاره است به «طور اوّل» که آن را صدر گویند و معدنِ گوهرِ اسلام است که اگر از این نور هدایت محروم مانَد، معدن ظلم و کفر گردد؛ پس آفتابِ مهر مُراد، دلِ سالک را تسلیم نور هدایت حق می‌کند تا همان‌گونه که خورشید با ورود به برج حَمَل، سایر بروج را به‌طور کامل طی می‌کند، دلِ سالک نیز به امدادِ افاضاتِ مراد مترقّی گشته دایرهٔ وجود را طی کند: با استفاده از فرهنگ اصطلاحات، سجّادی، صص ۱۱۰ و ۳۸۸. ۸ - **نهار** : روز.

صد هزاران بلبل و قمری، نوا افکنند اندر جهانِ بی‌نوا[1] ۱۵۹۸

با رضایتِ دلِ او در وجود سالکی که از تربیت روحانی بی‌بهره شده و بینواست، صدهزاران پرندهٔ خوش‌الحان به ترنّم می‌آیند؛ یعنی نَفْس او صورت‌های مختلفی را می‌پذیرد و در هر مرتبه به گونه‌ای ظاهر می‌شود تا آرام‌آرام پخته و متعالی گردد.

چونکه برگ روحِ خود زرد و سیاه می‌بینی، چون ندانی خشم شاه؟ ۱۵۹۹

هنگامی که توش و توان معنویِ خود را ضعیف و تیره و تار می‌یابی، چگونه متوجّه نمی‌شوی که از عدم رضایتِ مُراد و خشم اوست؟

آفتابِ شاه در بُرجِ عتاب[2] **می‌کند روها سیه همچون کتاب** ۱۶۰۰

اگر آفتابِ مهرِ مُراد در برجِ عِتاب قرار گیرد و احاطه‌اش به سالک، منشأ تجلّی صفات جلالی گردد، «قهر و غضب و بُعد»، چهرهٔ او و کسانی را که مورد خشم‌اند مانند خطوط کتاب تیره و تار می‌کند.

آن عُطارد[3] **را ورق‌ها جانِ ماست آن سپیدی و آن سیه، میزانِ**[4] **ماست** ۱۶۰۱

آن استاد کامل که «اهل قلم» یا «کاتب فلک» است بر اوراقِ دل و جان می‌نگارد که سپیدیِ آن نشانهٔ تجلّی صفات جمالی یا «لطف و قرب» و سیاهیِ آن نشانهٔ تجلّیِ صفات جلالی یا «قهر و بُعد» است؛ پس احوال درونی ما محکی است که توسّط آن می‌توان به رضایت قلبی مراد و یا عدم آن وقوف یافت.

باز منشوری[5] **نویسد سُرخ و سبز تا رهند ارواح از سودا و عجز** ۱۶۰۲

باز در «قبض» و «گرفتگیِ» سالک که اندوه وجودش را فرا گرفته است، آن استاد، فرمانی تازه می‌نگارد که نشانِ عشق و خرّمی است تا جان‌هایی که گرفتار رنج و ناتوانی شده بودند، از اندوه رهایی یابند.

---

۱ - از بیت ۱۵۹۶ به بعد سخن از تأثیرات شِگفت‌انگیز رضایت دل مُراد در دل مُرید است و تحوّلاتِ ناشی از آن.

۲ - **بُرجِ عِتاب :** بُرجِ عقرب: در اصطلاح نجومی برج هشتم از بروج دوازده‌گانه فلکیّه است. صورت این برج را مانند عقَرب یا کژدم دانسته‌اند. مطابق آبان ماه فارسی است. برجی است که قمر در آن فرود می‌آید. «عِتاب»: خشم.

۳ - **عطارد :** نام ستاره‌ای است از سیّارات منظومه شمسی که در اصطلاح نجومی در آسمان یا فلک دوم جای دارد. معنای آن «نافذ در امور» است، لذا این ستاره را دبیر فلک گویند و یا کاتب فلک که علم و عقل به او تعلّق دارد. یونانیان عطارد را هرمیس، یعنی مفسّرِ ارادهٔ خدایان می‌نامیدند. ۴ - **میزان :** محک، وسیلهٔ سنجش.

۵ - **منشور :** فرمان.

سرخ و سبز افتاد نسخِ[1] نوبهار چون خطِ قوس و قُزَح[2] در اعتبار ۱۶۰۳

نوبهار نیز با رنگ‌هایِ سرخ و سبزِ گل‌ها و گیاهان، آثار زمستان را محو می‌کند و مانند خطوط رنگین کمان، از خورشیدِ عنایت و بارانِ رحمت در دلِ سالک متجلّی می‌گردد.

عکسِ تعظیمِ پیغامِ سلیمان در دلِ بلقیس از صورتِ حقیرِ هدهد

در قطعهٔ گذشته از بیت ۱۵۷۸ به بعد، بیانِ حال مرید جاهل بی‌وفایی بود که حقّ صحبت مراد را غنیمت ندانسته و وفای به عهد را به فراموشی سپرده است و دم از همسری با استاد روحانی خویش دارد. اینک در قالب قصّهٔ سلیمان و بلقیس، به شرحِ حال مُریدی می‌پردازد که خالصانه خویش را تسلیم دستورات مراد معنوی می‌کند. در این قصّه سلیمان(ع) نمادی است از خلیفهٔ حق و بلقیس نمادی از مریدِ متعهّدِ وفادار.

قصّهٔ سلیمان با ملکهٔ سبا در تورات[3]، انجیل[4] و قرآن‌کریم[5] آمده است. آنگاه که نامِ حکومت سبا در میان می‌آید، مراد حکومتی است که در جنوب غربی شبه جزیرهٔ عربستان برپا شده بود.

ملکهٔ سبا در قرن دهم پیش از میلاد می‌زیسته و بر تخت بزرگی به نام «سبا» تکیه می‌زده است. مردم عرب در جنوب شبه جزیرهٔ عربستان در آن زمان ستاره‌پرست بودند و به ویژه سه اقنوم مشهور خورشید، ماه و زهره را می‌پرستیدند.

داستان از آنجا آغاز می‌شود که سلیمان(ع) در میان موکب عظیم و انبوه خویش، هُدهُد را می‌جوید و نمی‌یابد. دیری نمی‌پاید که هُدهُد از راه می‌رسد و حامل خبری از کشور بزرگی به نام سباست که زنی بر آن حکم می‌رانَد و از همه چیز برخوردار است و تختی بشکوه دارد و اظهار می‌دارد که آنان به جای خداوند بر آفتاب سجده می‌برند.

سلیمان(ع) توسط نامه‌ای که هُدهُد پیک آن بود، ایشان را به حقیقت فراخواند. ملکهٔ سبا با دریافت نامه و تنگنای غیر قابل پیش‌بینی با بزرگان قوم به مشورت نشست و مدبّرانه به چاره‌اندیشی پرداخت و تصمیم گرفت که آن پیامبر بزرگوار را بیازماید؛ بنابراین نمایندگانی را با هدایایی گرانبها به نزد صاحب نامه فرستاد. سلیمان(ع) هدایا را نپذیرفت و اظهار داشت که هدف او هدایت آن قوم است.

بنابراین ملکهٔ سبا با سران قوم به نزد سلیمان(ع) آمد و در برابر آیین یکتاپرستی وی تسلیم گردید.

---

۱ - **نَسْخ** : کتاب نوشتن. ۲ - **قوس و قُزَح** : کمان رنگین که در هوا ظاهر می‌شود.

۳ - تورات : اوّل پادشاهان، ۱۰: ۱۳-۱ ؛ اخبار ایّام دوم، ۹: ۹-۱. ۴ - انجیل : انجیل متی، ۱۲: ۱۴.

۵ - قرآن : نمل: ۴۴/۲۷-۲۰.

رحمتِ صد تُو[1] بر آن بلقیس[2] باد — که خدایش عقلِ صد مَرده بداد ۱۶۰۴

رحمت بسیار بر بلقیس، ملکهٔ سبا باد که خداوند خرد و بینش صد مردصفت را به او عطا کرد.

هدهدی نامه بیاورد و نشان — از سلیمان، چند حرفی با بیان ۱۶۰۵

سلیمان(ع) بر مرکب باد به حجاز و یمن روی آورد و توسط هُدهُد از وجود بلقیس آگاه گردید و دانست که اهالی آن سرزمین (یمن) آفتاب‌پرست هستند، نمل: ۲۰/۲۷ به بعد؛ پس نامه‌ای کوتاه و پرمحتوا نوشت و به هُدهُد گفت: این نامهٔ مرا ببر و بر آنان بیفکن، سپس برگرد [و درگوشه‌ای توقف کن]ببین آن‌ها چه عکس‌العملی نشان می‌دهند؟ ملکهٔ سبا نامه راگشود و چون قبلاً آوازهٔ سلیمان را شنیده بود، متوجّه شد که او تصمیم شدیدی دربارهٔ سرزمین سبا گرفته است و چون با اطرافیانش به شور نشست، خطاب به آن‌ها گفت: «ای اشراف و بزرگان! نامهٔ ارزشمندی به سوی من افکنده شده است.»، نمل: ۲۹/۲۷؛ سپس به ذکر مضمون نامه پرداخت و گفت: «این نامه از سوی سلیمان است و محتوایش چنین است: به نامِ خداوند بخشندهٔ مهربان»، توصیهٔ من به شما این است «برتری جویی در برابر من نکنید و به سوی من آیید و تسلیم حق شوید» نمل: ۳۱/۲۷.

خواند او آن نکته‌های با شُمول[3] — با حقارت ننگرید اندر رسول ۱۶۰۶

بلقیس، نامه را که حاوی نکات ظریف و ارزشمندی بود، خواند و در آن تعمّق و تدبّر کرد، ضعف و کوچکیِ هُدهُد که پیام‌آور سلیمان بود، بینش و خرد بلقیس را تحت‌الشعاع قرار نداد که در پیام و پیام‌آور به حقارت بنگرد.

جِسمْ هدهد دید و جان عَنقاش دید — حس چوکَفّی دید و دل دریاش دید ۱۶۰۷

بلقیس بانویی اندیشمند بود با استعداد و قابلیّت ذاتی برای درک حقایق؛ بنابراین چشمِ سَر او، پیام‌آوری کوچک (هُدهُد) را دید؛ امّا جان مشتاق او، سیمرغی درکسوت هدهد یافت. دیدهٔ حس، به سببِ حقارتِ خویش قادر به درکِ عوالم حسّی و کف مانند است؛ امّا دیدهٔ دل، در وجود هُدهُد، دریایی دید.

---

۱ - **صدتو** : صد لایه.

۲ - **بلقیس** : دختر شراحیل از بنی یعفر بن سکسک، از حَمْیَر، زنی یمانی و از اهالی مأرب بود و پس از پدر بر مأرب حکومت می‌راند. عَمرو بن ابرهه حاکم غمدان، برای تسخیر قلمرو او شتافت و در نهایت به دست بلقیس به قتل رسید و حکومت تمام سرزمین یمن را در دست‌گرفت و سبا را پایتخت خویش قرار داد.

۳ - **شُمول** : شامل شدن.

عقل با حس، زین طلسماتِ دو رنگ   چون محمّد با ابوجهلان به جنگ ۱۶۰۸

«عقل و حس»، همواره به سبب اختلاف بین «عالم عقل» و «عالم حس» با یک‌دیگر در کشمکش‌اند، همان گونه که محمّد(ص) که نمادی است از عقل کلّ با جاهلانی همچون ابوجهل در جنگ بود.

کافران دیدند احمد را بشر   چون ندیدند از وی اِنْشَقَّ اَلقَمَر[1] ۱۶۰۹

منکران و کفّار، پیامبر گرامی(ص) را به دیدهٔ حس می‌نگریستند و او را بشری مانند خویش می‌پنداشتند؛ امّا قدرت روحانی و معنوی او را که از عالمی فوق ملکوت سرچشمه می‌گرفت و در مقام معیّت سَرَیانی و احاطهٔ بر جمیع اشیا بود، نمی‌دیدند و معجزهٔ «شکافته شدن ماه» را باور نمی‌کردند.

خاک زن در دیدهٔ حس‌بینِ خویش   دیدهٔ حس دشمنِ عقل است و کیش ۱۶۱۰

دیده‌ای که فقط قادر به رؤیت عالم محسوس است، شأنی برای درکِ حقایق که تنها راهِ حصول آن «عقل مجرّد» است، ندارد، پس با «عقل و دین» خصومت می‌ورزد.

دیدهٔ حس را خدا اَعماش[2] **خواند   بُت‌پرستش گفت و ضدِّ ماش خواند** ۱۶۱۱

خداوند، «دیدهٔ ظاهربین»، را نابینا، بت‌پرست و ضدّ حق خوانده است؛ زیرا کوردل و فاقد بصیرت است.

زانکه او کف دید و دریا را ندید   زانکه حالی دید و فردا را ندید ۱۶۱۲

زیرا دیدهٔ ظاهربین از جمیع عوالم وجودی که مانند دریایی است بیکران، تنها عوالم مادّی و محسوسات را که مانندِ کفی از مراتب وجود است، می‌بیند و چنان کوته‌بین است که فقط لحظه‌ای را که در آن است، در می‌یابد و از رستاخیز که به زودی فرا می‌رسد، غافل است.

خواجهٔ فردا و حالی[3] **پیشِ او   او نمی‌بیند زگنجی جز تَسو**[4] ۱۶۱۳

انسان کاملی که در دو جهان سرور است، اینک در برابر دیدگان اوست؛ امّا چشمِ ظاهربین نمی‌تواند از «گنجِ نهانی» که در او ظهور یافته است، پشیزی را ببیند و دریابد.

---

۱ - اشارتی قرآنی؛ قمر: ۱/۵۴ : ر.ک: ۱۱۸/۱.

۲ - اشارتی قرآنی؛ اعراف: ۱۷۹/۷ : وَ لَهُمْ أَعْیُنٌ لاٰ یُبْصِرُونَ بِها...: و ایشان را دیدگانی است که بدان حق را نبینند... .

۳ - **خواجهٔ فردا و حالی:** سرور دو کون.

۴ - **تَسو:** پول خُرد.

ذرّه‌یی، زآن آفتاب آرد پیام   آفتاب آن ذرّه را گردد غُلام[1] ۱۶۱۴

اگر ذرّهٔ بی‌قدری از آن خورشیدِ عالم معنا پیامی آوَرَد، خورشیدِ عالمِ محسوس، غلام حلقه به‌گوش آن ذرّه خواهد گردید.

قطره‌یی کز بحرِ وحدت شد سفیر   هفت بحر[2] **آن قطره را باشد اسیر** ۱۶۱۵

در برابر قطره‌ای که از دریای وحدت آمده و پیام آورده است، هفت دریا اسیرند و سر تسلیم دارند.

گر کفِ خاکی، شود چالاک[3] **او   پیشِ خاکش سر نهد افلاکِ او** ۱۶۱۶

اگر مشتی خاک از دولت عشق، «فنا» یابد و محلِّ ظهور انوار الهی شود، چُست و چابک در جهتِ اهداف آفرینش حرکت می‌کند و افلاک در برابر او به سجده می‌آیند و مطیع می‌شوند.

خاکِ آدم چونکه شد چالاکِ حق   پیشِ خاکش سر نهند اَملاکِ حق[4] ۱۶۱۷

چون وجودِ آدم(ع) به عنایت حق تعالیٰ محلِّ ظهور انوار و اسرار شد، مسجود فرشتگان گردید.

اَلسَّمآءُ انْشَقَّتْ،[5] **آخر از چه بود؟   از یکی چشمی که خاکیّی گشود** ۱۶۱۸

«شکافته شدن آسمان»، ناشی از چیست؟ از دیدهٔ حق‌بینی که حجاب‌های ظلمت و نور را در نوردید و به شهودی عینی در ماورای حجاب‌ها رسید و توانست شکافی در آسمان‌ها ایجاد کند و قیامت روحانی خویش را برپا دارد.

خاک از دُردی نشیند زیرِ آب   خاک بین کز عرش بگذشت از شتاب[6] ۱۶۱۹

خاک به علّت سنگینی در آب ته‌نشین می‌شود. عظمت و شأن انسانِ خاکی را بنگر که به شتاب از عرش الهی نیز می‌گذرد.[7]

---

۱ - انسان کامل واصل محمّدی(ص) به اعتبار فنا در احدیّت و مقام «او ادنی»: اشارت قرآنی، نجم: ۹/۵۳، به جمیع حقایق احاطه دارد و به زبانی می‌توان گفت که انسان کامل به منزلهٔ نفس ناطقه و عالم کبیر تحت تدبیر این نفس الهی است: شرح مقدّمهٔ قیصری، ص ۷۹۴.   ۲ - **هفت دریا :** ر.ک: ۱۳۸۱/۱.

۳ - **چالاک :** چابک، چُست، زیرک و هوشیار، مجازاً بر سر شوق و ذوق آمدن.

۴ - **املاک حق :** مراد فرشتگان است. اشارتی قرانی به آیاتی نظیر: کهف : ۵۰/۱۸ : وَ إِذْ قُلْنا لِلْمَلائِکَةِ اسْجُدُوا لِآدَمَ فَسَجَدُوا إِلاَّ إِبْلِیسَ : و چنین بود که به فرشتگان گفتیم به آدم سجده برید، همه سجده بردند، مگر ابلیس... . حجر: ۳۰/۱۵ یا ص: ۷۳/۳۸.

۵ - مقتبس است از انشقاق : ۱/۸۴ : إِذَا السَّماءُ انْشَقَّتْ : آنگاه که آسمان بشکافد.

۶ - اشاره به معراج رسول اکرم(ص) : ر.ک: ۱۰۷۸/۱ و ۱۵۸۹/۱.

۷ - این ابیات بیان چگونگی ارتباط حق تعالی است با موجودات و اشیا: ۱ ـ رشتهٔ سبب‌سازی، که جعل وسایط طولیه و عرضیه و مادیّه و مجرّده است، ۲ ـ رشتهٔ خاص یا سبب‌سوزی، که جمیع وسایط در مقابل سیطرهٔ عظیم وجوبی حق تعالیٰ، مقهور و فانی‌اند: شرح مقدّمهٔ قیصری، ص ۱۲۱.

آن لطافت پس بدان کز آب نیست　　　جز عطایِ مُبدِعِ وَهّاب نیست[1] ۱۶۲۰

پس بدان که سبکی و لطافت جزو ذات آب نیست؛ بلکه عطایِ پروردگار بخشنده است. سنگینی خاک هم جزو ذات خاک نیست و به ارادهٔ حق تعالیٰ، خاکِ سنگین، سبک می‌شود و افلاک را طی می‌کند.

گر کند سُفلی[2] **هوا و نار را　　　ور زِ گُل او بگذراند خار را** ۱۶۲۱

اگر بخواهد خاصیّت عناصر تغییر کند، «هوا و آتش» که منسوب به بالا یا عُلوی‌اند، به سُفْل گرایش یابند و یا خار را بر گل برتری بخشد،

حاکم است و یَفْعَلُ اللّه مایَشا[3] **　　　کو ز عینِ درد انگیزد دوا** ۱۶۲۲

حاکم مطلق اوست و «خدا هر چه بخواهد، می‌کند». اوست که می‌تواند از درد، درمان بیافریند.

گر هوا و نار را سِفلی کُند　　　تیرگی و دُردی و ثِفلی[4] **کند**[5] ۱۶۲۳

اگر «هوا و آتش» را به عناصری سِفلی یا ثقیل مبدّل کند، آن‌ها را به سیاهی و ته‌نشین شدن و سنگینی بکشاند،

ور زمین و آب را عُلْوی[6] **کند　　　راهِ گردون را به پا مَطْوی**[7] **کند** ۱۶۲۴

اگر «خاک و آب» را که عناصری سِفلی‌اند، عُلْوی کند و راهِ افلاک را برای گام‌هایی که بر زمین می‌روند، سهل نماید،

پس یقین شد که تُعِزُّ مَنْ تَشا[8] **　　　خاکیِ را گُفت: پرها برگُشا** ۱۶۲۵

پس یقین شد که «هرکس را بخواهی، عزّت می‌دهی»، و به انسان خاکی می‌گوید: پرهارابگشا و پرواز کن.

---

۱ - حق تعالیٰ بلاواسطه با هر موجودی رابطهٔ خاصّی دارد.　۲ - **سُفل** : سِفل: پست.

۳ - اشارتی قرآنی؛ آل عمران : ۴۰/۳ : ... قٰالَ كَذٰلِكَ اللّٰهُ يَفْعَلُ مٰا يَشٰاءُ : فرمود: این‌گونه خداوند هر کاری را که بخواهد انجام می‌دهد.

این آیه بیان نفوذ اراده و مشیّت الهی است در ارتباط با زکریا(ع) که در عین پیری او و نازایی همسرش از خداوند بشارت فرزندی به وی رسید. تقریر این امر که حق تعالیٰ مبدأ و علّت العلل است و برهان بر جمیع اشیا و اقرب از هر شئ بر آن شئ؛ پس ارادهٔ او می‌تواند هرگاه که بخواهد قوانین عادی و جاری نظام هستی را باطل و بی‌اثر کند.

۴ - **ثِفل** : ثُفل، دُردی و ته‌نشین آب.　۵ - این بیت در حاشیه آمده است.

۶ - **عُلْوی** : منسوب به عُلْو، بالا.　۷ - **مَطْوی** : در هم پیچیده شده و درنوردیده شده.

۸ - اشارتی قرآنی؛ آل عمران : ۲۶/۳ : ... وَ تُعِزُّ مَنْ تَشٰاءُ وَ تُذِلُّ مَنْ تَشٰاءُ... : هر کس را بخواهی بر تخت عزّت می‌نشانی، و هر کس را اراده کنی بر خاک مذلّت قرار می‌دهی...

۱۶۲۶ **آتشی را گفت: رو ابلیس شو[۱] زیرِ هفتم خاک با تلبیس[۲] شو**

به آنچه از آتش آفرید، گفت: برو ابلیس شو و در پست‌ترین مقام به مکر و نیرنگ بپرداز.

۱۶۲۷ **آدمِ خاکی! برو تو بر سُها[۳] ای بلیسِ آتشی! رو تا ثَری[۴]**

ای آدم خاکی، تو بر اوج آسمان‌ها و بر فراز ستارهٔ سُها جای گیر. ای ابلیسِ آفریده از آتش، به اعماق زمین تنزّل کن.

۱۶۲۸ **چار طبع[۵] و علّتِ اُولیٰ[۶] نی‌ام در تصرّف دایما من باقی‌اَم**

من «چهار طبع» یا «علّتِ اُولیٰ» نیستم، «وجود حقیقی»ام که بر کُلِّ عالم هستی تصرّف و تسلّط تام دارم.

۱۶۲۹ **کارِ من بی عِلّت است و مستقیم هست تقدیرم نه علّت، ای سقیم[۷]!**

ای که در مرض جهل غوطه‌وری، «سبب» در کار من تأثیری ندارد، بدون علّت و سبب و بنابر تقدیری است که مقدّر کرده‌ام.

۱۶۳۰ **عادتِ خود را بگردانم به وقت این غبار از پیش بنشانم به وقت**

اراده‌ای که در قوانین موجود بر نظام هستی دارم، هرگاه بخواهم تغییر می‌دهم و غباری را که در پیش چشمان شما از «سلسلهٔ اسباب و علل» انگیخته شده است، بنابر مصلحت بر خواهم داشت.

---

۱ - ابلیس که پیش از معصیت، عزازیل نام داشت از «جن» شمرده شده و چون خلقت وی از آتش بوده است، خود را از آدم(ع) ارجح دانست و تکبّر ورزید: دهخدا، عقول عشره: ر.ک: ۸۷۹/۱ و ۲۶۷۱/۱.

۲ - **تلبیس** : فریب و حیله. مکر.

۳ - **سُها** : ستارهٔ معروف باریک در بنات النعش کُبری (دُب اکبر)، ستارهٔ سُها، بسیار کوچک است و در انتهای دُمِ دُب اکبر (خرس بزرگ) قرار دارد. این صورت فلکی، از صُوَر شمالی است که قریب قطب شمال بوده، آن را به خرس بزرگ مانند کرده‌اند، دارای بیست و هفت کوکب است که هفت کوکب مشخص آن را بنات النعش کُبری خوانند و به فارسی هفت اورنگ مهین نامند. ۴ - **ثَری** : خاک.

۵ - **چهار طبع** : طبایع اربعه که شامل حرارت و برودت و رطوبت و یبوست یا آب و آتش و خاک و باد، است.

۶ - **علّت اوْلیٰ** : عقل اوّل یا همان عقل کلّ که مرتبهٔ وحدت است، آنچه را که اهل نظر عقل اوّل گویند، اهل الله روح نامند و از این جهت است که روح القدس بر آن اطلاق شده است. عقل اوّل نخستین چیزی است که از ذات حق تعالیٰ صادر شده و کنایه از نور حقیقت محمّدی(ص) است، که از عقل اوّل، عقل دوم و از عقل دوم، عقل سوم و به همین ترتیب تا عقل دهم (عقول عشره) در وجود آمدند و معتقدند که از عقل دهم عقول و نفوس بشری افاضه می‌گردد. برخی این عقول یا انوار را طولیّه دانند یا عرضیّه: ر.ک: ۳۶۹۱/۲. دهخدا، نقل از فرهنگ علوم عقلی.

۷ - **سقیم** : بیمار، اینجا مرضِ جهل.

بحر را گویم که: هین! پُر نار شو　　گویم آتش را که: رو گلزار شو ۱۶۳۱

به دریای پُر موج و آب فرمان می‌دهم که پر آتش باش یا به آتش فرمان می‌دهم گلزار سبز و خرّم شو.

کوه را گویم: سبک شو همچو پشم[1]　　چرخ را گویم: فرودَر پیشِ چشم ۱۶۳۲

به کوهِ باعظمت می‌گویم چون پشم سبک باش یا به آسمان و افلاک فرمان می‌دهم که در برابرِ دیدگان فروریز.

گویم ای خورشید! مقرون شو به ماه　　هر دو را سازم چو دو ابرِ سیاه[2] ۱۶۳۳

به خورشید فرمان می‌دهم به ماه نزدیک شو و نور هر دو را می‌گیرم و آنان را چون ابری سیاه، تیره و تار می‌سازم.

چشمهٔ خورشید را سازیم خُشک　　چشمهٔ خون را به فن سازیم مُشک ۱۶۳۴

چشمهٔ تابناک خورشید را خاموش می‌کنیم، همان‌گونه که با قدرت الهی خویش چشمهٔ خون درون آهو را به مُشک ناب با عطری دلاویز مبدّل می‌سازیم.

آفتاب و مه چو دُو گاوِ سیاه[3]　　یوغ[4] بر گردن بِبَندَدشان اِله[5] ۱۶۳۵

آفتاب و ماه که در دیدگان شما چنین فروزان و تابناک‌اند، در واقع، مانند دو گاو سیاه‌اند که خداوند یوغ بر گردنشان نهاده است.

---

۱ - اشارتی قرآنی؛ قارعه : ۵/۱۰۱ : ر.ک: ۱۰۴۶/۲.

۲ - اشارتی قرآنی؛ قیامت : ۹/۷۵-۸ : وَ خَسَفَ الْقَمَرُ وَ جُمِعَ الشَّمْسُ وَ الْقَمَرُ: و ماه بی‌نور گردد و خورشید و ماه یکجا جمع گردند.

در تکویر: ۱/۸۱، می‌فرماید: «هنگامی که خورشید تاریک گردد» و می‌دانیم که نور ماه نیز از خورشید است و هنگامی که خورشید در تاریکی فرو رود، ماه نیز نوری نخواهد داشت.

۳ - مستفاد از روایت: خورشید و ماه همچون دو گاوی که پایشان پی شده باشد در آتش جهنّم خواهند ماند، اگر خدا خواست نجاتشان می‌دهد و گرنه همچنان در آتش می‌مانند: احادیث، ص ۱۹۱.

۴ - **یوغ** : چوبی که بر گردن گاو زراعت و گاو گردون گذارند.

۵ - این ابیات در تقریر این معناست که ارادهٔ خداوند از جمیع قیود و قوانین و احکامی که آدمی در نظام حاکم بر کلّ جهان هستی می‌شناسد، آزاد و برتر است و هر آنچه را که ذات باری اراده کند، هیچ مانع و رادعی در مقابل خویش نمی‌یابد.

انکارِ فلسفی بر قرائتِ
اِنْ اَصْبَحَ ماؤُکُمْ[1] غَوْراً[2]

شخصی از قرآن آیه «مٰاؤُکُمْ غَوْراً» را قرائت می‌کرد که در آن خداوند می‌فرماید: به آن‌ها بگو: به من خبر دهید اگر آب‌های (سرزمین) شما در زمین فرو رود، چه کسی می‌تواند آب جاری و گوارا در دسترس شما قرار دهد؟ [اشاره به رحمت عامِ خداوندی که اکثریّت مردم از آن غافل‌اند.]

مردی که با فلسفه و منطق آشنایی داشت؛ امّا خُرده‌بین و تهی‌مغز بود، چون این آیه را شنید، گفت: ما آب را با کلنگ و تبر و بیل از زمین بیرون می‌آوریم.

فیلسوف‌نمای بی‌خرد، شب در خواب دید که شیر مردی با تپانچه[3] دو چشم او را کور کرد و به او گفت: ای گمراه، اینک با تبر از دو چشمهٔ چشم خود نوری به در آور. چون بیدار شد، خود را نابینا یافت.

قصّهٔ انکار کردن فلسفی بر قرائت آیهٔ کریمه هرچند که برگرفته از تفاسیر است؛ امّا در ارتباط با تلقی مولانا از قرآن کریم نیز به شمار می‌رود؛ زیرا وی علی‌رغم آنکه در بیانِ اسرار و معانی به شیوهٔ عارفانی از قبیل ابن‌عربی گاه به طریق اهل اشارت، بعضی تأویلات را جایز می‌شمارد؛ امّا بر خلاف عدّه‌ای از ایشان، ظاهر را نیز بدون هیچ‌گونه تأویل می‌پذیرد و ادلّه و براهین عقلی و به‌طور کلّی چون و چرا و بحث عقلی را در آن جایز نمی‌یابد.

---

۱ - قرآن، مُلک: ۳۰/۶۷.

۲ - مأخذ آن حکایتی است که در ذیل آیهٔ «قُلْ أَرَأَيْتُمْ إِنْ أَصْبَحَ مَاءُكُمْ غَوْراً» در تفسیر ابوالفتوح رازی، ج ۵، ص ۳۷۰ آمده است: در آثار می‌آید که یکی از جملهٔ زنادقه بگذشت، به یکی که می‌خواند «قُلْ أَرَأَيْتُمْ إِنْ أَصْبَحَ مَاءُكُمْ غَوْراً فَمَنْ يَأْتِيكُمْ بِمَاءٍ مَعِيْنٍ» گفت: رجال شداد و مَعاوِل حِداد، مردان قوی و کلنگ‌های تیز. به شب بخفت آب سیاه در چشم او آمد. هاتفی آواز داد که بیار آن مردان سخت و آن کلنگ‌های تیز را تا این آب بگشایند. [مَعاوِل : جمع مِعْوَل، آهنی که با آن کوه را می‌کنند.]

در یک تفسیر خطی بیان جملهٔ فوق را به محمّد بن زکریا طبیب فلسفی نسبت داده‌اند.

در اسکندرنامهٔ منثور که ظاهراً در اواخر قرن پنجم یا اوایل قرن ششم تألیف شده نیز مذکور است: اسکندر به پارس رسید دید که در آن شهر همه نابینا هستند و چشمه و کاریز ایشان خشک شده است. جویای سبب آن شد. اندک بینایی که در آن شهر بودند، گفتند: در اینجا همه بت‌پرست بودند، الاّ اندکی. روزی الیاس پیغمبر(ع) بدین شهر گذر کرد و به مردم گفت: از بت‌پرستی بیزار شوید و نعمت‌های خداوند را شکر کنید، ایمان نیاوردند؛ پس فرمود: اگر این آب‌های شما خشک شده باشد، چه خواهید کرد؟ گفتند که کلنگ و تیشه را کارفرماییم. آن شب همه بخفتند، بامدادان همه را آب چشم فرو آمده و چشمه‌ها خشک شده بود؛ پس پیغمبر(ع) ایشان را گفت: کلنگ و تیشه را کار فرمایید: احادیث، صص ۱۹۳-۱۹۱.

۳ - **تپانچه** : سیلی، لطمه.

مُقریی[1] مـی‌خوانـد از رویِ کـتاب   مٰاؤُکُمْ غَـوْراً[2]، ز چشـمه بـندم آب ۱۶۳۶

یک نفر قاری از روی قرآن می‌خواند: «مٰاؤُکُمْ غَوْراً» یعنی آب را از سرچشمه می‌بندم.

آب را در غَـــوْرها[3] پـــنهان کـنم   چشمه‌ها را خشک و خُشکستان کنم ۱۶۳۷

اگر آب را در اعماق زمین نهان کنم، چشمه‌ها را بخشکانم و به زمینی بایر مبدّل سازم،

آب را در چشـــمه کـی آرد دگـر   جز منِ بی مثل و با فضل و خطر؟ ۱۶۳۸

چه کسی جز من که خدای بی‌همتای بافضل و قادرم، می‌تواند باز آب را در چشمه‌ها جاری سازد؟

فـــلسفیّ مـــنطقیِّ مُســـتَهان[4]   می‌گذشت از سویِ مکتب آن زمان ۱۶۳۹

در آن هنگام فیلسوف نمایی منطق‌دان و حقیر از کنار مکتب می‌گذشت.

چـونکه بشـنید آیت او از نـاپسند   گـفت: آریـم آب را مـا بـا کُـلَند[5] ۱۶۴۰

چون آیه را شنید، نپسندید و گفت: ما آب را با کلنگ از زمین بیرون می‌آوریم.

مـا بـه زخـمِ بـیل و تـیزیِ تـبر   آب را آریـــم از پســـتی زَبَـــرْ ۱۶۴۱

ما می‌توانیم به کمک بیل و تبرِ تیز و ضربه‌های کلنگ آب را از زیر زمین، به روی زمین بیاوریم.

شب بخُفت و دید او یک شیر مرد   زد طپانچه[6] هر دو چشمش کورکرد ۱۶۴۲

شب هنگام، در خواب دید که مرد خدایی به او سیلی زد و دو چشمش را کور کرد.

گفت: زین دو چشمهٔ چشم ای شقی[7]!   بـا تَـبَر نـوری بـر آر، ار صـادقی ۱۶۴۳

گفت: ای بدبخت، اینک به کمک کلنگ از این دو چشمهٔ چشمت نوری برآور، اگر راست می‌گویی.

روز برجَست و دو چشمِ کـور دیـد   نورِ فایض[8] از دو چشـمش نـاپدید ۱۶۴۴

فلسفی صبحگاهان برخاست و دریافت که چشم‌هایش کور شده و نورِ فیض‌بخش از بین رفته است.

---

۱ - **مُقریی**: معلّم قرائت قرآن.

۲ - اشارتی قرآنی؛ مُلک: ۳۰/۶۷: قُلْ أَرَأَیْتُمْ إِنْ أَصْبَحَ مٰاءُکُمْ غَوْراً فَمَنْ یَأْتیکُمْ بِمَآءٍ مَعینٍ. بگو، چه می‌پندارند؟ اگر آب شما در زمین فرو رود، آنگاه چه کسی آب گوارا بهر شما آوَرَد؟ ۳ - **غَور**: قعر هر چیز، بن، ته.

۴ - **مُستَهان**: ذلیل و خوار در نظر مردم. ۵ - **کِلَند**: کلنگ. ۶ - **طپانچه زدن**: سیلی زدن، لطمه زدن.

۷ - **شقی**: بدبخت. ۸ - **فایض**: فیض دهنده.

۱۶۴۵ گـر بـنالیدی و مُسـتغفِر شـدی نـورِ رفـته از کَـرَم ظـاهر شـدی

اگر همان لحظه متوجّه خطای خود می‌شد و عاجزانه از درگاه باری تعالی طلب بخشش می‌کرد، کَرَمِ الهی بینایی او را به وی باز می‌گرداند.

۱۶۴۶ لیک استغفار هـم در دست نـیست ذوقِ توبه[1] نُقلِ هر سرمست[2] نیست

امّا باید دانست که احساس ندامت و پشیمانیِ حقیقی کـه آدمـی را صـادقانه بـه طـلب مغفرت وا می‌دارد، به سهولت حاصل نمی‌شود، ذوق توبه، یعنی بازگشت از ناحق به سوی حق، لذّتی است معنوی که درکِ آن برای سرمستانِ بادهٔ هوا و هوس ممکن نیست.

۱۶۴۷ زشـتیِ اعـمال و شـومیِّ جُـحود[3] راهِ تـوبه بـر دلِ او بسـته بـود[4]

زشتی افعال او و شومی و نامبارکی انکاری که نسبت به حق داشت، راه توبه و بازگشت را به روی او بسته بود.

۱۶۴۸ از نـیاز و اعـتقادِ آن خـلیل[5] گشت ممکن امرِ صَعب و مُسْتَحیل[6]

از شدّت نیاز و ایمان و اعتقادِ ابراهیم(ع) بود کـه امـری نـاممکن، مـمکن شـد و آتشی سوزان، «سرد و سلامت» شد.

۱۶۴۹ همچنین بر عکسِ آن، انکـارِ مـرد مس کـند زر را و صـلحی را نـبرد

و به همین ترتیب، بر عکس، انکار مُنکر، قدرت‌های معنوی و روحانیِ خودِ او را غیر فعّال می‌کند و در جهات منفی به کار وا می‌دارد، چنانکه این کیمیای واژگونه، طلا را به مس و صلح را به جنگ می‌کشانَد.

۱۶۵۰ دل به سختی همچو رویِ سنگ گشت چُون شکافد تـوبه آن را بـهرِ کَشت؟

دلی که باید مظهر لطافت و دریافت انوار الهی باشد، مانند سنگ سـخت شـده است، چگونه توبهٔ زبانی و غیرِ خالصانه، می‌تواند آن را برای کشتِ نیکی‌ها و صفا بشکافد؟

---

۱ - **ذوقِ توبه**: لذّتِ توبه. ۲ - **سرمست**: اینجا خودپرست. ۳ - **جُحود**: انکار.
۴ - از بیت ۱۶۴۷ به بعد، در نسخهٔ نیکلسون ابیات جابجاست. ۵ - **ابراهیم(ع)**: ر.ک: ۷۹۵/۱.
۶ - **مُستَحیل**: محال و ناممکن.

۱۶۵۱ **چون شُعَیبی[1] کو که تا او از دعا بهرِ کِشتن خاک سازد کوه را ؟[2]**

کجاست مردی چون شعیب(ع) با دلی تابناک و لطیفه‌ای روحانی که در افق اعلای انسانی باشد، بتواند با دعایی مستجاب، کوه را برای کشت به خاک مبدّل سازد.

۱۶۵۲ **یا به دریوزهٔ مُقَوقِس[3] از رسول سنگْلاخی مزرعی شد با اصول**

یا شخصی چون مُقَوقِس کجاست تا از رسول خدا(ص) به زاری بخواهد که سنگلاخی مبدّل به مزرعه حاصلخیز گردد؟

۱۶۵۳ **کهربایِ مسخ آمد این دَغا[4] خاکِ قابل را کند سنگ و حَصا[5]**

امّا بر عکس، فریبکاری، سفسطه‌بازی و این دعوی بی‌دلیلِ (فلسفیّ منطقیِ مستهان)، مانند کهربایی است که از جذب شدن به آن، وجود آدمی مسخ می‌شود و قابلیّت درونی او را نابود می‌کند، به حدّی که خاکِ وجود انسان را که می‌تواند ثمرات نیکویی به بار آوَرَد، به سنگریزه و شن بی‌حاصل مبدّل می‌سازد.

۱۶۵۴ **هر دلی را سجده هم دستور نیست مُزدِ رحمت، قسمِ هر مُزدور نیست**

هر دلی هم خاضع و خاشع نیست که خالصانه ساجد درگه حق تعالی باشد و از جرایم و خطاها به سوی حق باز گردد، رحمتِ خاصِّ خداوند شامل آنان که مطامع دنیوی را معیار اصلیِ زندگی قرار داده‌اند، نمی‌شود.

۱۶۵۵ **هین! به پشتِ آن مکن جُرم و گناه که: کنم توبه، در آیم در پناه**

آگاه باش و به پشت‌گرمی آنکه در آینده توبه می‌کنم و به حق پناه خواهم بُرد، مرتکب جرم و گناه نشو، شاید آینده‌ای نباشد.

---

۱ - **شعیب** : نام پیغمبر(ع) که پدر زن موسیٰ(ع) بود: ر.ک: ۳۳۷۶/۲.

۲ - نوشته‌اند که زمین‌های قوم شعیب(ع) سنگلاخ بود و بنا بر دعای او کوهی به زمینی پر نبات مبدّل شد: احادیث، ص ۱۹۳ به نقل از کتاب معارف سلطان‌العما بهاءالدّین ولد.

۳ - **مُقَوقِس** : رئیس قوم قبط در زمان پیامبر اکرم(ص)، که رسول خدا(ص) نامه‌ای برای وی نوشت، هرچند که او اسلام نیاورد؛ ولی نامهٔ پیامبر(ص) را با احترام پذیرفت و هدایایی فرستاد.

برخی از محقّقان به این نتیجه رسیده‌اند که این شخص مردی بود به نام «قیرس» از رؤسای کلیسای قفقاز که به ریاست جسمانی و روحانی مصر گماشته شده بود و کلمهٔ مُقَوقِس که شهرت او بود مأخوذ از «قوقاسیوس» یونانی است به معنی قفقازی. در ارتباط با اشارتی که مولانا فرموده است، مطلبی را در منابع نیافتم.

۴ - **دغا** : حیله، سفسطه، دعوی بی‌دلیل. ۵ - **حَصا** : سنگریزه.

مـــی‌بباید تـــاب و آبـــی تـــوبه را — شرط شـد بـرق و سـحابی تـوبه را ۱۶۵۶

توبه شرایطی دارد، تب و تابی ناشی از ندامت و اشکی عاجزانه، این‌ها رعد و برقی‌اند که زمینهٔ وجود را آماده می‌سازند و جانی نادم و مشتاقِ مغفرت را به پیشگاه حق می‌برند و بحر بخشایش را به جوش می‌آورند.

آتش و آبـــی بـــباید مـــیوه را — واجب آید ابر و برقْ ایـن شـیوه را ۱۶۵۷

این شیوه برای پختگی الزامی است، میوه هم برای آنکه از خامی به پختگی برسد، به حرارت و آب نیاز دارد. میوه‌های علوم و معارف الهی در جان آدمی نیز چنین‌اند.

تا نـباشد بـرقِ دل وَ ابـرِ دو چشـم — کِیْ نشیند آتشِ تهدید و خشم[1] ؟ ۱۶۵۸

تا سوزِ دل و اشکِ عاجزانه نباشد، آتش خشم الهی که هر لحظه گناهکار را تهدید بـه سقوط در ورطهٔ هولناک بی‌بازگشتی می‌کند، چگونه خاموش شود؟ این آتش را مـجرم بـا اعمال زشتِ خود، افروخته است و خودِ او می‌تواند با آب چشم و سوز دل آن را فرونشاند.

کِـی بـروید سـبزهٔ ذوقِ وصـال؟ — کِی بجوشد چشمه‌ها ز آبِ زلال؟[2] ۱۶۵۹

چگونه بدونِ رعد و بـرقی در درون، مـی‌توان بـه مـقام «جمع و وصل» رسـید؟ چگـونه چشمه‌های زلال علوم و معارف از دل بجوشد؟

کِی گـلستان رازگـوید بـا چـمن؟ — کِی بـنفشه عـهد بـندد بـا سَـمن؟ ۱۶۶۰

بدونِ رعد و برق و باران بهاری که گلستان، خارستان می‌شود، کی گل و سبزه در نهان از راز طراوت سخن خواهند گفت؟ کی بنفشه و سمن میثاقی خواهند بست؟

کِی چـناری کـف گشـاید در دعـا؟ — کِـی درخـتی سر فشـاند در هـوا؟ ۱۶۶۱

بدونِ باران رحمت الهی، کی چنار برگ‌های پنجه‌مانندش را برای دعا به سوی آسـمان بگشاید؟ کی درختی سر به سوی آسمان بلند کند؟

کِـی شکـوفه آسـتینِ پُـر نـثار — بـر فشـاندن گـیرد ایّـام بـهار؟ ۱۶۶۲

کی شکوفه در بهار آستینِ پر لطفِ خود را بیفشاند؟

---

۱ - **خشم** : خشمِ الهی.

۲ - تعبیراتی که از این بیت تا چند بیت بعدی می‌آید، مانند: «سبزهٔ ذوق وصال»، «جوشیدنِ آبِ زلال از چشمه‌ها»، «رازگفتن گلستان با چمن»، «عهد بستن بنفشه با سمن»، «کف گشودن چنار در دعا»، «سر افشاندن درخت در هوا»...، رمزی است از کمال و حالِ خوش سالکِ متعالی در مقامِ «جمع و وصل».

کِی فروزد لاله را رخ همچو خون؟ کِی گُل از کیسه بر آرد زر برون؟ ۱۶۶۳

کی رخ لاله بسان خون برافروخته گردد؟ کی گل پرچم‌های طلایی رنگش را آشکار سازد؟

کِی بیاید بلبل و گُل بو کند؟ کِی چو طالبْ فاخته[۱] کوکو کند؟ ۱۶۶۴

کی بلبل بیاید تا گل را ببوید؟ کی قمری با حُزن، مانند عاشقان حق، نوایِ کوکو سر دهد؟

کِی بگوید لک‌لک[۲] آن لک‌لک به جان؟ لک[۳] چه باشد؟ مُلکِ توست ای مُستعان[۴]! ۱۶۶۵

کی لک‌لک از جان و دل فریاد بزند و «لک‌لک» بگوید؟ لک چیست؟ با گوشِ جان بشنو تا دریابی که او نیز مانند تمام اجزای عالم هستی، برای حمد و ثنایِ حضرت باری می‌گوید: «لک‌الحمد و لک الملک».

کِی نماید خاک اسرارِ ضمیر؟ کِی شود بی‌آسمان بُستان منیر؟ ۱۶۶۶

کی خاک می‌تواند بدون امداد باران و تابش خورشید، نهانی‌ها را آشکار کند؟ کی بوستان بدون ابر و باران پر از گل‌ها و ریاحین رنگارنگ و تابان شود؟

از کجا آورده‌اند آن حُلّه‌ها مِنْ کریمٍ، مِنْ رَحیمٍ، کُلَّها ۱۶۶۷

به همین ترتیب در تمام جهان هستی نظر کنید، پوشش‌ها و زیورهایِ رنگارنگِ موجودات که قائم به ذاتِ آن‌ها نیست؛ از کجا نشأت گرفته؟ جز آن است که از بارگاه خداوند بخشندهٔ مهربان، هستی یافته است؟

آن لطافت‌ها نشانِ شاهدی‌ست[۵] آن نشانِ پایِ مردِ عابدی‌ست ۱۶۶۸

مشاهدهٔ «زیبایی‌ها و لطافت‌ها و نظمی» که در «صنع» هست و نشانِ وجود یک نظم‌دهنده در نظامِ هستی است، که «ولیّ خدا یا عابد و عارف»، به «حقیقت» حق توجّه کند و جویای «صانع» باشد.

---

۱ - **فاخته** : ر.ک: ۲۳۰۲/۱.

۲ - «لک‌لک» رمزی است از سالک پخته که مجلس یاران طریقت را با نغمه‌های عارفانه و عاشقانهٔ غزلیّات زینت می‌بخشد و حمد و ثنای حضرت حق می‌گوید که نفس را رام ایشان ساخت تا به معرفت الهی نایل آیند.

۳ - **لَک** : برای توست. ۴ - **مستعان** : یاری کننده.

۵ - **شاهد** : حاضر، گواه، مشاهده کننده، نیز حق را به اعتبار ظهور «شاهد» گویند. گاه مراد از شاهد معشوق است و گاه چیزی را گویند که در دل آدمی است و همواره در یاد انسان حاضر است: ف. سجّادی، ص ۴۹۶.

۱۶۶۹ آن شود شاد از نشان، کو دید شاه   چون ندید، او را نباشد انتباه ۱

کسی از دیدنِ «نشانه»ها شاد می‌شود که «حق» را دیده باشد و از آنچه در روز «اَلَست» ۲ شنیده و بنا بر استعداد و لیاقتِ «عینِ ثابتِ» خود بدان پاسخ گفته است، چیزهایی را در زندگی این جهانی در خاطر آورده و برای رسیدن به زلالی آن روز، صحنِ دل را از تیرگیِ مادّه زدوده باشد، چنین کسی از دیدن نشانه‌ها آگاه می‌شود و کسی که ندیده باشد، بیدار نمی‌شود.

۱۶۷۰ روح آنکس کو به هنگام اَلَست   دید ربِّ خویش و شد بی‌خویش مست

روحی که در روز اَلَست پروردگار خویش را دید، مست و بی‌خویش شد،

۱۶۷۱ او شناسد بویِ مِی، کو مِیْ بخَورد   چون نخورد او می، چه داند بوی کَرد؟

او امروز در زندگی زمینی بوی دلاویز آن «می ربّانی» را می‌شناسد. کسی که از شراب حق نچشیده است، چگونه عطر روحانی آن را در خاطر داشته باشد؟

۱۶۷۲ زانکه حکمت همچو ناقهٔ ضاله۳است۴   همچو دلّاله۵، شهان را دالّه۶ است

زیرا «حکمت الهی» و «معرفت»، مانند شترِ گمشده‌ای است که فقط صاحبِ آن چگونگی و ویژگی‌اش را می‌شناسد که مانندِ راهنما طالبان و مشتاقان را به بارگاه شاه هدایت می‌کند.

۱۶۷۳ تو ببینی خوابْ دَر، یک خوش لقا۷   کو دهد وعده و نشانی مر تو را۸

تصوّر کن که در عالم خواب و رؤیا، زیبارویی را ببینی که به تو وعده و نشانه‌ای بدهد.

۱۶۷۴ که: مُرادِ تو شود، و اینک نشان   که به پیش آید تو را فردا فلان

که آرزوی تو برآورده می‌شود، با این نشانه که فردا فلان شخص نزد تو خواهد آمد،

۱۶۷۵ یک نشانیِ آن که: او باشد سوار   یک نشانی که: تو را گیرد کنار

علامت دیگر آنکه او سوار بر اسب است و نشانهٔ دیگر آنکه تو را در آغوش خواهد گرفت،

---

۱ - **انتباه** : بیدار شدن، تنبیه و آگاه شدن، در اصطلاح اهل تصوّف زوال غفلت از دل.
۲ - **اَلَست** : ر.ک: ۱۲۴۶/۱.   ۳ - **ناقة ضاله** : شترِ گمشده.
۴ - اشاره به حدیث: اَلْحِکْمَةُ ضَالَّةُ الْمُؤْمِنِ فَحَیْثُ وَجَدَهَا فَهُوَ أَحَقُّ بِهَا: حکمت، گمشدهٔ مؤمن است و اولویت برتملک آن هر جا که پیدا شود، با اوست: احادیث، ص ۱۹۵. داستان شخصی که اشتر ضالهٔ خود را می‌جست: ر.ک: ۲۹۲۰/۲ به بعد.   ۵ - **دلّاله** : واسطه.   ۶ - **دالّه** : مؤنّث دال، راهنما.
۷ - **خوش لقا**: زیبارو، خوش برخورد، کنایه از مرد حق.
۸ - حکمت الهی و معرفت بسان مه‌لقایی است که پیش از ظهور و حضور، ورود خویش را در عالم رؤیا به مؤمن و سالک با رمز و راز بشارت می‌دهد.

یک نشانی کـه: بـخندد پـیش ِ تـو یک نشان که: دست بندد پیش ِ تـو ۱۶۷۶

نشانهٔ دیگر آنکه پیش ِ تو خواهد خندید و یک علامت دیگر آنکه در حضور تو با احترام و دست بر سینه خواهد ایستاد.

یک نشانی آنکه: این خواب از هوس چون شود فردا، نگویی پیش ِ کس[1] ۱۶۷۷

نشان دیگر آنکه فردا چون بیدار شدی، هوس نکنی که این رؤیا را برای دیگری بگویی.

زآن نشــان هـم زکَـریّا را بگـفت[2] **که نیایی تا سه روز اصلا به گُفت**[3] ۱۶۷۸

این نشانه را به زکریا(ع) هم نمودند و گفتند که تا سه روز با کسی نباید صحبت کنی.

تا سه شب خامش کن از نیک و بَدَت ایـن نشان بـاشد کـه یـحیی آیـدت ۱۶۷۹

تا سه شب از نیک و بد خاموش باش که با این نشانه فرزندی به نام یحیی خواهی داشت.

دم مزن سـه روز انـدر گـفت و گـو کین سکوت است آیتِ مقصودِ تو ۱۶۸۰

سه روز ابداً صحبت نکن، این سکوت نشانهٔ اجابت خواستهٔ توست.

هین! میاور این نشان را تو به گُفت وین سـخن را دار انـدر دل نـهُفت ۱۶۸۱

نشانی را که رازی است میان خداوند و تو، بر زبان میاور و این کلام را در دل نهان دار.

این نشان‌ها گویدش همچون شَکَـر این چـه بـاشد؟ صـد نشـانیّ دگـر ۱۶۸۲

این نشان‌های شیرین را آن خوش‌لقا در رؤیا به او می‌گوید، بلکه صد نشانِ دیگر نیز می‌دهد.

این نشانِ آن بُوَد کآن مُلک و جاه[4] **کـه هـمی جـویی، بـیابی از اِلٰـه** ۱۶۸۳

این نشان آن است که هر مُلک و مقامی را می‌خواهی، خداوند به تو خواهد داد.

آنکـه مـی‌گریی بـه شب‌هـایِ دراز وانکـه مـی‌سوزی سـحرگه در نـیاز ۱۶۸۴

آنچه را که با گریه در شب‌های دراز می‌خواهی و نیازمندانه با سوز و گداز در سحرگاهان می طلبی،

---

۱ - از شرایط سلوک آن است که سالک آنچه را که از معارف و حقایق در می‌یابد، جز با استاد راه‌دان نگوید.

۲ - در حاشیه مصراع چنین است: «زان نشان با والد یحیی بگفت».

۳ - اشارتی قرآنی؛ آل عمران : ۴۱/۳ : قٰالَ رَبِّ ٱجْعَلْ لِی آیَةً. قٰالَ آیَتُكَ أَلاّٰ تُكَلِّمَ النّٰاسَ ثَلٰثَةَ أَیّٰامٍ إِلاّٰ رَمْزاً : پروردگارا، نشانه‌ای برای من قرار ده. [خداوند در پاسخ به او] گفت: نشانهٔ تو آن است که سه روز با مردم جز به اشاره و رمز سخن نخواهی گفت. [و زبان تو بدون هیچ عیب و نقص از کار می‌افتد.] :ر.ک: ۳۶۱۲/۲.

۴ - **ملک و جاه:** تعبیری از ارتقا و کمال روحانی.

آنکه بی آنْ روزِ تو تاریک شد همچو دوکی گردنت باریک شد ۱۶۸۵

چیزی که اگر نباشد، روزت شام سیاه می‌شود و گردنت چون دوک باریک خواهد شد،

وآنچه دادی هر چه داری در زکات چون زکاتِ پاکْ‌بازان رخت‌هات ۱۶۸۶

و چیزی که همهٔ هستی‌ات را در راهش دادی، مانند پاکبازان جامه را نیز بخشیدی،

رخت‌ها دادی و خواب و رنگِ رُو سر فدا کردی و گشتی همچو مو ۱۶۸۷

هرچه را که داشتی از جان و مال فدا کردی و اینک بسان مو، بس باریک و ضعیف شده‌ای.

چند در آتش نشستی همچو عود چند پیش ِ تیغ رفتی همچو خُود ۱۶۸۸

بارها در آتش رنج‌ها و مصائب، مانند عود سوختی و عطر ایمان به اطراف پراکندی، بارها، همچون کلاه‌خُود در برابرِ شمشیرِ بُرّان محنت‌ها و بلایا مردانه ایستادی،

زین چنین بیچارگی‌ها صد هزار خویِ عشّاق است و ناید در شمار[1] ۱۶۸۹

تا کنون صدهاهزار بیچارگی‌های این چنینی برایت پیش آمده، این‌ها همه خُوی عاشقان است و نمی‌توان آن را شمارش کرد.

چونکه شب این خواب دیدی، روز شد از امیدش روزِ تو پیروز شد ۱۶۹۰

اگر همهٔ آنچه گفته شد، رؤیایی باشد که شب در خواب دیده‌ای، از امیدِ آن رؤیا، امروزت سرشار از شادمانی و امید است.

چشم گردان کرده‌ای بر چپّ و راست کآن نشان و آن علامت‌ها کجاست؟ ۱۶۹۱

اکنون با امید دیدنِ آن نشانه‌ها، چشم‌ها را به هر سو می‌گردانی که کجاست؟

بر مثالِ برگ می‌لرزی که وای گر رود روز و نشان ناید به جای ۱۶۹۲

مانند برگی در برابر باد بر خود می‌لرزی که وای اگر روز پایان یابد و نشان‌ها به واقعیّت نپیوندد.

می‌دوی در کوی و بازار و سرا چون کسی کو گم کند گوساله را ۱۶۹۳

مانند کسی که گوساله‌اش را گم کرده است، شتابان در کوی و بازار و خانه، همه‌جا در تکاپو و جست‌وجویی.

---

۱ - مُراد آنکه: این رنج‌ها نشان آن است که جان تو اتّصالی به حق دارد و پاسخی را که می‌خواهی، می‌یابی.

خواجه! خیر است، این دَوادَو[1] چیستت؟ گُم شده اینجا که داری؟ کیستت؟ ۱۶۹۴

اگر یک نفر بگوید: آقا، خیر باشد، این همه دویدن برای چیست؟ آیا چیزی یا کسی را گم کرده‌ای؟

گویی‌اش خیر است، لیکن خیرِ من کس نشاید که بداند غیرِ من ۱۶۹۵

خواهی گفت: آری، خیر است؛ امّا غیر از من کسی نباید آن را بداند.

گر بگویم، یک نشانم فوت شد[2] چون نشان شد فوت، وقتِ موت شد ۱۶۹۶

اگر بگویم، نشانِ رسیدن به گمشده‌ام را از دست می‌دهم و اگر نشان از دست برود، زندگی‌ام مرگ است.

بنگری در رویِ هر مردِ سوار گویدت: منگر مرا دیوانه‌وار ۱۶۹۷

با دقّت به چهرهٔ هر سوار خیره می‌شوی و سوار رؤیای خود را می‌جویی؛ امّا آن که از احوالت بی‌خبر است، می‌گوید: مرا دیوانه‌وار نگاه نکن.

گویی‌اش: من صاحبی[3] گم کرده‌ام رُو به جست و جویِ او آورده‌ام ۱۶۹۸

به سوار می‌گویی: من همدم و مطلوبم را گم کرده‌ام و در جست و جوی اویم.

دولتت پاینده بادا ای سوار رحم کن بر عاشقان، معذور دار ۱۶۹۹

ای سوار، بخت و اقبالت برقرار و پاینده باد، بر عاشقان رحم کن و عذر مرا بپذیر.

چون طلب کردی به جِدّ،[4] آمد نظر جِد خطا نکند، چنین آمد خبر ۱۷۰۰

ای طالب صادق، چون با جدیّت جویای مطلوب بودی، این جدّ و جهد، نظرِ عنایت را در پی دارد. در خبر آمده است که هرگز کوشش خطا نمی‌کند.

ناگهان آمد سواری نیکبخت[5] پس گرفت اندر کنارت سخت سخت ۱۷۰۱

ناگهان سوار نیکبختی که در انتظارش بودی می‌رسد و تو را سخت در آغوش می‌فشارد.

تو شدی بی‌هوش و افتادی به طاق[6] بی خبر گفت: اینت سالوس و نفاق ۱۷۰۲

تو از شدّت اشتیاق بیهوش می‌شوی و می‌افتی، آن کس که از ماجرا بی‌خبر است، می‌گوید: عجب آدم ریاکار و دورویی است!

---

۱ - **دَوادَو**: دویدن. ۲ - **فوت شد**: فوت می‌شود، از دست می‌رود. ۳ - **صاحب**: همراه، انیس، مالک.
۴ - اشاره به مثَلی تازی: مَنْ طَلَبَ الشَّیءَ وَ جَدَّ وَجَدَ: کسی که چیزی را بجوید و تلاش کند آن را می‌یابد: احادیث، ص ۷۱. جوینده یابنده است.
۵ - **سوار نیکبخت**: مرد حق، کسی که مورد عنایت باری تعالیٰ است. ۶ - **افتادی به طاق**: طاق‌باز می‌افتی.

او چه می‌بیند در او این شور چیست؟ — او نـداند کآن نشـانِ وصـلِ کـیست؟ ۱۷۰۳

او چه می‌داند که این شور و غوغای درونی از کجاست؟ او غافل و متعجّب است که این مستی و مدهوشی نشانهٔ وصل کدام محبوب است!

این نشان در حقّ او باشد کـه دیـد — آن دگـر را کِی نشـان آیـد پـدید؟ ۱۷۰۴

این احوال و نشانه‌ها برای کسی که قبلاً محبوب را دیده، عـلامت است، چگـونه ایـن نشانه‌ها برای دیگری پدید آید؟

هر زمـان کـز وِی نشـانی مـی‌رسید — شخص را جانی به جانی مـی‌رسید ۱۷۰۵

هر زمان که از مطلوب نشانه‌ای می‌رسید، جان تازه‌ای در کالبد او دمیده می‌شد.

مـاهیِ بـیچاره را پـیش آمـد آب — این نشان‌ها، تِلکَ آیـاتُ اَلکِـتاب[1] ۱۷۰۶

عاشق مشتاق که همواره، مانند ماهیِ دور از آب در حال جان کندن بـود، بـه آب زلال رسیده است، این نشانه‌ها «آیات کتاب الهی» است.

پس نشـانی‌ها کـه انـدر انـبیاست — خاصِّ آن جان را بُوَد، کو آشناست ۱۷۰۷

پس نشانی‌های پیامبران، مخصوص جانی است که با آن ذات پاک آشناست.

این سخن نـاقص بـماند و بی‌قرار — دل نـدارم، بـی‌دلم، مـعذور دار ۱۷۰۸

این کلام ناتمام ماند و نتیجه‌ای که می‌خواستم، هنوز حاصل نشده است، دل را از دست داده‌ام، عاشقم، معذورم دار.

ذرّه‌ها را کِی تـوانـد کس شـمُرد؟[2] **— خاصه آن کو عشق از وی عقل بُرد** ۱۷۰۹

چه کسی می‌تواند ذرّات جهان هستی را که نشان وجود حضرت باری است، بشمارد؟ بخصوص کسی که عشق، خِرَدش را برده باشد.

مـی‌شمارم بـرگ‌هایِ بـاغ را — مـی‌شمارم بـانگِ کـبک و زاغ را ۱۷۱۰

با این اوصاف، برگ‌های باغ یا بانگ کبک و زاغ را می‌شمارم، هرچند که مـحال است، همچنین به شرحِ آیات و نشانه‌های حق می‌پردازم، گرچه بیان آن در توان آدمی نمی‌گنجد.

---

۱ - اشارتی قرآنی به آیاتی نظیر: یونس: ۱/۱۰ و یوسف: ۱/۱۲: ... تِلْكَ آیاتُ الْکِتابِ الْمُبینِ: این‌ها آیات کتاب مبین است. [آشکار کنندهٔ حق از باطل و نشان راه نجات]

۲ - مُراد آنکه: آیات و نشانه‌های حق تعالیٰ مانند ذرّات جهان بی‌شمارند.

در شـــمار انـــدر نـــیاید، لیک مـن   مـــی‌شمارم بـــهرِ رشـــدِ مُـمْتَحَن[1] ۱۷۱۱

این امور را نمی‌توان بر شمرد؛ امّا من برای ترقّی و ارشاد سالکی که آزمون‌های بسیار دیده است، مختصری می‌گویم.

نَحْسِ[2] **کیوان یاکه سعدِ**[3] **مُشـتری   ناید اندر حَـصْر**[4] **گـرچـه بشـمری** ۱۷۱۲

اگر بخواهم نحس بودن کیوان و یا سعد بودن مشتری را برشمارم، حدّی ندارد و قابل محاسبه نیست.

لیک هم بعضی از ایـن هـر دو اثـر   شرح باید کـرد، یـعنی نـفع و ضَـر ۱۷۱۳

امّا باید بعضی از تأثیراتِ «نحس» و «سعد» را بگوییم تا سالکان به نیک و بد امور دقّت کنند.

تـــا شـــود مـــعلوم آثـارِ قـضا   شمّه‌یی مـر اهـل سَـعْد و نَـحْس را ۱۷۱۴

تا مختصری از آثار قضای الهی بر «اهل سعد و نحس» آشکار گردد و بدانند که حُکم الهی در «اعیان موجودات» از ازل تا به ابد، قضای حق است. یا به عبارتی، علمِ او حُکم اوست و پیدا آوردن اسباب، قضا و درکار آوردن اسباب، قَدَر اوست.

طـالع[5] **آنکس کـه بـاشد مشـتری   شـاد گـردد از نشـاط و سـروری** ۱۷۱۵

اگر طالع و بختِ کسی مشتری باشد، از بزرگی و سروری شادمان می‌گردد.

وانکه را طالع زُحَلْ، از هـر شُـرور   احـــتیاطش لازم آیـد در امـور[6] ۱۷۱۶

کسی که طالع زحل دارد، باید در امور محتاط باشد و از بدی‌ها بپرهیزد.

اُذکُـروا اللّـه[7] **شـاهِ مـا دسـتور داد   انـدر آتش دیـد مـا را، نـور داد** ۱۷۱۷

حق تعالیٰ در قرآن کریم می‌فرماید: «خدا را یاد کنید». ذکر حق «یاد خدا»، نوری است که نار

---

۱ - **مُمْتَحَن** : آزموده شده، محنت‌زده.

۲ - **نَحس کیوان یا سعد مشتری** : رمزی است از «لوح محفوظ» و عالم اعیان ثابته، یا رقمی که بر سعادت یا شقاوت هرکس خورده است؛ زیرا حق با هر موجودی به اعتبار اسمی که بر آن موجود حاکم است ارتباط دارد و منشأ تجلّی این اسم همان خواهش و اقتضا و طلبی است که «عین ثابتِ» ممکن دارد و به لسانِ استعداد خدا را به آن اسم خوانده است. لذا بزرگان گفته‌اند « العطیات علی حسب القابلیات » به هر کس هرچه لایق بود، دادند: شرح مقدّمهٔ قیصری، ص ۲۴۲.   ۳ - **سعد و نحس** : ر.ک: ۱۵۵۲/۲.   ۴ - **حَصْر** : شمردن.

۵ - **طالع** : ر.ک: ۷۵۶/۱ و ۷۵۷/۱.

۶ - بعد از بیت ۱۷۱۶ در مثنوی نیکلسون بیت زیرین آمده که در نسخهٔ کهن مورد استفاده این شرح ضبط نشده است: گر بگویم آن زُحَلْ استاره را   ز آتشش سوزد مر آن بیچاره را

۷ - مصراع اوّل، اشارتی قرآنی، در آیاتی نظیر: نساء: ۱۰۳/۴ یا بقره: ۲۰۰/۲، انفال: ۴۵/۸.

معنویِ وجودِ آدمی یا «نفس امّاره» را خاموش می‌کند. همان‌گونه که قبلاً نیز گفته شد، نفس به اعتبار وجود نفسی و تعلّقی که به تن می‌یابد و با مادّهٔ جسمانی در صمیم ذات متّحد می‌گردد، نار معنوی محسوب می‌گردد: هُمَزَة: ۶/۱۰۴ و ۷.[1]

گفت: اگرچه پاکم از ذکرِ شما نیست لایق مر مرا تصویرها ۱۷۱۸

حق تعالیٰ از ذکر و یادِ بنده بی‌نیاز است و ذات پاک او که از درک بشر خارج است، نه مقیّد است به قیدی و نه محدود است به حدّی، نه مترسّم است به رسمی، نه متصوّر است در تصویری، و به کُنه ذاتِ او نمی‌توان پی برد.

لیک، هرگز مستِ تصویر و خیال[2] در نیابد ذاتِ ما را، بی‌مثال ۱۷۱۹

امّا از آنجا که اکثر مردم در همین محسوسات غرق‌اند و جز آن را نمی‌شناسند، درکی که از حقایق دارند، حدّاکثر از طریق «عالم خیالِ مقیّد» است که در حال تمرکز و یا رؤیا بدان راه می‌یابند؛ پس از ادراکات عالی، جز اندک بهره‌ای ندارند؛ بنابراین بدون مثال‌های گوناگون و تشبیهات و استعارات که با صُورِ حسّی ایشان نسبتاً هماهنگ باشد، نمی‌توانند ذات حق را دریابند؛ بنابراین فضل الهی این‌گونه «ذکر گفتنِ مستانِ تصویر و خیال» را نیز می‌پذیرد و همین ذکر نردبانی است که توسّط آن می‌توانند به مراتب عالی‌تر درک صعود کنند.

ذکرِ جسمانه خیالِ ناقص است وصفِ شاهانه از آن‌ها خالص است ۱۷۲۰

«ذکر جسمانه»، یا ذکری که با ویژگی‌های جسمانی آلایش یافته باشد، برای حمد و ثنای باری‌تعالیٰ، همان‌گونه که در داستان موسیٰ و شبان خواهد آمد، ناشی از «خیالِ ناقص» و دانش محدود است، حال آنکه توصیف او از این امور منزّه است.

شاه را گوید کسی: جولاه نیست این چه مدح است؟ این مگر آگاه نیست؟ ۱۷۲۱

اگر کسی برای توصیف و حمد و ثنای شاه بگوید که او بافنده نیست، آیا مدح گفته است؟ اینکه چیزی جز عدم آگاهی نیست.

---

۱ - شرح مقدّمهٔ قیصری، ص ۸۱۳ ۲ - **خیال**: خیال مطلق و مقیّد؛ ر.ک: ۱/۷۲-۶۹ و ۳۱۰۸/۱.

انکارکردنِ موسی، عَلَیْهِ السَّلام، بر مُناجاتِ شبان [1]

موسی(ع) در راه به شبانی بر خورد که در حال راز و نیاز با خداوند بود و بنا بر بینش سادهٔ خویش اوصافی جسمانه برای حق تعالیٰ بر می‌شمرد و خواهان چاکریِ حضرت باری و دوختن چارق او و شانه کردن موهایش و در وقت بیماری غمخواری با حق بود، «زین نمط بیهوده می‌گفت آن شبان». موسیٰ(ع) کلام او را شنید و گفت: این سخنان را با که می‌گویی؟

شبان پاسخ داد: با خدایی که ما و همه جهان را آفریده است. موسیٰ(ع) گفت: این چه یاوه و چه کفری است؟ دهان را بر بند که اگر به این سخنان ادامه دهی، آتشی می‌آید و خلق را می‌سوزانَد. شبان پشیمان شد و از غم جامه درید و راه بیابان را پیش گرفت. از جانب حق تعالیٰ به موسیٰ(ع) وحی رسید: چرا بندهٔ ما را از ما جدا کردی؟ تو برای وصل کردن آمدی، نه برای فصل کردن. ای موسیٰ، آداب‌دانان دیگرند و سوخته جان و روانان دیگر؛ پس از عتاب و خطاب حق تعالی، موسیٰ(ع) به شتاب جویای شبان شد و به او گفت: هیچ آدابی و ترتیبی مجوی، هرچه می‌خواهد دل تنگت بگوی.

در قصّهٔ موسیٰ(ع) و شبان که در داستان‌های قُدَما، مضامینی نزدیک به معنای آن وجود دارد، مولانا بنا بر روش هموارهٔ خویش این قالب را برگزیده است تا در آن معانی بلندی را بیان کند.

---

۱ - ظاهراً مأخذ آن حکایتی است که در عقدالفرید، طبع مصر، مطبعهٔ جمالیه، ج ۴، ص ۲۰۵ نقل شده و مضمونی مشابه دارد که در طیِ آن پارسای جاهلی از قوم بنی اسرائیل به خداوند می‌گوید که خدایا اگر تو هم الاغی داشته باشی حاضرم آن را همراه الاغ خود به چرا ببرم.

و این حکایت به طرز دیگر در شرح نهج‌البلاغة، ج ۴، ص ۲۶۷ نقل شده است.

روایت فوق شبیه بدانچه در عقدالفرید می‌آید در عیون‌الاخبار ابن قتیبه، ج ۲، ص ۳۸ و ربیع‌الابرار، باب الجنون و الحمق و اللألیء المصنوعة، ج ۱، ص ۱۳۲ هم روایت شده است.

حافظ ابونعیم در کتاب حلیة الاولیاء، ج ۳، ص ۲۲۳ این قصّه را به طریق دیگر نقل کرده است.

مفاد این قصّه از روایت ذیل که در تفسیر ابوالفتوح، ج ۲، ص ۱۷۹ روایت شده نیز مستفاد می‌گردد: یک روز رسول علیه السّلام نماز بامداد می‌گزارد، اعرابی که او قریب عهد بود به اسلام، در قفای رسول نماز می‌کرد. رسول علیه السلام سورهٔ والنّازعات می‌خواند تا به اینجا رسید که خدای تعالی از فرعون خبر کرد که او گفت: أَنَا رَبُّکُمُ الأَعْلَی، اعرابی از سر اعتقاد پاک و عصبیت دین، طاقت نداشت تا در نماز گفت: کَذِبَ اِبْنُ الزَّانِیَةِ (این زنازاده [فرعون] دروغ می‌گوید). چون رسول(ص) سلام باز داد، اصحاب روی به ملامت در او نهادند و گفتند: نماز تباه کردی و در نماز سخن گفتی و سوء ادب کاربستی، که در مسجد در نماز حضرت رسول فحش گفتی. اعرابی باز ماند. جبرئیل آمد و گفت: خدایت سلام می‌کند و می‌گوید این قوم را تا زبان ملامت از او کوتاه کنند که من آنچه او گفت از فحش، از او به تسبیح و تهلیل برگرفتم.

در این قصّهٔ رمزآمیز، موسیٰ(ع) نمادی است از «عقل و شریعت و اهل تنزیه»، چوپان نمادی است از «عاشق واصل» که از مکاشفات باطنی خویش تصویری آلوده به تشبیه را تبیین می‌دارد، هرچند که در دل از اهل تنزیه است.

سِرّ سخن در این داستان، این است که حقیقت کفر و ایمان به دل است نه به زبان، خداوند ناظر بر دل بندگان است نه بر زبان آنان و بدین جهت است که کلام چوپان نیز مقبول حق است؛ زیرا ذکر آلوده به تشبیه چوپان نیز از آنجاکه در محدودهٔ کوچک معرفت او؛ امّا خالصانه است، مقبول است و خلوص و عشق، آلایش‌های زبان را می‌پالاید.

موسیٰ(ع) در مقام «صاحب شریعت و اهل شریعت» ناظر به «کلامِ و فعل» است و بر «دل» که نظرگاه حق شمرده می‌شود نظر ندارد؛ بنابراین بنا بر روایت داستان وحی و الهام ربّانی بر دل او و در تبیین این حقیقت است که احوال درونی و اسراری که بندگان با خدای خویش دارند، مراتب گونه‌گونی دارد و او باید تفاوت میان آنان را منظور بدارد و در تفسیر حال هر یک، احوال درونی را مورد امعان نظر قرار دهد و در همین حال است که داستان دربرگیرندهٔ درسی از تساهل و تسامح نیز هست که به آسانی نمی‌توان مخلوق را مردود شمرد و یاکافر به حساب آورد.

همچنین در این قصّه اشارت بدین معنا نیز رفته است که رسالت رسولان برای جمع میان «تنزیه و تشبیه» هم بوده است و در عرصهٔ مکاشفات روحانی نیز اهل دل بی‌نیاز از وجود بابرکت رسولان و پیامبران و کاملان نیستند و به امداد ایشان است که می‌توانند کلامِ خویش را راست بدارند و از ادراکات و تجربیّات باطنی خود با تعالیم آنان تصویری به صحّت برگیرند.

۱۷۲۲ **دید موسی یک شبانی را به راه — کو همی گفت: ای خدا و ای اِلٰه[۱]!**

موسیٰ(ع) در راهی با چوپانی روبرو شد که در حال مناجات می‌گفت: ای خدا و آفریننده!

۱۷۲۳ **تو کجایی تا شوم من چاکرت؟ — چارُقت دوزم کنم شانه سَرَت**

تو کجایی تا من چاکرت شوم و خدمتت کنم، چارقت را بدوزم و مویت را شانه کنم.

۱۷۲۴ **جامه‌اَت شویم، شپش‌هااَت کُشم — شیر پیشت آورم ای مُحتشم!**

لباس‌هایت را بشویم، شپش‌های تو را بکُشم و شیر برایت بیاورم، ای خداوند بزرگ.

۱۷۲۵ **دستکت بوسم، بمالم پایکَت — وقتِ خواب آید، بروبم جایکت**

دستت را ببوسم، پایت را بمالم و هنگام خواب جای تو را جارو کنم.

۱۷۲۶ **ای فدایِ تو همه بُزهای من — ای به یادت هی‌هی و هی‌هایِ من**

ای خدا، همهٔ بزهای من فدای تو، ای خدایی که همه های و هوی من برای توست.

---

۱ - مصراع دوم در متن ابتدا «کو همی گفت ای گزیننده اِله» بوده، در مقابله تغییر داده‌اند.

این نَمَط بیهوده می‌گفت آن شبان   گفت موسی: با که است این ای فلان؟ ۱۷۲۷

شبان این‌گونه سخنان یاوه‌ای می‌گفت. موسیٰ(ع) گفت: ای مرد، این سخنان با که است؟

گفت: با آن کس که ما را آفرید   این زمین و چرخ از او آمد پدید ۱۷۲۸

گفت: با کسی که ما را آفرید و زمین و آسمان از او در وجود آمده است.

گفت موسی: های! بس مُدبِر شدی   خود مسلمان ناشده، کافِر شدی[1] ۱۷۲۹

موسیٰ(ع) گفت: وای بر تو که چقدر بدبخت شدی، تسلیمِ امرِ حق نشده و ایمان نیافته، کافر گشتی.

این‌چه ژاژ است؟ این‌چه کفر است و فُشار[2]؟   پنبه‌یی اندر دهانِ خود فشار ۱۷۳۰

این‌ها که می‌گویی، بس یاوه، کفرآمیز و هذیان‌آلود است، ساکت و خاموش باش.

گَندِ کفرِ تو جهان را گَنده کرد   کفرِ تو دیبایِ دین را ژنده کرد ۱۷۳۱

از حرف‌های کفرآلود تو جهان متعفّن شده، کفر تو حریر لطیف دین را نابود کرده است.

چارق و پاتابه[3] لایق مر تو راست   آفتابی را چُنین‌ها کِی رواست؟ ۱۷۳۲

چارق و پاپیچ شایستهٔ توست، به کار بردن این کلام برای آفتاب تابناک هرگز سزاوار نیست.

گر نبندی زین سخن تو حلق را   آتشی آید، بسوزد خلق را ۱۷۳۳

اگر دهانت را از گفتن این سخنان نبندی، آتشِ قهرِ خداوند می‌آید و همه را می‌سوزاند.

آتشی گر نامده است، این دود چیست؟   جان سیه گشته، روان مردود چیست؟ ۱۷۳۴

اگر آتش قهر خداوند دامان تو را نگرفته است چرا چنین تیره‌جان و روان و مردود درگه حق شده‌ای و کفر می‌گویی؟

گر همی دانی که یزدان داور است   ژاژ و گستاخی تو را چون باور است؟ ۱۷۳۵

اگر می‌دانی که خداوند حاکم جهان هستی است و کیفرِ کفر را می‌دهد، چگونه این سخنان بیهوده و گستاخانه را باور داری؟

دوستیِ بی‌خِرد خود دشمنی‌ست   حق تعالی زین چنین خدمت غنی‌ست[4] ۱۷۳۶

محبّت و دوستی بدون عقل، عین دشمنی است، خداوند از چنین خدمت و بندگی بی‌نیاز است.

---

۱ - در حاشیه به جای «بس مدبر شدی»، «خیره سر شدی» نوشته‌اند.   ۲ - **فُشار**: هذیان، بیهوده‌گویی.
۳ - **پاتابه**: پاپیچ که به دور ساق پا می‌بستند.   ۴ - **غنی**: بی‌نیاز.

با که می‌گویی تو این؟ با عمّ و خال؟ جسم و حاجت، در صفاتِ ذوالجلال؟ ۱۷۳۷

با چه کسی سخن می‌گویی؟ با عمو یا دایی‌ات؟ صفات خداوند ذوالجلال چه ارتباطی با جسم و نیازهای آن دارد؟

شیر او نوشَد که در نَشْو و نماست چارق او پوشد که او محتاج پاست ۱۷۳۸

کسی که در حال رشد است، شیر می‌نوشد، چارق را کسی می‌پوشد که به پا نیازمند است.

ور برای بنده‌ش است این گفتِ تو آنکه حق گفت: او من‌است و من خود او ۱۷۳۹

اگر سخن تو برای بندهٔ خاصّ اوست که خداوند در موردش گفته است: او من است و من او هستم،

آنکه گفت: اِنّي مَرِضْتُ، لَمْ تَعُدْ[1] من شدم رنجور، او تنها نشد ۱۷۴۰

آن بندهٔ خاصی که خداوند در موردش فرموده است: «بیمار شدم و تو به عیادتم نیامدی»، من هم رنجور شدم، تنها او بیمار نشد.

آنکه بی یَسْمَعْ و بی یُبْصِر شده‌ست[2] در حقِ آن بنده این هم بیهده‌ست ۱۷۴۱

بنده‌ای که گوش و چشم او به نور حق منوّر شده است، یعنی به نور حق می‌شنود و به نور حق می‌بیند، در حقِ او نیز این کلام شایسته نیست؛ زیرا بندهٔ خاص و تابناکی است.

بی‌ادب، گفتن سخن با خاصِ حق دل بمیراند، سیه دارد ورق ۱۷۴۲

بی‌ادب و گستاخانه با بندهٔ خاص حق سخن گفتن، حیات روحانی دل را به زوال می‌آوَرَد و نامهٔ اعمال را سیاه می‌کند.

گر تو مردی را بخوانی: فاطمه گرچه یک جنس‌اند مرد و زن همه ۱۷۴۳

اگر تو مردی را فاطمه خطاب کنی، هرچند که مرد و زن همه از نوع بشر به شمار می‌آیند،

قصدِ خونِ تو کند تا ممکن است گرچه‌خوش‌خُو و حلیم[3] و ساکن[4] است ۱۷۴۴

اگر بتواند تصمیم به قتل تو می‌گیرد، هرچند که انسانی خوشخو و بردبار و آرام باشد.

---

۱ - اشاره به حدیث: روز قیامت خدای عزّوجلّ خطاب به آدمی می‌فرماید: چرا وقتی بیمار شدم به عیادتم نیامدی؟ عرض می‌کند: خدایا، تو پروردگار عالمیان هستی، چگونه عیادتت می‌کردم؟ فرمود: مگر نمی‌دانستی که فلانی بندهٔ من است و بیمار شده، چرا به عیادتش نیامدی؟ اگر به عیادت او می‌آمدی، مرا نزد او می‌یافتی: احادیث، ص ۱۹۸.

۲ - اشاره به حدیثی که در ارتباط با قرب نوافل است: ر.ک: ۱۹۴۷/۱.

۳ - **حلیم** : بردبار.

۴ - **ساکن** : آرام.

فاطِمه مدح است در حقِّ زنان   مرد را گویی، بُوَد زخم سنان[1] ۱۷۴۵

نام «فاطمه» برای زنان، ستایش است، اگر به مرد بگویی، به او اهانت کرده‌ای.

دست و پا در حقِّ ما اِستایش است   در حقِ پاکیِ حقّ آلایش است ۱۷۴۶

داشتن دست و پا برای ما امتیاز و نشانهٔ سلامتی است؛ امّا دربارهٔ خداوند و مقام پاک او، کلامی بیهوده و آلوده است.

لَمْ یَلِدْ لَمْ یُولَدْ[2] او را لایق است   والد و مولود را او خالق است ۱۷۴۷

دربارهٔ او سزاست که بگوییم: «او نه زاده است و نه زاییده شده»، او خالقِ زایندگان و زاده‌شدگان است.

هرچه جسم آمد، ولادت وصفِ اوست   هرچه مولود است او زین سویِ جوست ۱۷۴۸

برای توصیف هرچیزی که دارای جسم باشد، می‌توان زاییده شدن را به کار برد، و هرچیزی که زاده شده مربوط به عالم خاکی و دنیای مادّی است.

زانکه از کَون و فساد[3] است و مَهین[4]   حادث[5] است و مُحْدِثی خواهد یقین[6] ۱۷۴۹

زیرا که از عالم محسوس یا «کون و فساد» و بی‌قدر است، حادث است و هر حادثی به یقین نیازمند آفریدگاری است.

گفت: ای موسی! دهانم دوختی   وز پشیمانی تو جانم سوختی ۱۷۵۰

چوپان گفت: ای موسیٰ، دهانم را از سخن گفتن دوختی و بستی، از پشیمانی آتشی بر وجودم افکندی که جانم سوخت.

جامه را بدرید و آهی کرد تَفت[7]   سر نهاد اندر بیابانی و رفت ۱۷۵۱

چوپان جامه را از اندوه چاک زد، آهی سوزان برآورد و سر به بیابان نهاد و رفت.

---

۱ - **سِنان** : سرنیزه، نیزه.   ۲ - اشارتی قرآنی؛ اخلاص : ۳/۱۱۲؛ ر.ک: ۲۷۷۰/۱.
۳ - **کون و فساد** : ر.ک: ۱۹۳۶/۱.   ۴ - **مَهین** : ضعیف، سست، بیقدر.   ۵ - **حادث** : ر.ک: ۲۳۲۵/۲.
۶ - مولانا نفس آدمی و جهان هستی را حادث ذاتی و قدیم زمانی می‌داند. [خَلَقَ اللهُ الأَرواحَ قبلَ الأَجْسامِ]
۷ - **تَفت** : گرم و سوزان.

عِتاب [1] کردنِ حق تعالی، موسی را عَلَیْهِ السَّلام، از بهرِ آن شبان

وحی آمد سویِ موسی از خدا   بندهٔ ما را ز ما کردی جدا ۱۷۵۲

از حق تعالیٰ به موسیٰ(ع) وحی رسید که بندهٔ ما را از ما جدا کردی.

تو برای وصل کردن آمدی   یا برای فصل کردن آمدی؟ ۱۷۵۳

ای موسیٰ، رسالت تو برای پیوستن بنده به خداست یا برای گسستن آن؟

تا توانی پا منه اندر فراق   اَبغَضُ الْاَشْیاءِ عِنْدی اَلطَّلاق [2] ۱۷۵۴

تا می‌توانی در راه فراق و جدایی گام نگذار؛ زیرا «ناپسندترین و ناشایست‌ترین چیزها نزد من طلاق و جدایی است».

هر کسی را سیرتی [3] بنهاده‌ام   هر کسی را اصطلاحی [4] داده‌ام [5] ۱۷۵۵

برای هر کسی طریقهٔ خاصی در روش و رفتار بنیان نهاده‌ام و شیوهٔ بخصوصی را در بیان فکر و حس قرار داده‌ام.

در حقِ او مدح و در حقِّ تو ذَمّ   در حقِ او شهد و در حقِّ تو سَمّ ۱۷۵۶

چیزی را که از چوپان به عنوانِ «مدح» و ستایش می‌پذیریم، از تو و کمال معنوی و روحانی‌ات نکوهیده می‌دانیم. او از بیان آن کلام ساده، کام جانش را شیرین می‌کند؛ امّا برای تو آن کلام هلاکت می‌آورد. او از شریعت و طریقت گذشته و به حقیقت رسیده است، با همان ساده‌دلی، جانی سوخته و خالص دارد.

ما بَری از پاک و ناپاکی [6] همه   از گرانجانی [7] و چالاکی همه ۱۷۵۷

ذات پاک ما از همهٔ آنچه که انسان به عنوان پاکی یا ناپاکی [تشبیه و تنزیه] می‌شناسند مبرّاست.

---

۱ - **عِتاب** : سرزنش.

۲ - اشاره به حدیث: أَبْغَضُ الْحَلالِ إِلَی اللهِ الطَّلاقُ : ناپسندترین حلال نزد خداوند طلاق است: احادیث، ص ۱۹۸.

۳ - **سیرت** : رفتار، روش. ۴ - **اصطلاح** : عُرفِ خاص.

۵ - راه‌های ارتباط مخلوق با خالق یکسان نیست، به تعداد مخلوقات راه به سوی حق وجود دارد. مقصود بیان اختلاف عقول و نفوس انسانی در استعداد برای استکمال است. ۶ - تشبیه و تنزیه: ر.ک: ۵۷/۲.

۷ - **گرانجانی** : سستی مقابل سبک‌روحی.

مـن نکـردم امـر تـا سـودی کـنم   بـلکه تـا بـر بـندگان جـودی کـنم ۱۷۵۸

فرمان من در انجام اموری از قبیل طاعات و عبادات، یاد کردن خدا، امر به نیکی و دوری از بدی، برای نیازِ من نیست که خداوند بی‌نیاز مطلق است، بدان جـهت است کـه بـه ایـن ترتیب طریق تصفیه از سرشتِ طبیعی را بپیمایند و در مسیر اهداف آفرینش کـه راهِ کـمال است قرار گیرند و این جُود و بخششی است در حقِّ آنان.

هـندوان[1] را اصـطلاحِ هـند، مـدح   سِـندیان را اصـطلاحِ سـند[2]، مـدح ۱۷۵۹

هر گروهی از بندگان بنابر ادراک و تعقّل خویش به حمد و ثنا می‌پردازنـد، هـندوها بـا اصطلاحات و تعبیرهایِ ویژهٔ خودشان و سندیان نیز با ویژگی‌های خاصّ خودشان.

مـن نگـردم پـاک از تَسْـبیحشان[3]   پاک هم ایشان شوند و دُرْفِشـان[4] ۱۷۶۰

من از منزّه دانستن بندگان، منزّه نمی‌شوم، آنان با تسبیح از تیرگی و کدورت پاک می‌شوند و بر اثر نور درون می‌توانند سخنانی سرشار از معرفت بگویند.

مـا زبـان را نـنگریم و قـال را[5]   مـا روان را بـنگریم و حـال را ۱۷۶۱

ما به زبان و گفتار توجّه نداریم، به احوال درونی و دل بندگان می‌نگریم.

نـاظرِ قـلبیم، اگـر خـاشع[6] بُـوَد   گرچـه گـفتِ لفظ نـاخاضع[7] رَوَد ۱۷۶۲

اگر قلب بنده متواضع باشد؛ امّا کلام او از سر فروتنی نباشد، ما به دل خاشع او توجّه می‌کنیم.

زانکه دل جوهر بُوَد، گـفتن عَـرَض[8]   پس طُفیل[9] آمد عَرَض، جوهر غرض ۱۷۶۳

زیرا دل، اصل است و کلام، فرع. همواره شأن و قدر با اصل است نه با فرع.

چند از این الفاظ و اِضمار[10] و مجاز؟   سوز خواهم، سوز، بـا آن سـوزْ سـاز ۱۷۶۴

تا کی به زیبایی لفظ توجّه کنیم؟ تا چند پوشیده و مجازی و عاری از عشق سخن بگوییم؟

---

۱ - **هندوان**: هندوها. ۲ - **سِنْد**: از ایالات غربی پاکستان که رود سند آن را مشروب می‌سازد.
۳ - **تسبیح**: خدای را به پاکی یاد کردن. ۴ - **دُرفشان**: کسی که سخنانِ آمیخته با معرفت بگوید، آگاهانه.
۵ - مستفاد از حدیث: خداوند به پیکر و چهرهٔ شما نمی‌نگرد، بلکه به دل‌هایتان نگاه می‌کند: احادیث، ص ۲۰۰.
۶ - **خاشع**: فروتن. ۷ - **خاضع**: فروتن، خاشع. ۸ - **جوهر و عَرَض**: ر.ک: ۹۴۷/۲.
۹ - **طفیل**: طفیلی، مزاحم و سربار.
۱۰ - **اِضْمار**: در دل چیزی را نهان داشتن، فروگذاشتن چیزی به ابقای اثر آن، بیان مقصود با لفظی دیگر و نه به صراحت.

اگر سوز عشقی نباشد، کلمات زیبا و فصیح چه تأثیری در کمال دارد؟ سوز و گداز می‌خواهم. با آن سوز، بسوز و بساز.

آتشی از عشق در جان بر فروز   سر به سر فکر و عبارت را بسوز ۱۷۶۵

آتشی از عشق در جان خود برافروز و با شراره‌های آن اندیشه و سخن را محو کن.

موسیا ! آدابْدانان دیگرند   سوخته جان و روانان دیگرند ۱۷۶۶

ای موسیٰ، آنان که خود را ملزم به رعایت آداب و رسوم می‌کنند، گروهی دیگرند و کسانی که جان و روانشان از عشق سوخته است، جمعی دیگرند.

عاشقان را هر نفَس سوزیدنی‌ست   بر دِهِ ویران خراج[1] و عُشر[2] نیست ۱۷۶۷

عاشقان در هر نَفَس در حال سوختن‌اند، وجود و هستی‌شان در این محبّت ویران شده است. از دِهِ ویران که خراج و عُشر نمی‌طلبند.

گر خطا گوید، وَرا خاطی[3] مگو   گر بُوَد پُرخون شهید، او را مشُو ۱۷۶۸

اگر سوخته جان و روان خطا بگوید، او را خطاکار نشمار؛ زیرا شهیدِ عشق است و شهیدان گرچه پرخون‌اند، پاک‌اند و نیازی به شست‌وشوی ندارند؛ زیرا درون را شسته‌اند.

خونْ شهیدان را ز آب اولٰیتر است[4]   این خطا از صد صواب اولٰیتر است ۱۷۶۹

همان‌طور که برای شهیدان خون‌آلود بودن بهتر است، سخنِ خطایی که عاشقِ سوخته می‌گوید از صد کلامِ عاری از محبّت برتر است.

در درونِ کعبه رسم قبله نیست   چه غم ار غوّاص را پاچیله[5] نیست ۱۷۷۰

در درون کعبه، رسم متداولِ قانونِ قبله رعایت نمی‌شود؛ زیرا به هر سو که بگردد، قبله همان‌جاست. اگر غوّاص در اعماق دریا پاپوش نداشته باشد، چه اندوهی دارد؟

---

۱ - **خراج** : حاصل زراعت، آنچه را که شاه یا حاکم از رعایا می‌گیرد.

۲ - **عُشْر** : ده یک گرفتن از اموال کسی، در اصطلاح فقهی: ده یک محصولاتی که زکات بر آن‌ها تعلّق می‌گیرد، گرفته می‌شود، به شرط آنکه بدون هزینه آبیاری شود. ۳ - **خاطی** : خطاکار.

۴ - حکم شرعی و اشاره به مضمون این روایت: شهیدان را با خون پیکرشان دفن کنید؛ زیرا هیچ زخمی از آنان نیست که در روز رستاخیز خون‌چکان باشد و اطراف خود را چون مُشک عطرآگین نکند: احادیث، ص ۲۰۰.

۵ - **پاچیله** : پاپوش، پاافزار.

تو ز سرمستان قلاووزی مجو[1] جامه‌چاکان را چه فرمایی رفو؟ ۱۷۷۱

ای موسیٰ، تو از آنان که سری مست از بادهٔ حق دارند، انتظار رهبری و هدایت دیگران را نداشته باش، آن‌ها که از شدّت سوز و درد و عشق جامهٔ خویش را دریده‌اند، چگونه جامهٔ دیگری را رفو کنند و به اصلاح و تربیت دیگران بپردازند؟ این عاشقان از عشق حق جامه‌چاک‌اند.

ملّتِ عشق از همه دین‌ها جداست عاشقان را ملّت و مذهب خداست ۱۷۷۲

آیین عشق و عاشقی ورای ادیان است. عاشقان به حالی رسیده‌اند که دین و مذهبشان خداست.

لعل را گر مُهر نَبْوَد باک نیست عشق در دریایِ غم غمناک نیست ۱۷۷۳

لعل به خودی خود، بس گرانبهاست، باکی نیست که مُهر و نشانی بر آن نباشد. این «لعل»، وجودِ عاشق است که اگر مزیّن به مُهر شریعت شود، زهی سعادت؛ امّا در هر حال عاشقِ حق در دریایی از اندوه هم اندوهگین نیست؛ زیرا فَیَضان انوار الهی همواره درون او را سرشار و شاداب می‌دارد. جان این چوپان هم اگر در دریایی از کفر ظاهری فرو رود، آلوده نمی‌شود، ایمان با جان او آمیخته است.

وحی آمدن موسی را، عَلَیْهِ السَّلام، در عُذرِ آن شبان

بعد از آن در سرّ[2] موسی حق نهفت رازهایی گفت، کآن ناید به گفت ۱۷۷۴

بعد از آن خداوند اسرار و حقایقی را برای موسیٰ عیان ساخت که در سخن نمی‌گنجد.

---

۱ – در اصطلاح صوفیّه چنین بندگانِ سرمست را مجذوب گویند که ربوده شدهٔ حق‌اند و شوریده و شیفته و از خود بیخود گشته‌اند، کسانی که خدای متعال آنان را برای خود برگزیده و پاک گردانیده باشد، تا حائز مواهب ربّانی و مراتب سبحانی گردند. اگر از حال جذبه باز نیاید و از عالم برود او را مجذوب نامند، اگر از آن حال باز آید و از خود باخبر شود و سلوک را تمام کند او را مجذوب سالک گویند، اگر ابتدا سلوک کند، آنگاه جذبهٔ حق در رسد، وی را سالک مجذوب گویند.

در اصطلاح سالکان، مجذوب مطلق کسی را گویند که تکلیف بر او نیست، چه تکلیف بر عُقلاست و ایشان مجانین‌اند، انکار این جماعت نمی‌توان کرد و بر ایشان اقتدا نیز نشاید، این طایفه را کامل نمی‌نامند، چه ایشان در مقام سُکر و فنا جمع‌اند و مرتبهٔ کمال، بقا بعدالفنا و صحو بعدالمحو و جمع‌الجمع است: «کشّاف اصطلاحات الفنون، نقل از: دهخدا» و «شرح اشعة اللمعات، صص ۱۴۳ و ۱۴۴» و «فرهنگ مصطلحات عرفا، دکتر سجّادی و شرح گلشن راز، ص ۲۸۵، نقل از: دهخدا»

۲ – **سِرّ** : گفته‌اند سِرّ معنی باطن و نهان از ادراک مشاعر است و نیز گفته‌اند، سِرّ، آن دلی است که به واسطهٔ تجرّد و صفا، به مقام روح ترقّی کند و از باب اطلاق حال بر نام محل، دل مجازاً محل سِرّ است: ف. سجّادی، ص ۴۶۲.

بـر دلِ مـوسی سـخن‌ها ریـختند دیـدن و گـفتن بـه هـم آمـیختند ۱۷۷۵

اسرار بسیاری در این باب بر دل موسیٰ(ع) افاضه شد، در عین شهودِ حقایق، کلام حق بر دل پاک او فرو می‌ریخت.

چند بی‌خودگشت و چند آمد به خَود چـند پـرّید از ازل سـویِ اَبَـد ۱۷۷۶

موسیٰ(ع) مدّتی از شدّت استغراق از خود بیخود شد و باز از حالت محو به صحو باز گشت و به همین ترتیب چندین بار دل و جانش از ازل به ابد پرواز کرد و ادراک علوم و اسراری را که در علم الهی برایِ او مقرّر گشته بود، به شهودی عینی و ادراکی حضوری دریافت و بر سِرّ عشقِ حقیقیِ چوپان به آفریدگار، علی‌رغمِ بینشِ غیرِ علمی و ساده‌اندیشانه‌اش وقوف یافت.

بعد از این گر شرح گویم، ابلهی‌ست زانکه شـرحِ ایـن وَرایِ آگـهی‌ست ۱۷۷۷

اگر بخواهم شرح دهم که بعد از این احوال و تحوّلات عظیم چه حوادث شگرفی در درون موسیٰ(ع) رخ داد، دلیل نادانی است؛ زیرا بیان آن امکان ندارد و ماورای عقل و آگاهی آدمی است.

ور بگـویم، عـقل‌ها را بـر کَـند ور نـویسم، بس قـلم‌ها بشکَـند ۱۷۷۸

اگر حقایق را بگویم، عقول عادی بشری از فهم آن عاجز می‌مانند و بنیان خرد را برمی‌کَنَد و اگر بنویسم چه قلم‌ها که می‌شکنند.

چونکه موسی این عتاب از حق شنید در بـیابان در پـیِ چـوپان دویـد ۱۷۷۹

موسیٰ(ع) از عِتاب حق تعالیٰ [بندهٔ ما را چرا کردی جدا؟] سراسیمه در بیابان از پی چوپان دوید.

بـر نشـانِ پـایِ آن سـرگشته رانـد گَـرد از پَـرّهٔ[1] بـیابان بـرفشاند ۱۷۸۰

به دنبال ردّ پای آن عاشق سرگشته روانه شد و چنان به سرعت می‌شتافت که در بیابان گرد و غباری برپا شد.

گـام پـایِ مردمِ شوریده، خَـود هـم ز گـامِ دیگـران پـیدا بُـوَد ۱۷۸۱

نشان پای شوریدگان و شیفتگان به سبب سرمستی‌شان از نشان گام دیگران متمایز است.

---

۱ - **پرّه**: کناره، طرف، دامن.

۱۷۸۲ **یک قدم چون رخ[1] ز بالا تا نشیب یک قدم چون پیل[2] رفته بر وِریب[3]**

عاشقِ حق، چنان مات جمال و جلال اوست که پروایی از حرکات ظاهری خود ندارد، گاه چون «رُخ» از بالا به پایین، گاه چون «فیل» کج و مورّب می‌رود.

۱۷۸۳ **گاه چون موجی برافرازان عَلَم گاه چون ماهی روانه بر شکم**

گاه، مانند موجی توفان‌خیز، پرچم وجود خود را بر می‌افرازد و گاه، مانند ماهی افتاده بر خاک، بر زمین می‌افتد و افتان و خیزان به تکاپو می‌آید.

۱۷۸۴ **گاه بر خاکی نبشته حالِ خَود همچو رَمّالی که رَملی[4] برزند**

گاه شرح دلدادگی خویش را بر خاک می‌نگارد، آن‌چنانکه رمّالی خطی می‌نگارد و دیگران از سِرّ حال و کار او وقوفی ندارند.

۱۷۸۵ **عاقبت دریافت او را و بدید گفت: مژده دِه که دستوری رسید**

سرانجام موسیٰ(ع)، چوپان را یافت و گفت: به تو مژده و بشارت می‌دهم که از جانب خداوند برای تو فرمانی رسیده است.

۱۷۸۶ **هیچ آدابی و ترتیبی مجو هرچه می‌خواهد دلِ تنگت بگو**

حکم حق تعالیٰ این است که تو هرچه می‌خواهی، می‌توانی بگویی و ملزم به رعایت آداب و ترتیبی نیستی. تو به جایگاه رفیعی از ایمان و تقرّب رسیده‌ای که هرچه بگویی، عین آداب و ترتیب آن مقام است. مرتبهٔ تو مرتبه‌ای است ماورای عقل و درک آنان که با خویش‌اند و کلام تو هرچند که ظاهراً، ناظر به شریعت نیست و ادبِ مقامِ ربوبی را مراعات نمی‌کند، عین ادبِ مقامِ بی‌خویشیِ توست.

---

۱ - **رُخ** : مُهرهٔ رخ در شطرنج که حرکتی مستقیم دارد.
۲ - **پیل** : مُهرهٔ فیل در شطرنج که اُریب حرکت می‌کند. ۳ - **وِریب** : کج و معوج و منحرف.
۴ - **رَمْل** : در لفظ به معنی ریگ، نام علمی که آن را به دانیال نبی نسبت می‌دهند که در آن از اشکال شانزده‌گانه‌ای بحث می‌شود و هدف آن آگاهی بر احوال عالم و مجهولات است. نوشته‌اند که دانیال نبی مدّتی مردم را به حق دعوت می‌کرد و کس نمی‌پذیرفت، به شهر دیگری رفت که او را نمی‌شناختند، تخته‌ای حاصل کرد و بر دکانی بنشست و خطّی چند بر آن کشید و از احوال گذشته و آینده خبر می‌داد، آوازهٔ او به پادشاه آن اقلیم رسید، او را طلب کرد و خواست تا ملازم وی باشد، دانیال(ع) او را به اتّفاق چهار تن از ملازمان ارشاد می‌کرد تا در این فنّ استاد شدند، روزی به ایشان گفت که رَمْل بزنید و ببینید که آیا در این عصر کسی هست که پیامبری را زیبنده باشد؟ ایشان چنان کردند و همهٔ صفات دانیال و صورت و شکل او نوشتند، پس در حال به او گرویدند: کشّاف اصطلاحات الفنون، نقل از: دهخدا.

کفرِ تو دین است و دینت نورِ جان   ایـمنی، وز تـو جـهانی در امـان ۱۷۸۷

کلام تو که من آن را کفر می‌پنداشتم، عین دین است و دین تو، همان انوار الهی است که جانت را تابناک ساخته است. هیچ بیمی به دل راه نده و اندوهگین نباش؛ زیرا در «امن الهی» مقام داری و به سبب وجود تو جهانی از خشم خداوندی در امان‌اند.

ولیّ خدا در مقام «امن الهی» است؛ زیرا ایمان راستین به مؤمن امنیّت خاطر و آرامش و سکونِ دل می‌بخشد که در پرتو ایمنی او جهانی ایمن‌اند.

ای مُـعافِ یَـفْعَلُ اللّـه مـایَشَا[1]   بـی‌محابا رو زبـان را بـرگُشا ۱۷۸۸

ای آنکه به حق اتّصال یافته‌ای، در پرتو این وصل، بنا بر «خدا هرچه می‌خواهد، می‌کند» از آداب و ترتیب معاف شده‌ای، اینک به آسودگی و بدونِ پروا هرچه می‌خواهی بگو؛ زیرا مقامِ تو مقامِ بی‌خودی است، برو و بیاسای.

گفت: ای موسی! از آن بگـذشته‌ام   مـن کـنون در خـونِ دل آغشـته‌ام ۱۷۸۹

چوپان گفت: ای موسی، من از حالی که دیدی و کلامی که شنیدی، فراتر رفته‌ام، دریافتم که سخنانم آمیخته به آلایش است، اینک سراپای وجودم به خون دل آغشته شده است.

مـن ز سِـدرهٔ مـنتهی[2] بشکـفته‌ام[3]   صد هزاران ساله زآن سـو رفـته‌ام[4] ۱۷۹۰

من از سدرة المنتهی نیز گذشته و صدها هزار سال آن سوتر گام نهاده‌ام.

تـازیانه بـر زدی، اسـبم بگَشت   گُنبدی کرد[5] و ز گردون بـرگذشت ۱۷۹۱

تازیانه‌ای زدی که بر اثر آن اسب همّت من چنان جهید که از آسمان‌ها برگذشت.

مـحرمِ نـاسوتِ[6] مـا لاهـوت[7] بـاد   آفرین بـر دست و بـر بـازوت بـاد ۱۷۹۲

اینک امید آن دارم که همچنان لاهوت محرم ناسوت ما باشد، ناسوتی که در جهل بود و

---

۱ - یَفْعَلُ اَللّٰه : اشارت قرآنی، آل‌عمران : ۴۰/۳ : ر.ک: ۱۶۲۲/۲.

۲ - **سدرة المنتهیٰ :** درختی در آخر بهشت و در آسمان هفتم. «ابن عربی می‌گوید که علم فرشتگان به برتر از آن راهی ندارد و سدره را با عقل کلّ و تعیّن اوّل یکی دانسته است»: شرح مثنوی مولوی، ج ۱، ص ۱۸۴.

۳ - **بشکُفته ام :** شکفته شدن به معنی باز شدن هر چیز بسته مثل غنچه، مجازاً عظیم شاد شدن.

۴ - در مصراع اوّل، ابتدا «بگذشته‌ام» نوشته‌اند، در مقابله «بشکفته‌ام» را به عنوان اصلاحیّه افزوده‌اند.

۵ - **گنبدی کرد :** رمید و جهید.

۶ - **ناسوت :** عالم طبیعت و جسمانیّات، عالم خلق، مقابل عالم لاهوت و جبروت. در معنای انسان و سرشت مردمی و طبیعت انسانی نیز به کار می‌رود. مجازاً شریعت و عبادت ظاهری.

۷ - **لاهوت :** مشتق از الله، اصل آن لاه باشد و «و» و «ت» به آن ملحق شده است از جهت مبالغه، چنانکه در جبروت، مقابل ناسوت، عالم غیب یا عالم امر را گویند. صاحب کشّاف اصطلاحات الفنون گوید: صوفیّه حیاتی را که ساری است در اشیا می‌نامند و ناسوت محل آن است و ذلک الروح.

هیچ آدابی و ترتیبی را نمی‌جست، مرحبا بر دست و بازوی تو و تازیانه‌ای که نواختی و مرا به مراتبی بالاتر از آنچه بودم، رساندی.

حالِ من اکنون برون از گفتن است — این چه می‌گویم، نه احوالِ من است ۱۷۹۳

حالی که اکنون دارم، در وصف نمی‌گنجد و آنچه را که می‌گویم، رمزی از احوال من است.

نقش می‌بینی که در آیینه‌ای‌ست — نقشِ توست آن، نقشِ آن آیینه نیست ۱۷۹۴

همان‌گونه که تصویری را که در آیینه مشاهده می‌کنی، تصویر توست و نقش خود آیینه نیست، ادراکی هم که از چنین حالِ روحانی کم‌نظیر داری، متناسبِ با کمال معنوی خودِ توست و حقیقتِ آن حال را کسی می‌تواند دریابد که به آن شهود و درکِ روحانی عظیم نایل آمده باشد.

دَم که مردِ نایی اندر نای کرد — در خورِ نای است، نه در خوردِ مرد ۱۷۹۵

نَفَسی که «نای‌زن» در «نای» می‌دمد، متناسب با نی و ظرفیّت آن است، نه «نی‌زن».

هان و هان! گر حمدگویی گر سپاس — همچو نافرجام[1] آن چوپان شناس ۱۷۹۶

آگاه و به‌هوش باش که حمد یا سپاسِ تو همان قدر حقیر است که حمد آن چوپان و اگر موسیٰ‌صفتی یافت شود، تو نیز در می‌یابی که آنچه می‌گویی در مقایسه با آنچه باید باشد، نارسا و ناقص است.

حمدِ تو نسبت بدآن گر بهتر است — لیک آن نسبت به حق، هم اَبتر است ۱۷۹۷

اگر حمد و سپاسِ تو از حمدِ چوپان بهتر است، نسبت به حقِّ مطلب باز نارساست.

چندگویی؟ چون غِطا[2] برداشتند — کین نبوده‌ست آنکه می‌پنداشتند ۱۷۹۸

تا کی از خود و طاعات و عباداتت سخن می‌گویی؟ حقیقت آن‌گونه که می‌اندیشی نیست، چون پرده را بردارند، همه خواهند دید که واقعیّت چیزی که می‌پنداشتند، نبوده است.

این قبولِ ذکرِ تو از رحمت است — چون نمازِ مستحاضه[3]، رخصت است ۱۷۹۹

اینکه خداوند ذکر یا طاعات و عباداتت را بپذیرد، از رحمت خاصّی است که شامل مؤمنان می‌شود، نه آنکه این اعمال شایستهٔ قبول درگاه الهی است، مانند زن مُستحاضه که رحمتِ الهی به او اجازه داده که با رعایت حدودی نماز را اقامه بدارد.

---

۱ - **نافرجام**: ناتمام، عمل خُرد و کوچک، بیهوده. ۲ - **غِطا**: پرده، پوشش.
۳ - **مُستحاضه**: زنی که پس از پایان دوران حیض باز هم بر اثر بیماری خون ببیند.

۱۸۰۰ **بـا نـمازِ او بـیالوده‌ست خـون ذکـرِ تـو آلودهٔ تشـبیه و چـون**

نماز او با آلودگی جسمی توأم است و ذکر تو با آلایشِ نَفْسانی، تشبیه و چون و چراهای بسیار آلوده شده است.

۱۸۰۱ **خون پلید است و بـه آبی می‌رود لیک بـاطن را نـجاست‌ها بُـوَد**

آلودگی جسمی با شست‌وشو پاک می‌شود؛ امّا درون آدمی ناپاکی‌هایی دارد،

۱۸۰۲ **کآن بـه غـیرِ آبِ لطـفِ کـردگار کـم نگـردد از درونِ مـردِ کـار[1]**

که جز به آبِ لطف و عنایتِ خداوند از باطن سالک راه حق پاک نمی‌شود.

۱۸۰۳ **در سـجودت کـاش رُو گـردانـیی مـعنیِ سُـبْحٰانَ رَبّـی دانـیی[2]**

ای کـاش هـنگام سـجده لحظه‌ای روی دلت را بـه جـانب کـلامی کـه مـی‌گویی، بـر می‌گرداندی و معنایِ «سُبْحٰانَ رَبِّیَ الْأَعْلیٰ» را می‌دانستی،

۱۸۰۴ **کِای سجودم چون وجودم نـاسزا[3] مـر بـدی را تـو نکـویی دِه جـزا**

و می‌گفتی: ای خدایی که می‌دانی سجدهٔ من، مانند وجودم سزاوار و شایسته نیست، این بندهٔ بد را به کَرَم الهی پاداشی نیک عطا کن.

۱۸۰۵ **این زمین از حِـلم[4] حـق دارد اثـر تـا نـجاست بُـرد و گـل‌ها داد بَـر**

این زمین هم از بردباری خداوند پرتوی یافته که صبورانه نجاسات و ناپاکی‌ها را می‌بَرَد و گل‌های معطّر می‌رویاند؛ پس اگر حلم حق و قدرتِ او، در ما تبدیل و تحوّلی ایجاد کند،

۱۸۰۶ **تـا بـپوشد او پـلیدی‌هایِ مـا در عوض بر رویـد از وی غُـنچه‌ها**

تا ناپاکی‌ها و پلیدی‌های ما محو شوند، در عوض غنچه‌های زیبا می‌رویانَد.

۱۸۰۷ **پس چو کافر دید کو در داد و جود کـمتر و بـی‌مایه‌تر از خـاک بـود**

پس چون کافر می‌بیند که در بخشش و کَرَم از خاک هم بی‌قدرتر است،

---

۱ - **مردِکار**: سالک، روندهٔ راه حق.

۲ - مُراد آنکه: معنی آن «تنزیه» است؛ یعنی خداوند از هر اندیشه و تصوّری که در ذهن آدمی بگنجد، پاک و مبرّاست. ۳ - **ناسزا**: ناشایست. ۴ - **حلم**: بردباری.

از وجــودِ او گُــل و مـیوه نَـرُست جز فسادِ جـمله پـاکـی‌ها نـجُست ۱۸۰۸

و از او هیچ ثمرهٔ نیک به بار نیامده و حاصل اعمال و افکارش جز تباه کردن پاکی‌های درونش، چیز دیگری نبوده است.

گفت: واپس رفته‌ام من در ذَهاب[1] حَسْـرَتا ! یٰـالَیْتَنی کُـنْتُ تُـرٰابْ[2] ۱۸۰۹

می‌گوید: وای بر من! که به جای پیشرفت، واپس رفته‌ام. کاش خاک می‌بودم و در کسوت انسان حضور نمی‌یافتم.

کــاش از خــاکـی سـفر نگـزیدمی همچو خاکـی، دانـه‌یی مـی‌چیدمی ۱۸۱۰

ای کاش در آن روزی که خداوند انسان را از خاک آفرید، من از مـرحـلهٔ خـاک فـراتـر نمی‌رفتم و بذری را می‌پذیرفتم و می‌رویانیدم.

چـون سـفر کـردم، مـرا راه آزمـود زین سفر کردن رَه‌آوردم چـه بـود؟ ۱۸۱۱

اینک که در این سفر تکاملی از مرحلهٔ جمادی گذشتم و در راهی که طی کـردم مـورد آزمون قرار گرفتم، می‌بینم که ره‌آوردم چه بود.

زآن، همه میلش سویِ خاک است، کو در ســفر ســودی نــبیند پــیش رو ۱۸۱۲

از این جهت است که کافر اشتیاق فراوانی به سوی خاک دارد؛ زیرا در سفر روحانی برای خود جز تاریکی بهره‌ای نمی‌بیند.

روی واپس کردنش، آن حرص و آز روی در ره کردنش، صـدق و نـیاز ۱۸۱۳

حرص و طمع بسیار او را به سوی واپس‌گرایی و زوال معنوی، یعنی به سوی سـرشتِ طبیعی بشری و خواسته‌هایِ آن می‌کشاند و روی به جانب حق آوردنش نیز از صدق و نیازی است که در بعضی لحظات حس می‌کند؛ زیرا انسان فطرتاً خداجوست.

هــر گــیا راکِش بُــوَد مـیلِ عُـلا در مزید است و حـیات و در نـما ۱۸۱۴

جان آدمی در راهِ کمال، مانند گیاهی است که از خاکِ تن سر بر می‌زند، اگر تمایل بـه ترقّی داشته باشد، به عوالم معنوی گرایش می‌یابد و در همان جهت رشد می‌کند.

---

۱ - **ذهاب**: رفتن و گذشتن.

۲ - اشارتی قرآنی؛ نبأ: ۴۰/۷۸: ... یَوْمَ یَنْظُرُ الْمَرْءُ ما قَدَّمَتْ یَداهُ وَ یَقُولُ الْکَافِرُ یالَیْتَنی کُنْتُ تُراباً: ...در آن روز که هر کس آنچه را که دست‌هایش پیش فرستاده‌اند [اعمالش] ببیند و کافر بگوید که ای کاش خاک بودم.

چونکه گردانید سر سوی زمین　　در کمیّ و خشکی و نقص و غبین ۱۸۱۵

اگر به سوی «زمینِ تن» که نمادِ «لذّت‌جویی»هاست، گرایش یابد، روز به روز در کمی و کاستی و نقص و زیان خواهد بود.

میلِ روحت چون سوی بالا بُوَد　　در تزاید مَرجِعَت آنجا بُوَد ۱۸۱۶

اگر جانت مشتاق کمال (عالم بالا) است؛ پس تو را به همان‌جا خواهد کشانید تا ترقّی کنی و بازگشتت نیز همان افق والاست.

ور نگوساری، سَرَت سوی زمین　　آفِلی، حق لایُحِبُّ آلآفِلین[1] ۱۸۱۷

امّا اگر توجّه و میل درونی‌ات به سوی عالم دون باشد، بی‌شک از افول کنندگان خواهی بود که خداوند از زبان ابراهیم(ع) فرمود: «افول کنندگان را دوست ندارم».

پرسیدنِ موسی از حقّ، سرِّ غلبهٔ ظالمان را

از آثار عُلوّ رتبت موسیٰ(ع) فضایلی چند است که به او اختصاص یافته. یکی از آن‌ها تکلیم است که حق تعالیٰ بی‌واسطه با او سخن گفته است. دیگر نوشتن حق، تورات را از برای او به ید قدرت خویش. مرتبهٔ تکلیم او که جایگاه رفیع رسالت و خلافت است، سؤال و جواب‌هایی را در بر دارد که بین موسیٰ(ع) با خداوند در مثنوی مطرح شده است.

در این قطعه، موسیٰ(ع) از خداوند سبب غلبهٔ ظالمان را می‌پرسد و اعتراضی را که دلِ وی، چونان ملائک داشته است، بقره: ۳۰/۲، به سبب نقش کژ و مژی که در آب و گل می‌بیند، مطرح می‌سازد، که این تناقضی که در آفرینش شرّ در مقابل خیر هست و تخم فسادی که در نقش آب و گِل آدمی افکنده شده است، از چه‌روست؟ علم‌الیقینِ وی آن را عین حکمت الهی می‌داند؛ امّا شوقِ عین‌الیقین استدعای عیان و رؤیت دارد و باز خود وی می‌کوشد تا برای آن جوابی بیابد، طرح این گونه مباحث در مثنوی فرصتی است تا مولانا در طیّ آن به بیانِ تجارب عرفانی و ظرایف و لطایف آن بپردازد و جفای عاقل را از وفای جاهل بداند، هرچند که ممکن است سبب و حکمت جفا نهان باشد.

---

۱ – اشارتی قرآنی؛ انعام: ۷۶/۶؛ ر.ک: ۴۲۹/۱.

گفت موسی: ای کریمِ کارساز ای که یکدم ذِکر تو عمر دراز ۱۸۱۸

موسیٰ(ع) گفت: ای خداوند بخشندهٔ چاره‌ساز، ای آنکه لحظه‌ای ذکرِ تو، مانندِ عمری دراز و گرانبهاست،

نقش ِ کژمژ دیدم اندر آب و گِل[1] چون ملایک اعتراضی کرد دل[2] ۱۸۱۹

در آدمی که او را از آب و گِل سرشته‌ای، نقش‌هایِ درهم و برهم و پلید دیدم. چرا همهٔ آدمیان پاک نیستند؟ چرا ناپاکان آفریده شدند؟ و به سببِ این چراها دلم چون فرشتگان اعتراضی کرد،

که چه مقصود است نقشی ساختن و اندر او تخمِ فساد انداختن؟ ۱۸۲۰

که مقصود تو چیست که انسان را در نقش و هیأتی زیبا می‌آفرینی، آنگاه در زمین وجود او نَفْس را که بذر همهٔ فسادها و تباهی‌هاست، می‌کاری؟

آتش ِ ظلم و فساد افروختن مسجد و سجده‌کُنان را سوختن ۱۸۲۱

افروختنِ آتش ستم‌ها و تباهی‌ها که شراره‌های آن مؤمنان و مسجد را می‌سوزاند، از چه‌روست؟

مایهٔ خونابه[3] و زردآبه[4] را جوش دادن از برای لابه را ۱۸۲۲

اینکه آدمی را در میان «خونابه و زردآبه»، یعنی با درد آفریدی تا از رنج بر خود بپیچد و با اشکِ خونین عجزِ خویش را به تو عرضه دارد، برای چیست؟

من یقین دانم که عینِ حکمت است لیک مقصودم عیان و رؤیت است[5] ۱۸۲۳

می‌دانم که این‌ها عینِ حکمت است؛ امّا یقین من به سبب دانشی است که تو به من تفویض کردی «علم الیقین»، اینک اجازه بده که به «عین و شهود» نیز آن را دریابم «عین الیقین».

آن یقین می‌گویدم: خاموش کُن حرص ِ رؤیت گویدم: نه جوش کن ۱۸۲۴

«یقین» مرا امر به سکوت می‌کند؛ امّا اشتیاقِ شهود به جوش و خروش وامی‌دارد.

---

۱ - **نقش کژ و مژ در آب و گِل :** جُرم و زشتی‌ها و گناهِ آدمی.

۲ - اشارتی قرآنی؛ بقره : ۳۰/۲ : ر.ک: ۲۶۷۱/۱. ۳ - **خونابه :** اشک خونین.

۴ - **زردآبه :** آبی که از بعضی جراحات تراوش کند. «خونابه و زردآبه»: کنایه از عوامل حیاتِ جسمانی که توأم با درد و رنج است.

۵ - چنین استدعایی قبل از آن نیز از حق تعالیٰ شده بود که در طیّ آن ابراهیم(ع) برای آرامش و اطمینان قلبی خواستار آن شده بود که چگونه زنده شدن مردگان را ببیند. بقره: ۲۶۰/۲.

مر ملایک را نمودی سِرِّ خـویش[1]   کین چنین نوشی همی ارزد به نیش ۱۸۲۵

رازِ خلقتِ انسان را بر فرشتگان عیان ساختی تا دانستند که نوش و شهدی که از علوم و اسرار الهی در کامِ جانِ او ریخته شده است، به نیشِ دردها و رنج‌های زندگیِ زمینی برتری دارد.

عـرضه کـردی نـورِ آدم[2] را عـیان   بـر مـلایکْ، گشت مُشکـل‌ها بـیان ۱۸۲۶

نور روحِ آدم(ع) را آشکار ساختی تا چیزی را که فرشتگان نمی‌دانستند، دریافتند.

حشرِ تو، گوید که سِرّ مرگ چیست   مـیوه‌ها گـویند سـرِّ بـرگ چـیست ۱۸۲۷

رستاخیز راز مرگ را آشکار می‌کند، همان‌گونه که میوه‌ها، بیانگر علّت وجـود بـرگ یـا دیگر اجزای درخت‌اند.

سرِّ خون و نطفه حُسـنِ آدمـی‌ست   سابقِ هر بـیشی‌یی آخـر کـمی‌ست ۱۸۲۸

حُسن آدمی بیانگر رازِ نطفه و خون است. نطفه و لخته‌ای که در تقابل با کمالی که اینک دارد، کمی و کاستی است و در واقع محو شدن یا حشرِ «خون و نطفه»، همین کمالی است که در قالب آدمی می‌یابد.

لوح[3] را اوّل بشـــوید بـی‌وُقوف[4]   آنگـهی بـر وی نـویسد او حـروف ۱۸۲۹

کسی که می‌خواهد بر لوحی بنویسد، ابتدا آن را پاک می‌کند، بعد می‌نویسد.

خون کـند دل را و اشکِ مُسـتهان[5]   بـر نـویسد بـر وی اسـرار آنگـهان ۱۸۳۰

خداوند نیز هنگامی که می‌خواهد علوم و اسرار الهی را بر دل بنده‌ای افاضه فرماید، دل او را خون می‌کند و نزد همگان خوار می‌دارد تا اشک‌ها ببارد، ناگهان در میان بیم و امـیدِ سالک، اسرار را بر دل وی فرو می‌بارد.

وقتِ شُستن لوح را بـاید شـناخت   که مر آن را دفتری خواهند ساخت ۱۸۳۱

هنگامی که سالک به اِمداد باطنی استاد طریقت، لوح دل را از «ماسوی‌الله» می‌شوید، باید بداند که از این لوح دفتری خواهند ساخت.

---

۱ - **سِرّ خویش** : سِرِّ خلقتِ انسان.   ۲ - **نور آدم** : نور معرفت.

۳ - **لوح** : صفحه‌ای که در مکتب بر آن می‌نوشتند از چوب یا فلز. اینجا کنایه از لوحِ دل آدمی است.

۴ - **بی‌وقوف** : بدون آگاهی، سالک مبتدی که نمی‌داند چرا باید دست از تعلّقات بشوید و لوحِ دل را پاک کند.

۵ - **مُستهان** : خوار.

چون اساسِ خانه‌یی می‌افکنند اوّلین بنیاد را بر می‌کَنند ۱۸۳۲

در مورد خانه‌سازی نیز چنین است، برای پی افکندن، ابتدا باید بنیاد کهنهٔ آن را در هم بریزند تا بتوانند بنیاد جدیدی بر آن استوار کنند.

گِل بر آرند اوّل از قعرِ زمین تا به آخِر بر کشی ماءِ مَعین[۱] ۱۸۳۳

در آغاز کار، زمین را تا عمق زیادی می‌کَنَند، گِل را خارج می‌کنند تا آبی گوارا را از ژرفای زمین بیرون آورند.

از حِجامت[۲] **کودکان گریند زار که نمی‌دانند ایشان سِرِّ کار** ۱۸۳۴

هنگام حِجامت، کودکان که دلیل نیشتر زدن را نمی‌فهمند، به زاری می‌گریند.

مرد خود زر می‌دهد حَجّام[۳] **را می‌نوازد نیشِ خون‌آشام را** ۱۸۳۵

در حالی که انسان بالغ که فواید خارج ساختن خون از بدن را می‌داند، به حَجّام پول می‌دهد و نیشِ دردناک را عزیز می‌دارد.

می‌دود حمّال زی[۴] **بارِ گران می‌رُباید بار را از دیگران** ۱۸۳۶

بردن بار گرچه فرساینده است؛ امّا باربر نتیجهٔ نیک آن را که رسیدن به نعمت است، می‌داند و بار را از دیگران می‌رباید.

جنگِ حمّالان برای بار بین این چنین است اجتهادِ[۵] **کارْ بین**[۶] ۱۸۳۷

به نزاع و درگیری باربرها برای بردن بار دقّت کن، جدّ و جهدِ عاقبت‌اندیشان برای حملِ بارِ ظاهری و باطنیِ مخلوق خدا نیز چنین است و با بردن بار دیگران در جهت تزکیه و کمالِ خویش می‌کوشند.

چون گرانی‌ها[۷] **اساس راحت است تلخ‌ها هم پیشوایِ نعمت است** ۱۸۳۸

چون برای حصول هر آسایش باید سختی‌ها را پذیرفت، مقدمهٔ شیرینی‌ها و نعمت‌ها نیز ناملایمات و تلخی‌هاست.

---

۱ - ماءِ مَعین: اشارتی است قرآنی؛ مُلک: ۳۰/۶۷؛ ر.ک: ۱۲۰۹/۲ و ۱۶۳۶/۲.

۲ - **حجامت**: رگ زدن، خون گرفتن. ۳ - **حَجّام**: رگ‌زن، خون‌گیرنده. ۴ - **زی**: سوی، جانب.

۵ - **اجتهاد**: جهد کردن، رأی صواب جستن. ۶ - **کاربین**: عاقبت‌اندیشِ کاردان.

۷ - **گرانی**: سختی، دشواری.

حُــفَّتِ اَلْــجَنَّه بِــمَکرُوهاتِنا　　　حُــفَّتِ اَلنّــیرانُ مِــنْ شَــهْوَاتِـنا[1] ۱۸۳۹

«بهشت» با چیزهایی کـه مـا از آن «کراهت» داریـم، پـوشیده شـده است و دوزخ نـیز بـا شهواتمان، یعنی برای ورود به بهشت باید از دهلیزی سرشار از رنج و سختی عبور کرد و راه ورود به «جهنّم» نیز دهلیزی است که «لذّت‌جویی‌ها و شهوات» آن را بنا نهاده است.

تُخم مـایهٔ آتشت شـاخِ تـر[2] است　　　سـوختهٔ آتش قـرینِ کـوثر است ۱۸۴۰

کسی که در این جهان در آتشِ ریاضت، سختی و بلا برایِ تهذیبِ نَفْس سوخته است، در بهشت نیکان و در کنارِ چشمهٔ کوثر جای دارد و آن کس که از رنج‌ها و آلام ناشی از تهذیب گریخته است، چون شاخ تر هیمهٔ دوزخ می‌شود؛ زیرا شاخ تر پس از خشک شدن سبب فروزانی آتش می‌گردد.

هر که در زندان قـرینِ مِـحنتی‌ست　　　آن جـزایِ لقـمه‌یی و شـهوتی‌ست ۱۸۴۱

هر کس که شهواتِ سیری‌ناپذیر، پلیدی‌ها و تبهکاری‌ها را در خود نابود نکند، به کیفرِ لقمه‌ای که خورده و شهوتی که رانده است، در زندانی از مصایب و بلایا محبوس و قـرین محنت و رنج می‌شود.

هر که در قصری قرینِ دولتـی‌ست　　　آن جـزایِ کـارزار و مـحنتی‌ست ۱۸۴۲

هر کس که در کاخی از سعادت با اقبالی بلند می‌زید، بدون شک این‌ها نتیجهٔ تلاش و رنج‌های بسیارِ اوست.

هر که را دیدی بـه زرّ و سـیم فـرد　　　دان که اندر کسب کردن صبر کـرد ۱۸۴۳

هر کس که در ثروت و مال از دیگران بسیار مـمتاز شـده است، بـدان کـه در کسب آن صبوری ورزیده است؛ بنابراین می‌بینیم که در عالم محسوس هر امری مسبوق به سابقه‌ای و علّتی است.

بی‌سبب بیند، چو دیده شـد گـذار[3]　　　تو که در حسّی، سبب را گوش دار[4] ۱۸۴۴

عارفی که چشمی حق‌بین و نافذ دارد، حقایق را بدون توجّه به سبب و علّت می‌بیند؛ امّا تو که هنوز محبوسِ عالم محسوس هستی و به ماورای آن گام ننهاده‌ای، به اسباب و علل توجّه کن.

---

۱ - اشاره به حدیث: حُفَّتِ الْجَنَّةُ بِالْمَکَارِهِ وَ حُفَّتِ النَّارُ بِالشَّهَوَاتِ : بهشت در چیزهای ناخوشایند پوشیده شده است و دوزخ در شهوات: احادیث مثنوی، ص ۵۹.　۲ - **شاخ تر** : کنایه از لذّت‌جویی‌ها.

۳ - **چو دیده شد گذار** : هنگامی که چشم به حقایق بینا شد.　۴ - **سبب را گوش دار** : به سبب توجّه کن.

آنکه بیرون از طبایع جانِ اوست منصبِ خَرقِ[1] سببها آنِ اوست ۱۸۴۵

کسی که جانش از حیطهٔ طبیعت گذر کرده، یعنی «منازل و مراتب طبع و نَفْس» را پشت سر نهاده است، به مقام والایی رسیده که «علّت و معلول» در برابر ارادهٔ روح متعالی او بی‌اعتبارند؛ بنابراین بر سبب‌های ظاهری تکیه‌ای ندارد.

بی‌سبب بیند،[2] نه از آب و گیا[3] چشم، چشمهٔ معجزاتِ انبیا ۱۸۴۶

«چشم حق‌بین» عارف در ماورای «عالم کون و فساد» حقایق را شهود می‌کند و «چشمهٔ معجزات انبیا»، را که «روح تابناک و جان مجرّد» آنان است و بر عوالم وجودی احاطه دارد، می‌بیند و درک می‌کند. [عارف بالله باکشف و شهود عیانی دریافته است که جمیع وسایط در مقابل سیطره و عظمت وجوبی حق تعالی مقهور و فانی‌اند.]

این سبب همچون طبیب است و علیل این سبب همچون چراغ‌است و فتیل ۱۸۴۷

«سبب‌ها و علل» را می‌توان به «طبیب و بیمار» مانند کرد که بیمار به طبیب نیاز دارد؛ امّا فردِ سالم از طبیب بی‌نیاز است. یا می‌توان به «چراغ و فتیله» تشبیه کرد که گرفتارِ شب تار، به «چراغ و نور» نیاز دارد، نه آن کس که خورشید تابناک بر وی می‌تابد.

شب چراغت را فتیلِ نو بِتاب پاک دان ز این‌ها چراغ آفتاب ۱۸۴۸

اگر در شب تاریک جهل به سر می‌بری و با غفلت از حقایق در «سلسلهٔ اسباب و علل» پیچیده‌ای و تنها معیار درک تو، محسوسات است؛ پس همچنان بمان و برای چراغی که اندک نوری دارد، فتیله‌ای نو بگذار و در پی یافتن اسباب و عللی دیگر برای اموری که تو را بدان مشغول داشته است، باش؛ امّا بدان کسانی که در پرتو نور پاک خورشیدِ عالم معنا می‌زیند، از این امور بی‌نیازند.

رو تو کهگل ساز بهرِ سقفِ خان سقفِ گردون را ز کهگل پاک دان ۱۸۴۹

هم جسمِ خود را در محدودهٔ خان‌ومان محبوس کرده‌ای و هم «جان» را که می‌تواند به مرتبهٔ «تجرید» برسد، زیر سقفِ محسوسات نگاه داشته‌ای، باز هم به مرمّت این سقف بکوش و خود را به قیودِ حسّی مقیّدتر کن؛ امّا کسانی را که جان پاکشان از سقف گردون گذشته است، از این قیود مبرّا بدان.

---

۱ - **خرق**: دریدن و پاره کردن. ۲ - **بی‌سبب بیند**: با چشم دل می‌بیند.
۳ - **آب و گیا**: کنایه از اسباب و ابزار این جهانی.

آهْ، که چون دلدار ما غمسوز شد   خلوت شب درگذشت و روز شد ۱۸۵۰

شرحِ این نکته که چگونه اکثرِ مردم در عوالم حسّی محبوس مانده و از عوالم معنوی مهجورند، روزگاری را به یادِ مولانا می‌آورد که او نیز علی‌رغم مقام شامخی که در میان فقیهان و مدرّسان عصر خویش داشت، محبوسِ محسوسات و قیل و قالِ اهل مدرسه و مهجور از احوالِ مستغرقان در حقایق بود؛ بنابراین با یادآوری آن ایّام و یادآوری مراد خویش شمس‌الدّین، برای بزرگداشت زحمات دلدار از دست رفته، آهی می‌کشد و می‌فرماید: آه و صد افسوس که آن روزگار به سرعت سپری شد، ایّام دل‌انگیزی که دلدار به لطف و عنایت، ما را غمگین و تنها در شب خلوتِ غفلت از حقیقت یافت و پرتو انوار خورشیدِ باطنِ منوّر خویش را بر ما افکند.

جز به شب جلوه نباشد ماه را   جز به دردِ دل مجو دلخواه را ۱۸۵۱

همواره چنین است. هر جا که تاریکی، غفلت و جهل حکمفرما باشد؛ امّا دلی جویای نور در آن بتپد، ماهی تابناک و روشنگر، جلوه‌گری خواهد کرد، ولی اگر دلی دردمند و مشتاقِ درمان نباشد، دلخواه را نخواهد یافت.

ترکِ عیسی کرده، خر پرورده‌ای   لاجرم چون خر برونِ پرده‌ای ۱۸۵۲

تو نیز بسان درازگوشی در پس پردهٔ اسرار و حقایق مانده‌ای؛ زیرا جانت را که مانندِ عیسی تمایل به ملکوت دارد، رها کرده، به پرورش تن پرداخته‌ای.

طالع عیسی‌ست علم و معرفت   طالع خر نیست، ای تو خرصفت ۱۸۵۳

«جان مجرّدِ» آدمی طالع بلند و اقبالِ بی‌نظیری دارد، در ازل علمی صافی و معرفتی تام برای او رقم خورده است؛ پس ای نادان، چرا به علوم کسبی که محصول تن و عقل جزوی است، بسنده می‌کنی؟

نالهٔ خر[1] بشنوی، رحم آیدت   پس ندانی خر خری فرمایدت ۱۸۵۴

به نالهٔ تن و خواسته‌های او توجّه می‌کنی و نمی‌دانی که «تن» بنا بر مشتهیّات نفسانی، حتّی اگر خواهان علومِ مختلف باشد، برای کسب مقامات و لذّاتِ دنیوی است.

رحم بر عیسی[2] کُن و بر خر مکُن   طبع را بر عقلِ خود سرور مکن ۱۸۵۵

بر جانِ عیسی‌صفت خود که می‌تواند بر اوج افلاک باشد، رحم کن و در جهت کمالِ آن بکوش، نه بر تن، اجازه نده که سرشتِ طبیعی بشری و تمایلات این نشئهٔ عنصری بر عقل تو حکومت کند.

---

۱ - **نالهٔ خر** : وسوسهٔ نَفسانی.   ۲ - **عیسی** : اینجا کنایه از «جان».

طبع را هِلْ تا بگرید زارزار تو از او بِستان و وام جان گزار[1] ۱۸۵۶

به «طبیعت بشری و تمایلاتِ جسمانی» چندان توجّه نکن. بگذار زارزار بگرید، از او بکاه و بر جان بیفزای. «جان» در تن تو به امانت نهاده شده است تا متعالی شود و دِین آن برگردن توست.

سال‌ها خربنده[2] **بودی، بَس بُوَد زانکه خربنده ز خر واپَس بُوَد** ۱۸۵۷

سال‌های سال را در جهت خدمت به تن و کسب لذّات و مقامات گذراندی، کافی است، خدمت به تن که نمادی از نادانی است تو را به مرتبه‌ای نازل‌تر از چهارپایان می‌رساند.

زَاخِّرُوهُنَّ[3] **مُرادش نَفْسِ توست کو به آخر باید و عقلت نُخُست** ۱۸۵۸

مقصود از «آنان را پشت سر قرار دهید»، نَفْسِ امّاره است که باید پس از عقل قرار گیرد.

هم مزاجِ خر شده‌ست این عقل پست فکرش این که: چون علف[4] **آرم به دست؟** ۱۸۵۹

این «عقل معاش»، چنان تنزّل کرده که هم مرتبهٔ «نَفْس امّاره» و بلکه عین او شده است و تمام اندیشه‌اش، مادّی و کسب لذّات است.

آن خرِ عیسی مزاجِ دل گرفت در مقام عاقلان منزل گرفت ۱۸۶۰

جسم و نَفْسِ عیسی(ع) چنان در سیطرهٔ عقل متعالی و روح تابناک او بود که نفس او کمال یافت و از مرحلهٔ نَفْس بودن گذشت و به مرتبهٔ عقول و تجرید تام رسید.

زانکه غالب عقل بود و خر ضعیف از سوارِ زَفت، گردد خر نحیف ۱۸۶۱

زیرا عقلِ کامل او بر تن و نفسِ وی تسلّط تام داشت که در این حال تمایلات جسمانی و نفسانی زوال می‌یابند.

وز ضعیفی عقلِ تو، ای خر بَها! این خرِ پژمرده گشته‌ست اژدها ۱۸۶۲

ای آدمِ بی‌قدر، تو چنان عقلت ضعیف شده که جسمِ تو و خواهش‌های سیری‌ناپذیرش، مانندِ اژدها گشته است.

---

۱ - **وام جان گزار**: دِین خود را نسبت به جان اداکن. ۲ - **خربنده**: چهارپادار، اینجا دنباله‌روی هوا و هوس.

۳ - اشاره است به حدیث: أَخِّرُوهُنَّ مِنْ حَیْثُ أَخَّرَهُنَّ اللهُ: زنان را پشت سر مردان جای دهید که خداوند مرتبهٔ دیگری را بهر آنان قرار داده است: احادیث مثنوی، ص ۶۰. همان‌طوری که خداوند نفس‌ها را نسبت به عقل‌ها در مرتبهٔ آخر آفرید و قرار داد، شما هم نفس را در مرتبه‌ای بعد از عقل قرار دهید: احادیث و قصص، ص ۲۰۴.

۴ - **علف**: اینجا کنایه از تمتّعات دنیوی.

گـر ز عـیسی گشـته‌ای رنـجوْرْدل　　　هم از او صـحَّت رسـد او را مَـهِل ۱۸۶۳

اگر از «جانِ کمال‌طلب» خویش در رنج هستی، درمان رنج را هم از او بخواه، رهایش نکن.

چونی ای عیسیِّ عیسی دَمْ! ز رنج؟　　　که نـبود انـدر جـهان بـی‌مار گـنج ۱۸۶۴

ای انسان کاملی که دم مسیحایی داری و به امداد نَفَس پـاک خـود مُـرده‌دلان را زنـده می‌کنی، با رنج‌هایی که از جاهلان و منکران می‌رسد، چگونه‌ای؟ همواره کنارِ هر گنج ماری هست که غیر ثابت‌قدمان را از دسترسی به گنج باز می‌دارد.

چونی ای عـیسی ز دیـدارِ جُـهود؟　　　چونی ای یوسف ز مَکّار و حسود؟ ۱۸۶۵

ای عیسیِ زمان از دیدار منکرانی که به خونت تشنه‌اند، چگونه‌ای؟ ای یوسفِ حُسن و کمال، با مکر مکّاران و حسد حاسدان چگونه‌ای؟

تو شب و روز از پیِ این قومِ غُمر[1]　　　چون شب و روزی مددْبخشایِ عُمر ۱۸۶۶

تو به سبب لطف بیکران شب و روز در پی هدایتِ این مردمِ گمراهِ نادانی، همان‌گونه که شب و روز در پی یک‌دیگر می‌گذرند و امدادگر عمر آدمی‌اند.

چـونی از صـفرایـیانِ[2] بی‌هنر؟　　　چـه هـنر زایـد ز صـفرا؟ دردِسـر ۱۸۶۷

از آزار و اذیّت مـبتلایان بـه شـهوات کـه بـر تـو خشـم مـی‌گیرند و روی مـی‌گردانـند، چگونه‌ای؟ این بی‌هنران، هنری جز ایجاد دردسر برای خود و دیگران ندارند.

تو همان کن که کند خورشیدِ شرق　　　مـا، نِـفاق و حـیله و دُزدی و زَرق ۱۸۶۸

تو همان گونه که خورشید طلوع می‌کند و ظلمات شب را می‌سوزاند، علی‌رغم دورویی، نیرنگ، دزدی و ریاکاریِ ما، بر وجودِ تاریکمان طالع باش.

تو عسل، ما سِرکه، در دنـیا و دیـن　　　دفـعِ ایـن صـفرا، بُـوَد سـرکنگبین ۱۸۶۹

تو را در جهان می‌توان به عسل مانند کرد و ما را به سرکه؛ زیرا دین و منش پسندیدهٔ تو و فیض باطنی‌ات بسان عسلی است که سرکهٔ تمایلاتِ نَفْسانی ما را به سکنجبینی مبدّل مـی‌کند کـه درمـانِ صفرایِ وجودِ بیمار ماست؛ یعنی درک محضر کاملان سبب تعالی معنوی و روحانی آدمی است.

---

۱ - **غُمر** : گول، احمق.

۲ - **صفراییان** : کسانی که مبتلا به بیماری‌های صفراوی‌اند، مجازاً خشم، اینجا اهلِ دنیا که بـر اهـل مـعنا خشـم می‌گیرند.

سِرکه افزودیم ما قومِ زَحیر[1] تو عسل بفزا، کرم را وامگیر ۱۸۷۰

ما گروهی فرومایه و پست‌ایم که بر سرکهٔ خواهش‌های نَفْسانی خود افزوده‌ایم، تو از کَرَم، توجّه باطنی و روحانی‌ات را افزون کن.

این سَزید[2] از ما، چنان آمد ز ما ریگ اندر چشم چه فْزاید؟ عَمی[3] ۱۸۷۱

مقتضای درون ناپاک ما همین بود، «جهل» چون ریگی در چشم، کوردلیِ ما را روز به روز افزون‌تر می‌کند.

آن سزد از تو اَیا کُحلِ[4] عزیز که بیابد از تو هر ناچیزْ چیز ۱۸۷۲

ای انسان کامل مکمل که شفابخش کوردلی هستی، شایستهٔ مقامِ توست که هر بی‌قدری از تو قدر یابد.

ز آتش ِ این ظالمانت دلْ کباب از تو جمله اِهْدِ قَوْمی[5] بُد خطاب ۱۸۷۳

از ستمِ این ستمگران دلی بریان داری؛ امّا همواره می‌گفتی: خدایا، قوم مرا هدایت کن.

کانِ عودی[6]، در تو گر آتش زنند این جهان از عطر و ریحان آکنند ۱۸۷۴

هر قدر ستمگران دلت را بسوزانند، چون وجود تو بسان منبع عظیمی از عطر رحمت و فیض الهی است، آتش ستمِ دیگران، عطر رحمت و ریحان مهرت را افزون‌تر می‌کند.

تو نه آن عودی کز آتش کم شود تو نه آن روحی که اسیرِ غم شود ۱۸۷۵

وجود تو برتر از آن است که مانند عود با سوختن کاستی پذیرد. روحِ تابناکِ تو قابل قیاس با ارواح دیگران که اسیر غم و اندوه می‌شوند، نیست.

عود سوزد، کانِ عود از سوز دور باد کِی حمله بَرَد بر اصلِ نور؟ ۱۸۷۶

عود می‌سوزد و می‌کاهد؛ امّا در تو نورِ پاکِ «غیب وجود و مبدأ جمیع تجلیّات خلقی»، متجلّی است که از سوختن مبرّاست و باد نفسانیّات دیگران چگونه می‌تواند اثری بر آن داشته باشد.

---

۱ - **زَحیر** : تنگی نفس، مجازاً ناخوشی، فرومایه و پست. ۲ - **سزید** : شایسته بود. ۳ - **عمیٰ** : کوری.

۴ - **کُحل** : سرمه و هر چیزی که در چشم کشند جهت شفا.

۵ - اشاره به روایت ذیل: اَللّهُمَّ اَهْدِ قَوْمِي فَإِنَّهُمْ لاَ يَعْلَمُونَ : خدایا، قوم مرا هدایت فرما، چون به راستی آنان نمی‌دانند.

اشاره به غزوهٔ احد که یکی از قریش سنگی پرتاب کرد و دندان پیامبر(ص) شکست: احادیث، ص ۲۰۴.

۶ - **عود** : چوبی که می‌سوزانند و دود آن بویی خوش دارد.

ای ز تــو مــر آســمانها را صـفا　　ای جــفایِ تــو نکــوتر از وفــا ۱۸۷۷

ای صفای آسمان‌ها از تو، ای آنکه جفای تو دلپذیرتر از وفای دیگران است.

زانکــه از عــاقل جـفایی گـر رود　　از وفــایِ جــاهلان، آن بِــهْ بــود ۱۸۷۸

زیرا جفایِ عاقل خوش‌تر از وفای ناقص است.

گــفت پــیغمبر: عـداوت از خِـرَد　　بهتر از مِهْری کـه از جـاهل رسـد[1] ۱۸۷۹

پیامبر(ص) فرمود: دشمنی از روی خرد بهتر از محبّت از روی جهل است.

رنجانیدنِ امیری خفته یی را که مار در دهانش رفته بود[2]

سوارِ خردمندی از راهی می‌گذشت. مرد خفته‌ای را دید که ماری در دهانش می‌خزید. مرد خردمند شتافت تا مار را خارج کند؛ امّا موفّق نشد. تدبیری اندیشید و به سرعت به او حمله کرد و ضرباتی سهمگین وارد آورد. خفته از جای بر جهید و مبهوت شروع به دویدن کرد و به زیر درختی رسید که سیب‌های پوسیدهٔ فراوانی در آنجا ریخته بود. سوار خردمند او را وادار به خوردن سیب‌های پوسیده کرد تا حالش دگرگون شد و آنچه را که خورده بود، استفراغ کرد. همراه موادّی که از معده‌اش خارج شد، ماری سهمناک بیرون جهید. مرد چون مار را دید، خردمند را آفرین گفت و شکر به جای آورد.

دشمنی عاقلان چنین است.

---

۱ – حدیث : عَداوَةُ الْعاقِلِ خَیْرٌ مِنْ صَداقَةِ الْجاهِلِ: احادیث، ص ۲۰۵.

۲ – مأخذ آن حکایتی است که در فردوس‌الحکمة، صص ۵۳۸-۵۳۷ آمده است و در ارتباط است با تدبیر جالینوس حکیم در مورد مردی که می‌پنداشت ماری در شکم اوست، حکیم یونانی چشمان او را بست و در ظرفی ماری را نهاد و به مرد چیزی را خورانید که تهوع‌آور بود و پس از استفراغ، مار را در همان ظرف به بیمار نشان داد و نگرانی او را برطرف ساخت. همچنین در کتاب الفرج بعد الشدّة تألیف قاضی ابوعلی تنوخی، حکایتی مشابه وجود دارد: مردی عابد از قوم بنی‌اسرائیل در دامنهٔ کوهی عبادت می‌کرد، ماری ظاهر شد و گفت که کسی قصد جان مرا دارد، پناهم ده، خداوند تو را در پناه خود بدارد. مرد عابد دامن لباس خویش را بالا برد و مار به دور شکم او حلقه زد. مردی شمشیر به دست در جست‌وجوی همان مار رسید و چون عابد نشانی از مار به او نداد، رفت و مار که خطر را رفع شده دید قصد جان عابد کرد. عابد از او خواست که اجازه دهد دو رکعت نماز به جای آورد و قبری برای خویش آماده کند، مار پذیرفت. در حال عبادت بود که ندایی گفت: به خاطر توکّلی که به خدا کردی مورد رحمت حق قرار گرفتی، مار را بگیر که مرگ او در دست تو خواهد بود: احادیث، صص ۲۰۲-۲۰۰.

سرّ سخن در این حکایت در بیانِ حالِ ارشادِ مرشدانِ کامل است که در تربیت مریدان گاه شدّت عمل را لزوم می‌یابند که در عین فشار و سختی بر طالبان، شفقت و مهری است که جز بدان طریق بر حقایق وقوف نخواهند یافت و در طریق استکمال جز بدان قهر ره نخواهند سپرد. همان‌گونه که پیامبر(ص) فرموده است که عداوت از خرد بهتر از مهر جاهل است. در این قصّه، «مار» نمادی است از «قوّهٔ غَضَبی و قوّهٔ شهوی»، امیر نمادی است از مرشد کامل که گاه در تربیت مشتاقان حقایق، توسّلِ به ضرب و شتم که «تهذیب و ریاضت» است، را ضروری می‌یابد؛ زیرا نفس سرکش همواره با تحذیر و اندرز رام نمی‌گردد.

۱۸۸۰ **عـاقلی بـر اسب مـی‌آمد سـوار　　　در دهـانِ خُـفته‌یی مـی‌رفت مـار**

خردمندی که سوار بر اسب می‌آمد، دید ماری به دهان مردِ خفته‌ای می‌خزد.

۱۸۸۱ **آن سـوار آن را بـدید و مـی‌شتافت　　　تـا رَمـانَد مـار را، فُـرصت نـیافت**

سوار که این صحنه را دید، به سرعت اسب را تاخت تا مار را دور کند؛ امّا دیر شده بود.

۱۸۸۲ **چونکه از عـقلش فـراوان بُـد مـدد　　　چـند دَبّـوسی[1] قـوی بـر خُـفته زد**

چون از عقل بهرهٔ فراوان داشت، تدبیری اندیشید و چند ضربهٔ شدیدِ گُرز به شخصِ خفته زد.

۱۸۸۳ **بُرد او را زخـمِ آن دَبُّـوسِ سـخت　　　زو گریزان، تا بـه زیـرِ یک درخت**

مرد خفته برای فرار از ضربه‌های گُرز هراسان جهید و گریزان به زیر درختی رفت.

۱۸۸۴ **سـیبِ پـوسیده بسـی بُـد ریـخته　　　گفت: از این خور ای به درد آویخته[2]!**

سیب‌های پوسیدهٔ بسیاری بر زمین ریخته بود، سوارکار گفت: ای دردمند، از این سیب‌ها بخور.

۱۸۸۵ **سیب چندان مَر وَرا در خـورد داد　　　کـز دهـانش بـاز بیرون مـی‌فُتاد**

آن قدر سیب به او خورانید که از دهانش بیرون می‌ریخت.

۱۸۸۶ **بانگ می‌زد: کِای امـیر! آخـر چـرا　　　قصدِ من کـردی تـو نـادیده جـفا؟**

مرد فریادکنان می‌گفت: ای امیر، چرا قصد جان مرا داری؟ من به تو جفایی نکرده‌ام.

۱۸۸۷ **گر تو را ز اصل است با جانم ستیز　　　تـیغ زن یکـبارگی خـونم بـریز**

اگر تو در اصل دشمنیِ خاصّی با من داری، یکباره شمشیر بزن و خونم را بریز.

---

۱ - **دَبّوس** : گُرز.　　۲ - **به درد آویخته** : دردمند.

شوم ساعت که شدم بر تو پدید   ای خُنُک آن را که روی تو ندید ۱۸۸۸

چه ساعتِ نامبارکی بود، لحظه‌ای که مرا دیدی، خوشا به حال آن کس که روی تو را ندید.

بی‌جنایت، بی‌گُنه، بی‌بیش و کم   مُلحدان[1] جایز ندارند این ستم ۱۸۸۹

کافران هم بدون جرم و جنایت و بی‌هیچ خلافی چنین ستمی را روا نمی‌دارند.

می‌جهد خون از دهانم با سخُن   ای خدا ! آخر مُکافاتش تو کُن ۱۸۹۰

هنگام سخن گفتن، خون از دهانم می‌ریزد، ای خدا، خودت او را کیفر بده.

هر زمان می‌گفت او نفرینِ نو   اُوش می‌زَد کاندر این صحرا بدو! ۱۸۹۱

آن مرد هر لحظه نفرین تازه‌ای می‌گفت و سوارکار به او ضربه می‌زد که در بیابان بدو.

زخم دَبُّوس و سوارِ همچو باد   می‌دوید و باز در رُو می‌فُتاد ۱۸۹۲

ضربه‌های گرز و سوارکاری که چون باد می‌تاخت، به سرعت می‌دوید و گاه به رو می‌غلتید.

مُمْتَلی[2] و خوابناک و سُست بُد   پا و رویش صد هزاران زخم شُد ۱۸۹۳

شکمش پر بود و خواب‌آلوده و خسته، پا و صورتش زخم‌آلود و دردمند شده بود.

تا شبانگه می‌کشید و می‌گشاد   تا ز صفرا قی شدن بر وی فُتاد ۱۸۹۴

سوار او را تا شبانگاه به هر سو می‌کشید و گاه رها می‌کرد، تا سرانجام صفرا غلبه کرد و حالت تهوعی یافت و استفراغ کرد.

زو برآمد خورده‌ها زشت و نکو   مار با آن خورده، بیرون جَست از او ۱۸۹۵

هرچه را که خورده بود از خوب و بد بالا آورد، مار هم همراه آن مواد بیرون افتاد.

چون بدید از خود برون آن مار را   سجده آورد[3] آن نکوکردار را ۱۸۹۶

چون دید که مار از معده‌اش خارج شد، در برابر آن مرد نیکوکردار سجده کرد.

سهمِ[4] آن مارِ سیاهِ زشتِ زَفت   چون بدید، آن دردها از وی برفت ۱۸۹۷

چون هیبتِ سهمناکِ آن مارِ سیاهِ زشتِ درشت را دید، دردها را فراموش کرد.

---

۱ - **مُلحد** : کافر.   ۲ - **ممتلی** : شکم پُر.

۳ - **سجده آوردن** : پیشانی بر خاک نهادن، فروتنی، خاضع و مطیع شدن.

۴ - **سهم** : ترس و وحشت، سهمناک.

گفت: خود تو جبرئیلِ رحمتی[۱] ؟ یا خدایی که ولیِّ نعمتی[۲] ؟ ۱۸۹۸

گفت: تو چون فرشتهٔ رحمت خداوند هستی؟ یا خداوندگارِ نعمت؟

ای مبارک ساعتی که دیدی‌ام مُرده بودم، جانِ نو بخشیدی‌ام ۱۸۹۹

چه مبارک بود لحظه‌ای که مرا دیدی، مُرده بودم، تو مرا جان نو بخشیدی.

تو مرا جویان، مثالِ مادران من گریزان از تو مانندِ خران[۳] ۱۹۰۰

تو با شفقتِ مادران جویای نجات من بودی و من مانند درازگوش از تو می‌گریختم.

خر گریزد از خداوند از خری صاحبش در پِیْ ز نیکوگوهری ۱۹۰۱

خر به سبب نادانی از صاحب خویش می‌گریزد؛ امّا صاحبش به سبب سرشت نیک خویش در پی او روان و دوان است.

نه از پیِ سود و زیان می‌جویدش لیک تا گُرگش نَدرَّد یا دَدش ۱۹۰۲

جویای اوست، نه به سبب سود و زیان، بلکه برای حفظِ او که مبادا گرگ یا حیوانی درنده او را بدرد.

ای خُنُک آن را که بیند رویِ تو یا در افتد ناگهان در کویِ[۴] تو ۱۹۰۳

خوشا به کسی که روی فرخندهٔ تو را ببیند یا ناگهان بخت او را به سوی تو رهنمون شود.

ای روانِ پاک بستوده تو را چند گفتم ژاژ و بیهوده تو را ۱۹۰۴

ای که جان و روان پاک و شایستهٔ ستایش داری، چه بیهوده و از سر جهل در حقّ تو ناروا گفتم.

ای خداوند و شهنشاه و امیر! من نگفتم، جهلِ من گفت، آن مگیر ۱۹۰۵

ای خداوندگارِ خرد، ای شاهنشاهِ بینش و ای امیرِ دانش، هر چه گفتم از جهل بود، خرده مگیر و مرا ببخش.

شمّه‌یی زین حال اگر دانستمی گفتنِ بیهوده کِیْ توانستمی[۵] ؟ ۱۹۰۶

اگر مختصری از حقیقت آگاه بودم، چگونه می‌توانستم این همه یاوه بگویم؟

---

۱ - **جبرئیل رحمت** : فرشته‌ای که واسطهٔ رحمت الهی است.

۲ - **ولیّ نعمت** : صاحب نعمتی که آن را به دیگران می‌رسانَد.

۳ - **خر** : در این بیت و چند بیت بعد، «خر»، نمادِ سالکِ نادانی است که از استاد می‌گریزد.

۴ - به جای «کوی» در حاشیه «جوی» نوشته شده است.

۵ - **توانستمی** را تانستمی قرائت کنید.

بس ثنایت گفتمی ای خوش خِصال[1]   گـر مـرا یک رمـز مـی‌گفتی ز حـال ۱۹۰۷

ای نیکوخِصال، اگر به اشاره نکته‌ای می‌گفتی، من بسیار ستایشت می‌کردم.

لیک خـــامش کـــرده مـــی‌آشوفتی   خـــامُشانه بـــر ســـرم مـــی‌کوفتی ۱۹۰۸

امّا تو در سکوت بر من خشم می‌راندی و ضربه‌ها بر سرم می‌کوبیدی.

شد سرم کالیوه[2]، عقل از سر بـجَست   خاصه این سر را که مغزش کمتر است ۱۹۰۹

از ضربه‌های تو سرم گیج شد و عقل از سرم پرید، مخصوصاً این سر که مغز اندکی دارد.

عفو کن ای خوب رویِ خوب کـار   آنـچه گـفتم از جـنون، انـدر گـذار ۱۹۱۰

ای صاحب جمالِ نیکوکار، مرا ببخش و آنچه را که از سر بی‌عقلی گفتم، عفو کن.

گفت: اگر من گـفتمی رمـزی از آن   زَهــرهٔ تــو آب گشـــتی آن زمـــان ۱۹۱۱

مرد خردمند گفت: اگر اشاره‌ای به آن می‌کردم، تو همان لحظه زهره‌ترک می‌شدی و می‌مردی.

گر تو را مـن گـفتمی اوصـافِ مـار   تـرس از جـانت بـرآوردی دمـار[3] ۱۹۱۲

اگر اوصاف مار را برایت می‌گفتم، ترس دمار از روزگارت بر می‌آورد.

مصطفی فرمود:[4] اگر گویم به راست   شرحِ آن دشمن که در جانِ شماست ۱۹۱۳

حضرت محمّد(ص) فرمود: اگر به راستی شرح دهم که چه دشمنی در درون شماست،

زَهــره‌هایِ پُــردلان هــم بــر دَرَد   نـی رود رَه، نـی غـمِ کـاری خـورد ۱۹۱۴

آدم‌های پردل هم زهره‌تَرَک می‌شوند، نه می‌توانند راه بروند و نه به فکرِ انجامِ کاری خواهند بود.

نــه دلش را تــاب مــانَد در نــیاز   نــه تــنش را قــوَّت روزه و نـماز ۱۹۱۵

نه در دلشان تاب و توان راز و نیازی می‌ماند و نه در تنشان قوّتِ انجام طاعات و عبادات.

همچو موشی پیشِ گـربه، لا شـود   همچو بَرّه پـیشِ گـرگ از جـا رود ۱۹۱۶

مانند موشی در برابر گربه از خود بیخود می‌شود یا مانند برّه‌ای در چنگ گرگی خود را می‌بازد.

---

۱ - **خِصال :** خِصلت، خوی.   ۲ - **کالیوه :** کُند فهم، نادان، سرگشته و پریشان.   ۳ - **دَمار :** هلاک.

۴ - حدیث: اگر آنچه را که من می‌دانم می‌دانستید، بسیار می‌گریستید و کمتر می‌خندیدید، درکوه‌ها به خدای متعال پناه می‌بردید، بی‌آنکه بدانید که رستگار می‌شوید یا نه؟ : احادیث، ص ۲۰۶.

اندر او نه حیله مانَد، نه رَوِش   پس کنم ناگفته‌تان من پرورش ۱۹۱۷

در وجودش نه چاره‌اندیشی و تدبیری می‌مانَد و نه پای جنبشی، پس از این روست که من بی‌آنکه از چگونگی دشمن سهمناک درونتان سخنی بگویم، شما را تربیت می‌کنم و می‌پرورانم.

همچو بوبکرِ ربابی[1] تن زَنم   دست چون داوود[2] در آهن زنم ۱۹۱۸

همان‌گونه که ابوبکر رَبابی خاموشی می‌گزید، من هم در سکوت همانند داوود(ع) که با آهن زره می‌بافت، دست در آهنِ سختِ وجودِ شما می‌زنم و با آتش مهر و نور هدایت آن را نرم و رام می‌سازم.

تا مُحال از دستِ من حالی شود   مرغِ پر بر کنده را بالی شود ۱۹۱۹

تا امری دشوار و غیرممکن توسّط من امکان یابد و مرغ جان شما را که پر و بالی برای پرواز و تعالی ندارد، پر و بالی حاصل گردد.

چون یَدُ اللّه فَوْقَ اَیْدیهِم[3] بُوَد   دستِ ما را دستِ خود فرمود اَحد ۱۹۲۰

چون «دست خداوند بالاترین دست‌هاست»، حق تعالیٰ دست ما را نیز دست خود خوانده است.

پس مرا دستِ دراز آمد یقین   بر گذشته ز آسمانِ هفتمین ۱۹۲۱

چون حق تعالیٰ اراده فرموده است که دست «انسان کامل مکمّل» در عالم هستی، دست او باشد؛ پس من نیز دستی بلند و اراده‌ای توانا دارم که از آسمان هفتمین نیز می‌گذرد و به قدرت او قادر شده‌ام.

دستِ من بنمود بر گردون هنر   مُقریا![4] بر خوان که اِنْشَقَّ اَلْقَمَر[5] ۱۹۲۲

دست من بر فراز آسمان هنرنمایی کرد، ای قاری قرآن، آیهٔ شقّ القمر را بخوان.

---

۱ - **بوبکر رَبابی :** ر.ک: ۱۵۷۶/۲. ابوبکر رَبابی قرن‌ها بعد از رسول خدا(ص) می‌زیسته است و در این بیت مولانا از قول پیامبر(ص)، خاموش ماندن ایشان را به سکوت ابوبکر ربابی که قرن‌ها بعد از وی در وجود می‌آید، مانند می‌کند هرچند که اِخبار از آینده، چنانکه ولی‌محمّد از شارحان مثنوی خاطر نشان می‌کند از پیامبر غریب نیست؛ امّا صحابه از علوم غیبی خبر ندارند و پیداست که این اشارت به طرز بیان مولانا مربوط است: سرّ نی، ج ۱، ص ۴۵.

۲ - داوود(ع) و زره‌بافی: ر.ک: ۹۱۷/۲.   ۳ - اشارتی قرآنی؛ فتح : ۱۰/۴۸ : ر.ک: ۲۹۸۵/۱.

۴ - این طرز خطاب به مقری مجلس که او را به آیه‌ای مناسب ارجاع می‌دهد، رسم و شیوهٔ وعّاظ و مذکّران را در مجالس به یاد می‌آورد و به نظر می‌رسد که مولانا هنگام تقریر مثنوی خود را در حالتی همانند واعظان می‌پنداشته است: سرّ نی، ج ۱، ص ۴۲.   ۵ - اشارت قرآنی، قمر: ۱/۵۴: ر.ک: ۱۰۸۲/۱.

۱۹۲۳ **این صفت هم بهرِ ضعفِ عقل‌هاست　　　با ضعیفان شرح قُدرت کِی رواست؟**

اینکه قدرت روحانی و معنوی انبیا و اولیا را چنین توصیف می‌کنیم به سبب ضعف درک و عقلِ مردم است و گرنه قدرت ایشان ورای این‌گونه سخن‌هاست.

۱۹۲۴ **خود بدانی چون برآری سر ز خواب　　　ختم شد، وَاللّٰهُ اَعْلَمْ بالصَّواب**

اگر از خواب غفلت بیدار شوی، خود آگاه خواهی شد؛ پس شرح آن همین‌جا خاتمه یافت و خداوند همه چیز را بهتر می‌داند.

۱۹۲۵ **مر تو را نه قوّت خوردن بُدی　　　نه ره و پرواىِ قِیْ کردن بُدی**

اینک در ادامهٔ داستان، مرد خردمند به شخص خفته می‌گوید: اگر حقیقت را می‌گفتم، چنان حال زاری پیدا می‌کردی که نه قدرت خوردن داشتی و نه توانِ قی کردن آن را.

۱۹۲۶ **می‌شنیدم فُحش و خر می‌راندم　　　رَبِّ یَسِّرْ[1] زیرِ لب می‌خواندم**

ناسزای تو را می‌شنیدم و کار خود را می‌کردم و زیر لب دعا می‌کردم که خدایا کار را بر من آسان فرما.

۱۹۲۷ **از سبب گفتن مرا دستور نِی　　　ترکِ تو گفتن مرا مقدور نِی**

مجاز نبودم که علّت آن را بگویم و نمی‌توانستم تو را با آن حال زار رها سازم.

۱۹۲۸ **هر زمان می‌گفتم از دردِ درون　　　اِهْدِ قَوْمي، اِنَّهمْ لا یَعْلَمُون[2]**

هر لحظه از سوز و درد مانند پیامبر(ص) می‌گفتم: خدایا، قوم مرا هدایت کن که آنان نمی‌دانند.

۱۹۲۹ **سجده‌ها می‌کرد آن رَسته ز رنج　　　کِای سعادت! ای مرا اقبال و گنج**

مردی که از رنج رهیده بود، سجده‌ها می‌کرد و به سوارکار خردمند می‌گفت: ای مایهٔ سعادت، ای بخت و اقبال و گنجِ من!

۱۹۳۰ **از خدا یابی جزاها ای شریف!　　　قوّتِ شُکرت ندارد این ضعیف**

ای انسان شریف، خداوند به تو جزای نیک بدهد که این ناتوان را یارای سپاسگزاری الطاف تو نیست.

---

۱ - اشارتی قرآنی؛ طه: ۲۰/۲۵ و ۲۶: قالَ رَبِّ اشْرَحْ لي صَدْري وَ یَسِّرْلي أَمْري: عرض کرد: پروردگارا سینهٔ مرا گشاده بدار و کار مرا آسان گردان.

در ارتباط با فرمان رسالت برای موسیٰ(ع) و درخواست او از خداوند که برای پیروزی، مرا روحی بزرگ، فکری بلند و عقلی توانا یا به عبارتی «سینه‌ای گشاده» عنایت کن.　　۲ - اشاره به روایتی مربوط به واقعهٔ اُحُد: ر.ک: ۱۸۷۳/۲.

۱۹۳۱ **شُکر، حق گوید تو را ای پیشوا! آن لب و چانه ندارم و آن نوا**

ای پیشوا، خداوند از تو راضی باشد که من آن دهان و توان را ندارم.

۱۹۳۲ **دشمنیِ عاقلان زین سان بود زهرِ ایشان[1] اِبتهاجِ[2] جان بود**

آری، دشمنی خردمندان چنین است، زهرِ ایشان جان را به نشاط می‌آوَرَد.

۱۹۳۳ **دوستی ابله بُوَد رنج و ضَلال[3] این حکایت بشنو از بهرِ مثال**

دوستی نادان مایهٔ درد و رنج و گمراهی است، به عنوان نمونه این داستان را بشنو.

اعتماد کردن بر تَملّق و وفایِ خرس[4]

خرسی در چنگ اژدهایی گرفتار آمده بود. مرد دلاوری خرس را رهایی داد. خرس به سببِ بزرگواریِ او، مانند سگِ اصحابِ کهف در پی‌اش روانه گردید. پس از طیِّ مسیری، مرد دلیر که خسته شده بود، به استراحت پرداخت و خرس به نگهبانی مشغول شد.

رهگذری که در حال عبور بود، دلاور را اندرز داد که بر دوستی ابله دل مبند؛ امّا مرد ساده‌لوح نپذیرفت و خوابید. مگس بر سر و روی دلاور خفته می‌نشست. خرس برای دفع مگسِ مزاحم، سنگ بزرگی را از کوه کند و بر مگس کوبید و سر دلاور را که در خواب بود، قطعه قطعه کرد و او را کُشت.

---

۱ - **زهرِ ایشان**: دارویی که می‌دهند. ۲ - **ابتهاج**: شادمانی. ۳ - **ضَلال**: گمراهی.

۴ - مأخذ آن حکایتی است که در فرائدالسلوک آمده است: در ولایت روم باغبانی بود که با بوزینه‌ای دوستی و مصادقت داشت. پیش از این دوستی، باغبان را با ماری خصومتی حادث شده بود منتظر فرصتی بود تا انتقام کشد. روزی باغبان با خستگی تمام بیل را بالش ساخت و خوش بخفت. مار بر بالین او آمد و قصد وی کرد، باغبان بیدار شد و بیل برداشت؛ امّا مار به هزار محنت از آن بلا بجست. باغبان شکایت با بوزینه که دوستی مخلص بود بگفت و معاونت خواست. بوزینه گفت که تدارک این امر آسان است، هرگه که تو را خواب آید، من بر بالین تو نشینم و اگر مار بیاید سرش به سنگ محنت بکوبم. باغبان بدین سخن ایمن شد و گرمگاهی سر در خواب کشید. مگسان بر سر و روی او جمع آمدند. بوزینه مگسان می‌راند در حال باز آمدندی، گفت با شما کاری کنم که از روی زمین نیست گردانم، سنگی به قُرب ده من به دست آورد و با قوّت بر روی باغبان زد، مگسان جان به سلامت بردند؛ امّا باغبان دیگر برنخاست. از مار که دشمن عاقل بود و زخم بی‌حساب نزد، جان برد؛ امّا از بوزینه که دوست جاهل بود، دید آنچه دید: احادیث، صص ۲۰۸-۲۰۶.

دوستی با نادان نتیجه‌ای جز گمراهی و هلاکت ندارد. نَفْس آدمی، پیش از رسیدن به‌کمال، نادان است و دوستی جز با کاملان، هلاکت‌بار.

دوستی خاله خرسه که در پارسی مَثَل است، از مضمون این حکایت گرفته شده است.

این داستان که روایت آن در مثنوی از آغاز تا انجام بیش از دویست بیت است، نتیجه‌ای اخلاقی و عرفانی دارد، ماحصل اخلاقی آن زیان همنشینی و دوستی با نادان است و آموزهٔ عرفانی آن مهر و دوستی در حقّ پیامبران و کاملان است که دانایان حقیقی‌اند و پرهیز از فرعونان.

نکته‌ای که احتمالاً در طیّ این حکایت ممکن است ذهن شنونده یا خواننده را مشغول بدارد، آن است که مولانا در ابتدای داستان، مردی که خرس را از چنگ اژدها می‌رهانَد، شیرمرد و از اوتادِ عالم می‌نامَد و در اواخر قصّه به سبب مغرور گشتن و اعتماد وی بر وفای خرس، از او تعبیر به ابله می‌کند. این امر بیانگر آن است که ظاهراً توجّه مولانا به سِرّ قصّه، او را از وحدت استمرار خو و خصلت اشخاص داستان باز می‌دارد و گویی چنین وحدت و استمراری را اصولاً ضروری و مهم نمی‌شمرده است.[1]

اژدهایی خرس را در می‌کشید ‌‌ ‌ شیرْ مردی رفت و فریادش رسید ۱۹۳۴

اژدهایی خرسی را در کام خود می‌کشید، مردی دلیر پیش رفت و او را نجات داد.

شیرْمردانند در عالم مدد ‌ ‌ آن زمان کافغانِ مظلومان رسد ۱۹۳۵

در عالم هم دلاورانی هستند که هرگاه ناله‌ای از ستمدیدگان برخیزد، آنان را یاری می‌کنند.

بانگِ مظلومان ز هر جا بشنوند ‌ ‌ آن طرف چون رحمتِ حق می‌دَوَند ۱۹۳۶

ناله و فریاد ستمدیدگان را از هر سو که بشنوند، مانند رحمت الهی به همان سو جاری می‌شوند.

آن ستون‌هایِ[2] خِلل‌هایِ[3] جهان ‌ ‌ آن طبیبانِ مرض‌هایِ نهان[4] ۱۹۳۷

وجودِ آنان مانند ستون‌هایی است که جهان را در برابر عوامل مخرّب نگاه‌می‌دارد، آنان شفادهندگان امراض نهانی جان و روان آدمی‌اند.

محضِ مهر و داوری[5] و رحمت‌اند ‌ ‌ همچو حق بی علّت و بی رشوت‌اند[6] ۱۹۳۸

بزرگانی که وجودشان برای مهرورزی، داد و رحمت است، همان‌گونه که حق رحمت عام خویش را بدون هیچ علّت و سببی بر عالم هستی نثار می‌دارد.

---

۱ - سِرّ نی، ج ۱، ص ۲۹۴.

۲ - اوتاد؛ چهار نفری که در چهار رکن عالم‌اند و به واسطهٔ وجود آنان خداوند جهان را محفوظ می‌دارد: ف. سجّادی، ص ۱۵۵. ۳ - **خِلل** : رخنه، عیب، پریشانی و نابسامانی.

۴ - **مرض‌هایِ نهان** : بیماری‌های نَفْسانی. ۵ - **داوری** : دادگری.

۶ - **بی‌علّت و بی‌رشوت** : بدون علّت و سببِ این جهانی، محضِ لطف و رحمت. «رشوت»: مزدی که به کسی دهند تا کاری به ناحق کند.

این چه یاری می‌کنی یکبارگی‌ش؟ گـوید: از بـهرِ غـم و بـیچارگی‌ش ۱۹۳۹

اگر از آنان یکبار بپرسی: چرا در حقّ ستمدیدگان و بینوایان رحمت مـی‌ورزید؟ پـاسخ می‌دهند: علّت آن، غم و بیچارگی مظلومان است.

مـهربانی شـد شکـارِ شیرْ مـرد[1] در جـهان، دارو نـجوید غیرِ درد ۱۹۴۰

سراپای وجودشان مهر است و این شفقت مرهمی است برای دل‌های نیازمند، همواره دردمند جویای مرهم و داروست و آنان عین مرهم‌اند.

هـر کـجا دردی، دوا آنـجا رَوَد هر کجا پستی‌ست، آب آنـجا دَوَد ۱۹۴۱

هرجا دردی باشد، دوا همانجا می‌رود، مانند آب که به پستی سرازیر می‌شود.

آبِ رحـمت بـایدت، رو پست شـو[2] وانگهان خور خَمرِ رحمت، مست شو ۱۹۴۲

اگر نیازمند آب رحمت الهی هستی، فروتن و متواضع باش، آنگـاه از شـراب رحـمت بنوش و مست عنایت حق باش.

رحمت اندر رحمت آمد تا بـه سـر بر یکی رحمت، فرو مآی[3] ای پسر! ۱۹۴۳

ای پسر، همهٔ عالم هستی، رحمت اندر رحمت است. به رحمتی که بر تو نازل می‌شود قناعت نکن. خواهان رحمت تام و کمال باش.

چرخْ را در زیـرِ پـا آر ای شُـجاع! بشنو از فـوقِ فـلک بـانگِ سَـماع ۱۹۴۴

ای انسان شجاع، طریق کمال را طی کـن تـا چـرخ و افـلاک را زیـر پـای آوری و از مـاورای آسمان‌ها بانگ و نغمه‌ای را که در سراسر عالم هستی به‌گوش می‌رسد، باگوش جان بشنوی.

پنبهٔ وسواس[4] بـیرون کُـن ز گـوش تا به‌گوشَت آید از گردون خـروش ۱۹۴۵

پنبهٔ وسوسه‌هایِ نَفْسانی را از گوشِ جان برون کن و با گوشی پاک، بانگ غیب را بشنو.

پاک کن دو چشم را از مویِ عیب[5] تـا بـبینی بـاغ و سـروستانِ غـیب ۱۹۴۶

چشمانِ حقیقت‌بینِ تو، به سبب غفلت و خطاها، گشوده نشـده است، آن‌هـا را از ایـن عیوب پاک کن تا باغ و بوستانِ عوالم روحانی را ببینی.

---

۱ - مُراد آنکه: آنان سراپا محبّت‌اند. ۲ - **پست شو** : خودبین نباش. ۳ - **فرو مآی** : فرود نیا، قانع نشو.
۴ - **وسواس** : وسوسهٔ نَفْسانی. ۵ - **مویِ عیب** : عیبِ باطنی، عیبِ نَفْس.

دفع کن از مغز و از بینی، زُکام تا کـه ریحُ اللّـه در آیـد در مَشـام ۱۹۴۷

از مغز و بینیِ‌ات زکامِ دلبستگی‌های مادّی را دور کن تا عطرِ رایحهٔ الهی در مشام جانت بپیچد.

هیچ مگذار از تب و صفرا[1] اثر تا بیابی از جهانْ طعم شکَر[2] ۱۹۴۸

نگذار اثری از تبِ هوا و هوس و صفاتِ مذموم در تو باقی بماند تا طعمِ شکرین حقایق و معارف را در نظامِ هستی دریابی.

داروی مردی کن[3] و عِنّین[4] مپوی تا برون آیند صدگون خوبْ‌روی[5] ۱۹۴۹

در راه حق، تنها مردصفتان گام می‌گذارند؛ پس همّت کن و مردانه در آن گام بنه تا حالات معنوی که حامل فضایل و علوم الهی‌اند، بر تو افاضه شوند.

کُندهٔ تن را ز پایِ جان بکَن تا کند جولان به گِردِ انجمن ۱۹۵۰

«تن» مانندِ تنهٔ سنگین درخت، «جان» را زمین‌گیر کرده است، این رشته را بردار تا جان، چنانکه سزاوار اوست، در انجمنِ مردان راه حق جولان کند.

غُلِّ بُخل[6] از دست و گردن دور کن بختِ نو دریاب در چرخ کُهن ۱۹۵۱

«بخل» از عدم ایمان به مواهب پروردگار سرچشمه می‌گیرد؛ بنابراین زنجیرِ گرانی بر دست و گردن است که با دفعِ آن می‌توان در این جهان به بختی نو رسید.

ور نمی‌توانی[7]، به کعبهٔ لطف پر عرضه کن بیچارگی بر چاره‌گر ۱۹۵۲

اگر خود به تنهایی نمی‌توانی، دلت را متوجّه کعبهٔ لطف الهی کن و بیچارگی خود را به چاره‌گر عرضه دار.

زاری و گریه قوی سرمایه‌ای‌ست رحمتِ کُلّی قوی‌تر دایه‌ای‌ست ۱۹۵۳

ناله و زاری و گریستن سرمایه‌ای نیرومند و باارزش است و رحمت الهی دایه‌ای مهربان و توانمند است.

---

۱ - **تب و صفرا**: هوا و هوس و صفاتِ رذیله. ۲ - **شکر**: کنایه از معارف.
۳ - **داروی مردی کن**: مرد راه حق باش.
۴ - **عِنّین**: نامرد، کسی که نتواند با زنان مباشرت کند، اینجا اهل دنیا.
۵ - **خوب‌روی**: کنایه از حالات معنوی.
۶ - **بُخل**: امساک، ضدکَرَم و جود، گفته‌اند: بخل محو صفات انسانی و اثبات عادات حیوانی است.
۷ - **نمی‌توانی** را نمی‌تانی قرائت کنید.

دایـــه و مـــادر بـــهانه‌جو بُـوَد   تا که کِیْ آن طفلِ او گـریان شـود؟ ۱۹۵۴

دایه و مادر جویای بهانه‌اند که طفل کی گریان می‌شود؟

طــفلِ حــاجاتِ شــما را آفــرید   تــا بــنالید و شـود شـیرش پـدید ۱۹۵۵

خواسته‌هایِ آدمی، مانند طفلی در درونِ او می‌نالد و می‌گرید، خداوند این طفل را آفرید تا با نالهٔ او شیر لطف و رحمت الهی پدیدار گردد.

گفت: اُدْعُـوا اللهَ[1]، بـی‌زاری مـباش   تــا بــجوشد شــیرهایِ مِـهرهاش ۱۹۵۶

خداوند فرمود: «خدا را بخوانید»، او را بخوان؛ امّا با «عجز و انکسار و ناله و زاری» تا شیر مهر او بجوشد و لطف حق شامل حالت شود.

هُوی هـویِ بـاد و شـیرافشـانِ ابـر   در غم ماند، یک ساعت تـو صـبر ۱۹۵۷

هیاهوی باد و ریزش باران از ابر در جهت بقا و تکامل آدمی‌اند. تو صبور باش.

فــی اَلسَّــماءِ رِزْقُکُـم[2] بشـنیده‌ای   اندر این پستی چه بر چفسیده‌ای؟ ۱۹۵۸

اگر شنیده‌ای که حق تعالیٰ فرموده است: «روزی شما در آسمان است»؛ پس چرا به این دنیای دون چنین وابسته شده‌ای؟

تـرس و نـومیدیت دان آوازِ غُـول[3]   می‌کشد گوش ِ تو تـا قـعرِ سُـفول[4] ۱۹۵۹

«ترس و یأس»، صدایِ «نَفْس امّاره» است که تو را گوش‌کشان تا اعماق پستی می‌برد.

هــر نـدایی کـه تـو را بـالا کشـید   آن نــدا مـی‌دان کـه از بـالا رسـید ۱۹۶۰

هر صدایی که تو را به سوی عوالم معنوی می‌برد، بدان که از عالمِ بالا رسیده است.

هر نـدایـی کـه تـو را حـرص آوَرَد   بـانگِ گـرگی دان کـه او مـردم دَرَد ۱۹۶۱

هر ندایی که در تو «حرص و طمع» را به جوش می‌آوَرَد، از مراتب نازلهٔ هستی برخاسته و مانندِ صدایِ گرگی است که انسان را می‌دَرَد.

---

۱ - اشارتی قرآنی؛ اسراء : ۱۱۰/۱۷ : قُلِ اُدْعُوا اللهَ.

۲ - اشارتی قرآنی؛ ذاریات : ۲۲/۵۱ : وَ فِی السَّماءِ رِزْقُکُمْ وَ ما تُوعَدُونَ : و روزی شما در آسمان است، و آنچه به شما وعده داده می‌شود.

اشارتی است به عوامل دوام و بقای انسان که چیزی جز عنایت و فضل الهی نیست.

۳ - **غول** : کنایه از نَفْس ِ امّاره.   ۴ - **سُفول** : پستی.

ایـن بـلندی نـیست از رویِ مکـان　　　این بلندی‌هاست سویِ عقل و جان ۱۹۶۲

این بلندی که می‌گوییم، ارتفاع مکانی نیست. اوجِ «عقل و جان» و «عالم مجرّدات» است.

هـر سـبب بـالاتر آمـد از اثـر　　　سنگ و آهن فایق[1] آمـد بـر شـرر[2] ۱۹۶۳

هر علّت در عمل از معلول خود در مرتبهٔ بالاتری قرار دارد، مثلاً «سنگ و آهن» در عمل مقدّم به «جرقّهٔ آتش»اند.

آن فلانی فوقِ آن سـرکَش[3] نشست　　　گرچه در صورت به پهلویش نشست ۱۹۶۴

کسی که اخلاقی حمیده دارد و در کنار شخصِ قدرتمندِ طغیانگری می‌نشیند، در مرتبهٔ برتری است، هرچند که به ظاهر در کنارِ او نشسته است.

فـوقیِ آنـجاست از رویِ شـرف　　　جایِ دور از صدر، باشد مُستَخَف ۱۹۶۵

معیار سنجش، شرف و بزرگواریِ باطنی یا «آبروی معنوی» است، هرکس از این معیار به دور باشد، جایی حقیر است، هرچند به سببِ شأنِ اجتماعی در صدر باشد.

سنگ و آهن زین جهت که سابق[4] است　　　در عـمل، فـوقیِّ ایـن دو لایـق است ۱۹۶۶

«سنگ و آهن» که پیش از ایجاد جرقّه بوده‌اند، نسبت به جرقّه «علّت» و «سابق» به شمار می‌آیند و در عمل «تقدّمِ زمانی» به «جرقّه و آتش» که «معلول»اند، دارند.

و آن شرر، از رویِ مقصودیِّ خـویش　　　ز آهن و سنگ‌است زین رو پیش و بیش ۱۹۶۷

امّا چون مقصود از بر هم زدن «سنگ و آهن» ایجاد «جرقّه و شرارهٔ آتش» بـوده است؛ پس شرارهٔ آتش که «مقصود» به شمار می‌رود، به اعتبارِ مقصود بودن، از سنگ و آهن که علّت‌اند در مرتبهٔ بالاتری از مراتب هستی قرار دارد.

سـنگ و آهـن اوّل و پـایان شـرر　　　لیک این هر دو تن‌اند و جان شرر[5] ۱۹۶۸

سنگ و آهن به عنوان «علّت»، مقدّم‌اند بر شرارهٔ آتش که «معلول» و مؤخّر است؛ امّا این دو «جسم»اند و از برخورد آن‌ها، «جانِ» نهان آن دو، یعنی شرارهٔ آتش آشکار می‌شود.

---

۱ – **فایق** : برتر، اینجا مقدّم، تقدّمِ زمانی داشتن.

۲ – **شرر** : جرقّه چون «اثر» سنگ و آهن است، از آن‌ها برتری دارد؛ زیرا هدفِ برهم خوردن سنگ و آهن، تولید جرقّه بوده است.　۳ – **سرکَش** : نافرمان، مردی صاحب قدرت و قوّت.　۴ – **سابق** : مقدّم، پیشین.

۵ – پس از بیت ۱۹۶۸ در نسخهٔ نیکلسون بیت زیر آمده که در نسخهٔ کهن قونیه ضبط نشده است.

آن شررگر در زمان واپس‌ترست　　　در صفت از سنگ و آهن برترست

در زمان، شاخ از ثمر سابق‌تر است   در هنر، از شاخْ او فایق‌تر[1] است ۱۹۶۹

به اعتبار زمان، شاخهٔ درخت به نسبت میوهٔ آن، سابق است؛ امّا به اعتبارِ قابلیّت و کمال در مرتبهٔ کمتری از میوه است؛ پس میوه بر شاخه مقدّم است.

چونکه مقصود از شجر آمد ثمر   پس ثمر اوّل بُوَد، و آخِر شَجَر ۱۹۷۰

چون مقصود از وجودِ درخت، حصولِ میوه است؛ پس میوه در مرتبه‌ای بالاتر از درخت قرار دارد.

خرس چون فریاد کرد از اژدها   شیر مردی کرد از چنگش جُدا ۱۹۷۱

چون خرس از ترس اژدها فریاد کرد، مردی دلاور او را نجات داد.

حیلت و مردی به هم دادند پُشت   اژدها را او بدین قوّت بکُشت ۱۹۷۲

تدبیر و شجاعت دست به دست یک‌دیگر دادند تا او توانست اژدها را با این قوّت بکُشد.

اژدها را هست قوّت، حیله[2] نیست   نیز فوقِ حیلهٔ تو حیله‌ای‌ست ۱۹۷۳

اژدها نیروی سهمناکی دارد؛ امّا تدبیر ندارد، از «عقلِ حیله‌گر» یا عقلی که در خدمت ابزارسازی است، برخوردار نیست. تو ای آدمی که از تدبیر برخورداری، بدان که برتر از تدبیر تو نیز تدبیری هست.

حیلهٔ خود را چو دیدی باز، رو   کز کجا آمد؟ سویِ آغاز رو ۱۹۷۴

هنگامی که چاره‌اندیشی یا تدبیر خویش را می‌بینی، توجّه کن که این تدبیر از کجا آمده است و چگونه مدبّر شده؟

هر چه در پستی[3]ست، آمد از عُلا[4]   چشم را سویِ بلندی نِهْ، هلا[5]! ۱۹۷۵

هر چیزی که در جهان مادّی می‌بینی، از عوالمی برتر نشأت گرفته است؛ پس به عوالم برتر توجّه کن.

روشنی بخشد نظر اندر عُلیٰ[6]   گرچه اوّل خیرگی آرد، بَلی[7] ۱۹۷۶

آری، توجّه به «عوالم معنوی و روحانی» ابتدا خیرگی‌آور است، چشم و درکِ آدمی در برابر آن احساس ضعف می‌کند؛ امّا سرانجام دیدگان را روشناییِ حقیقی می‌بخشد.

---

۱ - **فایق** : نیکو، برگزیده.   ۲ - **حیله** : تدبیر، نیرنگ.   ۳ - **پستی** : اینجا عالم مادّه.

۴ - **عُلا** : بلندی و بزرگی.   ۵ - **هلا** : ندا برای آگاهانیدن و تنبیه.

۶ - **عُلیٰ** : «عُلا» به ضرورت قافیه «عُلیٰ» خوانده شده است.

۷ - **بَلی** : آری، آنچه را که گفته شود، مثبت می‌سازد.

۱۹۷۷ **چشم را در روشـنایی خـوی کُـن[۱] گر نه خفّاشی، نـظر آن سـوی کُـن**

چشم خود را به نور و روشنایی عادت بده، اگر خفّاش نیستی به نور حقیقی توجّه کن.

۱۹۷۸ **عـاقبت بـینی، نشـانِ نـورِ تـوست شهوتِ حالی، حقیقت گورِ توست**

«عاقبت‌اندیشی» که ناشی از تفکّر در نظام هستی و آفرینش است، نشانِ نورِ ضمیر است در حالی که توجّه تام به خوشی‌های دنیوی، گورِ حیاتِ روحانیِ توست.

۱۹۷۹ **عـاقبت‌بینی کـه صـد بـازی بـدید مِثلِ آن نَبْوَد کـه یک بـازی شـنید**

شخص عاقبت‌اندیشی که آزمون‌های الهی و بازی‌هایِ روزگار را دیده، پخته‌تر از کسی است که از آن سخنی شنیده. این فردِ عاقبت‌اندیشِ سنجیده، علی‌رغم دانشی که کسب کرده است، به سبب تجربیّاتی که دارد، می‌داند که برایِ وی حصول این عَلوم و فنون در نظام هستی به دلیل خاصّی است که او بدان علّت آفریده شده است؛ بنابراین مغرور نمی‌شود.

۱۹۸۰ **زآن یکی بازی چـنان مـغرور شـد کـز تکـبُّر ز اوسـتادان دور شـد**

شخص خامی که عاقبت‌اندیش نیست، از شنیدن حقایقی که بزرگان به کشف و شهود آن نایل آمده‌اند، چنان خود را عالِم می‌پندارد که امر بر وی مشتبه می‌شود و با کبر از استادان دوری می‌گزینند.

۱۹۸۱ **سامری‌وار[۲] آن هنر در خود چو دید او ز مـوسی از تکـبُّر سـر کشـید**

همان‌گونه که سامری، هنری را در خود یافت و با تکبّر از موسیٰ(ع) که استاد او بود، روی گردانید.

۱۹۸۲ **او ز مـــوسی آن هـــنر آمـوخته وز مُـعلِّم چشـم را بـر دوخـته[۳]**

سامری که خاله‌زادهٔ موسیٰ(ع) و شاگردِ او بود،[۴] به موسیٰ(ع) خدمت می‌کرد و به سببِ این نزدیکی در روز غرق فرعون، دریافت که جبرائیل کجا مـی‌رود و از کجا مـی‌گذرد و خوانده بود که هرکس از زیر سمِ اسب جبرائیل خاک بردارد، بر هر چیزکه ریزد، آن چیز به

---

۱ - **خوی کن**: عادت کن، عادت بده. ۲ - **سامری**: ر.ک: ۲۲۶۸/۱.

۳ - طه: ۸۵/۲۰: «فرمود: ما قومت را در غیاب تو امتحان کردیم و سامری آنان را گمراه ساخت.» آنگاه در پاسخ موسیٰ(ع) که از سامری پرسید: چرا چنین کردی؟ طبق فرمودهٔ حق تعالیٰ: طه: ۹۶/۲۰: گفت: «من از مطلبی آگاه شدم که آنان ندیدند و آگاه نشدند، من چیزی از آثار رسول و فرستادهٔ خدا را گرفتم و سپس آن را [در خمیر مایهٔ گوساله] انداختم، و بدین سان بود که نَفْسم بدی را برای من آراسته جلوه داد».

۴ - قرآن، ترجمهٔ خرمّشاهی، ص ۳۱۷ به نقل از قصص الانبیاء، نیشابوری، صص ۲۲۰-۲۱۳.

سخن می‌آید؛ پس از آن خاک برداشت و در دهان گوسالهٔ زرّین ریخت و گوساله بانگ کرد. خلق چون آن بدیدند، همه سجده کردند [از دوازده سبط بنی‌اسرائیل، نه و نیم سبط آن را پذیرفتند]. ماجرای سامری و گوسالهٔ زرّین امتحانی بود الهی؛ ولی آنان گمراه شدند.

۱۹۸۳ **لاجرم موسی دگر بازی نمود تا که آن بازی و جانش را رُبود**[1]

چون سامری چنان فتنه‌ای بر انگیخت، لاجرم موسی(ع) برتری هنر و فضل خویش را نشان داد و او را از جامعهٔ بنی اسرائیل طرد کرد و به انزوای مطلق کشانید و کیفر او را در قیامت عذاب الهی توصیف کرد و گفت: معبودی را که می‌پرستیدی، می‌سوزانیم و ذرّات آن را به دریا می‌پاشیم تا محو گردد.

۱۹۸۴ **ای بسا دانش[2] که اندر سر دَوَد تا شود سرور، بدآن خود سر رَوَد**

دانش سامری سبب سروریِ او نشد، سرِ او را به باد داد و چنین مواردی بسیار است.

۱۹۸۵ **سر نخواهی که رَوَد، تو پای باش در پناهِ قطبِ[3] صاحبْ رای[4] باش**

اگر نمی‌خواهی سرت بر باد رود، فروتن باش و به قطب صاحب‌رای پناه ببر.

۱۹۸۶ **گرچه شاهی، خویش فوق ِ او مبین گرچه شهدی، جز نباتِ او مچین**

اگر از عالی‌ترین مقامات دنیوی هم برخوردار باشی، هرگز خود را برتر از او ندان. هر قدر هم که به اوصاف حمیده و معارف متّصف باشی، باز خوشه‌چینِ معرفتِ تام و دانش مبرّا از کدورت او، باش.

۱۹۸۷ **فکرِ تو نقش است و فکرِ اوست جان نقدِ[5] تو قلب است و نقدِ اوست کان**

فکرِ تو که کمال نیافته‌ای، صورتی یا قالبی از فکر است، در حالی که فکرِ انسانِ کامل، جانِ آن قالب و روح آن است. در دل و جان تو وجوه مادّی و روحانیِ نَفْس آمیخته و ممزوجی‌اند در حالی که در دل و جان او که معدن نور است، جز «جوهر نورانی مجرّد» چیزی نیست.

---

۱ - طه : ۹۷/۲۰.

۲ - ابوالفتوح در توصیف گوسالهٔ سامری می‌نویسد، سامری گوساله را چنان ساخته بود و سوراخ‌های گلوی او به وضعی بود که با وزش باد در زیر او، باد در شکمش می‌افتاد و ازگلوی او آواز برون می‌آمد، همانند آواز نی و مزمار: ر.ک. پیشین، ص ۳۱۸.

۳ - **قطب** : برترین مرتبهٔ باطنیِ اولیا، شیخ یگانه، لقب آن ولی که انتظامِ مُلکی در عالم معنا به حکم الهی در قبضهٔ اقتدار اوست. ۴ - **صاحب‌رای** : دارای رأی و تدبیر صائب.

۵ - **نقد** : خلاف نسیه، پول و سرمایه، مجازاً دل و ذات.

۱۹۸۸ او تـویی، خـود را بـجو در اُویِ او   کُو و کُو گـو، فـاخته شـو سـویِ او

«دل و جان» منوّرِ او حقیقتِ توست که جویای آنی؛ پس خود را در او جستجو کن و برای رسیدن به آن جویایِ درکِ محضرش باش و مانندِ فاخته، کوکو بگو تا به حقیقتِ نهان خود برسی.

۱۹۸۹ ور نخواهی خـدمتِ اَبـنایِ جـنس   در دهـانِ اژدهـایی هـمچو خـرس

اگر تمایلی به همصحبتی با بزرگان عالم معنا و خدمت به ایشان که با تو جنسیّت روحـانی دارند، نداری، بدان که مانند خرسِ این حکایت در دهان اژدهای نفس امّاره زبون خواهی ماند.

۱۹۹۰ بـو کـه[۱] اسـتادی رهـانَد مـر تـو را   وز خـطر بـیرون کشـانَد مـر تـو را

شاید استادی تو را نجات دهد و از خطر هولناکی که جانت را تهدید می‌کند، بِرَهانَد.

۱۹۹۱ زاریی می‌کن چو زورت نیست، هین!   چونکه کوری[۲]، سر مکش از راه‌ْبین[۳]

آگاه باش و چون به تنهایی نمی‌توان با این اژدها مبارزه کرد، ناله و زاری کن تا یکی از دلاوران عرصهٔ کمال به فریادت برسد و از آنجا که چشمی بصیر برای طیِّ طـریق نـداری، تسلیم استادِ کامل باش.

۱۹۹۲ تو کـم از خـرسی؟ نـمی‌نالی ز درد؟   خرس رَست از درد، چون فریاد کرد

آیا از خرس کمتری که از درد نمی‌نالی؟ خرس از دردِ چنگ و دندانِ اژدها نالید تا رهایی یافت.

۱۹۹۳ ای خدا! این سنگِ دل را موم کُن   ناله‌اش را تو خوش و مرحوم[۴] کُـن

خدایا، دلِ چون سنگِ ما را مانندِ موم نرم و لطیف گردان و ناله‌اش را خوشایند و شایستهٔ رحمت خویش فرما.

گفتنِ نابینایِ سائل که: دو کوری دارم[۵]

نابینایی خطاب به مردم می‌گفت: به کسی که دارای دو عیب و نقص است، ترحّم آوریـد. مردم پرسیدند: آن‌ها کدام‌اند؟ نابینا پاسخ داد: کوری چشمم و زشتی و ناهنجاری صدایم.

سرّ سخن در این لطیفهٔ حکمت‌آمیز در بیانِ این معناست که اعتراف به نقایص و گناهان موجب جلب رحمت است.

---

۱ - **بو که** : بوک: بُوَد که، باشد که. ۲ - **کور** : اینجا کوردل، کور باطن. ۳ - **راه‌بین** : استاد طریقت، مُراد.

۴ - **مرحوم** : قابل رحمت.

۵ - مأخذ این حکایت در محاضرات راغب، ج ۲، ص ۱۷۴ و در شرح نهج‌البلاغه، ج ۴، ص ۵۱۷ آمده است: احادیث، ص ۲۰۹.

بود کوری، کو همی گفت: اَلامان   من دو کوری دارم ای اهلِ زمان ۱۹۹۴

نابینایی همواره می‌گفت: ای مردم روزگار، به فریادم برسید که دو گونه نابینایی دارم.

پس دوباره رحمتم آرید، هان!   چون دو کوری دارم و من در میان ۱۹۹۵

پس آگاه باشید که شما نیز بر من دو چندان رحم کنید که میان دو کوری درمانده‌ام.

گفت: یک کوریت می‌بینیم ما   آن دگر کوری چه باشد؟ وانما ۱۹۹۶

شخصی به او گفت: نابینایی چشمانت را که می‌بینیم، بگو ببینم، کوری دیگر تو چیست؟

گفت: زشت‌آوازم و ناخوش نوا   زشتْ آوازی و کوری شد دو تا ۱۹۹۷

گفت: صدای بدِ ناخوشایندی دارم، نابینایی و آوای ناهنجار، کوری‌ام را مضاعف می‌کند.

بانگِ زشتم مایهٔ غم می‌شود   مهرِ خلق از بانگِ من کم می‌شود ۱۹۹۸

آوای ناهنجارم مایهٔ غم است، محبّت مردم نسبت به من کم می‌شود.

زشتْ آوازم به هر جا که رود   مایهٔ خشم و غم و کین می‌شود ۱۹۹۹

آوای ناخوشایندم به هر جا که برسد، سبب خشم و اندوه و کینه می‌شود.

بر دو کوری رحم را دو تا کنید   این چنین ناگُنج را گُنجا کنید[1] ۲۰۰۰

بر کسی که از دو گونه نابینایی در رنج است، رحم مضاعف کنید و چنین شخص ناخوشایندی را که در دلی جای ندارد، در دل خود جای دهید.

زشتیِ آواز کم شد زین گِله   خلق شد بر وِیْ به رحمت یک دِله ۲۰۰۱

به سبب شکایتی که او از ناخوشایندی خود ابراز داشت، زشتیِ آوای او نزد مردم کاسته شد و یک دل و یک جان بر وی رحم آوردند.

کرد نیکو، چون بگفت او راز را   لطفِ آوازِ دلش، آواز را ۲۰۰۲

او آواز دلش و رازی را که در آن نهان بود، بیان کرد در نتیجه، لطفی که در صدای دلش نهفته بود، صدای ناهنجارش را برای دیگران خوشایند کرد.

وانکه آوازِ دلش هم بد بُوَد   آن سه کوری، دوریِ سَرمد[2] **بُوَد** ۲۰۰۳

کسی که آوای دلش هم بَد و ناهنجار باشد، یعنی در دل نیز به زشتی‌هایِ درونی خود اعتراف نکند، سه کوری دارد که سبب دوریِ همیشگی او از درگاه حق است.

---

۱ - **ناگُنج را گُنجا کنید**: او را در دل خود بگنجانید. ۲ - **سرمد**: جاودان.

لیک وهّابان[1] که بی علّت[2] دهند   بو که دستی بر سرِ زشتش نهند ۲۰۰۴

امّا، شاید بخشندگانی که ذاتاً بخشنده‌اند، دستی از سر لطف بر سر زشت او بکشند.

چونکه آوازش خوش و مظلوم شد   زو دلِ سنگینْ‌دلان چون موم شد ۲۰۰۵

چون آوای سائل نابینا خوش و ترحّم‌انگیز شد، دلِ سنگ‌دلان هم با او مهربان شد.

نالۀ کافر چو زشت است و شَهیق[3]   زآن نمی‌گردد اجابت را رفیق ۲۰۰۶

چون نالۀ کافر بسی ناخوشایند و مانندِ بانگ خر است، مورد اجابت قرار نمی‌گیرد.

اِخْسَئُوا[4] بر زشت آواز آمده‌ست   کو ز خونِ خلق چون سگ بود مست ۲۰۰۷

خطاب «دور شوید» بر آنان است که آوای دلشان نیز همانند کلامشان زشت است، کسانی که از خوردن خون مظلومان، مانندِ سگ هار شده‌اند.

چونکه نالۀ خرس رحمت کَش بُوَد   ناله‌ات نَبْوَد چنین، ناخوش بُوَد ۲۰۰۸

چون نالۀ خرس رحمت را جذب می‌کند، اگر نالۀ تو جاذب رحمت نباشد، خود بنگر که چه ناپسند است و تا چه حدّ تنزّل یافته‌ای.

دان که با یوسف تو گرگی کرده‌ای[5]   یا ز خونِ بی‌گناهی خورده‌ای[6] ۲۰۰۹

پس آگاه باش که با یوسف‌صفتی دشمنی کرده‌ای یا در حقِّ مظلومی، بیرحم و سفّاک بوده‌ای. ناخوشایندی نالۀ آدمی بی‌دلیل نیست، ناشی از رذیلتی است.

توبه کن وز خورده استفراغ کن   وَر جراحت کُهنه شد، رو داغ کن ۲۰۱۰

از خبط و خطا بازگرد و خالصانه توبه و استغفار کن. اگر جراحت درون و تعفّن ناشی از گناهان و خطاها در تو مزمن شده و به سادگی درمان‌پذیر نیست، آن را در آتش ریاضت و مبارزه با نَفْس بسوزان و داغ کن تا در وجودت زمینۀ مساعدی برای پذیرش توبه و اجابت دعا به وجود آید.

---

۱ - **وهّاب** : بخشنده.   ۲ - **بی‌علّت** : بدون هیچ دلیل این جهانی.   ۳ - **شهیق** : بانگ خر.

۴ - اشارتی قرآنی؛ مؤمنون : ۱۰۸/۲۳ : قالَ اخْسَئُوا فیها وَ لا تُکَلِّمُونِ. خداوند [خطاب به دوزخیان] می‌گوید: دور شوید [و همچنان در دوزخ بمانید، خاموش شوید] و با من سخن مگویید.

۵ - **گرگی کرده‌ای** : دشمنی کرده‌ای، بدی کرده‌ای.   ۶ - **خون کسی را خوردن** : سفّاکی و بیرحمی کردن.

تَتمّهٔ حکایتِ خرس و آن ابله که بر وفایِ او اعتماد کرده بود

خرس هم از اژدها چون وارهید و آن کَرم زآن مردِ مردانه بدید ۲۰۱۱

چون خرس از چنگ و کامِ اژدها رها شد و جوانمردی آن دلاور را دید،

چون سگِ اصحابِ کهف[1] آن خرسِ زار شد ملازم[2] در پیِ آن بُردبار ۲۰۱۲

خرسِ زار، مانند سگ اصحاب کهف، در پی آن مرد صبور روانه شد.

آن مسلمان سر نهاد از خستگی خِرس حارس[3] گشت از دل‌بستگی ۲۰۱۳

آن مرد مسلمان از خستگی خوابید، خرس هم به سبب دلبستگی و محبّتی که به او یافته بود، بر بالینش به نگهبانی پرداخت.

آن یکی بگذشت و گفتش: حال چیست؟ ای برادر! مر تو را این خرس کیست؟ ۲۰۱۴

رهگذری او را دید و جویای حال شد و پرسید: ای برادر، این خرس کنار تو چه می‌کند و چرا اینجاست؟

قِصّه واگفت و حدیثِ اژدها گفت: بر خرسی منه دل ابلها! ۲۰۱۵

دلاور ماجرای اژدها را بازگو کرد. رهگذر داناگفت: ای نادان، به دوستی و مهر خرس دل نبند.

دوستی ابله بَتَر از دشمنی‌ست او به هر حیله که دانی راندنی‌ست ۲۰۱۶

دوستی نادان از دشمنی بدتر است، به هر حیله و تدبیر که می‌توانی، او را از خود دور کن.

گفت: وَ اللّه از حسودی گفت این ورنه خرسی چه‌نْگری؟ این مِهر بین ۲۰۱۷

دلاور اندیشید: به خدا از حسادت می‌گویی و گرنه چرا به خرس بودن او توجّه می‌کنی؟ مهرِ عمیق او را ببین.

گفت: مهرِ ابلهان عشوه دِه[4] است این حسودیِ من از مِهرش بِهْ است ۲۰۱۸

رهگذر داناگفت: مهر و محبّت نادانان چنان به ظاهر خالصانه و بی‌ریاست که آدمی را گول می‌زند. سخن من هرچند که به تصوّر تو از حسد است، از چنان مهری بهتر است.

---

۱ - **اصحاب کهف**: ر.ک: ۳۰۱۹/۱ و ۳۷/۲. ۲ - **ملازم**: همراه. ۳ - **حارس**: نگهبان.
۴ - **عشوه‌ده**: فریب دهنده.

هی! بیا با من، بران این خـرس را　　　　خرس را مگزین، مَهِل[1] هم جنس را ۲۰۱۹

آگاه باش و با من بیا، این خرس را دور کن. هرگز خرس را برای دوستی انتخاب نکن و همجنسِ خود را فرونگذار.

گفت: رو رو، کارِ خود کن ای حسود!　　　　گفت: کارم این بُد و بـختت نـبود[2] ۲۰۲۰

دلاور گفت: ای حسود، برو، برو به کار خودت برس. رهگذر دانا گفت: کارِ من آگاه کردنِ تو بود که بخت و اقبال آن را نداشتی.

من کم از خرسی نباشم ای شریف[3]　　　　ترکِ او کن تا منت باشم حـریف[4] ۲۰۲۱

ای بزرگوار، من از خرس بی‌قدرتر نیستم، او را رها کن تا من همراه تو باشم.

بـر تـو دل مـی‌لرزدم ز انـدیشه‌یی　　　　با چنین خـرسی مـرو در بـیشه‌یی ۲۰۲۲

از اینکه تو با خرس عظیمی وارد بیشه و جنگل شوی، دلم می‌لرزد، این کار را نکن.

ایـن دلم هـرگز نـلرزید از گـزاف　　　　نورِ حقّ است این، نه دعویّ و نه لاف ۲۰۲۳

دل من هرگز بیهوده نلرزیده است، به نور حق می‌بینم که تو در خطر هستی، سخنم ادّعا و لاف نیست.

مـؤمنم، یَـنْظُرْ بِـنُورِ اللّـه[5] شـده　　　　هان و هان! بگریز از ایـن آتشکـده ۲۰۲۴

من انسان مؤمنی هستم که «با نورِ الهی بینا شده‌ام»، آگاه و به‌هوش باش و از این آتشی که افروخته‌ای، فرار کن.

این همه گفت و بگوشش در نرفت　　　　بدگمانی مـرد را سـدّی‌ست زَفت[6] ۲۰۲۵

رهگذرِ خردمند این‌ها را گفت؛ امّا دلاور که بدگمان شده بود، نپذیرفت. سوء ظن مانع بزرگی است که نمی‌گذارد نور حقایق بر دل بتابد.

دستِ او بگرفت و دست از وی کشید　　　　گفت: رفتم چون نـه‌ای یـارِ رشـید[7] ۲۰۲۶

رهگذر دست دلاور را گرفت که با خود ببرد؛ امّا او دست خود را کشید، در نتیجه مرد خردمند با آزردگی گفت: من رفتم، چون تو همراه عاقلی نیستی.

---

۱ - **مَهِل** : فرو نگذار، ترک نکن.　۲ - در مصراع دوم «رزقت» را در حاشیه به «بختت» بدل کرده‌اند.
۳ - **شریف** : بزرگوار.　۴ - **حریف** : معاشر، دوست و همراه.　۵ - اشاره به حدیث: ر.ک: ۱۳۳۶/۱.
۶ - **زفت** : بزرگ، عظیم.　۷ - **رشید** : رشد یافته، عاقل.

۲۰۲۷ **گفت: رو بر من تو غمخواره مباش / بوالفُضولا[1] معرفت کمتر تراش[2]**

گفت: برو و نگران من نباش، ای یاوه‌گو، این همه اظهار فضل و بینش نکن.

۲۰۲۸ **باز گفتش: من عدُوی[3] تو نیَم / لطف باشد گر بیایی در پیَم**

رهگذر گفت: من دشمن تو نیستم، اگر با من بیایی، لطف کرده‌ای؛ زیرا خیالم از بابت تو آسوده می‌شود.

۲۰۲۹ **گفت: خوابستم مرا بگذار و رو / گفت: آخر یار را مُنقاد[4] شو**

دلاور بدگمان گفت: مرا بگذار و بگذر، بسیار خواب‌آلوده‌ام. رهگذر گفت: آخر از دوستِ خود اطاعت کن.

۲۰۳۰ **تا بخُسْبی در پناهِ عاقِلی / در جوارِ دوستی، صاحبْ‌دلی**

تا در پناهِ انسانِ عاقلی که دوستِ خیرخواهِ صاحبدل است، بخوابی.

۲۰۳۱ **در خیال افتاد مرد، از جدِّ او / خشمگین شد، زود گردانید رُو**

سوء ظنِّ دلاور از اصرارِ رهگذر افزون شد و با خشم صورت خود را برگرداند.

۲۰۳۲ **کین مگر قصدِ من آمد، خونی است / یا طمع دارد، گدا و تونی است[5]**

اندیشید: شاید قاتلی است که قصد خون مرا دارد یا آدم بی‌سروپایی است که به مال و البسهٔ من طمع دارد.

۲۰۳۳ **یا گرو بسته است با یاران، بدین / که: بترساند مرا زین همنشین**

یا با دوستان خود شرط بسته که مرا از این خرس بترساند.

۲۰۳۴ **خود نیامد هیچ از خُبثِ سِرش / یک گمانِ نیک اندر خاطرش**

از خُبثِ باطن، حتّی یک گمانِ نیک به ذهنش راه نیافت و نیندیشید که شاید اصرار او به سبب خیرخواهی باشد.

۲۰۳۵ **ظنِّ نیکش جملگی بر خرس بود / او مگر مر خرس را همجنس بود**

فقط به خرس حُسنِ ظنّ داشت و چنان درباره‌اش نیک می‌اندیشید که گویی همجنس خرس است.

---

۱ - **بوالفضول**: یاوه‌گو. ۲ - **معرفت تراشیدن**: اظهار فضل کردن. ۳ - **عدو**: دشمن.
۴ - **مُنقاد**: مطیع.
۵ - **تونی**: تونی کسی را می‌گفتند که آتشدان حمّام‌های قدیمی را روشن می‌کرد، شغلی حقیر.

۲۰۳۶ **عــاقلی را از سگـی، تُـهمت نـهاد   خـرس را دانست اهـلِ مِـهر و داد**

مرد خردمندی را به سبب خوی سگی خود، متّهم کرد؛ امّا خرس را اهل دوستی و محبّت و دادگری پنداشت.

گفتنِ موسیٰ علیه السَّلام، گوساله پرست را که: آن خیال اندیشی و حَزمِ تو کجاست؟[1]

موسیٰ(ع) خطاب به یکی از گمراهانِ قومِ بنی‌اسرائیل گفت: چگونه است که تو علی‌رغم آن همه معجزاتی که از من دیدی، به مقام پیامبری‌ام مؤمن نیستی و طعنه می‌زنی؛ امّا از دیدنِ گوسالهٔ سامری به سجده می‌افتی و گوساله‌ای را خدای خود می‌پنداری؟

با وجود آنکه بنی‌اسرائیل در روزگار یعقوب(ع) و یوسف(ع) و نیز روزگاری نه چندان کوتاه پس از آن، بی‌گمان یکتاپرست بوده‌اند؛ امّا حدود سه سده پس از یوسف(ع)، به ویژه در روزگار شکنجه و آزار اسرائیلیان توسط فرعونیان، دیگر آن یکتاپرستان اوّلیّه نبودند، هرچند که ته‌مانده‌هایی از آیین پیشین خود را داشتند[2]؛ امّا آیین پدرانشان ابراهیم(ع)، اسحاق(ع)، یعقوب(ع) و یوسف(ع) که درود خدا بر همهٔ آن بزرگواران باد، را به فراموشی سپرده بودند و به آیین بت‌پرستانهٔ مصریان گردن نهاده و خدایان ایشان را بندگی می‌کردند.

چنانکه مشهور است همین که موسیٰ(ع) بر فرعون پیروز گردید و اسرائیلیان را از دست او رهانید و از مصر بیرون برد، بی‌درنگ به بت‌پرستی پیشین بازگشتند. در واقع میراث دینی بازمانده از یهودیان نیز سرشار است از نشانه‌هایی آشکار بر اینکه یهودیانی که با موسیٰ(ع) همراه شده بودند، این توان و سزاواری را نداشتند که بار یکتاپرستی و فلسفهٔ تجریدی و روحی بلند آن را بر دوش کشند و در آیین تازه‌ای که موسیٰ(ع) پیش پایشان نهاده بود، چیزی نمی‌یافتند که پاسخگوی خواسته‌های مادّی آنان باشد؛ حتّی در هیچ یک از رویدادهای هنگام خروج آنان از مصر، نشانه‌ای دیده نمی‌شود که بیانگر آن باشد که گریختن آنان انگیزه‌ای دینی داشته است، بلکه برعکس پس از بیرون رفتن از مصر، بر اینکه آیین دینی مصریان را از دست داده‌اند، افسوس می‌خورده‌اند و به همین مناسبت بود که بلافاصله پس از بیرون آمدن از دریا با دیدن گروهی که بت‌های پیشین آن‌ها را می‌پرستیده‌اند، از موسیٰ(ع) می‌خواهند تا بت‌هایی برای آنان بیاورد، اعراف: ۱۳۹/۷–۱۳۸، و اینکه با دیدن آن همه معجزات، بی‌درنگ پس از بیرون آمدن از دریا و رهایی از مرگ و نابودی، چنین درخواست باطل و بیهوده‌ای داشته‌اند، بیانگر این امر است که ایمان به خدا با لایه‌های قلب آنان نیامیخته و در ذهن و ضمیرشان نقش نبسته بود.

---

۱ - استاد فروزانفر مأخذ این داستان را بیتی از سنائی ذکر کرده است: احادیث، ص ۲۱۰، دیوان سنائی، ص ۴۹۸، به اهتمام مدرس رضوی، چاپ تهران.

گاو را دارند باور در خدایی عامیان   نوح را باور ندارند از پی پیغمبری

۲ - ر.ک: ۸۴۰/۳

از اینجاست که اسرائیلیان پس از بی‌دینی و بت‌پرستی نخستین، بار دیگر به بت‌پرستی و بی‌دینی رو می‌کنند و گوسالهٔ زرّینی را که سامری ساخته است، می‌پرستند. داستان گوساله‌پرستی آنان هم در تورات[۱] و هم در قرآن کریم[۲] آمده است، بی‌گمان این گوساله‌پرستی تحت تأثیر آیین مصریان بوده است؛ زیرا گوساله‌پرستی در مصر بسیار ریشه‌دار و دیرینه بوده است و پیشینهٔ آن به روزگار نخستین سلسله می‌رسد، بدین گونه ریشه‌های بت‌پرستی همچنان در دل و جان اسرائیلیان باقی ماند و حتّی شکافته شدن دریا، سلامت رسیدن به خشکی و منّ و سلویٰ که به لطف الهی روزی‌شان گردید و پس از آنکه از موسیٰ(ع) آب خواستند و او عصا را بر سنگ کوبید و دوازده چشمهٔ آب بر آنان پدیدار گشت، باز هم به بیراهه افتادند و کفر ورزیدند و به پرستش گوساله پرداختند و همین شیوهٔ گوساله‌پرستی را بعدها در روزگار فرمانروای اسرائیلی «یربعام» اوّل (۹۰۱-۹۲۲ ق.م) و بی‌درنگ پس از مرگ سلیمان(ع) در سال ۹۲۲ قبل از میلاد، پیش گرفتند.[۳]

گفت موسی با یکی مستِ خیال[۴] کِای بداندیش از شقاوت[۵] وز ضَلال[۶] ۲۰۳۷

موسیٰ(ع) به کسی که مستِ خیالات واهی بود، گفت: ای آنکه به سبب بدبختی و گمراهی سخت کج‌اندیش هستی،

صد گمانت بود در پیغمبریم با چنین بُرهان و این خُلقِ کریم ۲۰۳۸

با این خو و خصلت بخشندهٔ من و علی‌رغم برهان و دلایل روشنی که در من دیدی، باز هم در پیامبری من صد گونه شک و تردید داشتی.

صدهزاران معجزه دیدی ز من صد خیالت می‌فزود و شکّ و ظن ۲۰۳۹

با وجود آنکه صدهزاران معجزه از من دیدی، باز صد گونه شک و گمان نسبت به حقانیّت من در تو افزون می‌شد.

از خیال و وسوسه تنگ آمدی طعن بر پیغمبری‌ام می‌زدی ۲۰۴۰

در اثرِ خیالات باطل و وسوسه‌ها در تنگنا قرار گرفتی تا حدّی که به پیامبری‌ام طعنه می‌زدی.

---

۱ - سِفْر خروج، ۳۲: ۲۸-۱.

۲ - سورهٔ بقره: ۵۱/۲، ۵۴، ۹۲، ۹۳. نساء: ۱۵۳/۴. اعراف: ۱۴۸/۷، ۱۵۲. طه: ۸۹/۲۰-۸۳.

۳ - بررسی تاریخی قصص قرآن، ج ۲، صص ۱۵۵-۱۵۳ با تلخیص و تصرّف، گوساله‌پرستی‌های بعدی: سِفر اوّل پادشاهان: ۱۲: ۳۲-۲۵.

۴ - **مست خیال :** کسی که دچار خیالاتِ واهی است.

۵ - **شقاوت :** بدبختی.

۶ - **ضلال :** گمراهی.

گَـــرد از دریـــا بـــر آوردم عِـیان　　　تـــا رهـــیدیت از شـــرِ فـرعونیان[1] ۲۰۴۱

آشکارا دیدید که دریا را خشکانیدم تا توانستید از شرّ فرعون و فرعونیان برهید.

ز آسمان چل سال کاسه و خوان رسید[2]　　　**وز دُعـــاَم جـــوی از ســـنگی دویـد**[3] ۲۰۴۲

در طول چهل سال سرگردانی شما در صحرای سینا، از آسمان عنایت حق تعالیٰ برایتان انواع نعمت‌ها رسید و چشمه‌ها از میان سنگ‌ها روانه گردید.

این و صدچندین و چندین گرم و سرد[4]　　　**از تـو ای سـرد! آن تَـوهُّم کـم نکـرد؟** ۲۰۴۳

ای بی‌مهرِ سرد، این معجزه و معجزات دیگر از شک و تردید تو چیزی را نکاست.

بـانگ زد گـوساله‌یی از جـادویی[5]　　　**سجده کردی، که: خدایِ من تویی**[6] ۲۰۴۴

گوساله‌ای از جادویِ سامری بانگ زد و تو سجده کردی که خدای منی.

آن تَـــوَهُّم‌هات را ســـیلاب بُـــرد　　　زیـــرکیِّ بـــارِدَت[7] **را خـــواب بُـرد** ۲۰۴۵

صدای گوساله، مانند سیلاب تو را از خود ربود. خیالات و زیرکیِ بدی که سبب می‌شد معجزات مرا با بی‌ایمانی بپذیری، در خواب غفلت فرو رفت.

---

۱ - اشارتی است قرآنی، ماجرای غرق شدن فرعونیان در دریا و نجات بنی‌اسرائیل از چنگال آن‌ها که در سوره‌های متعدّدی از قرآن آمده است از جمله: اعراف: ۱۳۶/۷، انفال: ۵۴/۸، اسراء: ۱۰۳/۱۷، شعرا: ۶۳/۲۶ و ۶۶، زخرف: ۵۵/۴۳، دخان: ۱۷/۴۴. در همهٔ آیات شریفه، این نکته به وضوح است که اگر آدمی بر خدا اعتماد و تکیه کند و در عین اعتماد بکوشد، همواره در سخت‌ترین شرایط یار و مددکار او خواهد بود.

۲ - اشارتی قرآنی؛ بقره: ۵۷/۲: ما ابر را بر شما سایبان قرار دادیم [در بیابانی گرم و سوزان]، منّ و سلویٰ را [که غذایی لذیذ و نیروبخش بود] بر شما نازل کردیم. از این خوراکی‌های پاکیزه‌ای که به شما روزی دادیم بخورید. [و از فرمان خدا سر مپیچید و شکر نعمتش را به جای آورید] آن‌ها به ما ظلم و ستم نکردند، بلکه تنها به خویش ستم کردند. [زیرا باز هم سپاس‌گزار نبودند].

۳ - مصراع دوم، اشارتی دارد به جوشیدن چشمهٔ آب در بیابان، موسیٰ(ع) در آن بیابان خشک و سوزان که قوم بنی‌اسرائیل سخت در مضیقهٔ بی‌آبی قرار داشتند، از خداوند تقاضای آب کرد و اجابت شد، چنانکه حق تعالیٰ می‌فرماید: بقره: ۶۰/۲: به خاطر آورید هنگامی که موسیٰ برای قوم خود آب طلبید. ما به او دستور دادیم که عصای خود را بر آن سنگ بزن. ناگهان آب از آن جوشیدن گرفت و دوازده چشمهٔ آب [به تعداد قبایل بنی‌اسرائیل] از آن با سرعت و شدّت جاری شد. [هر چشمه به سوی طایفه‌ای سرازیر شد] هرکدام [از قبایل] به خوبی چشمهٔ خود را می‌شناختند.　　۴ - **چندین گرم و سرد**: اینجا کارها و معجزات دیگر.

۵ - **سامری و جادوی او**: ر.ک: ۲۲۶۸/۱ و ۱۹۸۲/۲.

۶ - اشاره‌ای است به بزرگ‌ترین انحراف قوم بنی‌اسرائیل، یعنی گوساله‌پرستی که در بقره: ۵۱/۲ و ۵۴ و ۹۲ و ۹۳ و در نساء: ۱۵۳/۴، طه: ۸۸/۲۰ و اعراف: ۱۴۸/۷ بدان اشاره شده است.

بقره: ۹۲/۲: موسی آن همه معجزات و دلایل روشن برای شما آورد؛ ولی شما بعد از آن گوساله را انتخاب کردید و با این کار ظالم و ستمگر بودید.　　۷ - **بارِد**: سرد، بی‌ذوق و بی‌لطف، ناخوش و بی‌مزه.

چون نبودی بدگُمان در حقِّ او؟ چون نهادی سر چنان ای زشتْخو؟ ۲۰۴۶

چرا همان بدگمانی یا زیرکی را در مورد گوساله نداشتی؟ ای زشت‌خو، چگونه در برابر او سرِ تسلیم و تعظیم فرود آوری؟

چون خیالت نامد از تزویرِ او؟ وز فسادِ سحرِ احمق‌گیرِ او؟ ۲۰۴۷

چرا نیندیشیدی که شاید نیرنگ باشد؟ چرا تباهی و پلیدی جادوی او که فقط ابلهانی چون خودش را می‌توانست بفریبد، تو را بدگمان نکرد؟

سامری خود که باشد؟ ای سگان! که خدایی بر تراشد در جهان؟ ۲۰۴۸

ای سگان، سامری کیست که بتواند در جهان خدایی بسازد؟

چون در این تزویرِ او یک دل شدی؟ وز همه اِشکال‌ها عاطل شدی؟ ۲۰۴۹

چگونه در نیرنگِ سامری با او همدل شدی؟ و از آن همه اشکالات و ایراداتی که به معجزات من داشتی، یکی‌اَش را در سامری و خدا بودن گوساله‌اش ندیدی و شک نکردی؟

گاو می‌شاید خدایی را به لاف؟ در رسولی‌ام تو چون کردی خلاف؟ ۲۰۵۰

با ادّعایی بیهوده، گاوی را شایستهٔ خدایی دانستی، چگونه با پیامبری من مخالفت کردی؟

پیشِ گاوی سجده کردی از خری گشت عقلت صیدِ سحرِ سامری ۲۰۵۱

به سببِ حماقت در برابر گاوی سجده کردی و عقلت را با سحر سامری از دست دادی.

چشم دزدیدی ز نورِ ذوالجلال اینْت جهلِ وافر و عینِ ضَلال ۲۰۵۲

چشمانت را از نور پاک خداوند ذوالجلال فروبستی. چه جهلِ عجیب و شِگفتی است در عینِ گمراهی.

شُه[1] بر آن عقل و گزینش که تو راست چون تو کانِ جهل[2] را کُشتن سزاست[3] ۲۰۵۳

تُف بر عقل و انتخاب تو که سراپا نادانی هستی، مانندِ تو را باید کُشت.

---

۱ - **شُه** : برای ابزار تنفّر، تُف، اُه، کلمهٔ نفرین. ۲ - **کانِ جهل** : معدن جهل، سراپا جهل و نادانی.

۳ - اشارتی قرآنی؛ بقره، ۵۴/۲، که در طیّ آن به قوم بنی‌اسرائیل که گوساله‌پرست شده بودند، فرمان رسید که توبه کنند و یک‌دیگر را به قتل برسانند. طبق بعضی روایات موسیٰ(ع) دستور داد تا دوازده هزار نفر از کسانی که گوساله را نپرستیده بودند، گوساله‌پرستان را بکشند و در طیِ یک روز هفتاد هزار کس کشته شد، آن‌گاه خداوند به دعای موسیٰ(ع) کشتن را موقوف فرمود و کشتگان را شهید و زنده ماندگان را عفو کرد: تفسیر میبدی، زمخشری و طبرسی: نقل از قرآن، ترجمهٔ خرّمشاهی، ص ۸.

گاوِ زرّین بانگ کرد، آخر چه گفت؟ کاحمقان را این همه رغبت شکُفت ۲۰۵۴

گاو زرّین که صدا کرد، چه گفت که احمقان را این‌گونه شیفته کرد؟

زآن عجب‌تر دیده‌ایت از من بسی لیک حق را کِیْ پذیرد هر خسی؟ ۲۰۵۵

از من تاکنون معجزات شِگفت‌انگیزتری را دیده‌اید؛ امّا شخص بی‌قدر چه شأنی دارد که حقایق را بپذیرد.

باطلان را چه رُباید؟ باطلی عاطلان را چه خوش آید؟ عاطلی ۲۰۵۶

اهل باطل جذب باطل می‌شوند و آدم‌های بیهوده از بیهودگی لذّت می‌برند.

زانکه هر جنسی رباید جنسِ خَود گاو سویِ شیرِ نر کِی رو نهد؟ ۲۰۵۷

زیرا در جهان هر کس به همجنس خود گرایش دارد، کی گاو به شیر نر تمایل دارد.

گرگ بر یوسف[۱] کجا عشق آوَرَد؟[۲] جز مگر از مکر تا او را خورد ۲۰۵۸

همان‌طور که برادرانِ گرگ‌صفت، مهری به یوسف(ع) نداشتند که او را به گردش ببرند و این مکر به جهت نابودی او بود.

چون ز گرگی وارهد، محرم شود[۳] چون سگِ کهف از بنی آدم شود ۲۰۵۹

و چون از گرگ‌صفتی رهیدند، محرم یوسف(ع) شدند، مانندِ سگِ کهف که به مرتبهٔ بنی آدم ارتقا می‌یابد.

چون ابوبکر از محمّد بُرد بو گفت: هذا لَیْسَ وَجْهٌ کاذِبُ ۲۰۶۰

چون ابوبکر بویی از حقایق وجودِ پیامبر(ص) به جانش رسید، گفت: این چهره، چهره‌ای دروغگو نیست.

چون نَبُد بوجهل از اصحابِ درد دید صد شَقِّ قمر، باور نکرد ۲۰۶۱

امّا چون ابوجهل[۴] دردِ دریافت حقایق را نداشت، صد معجزهٔ بزرگ مانند شقّ‌القمر[۵] را

---

۱ - زندگی یوسف(ع): ر.ک: ۳۱۷۰/۱.

۲ - اشاره به داستان یوسف(ع) و برادران او: قرآن، یوسف: ۱۲/۱۲: فردا او را با ما بفرست [تا به خارج شهر آید و گردش کند] از میوه‌های درختان بخورد و بازی و سرگرمی داشته باشد. ما همه حافظ و نگهبان برادرمان خواهیم بود.

۳ - اشاره‌ای است به یوسف: ۱۲/۹۳-۹۱، که در طیِ آن یوسف(ع) در مقام حکومت مصر، برادران خویش را معترف به جرم و خطا وگناه می‌یابد و آنان را می‌بخشد و می‌خواهد که با تمام خانواده به سوی من بیایید.

۴ - **ابوجهل**: ر.ک: ۲۶۷۳/۲. ۵ - **شقّ القمر**: ر.ک: ۱۱۸/۱.

دید؛ امّا باور نکرد و ایمان نیاورد؛ زیرا کام جان او از کلامِ حق ذوقی نمی‌یافت و از جنسِ حقایق نبود.

دردمندی کِش ز بـام افـتاد طشت[1] **زو نهان کردیم حق، پـنهان نگشت** ۲۰۶۲

ولی به دردمندِ صاحبدلی که اشتیاقش برای دریافت حـقایق آشکـار است، حـقیقت را نگفتیم؛ امّا برایِ او پنهان نماند؛ چون مستعدِّ جذب حقایق بود، بدان رسید.

وانکه او جاهل بُـد از دردش بـعید **چـــند بـنمودند و او آن را نـدید** ۲۰۶۳

و برایِ نادانی که دردِ حق‌جویی ندارد، بارها حقایق را نشان دادند؛ امّا ندید.

آیـنهٔ دل صـاف بـاید، تـا در او **واشـناسی صـورتِ زشت از نکـو** ۲۰۶۴

باید آیینهٔ دل چنان از زنگار ناپاکی‌ها و تعلّقات مصفّا باشد تا آدمی بتواند از طریق دل، حق و باطل را دریابد، این شرط اصلی درکِ حقایق است.

ترک کردنِ آن مردِ ناصح
بعد از مبالغهٔ پند، مغرورِ خرس را

رهگذر خردمند که نمادی است از هادیان و کاملان، پس از اندرز بسیار که سودمند نبود، دلاور نادان را که به دوستی خرس مغرور شده و در این حکایت نمادی است از آنان که جهل و نادانی (نفس امّاره) را به دوستی بر می‌گزینند، ترک می‌کند.

آن مسلمان تَرکِ ابله کـرد و تـفت[2] **زیرِ لب لاحول**[3] **گـویان، بـاز رفت** ۲۰۶۵

آن مرد مسلمان، دلاور نادان را با شتاب ترک کرد و در حالی که زیر لب «**لاٰ حَوْلَ وَ لاٰ قُوَّةَ إلاّٰ بِالله**» می‌گفت، دور شد.

گفت: چون از جِدّ و پندم وز جدال **در دلِ او بـیش مـی‌زایـد خـیال** ۲۰۶۶

مرد ناصح با خود گفت: چون از اصرار من در اندرز دادن که به جدال هم کشیده، در دل او گمان افزایش می‌یابد،

---

۱ - **ز بام افتاد طشت**: بر ملا و آشکار شد. ۲ - **تَفت**: با شتابی خشمگین. ۳ - **لاٰ حَوْل**: ر.ک: ۲/۲۰۶.

پس رهِ پند و نـصیحت بسته شـد　　امـرِ اَعْـرِضْ عَـنهُمْ[1] پیوسته شـد ۲۰۶۷

پس راه اندرز و پند بسته شده است و فرمودهٔ حق تعالیٰ: «از آنان روی برگردان» در این مورد مصداق دارد.

چـــون دوایت مـی‌فزایـد درد، پس　　قِصّه با طالب بگو، برخوان: عَبَس[2] ۲۰۶۸

اینک که درمان بر دردِ جهل او می‌افزاید؛ پس جاهلان را رها کن و سورهٔ عَبَس را بخوان و ببین که ارشاد خاصّ، مخصوص پویندگان راه حق است نه آنان که مست غرور و جهل‌اند.

چونکه اعمیٰ[3] طالبِ حقّ آمده‌ست　　بهرِ فقر، او را نشـاید سـینه خَست ۲۰۶۹

چون نابینایی در جست‌وجوی حقایق آمده است، به سبب فقر نباید خاطر او را آزرده ساخت.

تـو حـریصی بـر رَشادِ مـهتران　　تـا بـیاموزند عـامْ از سـروَران ۲۰۷۰

ای پیامبر، تو مشتاقی که اشرافِ قریش را ارشاد کنی تا مردم از بزرگان خویش متابعت کنند و بیاموزند.

احمدا ! دیدی کـه قـومی از مُـلوک　　مستمع گشتند، گشتی خوش که بوک ۲۰۷۱

ای احمد، هنگامی که دیدی گروهی از سران قوم به سخنانت گوش فرا داده‌اند، شادمان گشتی به آن امید که شاید،

---

۱ - اشارتی قرآنی؛ سجده : ۳۰/۳۲ : فَأَعْرِضْ عَنْهُمْ وَانْتَظِرْ إِنَّهُمْ مُنْتَظِرُونَ : اکنون که چنین است از آنان روی بگردان و منتظر باش، آنها نیز منتظراند. [که این جاهلان سرکش نه بشارت و نه انذار را در می‌یابند و نه اهل منطق‌اند].

۲ - اشارتی قرآنی؛ عَبَس : ۱/۸۰ : عَبَسَ وَ تَوَلّیٰ : چهره در هم کشید و روی برتافت.

در ارتباط با شأن نزول این آیه و آیات بعد از آن، بین مفسّران شیعه و سنّت اختلاف آرا وجود دارد، مفسّران قدیم اهل سنّت مانند: طبری، زمخشری، میبدی و... بر این باورند که خطاب و عتاب با رسول الله(ص) است که مرد نابینایی به نام ابن امّ مکتوم در موقعی نامناسب که حضرت(ص) با بعضی از سران قریش از قبیل عتبةبن ربیعة، ابوجهل، عبّاس بن عبدالمطلب سرگرم مذاکره بود و امید داشت که آنان را به اسلام گرایش دهد، نزد حضرت(ص) آمد و خطاب به پیامبر(ص) با صدای بلند گفت که برای من آنچه از خداوند به تو آموخته است، بگو و بیاموز، پیامبر(ص) در دل اندیشیده است که مبادا این اشراف و بزرگان مشرک با خود بگویند که پیروان محمّد(ص) همه مردمان بی‌اهمّیّت وبی‌قدر هستند، لذا بی‌اختیار از دست او روی در هم کشیده و با او به سردی سخن گفته و او را خاموش ساخته است؛ امّا مفسّران شیعه از جمله: شیخ طوسی، ابوالفتوح و طبرسی این امر را نمی‌پذیرند و معتقدند که خداوند با پیامبرش که او را دارای خُلُق عظیم (اخلاق بزرگوارانه) می‌شمارد، برای ندانم‌کاری این فرد که در جای خود، مستحقّ سرزنش بوده، پیامبر(ص) را مورد عتاب قرار نداده است، طبرسی به نقل از جبایی می‌نویسد که این فعل قبل از نهی الهی معصیت نبوده و پس از خطاب، معصیت به شمار می‌آید: قرآن، ترجمهٔ خرّمشاهی، ص ۵۸۵.
سایر منابع اسلامی شیعه معتقدند که این امر ترک اولیٰ به شمار آمده و منافاتی با مقام عصمت ندارد.

۳ - **اعمیٰ** : نابینا.

این رئیسان یارِ دین گردند خَوش بر عرب این‌ها سَرند و بر حَبش[1] ۲۰۷۲

این بزرگان قوم ایمان آورند و یاور دین اسلام باشند؛ زیرا اینان سران عرب و حَبَش‌اند.

بگذرد این صیت از بَصره و تبوک[2] **زانکه النَّاسُ عَلیٰ دینِ المُلوک** ۲۰۷۳

به این ترتیب آوازهٔ این دین از بصره و تبوک هم می‌گذرد؛ زیرا گفته‌اند که «مردم بر دین پادشاهان خویش‌اند».

زین سبب تو از ضریرِ[3] **مُهْتدی**[4] **رُو بگردانیدی و تنگ آمدی** ۲۰۷۴

به همین دلیل تو از آن نابینای هدایت شده که بر راه راست بود، روی گرداندی و دلتنگ گشتی.

کاندر این فرصت کم افتد این مُناخ[5] **تو ز یارانی و وقتِ تو فراخ** ۲۰۷۵

زیرا اندیشیدی که چنین فرصتی که سران قریش را بنشانیم و ارشاد کنیم، کم حاصل می‌گردد؛ امّا تو جزو یاران هستی که برایت فرصتِ زیادی داریم.

مُزْدَحِم[6] **می‌گردیَم در وقتِ تنگ این نصیحت می‌کنم، نه از خشم و جنگ** ۲۰۷۶

اینک در وقت اندکی که برایِ ارشاد سران دارم، آمدی و مزاحم می‌شوی، سخنی که می‌گویم، اندرز است نه از خشم و عِتاب.

احمدا! نزدِ خدا این یک ضریر بهتر از صد قیصر[7] **است و صد وزیر** ۲۰۷۷

ای احمد، در بارگاه خداوندی، این یک نابینا، از صد قیصر و وزیر بهتر است.

---

۱ - **حَبَش** : در خِطّهٔ هُذَیل به بصره، قومی از مردم حَبَشه که عمر خلیفهٔ دوم، ایشان را در بصره سکونت داد.

۲ - **بصره و تبوک** : بصره، شهری در کنار شطّ العرب در سرزمین عراق، پنج، شش سال بعد از رحلت پیامبر(ص) بنا شد و هیچ پیوندی با تبوک ندارد.

تبوک : نام مکانی بین وادی القری و شام که پیامبر(ص) در سال نهم هجری در جریان لشکرکشی به روم، تصرّف کرد. از طرفی، بُصْرَیٰ، دهکده‌ای واقع در حاوْران که پیامبر(ص) در طفولیّت با بحیرای راهب دیدار کرد، که این مکان با سیاق مطلب متناسب است؛ پس در این صورت احتمال دارد که به دلیل رعایت وزن شعر به جای بُصْرَیٰ: بَصْره نوشته شده باشد؛ امّا بعضی از شارحان عدم تطابق زمانی را نادیده گرفته و به‌طور ضمنی پذیرفته‌اند که مراد بَصْره است و مقصود کلّی، گسترش دین در نواحی دور به شمار می‌رود: شرح مثنوی مولوی، دفتر دوم، ص ۷۹۹.

۳ - **ضریر** : کور. ۴ - **مُهتدی** : هدایت شده.

۵ - **مُناخ** : محل فرود آمدن شتر، جایی که شتران را به زانو زدن وامی‌دارند.

۶ - **مُزْدَحِم** : ازدحام کننده، عاملی برای ازدحام و شلوغی، مزاحم.

۷ - **قیصر** : عنوان و لقب امپراتوران روم، خصوصاً روم شرقی. نوشته‌اند که قیصر، لقب یولیوس امپراتور روم (متوفیٰ در سال ۴۴ قبل از میلاد) بود. همهٔ امپراتوران را به همان لقب خواندند.

یـــادِ النّـــاسُ مـــعادِنْ[1] هـین بـیار　　　　مـعدنی بـاشد فـزون از صـد هـزار ۲۰۷۸

این سخن را بیاور که می‌گوید: «انسان‌ها چون معادن‌اند»، معدنی هست که از صدهزار معدن بهتر است.

مـــعدنِ لعــل و عــقیق مُکْـــتَنِس[2]　　　　بهتر است از صد هزاران کـانِ مس ۲۰۷۹

معادن لعل و عقیق که از چشم‌ها نهان مانده باشد، بهتر از صدهزار معدنِ مس است.

احـــمدا ! ایـنجا نـدارد مـالْ سـود　　　　سینه باید پُر ز عشـق و درد و دود ۲۰۸۰

ای احمد، در این بارگاه «مال و ثروت» یا «ارزش‌های دنیوی» قـدری نـدارد، ایـنجا خـریدار دلی‌اند که پر از عشق حق و دردِ افزون‌طلبی قُرب و دودِ آه هجران باشد.

اَعـــمیِی روشـــنْ دل آمـد، در مـبند　　　　پـندْ او را دِه، کـه حـقِّ اوست پـند ۲۰۸۱

نابینایی که دلی روشن از نور حق دارد، به سوی تو آمد، در را نبند، به او پند ده؛ زیرا او خواستارِ حقیقی اندرز توست.

گر دو سه ابـله تـو را مُـنکِر شـدند　　　　تلخ کِیْ گردی؟ چو هستی کانِ قند ۲۰۸۲

اگر دو سه نادان تو را انکار کردند، تلخ و ناخوشایند نخواهی شد؛ زیرا وجود تو مانند منبعی سرشار از لطف و مانند معدنی از علوم و اسرار الهی است. چگونه این کان قند را دوست نداشته باشند؟

گر دو سـه ابـله تـو را تـهمت نـهد　　　　حـــق بـــرای تـو گـواهـی مـی‌دهد ۲۰۸۳

اگر دو سه نادان تو را متّهم کنند، باکی نیست، خدا به حقّانیت تو گواهی می‌دهد.

گـــــفت: از اِقــــرارِ عــــالم فـــارغم　　　　آنکه حق باشد گواه او را، چه غـم؟ ۲۰۸۴

پیامبر(ص) فرمود: چون حقّانیت مرا حق تعالیٰ تأیید کرده است، چه غم از اقرار و انکار جهانیان دارم.

---

۱ - اشاره به حدیثی که به صورت‌های گونه‌گون روایت شده و مضمون آن بیان اختلاف طبایع و استعداد انسان‌هاست. بر اساس روایت جامع صغیر، ترجمهٔ آن چنین است: مردم، همچون معادن‌اند [چون اصالت‌ها و ویژگی‌های ارثی را برای نسل‌های بعد در درون خویش نگه می‌دارند] و خلق و خوی [هر نسل به نسل‌های آینده] انتقال می‌یابد و تربیت غلط همچون اصل و ریشهٔ بد [دامنگیر آیندگان] است.

۲ - **مُکْتَنِس** : پوشیده، نهان، پنهان.

۲۰۸۵ گر خفاشی را ز خورشیدی خوری[1] است آن دلیل آمد که آن خورشید نیست

اگر خفّاشی [خفّاش نمادی از منکران است] از خورشیدی [نماد انسانِ کامل] مزه و ذوقی بیابد و خواهان او باشد، مطمئن باشید که آن خورشید، خورشید نیست.

۲۰۸۶ نفرتِ خفّاشگان باشد دلیل که منم خورشید تابانِ جلیل

نفرتِ خفّاشانِ حقیر، دلیلی است که من خورشید درخشان باشکوهم.

۲۰۸۷ گر گُلابی را جُعَل[2] راغب[3] شود آن دلیلِ ناگلابی می‌کند

اگر جُعَل به گلاب مایل شود، باید دانست که آن مایع گلاب نیست.

۲۰۸۸ گر شود قلبی خریدارِ مِحَک در محکّی‌اش در آید نقص و شَک

اگر سکّهٔ ناخالص جویای محک شود، باید به محک شک کرد؛ زیرا محک راستین، ناخالصی را نمایان می‌کند و قلب رسوا می‌شود.

۲۰۸۹ دزدْ شب خواهد، نه روز، این را بدان شب نِیَم، روزم که تابم در جهان

دزد خواهان شب است، من شب نیستم، من [پیامبر گرامی(ص)] روز روشنم که در جهان می‌درخشم.

۲۰۹۰ فارِقم[4]، فاروقم[5] و غلبیروار تا کَهْ از من نمی‌یابد گذار

من، مانند غربالی به دقّتِ تمام میان حق و باطل را فرق می‌گذارم، برگ کاهی نیز از نظرم دور نمی‌ماند.

۲۰۹۱ آرد را پیدا کنم من از سَبوس تا نمایم کین نقوش است، آن نفوس

برای آنکه نشان دهم که چه کسانی نقش ِ انسانی دارند و چه کسانی جانِ انسانی، آرد را از سبوس یا «حق» را از «باطل» جدا می‌کنم.

۲۰۹۲ من چو میزانِ خدایم در جهان وانمایم هر سَبُک را از گران

وجود من در جهان، مانند ترازوی الهی است که توسّط آن سبک مغزان، یعنی دارندگان «عقلِ معاش» را از دارندگان «عقل معاد»، جدا می‌سازم.

---

۱ - **خور** : خورشید، خوراک اندک، نور، مزه و ذوق.

۲ - **جُعَل** : حشرهٔ کوچکی که به سرگین و کثافات علاقه دارد. ر.ک: ۲۰۳۴/۱. ۳ - **راغب** : مایل.

۴ - **فارق** : فرق گذارندهٔ میان حق و باطل. ۵ - **فاروق** : بسیار فرق گذارنده، لقب خلیفهٔ دوم، ر.ک: ۱۲۴۶/۱.

گـــاو را دانــد خــدا، گــوساله‌یی   خر خریداری و در خـور کـاله‌یی[1] ۲۰۹۳

گاوصفتِ تهی مغز، گوساله‌ای را به خدایی می‌پذیرد و خریدار اوست. عجب خریدار نادانی که شایستهٔ حماقت خود، کالایی یافته است.

من نه گـاوم تـا کـه گـوساله‌م خَـرَد   من نه خارم که اشتری از من چَـرَد ۲۰۹۴

من گاو نیستم که گوساله‌صفتان بی‌خرد خریدارم باشند، خار هم نیستم که شتری برای چریدن به سویم آید.

او گمان دارد که بـا مـن جـور کـرد   بـلکه از آیـینهٔ مـن روفت گَـرد ۲۰۹۵

معاند و منکر می‌اندیشید که بـه مـن ستم کـرده است، آنـچه را کـه آنـان جـفا و ستم می‌پندارند، عین وفا و صفاست؛ زیرا از آیینهٔ ضمیرِ من، گرد را زدوده است.

تملّق کردنِ دیوانه جالینوس را و ترسیدنِ جالینوس[2]

روزی جالینوس به یکی از اصحاب گفت: فلان دارو را برایم بیاور. آن صحابه گفت: استاد این دارو را برای معالجهٔ دیوانگان به کار می‌برند. جالینوس پاسخ داد: دیوانه‌ای به من روی آورد، در من نگریست و چشمکی زد و آستینم را درید. اگر در من تناسبی با خویش نمی‌دید چنین نمی‌کرد.

نتیجه آنکه گرایش انسان‌ها به یک‌دیگر بیانگر وجوه اشتراک و سنخیّت میان آن‌هاست.

گفت جالینوس[3] **با اصحابِ خَـود   مـر مـرا تـا آن فـلان دارو دهـد** ۲۰۹۶

جالینوس به یکی از یاران خود گفت: فلان دارو را برای من بیاور.

---

۱ - اهل دنیا و ظاهرپرستان، متاع بی‌قدر دنیوی و لذّات ناپایدار را خدای خویش قرار داده و آن را می‌پرستند.

۲ - مأخذ آن حکایت ذیل است: شنیدم که محمّد بن زکریّا الرّازی همی آمد با قومی از شاگردان خویش. دیوانه‌ای در پیش ایشان افتاد، در هیچ کس ننگریست؛ مگر در محمّد زکریا. در روی او نیک نگاه کرد و بخندید. محمّد زکریا با خانه آمد و مطبوخ افتیمون بفرمود پختند و بخورد. شاگردان پرسیدند که چرا ای حکیم این مطبوخ همی خوری؟ گفت: از بهر خندهٔ آن دیوانه که تا وی از جملهٔ سودای خویش جزیی در من ندید با من نخندید! : احادیث، ص ۲۱۱، به نقل از قابوسنامه، چاپ تهران به سعی رضا قلی خان هدایت، ص ۳۵.

۳ - **جالینوس** : نام یکی از حکمای کرام. او طبیب هشتم است. از طبیبانی که هر یک در زمان خود بی‌مانند بوده‌اند. او را خاتم مُهر اطبا دانسته‌اند. هشتاد و هفت سال زندگی کرد، نوشته‌اند که تولد وی ۵۹ سال بعد از مسیح(ع) بوده است.. او از مردم شهر فرغاموس یونان بود و کتاب‌های ارزشمندی در طب و علوم طبیعی و صناعت منطق تألیف کرده است. او فهرستی از تألیفات خود ترتیب داده که مشتمل بر بیش از صد کتاب است.

پس بدو گفت آن یکی: ای ذوفنون   ایـن دوا خـواهـند از بـهرِ جـنون ۲۰۹۷

یکی از یاران به او گفت: ای استاد پرهنر، این دارو را برای درمان جنون به کار می‌برند.

دور از عـقلِ تـو، ایـن دیگـر مگـو   گفت: در من کـرد یک دیـوانـه رو ۲۰۹۸

خردِ تو از جنون به دور است، چنین چیزی را نگو. جالینوس گفت: آخر امروز دیوانه‌ای به من خیره شد.

ساعتی در رویِ من خوش بـنگرید   چشـمکم زد آسـتینِ مـن دریـد ۲۰۹۹

ساعتی با شادمانی به چهرهٔ من نگاه کرد، چشمکی زد و آستین لباس مرا پاره کرد.

گـرنه جـنسیَّت بُـدی در مـن از او   کِیْ رخ آوردی به من آن زشتْ‌رو؟ ۲۱۰۰

اگر در من جنسیّت و سنخیّتی با خود نمی‌دید، چگونه آن زشت‌سیرت به من چنین توجّه عمیقی می‌کرد؟

گر ندیدی جنسِ خود، کِی آمدی؟   کِی به غیرِ جنسْ خود را بر زدی؟ ۲۱۰۱

اگر در من تجانس و وجه اشتراکی با خود نمی‌دید، کی به سویم می‌آمد و چگونه به غیر همجنس خود تمایلی نشان می‌داد؟

چون دو کس بر هم زند، بی‌هیچ شک   در مـیـانشان هست قـدر مشـترک ۲۱۰۲

هرگاه دو نفر ارتباطی برقرار کنند، بی‌شک میان آنان وجه مشترکی وجود دارد.

کِی پَرَد مرغی، مگر با جنس خَود؟   صحبتِ ناجنس گور است و لَحَد ۲۱۰۳

کی پرنده جز با همجنس خود پرواز می‌کند؟ زیرا همصحبتی با ناجنس، مانند گور و لحد، ناخوشایند است.

سببِ پریدن و چریدنِ مرغی با مرغی که جنسِ او نبود[1]

حکیمی گفت: زاغ و لک‌لکی را دیدم که با هم می‌دویدند. از همراهی این دو غیر همجنس در عجب ماندم. در احوالشان جست‌وجو کردم. دیدم هر دو لنگ‌اند و یک پا دارند.

نتیجه آنکه: تجانس و سنخیّت عامل گرایش و نزدیکی است.

۱ - مأخذ آن روایتی است به نقل از إحیاءالعلوم، ج ۲، ص ۱۱۲: از مالک بن دینار نقل شده است که روزی کلاغی را با کبوتری همنشین دید، شگفت‌زده شد؛ زیرا بین آنان وجه مشترکی نمی‌یافت، همین که به راه افتادند دید که هر دو لنگ هستند: احادیث، ص ۲۱۱.

دفتر دوم ۳۲۱

آن حکیمی گفت: دیدم هم تَکی[1] در بیابان زاغ را با لَکلکی ۲۱۰۴

حکیمی گفت: در بیابان زاغ و لک‌لکی را همراه دیدم.

در عجب ماندم، بجُستم حالشان تا چه قَدْرِ مشترک یابم نشان ۲۱۰۵

تعجّب کردم، نزدیک رفتم تا ببینم چه وجه اشتراکی میان آن دو وجود دارد.

چون شدم نزدیک من حیران و دنگ خود بدیدم هر دوان بودند لنگ ۲۱۰۶

چون به نزدیک آن‌ها رسیدم، در حالی که حیرت‌زده و منگ بودم، دیدم که هر دو لنگ هستند.

خاصه شهْبازی که او عرشی بُوَد با یکی جُغدی که او فرشی بُوَد ۲۱۰۷

مخصوصاً شهبازِ بلندپروازی که در عرش و اوج آسمان‌ها آشیان دارد [نمادی از انسان کامل]، چگونه با جغدی حقیر که در خرابه‌ها مسکن دارد [نمادی از اهل هوا و دنیاپرستان]، همراه گردد.

آن یکی خورشیدِ عِلیّین[2] بُوَد وین دگر خُفّاش کز سِجّین[3] بُوَد ۲۱۰۸

یکی از آن‌ها خورشیدی از عالم برین و دیگری خفّاشی در دوزخ است.

آن یکی نوری، ز هر عیبی بَری وین یکی کوری، گدایِ هر دری ۲۱۰۹

آن یکی نوری مبرّا از هر عیب و نقص و این دیگری نابینایی که گدای هر دری است.

آن یکی ماهی که بر پروین[4] زند وین یکی کِرمی که در سرگین[5] زیَد ۲۱۱۰

آن یکی ماه تابناکی که برتر از ثریّاست و این دیگری کِرمی که در پلیدی غوطه‌ور است.

آن یکی یوسفْ رخی عیسی نَفَس وین یکی گُرگی و یا خر با جَرس[6] ۲۱۱۱

آن یکی صاحب جمالی مسیحادم، و این دیگری درنده‌خویی یا درازگوشی لاف‌زن و صاحب جَرَس که زنگوله‌ای از جرایم و خطاها، رسوایی‌اش را اعلام می‌دارد.

آن یکی پَرّان شده در لامکان وین یکی در کاهدان همچون سگان ۲۱۱۲

آن یکی انسانی کمال یافته که جانش در عوالم غیبی پرواز می‌کند و این دیگری مانند سگان در کاهدان است.

---

۱ - **هم تکی**: همراهی. ۲ - **علّیّین**: ر.ک: ۶۴۵/۱. ۳ - **سجّین**: ر.ک: ۶۴۴/۱.

۴ - **پروین**: ر.ک: ۴۰۰۷/۱. ۵ - **سرگین**: فضلهٔ چهارپایان.

۶ - **جَرَس**: درای و زنگ. در قدیم قاعده بر آن بود که کلاهی زنگوله‌دار را بر سر مجرم می‌گذاشتند و او را بر مرکب سوار می‌کردند و در شهر می‌گرداندند. اعلام رسوایی کسی.

بـا زبـانِ مـعنوی گُـل بـا جُـعَل ‌‌‌ ‌ این همی گوید که: ای گَنده بَـغل[1] ! ۲۱۱۳

با زبانِ حال و معنا، گل به جُعَل می‌گوید: ای متعفّن !

گـر گـریزانـی ز گـلشن، بـی‌گُمان ‌ ‌ هست آن نـفرت کـمالِ گُـلْستان ۲۱۱۴

اگر تو با انزجار از گلستان می‌گریزی، بی‌شک این نفرتِ تو، دلیل کمالِ گلستان است که تو از آن بی‌بهره‌ای.

غِیْرتِ مـن بـر سـرِ تـو، دور بـاش ‌ ‌ می‌زندکای خس! از اینجا دور باش ۲۱۱۵

غیرت من بالای سر تو، چون نگهبانی فریاد می‌کشد که شایسته نیستی، دور باش.

ور بیامیزی تـو بـا مـن ای دنـی[2] ! ‌ ‌ ایـن گُـمان آیـد کـه از کـانِ مـنی ۲۱۱۶

ای فرومایه، اگر با من همنشین شوی، این گمان پیش می‌آید که تو از جنسِ من هستی.

بـلبلان را جـای مـی‌زیبد چـمن ‌ ‌ مر جُعَل را در چَمین[3] خوشتر وطن ۲۱۱۷

بلبلان شایستهٔ چمن و گلستان‌اند؛ امّا برای جُعَل پلیدی خوشایندتر است.

حق مرا چون از پلیدی پاک داشت ‌ ‌ چُون سزد بر من پلیدی را گماشت؟ ۲۱۱۸

چون حق تعالیٰ مرا از پلیدی پاک داشته است، چگونه ناپاکی را بر من می‌گمارد؟

یک رگـم ز ایشـان بُـد و آن را بُـرید ‌ ‌ در من آن بَدرگ[4] کجا خواهد رسید؟ ۲۱۱۹

یک وجه من خَلقی بود که خداوند آن را برید و به عالی‌ترین مرتبهٔ آن [نفس مطمئنّه] مبدّل کرد؛ بنابراین آن «ناپاک» چگونه می‌تواند به من برسد؟

یک نشـــانِ آدم آن بـــود از ازل ‌ ‌ کـه مـلایک سـر نـهندش از مـحل ۲۱۲۰

یکی از نشانه‌های آدم(ع) آن بود که فرشتگان در برابر او سجده کنند.

یک نشـانِ دیگـر آنکـه آن بـلیس ‌ ‌ ننهدش سَر که: منم شـاه و رئـیس[5] ۲۱۲۱

یکی دیگر از نشانه‌ها، این بود که ابلیس بر او سجده نکند که من از آدم برتر هستم.

پس اگر ابلیس هـم سـاجد شـدی ‌ ‌ او نـبودی آدم، او غـیری بُـدی ۲۱۲۲

پس اگر ابلیس هم سجده می‌کرد، او آدم(ع) نبود، کسی از جنسِ ابلیس بود.

---

۱ - **گَنده بغل** : متعفّن. ۲ - **دنی** : فرومایه. ۳ - **چمین** : ادرار، بول، محلّ کثافت و سرگین.
۴ - **بدرگ** : ناپاک، اینجا ابلیس و شیطان‌صفتان، هرگونه آلایش مادّی. ۵ - **شاه و رئیس ام** : برترم

هم سجودِ هر مَلَک میزانِ اوست   هم جُحودِ[1] آن عدو[2] برهانِ اوست ۲۱۲۳

پس نتیجه می‌گیریم که هم سجود فرشتگان نشان حقّانیت آدم(ع) بود و هم انکار ابلیس.

هم گواهِ اوست اقرارِ مَلَکْ   هم گواهِ اوست کُفرانِ سَگَک ۲۱۲۴

هم اقرار فرشتگان، گواه او بود و هم آن سگِ حقیر گواهِ وی است.

این سخن پایان ندارد بازگرد   تا چه کرد آن خرس با آن نیک مرد[3] ۲۱۲۵

این سخن پایان‌ناپذیر است، باز گردیم و ببینیم آن خرس با مرد دلاور چه کرد؟

تَتمّهٔ اعتمادِ آن مغرور بر تملُّقِ خرس

شخص خُفت و خرس می‌راندش مگس   وز ستیز آمد مگس زو باز پس ۲۱۲۶

آن مرد خوابید و خرس مگس‌ها را می‌راند؛ امّا مگس با لجاجت باز می‌گشت.

چند بارش راند از رُویِ جوان   آن مگس زو باز می‌آمد دوان ۲۱۲۷

خرس چندین بار مگس را از صورت جوان دور کرد؛ امّا باز به سوی او می‌آمد.

خشمگین شد با مگس خرس و برفت   برگرفت ازکوه سنگی سخت زَفت ۲۱۲۸

خرس از مگس خشمگین شد و رفت قطعه سنگ بزرگی را از کوه برگرفت.

سنگ آورد و مگس را دید باز   بر رخِ خفته گرفته جایِ ساز[4] ۲۱۲۹

سنگ را آورد و دید که باز هم مگس بر صورتِ خفته، نشسته است.

برگرفت آن آسیا سنگ و بزد   بر مگس، تا آن مگس واپس خزد ۲۱۳۰

آن سنگ آسیا را بلند کرد و با قوّت بر مگس کوبید تا او را برانَد.

سنگْ رُویِ خفته را خشخاش کرد[5]   این مَثَل بر جمله عالم فاش کرد ۲۱۳۱

سنگ عظیم، صورت خفته را مانند خشخاش متلاشی کرد و این ضرب‌المثل در همه جا بر زبان‌ها افتاد که:

---

۱ - **جُحود**: انکار.   ۲ - **عدو**: دشمن.

۳ - این بیت را در مقابله نوشته‌اند و در پاورقی نسخهٔ نیکلسون آمده است.

۴ - **جایِ سازگرفته**: جای گرفته، نشسته.   ۵ - **خشخاش کرد**: تکّه‌تکّه کرد.

۳۲۴ شرح مثنوی معنوی

مِهرِ ابـله، مـهرِ خـرس آمـد یـقین کینِ او مهر است و مهرِ اوست کین ۲۱۳۲

بـه یـقین مـهرِ نـادان، مـانند دوسـتی خـرس است، دشـمنیِ او مـحبّت و مـحبّتِ او دشمنی است.

عهدِ او سُست است و ویران و ضعیف گـفتِ او زَفت و وفـایِ او نـحیف ۲۱۳۳

پیمان او، سست و ضعیف و ویران است، با کلامی محکم و وفایی ناچیز.

گر خـورَد سـوگند هـم بـاوَر مکُن بشکـند سـوگند مـردِ کَـژسخُن[1] ۲۱۳۴

اگر سوگند بخورد، باور نکن که بر آن اسـتوار بـماند، بـی‌شک مـردِ دروغگـو سـوگند را می‌شکند.

چونکه بی سوگند گـفتش بُـد دروغ تو مَیُفت از مکر و سوگندش به دوغ ۲۱۳۵

چون سخن او قبل از سوگند هم دروغ بوده، تو به سبب نیرنگِ او فریب سوگندِ او را نخور.

نَـفْسِ او مـیر است و عـقلِ او اسـیر صد هزاران مُصْحَفَش[2] **خود خورده گیر** ۲۱۳۶

نفس امّاره بر عقلِ او که اسیر است، حُکم می‌راند گیرم صد هزار بار بـه قـرآن سـوگند بخورد، چه سودی دارد؟

چونکه بـی سـوگند پـیمان بشکـند گر خورَد سـوگند هـم، آن بشکـند ۲۱۳۷

چون پیمان را بدون سوگند می‌شکند، اگر سوگند بخورد هم، آن را ارجی نمی‌نهد.

زانکه نـفس آشـفته‌تر[3] **گـردد از آن کـه کُـنی بـندش بـه سـوگندِ گـران** ۲۱۳۸

زیرا، اگر «نفس امّاره» را با سوگندِ محکم به زنجیر بکشی، بیشتر خشمگین می‌شود.

چون اسیری بـند بـر حـاکم نـهد حـاکم آن را بـردَرَد، بـیرون جـهد ۲۱۳۹

اگر محبوسی، حاکمی را در بند آوَرَد، حاکم با قدرت خود، بند را می‌درد و بیرون می‌آید.

بر سرش کـوبد ز خشـم آن بـند را مـی‌زند بـر رویِ او سـوگند را ۲۱۴۰

با خشم آن بند را بر سرِ او می‌کوبد و سوگند را به روی وی می‌زند.

---

۱ - **کژسخن** : دروغگو. ۲ - **مُصْحَف** : قرآن. ۳ - **آشفته** : خشمگین.

تو ز اَوْفوا بِالعُقود‌ش[1] دست شُو   اِحْفَظُوا اَیْمانَکُم[2] با او مگو ۲۱۴۱

تو به اسیران هوا و هوس نگو: «به پیمان‌ها وفا کنید» و هرگز نخواه: «به سوگندهای خود وفا کنید»؛ زیرا آنان قادر نیستند، فقط در سایهٔ حمایتِ معنویِ کاملان می‌توانند ثابت قدم بمانند.

وانکه حق را ساخت در پیمان سَنَد   تن کند چون تار و گِردِ او تَنَد[3] ۲۱۴۲

آن کس که در پیمان به حق متّکی است، برایِ وفای به عهد حاضر است از رنج و سختی، بدن را همانند تار مویی لاغر کند و به مشقّت تن در دهد تا به تعهّد و پیمان خود عمل نماید.

رفتنِ مصطفی، علیه السَّلام، به عیادتِ صحابی و بیانِ فایدهٔ عیادت[4]

یکی از یاران پیامبر(ص) بیمار شد. محمّد(ص) به عیادت رفت. بیمار از مشاهدهٔ چهرهٔ رسول خدا(ص) احساس بهبودی تام یافت. پیامبر(ص) ضمن دلجویی و احوال‌پرسی از صحابی بیمار، پرسید: آیا هنگام غلبهٔ نَفْسِ امّاره دعایی به زیان خویش کرده‌ای؟ صحابی رنجور گفت: من مرتکب گناهی شدم و از خداوند خواستم که کیفر آن را در همین جهان ببینم و در رستاخیز ایمن باشم، به همین دلیل دچار بیماری جسمی و روحی شدم. پیامبر(ص) فرمود: دیگر این چنین دعایی نکن، بلکه بخواه که خداوند مشکلات آن را آسان سازد و در این جهان و آن جهان خیر عطا فرماید.

سرّ سخن در بیانِ این قصّه حاکی از آن است که حتّی چگونگی و نحوهٔ دعا کردن مرید نیز اگر به تلقین و ارشاد پیر راه‌دان نباشد، ممکن است موجبات زیان و هلاکت وی را فراهم آورد.

از صحابه خواجه‌یی بیمار شد   واندر آن بیماریَش چون تار شد ۲۱۴۳

یکی از اصحابِ برجستهٔ پیامبر(ص)، بیمار و ضعیف و لاغر شد.

---

۱ – اشارتی قرآنی؛ مائده: ۱/۵: یا أَیُّهَا الَّذینَ آمَنُوا أَوفُوا بِالْعُقُودِ...: ای کسانی که ایمان آورده‌اید، به پیمان‌های خود وفادار مانید....

۲ – مصراع دوم، مائده: ۸۹/۵: ... وَاحْفَظُوا أَیْمانَکُمْ...: و سوگندهای خود را نگاه دارید....

۳ – ترتیب ابیات ۲۱۶۲–۲۱۴۲ در نسخهٔ نیکلسون با نسخهٔ کهن قونیه که مورد استفاده این متن است، انطباق ندارد.

۴ – مأخذ این داستان، روایتی است از اَنَس بن مالک که از صحابه پیامبر بود، با همان مضمونی که در مثنوی آمده است: احادیث، ص ۲۱۲.

مـــصطفی آمـــد عـــیادت ســویِ او   چون همه لطف و کرم بُد خــویِ او ۲۱۴۴

حضرت مصطفی(ص) به عیادت او رفت؛ زیرا خصلتِ او همه لطف و بخشندگی بود.

در عـــیادت رفــتنِ تــو فــایده است   فـــایدهٔ آن بــاز بــا تــو عــایده است ۲۱۴۵

در عیادتِ تو از بیمار و دلجویی از او سودی است که به خودت باز می‌گردد.

فـــایدهٔ اوّل کــه آن شــخصِ عــلیل   بُو که قــطبی بــاشد و شــاهِ جــلیل[1] ۲۱۴۶

فایدهٔ نخستین این است که شاید بیمار از اولیای خدا و بزرگان عالم معنا باشد.

چون دو چشم دل نداری، ای عنود!   کــه نــمی‌دانــی تــو هــیزم را ز عــود ۲۱۴۷

ای ستیزه‌گر، چون تو چشم دل نداری که حقایق را ببینی، تفاوتِ هیزم و عود را درک نمی‌کنی؛ پس در هر کس به چشم بزرگی بنگر شاید که چنان باشد.

چونکه گنجی[2] هست در عــالم، مَـرَنْج   هــیچ ویــران[3] را مـدان خــالی ز گــنج ۲۱۴۸

چون در جهان گنج‌های معنویِ بسیاری هست که گاه در ظاهرِ ویران و بی‌قدر بندگان خدا نهفته است؛ پس هیچ کس را بنا بر ظاهر قضاوت نکن.

قــصدِ هــر درویش مــی‌کُن ازگـزاف[4]   چون نشان یابی، به جِدْ می‌کُن طواف ۲۱۴۹

به دیدار هر درویش برو و اگر نشانی از حقیقت در او یافتی، پیرامون و دور و برِ او بگرد و رهایش مکن.

چون تو را آن چشم باطن‌بین نــبود   گــنج مــی‌پندار انــدر هــر وجــود ۲۱۵۰

چون تو چشمِ باطنی نداری؛ پس تصوّر کن در هر وجود گنجی نهفته است.

ور نــباشد قــطب، یــارِ رَه[5] بــود   شه[6] نباشد، فــارِسِ[7] اِسـپَه[8] بـود ۲۱۵۱

اگر بیمار مورد نظر از اولیای خدا نباشد، از یاران راه‌حق که هست، اگر شاه نباشد، از سواران سپاه که هست.

پس صــلهٔ[9] یــارانِ رَه لازم شــمار   هر کــه بــاشد، گــر پــیاده گــر ســوار ۲۱۵۲

پس ارتباط محبّت‌آمیز را با یاران و همراهان قافلهٔ حق در هر مرتبه‌ای که باشند، واجب بدان.

---

۱ - **قطب باشد یا شاهِ جلیل** : از مردان حق باشد.   ۲ - **گنج** : اینجاگنجِ معنوی.
۳ - **ویران** : اینجا کنایه از ظاهرِ خوار.   ۴ - **ازگزاف** : اینجا حتّی اگر بیهوده به نظر آید.
۵ - **یارِ رَه** : از یارانِ راهِ حق.   ۶ - **شه** : مرد حق.   ۷ - **فارِس** : اسب‌سوار.   ۸ - **اسپه** : سپاه.
۹ - **صله** : پیوند و محبّت.

ور عدو باشد، همین احسان نکوست   که به احسان بس عدوگشته‌ست دوست ۲۱۵۳

اگر دشمن هم باشد، این احسان و نیکی در حقِّ او خوب است؛ زیرا چه بسا دشمنان که با نیکی دوست گشته‌اند.

ور نگردد دوست، کینش کم شود   زانکه احسان کینه را مرهم شود ۲۱۵۴

حتّی اگر دوست نشود، کینه و کدورتش کم می‌شود؛ زیرا احسان، همانند دارو زخمِ چرکینِ کینه را درمان می‌کند.

بس فواید هست غیرِ این، ولیک   از درازی خایفم[1] ای یارِ نیک ۲۱۵۵

ای یار خوب، در «احسان»، فواید بسیاری است؛ امّا می‌ترسم که سخن به درازا کشد.

حاصل این آمد که: یارِ جمع باش   همچو بُتگر از حَجَر[2] یاری تراش[3] ۲۱۵۶

خلاصهٔ کلام آنکه، همواره دوست یاران طریقت باش و مانند بتگری که از سنگ، بت می‌تراشد، از وجودِ هر کس برای خود دوست بتراش.

زانکه انبوهی و جمعِ کاروان   رَه‌زنان را بشکنند پُشت و سنان ۲۱۵۷

زیرا قافلهٔ انبوه به سهولت قدرت و نیزه رهزنان را می‌شکنند و جان به سلامت می‌بَرَد.

وحی کردنِ حق تعالی، به موسیٰ عَلَیْهِ السَّلام، که: چرا به عیادتِ من نیامدی؟[4]

روزی از بارگاه حق تعالیٰ به موسیٰ(ع) خطابی و عتابی رسید که: ای موسی! چرا هنگامی که بیمار شدم، به عیادتم نیامدی؟ موسیٰ(ع) عرض کرد: بارپروردگارا! تو از هر گونه عیب و نقص مبرّا هستی، عقل من در این باب مبهوت و گمراه شده است. تو به عنایت این مشکل را بگشا. خداوند فرمود: یکی از بندگان خاص و برگزیدهٔ من بیمار شد، مگر نمی‌دانی که او منم؟

---

۱ - **خایف**: ترسان.   ۲ - **حَجَر**: سنگ.   ۳ - تأکیدی است بر ترک عزلت مگر به فرمان استاد کامل.

۴ - مأخذ این داستان روایتی است که در ذیل بیت ۱۷۴۰ همین دفتر آمده است.

آمد از حق سوی موسی این عِتاب[1] کِای طلوعِ ماه دیده تو ز جَیْب[2] ۲۱۵۸

از بارگاه الهی خطابی توأم با ملامت به موسیٰ(ع) رسید که ای کسی که طلوعِ ماه را به ارادهٔ پروردگارت، از گریبان خویش دیدی،

مشرقت کردم ز نورِ ایزدی من حقم، رنجور گشتم، نآمدی ۲۱۵۹

تو را به انوار الهی تابناک کردم؛ امّا من که خدای توأم بیمار شدم و تو به عیادتم نیامدی.

گفت: سبحانا! تو پاکی از زیان این چه رمز است؟ این بکُن یا رب بیان ۲۱۶۰

موسیٰ(ع) گفت: پروردگارا، تو از هر عیب و نقص مبرّا هستی، این چه رمزی است؟ سِرّ آن را برای من آشکار کن.

باز فرمودش که: در رنجوریَم چون نپرسیدی تو از رویِ کرم؟ ۲۱۶۱

خداوند باز فرمود: در ایّامِ بیماری من، چرا از سر کَرَم جویای حالم نشدی؟

گفت: یارب! نیست نقصانی تو را عقل گُم شد، این سخن را برگشا ۲۱۶۲

موسیٰ(ع) گفت: پروردگارا، در ذات پاک تو عیب و نقص راهی ندارد، عقل من در این باب گمراه و سرگشته شده است، این راز را آشکار کن.

گفت: آری بندهٔ خاصِ گُزین[3] گشت رنجور، او منم، نیکو ببین ۲۱۶۳

حق تعالیٰ فرمود: آری بندهٔ برگزیدهٔ من بیمار شد، او منم، دقیق ببین.

هست معذوریش معذوریِّ[4] من هست رنجوریش رنجوریِّ من ۲۱۶۴

معذوری او عذر من است و بیماری او، رنجوری من.

هر که خواهد همنشینیِ خدا تا نشیند در حضورِ اولیا ۲۱۶۵

هر کس که خواستار همنشینی با خداست، باید همنشین دوستان و اولیای حق شود. مجالستِ حقیقی، فقط حضور ظاهری نیست، حضورِ دل و جان است.

از حضورِ اولیا گر بِسکلی[5] تو هلاکی، زانکه جزوی بی‌کُلی ۲۱۶۶

اگر از محضر اولیای حق دوری کنی، جان خود را تباه می‌کنی؛ زیرا تو جزوی از حقیقتِ کلِّ آنان هستی و جزء به کلّ می‌پیوندد.

---

۱ - **عِتاب**: به صورت ممال خوانده می‌شود. ۲ - **ید بیضا**: ر.ک: ۳۵۰۰/۱. ۳ - **گُزین**: برگزیده.
۴ - **معذور**: دارای عذر و بهانه، صاحب بهانه، صاحب برهان. ۵ - **بِسْکُلی**: بگسلی، دوری کنی.

هـر کـه را دیـو از کـریمان[۱] وابُـرَد   بی کَسش یابد، سرش را او خُورَد[۲] ۲۱۶۷

هر کسی را که «نَفْس امّاره» از اولیای حق که کریم و واسطهٔ فیض به بندگان‌اند، دور سازد، تنها و بی‌پناه می‌یابد و عقل او را محو می‌کند؛ یعنی عقل را به مرتبهٔ نفس امّاره تنزّل می‌دهد.

یک وِژه[۳] از جمع رفتن یک زمـان   مکرِ دیو است، بشنو و نیکو بدان[۴] ۲۱۶۸

این کلام را بشنو و به آن سخت توجّه کن که لحظه‌ای حتّی برای یک وجب دور شدن از اولیای حق که در مقام جمع‌اند، نیرنگِ شیطان است.

تنها کردنِ باغبان صوفی و فقیه و عَلَوی را از همدیگر[۵]

باغبانی وارد باغ خود شد و دید سه نفر بدون اجازه وارد شده و نشسته‌اند. یکی از آن‌ها فقیه بود، دیگری شریف (سیّد) و سومی صوفی. با خود اندیشید که برای اخراج آن‌ها از باغ دلایل بسیار دارم؛ امّا آن‌ها جمعی متّحدند و من تنها؛ پس تدبیری اندیشید و با مختلف‌الحیل میان ایشان جدایی و تفرقه افکند، آنگاه هر یک را به تنهایی سیاست و مجازات کرد.

سِرّ سخن، تعلیمی اخلاقی است که نفاق افکنان با نفاق افکندن میان یاران همراه، ثبات و امنیّت آنان را به مخاطره می‌افکنند.

بـــاغبانی چـون نـظر در بـاغ کـرد   دید چون دزدان به باغِ خود سه مرد ۲۱۶۹

باغبانی وارد باغ خود شد و دید سه نفر بدون اجازه، مانند دزدان وارد باغ او شده‌اند.

یک فقیه و یک شـریف و صـوفیی   هر یکی شوخی، بَـدی، لا یُـوفیی[۶] ۲۱۷۰

یکی فقیه، دیگری از سادات و سومی صوفی بود و همه بی‌آزرم و پیمان‌شکن بودند.

گفت: با این‌ها مرا صد حجّت است   لیک جمع‌اند و جماعت قُوَّت است ۲۱۷۱

باغبان اندیشید: من بر علیه آنان و برایِ اثبات تجاوز به مال غیر، صدها دلیل دارم؛ امّا آن‌ها متّحد هستند و اتّحاد سبب قوّت آنان است.

---

۱ - **کریمان**: اینجا کنایه از اولیا و عارفان. ۲ - «خورد» را در هامش، به «بَرد» تبدیل کرده‌اند.

۳ - **وِژه**: وجب.

۴ - در مصراع اوّل در متن «یک بِدست از...» بوده که در پایین کلمه «وِژه» نوشته و اصلاح کرده‌اند.

۵ - مأخذ آن حکایتی است با همین مضمون که در جوامع الحکایات، باب ۲۵ از قسم اوّل آمده است: احادیث، صص ۲۱۳ و ۲۱۴. ۶ - **لا یؤفی**: پیمان‌شکن.

بـر نـیایم یک تـنه بـا سـه نـفر   پس بِبُرَّمشان[۱] نـخست از هـمدگر ۲۱۷۲

من به تنهایی نمی‌توانم با هر سه نفر مقابله کنم؛ پس باید میان آنان تفرقه بیفکنم.

هر یکـی را مـن بـه سـویی افکـنم   چونکه تنها شد، سِبیلش بـر کَـنَم[۲] ۲۱۷۳

هر یکی را به نیرنگی از بقیه جدا می‌کنم. آنگاه در تنهایی دمار از روزگارش بر می‌آوَرَم.

حیله کرد و کـرد صـوفی را بـه راه   تـا کُـند یـارانْش را بـا او تـباه ۲۱۷۴

مکری اندیشید و صوفی را به جهت کاری روانه کرد تا نظر یاران را در مورد او خراب کند.

گفت صوفی را: برو سـویِ وثـاق[۳]   یک گـلیم آور بـرای ایـن رِفـاق[۴] ۲۱۷۵

به صوفی گفت: به اتاق برو و برای دوستان گلیمی بیاور.

رفت صوفی، گفت خلوت با دو یار   تو فـقیهی، ویـن شـریفِ[۵] نـامدار[۶] ۲۱۷۶

صوفی رفت و او با دو دوست دیگر خلوتی کرد و گفت: تو فقیهی و دوست تو نیز از ساداتِ بزرگوار است.

مـا بـه فـتوایِ تـو نـانی می‌خوریم   مـا بـه پَـرِّ دانشِ تـو مـی‌پریم ۲۱۷۷

ما به فتوای فقیهی چون تو، امور زندگی خود را تنظیم می‌کنیم و با دانش شما پروبالی برای پرواز به سوی حقایق می‌یابیم.

وین دگر شه‌زاده و سلطانِ مـاست   سیّد است، از خاندانِ مُـصطفاست ۲۱۷۸

این مرد علوی هم شاهزاده و از خاندان پیامبر(ص) و پادشاه ماست.

کیست آن صوفی شکم‌خوارِ[۷] خسیس   تا بُوَد با چون شما شاهان جـلیس[۸]؟ ۲۱۷۹

آن صوفی پرخوارهٔ شکم‌پرستِ خسیس کیست که همنشین شاهانی بزرگوار چون شما شده‌است؟

چـون بـیاید مـر وَرا پـنبه کـنید[۹]   هفته‌یی بـر بـاغ و راغِ[۱۰] مـن زنـید ۲۱۸۰

چون از اتاق برگشت، او را از سر خود باز کنید، سپس این شما و این باغ من، یک هفته در اینجا مهمان من باشید.

---

۱ - **بِبُرَّمشان** : آن‌ها را جدا کنم. ۲ - **سبیل برکندن** : دمار از روزگار برآوردن. ۳ - **وثاق** : اتاق.
۴ - **رِفاق** : جمع رفقة به معنی گروه، جمعِ رفیق به معنی همراه. ۵ - **شریف** : پاک‌نژاد، سیّد علوی.
۶ - **نامدار** : اینجا بزرگوار. ۷ - **شکم‌خوار** : شکم‌پرست. ۸ - **جلیس** : همنشین.
۹ - **پنبه کنید** : دور کنید، از سر خود باز کنید، متفرّق کنید. ۱۰ - **راغ** : مرغزار، چمنزار.

باغ چه بُوَد؟ جانِ من آنِ شماست   ای شما بوده مرا چون چشم راست ۲۱۸۱

باغ چه ارزشی دارد؟ جان من متعلّق به شماست، ای بزرگانی که مانند چشمِ راستِ من عزیزید.

وسوسه کرد و مر ایشان را فریفت   آه، کز یاران نمی‌باید شِکیفت ۲۱۸۲

آنان را وسوسه کرد و فریب داد. آه که از دوستان نباید جدا شد.

چون به رَه کردند صوفی را و رفت   خصم شد اندر پی‌اَش با چوبِ زفت ۲۱۸۳

چون صوفی را دست به سر کردند و او رفت. باغبان در پی او با چوبی بزرگ روانه شد.

گفت: ای سگ! صوفیی باشد که تیز   اندر آیی باغِ ما تو از ستیز[1]؟ ۲۱۸۴

گفت: ای سگ، آیا درویشی این است که با گستاخی و پررویی وارد باغ ما شوی؟

این جُنیدت ره نمود و بایزید؟   از کدامین شیخ و پیرت این رسید؟ ۲۱۸۵

این را از جُنید آموخته‌ای یا بایزید؟ از کدام شیخ و پیر تجاوز به مال غیر را تعلیم دیده‌ای؟

کوفت صوفی را چو تنها یافتش   نیم کُشته‌ش کرد و سر بشکافتش ۲۱۸۶

چون صوفی را تنها دید، با چوب بر سر و روی او زد، نیمه جانش کرد و سرش را شکست.

گفت صوفی: آنِ من بگذشت، لیک   ای رفیقان پاسِ خود دارید نیک ۲۱۸۷

صوفی در دل گفت: از من که گذشت؛ امّا ای دوستان شما دوستیِ خود را خوب حفظ کنید.

مر مرا اغیار[2] دانستید، هان!   نیستم اغیارتر زین قلتبان[3] ۲۱۸۸

مرا بیگانه پنداشتید. بدانید که هر قدر بیگانه باشم از این بی‌حمیّت بیگانه‌تر نیستم.

این‌چه من خوردم شما را خوردنی‌ست   وین چنین شَربت جزایِ هر دنی‌ست ۲۱۸۹

چیزی که بر سر من آمد، بر سر شما نیز می‌آید. این شربت کیفر هر فرومایه است.

این جهان کوه است و گفت‌وگویِ تو   از صدا هم باز آید سویِ تو ۲۱۹۰

این جهان مانند کوهی است که انعکاس صدایت را به سوی تو باز می‌گرداند.

چون ز صوفی گشت فارغ باغبان   یک بهانه کرد زآن پس جنسِ آن ۲۱۹۱

چون باغبان از صوفی آسوده شد، مکر دیگری، مانندِ نیرنگ پیشین را بهانه ساخت.

---

۱ - **ستیز**: سرکشی، لجاجت. ۲ - **اغیار**: بیگانگان. ۳ - **قَلْتَبان**: بی‌ناموس، بی‌حمیّت.

کِای شریفِ من! بـرو سـویِ وثـاق   که ز بهرِ چاشت پُختم من رُقـاق[۱] ۲۱۹۲

گفت: ای سیّد بزرگوار من، به اتاق برو؛ زیرا برای خوراک نیمروز، نان لطیفی پخته‌ام.

بـــر درِ خـــانه بگـو قَـیماز[۲] **را   تـــا بـیارد آن رُقـاق و قـاز**[۳] **را** ۲۱۹۳

به خدمتکار بگو تا آن نانِ لطیف و مرغابی را بیاورد.

چون به رَه کردش، بگفت: ای تیزبین   تو فـقیهی، ظـاهر است ایـن و یـقین ۲۱۹۴

چون او را روانه کرد، به فقیه گفت: ای مردِ هوشمند، تو فقیهی عالیقدری که از ظاهرت نیز آشکار است و در آن تردیدی نیست.

او شــریفی مـی‌کُند دعـویِّ سـرد   مــادرِ او را کـه دانـد تـا کـه کـرد؟ ۲۱۹۵

امّا او که ادّعا می‌کند از سادات است، دعویِ غیر قابل قبولی دارد، چه کسی می‌داند همبستر مادر او که بوده است؟

بر زن و بـر فـعلِ زن دل مـی‌نهید؟   عـقلِ نـاقص وانگـهانی اعـتماد؟[۴] ۲۱۹۶

به زن و کردار او اعتماد می‌کنید، مگر به عقلِ ناقص می‌شود اعتماد کرد؟

خــویشتن را بــر عـلی و بـر نَـبی   بسته است انـدر زمـانه بس غَـبی[۵] ۲۱۹۷

تا کنون بسی افراد نادان و پست خود را منتسب به خاندان پاک پیامبر(ص) و علی(ع) دانسته‌اند.

هــر کــه بــاشد از زنـا[۶] **و زانـیان   ایــن بَـرَد ظـن در حـقِ رَبّـانیان**[۷] ۲۱۹۸

هر کس که زنازاده و زناکار باشد، با طینت پلید خویش چنین گمانی در حقِّ ربّانیان و مردان الهی دارد. باغبان نیز به سبب سرشت ناپاک و پلید در ارتباط با ایشان چنین می‌گفت.

هر کـه بـرگردد سـرش از چـرخ‌ها   همچو خـود گـردنده بـیند خـانه را ۲۱۹۹

هر کسی که به دور خود بچرخد، سرش دَوَران می‌یابد و خانه را در حال چرخیدن می‌بیند. این حال کسانی است که با هجومِ نفسانیّات پلید، دیگران را همانند خویش می‌پندارند.

---

۱ - **رُقاق**: نان لطیف و نازک.   ۲ - **قیماز**: کنیز و خدمتکار، اسم در زبان ترکی.
۳ - **قاز**: مرغابی. (به ترکی)
۴ - در مثنوی و دیوان کبیر یا کلّی‌تر بگوییم در اندیشهٔ عرفانی مولانا، زن نمادی از نفس امّاره و مرد نمادی از نفسِ متعالی است. «اعتماد»: اعتمید بخوانید؛ زیرا مصوّتِ الف با یاء قافیه شده است.   ۵ - **غَبی**: نادان، گول.
۶ - **زنا**: مجامعتِ حرام با زن.   ۷ - **ربّانی**: مردِ حق، بزرگان دین.

آنچه گفت آن باغبانِ بوالفضول[۱] حالِ او بُد، دور از اولادِ رسول ۲۲۰۰

یاوه‌ای را که آن باغبان گفت، حال درونی خودِ او بود، چنین چیزی از ساحت پاک فرزندان رسول خدا(ص) دور است.

گر نبودی او نتیجهٔ مُرتدان[۲] کِی چنین گفتی برای خاندان؟ ۲۲۰۱

اگر او از فرزندانِ ناپاکِ مرتدان و کافران نبود، چنین چیزی را دربارهٔ خاندان پیامبر(ص) نمی‌گفت.

خواند افسون‌ها، شنید آن را فقیه در پی‌اَش رفت آن ستمکارِ سفیه ۲۲۰۲

باغبان ستمکارِ نادان که حیله‌گری‌هایش در فقیه مؤثّر افتاده بود، در پی سیّد روانه گشت.

گفت: ای خر! اندر این باغت که خواند؟ دزدی از پیغمبرت میراث ماند؟ ۲۲۰۳

گفت: ای نادان، چه کسی تو را به باغ دعوت کرد؟ دزدی از پیامبرت به تو ارث رسیده است؟

شیر را بچّه همی مانَد بدو تو به پیغمبر به چه مانی؟ بگو ۲۲۰۴

بچهٔ شیر شبیه شیر است، تو به پیامبر چه شباهتی داری؟ بگو.

با شریف آن کرد مردِ مُلْتَجی[۳] که کند با آلِ یاسین[۴] خارجی[۵] ۲۲۰۵

آن باغبان که به نیرنگ و پلیدی پناه برده بود، با سیّد رفتاری کرد که خوارج با خاندان پیامبر(ص) کردند.

تا چه کین دارند دایم دیو و غول[۶] چون یزید[۷] و شِمرْ[۸] با آلِ رسول؟ ۲۲۰۶

این چه کینه‌ورزی و دشمنی عجیبی است که همواره شیاطین و غولان بیابانی، مانند یزید و شمر با خاندان پاک رسول خدا(ص) دارند؟ باغبان نیز چنین کینه‌ای داشت.

---

۱ - **بوالفضول**: یاوه‌گو. ۲ - **مرتد**: کافر، از دین برگشته.

۳ - **مُلْتَجی**: پناه برده، اینجا کسی که به مکر و رذالت پناه برده است.

۴ - **آل یاسین**: خاندان رسول گرامی(ص)؛ یعنی اولاد پیامبر(ص)، از حضرت علی(ع) و حضرت فاطمه(ع).

۵ - **خارجی**: کسی که جزو خوارج باشد. خوارج نام فرقه‌ای است از مسلمانان که بعد از جنگ صفّین و مسألهٔ حکمیّت، بر حضرت علی(ع) اعتراض کردند که چرا به حکمیّت تن در داده است و به مخالفت با او پرداختند و سرانجام در جنگ نهروان شکست سختی خوردند. آنان مطلقاً معتقد به نژاد در امر خلافت نبودند و می‌گفتند: انتخاب خلیفه به اختیار مردم است و این امر با معتقدات شیعه سخت مغایرت دارد.

۶ - **دیو و غول**: شیطان‌صفتان، گمراهان.

۷ - **یزید**: یزید بن معاویة بن ابی سفیان. خلیفهٔ دوم از خلفای اموی. فاجعهٔ بزرگ کربلا در نخستین سال خلافت او، در دهم محرّم سال ۶۱ قمری روی داد.

۸ - **شمر**: شمر بن ذی الجوشن، از رؤسای هوازن بود. در واقعهٔ کربلا شرکت جست و در شمار قاتلان حضرت حسین(ع) شمرده شد، سرانجام در قیام مختار در سال ۶۶ قمری به قتل رسید و تن او را نزد سگان افکندند. نزد مسلمانان ملعون و منفور و مظهر شقاوت و ستمگری است.

شد شریف از زخمِ آن ظالم خراب   با فقیه او گفت: ما جَستیم از آب ۲۲۰۷

سیّد از ضربات باغبانِ ستمگر مجروح شد و در دل به فقیه گفت: ما که از این غرقاب، نیمه جانی به در بردیم و روانه گشت.

پای دار[1] اکنون که ماندی فرد و کم   چون دُهُل شو، زخم می‌خور در شکم ۲۲۰۸

صبر کن، اینک که تنها و بی‌یاور مانده‌ای، مانندِ طبل باش و ضربه‌ها را بر شکم تحمّل کن.

گر شریف و لایق و همدم نِیَم   از چنین ظالم تو را من کم نِیَم ۲۲۰۹

اگر من سیّد و شایسته و دوست هم نیستم، برای تو کمتر از این ستمگر که نبودم.

مر مرا دادی بدین صاحبْ غرض   احمقی کردی، تو را بِئْسَ آلعوض[2] ۲۲۱۰

مرا به دست این آدم مغرض سپردی، حماقت کردی. چه دوست بدی را به جای من برگزیدی.

شد از او فارغ، بیامد کِای فقیه!   چه فقیهی؟ ای تو ننگِ هر سفیه ۲۲۱۱

باغبان از سیّد هم آسوده شد و سراغ فقیه آمد و گفت: ای فقیه، تو چگونه ادّعای فقاهت داری؟ تو که مایهٔ ننگ هر احمقی هستی.

فتوی‌ات این است ای بُبریده دست؟   کاندر آیی و نگویی: امر هست؟ ۲۲۱۲

دستت بریده بادا، فتوای تو این است که به باغ مردم وارد شوی و از خود نپرسی که آیا اجازه داری یا نه؟

این‌چنین رُخْصت‌بخواندی در وَسیط[3]؟   یا بُدَه‌ست این مسأله اندر مُحیط[4]؟ ۲۲۱۳

چنین فتوایی را در کدام کتابِ فقهی خوانده‌ای؟ در وسیط یا در محیط؟

گفت: حقّ استت، بزن، دستت رسید   این سزای آنکه از یاران بُرید ۲۲۱۴

فقیه گفت: حق داری، بزن، این سزای کسی است که از یاران خود بریده است.

---

۱ - **پای دار**: صبرکن.

۲ - این بیت در مقابله با اشاره به محلّ آن در حاشیه نوشته شده، در نسخهٔ نیکلسون در پاورقی آمده است.

۳ - **وسیط**: یکی از اُمّهات کتب مذهب شافعی است. اثر ابوحامد محمّد بن محمّد غزّالی (متوفیٰ به سال ۵۰۵).

۴ - **محیط**: کتابی است در فقه حنفی، از شمس الائمه محمّد ابوبکر سرخسی (متوفیٰ ۴۸۹ هـ)، نقل از نثر و شرح مثنوی شریف، دفتر دوم، ص ۷۳۱.

رجعت[۱] به قصّهٔ مریض و عیادتِ پیغامبر، عَلَیْهِ السَّلام

این عیادت از برای این صِلَه‌ست[۲]　　وین صِله از صد محبّت حامله‌ست ۲۲۱۵

«عیادت» که بر آن تأکید می‌شود، برای برقراری پیوند و ارتباط است و در این نزدیکی‌ها، محبّت‌ها افزون می‌گردد.

در عیادت شد رسولِ بی‌نَدید[۳]　　آن صحابی را به حالِ نَزْع[۴] دید ۲۲۱۶

رسول بی‌نظیر(ص) به عیادت صحابی بیمار رفت و او را در حال احتضار یافت.

چون شوی دور از حضورِ اولیا　　در حقیقت گشته‌ای دور از خدا ۲۲۱۷

هنگامی که از محضر اولیای خدا دور می‌شوی، در حقیقت از خدا دور شده‌ای.

چون نتیجهٔ هجرِ همراهان غم است　　کِیْ فراقِ رُوی شاهان زآن کم است؟ ۲۲۱۸

چون نتیجهٔ دوری از همراهان غم و اندوه است؛ پس مهجور ماندن از درک محضر بزرگان عالم معنا بسیار غم‌انگیزتر است؛ زیرا شیاطین در هر کسوتی حمله می‌کنند و تو را که بی‌پناه مانده‌ای، به هلاک نفسانی می‌کشانند.

سایهٔ شاهان طلب، هر دم شتاب　　تا شوی زآن سایه بهتر ز آفتاب ۲۲۱۹

هر لحظه بشتاب تا در سایهٔ حمایت معنوی بزرگان و اولیای حق قرار گیری تا به امدادِ ایشان از آفتابِ عالمتاب، درخشان‌تر شوی.

گر سفر داری بدین نیَّت برو　　ور حَضَر[۵] باشد از این غافل مشو ۲۲۲۰

اگر قصد سفر داری به این نیّت برو که محضرِ بزرگی را درک کنی و اگر در حَضَر هستی، هرگز از این نکته غفلت نکن.

---

۱ - **رجعت** : بازگشت.　۲ - **صله** : پیوستن.　۳ - **ندید** : نظیر.　۴ - **نزع** : احتضار.
۵ - **حَضَر** : جایِ حضور، مقابل سفر.

گفتنِ شیخی ابویزید را که: کعبه منم، گِردِ من طوافی می‌کن[1]

بایزید بسطامی[2] برای ادای حج و عمره به سوی مکّه می‌رفت. به هر شهر و دیاری که می‌رسید، ابتدا صاحبان بصیرت و بزرگان عالم معنا را ملاقات می‌کرد. بین راه به پیرمردی منوّر بر خورد که درویشی عیالوار و مستمند بود. پیرمرد پرسید: کجا می‌روی؟ بایزید پاسخ داد: به طواف کعبه. گفت: زاد راه چه داری؟ بایزید گفت: دویست درم نقره. پیرمرد گفت: درم‌ها را به من بده و گِردِ من هفت بار بگرد که این طواف دل است.

سِرّ سخن آنکه: دل به دست آور که حجّ اکبر است، جایگاهِ حق، دل بندگان مؤمن اوست.[3] رعایت دل‌ها بخصوص اولیایِ حق، شرطِ اصلی و حقیقی سیر و سلوک به شمار می‌رود.

۲۲۲۱ **سـوی مکّـه شـیخِ امّت[4] بـایزید　　　از بـرای حـجّ و عُـمْره مـی‌دوید**

بایزید که شیخِ اُمّت بود، برای انجام مناسک حج به شتاب عازم مکّه بود.

۲۲۲۲ **او به هر شهری که رفتی از نُخست　　　مـر عـزیزان را بکـردی بـازجُست**

او در مسافرت‌ها روشی خاصّ داشت، در هر شهر ابتدا جویای عزیزان درگه حق بود و دیدار ایشان را فریضه می‌دانست.

۲۲۲۳ **گِردْ می‌گَشتی که اندر شهر کیست　　　کو بر ارکانِ بصیرت مُـتّکی‌ست؟[5]**

گِرد شهر می‌گشت و جویا می‌شد که در اینجا ارباب بصیرت چه کسان‌اند؟

۲۲۲۴ **گفت حقّ: اندر سفر هـر جـا رَوی　　　بـاید اوَّل طـالب مـردی شـوی[6]**

این کلامِ حق را بدان که در سفر به هر جا که می‌روی، ابتدا جویای مردان الهی باش تا از وجود منوّر و ارشاد ایشان بهره یابی.

---

۱ - مأخذ آن روایتی است که در رسالة النور از تألیفات قرن پنجم، آمده است: احادیث، صص ۲۱۶-۲۱۵.
همچنین شیخ عطّار این حکایت را در تذکرة الاولیاء، ج ۱، ص ۱۳۹ آورده است.
در مقالات شمس رحمة الله علیه، این حکایت نقل شده و مضمون آن با روایت مثنوی مشابهت دارد: مقالات شمس، نسخهٔ کتابخانهٔ فاتح اسلامبول، ص ۲۵.　۲ - **بایزید**: ر.ک: ۲۲۸۵/۱.　۳ - حدیث: ر.ک: ۴۳۷/۱ و ۱۰۲۲/۱.

۴ - **شیخ اُمّت**: مرشدِ صاحبدلان و عارفان.

۵ - **بر ارکان بصیرت متّکی بودن**: از نور دل و چشم باطن برخوردار بودن.

۶ - در قرآن کریم آیاتی که دال بر چنین مضمونی باشد، وجود ندارد؛ امّا بعضی آیات را از نظر مفهوم می‌توان بر آن منطبق دانست، مانند سفر موسیٰ(ع) هنگامی که جویای خضر(ع) بود: ر.ک: ۲۲۵/۱.

قصدِ گنجی کن، که این سود و زیان   در تَبَع[1] آید، تو آن را فرع دان ۲۲۲۵

مقصودت یافتن گنج حقایق باشد؛ البتّه سود یا زیان دنیوی «فرع» است که بعد از «اصل» به دست می‌آید و به آن نباید چندان بهایی داد.

هر که کارَد، قصدْ گندم باشدش   کاه خود اندر تَبَع می‌آیدش ۲۲۲۶

هر کس که با هدف حصول گندم کشت کند، هم «گندم» و هم «کاه» به دست می‌آوَرَد.

کَهْ بکاری، بر نیاید گندمی   مردمی جو، مردمی جو، مردمی[2] ۲۲۲۷

امّا اگر هدف تو «فرع» باشد، «اصل» را به دست نمی‌آوری؛ پس بدان که اصل، «مردمی»، یعنی «مقام والای انسان» است که هدفِ غاییِ خلقت و آیینهٔ تمام‌نمای حق شدن یا «انسانِ کامل» است.

قصدِ کعبه کُن چو وقت حج بُوَد   چونکه رفتی، مکّه هم دیده شود ۲۲۲۸

چون ایّام حج فرا رسید، قصد زیارت و طواف کعبه کن، وقتی که رفتی به تَبَع آن مکّه را نیز می‌بینی، هرگز نگو برویم مکّه را ببینیم. باید هدف تو برتر از دیدار مکّه؛ یعنی کعبه باشد، چون بروی، آن دیگری هم حاصل می‌شود.

قصدْ در معراج دیدِ دوست بود   در تَبَع عرش و ملایک هم نمود ۲۲۲۹

«اصل» و مقصودِ پیامبر(ص) در معراج، دیدار دوست بود؛ امّا دیدار عرش و فرشتگان هم به عنوان «فرع» حاصل شد.[3]

حکایت

نومریدی خانه‌ای ساخت. پیر که برای دیدار آمده بود، به جهت امتحان از او پرسید: این روزن را به چه منظور اینجا نهاده‌ای؟ نومرید گفت: برای نور است تا به درون خانه در آید. پیر بر سبیل ارشاد گفت: ورود نور به خانه فرع است. مقصود اصلی باید آن باشد تا از طریق این روزن بانگ نماز را بتوان در خانه شنید.

---

۱ - **تَبَع** : نتیجه، در پی.

۲ - این بیت را در مقابله افزوده‌اند. «مردمی»: انسان بودن، صفاتِ نیک داشتن، اینجا کمالِ معنوی.

۳ - معراج پیامبر(ص) : ر.ک: ۱۰۷۲/۱ و ۱۰۷۸/۱ و ۱۵۸۹/۱.

در این لطیفهٔ عرفانی، نکتهٔ اصلی و سِرّ قصه این معناست که در سلوک إلی‌الله، هدف و مقصود واقعی سالک نباید چیزی جز تقرّب و اتّصال به حق باشد و کلیّهٔ تحوّلات و تبدّلاتی که در طی سلوک به تَبَعِ اخلاصِ وی حاصل می‌شود، همگی فرع است، آن کس که به اصل توجّه تام دارد، به فرع وقعی نمی‌نهد.

خانه‌یی نو ساخت روزی نو مُرید پیر آمد، خانهٔ او را بدید ۲۲۳۰

مریدی مبتدی، خانهٔ نوی ساخت. پیر برای دیدار خانهٔ او آمد.

گفت شیخ آن نو مُریدِ خویش را امتحان کرد آن نکواندیش را ۲۲۳۱

شیخ تصمیم گرفت که مرید مبتدی خویش را که مردی نیک‌اندیش بود بیازماید.

روزن از بهرِ چه کردی ای رفیق؟ گفت: تا نور اندر آید زین طریق ۲۲۳۲

شیخ گفت: ای دوست، پنجره را به چه منظور گذاشته‌ای؟ مرید گفت: برای اینکه نور به درون بتابد.

گفت: آن فرع است، این باید نیاز تا از این رَه بشنوی بانگِ نماز ۲۲۳۳

شیخ گفت: آمدن نور فرع است، باید هدف و نیازِ اصلیِ تو این باشد که از این روزن بانگ اذان را بشنوی.

بایزید اندر سفر جُستی بسی تا بیابد خِضْرِ[1] وقتِ خود کسی ۲۲۳۴

بایزید بسطامی، علی‌رغم مقام والای معنوی، همواره در سفرها جویای انسان کاملی بود که علوم صافی را از منبع اصلی آن دریافت کرده و مانند خضر(ع) برخوردار از «علم لدنّی» باشد.

دید پیری با قدی همچون هلال دید در وی فرّ و گفتار رجال ۲۲۳۵

بایزید پیری را دید که مانند ماه نو قدی خمیده داشت و در ظاهر و گفتار او شکوهِ مردانِ الهی آشکار بود.

دیده نابینا و دل چون آفتاب همچو پیلی دیده هندستان به خواب ۲۲۳۶

پیر نابینا بود؛ امّا دلی چون آفتاب تابناک داشت، احوال او مانند فیلی بود که موطن خویش، هندوستان را در خواب دیده و عشق بازگشت به مبدأ، او را بیقرار ساخته است، پیر نیز گویی به یادِ خطاب روز اَلَست[2] شوریده و شیدا بود.

---

۱ - **خضر**(ع) : ر.ک: ۲۲۵/۱ و ۲۹۸۳/۱. ۲ - **اَلَست** : ر.ک: ۱۲۴۶/۱.

چشم بسته خُفته بیند صد طرب   چون گشاید، آن نبیند، ای عجب! ۲۲۳۷

انسان هنگام خواب، تجلّیات گوناگون حق را که با سطح تعالی روحانی او هماهنگ است، به حالات مختلف، در مظاهر گوناگون می‌بیند؛ امّا تعجّب‌آور این است که با چشم بسته، آن‌ها را می‌بیند؛ ولی با چشم باز نمی‌بیند.

بس عجب در خواب روشن می‌شود   دل درونِ خوابْ روزن می‌شود ۲۲۳۸

بسا امور شگفت‌انگیزی که اندیشهٔ آدمی را بدان راهی نیست و در عالم خواب آشکار می‌شود؛ زیرا دل انسان هنگام خواب، مانند روزنی جان او را به حقایقِ موجود در عالمِ مثال متّصل می‌سازد، چون قوّهٔ مصوّرهٔ انسان، تابع منوّر بودن روح است و حقایقی را که درِ عالم مثال موجود است بنا بر مرتبهٔ تکامل نفس، به صورت مناسبی در مقام رؤیا می‌بیند.[1]

آنکه بیدار است و بیند خوابِ خَوش   عارف است او، خاکِ او در دیده کَش[2] ۲۲۳۹

کسی که در عینِ بیداری حقایقِ عوالمِ غیبی را می‌بیند، عارف کاملی است که اگر او را یافتی، خاک پایش را چون سرمه در چشمَ بکش.

پیشِ او بنشست و می‌پرسید حال   یافتش درویش و هم صاحبْ‌عیال ۲۲۴۰

بایزید چنین پیر عارفی را یافت، کنار او نشست و جویای حال او شد و دریافت که درویشی مستمند و عیال‌وار است.

گفت: عزمِ تو کجا ای بایزید؟   رختِ غربت را کجا خواهی کشید؟ ۲۲۴۱

پیر از بایزید پرسید که آهنگ سفر به کجا داری؟ و مقصود نهایی‌ات کجاست؟

گفت: قصدِ کعبه دارم از بِگَه[3]   گفت: هین! با خود چه داری زادِ رَه[4]؟ ۲۲۴۲

بایزید گفت: از صبح زود که به راه افتادم، قصد کعبه دارم. پیر گفت: توشه راه چه داری؟

گفت: دارم از درم نُقره دویست   نک[5] ببسته سخت بر گوشهٔ ردیِ[6] ست ۲۲۴۳

بایزید گفت: دویست سکّهٔ نقره که اینجا محکم به گوشهٔ عبا بسته‌ام.

---

۱ - **خواب و رؤیا**: ر.ک: ۱/۴۰۵-۱/۳۹۰ و **عالم خیال**: ر.ک: ۱/۷۱-۱/۶۹.

۲ - **خاک کسی در دیده کشیدن**: به خدمتِ کسی در آمدن و از او بهرهٔ معنوی بردن.

۳ - **بِگَه**: پگاه، بامداد، صبحدم.   ۴ - **زادِ رَه**: توشه.   ۵ - **نک**: اینک.   ۶ - **ردیْ**: ردا.

گفت: طوفی کُن به گِردم هفت بار وین نکوتر از طوافِ حج شمار ۲۲۴۴

پیر گفت: هفت بار گِرد من طواف کن و این طواف را بهتر از طواف حج به شمار آور.

وآن درم‌ها پیش من نِهْ ای جواد[1] ! دان که حج کردی و حاصل شد مراد ۲۲۴۵

ای مرد بخشنده، آن سکّه‌های نقره را به من بده و بدان که مناسک حج را به جای آورده و مقصودت حاصل شده است.

عُمره کردی عُمر باقی[2] یافتی صاف گشتی، بر صفا بشتافتی ۲۲۴۶

حجّ عمره را به جای آوردی و عمری جاویدان یافتی. از کدورت «عالم مادّه» پاک شده و به سوی صفای حقیقی، یعنی انوار الهی شتافته‌ای؛ زیرا سعی تو در صفا، مصفّا شدن است و اینک که خواستهٔ نَفْس را ندیده گرفتی و دلِ دردمندِ او را به دست آوردی، حاصل شد؛ چون او به طواف تو نیازی ندارد؛ امّا من به درم تو نیاز دارم.

حقِّ آن حقّی که جانت دیده است که مرا بر بیتِ خود بگزیده است[3] ۲۲۴۷

به حقِّ آن حقیقتی که چشمِ دل و جانت دیده است که او مرا بر خانهٔ خود برتری داده است.

کعبه هر چندی که خانهٔ بِرِّ[4] اوست خلقتِ من نیز خانهٔ سِرِّ اوست[5] ۲۲۴۸

هرچند که کعبه، خانهٔ احسان اوست؛ امّا خلقت من نیز خانهٔ اسرار اوست.

تا بکرد آن خانه را، در وِی نرفت واندر این خانه، به جز آن حَی نرفت[6] ۲۲۴۹

از روزی که فرمان به بنای آن خانه داد، در آن وارد نشده است؛ در خانهٔ دل من هرگز جز او کسی قدم ننهاده که خود فرموده است: در دل بندهٔ مؤمن خویش می‌گنجم.

چون مرا دیدی، خدا را دیده‌ای[7] گردِ کعبهٔ صدق بر گردیده‌ای ۲۲۵۰

چون مرا دیدی، گویی خدا را دیده‌ای و گرد کعبهٔ راستین طواف کرده‌ای.

---

۱ - **جواد**: بخشنده. ۲ - **عمرِ باقی**: بقا. ۳ - انسان کامل که وجود او هدف غایی آفرینش است.

۴ - **بِرّ**: نیکی. ۵ - در همین معنا: ر.ک: ۳۱۱۹/۲-۳۱۱۷/۲.

۶ - اشاره به حدیث: ر.ک: ۴۳۷/۱ و ۱۰۲۲/۱.

۷ - اشاره به حدیث: مَنْ رَآنی فَقَدْ رَأَی الْحَقَّ: کسی که مرا ببیند، به حقیقت حق را دیده است: احادیث، ص ۲۱۶.

خدمتِ من، طاعت و حمدِ خداست تا نپنداری که حقّ از من جُداست[1] ۲۲۵۱

خدمت به من، طاعت و حمدِ باری تعالیٰ به شمار می‌آید، گمان نکن که خدا از من جداست.

چشمْ نیکو باز کن، در من نگر تا ببینی نورِ حق اندر بشر ۲۲۵۲

با چشم دل به دقّت در من بنگر تا نور حق را در انسان ببینی.

بایزید آن نکته‌ها را هوش داشت همچو زرّین حلقه‌اَشْ درگوش داشت ۲۲۵۳

بایزید آن نکات را به گوش جان شنید و مانند حلقه‌ای زرّین در بناگوشِ ضمیرِ تابناکِ خویش آویخت.

آمد از وی بایزید اندر مزید مُنتَهی[2] **در مُنتها**[3] **آخِر رسید** ۲۲۵۴

بایزید با ارشاد ظاهری و باطنی پیر عارف، مقامات معنوی و روحانی‌اش افزون‌تر گشت، کاملی بود و بر کمالش افزوده شد.

دانستنِ پیغامبر، علیه السَّلام، که سببِ رنجوریِ آن شخص گستاخی بوده است در دعا

چون پیمبر دید آن بیمار را خوش نوازش کرد یارِ غار[4] **را** ۲۲۵۵

چون پیامبر(ص)، صحابیِ بیمار را دید، آن یار صمیمی را مورد مرحمت بسیار قرار داد.

زنده شد او چون پیمبر را بدید گوییا آن دم مر او را آفرید ۲۲۵۶

از دیدن پیامبر(ص) جان تازه‌ای در کالبد رنجورِ او دمیده شد، چنانکه گویی قداستِ نَفَس رسول خدا(ص)، همان لحظه او را حیات تازه‌ای بخشید.

گفت: بیماری مرا این بخت داد کآمد این سلطان بَرِ من بامداد ۲۲۵۷

گفت: بیماری اقبالی بود که سبب شد این سلطان بامدادان نزد من آمد.

---

۱ - اتّحاد عبد با حق، فنای وجه خلقی در وجه حقّی، این اتّحاد نظیر انعدام قطرات آب در مقام اتّصال به دریاست و مثل اتّحاد فروع و اشعات و ظلال در مقام اصل وجود شمس حقیقی عالم وجود و ایجاد: شرح مقدّمهٔ قیصری، ص ۸۵۰ ۲ - **منتهی**: به کمال رسیده. ۳ - **منتها**: حد و نهایت، غایت، پایانِ چیزی.

۴ - **یار غار**: لقب ابوبکر؛ ر.ک: ۲۷۰۰/۱.

تا مرا صحّت رسید و عافیت   از قدومِ این شهِ بی‌حاشیت[1] ۲۲۵۸

تا با قدومِ این شاهِ حقیقی که با سادگی و صفا به اینجا آمده است، سلامتی و شفا یابم.

ای خجسته رنج و بیماری و تب   ای مبارک درد و بیداریِ شب[2] ۲۲۵۹

چه فرخنده بود رنج و بیماری و تب، چه خجسته دردی که مرا تمام شب بیدار نگاه می‌داشت.

نک مرا در پیری از لطف و کرم   حق چنین رنجوریی داد و سَقَم[3] ۲۲۶۰

اینک خداوند از سر لطف و مرحمت، در پیری این بیماری و درد را به من عطا کرد.

دردِ پُشتم داد هم تا من ز خواب   بر جهم هر نیم‌شب لابُد شتاب ۲۲۶۱

دردی در پشت من نهاد تا هر نیم‌شب ناچار شتابان از خواب برخیزم.

تا نخُسبم جمله شب چون گاومیش   دردها بخشید حق از لطفِ خویش ۲۲۶۲

خداوند از سر لطف دردها بخشید تا نتوانم تمام شب را مانند گاومیش بخوابم.

زین شکست آن رحم شاهان[4] **جوش کرد   دوزخ از تهدیدِ من خاموش کرد** ۲۲۶۳

از شکستی که در سلامتم حاصل آمد و دردهای ناشی از آن، دریای رحمت آن سَروَرِ سروران به جوش آمد و دوزخِ رنجوری، با ورود او خاموش شد.

رنجْ گنج آمد که رحمت‌ها در اوست   مغزْ تازه شد چو بخراشید پوست ۲۲۶۴

«رنج» گنجی است که شخص سعادتمند را به سویِ رحمت حق می‌برد؛ زیرا از خراشیده شدن و رنجوریِ «وجه مادّیِ» وجود آدمی، توجّه او به حقایق جلب می‌گردد و لطفِ حق شاملِ حالِ وی می‌شود.

ای برادرا موضعِ تاریک و سرد   صبر کردن بر غم و سستی و درد ۲۲۶۵

ای برادر، صبر بر تاریکیِ جهل پیش از آنکه خورشیدِ حقایق طالع گردد، و بردباری در غم، بیماری و درد،

---

۱ - **حاشیت** : حاشیه، محافظ، خَدَم و حَشَم.

۲ - از دیدگاه مؤمنان در جهان‌بینی دینی، وجود درد و رنج می‌تواند مبارک باشد و بنده را به حق نزدیک دارد؛ زیرا در آن حال آدمی بهتر درمی‌یابد که آنچه به او تعلّق یافته، عاریتی است؛ مثلاً سلامتی، یا این تن و حیات آن، همچنین بیماری و درد و رنج موجب شکستِ نَفْس می‌شود و وجود انسان را صفا می‌بخشد و یاد حق را در جان او استوار می‌دارد.   ۳ - **سَقَم** : بیماری.

۴ - در این بیت «رحم شاهان» اشارتی است به مقام جمع‌الجمع حضرت رسول اکرم(ص) که رحمت او، مقام تامّ و کمالِ تمامیِ رحمت‌هایِ انبیا و اولیای خداست.

۲۲۶۶ **چشمهٔ حیوان و جامِ مستی است کآن بلندی‌ها همه در پستی است**

انسان را به آب حیات که «بقای بالله» است، رهنمون می‌شود و او را از استغراق در حق مست می‌کند؛ زیرا صبر مفتاح گشایش‌هاست و بردباری آدمی را متعالی و بلندمرتبه می‌سازد.

۲۲۶۷ **آن بهاران مُضْمَر است اندر خزان در بهار است آن خزان، مگریز از آن**

همان‌گونه که پس از برگ‌ریزانِ خزان و سردیِ زمستان، بهار طبیعت فرا می‌رسد، دردها و رنج‌ها و فرودستی‌ها، خزان و زمستانِ جانِ آدمی است که منجر به بهارِ شکفتن گلبوته‌های حقایق و ریاحینِ معنوی می‌شود؛ پس این سیر کمالِ روحانی است و گریزی از آن نیست.

۲۲۶۸ **همرهِ غم باش و با وحشت بساز می‌طلب در مرگِ خود عمرِ دراز**

ای طالب حق، غم و درد را به عنوان مونس و همراه بپذیر و با وحشت ناشی از تنهایی و هجوم خواسته‌های نَفْسانی بساز و برای رهایی از آن، خواهان مرگ و محو صفات بشری خود باش.

۲۲۶۹ **آنچه گوید نَفْسِ تو کاینجا بد است مشنوَش، چون کارِ او ضِدّ آمده‌ست**

اگر نَفْسِ تو این شرایط یعنی خلوت و غم و درد را نپذیرد، وسوسه‌اش را نپذیر؛ زیرا همواره به بدی گرایش دارد.

۲۲۷۰ **تو خلافش کن که از پیغمبران این چنین آمد وصیَّت در جهان**

همواره پیامبران وصیّت کردند که برای تعالی معنوی باید با نفس مخالفت کرد.

۲۲۷۱ **مشورت در کارها واجب شود تا پشیمانی در آخِر کم بُوَد**

مشورت در کارها با صاحبان بصیرت واجب است تا در پایان پشیمانی کمتری گریبان‌گیر آدمی گردد.

۲۲۷۲ **حیله‌ها کردند بسیار انبیا تا که گَردان شد بر این سنگ آسیا[1]**

پیامبران بسیار اندیشیدند و بسی تدبیر به کار بردند، تا جریان امر بر این روال قرارگیرد که مردم بدانند برای زیستن و تعالی یافتن، ناچارند از بینشِ بصیران و خردِ خردمندان و راه سلوک عارفان بهره یابند.

۲۲۷۳ **نَفْس می‌خواهد که تا ویران کند خلق را گمراه و سرگردان کند**

نَفْس در مراحل نازله سرشتی ویرانگر دارد و نابود کنندهٔ نیکی‌هاست و بنابر سرشت خلق را گمراه و سرگردان می‌کند.

---

۱ - این بیت و بیت بعد در مقابله افزوده شده و در پاورقی نیکلسون آمده است.

گفت اُمَّت: مشورت با کی کنیم؟ انبیا گفتند: با عقلِ اِمام[1] ۲۲۷۴

هنگامی که مردم دانستند دشمنی ویرانگر در درون ایشان است، از انبیا پرسیدند: برای نجات از شرّ نفس با چه کس مشورت کنیم؟ پیامبران گفتند: با عقل که پیشوایِ شماست.

گفت: گر کودک در آید یا زنی کو ندارد عقل و رایِ روشنی[2] ۲۲۷۵

آن پیامبر(ع) به امّت گفت: اگر کودکی یا زنی پیش آید که خرد روشنی نداشته باشد،

گفت: با او مشورت کن و آنچه گفت تو خلافِ آن کُن و در راه اُفْت ۲۲۷۶

با او مشورت کن و هر چه گفت، خلاف آن کن و بدان که در راهی صحیح گام بر می‌داری.

نَفس ِ خود را زن شناس، از زن بَتَر زانکه زن جزوی‌ست، نَفْست کُلِّ شر ۲۲۷۷

نفس امّاره‌ات را زن بدان بلکه بدتر؛ زیرا زن، شرّ جزئی و نَفْس ِ دون تو شرّ کلّی است.

مشورت با نَفْس ِ خود گَر می‌کنی هر چه گوید، کن خلافِ آن دنی ۲۲۷۸

اگر در انجام امور با نفس خود مشورت می‌کنی، دقیقاً برخلافِ آن موجود پست عمل کن.

گر نماز و روزه می‌فرمایدت[3] نَفْس مَکّار است، مکری زایدت[4] ۲۲۷۹

اگر تو را به عبادتِ زاهدانه امر می‌کند، بدان که آن حیله‌گر، قصد فریبِ تو را دارد تا به زهد بسیار مغرور شوی و در چاه خودبینی سرنگون گردی.

---

۱ - «امام» را «اِمیم» بخوانید.   ۲ - اشاره به حدیث : ر.ک: ۲۹۶۹/۱.

۳ - چنانکه مولانا در نامه‌ای از مجموعهٔ مکتوبات در این امر می‌فرماید: به خدمت عرض رفت که اگر چه نماز عمل فضلمند است و لیکن جانِ نماز و معنی نماز از صورتِ نماز فاضلتر است، چنانکه جانِ آدمی از صورتِ آدمی فاضلترست و باقیترست؛ که صورت نمانَد و جان آدمی بمانَد و صورتِ نماز نمانَد و معنی و جان نماز بمانَد؛ چنانکه فرمود: الذین هم فی صلوتهم دائمون (۲۳/۷۰) و از بهر این سخن آن حکایت شیخ گفته شد که آن جماعت چون ترک تعظیم شیخ کردند، که اگر تو نماز شام نمی‌کنی، ما برخیزیم و بکنیم. اگرچه این به زبان نگفتند، الاّ ادراک مشایخ را گفتن به زبان حاجت نیست.

پس صورت نماز را فقیه بیان می‌کند: اوّلش تکبیر، آخرش سلام؛ و جانِ نماز را فقیر بیان می‌کند که «اَلصّلوةُ اتّصالٌ باللهِ مِنْ حَیْثُ لاٰ یَعْلَمُه إلاّ الله». شرطِ این صورت نماز، طهارت است با نیم من آب و شرطِ جان نماز، چهل سال مجاهدهٔ جهادِ اکبر و دیده و دل خون کردن و از هفتصد حجاب ظلمانی برون رفتن و از حیات و هستیِ خود مردن و به حیات و هستی حق زنده شدن: مکتوبات مولانا، نامه نوزدهم، صص ۸۴ و ۸۵

۴ - نماز و روزه که در رأس طاعات است، مانند هر طاعت و عبادت دیگری، ظاهری دارد و باطنی، قالبی دارد و مغزی. نفس همواره آدمی را به پوست و قشر فرا می‌خوانَد.

مشورت با نَفْسِ خویش اندر فعال — هر چه گوید عکسِ آن باشد کمال ۲۲۸۰

کمالِ عقل آدمی است که در کارها با نَفْسِ خود مشورت کند و عکس آن را به جای آوَرَد.

بــر نــیایی بــا وی و اسـتیزِ او — رو بَــرِ یــاری، بگـیر آمـیزِ او ۲۲۸۱

در مبارزهٔ نَفْسِ امّاره با تو هرگز به تنهایی موفّق نمی‌شوی، جویایِ یاری باش که با خوی و خصلتِ خوشِ او در آمیزی.

عــقلْ قــوَّت گــیرد از عـقلِ دگر — نـیشکر کـامِل شـود از نـیشکر[1] ۲۲۸۲

عقل در کنار عقلی دیگر رشد می‌یابد، همان گونه که نیشکر از نیشکر افزایش می‌یابد.

مــن ز مکـرِ نَـفْس دیـدم چـیزها — کـو بَـرَد از سِـحْرِ خـود تـمییزها ۲۲۸۳

من از نَفْس نیرنگ‌هایِ ماهرانه‌ای دیده‌ام که آدمی را مفتون می‌کند و قدرتِ تشخیص او را می‌گیرد.

وعده‌ها بدهد تـو را تـازه بـه دست — کــه هـزاران بـار آن‌هـا را شکست ۲۲۸۴

وعده‌هایی پی‌درپی می‌دهد که همان‌ها را هزاران بار شکسته و حقیقتی در آن نبوده است.

عُمْر اگر صد سال خود مُهلت دهد — اُوت هــر روزی بــهانهٔ نــو نــهد ۲۲۸۵

اگر صد سال هم زندگی کنی، نَفْس هر روز بهانهٔ تازه‌ای برای گمراهی تو می‌یابد.

گــرم گــوید وعــده‌هایِ ســرد را — جــادوی مــردی بــبندد مرد را[2] ۲۲۸۶

وعده‌های پوچ را حقیقی جلوه می‌دهد و همانند جادوگری است که صفتِ مـردانگیِ مردانِ راه را که ثبات و استقامت در برابر بلایا و مصائب است، از میان می‌برد.

ای ضـیاءالحق حُـسام‌الدّیـن بـیا — کــه نـروید بی تـو از شـوره گـیا[3] ۲۲۸۷

ای حُسام‌الدّین که نور و ضیای حقّی، بیا که بدون بـهارِ وجـودِ تـو از شـوره‌زار وجـودِ طالبان، گیاهِ معارف و حقایق نمی‌روید.

---

۱ - **نیشکر**: نوعی از نی است با ساقهٔ هوایی توپر محتوی شیرهٔ قندی قابل استخراج، ساقهٔ اصلی آن در حقیقت ساقهٔ زیرزمینی است که در زیر خاک می‌خزد و با ریشه اشتباه می‌شود، از این ساقهٔ خزندهٔ زیرزمینی در نقاط مختلف ساقهٔ هوایی خارج می‌شود؛ پس طریق استکمال و رشد و افزایش نیشکر در شرایط عادی به وجود آمدن ساقه‌های هوایی در کنار یک‌دیگر از ساقهٔ زیرزمینی است.

۲ - جادوگران با استفاده از سحر و جادو، مردانگی مردان را محو می‌کردند.

۳ - حُسام‌الدّین، نمادی است از انسان کامل مکمل که به امداد معنوی و روحانی او سالکان راه می‌توانند از قید وسوسه‌ها و حیله‌های نفس مکّار برهند.

از فـلک آویـخته شـد پـرده‌یی   از پـی نـفرینِ دل‌آزرده‌یـی ۲۲۸۸

هرگاه که دلی آزرده شود و نفرین کند، از آسمان پرده‌ای آویخته می‌گردد که ستمگران در پس حجاب‌های غلیظ‌تری از دریافت حقایق محروم‌تر می‌شوند.

این قضا[1] را هم قضا داند عـلاج[2]   عقلِ خلقان در قضا گیج است گیج ۲۲۸۹

علاجِ قضای الهی، قضای الهی دیگر است. عقل مردم در شناخت «قضای حق» حیران و سرگردان است.

اژدهـا گشـته‌ست آن مـارِ سیاه   آنکـه کِـرمی بـود افـتاده بـه راه ۲۲۹۰

نَفْسِ مریدان که مانند کِرم بود، رشد کرد و ماری سیاه شد و اینک به اژدهایی هولناک مبدّل شده است.

اژدهــا و مــار انـدر دستِ تـو   شد عصا، ای جانِ موسی مستِ تو[3] ۲۲۹۱

ای ضیاء الحق حُسام‌الدّین، تربیت و استکمال طالبان حقایق را به دست تو سپرده‌ام که قدرت باطنی و روحانی‌ات در مقامِ انسانِ کاملِ مکمل چنان است که اژدها و مارِ نَفْس آنان در دستت عصا می‌شود؛ یعنی تکامل می‌یابد و می‌توان بر آن تکیه کرد.

حُکمِ خُذْهَا لا تَـخَفْ[4] دادت خـدا   تـا بـه دسـتت اژدهـا گـردد عـصا ۲۲۹۲

خداوند فرمان داده است: «برگیر و مترس»؛ پس به اعتماد حُکم الهی، اژدهایِ نَفْس مریدان را در دست بگیر تا به عنایات خداوند و همّت و ارادهٔ تو، به عصا مبدّل گردد.

هـین یـدِ بَیْضَا[5] نـما ای پـادشاه   صبحِ نـو بگشـا ز شب‌هـایِ سـیاه ۲۲۹۳

ای شاه عالم معنا، دست تابناک را از گریبان همّتِ خویش برآور و از دلِ شبِ تاریکِ جهلِ آنان، صبحِ روشن پدید آور.

دوزخی افروخت بر وِیْ دم فسـون   ای دمِ تـــو از دمِ دریــا فـزون ۲۲۹۴

ای حُسام‌الدّین، دَم ساحرانهٔ نَفْسَ مُریدان در درونشان دوزخی را بر افروخته است، ای که قدرتِ دم پاکِ تو، در خاموش کردن این شراره‌ها از توانِ آب دریاافزون‌تر است، آنان را یاری کن.

---

۱ - **قضای الهی** : ر.ک: ۹۱۵/۱ و ۲۴۵۱/۱.   ۲ - علاج را علیج بخوانید.

۳ - جان موسیٰ(ع)، مست حقایقی بود که در آن استغراق یافته بود، اینک انوار و فیوضات ربّانی در مقام کمال، بر تو نیز افاضه گردیده است.

۴ - اشارتی قرآنی؛ طه : ۲۱/۲۰ : قالَ خُذْها وَ لا تَخَفْ سَنُعیدُها سیرَتَها الْأُولی : [حق تعالی] گفت: آن را بگیر و مترس، ما آن را به حال اوّلش بر می‌گردانیم.   ۵ - اشارتی قرآنی؛ طه : ۲۲/۲۰ : ر.ک: ۳۵۰۰/۱.

بحرِ مکّار است بنموده کفی — دوزخ است از مکر بنموده تفی ۲۲۹۵

دریایی از وسوسه‌هایِ نَفْسانی در آنان به تلاطم آمده که مکرِ نَفْس فقط جزئی یا «کفی» از آن را آشکار می‌کند. دوزخ است که با نیرنگ اندک حرارتِ ملایمی «تَفی» را هویدا کرده است.

زآن نماید مختصر در چشمِ تو — تا زبون بینیش جُنبد خشمِ تو ۲۲۹۶

ای حُسام‌الدّین، این هم قضای الهی است که دریای موّاج و جوشان هوا و هوس‌های آنان را اندک ببینی؛ زیرا علاجِ این قضا که آنان را غافل ساخته، قضایِ دیگری است که غفلت ایشان را در چشم تو مختصر نمایانده است، تا خشم تو در مقام انسان کامل به غلیان آید و آتش درون آنان را خاموش کنی. اگر جز این بود، شاید حذر می‌کردی.

همچنانکه لشکرِ انبوه بود[1] — مر پیمبر را به چشم اندک نمود ۲۲۹۷

همان‌گونه که لشکر کفّار انبوه بود؛ امّا در چشم پیامبر(ص) اندک جلوه کرد.

تا بر ایشان زد پیمبر بی‌خطر — ور فزون دیدی از آن کردی حَذَر ۲۲۹۸

خداوند تعداد لشکریان کفّار را در خواب به پیامبر(ص) اندک نمود تا با قوّتِ دل، بر آنان حمله آورد و اگر جز این بود، پرهیز می‌کرد.

آن عنایت بود و اهلِ آن بُدی — احمدا! ورنه تو بددل می‌شدی ۲۲۹۹

ای احمد، آن امر عنایت الهی بود و تو سزاوار این مرحمت و عنایت بودی وگرنه بیمناک می‌شدی.

کم نمود او را و اصحابِ وَرا — آن جهادِ ظاهر و باطن خدا ۲۳۰۰

خداوند در جنگ بدر که جهادِ ظاهر و باطن «جهاد اصغر و جهاد اکبر» بود، واقعیّت را به چشم او و یارانش حقیر جلوه داد.

تا مُیسَّر کرد یُسْریٰ[2] را بر او — تا ز عُسْریٰ او بگردانید رُو[3] ۲۳۰۱

کار را بر او آسان و میسّر کرد تا چیزی را عُسْریٰ «دشواری» نداند.

---

۱ - اشاره به جنگ بدر و پیروزی مسلمانان، انفال : ۴۴/۸-۴۳ : ر.ک: ۲۲۴۱/۱.

۲ - اشارتی قرآنی؛ لیل : ۷/۹۲: فَسَنُیَسِّرُهُ لِلْیُسْریٰ : ما او را در مسیر آسانی قرار می‌دهیم.
شأن نزول سورهٔ لیل را در ارتباط با افراد سخی و ممسک دانسته‌اند و ایثارگران جان در جهاد سخاوتمندترین هستند.

۳ - مصراع دوم: از دشواری روی به آسانی و سهولت آوَرَد، چیزی را دشوار نپندارد.

کـم نـمودن مـر ورا پیروز بـود　　　که حقش یـار و طـریق آمـوز بـود ۲۳۰۲

اندک جلوه دادن سپاه خصم، نشانِ پیروزی او بود؛ زیرا خداوند او را یاری و راهنمایی می‌کرد.

آنکـه حـق پشـتش نـباشد از ظـفر　　　وای اگر گـربه‌ش نـماید شـیرِ نـرْ[1] ۲۳۰۳

وای به کسی که حق پشتیبانِ او در پیروزی نباشد که در نظرش گربه شیرِ قوی پنجه جلوه می‌کند.

وای اگر صـد را یکـی بـیند ز دور　　　تـا بـه چـالش انـدر آیـد از غـرور ۲۳۰۴

وای به آن کس که از دور صد نفر را یک نفر ببیند و متکبّرانه وارد نبرد شود.

زآن نـماید ذوالفـقاری[2] **حَـرْبه‌یی　　　زآن نـماید شـیرِ نـر چـون گـربه‌یی** ۲۳۰۵

از آن رو شمشیرِ ذوالفقار در نظرش شمشیرِ معمولی و شیرِ نر چون گربه‌ای ضعیف است،

تا دلیر اندر فُـتد احـمق بـه جـنگ　　　واندر آردشان بدین حیلت به چنگ ۲۳۰۶

تا شخصِ احمق دلیرانه وارد نبرد شود و حق تعالیٰ آنان را به این ترتیب مغلوب سازد.

تـا بـه پـایِ خـویش بـاشند آمـده　　　آن فِـلیوان[3] **جـانبِ آتشکـده** ۲۳۰۷

تا آنان که از آتشِ هوا و هوسِ خود پیروی می‌کردند، با پای خود به سوی آتشِ قهرِ حق بیایند.

کـاهْبرگی مـی‌نماید تـا تـو زود　　　پُـفْ کـنی کـو را بِـرانـی از وجـود ۲۳۰۸

بر تو همانند برگِ کاهی سبک و بی‌قدر جلوه می‌کند تا بیندیشی که به پُفی می‌توان آن را دور ساخت.

هین! که آن کَهْ کوه‌ها بر کَـنده است　　　زو جهان گریان و او در خنده است ۲۳۰۹

آگاه باش، آن که در نظرت کاه است، کوه‌های گران را از جای برکنده است. از او جهانی می‌گریند و او خندان است.

---

۱ - این قطعه که تا بیت «۲۳۱۵» ادامه دارد، بیان و توصیف «استدراج» حق است که در کلام عارفان به معنای مکر آمده و استدراج و مکر هر دو به معنای اخفای شرّ است در صورت خیر، که آن را در مقام شهود مکر نامند و در مقام علم، استدراج: ف. سجّادی، ص ۸۵.

۲ - **ذوالفقار**: در لفظ به معنی صاحب فقرات است. فقره هر یک از مهره‌های ستون پشت را گویند که ستون فقرات از آن مرکب است. نام شمشیری که متعلّق به یکی از مشرکان بود و پس از کشته شدن او در جنگ بدر، رسول خدا(ص) آن را برای خویش برگزید و در جنگ اُحُد، پس از شکسته شدن شمشیر حضرت علی(ع) به او عطا فرمود و در همان نبرد بود که پس از دلاوری‌های بی‌باکانه علی(ع) در حالی که ذوالفقار را در دست داشت، رسول خدا(ص) فرمود: **لاٰ فَتٰی إلاّ عَلیّ لاٰ سَیْفَ إلاّ ذُوالْفَقار**. اینکه برخی گمان کرده‌اند ذوالفقار دارای دو تیغه یا دو زبانه بوده اساسی ندارد.

۳ - **فِلیوان**: در متن کهن، بالای این لفظ معنای آن را آتش‌پرستان نوشته‌اند. در لغت‌نامهٔ دهخدا چنین لفظی نیست، فَلیو به معنای بیهوده.

۲۳۱۰ **می‌نماید تا به کَعبْ[1] ایـن آبِ جـو صد چو عاجِ ابنِ عُنُق[2] شد غرقِ او**

آب جوی تا قوزک پا بیشتر به نظر نمی‌رسد؛ امّا صدها غول پیکر، مانندِ عاج بن عُنُق در آن غرق شده و به هلاکت رسیده‌اند.

۲۳۱۱ **مـی‌نُماید مـوج خـونش تَـلِّ مُشک مـی‌نماید قـعرِ دریـا خـاکِ خشک**

موج خون، تودهٔ مُشک به نظر می‌رسد و اعماق دریا را مانند خاک خشک می‌بینند.

۲۳۱۲ **خشک دید آن بحر را فرعونِ کـور تا در او رانـد از سـرِ مـردی و زور**

فرعون هم که حقایق را نمی‌دید، کفِ رودِ نیل را خشک پنداشت و به اعتماد مردانگی و قدرت خویش در آن تاخت.

۲۳۱۳ **چـون در آیـد در تَکِ دریـا بُـوَد[3] دیـدهٔ فـرعون کِـیْ بـینا بُـوَد؟**

چون وارد شود، می‌بیند که در اعماق دریاست. چشم فرعون و فرعون‌صفتان هرگز نمی‌تواند حقایق را ببیند.

۲۳۱۴ **دیـده، بـینا از لقـایِ[4] حـق شـود حق کجا همرازِ هـر احـمق شـود؟**

دیدگان انسان در اثر فیوضات ربّانی و دیدار حق بینای حقایق می‌شود، چگونه حق تعالیٰ همراز و مونس هر نادان شود؟

۲۳۱۵ **قند بیند، خـود شـود زهـرِ قـتول[5] راه بیند، خود بـود آن بـانگِ غـول**

شخص نادان، قند می‌بیند در حالی که زهرِ کشنده است، با خود می‌اندیشد که راه را می‌شناسد؛ امّا نمی‌داند که صدایِ راهنما، بانگ شیطان است.

---

۱ - **کعب** : استخوان قوزک پا.

۲ - **عاج بن عُنُق** : یا عُوج بن عَنَق، پسر پادشاهِ غول پیکر بَشَن، از قوم عاد و فرمانروای آنان، عاج از کسان شدّاد بود و قدی عظیم داشت. گفته‌اند که در توفان نوح، آب تنها تا زانوی او برآمده بود. تا زمان موسیٰ(ع) زنده بود و با او به مبارزه پرداخت. نوشته‌اند که صخره‌ای عظیم را از کوه برکند تا به سوی موسیٰ و قوم او بیفکند، به فرمان خداوند صخره سوراخ شد و به‌گردن او افتاد. موسیٰ(ع) جستی زد و با عصا بر قوزک پای او زد که موجب هلاکتش شد. نقل از نثر و شرح مثنوی شریف، ص ۷۳۳.

۳ - اشارتی قرآنی؛ بقره : ۵۰/۲ : اشاره به غرق شدن فرعون در دریا : ر.ک: ۲۰۴۱/۲. ۴ - **لِقا** : دیدار.

۵ - **قتول** : بسیار کُشنده.

ای فلک! در فتنهٔ آخر زمان تیز می‌گردی، بِدِه آخر زمان[1] ۲۳۱۶

در ابیات پیشین سخن از «مکرِ نفس امّاره» و افسون سازی‌اش و همچنین «استدراج حق» و «قضای الهی» بود. اینک مولانا با توجّه به هدف غایی آفرینش که استکمال آدمی است، توجّه به مشکلات و موانعی که در راه حق و کمالِ نَفْس هست، گفتگویی را با فلک و طبیعت آغاز می‌کند و می‌فرماید: ای فلک، در فتنه و آزمون‌های آخرالزّمان که ما اینک در آن غرقه‌ایم، برای ترقّی معنوی و روحانی به زمان افزون‌تر و مساعدت بیشتری نیازمندیم، تو با شتاب می‌گردی، آخر فرصتی بده تا موّفق گردیم.

خنجرِ تیزی تو اندر قصدِ ما نیشِ زهرآلوده‌ای در فَصْدِ[2] **ما** ۲۳۱۷

ای فلک، سرعتِ تو، مانند خنجرِ برّانی قصد جان ما را دارد و یا مانندِ نیشِ زهرآلود هدفش ریختن خون ماست.

ای فلک از رحمِ حق آموز رحم بر دلِ موران مزن چون مار زخم ۲۳۱۸

ای فلک، از حق تعالیٰ رحمت و مهربانی را بیاموز و این چنین بر دل موران بسان ماران زخم نزن.

حقِّ آنکه چرخهٔ چرخِ تو را کرد گردان بر فرازِ این سرا ۲۳۱۹

به حقِّ خدایی که چرخِ تو را بر فراز این جهان پهناور گردان کرده است،

که دگرگون گردی و رحمت کُنی پیش از آن که بیخ ما را بر کَنی ۲۳۲۰

که قبل از آنکه بنیان ما را بر باد دهی، رحم کنی و چرخش و گردش تو با ما مهربان باشد.

حقِّ آنکه دایگی کردی نخُست تا نهالِ ما ز آب و خاک رُست ۲۳۲۱

به حقِّ آنکه از آغاز با مهر دایگی کردی تا نهالِ وجود ما از آب و گل بالید و رشد کرد.

حقِّ آن شه که تو را صاف آفرید کرد چندان مشعله در تو پدید ۲۳۲۲

به حقِّ خدایی که تو را صاف آفرید و کُرات را مانند مشعل در تو پدید آورد،

---

۱ - برخی از محقّقان و مولوی پژوهان قطعه‌ای را که با این بیت آغاز شده و روی سخن آن با «آخرزمان» است، در ارتباط با رخدادهای اجتماعی و سیاسی همعصر مولانا دانسته‌اند. همانگونه که می‌دانیم مغولان از سال ۶۱۸ ق وارد ایران شدند و فتنهٔ هولناک حمله آنان به سقوط خوارزمشاهیان و تسلّط مغول انجامید، همچنین در زمان مولانا بود که به سال ۶۵۵ خلافت عبّاسیان در بغداد توسط مغولان و به تدبیر خواجه نصیرالدّین طوسی سقوط کرد، علاوه بر آن بر افتادن اسماعیلیّه نیز، که آن هم به تدبیر خواجه نصیرالدّین و توسط مغولان بود، حادثهٔ مهمّ دیگری است که در زمان مولانا رخ داد.

۲ - **فَصْد** : رگ زدن.

آنچنان معمور و باقی داشتَت تا که دهری[1] از ازل پنداشتت ۲۳۲۳

و تو را آن چنان آباد و به سامان و باقی نگاهداشته که دَهْری تو را ازلی پنداشته است.

شکر دانستیم آغازِ تو را انبیا گفتند آن رازِ تو را[2] ۲۳۲۴

خدا را شکر که خلقت و اسرار آفرینش، تو را پیامبران برای ما بیان کردند.

آدمی داند که: خانه حادث[3] است عنکبوتی نه که در وِیْ عابث[4] است ۲۳۲۵

انسان خردمند می‌داند که عالم هستی را هستی‌بخشی آفریده است؛ امّا آن کس که از بینش و خرد بی‌بهره است و چونان عنکبوت، تارهایی از جهل و غفلت به دور خود تنیده و عمری را به بیهودگی سپری کرده، از این حقیقت آشکار غافل است، چگونه دریابد که حدوث و قِدَم چیست؟

پشّه کِیْ داند که این باغ از کِی است کو بهاران زاد و مرگش در دی است ۲۳۲۶

همان‌گونه که پشّه‌ای حقیر از احداث باغ چیزی نمی‌داند؛ زیرا در بهار زاده می‌شود و در زمستان می‌میرد، انسان عاری از خرد نیز از حدوثِ عالَم الهی بی‌بهره است و استحکام ظاهری و عمارت و آبادانی عالم سبب می‌شود که آن را قائم‌بالذّات بپندارد.

کِرْم کاندر چوب زاید سُسْت حال[5] کِیْ بداند چوب را وقتِ نهال؟[6] ۲۳۲۷

و یا کرم که در چوب با ضعف تمام به وجود می‌آید، از زمانِ رویشِ نهال آن چوب چه می‌داند؟

ور بداند کِرم از ماهیَّتش[7] عقل باشد، کِرم باشد صورتش ۲۳۲۸

اگر کرم از ماهیّت و چگونگی درخت و زمان رویش و نحوهٔ رشد آن اطلاع داشته باشد، صاحبِ عقل است در قالب کرم، کرم نیست.

عقل خود را می‌نماید رنگ‌ها چون پری دور است از آن فرسنگ‌ها[8] ۲۳۲۹

عقل در مظاهر گوناگون به اشکال متفاوت متجلّی می‌گردد؛ امّا حقیقتِ عقل از

---

۱ - **دهری :** طبیعی مذهب، کسی که منکر الوهیّت بوده، طبیعت را عامل بر افعال و عالم را قدیم می‌داند و منکر حشر و نشر و قیامت است. مُلحد و بی‌دین و کافر.

دَهْر، در زبان عرب به معنی زمان است که آغاز و انجامی ندارد. در ملل و نحل شهرستانی، ج ۲، ص ۴۳۲ دهریون را اصحاب فکرت و وهم دانسته‌اند. ۲ - در تقریر حدوث عالم که راز تعلیم انبیا و جوهر شرایع الهی است.

۳ - **حادث :** تازه، نو، غیر ازلی. ۴ - **عابث :** بیهوده. ۵ - **سُست‌حال :** ضعیف.

۶ - تمثیل دیگری در تقریر همان معناکه در تمثیل کرم سیب مطرح گردید.

۷ - **ماهیّت :** حقیقت و ذاتِ هر چیز.

۸ - جمیع موجودات ظهورات و تجلیّات و رقایق وجود عقل‌اند. عقل به منزلهٔ روح ساری در همهٔ حقایق است و مدبّر نظام کلّی وجود: شرح مقدّمهٔ قیصری، ص ۴۷۱.

قالب‌هایی که برای ظهور بر می‌گزیند، فرسنگ‌ها دور است. همان‌گونه که در مورد پری می‌اندیشند که می‌تواند در صُوَر گوناگون ظاهر شود.

از مَلَک بالاست، چه جای پری؟ تو مگس پرّی به پستی می‌پری ۲۳۳۰

حقیقتِ عقل از فرشته نیز برتر است، تا چه رسد به پری یا «جنّ» که در جایگاه نازلی از مراتب هستی قرار دارد؛ امّا چون تو، مانند مگس در پستی پرواز می‌کنی، حقیرانه می‌اندیشی.

گرچه عقلت سوی بالا می‌پرد مرغِ تقلیدت به پستی می‌چرد ۲۳۳۱

هرچند که عقل تو به عوالم برتر گرایش دارد؛ امّا دانشی را که به تقلید آموخته‌ای، با جانت عجین نشده است و مانند بار بر وجودت سنگینی می‌کند و تو را در «عالمِ مادّه» نگاه می‌دارد.

علمِ تقلیدی[1] وَبالِ جانِ ماست عاریه است و ما نشسته کآنِ ماست ۲۳۳۲

علمِ ظاهری و حسّی که به کشف و شهود نمی‌رسد، وبال جان ماست، این دانش برای صاحبِ آن، «عاریه» است، در حالی که شخص با کسب آن گمان می‌کند که بدان دست یافته و این پندار باطلی است که با کسب علوم ظاهری نصیب آدمی می‌شود و خود را عالِم به علم می‌انگارد؛ در نتیجه از کسب علمِ حقیقی که از دیدگاه عارفان چیزی جز معرفتِ نَفْس و درکِ حقایق نیست و جز از طریقِ تهذیب و مکاشفه عارفانه حصول نمی‌یابد، بی‌نیاز می‌بیند.

زین خِرَد جاهل همی باید شدن دست در دیوانگی باید زدن ۲۳۳۳

از خردی که علومِ تقلیدی را برای آدمی کافی می‌داند، باید گریخت و به جنون پناه برد؛ زیرا علوم نقلی که به تقلید می‌آموزیم، خودپسندی و غروری در آدمی ایجاد می‌کند که راه رفتن به سوی علمِ حقیقی و صافی از کدورت را مسدود می‌نماید.

هر چه بینی سودِ خود زآن می‌گریز زهر نوش و آبِ حیوان را بریز ۲۳۳۴

هر چیزی را که سود خویش می‌پنداری، زیان توست؛ زیرا نَفْس آدمی را به تن‌آسایی و شهوات و لذّات دنیوی از قبیل جاه و مال و مقام فرا می‌خوانَد، آنچه را که نَفْسِ تو زهر می‌پندارد، بنوش و آب حیاتی که زندگی دنیوی‌ات را سرشار می‌دارد، رها کن و در پی آب حیات حقیقی باش.

---

۱ - **علم تقلیدی**: یا علوم ظاهری، ر.ک: ۱۰۲۱/۱.

هر کـه بسْتاید تـو را دشـنام دِه　　　سـود و سـرمایه بـه مـفلس وام ده ۲۳۳۵

هر ستایشگرِ تو، دشمن توست؛ زیرا حاصل ستایش‌ها چیزی جز خودپسندی و غرورِ جاهلانه نیست. این دشمن مستحقّ دشنام و ناسزاست. سود و سرمایه‌ای را که او می‌خواهد با تحسین و ستایش نصیب تو کند، به خود او که مفلسی بیش نیست، باز گردان.

ایمنی بگذار و جـایِ خـوف بـاش　　　بگذر از ناموس و رسوا باش و فاش ۲۳۳۶

امن و آسایش را رها کن و بر جان خود که ممکن است همچنان ناقص و غیرمتعالی بمانَد، بیمناک باش. از ارزش‌های دنیوی مانند آبرو و اعتبار که نزد دیگران شأنی دارد، بگذر و جویای حقایق باش، هرچند که آشکارا تو را رسوا بدانند.

آزمـــودم عـــقلِ دورانـدیش را　　　بعد از این دیوانه سـازم خـویش را ۲۳۳۷

عقل جزوی «عقل معاش» را که دوراندیش و عاقبت‌بین است و در حیطهٔ زندگی دنیایی همواره در حال چاره‌اندیشی در جهت امن و آسایش است، بارها آزموده‌ام. بعد از این، خود را از قید آن می‌رهانم و به جنون پناه می‌برم. این همان جنون عاشقانه است.

عذر گفتن دلقک با سیّد اجلّ که چرا فاحشه را نکاح کرد[1]

سیّد اجل که مردی بزرگوار بود به دلقک گفت: چرا با زن روسپی ازدواج کردی؟ اگر به من می‌گفتی، زنی پاکدامن برایت بر می‌گزیدم. دلقک گفت: تا کنون نُه بار با زن عفیف ازدواج کرده‌ام، همه بدکار شدند و اندوه آن برای من ماند. اینک زنی فاحشه را انتخاب کردم تا ببینم عاقبت آن چه می‌شود؟

---

۱ - مأخذ این طنز تلخ احتمالاً روایات عامیانه‌ای است که دربارهٔ بعضی احوال فرمانروایان محلّی تِرمذ، معروف به خاندان سیّد اجل، در زمان حیات مولانا در افواه نقل می‌شده است، در باب این دلقک که ندیم و مسخرهٔ سیّد، حاکم ترمذ بوده، سه حکایت در مثنوی آمده است: سرّ نی، ج ۱، صص ۳۱۱ و ۳۳۶.

در این حکایت «عقل معاش» که مصلحت‌اندیش است به زنی در ظاهر پاکدامن، مانند شده که در نهایت امر بدکار بودنش آشکار می‌گردد؛ زیرا این «عقل جزوی» فقط به امور دنیوی می‌اندیشید و مصلحت حقیقی را که تعالی جان و تکامل روح آدمی است در نظر ندارد؛ پس باید برای همیشه آن را طلاق داد و از قید آن رهید و دست در دامن عقلی زد که رسیدن بدان، گاه طالب رفتار بخصوص و احوال خاص و استغراقی است که از دیدگاه تودهٔ مردم به سبب عدمِ درک این‌گونه احوال، ممکن است جنون نامیده شود.

همچنین در بیانِ این معناست که عقل جزوی، آدمی را به حزمِ و دوراندیشی بیش از حدّی وامی‌دارد که از دیدگاه عقل کلّ ابلهانه است؛ پس رها کردن آن، که ترک حیله و تسلیم و رضاست، عاقلانه‌تر به شمار می‌آید.

گفت با دلقک شبی سیّد اَجَل   قحبه‌یی را خواستی تو از عَجَل؟ ۲۳۳۸

شبی سیّد اجل به دلقک گفت: چرا با شتاب زنی بدکاره را به عقد خود در آوردی؟

با من این را باز می‌بایست گُفت   تا یکی مستور کردیمی‌ت جُفت ۲۳۳۹

باید در این امر با من مشورت می‌کردی تا زنی عفیف را برای همسری‌ات بر می‌گزیدیم.

گفت: نُه مَسْتورِ صالح[1] خواستم   قحبه[2] گشتند و ز غم تن کاستم ۲۳۴۰

گفت: نُه بار زنِ پاکدامن اختیار کردم؛ امّا همه بدکاره از آب در آمدند و من از غصّه آب شدم.

خواستم این قحبه را بی‌معرفت   تا ببینم چون شود این عاقبَت؟ ۲۳۴۱

به همین دلیل، بدون آشنایی قبلی این فاحشه را گرفتم تا ببینم چه می‌شود؟

عقل را من آزمودم هم بسی   زین سپس جویم جنون را مَغْرسی[3] ۲۳۴۲

عقل معاش را بارها آزموده‌ام و دیده‌ام که جز به مصالح دون دنیوی به چیزی نمی‌اندیشد؛ پس در وجودم جویای حالی هستم که بتوان نهال جنون و فرار از این عقلِ غیرِ قابلِ اعتماد را در آن کاشت.

---

۱ - **مستور صالح**: زنِ پاکدامن.   ۲ - **قحبه**: بدکاره.

۳ - **مَغْرَس**: محلّی که در آن درخت یا نهالی را غرس می‌کنند و می‌کارند.

به حیلت در سخن آوردنِ سائل آن بزرگ را که خود را دیوانه ساخته بود[1]

شخصی جویای فرزانه‌ای بود تا در مهمّی با وی به مشورت پردازد. مردی مجنون‌نما را به او معرّفی کردند که خردمند اوست. آن شخص نزد خردمند رفت و دید که با کودکان به بازی مشغول است و بر یک نی سوار شده است و می‌تازد. به او گفت: می‌خواهم از این محل زنی برگزینم، به نظر تو لایق ازدواج با من کیست؟ خردمند گفت: زنان سه‌اند، دو نوع آن رنج و یکی گنج.

آن شخص گفت: بیشتر توضیح بده. خردمند پاسخ داد: یک قسم زن، تمامش مال توست؛ پس گنج است. یک قسم آن، نیمی از آن توست که بیوه است و سومی که اولاد از شوی قبلی دارد، کلّ خاطرش نزد فرزندان است و گویی از آن تو نیست. مرد خردمند این گفت و دور شد.

مرد بار دیگر گفت: تو با این عقل و کیاست چرا ظاهری نابخردانه و مجنون‌نما داری؟ خردمند پاسخ داد که این مردم نادان به فکر افتادند که مرا در شهر خود به سمت قضاوت برگزینند، هرچه انکار کردم اصرار آنان افزون شد. من هم چاره‌ای جز آن ندیدم که به جنون پناه برم تا رهایم سازند.

سرّ سخن در این قصّه بیانِ این معناست که جنون هم راهی برای گریز از هوشیاری غیرعارفانه است و آنجا که عقل و وجدان انسان از فشار عوامل خارجی و غیر قابل تحمّل به ستوه می‌آید، جنون و تظاهر بدان عارف را به مأمن بی‌خطر می‌رساند.

---

۱ - مأخذ آن حکایتی است که در عقد الفرید ابن عبد ربّه، ج ۴، ص ۱۵۹ آمده است که در طیِّ آن، مردی با خود عهد می‌کند که با اوّلین کسی که دید راجع به ازدواج خویش مشورت کند و از قضا به شخصی بر می‌خورد که در عرب به حماقت موسوم است؛ امّا این احمق نی سوار کلامی خردمندانه می‌گوید که مضمون آن گفته شد. نظیر آن روایتی است که زمخشری در ربیع‌الابرار باب النّساء و نکاحهنّ می‌آورد و همچنین حکایتی در اسکندرنامهٔ منثور. عوفی در جوامع‌الحکایات، باب ۲۳ از قسم سوم، این قصّه را به طرزی شبیه به روایت زمخشری در ربیع‌الابرار نقل کرده است که در ایّام داوود(ع) مردی همین سؤال را مطرح می‌کند و داوود(ع) او را به نزد سلیمان(ع) که هنوز کودک است می‌فرستد و همین پاسخ‌های حکیمانه را دریافت می‌دارد: احادیث، صص ۲۱۹-۲۱۷.

داستان نی‌سواری در میان کودکان به عُلَیّان مجنون هم منسوب است و شاید قصّهٔ مولانا مأخوذ از روایات مربوط به عُلَیّان باشد که نام او در دیوان کبیر هم هست: سرّ نی، ج ۱، ص ۳۱۸.

پاره‌ای از روایات هم این تجنّن را به بهلول نسبت داده‌اند. در بستان‌العارفین ابولیث سمرقندی و تذکرةالاولیاء عطّار هم داستان این عاقل دیوانه‌نما آمده است: بحر در کوزه، ص ۲۳۰.

آن یکی می‌گفت: خواهم عاقلی   مشورت آرَم بدو در مشکلی ۲۳۴۳

شخصی می‌گفت: خردمندِ فرزانه‌ای را می‌جویم تا در ارتباط با مشکلی با او مشورت کنم.

آن یکی گفتش که اندر شهرِ ما   نیست عاقل جز که آن مجنونْ‌نما[1] ۲۳۴۴

یکی به او گفت: در شهر ما جز آن که خود را به دیوانگی زده است، عاقلی نیست.

بر نیی گَشْته سواره، نک فلان   می‌دوانَد در میانِ کودکان ۲۳۴۵

هم‌اکنون سوار بر نی در میان کودکان می‌دود و به اسب سواری مشغول است.

صاحبِ رای[2] است و آتش‌پاره‌یی[3]   آسمان قَدْر[4] است و اخترْباره‌یی[5] ۲۳۴۶

صاحب رأی و اندیشه، تیزهوش و بلندمرتبه است، با سخنان تابناک که بر شبِ جهلِ مردمان ستاره می‌بارد.

فرِّ او کَرّوبیان[6] را جان شده است   او در این دیوانگی پنهان شده است[7] ۲۳۴۷

جایگاه شکوهمند او چنان والاست که از پرتو مقام کمال او، فرشتگان مقرّب حیات یافته‌اند. او عظمت خویش را در هاله‌ای از جنون نهان داشته است.

لیک هر دیوانه را جان نشمری   سر مَنِه گوساله را چون سامری ۲۳۴۸

امّا توجّه کن که هر دیوانه‌ای را چنین نپنداری و نیندیشی که جان محض و روح تامّ است. هوشیار باش که از جهل، مانند سامری به گوساله سجده نکنی.

چون وَلیّی آشکارا با تو گفت   صد هزاران غیب و اسرارِ نهُفت ۲۳۴۹

اگر یکی از اولیای خدا صدهزاران معانی شِگفت و علوم و اسرار الهی را برای تو آشکارا بیان کند،

مر تو را آن فهم و آن دانش نبود   وا ندانستی تو سرگین[8] را ز عود[9] ۲۳۵۰

و تو قدرتِ درک و فهم آن معانی بلند را نداشته باشی، حق را از باطل در نمی‌یابی، همان‌گونه که پشگل را از چوب عود باز نمی‌شناسی.

---

۱ - دوستی از دوستان خدا، یکی از عقلای مجانین.   ۲ - **صاحبِ رأی :** صاحب رأی و اندیشه.
۳ - **آتش‌پاره:** تیزهوش، هوشمند.   ۴ - **آسمان‌قدر :** بلندمرتبه.   ۵ - **اخترباره :** دارای سخنان گُهربار.
۶ - **کرّوبیان :** فرشتگانِ مقرّب.   ۷ - حقیقت کلّی انسان تعیّن اوّل و وجود صِرف و مبدأ جمیع تعیّنات است.
۸ - **سرگین :** فضلهٔ چهارپایان.
۹ - **عود :** چوبِ خوش‌بو. «سرگین را از عود شناختن»: اینجا کنایه از شناختِ حق از باطل.

از جنون خود را ولی چون پرده ساخت   مر وَرا، ای کور! کِیْ خواهی شناخت ۲۳۵۱

اگر ولیِّ حق خود را در پرده‌ای از جنون مخفی کند، حقیقتِ حالِ او را با چشمی که بینای حقایق نیست، چگونه می‌شناسی؟

گر تو را باز است آن دیدهٔ یقین   زیرِ هر سنگی[1] یکی سرهنگ[2] بین ۲۳۵۲

اگر چشم بصیرت و دیدهٔ یقین داری، مردِ حق را در بدترین شرایطِ ظاهری هم می‌شناسی.

پیشِ آن چشمی که باز و رهبر است   هر گِلیمی را کَلیمی در بَر است ۲۳۵۳

در برابر چشمی که بصیر و راهنماست، هر گلیمی، کلیمی را پوشانده است.

مر ولی را هم ولی شُهره کند   هر که‌را او خواست با بهره کند ۲۳۵۴

«ولیّ خدا» را فقط مردِ حق می‌شناسد و اوست که شأنِ معنویِ خود را بر هر کس که لایق بداند، آشکار می‌کند.

کس نداند از خِرَد او را شناخت   چونکه او مر خویش را دیوانه ساخت ۲۳۵۵

امّا اگر «ولیّ» حقیقتِ خود و کمالاتِ خویش را در پرده‌ای از دیوانگی نهان سازد، هیچ کس نمی‌تواند او را توسط خِرد بشری و عقل متعارَف بشناسد.

چون بدزدد دزدِ بینایی ز کور   هیچ یابد دزد را او در عُبور؟ ۲۳۵۶

اگر دزدی که بیناست، از شخصِ کوری چیزی را بدزدد، آیا نابینا می‌تواند هنگام عبور دزد را بشناسد؟

کور نشناسد که دزدِ او که بود   گرچه خود بر وی زند دزدِ عَنود[3] ۲۳۵۷

کور هرگز نمی‌تواند سارق را بشناسد هرچند که ممکن است دزد لجباز به او تنه هم بزند.

چون گزد سگْ کورِ صاحبْ ژنده را   کِیْ شناسد آن سگِ درّنده را؟ ۲۳۵۸

اگر سگی نابینای ژنده‌پوشی را گاز بگیرد، نابینا چگونه می‌تواند سگ درنده را بشناسد؟

---

۱ - **زیر هر سنگ** : اینجا در شرایط بد ظاهری و موقعیت اجتماعی.

۲ - **سرهنگ** : اینجا مرد حق، انسان متعالی.   ۳ - **عنود** : ستیزه‌گر.

حمله بردنِ سگ بر کورِ گدا[۱]

سگ در کوی بر کور بینوا حمله‌ای سخت آورد، گویی که شیری جنگی است. کور که از حملهٔ او آزرده‌خاطر بود، به سگ عِتاب کرد که همگنان تو در کوه گور می‌گیرند و تو در کوی کور؟

در این قصّه، سگ تمثیلی است از معاندان و منکرانِ حقایق که از سر حقارتِ درون بر اهل دل می‌تازند.

۲۳۵۹ **یک سگــی در کـوی بـر کـورِ گـدا حـمله می‌آورد چـون شـیرِ وَغـا[۲]**

سگی در محلّه‌ای بر سائلی نابینا چون شیری جنگی حمله کرد.

۲۳۶۰ **سگ کند آهنگِ درویشان به خشـم در کَشَد مَهْ خاکِ درویشان به چشم**

همان‌گونه که حقارتِ سگ سبب حملهٔ او به سائلی نابینا می‌شود، حقارتِ سگ‌صفتان موجب می‌شود که به فقرای اهل دل خشمگینانه حمله می‌آورند، علی‌رغم آنکه ماه با رفعتی که دارد خاک پای آنان را به حرمت چون سرمه‌ای در چشم می‌کشد.

۲۳۶۱ **کورْ عاجز شد ز بانگ و بیمِ سگ[۳] انـدر آمـد کـور در تـعظیمِ سگ**

کور از سر و صدای سگ ترسید و بیمناک شد و از سر درماندگی به سگ تعظیم کرد.

۲۳۶۲ **کِـای امـیرِ صـید و ای شـیرِ شکـار! دستْ دستِ توست، دست از من بدار**

و گفت: ای امیرِ شکار و ای شیرِ شکاری، قدرت و اقتدار از آن توست، از من دست بردار.

۲۳۶۳ **کز ضرورت دُمِّ خر را آن حکـیم[۴] کـرد تـعظیم و لقب دادش کـریم**

آن حکیم هم از ضرورت، موجود بی‌قدری را تعظیم کرد و او را با لقب کریم خواند.

۲۳۶۴ **گفت او هم از ضرورت، کای اَسَد! از چو من لاغر شکارت چه رسد؟**

سائل نابینا از ناچاری گفت: ای شیر، از شکاری لاغر چون من به تو چه می‌رسد؟

---

۱ - مأخذ آن احتمالاً از ضرب‌المثل‌های رایج در افواه عام است که در دفتر چهارم نیز مکرّر شده؛ امّا نتیجه‌ای متفاوت از آن اخذ گردیده است: ر.ک: ۱۰۴۵/۴. ۲ - **وَغا**: جنگ. ۳ - **سگ**: کنایه از روحِ حیوانی.

۴ - آن حکیم؛ شاید اشارتی باشد به خواجه نصیرالدّین طوسی، فیلسوف نامدار، به سبب برخورداری از حمایت هلاکو، که بعدها وزیر او شد: شرح مثنوی مولوی، دفتر دوم، ص ۸۲۴

گـور مـی‌گیرند یـارانت بـه دشت کور می‌گیری تو در کوچه به گشت؟[1] ۲۳۶۵

همتایان تو در دشت گورخر شکار می‌کنند؛ امّا تو در کوچه‌ها نابینا را می‌گیری؟

گـور مـی‌جویند یـارانت بـه صـید کور می‌جویی تو در کوچه به کید؟[2] ۲۳۶۶

دوستان تو برای شکار، جویای گورخرند و تو با نیرنگ جویای نابینا؟

آن سگِ عـالِم شکـارِ گـور کـرد وین سگِ بی‌مایه قـصدِ کـور کـرد ۲۳۶۷

آن سگِ دانا گورخر صید می‌کند و این سگِ نادان قصد گرفتن نابینایان را دارد.

علم چون آموخت سگ، رَست از ضلال مـی‌کُند در بـیشه‌ها صـیدِ حـلال[3] ۲۳۶۸

اگر سگ هم دانش و فنِّ شکار را بیاموزد، از گمراهی نجات می‌یابد و در بیشه‌ها به دنبال صیدی مناسب و حلال خواهد بود.

سگ چو عالِم گشت، شد چالاکِ زَحف[4] **سگ چو عارف گَشت، شد اصحابِ کهف**[5] ۲۳۶۹

سگ اگر دانا شود، چابک و چالاک می‌شود[6] و اگر معرفتی بیابد بـه اصـحاب کـهف می‌پیوندد.

سگ شناسا شد که میرِ صید کیست ای خدا! آن نورِ اِشناسنده چیست؟ ۲۳۷۰

سگِ اصحابِ کهف شناخت که امیرِ شکار چه کس است و به چه صیدی او را فـرمان می‌دهد؛ پس برای صیدِ معرفت در پی جوانمردان شهر اِفِسُس روانه گشت، ای خداوند، آن نور معرفت چیست؟

کور نشـناسد، نـه از بی‌چشمی است بلکه این زآن است کز جهل است مست ۲۳۷۱

کوردل که بصیرت ندارد و آن نور معرفت را نمی‌بیند، نه برای آن است که چشم و بینایی ظاهری ندارد، بلکه از آن روست که از بادهٔ جهل مست است.

---

۱ - مصراع دوم در متن چنین است: «کور می‌گیری تو در کوی این بَدَست» در مقابله اصلاح کرده‌اند.

۲ - **کید** : مکر، فریب.

۳ - سگِ نفسِ آدمی (نفس امّاره) نیز اگر تحت تعلیم و ارشاد مرشدان کامل قرارگیرد ازگمراهی می‌رهد و جویای صیدی حلال، یعنی معانی و معارف خواهد بود.

۴ - **زَحف** : رفتن، لشکر رونده به سوی دشمن و جهاد.

۵ - **اصحاب کهف** : ر.ک: ۳۰۱۹/۱ و ۳۲۰۱/۱ و ۳۹۴/۱ و ۳۷/۲.

۶ - سگِ نفسِ دنیاپرستان باکسب دانش و علوم دینی ابزاری را به دست می‌آورد که توسّط آن می‌توان به چالاکی با دشمن مبارزه کرد؛ امّا برای احراز جایگاه خاصّ عارفان، کسب معرفت الزام می‌یابد.

نیست خود بی‌چشم‌تر کور از زمین   این زمین از فضلِ حق شد خصمْ بین ۲۳۷۲

اگر بینایی را فقط به ابزار ظاهری آن بدانیم، هیچ کوری نابیناتر از زمین هست؟ امّا همین زمین به لطف الهی، دشمن را تشخیص داد.

نورِ موسی دید و موسی را نواخت   خَسفِ قارون[1] کرد و قارون را شناخت ۲۳۷۳

زمین، نور موسیٰ(ع) را دید و او را حرمت نهاد، قارون را هم شناخت و به قهر او را بلعید.

رَجْف[2] کرد اندر هلاکِ هر دَعی[3]   فهم کرد از حق که: یا اَرْضُ اَبْلَعی[4] ۲۳۷۴

زمین، برای هلاکِ هر حرام‌زاده‌ای، هرگاه که خداوند اراده کرد لرزید و یا چیزی را فرو بُرد.

خاک و آب و باد و نارِ با شرر   بی‌خبر با ما و با حق با خبر[5] ۲۳۷۵

در نظرِ ما «خاک و آب و باد و آتش» پرشراره و همه «اجزای عالم هستی» بی‌خبرند؛ امّا در برابر فرامین الهی باخبر و مطیع‌اند؛ زیرا از درک و شعورِ خاصّ خود بهره‌مندند و با آگاهی ویژهٔ خویش مجری اوامر خداوند هستند.

ما به عکس ِ آن، ز غیرِ حق خبیر[6]   بی‌خبر از حق و از چندین نذیر[7] ۲۳۷۶

امّا ما برعکس، از همه چیز آگاهیم، جز حق و بیم‌دهندگانی که به حق فرا می‌خوانند.

لاجرم اَشْفَقْنَ مِنْها جمله‌شان[8]   کُند شد ز آمیزِ حیوان حمله‌شان ۲۳۷۷

بنابراین همهٔ آن‌ها از حمل امانتِ الهی بیمناک شدند؛ زیرا می‌دانستند که با حمل این بار، به ناچار با حیات حیوانی و روح انسانی آمیخته می‌شوند و بدین ترتیب رسیدن به کمالِ ممکن، برای آنان دشوار می‌شود؛ امّا در نهایت، چون در کنارِ همان کسانی قرار گرفتند که از ایشان بیمناک بودند، از این آمیختگی اثر پذیرفتند و در حیاتِ خود و فعل و انفعالات آن کُند شدند.

گفت: بیزاریم جمله زین حیات   کو بُوَد با خلق حَی، با حق مَوات ۲۳۷۸

همه گفتند: ما از حیاتی که در نظر مخلوق زندگی و در نظر حق مردگی است، بیزار هستیم.

---

۱ - **قارون** : ر.ک: ۸۶۹/۱.

۲ - **رَجْف** : لرزه، جنبانیدن و به لرزه آمدن. اشارتی قرآنی؛ اعراف : ۷۸/۷ : فَأَخَذَتْهُمُ الرَّجْفَةُ... : زلزله ایشان را فروگرفت. ۳ - **دَعی** : حرامزاده.

۴ - مصراع دوم اشاره است به هود : ۴۴/۱۱ : وَ قِیلَ یا أَرْضُ اَبْلَعِي مٰائَكِ... : و گفته شد: ای زمین، آب خود را فرو بر. (پایان توفان نوح) ۵ - قطعه‌ای مشابه با همین مضمون، ۵۰۹/۱-۵۱۷/۱. ۶ - **خبیر** : آگاه.

۷ - **نذیر** : ترساننده، بیم‌دهنده. ۸ - اشارت قرآنی، احزاب: ۷۲/۳۳: ر.ک: ۹۴۲/۱.

چون بماند از خلق، گردد او یتیم ‌ ‌ ‌ ‌ اُنسِ حق را قلب می‌باید سلیم[1] ۲۳۷۹

انسان اگر ارتباط خود را با مردم قطع کند، مانند یتیم درمانده و بی‌پناه می‌شود؛ زیرا اُنس ندارد؛ البته برای این مؤانست باید قلبی سالم و پاک داشت. چرا آدمی خالی و بی‌هویّت شده، چرا با حقیقتِ خود بیگانه است و همواره جویای کسی است که خلاء زندگیش را پر کند؟

چون ز کوری دزد دزدد کاله‌یی ‌ ‌ ‌ ‌ می‌کند آن کورِ عَمْیا[2] **ناله‌یی** ۲۳۸۰

اگر سارقی کالایی را از نابینایی بدزدد، آن نابینا ناآگاهانه ناله و فریاد می‌کند.

تا نگوید دزدْ او را کآن منم ‌ ‌ ‌ ‌ کز تو دزدیدم که دزدِ پُر فنم ۲۳۸۱

تا دزد به او نگوید که سارقِ ماهری که کالای تو را دزدید، منم،

کِیْ شناسد کور دزدِ خویش را؟ ‌ ‌ ‌ ‌ چون ندارد نورِ چشم و آن ضیا ۲۳۸۲

چگونه نابینا بتواند سارقِ اموالِ خود را بشناسد؛ زیرا او فاقد بینایی است.

چون بگوید، هم بگیر او را تو سخت ‌ ‌ ‌ ‌ تا بگوید او علامت‌هایِ رَخت ۲۳۸۳

اگر سارق اعتراف کند، باید او را محبوس کرد تا نشان و علائم کالای مسروقه را بگوید.

پس جِهادِ اکبر آمد عَصْرِ[3] **دزد ‌ ‌ ‌ ‌ تا بگوید که چه بُرد آن زنْ بِمُزد**[4] ۲۳۸۴

پس از این جهت، مبارزه با نَفْس را «جهاد اکبر» نامیده‌اند؛ زیرا ما همان کوریم که نَفْسِ امّارهٔ بی‌غیرت، کالایِ سعادت ما را به یغما برده است؛ پس باید او را در تنگنا و فشار تهذیب قرار داد تا یک به یک کالای ربوده شده را باز گرداند.

اوَّلا دزدید کُحلِ دیده‌اَت ‌ ‌ ‌ ‌ چون ستانی، باز یابی تَبْصِرت[5] ۲۳۸۵

اوّلاً باید بدانی که این دزدِ درون، سرمهٔ چشم، یعنی نورِ بصیرتت را برده که اگر آن را پس بگیری، بینش و بصیرت می‌یابی.

کالهٔ حِکمت که گُم کردهٔ دل است ‌ ‌ ‌ ‌ پیشِ اهلِ دل یقین آن حاصل است ۲۳۸۶

دلِ انسان نیز کالایی را گم کرده که آن کالا «حکمت الهی» است و در سِرِّ سِوِیدای دل آدمی به ودیعت نهاده شده است و صاحبدلان، با تهذیب آن را بازیافته‌اند.

---

۱ - **سلیم**: سالم. ۲ - **عمیا**: کور. ۳ - **عَصْر**: تنگنا و فشار.

۴ - مصراع دوم در متن چنین است: «تا بگوید او چه دزدید و چه بُرد» در مقابله اصلاح کرده‌اند.

۵ - **تَبصِرَت**: بینایی، بینش.

کوژدل با جان و با سمع و بصَر   می‌ندانـد دزدِ شیطان را ز اثر ۲۳۸۷

امّا کسی که بصیرت ندارد، به امداد جان و قدرت شنوایی و بینایی، نمی‌تواند شیطانِ نَفْس را که هر روز و هر لحظه کالای گرانبهایی را از او می‌دزدد، از طریق آثارش بشناسد.

ز اهلِ دل جو، از جماد آن را مجو   کـه جماد آمد خلایق پیشِ او ۲۳۸۸

اگر مشتاقی که این دزدِ درون را از طریق آثاری که بر وجودت دارد، بشناسی، باید از صاحبدلِ کامل، جویای معرفت نفس باشی، کسی که به آگاهیِ معنوی نرسیده با جماد فرقی ندارد، نزد عارفِ بالله خلایق جمادند؛ زیرا حیات روحانی ندارند، زنده به تن‌اند، نه به جان.

مشورت جوینده آمد نزدِ او   کِای اَبِ کودک شده رازی بگو ۲۳۸۹

اینک حضرت مولانا به ادامهٔ داستانی می‌پردازد که از بیت ۲۳۴۳ آغاز شده بود. آن شخص مشورت‌جو نزد خردمند مجنون‌نما آمد و گفت: ای پدر بزرگوار که خود را به کودکی زده‌ای، رازی را برایم فاش کن.

گفت: رو زین حلقه، کین در باز نیست   بـاز گَـرد، امـروزْ روزِ راز نیست ۲۳۹۰

خردمند گفت: دور شو، این در بسته است. باز گرد که امروز روز بیان اسرار نیست.

گر مکـان را رَه بُـدی در لامکـان[1]   همچو شیخان بودمی من بر دُکـان ۲۳۹۱

اگر مکان در لامکان می‌گنجید، من هم اینک مانند سایر مشایخ دکانی داشتم و بساط وعظ و ارشاد می‌گستردم؛ امّا در حالی از جذبه و سُکر هستم که مرا پروای ارشاد خلایق نیست.

---

۱ - سالک در مقام سیر به حق پس از طیّ مراحل کثرات و رفع حجاب‌ها، کم‌کم احکام وحدت بر او غلبه می‌یابد و وجودش حقّانی می‌گردد و ذاتش در ذات حق محو می‌گردد، اگر در همین مرتبه متوقّف شود و به سفر بعدی که از حق به خلق است، نپردازد، مغلوب حکم وحدت است و گاه سخنانی می‌گوید که ناشی از تجلّی ذاتی حق در سالک است که سبب محو ذات او شده و اهل توحید این قبیل کلمات را شطحیّات نامند، برخی از مجذوبین در این حال می‌مانند، «أَوْلیائي تَحتَ قَبابي» اشاره به این افراد است و گاه حالت اعراض از کثرت در ایشان چنان شدید است که خود و حقیقت خویش را در هاله‌ای از جنون مخفی می‌دارند (عقلایِ مجانین) و گاه قابلیّت وجودی آنان چنان است که پس از انغمار در توحید، توان ایجاد توازن را در افعال و اعمال ندارند: با استفاده از شرح مقدّمهٔ قیصری، ص ۳۸۹.

خواندنِ محتسب[۱] مستِ خراب افتاده را به زندان[۲]

داروغه نیمه شبی مرد مستی را در کنار دیواری خفته یافت و به او دستور داد که باید با من به زندان بیایی. مست رندانه گفت: اگر مرا یارای راه رفتن بود، به خانه می‌رفتم. در این لطیفه که صورت قصّه دارد، سؤال و جواب‌های محتسب و مست به نوعی تمثیل مانند است که در طیِّ آن با ظرافتی خاص و ذوقی نکته‌بین، طنزی لطیف که در بیانِ سُکر عـارفانه و صـحو عالمانه است، به تصویر کشیده می‌شود و شرحِ این معناست که استغراق عارفانه حالی است مستانه که ورایِ طورِ عقلِ هشیاران غافل از عالَم سُکر است و حال مستغرق مست، در قالب الفاظ و کلام نمی‌گنجد و جز از طریق استکمال بدان ره نتوان برد.

همچنین طعنی است کنایه‌آمیز در ارتباط با مرشدنمایان دکّاندار که کلام بزرگان عالم معنا را ربوده‌اند و به صید عوام پرداخته‌اند و از حقیقت حال ایشان بی‌بهره‌اند.

محتسب در نیم‌شب جـایی رسـید   در بُـنِ دیـوار مسـتی خُـفته دیـد ۲۳۹۲

داروغه در نیمه شب مرد مستی را که کنار دیواری خوابیده بود، دید.

گفت: هی! مستی، چه خوردستی؟ بگو   گفت: از این خوردم که هست اندر سبو ۲۳۹۳

گفت: هی، مستی، بگو چه خورده‌ای؟ مست گفت: از این که در کوزه است.

گـفت: آخـر در سـبو واگـو کـه چیست؟   گفت: از آنکه خورده‌ام، گفت: این خفی‌ست ۲۳۹۴

داروغه گفت: آخر بگو که در کوزه چیست؟ مست گفت: از چیزی که خورده‌ام. داروغه گفت: چیزی را که خورده‌ای، نهان است و من آن را نمی‌بینم.

گفت: آنچه خورده‌ای آن، چیست آن؟   گـفت: آنکـه در سـبو مـخفی‌ست آن ۲۳۹۵

محتسب گفت: چیزی را که خورده‌ای، چیست؟ مست گفت: آن که در کوزه نهان است، خورده‌ام.

---

۱ - **محتسب** : داروغه، مأمور حکومت.

۲ - مأخذ این لطیفه را که مضمونی عام دارد و در دیوان کبیر هم آمده است، احتمالاً از نوادر منسوب به ثمامة بن اشرس دانسته‌اند که از مشایخ معتزله و از مقرّبان دستگاه مأمون و معتصم و واثق بود: بحر در کوزه، ص ۳۶۳.
همین معنا را که معرفت حقیقی و استغراق در حق جز از طریق تصفیه درون و تجربهٔ باطنی حاصل نمی‌آید امام محمّد غزّالی هم با تعبیری مشابه در المنقذ من الضلال به بیان می‌آورد و در کیمیای سعادت در تقریر آن به این بیت استشهاد می‌کند که: سِرّ نی، ص ۳۳۲:

گر می دو هزار رطل بـر پیمایی   تا می نخوری نباشدت شیدایی

دور[1] می‌شد این سؤال و این جـواب ماند چون خر مُحتسِب اندر خَلاب[2] ۲۳۹۶

این سؤال و جواب به دور باطل افتاد و محتسب، مانند خر در گِل سرگردان ماند.

گفت او را مـحتسب: هـین! آه کـن مست هُـوهُو[3] کـرد هـنگامِ سـخُن ۲۳۹۷

محتسب گفت: آه کن ببینم؛ امّا مرد مست هنگام گفتن هُوهُو می‌کرد.

گفت: گـفتم: آه کـن، هُـو مـی‌کنی؟ گفت: من شاد و تو از غـم مُـنحَنی ۲۳۹۸

محتسب گفت: من گفتم: آه کـن، تـو هـو مـی‌کنی؟ مست گـفت: آه از غـم است و مـن شادمانم؛ ولی تو از غصّه دوتا شده‌ای.

آه از درد و غـــم و بـــیدادی است هوی هویِ مِیْخوران از شادی است ۲۳۹۹

آه کشیدن از درد و غم و ستم است؛ امّا های و هوی باده‌نوشان از شادی است.

محتسب گفت: این ندانم، خیز خیز معرفت متراش و بگذار این ستیز[4] ۲۴۰۰

محتسب گفت: نمی‌دانم چه می‌گویی، برخیز، اظهار فضل را فروگذار و لجاجت مکن.

گفت: رو، تو از کجا مـن از کـجا؟ گفت: مسـتی، خـیز تـا زنـدان بـیا ۲۴۰۱

مست گفت: برو، تو کجا و من کجا؟ محتسب گفت: مستی، برخیز تا تو را به زندان ببرم.

گفت مست: ای محتسب! بگذار و رو از بـرهنه کِـی تـوان بـردن گـرو؟ ۲۴۰۲

گفت: ای محتسب، مرا بگذار و بگذر، از بینوا که نمی‌توان چیزی را به گرو گرفت.

گـر مـرا خـود قـوَّتِ رفـتن بُـدی خانهٔ خود رفتمی، وین کِی شـدی؟ ۲۴۰۳

اگر من توان راه رفتن داشتم به خانهٔ خود می‌رفتم و این وضع پیش نمی‌آمد.

مـن اگـر بـا عـقل و بـا اِمکـانمی[5] هـمچو شـیخان بر سـرِ دُکّـانَمی[6] ۲۴۰۴

من اگر عقل و امکان داشتم که مانند مشایخ بر صدر دکانی می‌نشستم.

---

۱ - **دور**: توقّف دو امر بر یک‌دیگر که نتوان گفت کدام مقدّم‌اند، بحثِ بی‌حاصل.

۲ - **خَلاب**: گِل و لایِ آب که به هم آمیخته باشد. ۳ - **هوهو کردن**: حق‌حق گفتن. هو: حق.

۴ - **ستیز**: لجبازی. ۵ - **عقل و امکان**: عقل و خِرَد عامّه‌پسند.

۶ - طعنه‌ای در حقِّ مدّعیان فضل‌فروش و معرفت‌تراش است.

دوم بار در سخن کشیدنِ سائل آن بزرگ را تا حالِ او معلوم‌تر گردد

گفت آن طالب که: آخِر یک نفس ای سواره بر نِی! این سو ران فَرَس[1] ۲۴۰۵

مرد طالب به فرزانهٔ خردمندِ نی‌سوار گفت: لحظه‌ای اسب خود را به این سو بران.

راند سوی او که هین! زوتر بگو کاسْبِ من بس توسَن[2] است و تُندْخو ۲۴۰۶

او اسبِ نیین خود را به آن سوی راند و گفت: زود بگو که اسب من سخت سرکش و تندخو است.

تا لگد بر تو نکوبد زود باش از چه می‌پرسی؟ بیانش کن تو فاش ۲۴۰۷

پیش از آنکه لگدی بر تو بکوبد، به سرعت هرچه می‌خواهی، آشکارا بپرس.

او مجالِ رازِ دل گفتن ندید زُو بُرون شو[3] کرد و در لاغش[4] کشید ۲۴۰۸

او دریافت که فرصتی برای گفتن راز دل نیست؛ بنابراین از جدّ منصرف شد و شوخ‌طبعی آغاز کرد.

گفت: می‌خواهم در این کوچه زنی کیست لایق از برای چون منی؟ ۲۴۰۹

گفت: در اینجا طالب زنی هستم، چگونه همسری شایستهٔ من است؟

گفت: سه گونه زنانند اندر جهان آن دو رنج و این یکی گنجِ روان ۲۴۱۰

گفت: زنان به‌طور کلّی سه گونه‌اند، دو گونهٔ آنان رنج‌آفرین‌اند و گونه‌ای دیگر گنجی روان است.

آن یکی را چون بخواهی، کُل تو راست و آن دگر نیمی تو را، نیمی جداست ۲۴۱۱

اگر گنج روان را بگیری، همهٔ وجودش از آن توست و اگر از گروه دوم زن بخواهی، نیمی از وجودش به تو تعلّق دارد و نیمی دیگر ندارد.

و آن سِیُم هیچ او تو را نَبْوَد، بدان این شنودی؟ دور شو! رفتم روان ۲۴۱۲

و اگر از نوع سوم بگیری، بدان که به تو تعلّق ندارد، سخنانم را شنیدی، دور شو که می‌خواهم بروم.

تا تو را اسبم نَپرّاند لگد که بیفتی، بر نخیزی تا ابَد ۲۴۱۳

برو تا اسبم به تو لگدی نزند که بیفتی و بمیری.

---

۱ - **فَرَس**: اسب. ۲ - **توسن**: سرکش. ۳ - **برون شو**: مخلص یافتن. ۴ - **لاغ**: هزل، خوش‌طبعی.

۲۴۱۴ **شیخ راند اندر میانِ کودکان بانگ زد بارِ دگر او را جوان**
آنگاه شیخ اسب نیین خویش را به سوی کودکان راند؛ امّا جوانِ طالب بار دیگر او را صدا کرد.

۲۴۱۵ **که بیا آخر بگو تفسیرِ این این زنان سه نوع گفتی، بر گُزین**
که بیا و شرح آنچه را که گفتی، بیان کن و بگو که زنان سه گونه‌اند، چه مفهومی دارد؟

۲۴۱۶ **راند سویِ او و گفتش: بِکْر خاص[1] کُل تو را باشد ز غم یابی خلاص**
عارف بار دیگر به سوی او راند و گفت که باکرهٔ خاص، همهٔ وجودش از آن توست و در کنار او از غم و اندوه می‌رهی.

۲۴۱۷ **وانکه نیمی آنِ تو، بیوه بُوَد وانکه هیچ است آن، عیالِ با ولَدْ[2]**
و زنی که نیمی از وجودش از آنِ توست، زنِ بیوه است، و زنی که اصلاً به تو تعلّق ندارد کسی است که از همسر پیشین فرزند دارد.

۲۴۱۸ **چون ز شُویِ اوّلش کودک بُوَد مِهر و کلِّ خاطرش آن سو رود**
چنین زنی که از همسر پیشین کودکی دارد، تمامِ محبّت و توجّهش به سوی اوست.

۲۴۱۹ **دور شو تا اسب نندازد لگد سُمِّ اسب توسنم بر تو رسد**
اینک دور شو تا اسب لگدت نزند و سُمِّ اسب سرکش من به تو آسیبی نرساند.

۲۴۲۰ **های هویی کرد شیخ و باز راند کودکان را باز سویِ خویش خواند**
شیخ های و هویی کرد و باز اسب نیین را راند و کودکان را به سوی خویش فراخواند.

۲۴۲۱ **باز بانگش کرد آن سائل بیا یک سؤالم ماند ای شاهِ کیا[3]!**
مرد طالب مجدداً او را صدا زد و گفت که ای شاه بزرگ، یک سؤال دیگر دارم.

۲۴۲۲ **باز راند این سو، بگو زوتر[4] چه بود؟ که ز میدان آن بچه گویم رُبود**
شیخ باز به سوی او راند و گفت: بگو چه سؤالی داری؛ زیرا در میدان مسابقه آن بچه گوی سبقت از من ربوده است.

---

۱ - **بِکْر** : باکره. ۲ - **عیالِ باوَلَد** : زنی که فرزند دارد. ۳ - **کیا** : بزرگ، پادشاهِ بزرگ، مردِ آگاه.
۴ - **زو** : زودتر.

گفت: ای شه با چنین عقل و ادب — این چه شید است؟ این چه فعل است؟ ای عجب! ۲۴۲۳

گفت: ای شاه! تو با این عقل و کمال و معرفت، چرا حرکاتت جنون‌آمیز و عجیب است؟

تو وَرایِ عقلِ کُلّی[1] در بیان — آفتابی، در جنون چونی نهان؟ ۲۴۲۴

از سخنان تو پیداست که ورایِ عقل کلّی، چرا آفتاب تابناک وجودت را در جنون نهان داشته‌ای؟

گفت: این اوباش رایی می‌زنند — تا در این شهرِ خودم قاضی کنند ۲۴۲۵

گفت: این مردم فرومایه تصمیم گرفته‌اند تا مرا در این شهر به سمتِ قضاوت منصوب کنند.

دفع می‌گفتم، مرا گفتند: نی — نیست چون تو عالِمی، صاحبْ فنی ۲۴۲۶

بهانه آوردم و نپذیرفتم؛ امّا گفتند: در این شهر عالمی صاحب معرفت مانند تو نیست.

با وجودِ تو حرام است و خبیث[2] — که کم از تو در قضا گوید حدیث ۲۴۲۷

با وجودِ فرزانه‌ای مانند تو، حرام و زشت است که دیگری بر مسند قضا داوری کند.

در شریعت، نیست دستوری که ما — کمتر از تو شَهْ کنیم و پیشوا ۲۴۲۸

شرع به ما اجازه نمی‌دهد که فردی فروتر از تو را به پیشوایی برگزینیم.

زین ضرورت گیج و دیوانه شدم — لیک در باطن همانم که بُدم ۲۴۲۹

من هم از سر ناچاری خود را در پرده‌ای از جنون نهان داشتم و گرنه همانم که بودم.

عقلِ من گنج است و من ویرانه‌ام — گنج اگر پیدا کنم، دیوانه‌ام ۲۴۳۰

عقل من، همانند گنجینه‌ای در تن ویران من نهان شده است، اگر آن را به این بی‌خردان نشان دهم، دیوانه‌ای بیش نیستم.

اوست دیوانه که دیوانه نشد[3] — این عسس[4] را دید و در خانه نشد ۲۴۳۱

دیوانه کسی است که دیوانه نشده است و به عقل جزویِ خود می‌نازد، داروغه را می‌بیند؛ امّا از سر بی‌خردی به خانه خویش نمی‌خزد.

---

۱ - **عقلِ کُلّ**: اینجا عقلِ متعالی. ۲ - **خبیث**: پلید، بد.

۳ - **دیوانه نشد**: اینجا عاشق و دیوانهٔ حق نشد.

۴ - **عَسَس**: تنگناهای عالم مادّه و درگیری‌های آدمی با وسوسهٔ نَفْس.

دانش من جوهر[1] آمد، نه عَرَض[2] این بهایی نیست بهرِ هر غرض ۲۴۳۲

دانش و معرفتِ من به سبب اتّصال با دانش کُلّی و «عقل کلّ»، جوهری مجرّد و پربهاست، این علم الهی برای کسب غَرَضِ دنیوی نیست.

کان قندم نیستانِ شکَّرم هم ز من می‌روید و من می‌خورم ۲۴۳۳

نوری که بر من تابیده و قوای نهانی مرا از قوّه به فعل در آورده است، وجودم را مانند معدن یا مزرعهٔ نیشکر، سرشار از خوشی و شیرینی ساخته، چنانکه از چشمه‌های درونم شکر و شیرینی می‌جوشد و می‌روید و جذب جان من می‌شود.

علمِ تقلیدی[3] و تعلیمی‌ست آن کز نُفورِ[4] مستمع دارد فغان ۲۴۳۴

دانشِ من نیازمندِ مستمعانِ گول و بی‌خرد نیست، «علم تقلیدی» و «دانش کسبی» است که از بی‌توجّهیِ شنوندگان و کمبودِ تعدادشان در فغان است و مشتاق فضل‌فروشی است.

چون پیِ دانه نه بهرِ روشنی‌ست همچو طالب علمِ دنیایِ دَنی‌ست ۲۴۳۵

زیرا این دانش برای لقمهٔ دنیوی است، نه برای روشنیِ درون، طالب این دانش، همانند کسی است که دنیای دون را فراگیرد.

طالبِ علم است بهرِ عام و خاص نه که تا یابد از این عالَم خلاص ۲۴۳۶

علم را برای جلب عام و خاصّ آموخته است تا در میان ایشان جایگاهی بیابد و خود را مطرح کند، برای رهایی از قیدِ تعلّقات دنیوی، کسب نکرده است.

همچو موشی هر طرف سوراخ کرد چونکه نورش راند از در، گفت: بَرْد[5] ۲۴۳۷

مانندِ موشی هر طرف را در زمین سوراخ می‌کند تا به نور برسد؛ امّا چون شأن و اعتبارِ دریافت نور را ندارد و صداقتی در جهد او نیست، نور او را می‌راند، و «بَرْد» می‌گوید، یعنی دورشو که جایگاه تو اینجا نیست.

چونکه سویِ دشت و نورش رَه نبود هم در آن ظلمات جهدی می‌نمود ۲۴۳۸

چون راهی به نورِ حقایق نمی‌یابد؛ پس در همان تاریکی جدّ و جهدی می‌کند.

---

۱ - **جوهر**: چیزی که قائم به ذاتِ خود است. ۲ - **عَرَض**: چیزی که قائم به ذاتِ دیگری است.
۳ - **علم تقلیدی**: علمِ کسبی. ۴ - **نُفور**: رمیدن، دور شدن. ۵ - **بَرْد**: دور شو.

گــر خــدایش پَـر دهـد، پَـرّ خِـرد بِرْهَد از موشی و چون مرغان پَـرَد ۲۴۳۹

اگر عنایت الهی به جِدّ و جهد او توجّه کند، پر و بالی می‌یابد که از موش بودن بِرَهد و چون پرندگانِ بلندپرواز در عوالم معنوی پرواز کند.

ور نــجوید پَـرْ بـماند زیـرِ خـاک نـــااُمـید از رفــتنِ راهِ سِـماک[1] ۲۴۴۰

اگر جویای بال و پرِ پرواز در عوالم روحانی نباشد، همچنان ناامید از درکِ مراحلِ کمال، زیر خاک می‌ماند.

عِـلم گـفتاری کـه آن بـی‌جان بُـوَد عـــاشقِ رویِ خـــریداران بُـوَد ۲۴۴۱

دانشی که در مرحلهٔ گفتار مانده، علمی «بی‌جان» و طالبِ خریدار است؛ زیرا در اثر آموزش حاصل شده و با جانِ صاحبِ آن، عجین نشده است.

گرچه باشد وقتِ بحثِ علم، زَفت چون خریدارش نباشد، مُرد و رفت ۲۴۴۲

هرچند که هنگام مباحثه ارزشمند به نظر می‌رسد؛ امّا اگر شنونده و خریداری نداشته باشد، مُرده است؛ یعنی عملی توأم با آن نیست.

مشـتریِّ مـن خـدای است، او مـرا مـی‌کشد بـالا، کـه: اللّٰه اَشْـتَریٰ[2] ۲۴۴۳

خریدار من خداست که به مصداق «خدا خریدار است» مرا به سوی خود جذب می‌کند.

خـونبهایِ مـن جـمالِ ذوالجـلال[3] **خونبهایِ خود خورم، کسبِ حلال** ۲۴۴۴

من جان خود را نثار راه خدا کرده‌ام و دیهٔ آن دیدارِ جمال باری تعالی است؛ پس دیهٔ خود را دریافت می‌دارم که کسبی حلال است.

ایــن خــریدارانِ مـفلس را بِـهِل چه خریداری کند یک مُشتِ گِـل؟ ۲۴۴۵

این خریداران بینوا و فقیر را رها کن. وجودی که خود مشت گِلی بیش نیست، چه چیزی را می‌تواند بخرد؟ آنان خود چه دارند که به دیگران بدهند؟ اگر جانت را می‌فروشی چرا جویای خریدار برتری نیستی؟ خداوند خریدارِ جانِ مؤمنان است.

---

۱ - **سِماک**: آسمان. ۲ - اشارتی قرآنی؛ توبه: ۱۱۱/۹. ۳ - اشاره به حدیث: ر.ک: ۲۹۲/۱ و ۱۷۵۹/۱.

گِل[۱] مخور، گِل را مخر، گِل را مجو زانکه گِلْخوار[۲] است دایم زردْرُو[۳] ۲۴۴۶

جسم تو و تمتّعات دنیوی چیزی جز گِل خوردن و گِل خریدن و گِل جُستن نیست، این‌ها را رها کن تا جانت بی‌قدر و زرد روی نباشد.

دل[۴] بخور تا دایما باشی جوان از تجلّی، چهره‌اَت چون ارغوان ۲۴۴۷

جویای غذای روحانی و معنوی باش تا همواره جانِ تو شاداب، جوان و نیرومند باشد و از تجلّی حقایق چهره‌ات، چون ارغوان شود.

یارب این بخشش[۵] نه حدِّکارِ ماست لطفِ تو لطفِ خفی[۶] را خود سزاست ۲۴۴۸

پروردگارا، اینکه گِل‌خواری را رها کنیم و بتوانیم در اوج افلاک جان به پرواز آییم، در حدّ توان بشر نیست. این لطف توست که ما را سزاوار لطفی خفی می‌کند که قابلیّت دریافت و جذب مرحمت تو را داشته باشیم.

دست‌گیر از دستِ ما، ما را بخر[۷] پرده را بردار[۸] و پردهٔ ما مَدَر[۹] ۲۴۴۹

به عنایت دستِ ما را بگیر و از دست نفسِ خودکامه که مهارمان را در دست گرفته است، نجات بده، پرده از حقایق بردار و نگذار که در جهل بمانیم و بی‌آبرو شویم.

باز خر ما را از این نفسِ پلید کاردش تا استخوانِ ما رسید ۲۴۵۰

از این نفس که جز پلیدی و گمراهی حاصلی ندارد، ما را رهایی بده که جانمان به لب رسیده است.

از چو ما بیچارگان این بندِ سخت که گُشاید ای شهِ بی‌تاج و تخت؟ ۲۴۵۱

ای سلطانِ بی‌تاج و تختِ عالمِ وجود، چه کسی از درماندگانی چون ما، این بندِ سخت‌تر از آهن را می‌گشاید؟

این چنین قفلِ گِران را ای وَدُود[۱۰]! که تواند جز که فضلِ تو گشود؟ ۲۴۵۲

ای مهربان، این قفلِ عظیم را جز فضل تو که می‌تواند بگشاید؟

---

۱ - **گِل** : اینجا کنایه از دنیا و بهره‌های دنیوی. ۲ - **گِل‌خوار** : اهل دنیا، دنیاپرست.
۳ - **زردرو** : افسرده، غمگین. ۴ - **دل** : اینجا کنایه از «عالم معنا». «دل بخور»: تغذیهٔ معنوی داشته باش.
۵ - **بخشش** : عنایت حق، توفیق الهی.
۶ - **لطف خفی** : لطف نهانی که فقط بندهٔ مورد عنایت آن را در می‌یابد و باطنی است.
۷ - **ما را بخر** : از دستِ نَفْس نجات بده. ۸ - **پرده را بردار** : اجازه بده حقایق را ببینیم.
۹ - **پردهٔ ما مدر** : ما را بی‌آبرو نکن، نگذار جاهل بمانیم. ۱۰ - **ودود** : مهربان، از نام‌های خدای تعالی.

دفتر دوم ۳۷۱

ما ز خود سوی تو گردانیم سر چون توی از ما به ما نزدیکتر[1] ۲۴۵۳

ما به درگاهت روی می‌آوریم و از تو راه رهایی می‌خواهیم؛ زیرا تو از رگِ گردن به ما نزدیک‌تری و از این وسوسه‌ها که دمی رهایمان نمی‌کند، آگاهی.

این دعا هم بخشش و تعلیمِ توست گرنه، در گلخن[2] **گلستان از چه رُست؟** ۲۴۵۴

اینکه می‌توانیم دعا کنیم، از بخشش و تعلیمِ توست و گرنه، کسی که وجودش را پلیدی، مانند گلخنی بویناک ساخته است، چگونه گلِ معطّرِ دعا و سخن گفتنِ با تو در وجودش می‌روید؟

در میانِ خون و روده، فهم و عقل جز ز اِکرامِ[3] **تو نتوان کرد نقل** ۲۴۵۵

جز لطف و احسان تو که می‌تواند میان مجموعه‌ای از مادّه شامل رگ، خون، روده، فهم و عقل قرار دهد؟

از دو پارهٔ پیه[4]**، این نورِ روان موج نورش می‌زند بر آسمان** ۲۴۵۶

در چشم آدمی که جز دو قطعه چربی نیست، نوری صاف و روان قرار داده است که موجش به آسمان می‌رسد و قادر به رؤیت آن می‌گردد.

گوشت پاره که زبان آمد، از او می‌رود سیلابِ حِکمت همچو جو ۲۴۵۷

یا از پاره گوشتی به نامِ زبان، سخنان حکمت‌آمیزی، مانند جوی روان می‌شود.

سویِ سوراخی که نامش گوش‌هاست تا به باغِ جان که میوه‌ش هوش‌هاست ۲۴۵۸

و این کلام حکیمانه به سوی سوراخی به نامِ گوش جاری می‌شود تا به باغِ جانِ آدمی برسد و میوه‌هایِ هوش و درکِ متعالی را به بار آوَرَد.

شاه‌راهِ باغِ جان‌ها شرعِ اوست باغ و بستان‌هایِ عالم فرعِ اوست ۲۴۵۹

«دین و شریعت»، همانند شاهراه آدمی را به سوی باغ و بوستانِ «علوم و معارف معنوی و روحانی» هدایت می‌کند که باغ و بوستانِ عالم محسوس فرعِ آن به شمار می‌آید.

---

۱ - اشارتی قرآنی؛ واقعه : ۸۵/۵۶ ۲ - **گلخن** : آتشدانِ حمّام‌های قدیمی، کنایه از محلِّ پست و کثیف.
۳ - **اکرام** : احسان، بخشش. ۴ - **پیه** : قدما بر این باور بودند که بافتِ چشم از چربی است.

۲۴۶۰ **اصل و سرچشمهٔ خوشی آن است آن   زود تَـجْری تَـحْتَها اَلاَنْـهار[1] خـوان**

اصیل‌ترین خوشی‌ها و چشمهٔ جوشش آن‌ها باغ و بوستانِ «علوم و معارف الهی» است که در جان آدمی به ودیعه نهاده شده است. به سورهٔ بروج آیه ۱۱ مراجعه کن و مواردِ دیگری که کلام الهی می‌فرماید: «و در آن‌ها نهرها جاری است»، که وصفی است از بهشتی که مؤمنان در آن جاویدان‌اند و انسان می‌تواند با تهذیبِ نَفْس، آن را در همین جهان در عوالمی ماورایِ درکِ عادیِ بشری، در درون خود بیابد.

تَتمّهٔ نصیحتِ رسول، علیه السَّلام، بیمار را

۲۴۶۱ **گـفت پـیغمبر مـر آن بـیمار را   چـون عـیادت کـرد یـارِ زار را**

چون پیامبر(ص) از آن صحابهٔ بیمار عیادت کرد، به او گفت:

۲۴۶۲ **کـه مگـر نـوعی دعـایی کـرده‌ای؟   از جـهالت زهـربایی[2] خـورده‌ای؟**

آیا تو دعای خاصّی کرده‌ای؟ که به سبب عدم آگاهی، همانندِ زهر هلاکت‌آور بوده است؟

۲۴۶۳ **یـاد آور چـه دعـا مـی‌گفته‌ای؟   چـون ز مکـرِ نَـفْس می‌آشفته‌ای**

به یاد بیاور آنگاه که از مکرِ نَفْس آشفته می‌شدی، چه دعایی می‌گفتی؟

۲۴۶۴ **گـفت: یـادم نـیست، الاّ هـمّتی   دار بـا مـن، یـادم آیـد سـاعتی**

بیمار گفت: به خاطر ندارم. مگر لحظه‌ای همّت خود را یارم کنی تا به یاد بیاورم.

۲۴۶۵ **از حـضورِ نـوربخش ِ مـصطفی   پـیش ِ خـاطر آمـد او را آن دعـا[3]**

از حضور نورانی و نوربخشِ پیامبر(ص)، بیمار آن دعا را به یاد آورد.

۲۴۶۶ **تافت زآن روزن که از دل تا دل است   روشنی که فـرقِ حـقّ و بـاطل است**

نوری که حقّ و باطل را از هم جدا می‌کند و از دل به دل منتقل می‌شود، بر آن بیمار تابید.

---

۱ - اشارتی قرآنی؛ توبه: ۱۰۰/۹.   ۲ - **زهربا**: آش ِزهر، کنایه از کارِ خطا، اینجا دعایی که خطا بوده است.

۳ - بعد از بیت ۲۴۶۵ در مثنوی نیکلسون بیت زیرین آمده که در متن کهن مورد استفادهٔ این شرح ضبط نشده است.

هـــمّتِ پـــیغمبرِ روشـــنکده   پیش خـاطر آمـدش آن گـم‌شده

گفت: اینک یادم آمد ای رسول! آن دعا که گفته‌ام من بوالفضول[1] ۲۴۶۷

بیمار گفت: یا رسول الله، دعایی را که منِ یاوه‌گو گفته بودم، به خاطرم آمد.

چون گرفتارِ گُنه می‌آمدم غرقه دست اندر حشایش[2] می‌زدم ۲۴۶۸

هنگامی که گرفتارِ گناه می‌شدم، مانند غریق به هر خس و خاشاکی چنگ می‌زدم.

از تو تهدید و وعیدی[3] می‌رسید مُجرمان را از عذابِ بس شدید ۲۴۶۹

تو در مواعظ و سخنانت می‌گفتی که برای گناهکاران عذاب شدیدی خواهد رسید.

مُضطرب می‌گَشتم و چاره نبود بندِ محکم بود و قفلِ ناگشود ۲۴۷۰

پریشان می‌شدم؛ امّا چاره‌ای نداشتم، قفلِ بندِ تعلّقاتِ دنیوی بر جانم، ناگشودنی بود.

نی مقامِ صبر و نی راهِ گریز نی امیدِ توبه، نی جایِ ستیز ۲۴۷۱

نه توان صبر داشتم و نه راه گریز، نه امید توبه و نه جای ستیز مانده بود.

من چو هاروت و چو ماروت[4] از حَزَن آه می‌کردم که: ای خَلّاقِ من! ۲۴۷۲

از فرط اندوه مانند هاروت و ماروت آه می‌کشیدم و می‌گفتم که ای آفرینندهٔ من!

از خطر هاروت و ماروت آشکار چاهِ بابل را بکردند اختیار ۲۴۷۳

هاروت و ماروت آشکارا از خطر عذابِ آخرت، چاه بابل و سرنگونی در آن را انتخاب کردند.

تا عذابِ آخرت اینجا کشند گُربُزند[5] و عاقل و ساحِرْوَش‌اند ۲۴۷۴

این فرشتگان که مکّار و حسابگر و همانند جادوگران بودند، خواستند که عذاب را در دنیا تحمّل کنند.

نیک کردند و به جایِ خویش بود سهل‌تر باشد ز آتش، رنج دود ۲۴۷۵

کار بجا و سنجیده‌ای بود، تحمّلِ رنجِ دود به یقین از عذاب آتش آسان‌تر است.

حد ندارد وصفِ رنجِ آن جهان سهل باشد رنجِ دنیا پیشِ آن ۲۴۷۶

عذاب آن جهان حدّ و مرزی ندارد، عذابِ دنیا در تقابل با آن سهل و آسان است.

---

۱ - **بوالفضول**: یاوه‌گو. ۲ - **حشایش**: جمع حشیش، گیاهان خشک.

۳ - **وعید**: وعدهٔ بد، مقابلِ نوید که وعدهٔ خوب است. ۴ - **هاروت و ماروت**: ر.ک: ۵۳۹/۱.

۵ - **گُربُز**: گرگ در لباس بُز، مکّار، زیرک و دانا.

ای خُنُک آن کو جهادی می‌کند   بر بدن زجری[1] و دادی[2] می‌کند ۲۴۷۷

خوشا به کسی که از طریقِ مجاهده و ریاضت با خواسته‌هایِ «نَفْس» به مبارزه بر می‌خیزد و در حقّ این کافرکیش عدالت را اجرا می‌کند.

تا ز رنجِ آن جهانی وارَهد   بر خود این رنجِ عبادت می‌نهد ۲۴۷۸

و برای رهایی از عذابِ آخرت، رنج تکلیف و عبادت را بر خود هموار می‌سازد.

من همی گفتم که: یارب آن عذاب   هم در این عالم بِران بر من شتاب ۲۴۷۹

من می‌گفتم: پروردگارا، آن عذاب را هرچه زودتر در همین جهان در حقّ من اجرا کن.

تا در آن عالم فراغت باشدم   در چنین درخواست حلقه می‌زدم ۲۴۸۰

تا در آن جهان آسوده باشم و برای این درخواست حلقهٔ درِ حق را بارها می‌کوفتم و می‌خواستم.

این چنین رنجوریی پیدام شد   جانِ من از رنجْ بی‌آرام شد ۲۴۸۱

در این حال به چنین بیماری سختی مبتلا شدم و جانم از شدّت رنج بیقرار گردید.

مانده‌ام از ذِکر و از اورادِ خَود   بی‌خبر گشتم ز خویش و نیک و بَد ۲۴۸۲

از ذکر و اوراد باز مانده‌ام، شدّت بیماری مرا از خویشان و هر نیک و بد بی‌خبر کرد.

گر نمی‌دیدم کنون من رویِ تو   ای خجسته وی مبارک بویِ تو ۲۴۸۳

ای پیامبر خجسته گام، ای آنکه عطر وجودت پاک و پر برکت است، اگر روی تو را نمی‌دیدم،

می‌شدم از بَند، من یکبارگی   کردی‌ام شاهانه این غمخوارگی ۲۴۸۴

من داشتم به کلّی از دست می‌رفتم، آمدی و چون سلطانان غمخوارم شدی.

گفت: هی هی! این دعا دیگر مکن   بر مکَن تو خویش را از بیخ و بُن ۲۴۸۵

پیامبر(ص) گفت: آگاه باش، دیگر چنین دعایی نکن و ریشهٔ خود را از بیخ و بن برنکن.

تو چه طاقت داری ای مورِ نژند   که نهد بر تو چنان کوهِ بلند؟ ۲۴۸۶

ای مورچهٔ ناتوان، تو چگونه می‌توانی آن عذاب را که کوه عظیمی است، تحمّل کنی؟

---

۱ - **زجر**: منع کردن. ۲ - **داد**: عدل.

۲۴۸۷ **گفت: توبه کردم ای سلطان! که من　　　از سرِ جَلدی نلافم هیچ فن**

صحابی بیمار گفت: ای سرور، توبه کردم که بعد از این هرگز در هیچ کاری گستاخانه لاف نزنم.

۲۴۸۸ **این جهان تیه‌ست[1] و تو موسی و ما　　　از گُنه در تیه مانده مبتلا**

این جهان برای ما، همانند بیابانی است که در آن گم شده‌ایم و تو نیز مانند موسایی، ما مانند آن قوم عصیانگر به سبب جرائم و گناهان گرفتار این بیابان شده‌ایم.

۲۴۸۹ **قومِ موسی راه می‌پیموده‌اند　　　آخِر اندر گامِ اوّل بوده‌اند[2]**

قوم موسیٰ(ع) هم سال‌ها راه پیمودند؛ امّا سرانجام در همان گام اوّل مانده بودند.

۲۴۹۰ **سال‌ها ره می‌رویم و در اخیر　　　همچنان در منزلِ اوّل اسیر**

سال‌هاست که راه می‌رویم؛ امّا همچنان در نخستین منزل از منازل نفس اسیر مانده‌ایم.

۲۴۹۱ **گر دلِ موسی ز ما راضی بُدی　　　تیه را راه و کَران پیدا شدی**

اگر دلِ پاک موسیٰ(ع) از ما خشنود می‌شد، راهِ خروج از بیابان را می‌یافتیم.

۲۴۹۲ **ور به کُل بیزار بودی او ز ما　　　کِی رسیدی خوان‌مان هیچ از سما؟**

اگر موسیٰ(ع) به کلّی از ما بیزار می‌شد، کی مائده از آسمان بر ما نازل می‌شد؟

۲۴۹۳ **کِی ز سنگی چشمه‌ها جوشان شدی　　　در بیابان‌مان امانِ جان شدی؟**

چگونه از سنگ چشمه‌ها می‌جوشد و در بیابان سوزان، جانمان را از هلاکت می‌رهاند؟

۲۴۹۴ **بل به جایِ خوانْ خود آتش آمدی　　　اندر این منزل لَهَب[3] بر ما زدی**

بلکه به جای مائده و خوان آسمانی، از آسمان آتش می‌بارید و ما را با شراره‌ها می‌سوزاند.

۲۴۹۵ **چون دو دل شد موسی اندر کارِ ما　　　گاه خصمِ ماست و گاهی یارِ ما**

چون موسیٰ(ع) در کار ما دو دل شد، گاه دشمن و گاه یار می‌شد.

۲۴۹۶ **خشمش آتش می‌زند در رختِ ما　　　حلم[4] او رد می‌کند تیرِ بلا**

دو دله شدن او این احوال گونه‌گون را به وجود آورده است، خشم او داروندار و هستی ما را می‌سوزاند و بردباری‌اش تیر بلا را دفع می‌کند.

---

۱ – **تیه** : ر.ک: ۳۷۴۷/۱.

۲ – این بیت در متن نیست، در مقابله آن را افزوده‌اند. نیکلسون آن را در پاورقی آورده است.
سرگردانی قوم بنی‌اسرائیل: ر.ک: ۸۴۰/۳.　　۳ – **لهب** : شعله.　　۴ – **حلم** : بردباری.

کِیْ بُوَد که حلم گـردد خشـم نـیز؟ نیست این نادر ز لطفت ای عزیز![1] ۲۴۹۷

ای عزیز! آیا ممکن است که خشم تو نیز به بردباری مبدّل شود، این از لطف تو بعید نیست.

مدحِ حاضر وحشت است، از بهرِ این نـامِ مـوسی مـی‌برم قـاصد چـنین ۲۴۹۸

چون ستایش شخص حاضر ناپسند و مایهٔ دوری است، از روی عمد نام موسیٰ(ع) را می‌برم.

ورنه مـوسی کِیْ روا دارد کـه مـن پـیشِ تـو یـاد آورم از هـیچ تـن؟ ۲۴۹۹

و الاّ موسیٰ(ع) کی می‌پسندد که با وجود و حضور پر برکات تو، از دیگری یاد کنم؟

عهدِ ما بشکَست صـد بـار و هـزار عهدِ تـو چـون کـوهِ ثـابت، بـرقرار ۲۵۰۰

تا کنون ما صد بار و هزار بار عهد و میثاقِ تو را شکسته‌ایم؛ امّا عهدِ تو که «رحمت و مغفرت و توبه‌پذیری» است، چون کوهی استوار و پابرجاست.

عهدِ ما کـاه و بـه هـر بـادی زبـون عهدِ تو کوه و ز صد کُـه هـم فـزون ۲۵۰۱

پیمان ما، همانند برگ کاهی در برابر هر بادی زبون است؛ امّا عهدِ تو چون کـوه، بـلکه بسی افزون‌تر از آن ثابت و استوار است.

حـقِّ آن قـوَّت کـه بـر تـلوینِ[2] مـا رحـمتی کـن ای امـیرِ لون‌هـا[3]! ۲۵۰۲

ای فرمانروایِ حال‌ها، به حقّ قدرت نامحدودت بـر مـا رحـمت آور و از تـلوین و ایـن بوقلمون‌صفتی‌ها و اینکه هر روز به رنگی و به حالی و به صفتی هستیم، ما را رهایی ده.

خویش را دیدیم و رسواییِ خویش امـتحانِ مـا مکُـن ای شـاه! بـیش ۲۵۰۳

ای سلطان، ما خود و رسواییِ خویش را دیدیم، بیش از این ما را امتحان نکن.

تـا فـضیحت‌هایِ[4] دیگـر را نـهان کرده بـاشی، ای کـریم مُـستعان[5]! ۲۵۰۴

ای کریم یاری دهنده، امتحان نکن تا رسوایی‌های دیگر ما نهان بماند.

بی‌حدی تـو در جـمال و در کـمال درکژی[6] ما بی‌حدیم و در ضـلال[7] ۲۵۰۵

تو در جمال و کمال حدّی نداری، ما هم در کجروی و گمراهی حدّ و مرز نداریم.

---

۱ - سخن صحابی است.

۲ - **تلوین** : ر.ک: ۱۷۵۶/۱، تغییر احوالی در بنده از حالی به حالی، از مقامات فقر: مقامِ طلب و تفحّص از راه استقامت. ۳ - **لون** : رنگ. ۴ - **فضیحت** : رسوایی. ۵ - **مستعان** : آنکه از او یاری خواهند.

۶ - **کژی** : کجروی. ۷ - **ضلال** : گمراهی.

بی حدیِّ خویش بگـمار ای کـریم بـر کـژیِّ بی حـدِ مُشـتی لئـیم[1] ۲۵۰۶

ای خدای بخشنده، لطفِ بیکرانِ خود را شامل حال یک مشت آدمِ پست و فرومایه بدار.

هین! که از تَقطیع[2] ما یک تار ماند مِصر[3] بـودیم و یکـی دیـوار مـاند ۲۵۰۷

از جامهٔ عمر ما تاری مانده است. شهری بودیم که فقط دیواری از آن برجاست.

اَلْـــبَقیّه اَلْـــبَقیّه ای خـــدیو[4] ! تــا نگـــردد شـاد کُـلّی جـانِ دیـو ۲۵۰۸

ای سلطان، در باقیماندهٔ عمر، ما را نجات ده تا شیطان شاد نشود.

بهرِ مـا نـی بـهرِ آن لطـفِ نُـخست که تو کردی گمرهان را بازجُست[5] ۲۵۰۹

نه به خاطر ما، به سبب لطفِ ازلی که گمراهان را باز می‌جستی و پیامبران را برای هدایت آنان می‌فرستادی، باز هم رحم خود را آشکار کن.

چون نمودی قدرتت، بنمای رَحـم ای نهاده رحم‌ها در لَحم و شَـحم[6] ۲۵۱۰

ای خدایی که رحمتت را در میان پیه و گوشتِ پیکرِ آدمی قرار داده‌ای و قدرتِ خود را نمایانده‌ای، رحم خود را هم بنما.

این دعـا گـر خشـم افـزایـد تـو را تـــو دعـــا تـعلیم فـرما، مِـهترا ۲۵۱۱

ای خدای بزرگ، اگر این دعا سبب خشم تو و افزونی آن می‌شود، ما را دعایی نیک تعلیم فرما.

آنـــچنان کآدم بـــیفتاد از بــهشت رجعتش[7] دادی که رَست از دیوِ زشت[8] ۲۵۱۲

همان طور که آدم(ع) از بهشت تنزّل یافت و تو به او کلماتی آموختی که موجب پذیرش توبه‌اش شد و از چنگالِ شیطانِ پلید رهایی یافت، ما را هم دعایی تعلیم ده که سببِ رضایت و قُرب باشد.

دیــو کــه بْـوَد کـو ز آدم بگـذرد؟ بر چنین نَـطعی[9] از او بـازی بَـرَد؟ ۲۵۱۳

مگر شیطانِ مکّار از آدم(ع) می‌گذشت و او را به حال خود رها می‌کرد؟ اگر عنایت الهی نبود، شیطان در عرصهٔ شطرنج زندگیِ معنوی بازی را از او می‌برد.

---

۱ - **لئیم** : فرومایه. ۲ - **تَقطیع** : پاره پاره کردن، پاره کردن و بریدنِ جامه. ۳ - **مِصْر** : شهر.

۴ - **خدیو** : شاه.

۵ - این بیت در متن نیامده، در مقابله به هامش افزوده‌اند و در پاورقی نسخهٔ نیکلسون آمده است.

۶ - **لحم و شحم** : گوشت و پیه. ۷ - **رجعت** : بازگشت. ۸ - اشارتی قرآنی ؛ بقره: ۳۷/۲.

۹ - **نَطع** : سفرهٔ چرمین، اینجا مقصود شطرنج زندگی است که باید در آن تعالی و کمال یافت.

در حــقیقت نــفعِ آدم شــد هــمه لعــنتِ حــاسد شــده آن دمــدمه[1] ۲۵۱۴

در حقیقت، نیرنگِ شیطان به سود آدم(ع) تمام شد و وسوسهٔ او سببِ لعنتِ حسود شد.

بـازیی دیـد و دوصـد بـازی نـدید پس سـتونِ خـانهٔ خـود را بُـرید ۲۵۱۵

ابلیس یک بازی را دید و بازی‌هایِ دیگر را ندید و به این ترتیب، رکنِ اصلی بنیادِ خود را ویران کرد.

آتشــی زد شب بـه کشتِ دیگـران بـاد[2] آتش را بــه کشتِ او بِـران[3] ۲۵۱۶

شیطان در شبِ غفلت‌زدگی و خواب‌آلودگیِ دیگران، آتشی در مزرعه‌شان افکند؛ امّا بادِ غیرت، آتش را به مزرعهٔ خود او برد.

چشــم بـندی بـود لعـنت[4] دیـو را تــا زیـانِ خـصم دیـد آن ریـو[5] را ۲۵۱۷

لعنتِ خدا، چشمِ شیطان را بست و آن نیرنگ و مکر را به زیان آدمی و آدمی‌زاده دید.

خــود زیـانِ جـانِ او شـد ریـوِ او گــویی آدم بـود دیــوِ دیــوِ او[6] ۲۵۱۸

نیرنگ او به زیان خود وی تمام شد، گویی که آدم(ع) شیطانی بود که ابلیس از او فریب خورد و در جهنّمِ لعنتِ الهی سرنگون شد.

لعنت این بـاشد کـه کـژبینَش کـند حاسد و خودبین و پُر کـینَش کـند ۲۵۱۹

نشان لعنت همین است که شخص را کج‌بین و حسود و مغرور و کینه‌توز می‌کند.

تــا نــداند کـه هـر آنکـه کـرد بـد عــاقبت بــاز آیــد و بـر وی زنـد ۲۵۲۰

تا جایی که شخص درنمی‌یابد که بازتابِ اعمال بد به سوی وی باز می‌گردد.

جمله فرزین‌بندها[7] بـیند بـه عکس مات بر وی گردد و نقصان و وَکْس[8] ۲۵۲۱

همهٔ حرکاتی را که موجبِ تهدید و کیش و مات است، برعکس می‌بیند و در شطرنج زندگی مات می‌شود و ناکامی و شکست نصیبِ او می‌گردد.

---

۱ - **دمدمه** : وسوسه. ۲ - **باد** : بادِ غیرتِ حق. ۳ - در متن کهن «بِران» است. براندن یا راندن.

۴ - **لعنت** : دور ساختن خدای بنده را. ۵ - **ریو** : مکر و نیرنگ.

۶ - این بیت هم در متن نیست، در مقابله در هامش افزوده‌اند. در پاورقی نیکلسون آمده است.

۷ - **فرزین بند** : ر.ک: ۱۳۲/۲، اینجا حیله و تدبیر.

۸ - **وَکْس** : منزلی که در آن ماه بگیرد، نقصان و کم‌شدن، توسّعاً.

زانکه گر او هیچ بیند خویش را مُهْلِک[1] و ناسور[2] بیند ریش را ۲۵۲۲

اگر او خود را هیچ می‌انگاشت و زخمِ جان را کشنده و علاج‌ناپذیر می‌یافت،

درد خیزد زین چنین دیدن درون درد او را از حجاب آرد بُرون ۲۵۲۳

بر اثر این دیدن، دل او به درد می‌آمد و اشک و آه خالصانه که از دل دردمند بر می‌خیزد، وی را از حجاب خودبینی و جهل خارج می‌کرد.

تا نگیرد مادران را دردِ زَه طفل در زادن نیابد هیچ رَه ۲۵۲۴

اگر مادران دچار درد زایمان نشوند، نوزاد راهی برای متولّد شدن ندارد.

این امانت در دل و دل حامله‌ست این نصیحت‌ها مثالِ قابله‌ست ۲۵۲۵

«معرفت»، «امانت الهی» در دل است و دل حاملِ آن. این اندرزها هم مانندِ قابله‌اند.

قابله گوید که زن را درد نیست درد باید، درد کودک را رَهی‌ست ۲۵۲۶

قابله می‌گوید: این زن درد ندارد. برایِ تولّد باید دردِ انقباضات زهدان شروع شود.

آنکه او بی‌درد[3] باشد رهزن است[4] زانکه بی‌دردی اناالحق[5] گفتن است ۲۵۲۷

کسی که درد حق‌جویی ندارد، رهزن جان خود و دیگران است؛ زیرا بی‌دردی به زبانِ حال «أنا الحق» گفتن و پندارِ کمال است.

آن اَنا، بی‌وقت گفتن لعنت است آن اَنا در وقت گفتن رحمت است ۲۵۲۸

بی‌وقت «أنا الحَق» گفتن، پیامدی جز لعنت ندارد؛ امّا در وقت گفتنِ آن موجبِ رحمت است.

آن اَنا[6] منصورْ[7]، رحمت شد یقین آن اَنا فرعونْ[8] لعنت شد، ببین ۲۵۲۹

«أنا الحق» منصور، به یقین مایۀ رحمت شد؛ ولی آنچه که فرعون گفت، موجب لعن او گردید.

لاجرم هر مرغ بی‌هنگام[9] را سر بُریدن واجب است، اِعلام را ۲۵۳۰

ناگزیر هر مرغ را که بی‌وقت بانگ برآرَد، سر می‌بُرند تا عبرتِ دیگران شود.

---

۱ - **مُهلک** : هلاکت‌بار، کُشنده. ۲ - **ناسور** : علاج‌ناپذیر. ۳ - **بی‌درد** : اینجا آنکه دردِ حق‌طلبی ندارد.
۴ - **رهزن است** : سدِّ راه طالبان حق می‌شود. ۵ - **أنا الحقّ** : ر.ک: ۳۰۶/۲. ۶ - **أَنا** : من.
۷ - **منصور** : ر.ک: ۳۰۶/۲ و ۱۸۱۸/۱. ۸ - أَنا رَبُّکُمُ ٱلأَعْلٰی : ر.ک: ۲۴۶۵/۱.
۹ - **مرغ بی‌هنگام** : ر.ک: ۹۴۸/۱.

سر بُریدن چیست؟ کُشتن نَفْس را در جهاد و ترک گفتن نَفْس را ۲۵۳۱

مقصود از سر بریدن چیست؟ اینکه نفس در ریاضت و مجاهده کشته و فروگذاشته گردد.

آنچنانکه نیشِ کژدُم بر کَنی تا که یابد او ز کُشتن ایمنی ۲۵۳۲

همان‌طور که نیش عقرب را بر می‌کنی تا از کشتن امان یابد.

بر کَنی دندانِ پُر زهری ز مار تا رهد مار از بلایِ سنگسار ۲۵۳۳

دندانِ زهرآلودِ مار را می‌کنی تا از بلایِ سنگسار شدن رهایی یابد.

هیچ نَکْشَد نفس را جُز ظِلِّ پیر[1] دامنِ آن نَفْس‌کُش را سخت گیر ۲۵۳۴

هیچ چیز جز چترِ توجّهاتِ روحانیِ پیر نفس را نمی‌کُشد، دامانِ تربیت او را رها نکن.

چون بگیری سخت، آن توفیقِ هو[2]ست در تو هر قُوَّت که آید، جذب اوست ۲۵۳۵

این توفیق الهی است که دامانِ تربیتِ روحانیِ پیر را بگیری و رها نکنی، این «ارادت» و امدادی که به قوّتِ آن به تو می‌رسد و منجر به موفقیّت‌های ظاهری و باطنی می‌شود، از تأثیرِ جاذبهٔ روحانی اوست.

ما رَمَیْتَ اذْ رَمَیْتَ[3] راست دان هرچه کارَد جان بُوَد از جانِ جان ۲۵۳۶

«**ما رَمَیْتَ إِذْ رَمَیْتَ**»: *آنگاه که تیر انداختی، تو نینداختی*: انفال: ۱۷/۸، حقیقتی است انکارناپذیر. آنچه که به جان آدمی می‌رسد و هر توفیقی که می‌یابد از حق است.

دست گیرنده وی است و بُردبار دَم به دَم، آن دم از او اومید دار ۲۵۳۷

او با بردباری دستِ طفلانِ راه و سالکان را می‌گیرد و از مهالک می‌رَهانَد، برای دریافت امداد روحانیِ وی، «توجّه قلبی و ذکر حق» الزامی است، با زندگی غافلانه نمی‌توان از «پیر» انتظاری داشت.

نیست غم گر دیر بی او مانده‌ای دیرگیر و سخت‌گیرش[4] خوانده‌ای[5] ۲۵۳۸

اگر دیرگاهی است که بدون عنایات و مراحم او مانده‌ای، غمناک مباش؛ زیرا خوانده‌ای که او دیر به بنده عنایت می‌کند؛ امّا وقتی لطفش شامل حال گردد، او را سخت مورد مرحمت قرار می‌دهد.

---

۱ - **ظِلِّ پیر**: سایهٔ حمایت معنوی و توجّه پیر. ۲ - **توفیقِ هو**: توفیقِ الهی.
۳ - اشارت قرآنی؛ ر.ک: ۱۳۰۹/۲. ۴ - **سخت‌گیر**: اینجا سخت استوار و پایدار عنایت می‌کند.
۵ - یک ضرب‌المثل ترکی می‌گوید: دیر باشد و درست باشد: شرح مثنوی گولپینارلی، دفتر اوّل، ص ۷۵۵.

دیر گیرد، سخت گیرد رحمتش   یک دَمَت غایب ندارد حضرتش ۲۵۳۹

ارادت خالصانه و ثباتِ سالک در درازمدّت، سببِ نزولِ رحمت الهی از طریقِ مُرشد است. عنایت که برسد، لحظه‌ای او را رها نمی‌کند.

وَر تو خواهی شرحِ این وصل و وَلا   از سرِ اندیشه می‌خوان وَٱلضُّحی[1] ۲۵۴۰

اگر تو طالب شرحِ بیشترِ این وصال و دوستی حق هستی، «وَالضُّحیٰ» را با تأمّل بخوان و رحمت بیکران او را دریاب.

ور تو گویی: هم بدی‌ها از وی است   لیک آن نقصانِ فضلِ او کی است ۲۵۴۱

اگر بگویی که بدی‌ها هم از او می‌رسد، آری، ولی این مسأله نشان نقصان لطف او نیست.

آن بدی دادن کمالِ اوست هم   من مثالی گویمت ای مُحتشم![2] ۲۵۴۲

آفرینش بدی‌ها و شُرور نشانِ کمالِ اوست، ای مرد بزرگ، در این باب مثالی می‌آورم.

کرد نقّاشی دو گونه نقش‌ها   نقش‌های صاف و نقشی بی‌صفا[3] ۲۵۴۳

اگر نقّاشی دو نوع نقش پدید آوَرَد، یکی زیبا و دیگری بدونِ زیبایی،

نقش یوسف کرد و حُورِ خوش سرشت[4]   نقشِ عفریتان[5] و ابلیسانِ زشت ۲۵۴۴

تصویر یوسف(ع) و حوریان پاک‌سرشت و تصویر دیوها و شیاطین زشت‌رو را بکشد،

---

۱ - اشارتی قرآنی؛ ضحی : ۳/۹۳ : مَا وَدَّعَكَ رَبُّكَ وَ مَا قَلىٰ : که پروردگارت با تو بدرود نکرده و بی‌مهر نشده‌است.

مفسّران در شأن نزول این آیه و این سوره گویند که چندی وحی منقطع و متوقّف شده بود و مشرکان قریش رسول‌الله(ص) را سرکوفت می‌کردند، که خدایت تو را بلاتکلیف و بی‌سرانجام گذارده است. حضرت(ص) به درگاه خداوند دعا می‌کرد، تا وحی از سر گرفته شد و این سوره فرود آمد: قرآن کریم، ترجمهٔ خرّمشاهی، ذیل آیه.

۲ - ظهور حق تعالیٰ به صورت اضداد و متخالفات و تجلّی او در کسوت متباینات، مستلزم اجتماعِ نقیضین نمی‌باشد. قدرت حق قاصر از این معنی نیست که در زجاجات مختلف ظهور نماید، وجود به حسب فیض و تجلّی و ظهور، عین اضداد است که به اعتبار سعه و انبساط و تجلّی به صورت اشیایی که با یک‌دیگر تخالف و تضاد دارند، ظاهر می‌شود: شرح مقدّمهٔ قیصری، ص ۱۳۲.

۳ - اینک در بیانِ معنای مورد نظر، حال آن نقّاش تمثیل آمده است که دو گونه نقش زشت و زیبا را استادانه ترسیم می‌کند، این امر کمال استادی اوست؛ زیرا اگر نقّاش قادر به کشیدن نقوش زشت نباشد، در هنر خویش کامل نیست. خالق هستی نیز به همین ترتیب کفر و ایمان را در تقابل با یک‌دیگر قرار داد.

۴ - **خوشْ سرشت:** پاک‌سرشت.

۵ - **عفریتان :** دیوان.

هر دو گونه نقشْ اُستادیِ اوست   زشتیِ او نیست، آن رادیِ[1] اوست ۲۵۴۵

نگارگری این دو نقش متضاد، نشان کمالِ استادی اوست نه دلیل نقص و زشتیِ کارِ او.

زشت را در غایتِ زشتی کند   جمله زشتی‌ها به گِردش بر تَنَد ۲۵۴۶

زشت را درکمال زشتی می‌آفریند و همهٔ زشتی‌ها را در آنجا به نمایش می‌گذارد.

تا کمالِ دانشش پیدا شود   مُنکرِ استادیش رسوا شود ۲۵۴۷

تا کمال هنر و فضل او آشکار گردد و منکر استادی او رسوا و روسیاه گردد.

ور نداند زشت کردن ناقص است   زین سبب خلاّقِ گَبر و مُخلِص است ۲۵۴۸

اگر نقّاش توانایی نگارگریِ نقش زشت را نداشته باشد، هنر و فضل او نقص دارد، به همین دلیل، خداوند هم کافر را آفرید و هم مؤمن را.

پس از این روکفر و ایمان شاهدند[2]   بر خداوندیش و هر دو ساجدند[3] ۲۵۴۹

پس کفر و ایمان هر دوگواه خداوندیِ او و ساجدان درگاه‌اند.

لیک مؤمن، دان که طَوْعاً[4] ساجد است   زانکه جویایِ رضا و قاصد است ۲۵۵۰

امّا، این را بدان که سجدهٔ مؤمن با رضایت تام و برایِ خشنودی حق تعالیٰ است.

هست کَرْهاً گَبْر هم یزدان پرست   لیک قصدِ او مُرادی دیگر است ۲۵۵۱

کافر هم با اکراه خدا را می‌پرستد؛ امّا قصد او رضایت حق تعالیٰ نیست، وجودِ او به زبانِ حال، تسلیم خداوند است، نه به زبان.

---

۱ - **راد:** صاحب همّت و سخاوت، دانا، حکیم.

۲ - جمیع مخلوقات و اضداد آفریدهٔ حق تعالی هستند و تجلّی حق به عنوان مثال در سفیدی غیر از تجلّی در سیاهی نیست، این تضاد و شهود آن به سبب تعدد جهات و اعتبارات است.

مقایسه کنید: حافظ: این همه جام می و نقش مخالف که نمود   یک فروغِ رخ ساقیست که در جام افتاد

۳ - هرچند که این مضمون عام به نظر می‌رسد؛ امّا محتمل هم هست که از این بیت سنایی متأثر باشد:

کفر و دین هر دو در رهت پویان   وَحْدَهُ لا شریک له گویان

۴ - اشارتی قرآنی؛ آل عمران: ۸۳/۳: ... وَ لَهُ أَسْلَمَ مَنْ فِی السَّمٰوٰاتِ وَ ٱلْأَرْضِ طَوْعاً وَ کَرْهاً...: هر آن کس که در آسمان‌ها و زمین است، خواه ناخواه فرمانبردار او هستند،....

در تاریخ اسلام همواره کسانی به رغبت ایمان آورده‌اند و گروهی که نه با رغبت، بلکه در اثر التزامی منطقی، یا به هنگام مرگ یا مغلوب واقع شدن در جهاد و نظایر آن؛ امّا این ایمان مذموم نیست و در آن ثواب منظور است. آنجا که عدم ایمان وکفر مطلق است، باز هم مخلوق «کَرْهاً» مطیع و منقاد اوامر و احکام آفرینش است و از طریق استعداد و قابلیّت به اعتبار اسمی که بر وی حاکم است با حق مرتبط است و منشأ تجلّی آن اسم به شمار می‌آید: (العَطیّاتُ عَلی حَسَبِ القابِلیّات): شرح مقدّمهٔ قیصری، ص ۲۴۲.

قلعهٔ[1] سلطان عمارت می‌کند لیک دعویِّ اِمارت[2] می‌کُند ۲۵۵۲

کافر که به رضایت حق نمی‌اندیشد، با آبادانیِ قلعهٔ تن خویش، مالکیّت حق را بر عالم هستی نمی‌پذیرد و به زبانِ حال دعویِ امارت دارد.

گشته یاغی تا که مُلکِ او بُوَد عاقبت خود قلعه سلطانی شود ۲۵۵۳

او بر مالکِ حقیقی طغیان کرده است که قلعه در تصرّفِ من است؛ امّا عاقبت، قلعه به صاحبِ آن، یعنی سلطان مُلکِ هستی تعلّق می‌یابد.

مؤمن آن قلعه برای پادشاه می‌کند معمور، نه از بهرِ جاه ۲۵۵۴

مؤمن هم به آبادانی قلعهٔ تن می‌پردازد، ولی مقصودِ او حظوظ دنیوی و کسبِ جاه نیست، بنا بر احکامِ الهی به نگهداریِ آن در جهت اهداف آفرینش می‌کوشد.

زشت گوید: ای شهِ زشت‌آفرین قادری بر خوب و بر زشتِ مَهین[3] ۲۵۵۵

وجود زشت و ناقص به زبانِ حال می‌گوید: ای خالقی که زشت را آفریدی، این کمالِ قدرتِ خلاقیّت توست که در آفرینش، زیبا و زشت درکنار هم وجود دارند.

خوب گوید ای شهِ حُسْن و بَها پاک گردانیدیَمْ از عیب‌ها ۲۵۵۶

وجود خوب هم به زبانِ حال می‌گوید: ای شاه حُسن و جلال و عظمت، مرا از عیوب پاک گردانیدی؛ پس تسبیح هر مخلوقی بنا بر اسمی که بر وی حاکم است، با تسبیح مخلوق دیگر متفاوت است.

وصیّت کردنِ پیغامبر، علیه السَّلام، مر آن بیمار را و دعا آموزانیدنش

گفت پیغمبر مر آن بیمار را این بگو: کِای سهل کُن دشوار را! ۲۵۵۷

پیامبر(ص) به بیمار گفت: در دعا بگو: ای آسان‌کنندهٔ دشواری‌ها، این سختی را بر من سهل گردان.

آتِنا فی دَارِ دُنیانا حسَنْ آتِنا فی دَار عُقْبانا حسَنْ[4] ۲۵۵۸

هم در این جهان به ما نیکی عطا کن و هم در آن جهان.

---

۱ - **قلعه** : اینجا کنایه از تن. ۲ - **دعویّ امارت** : اینجا ادّعای مالکیّتِ جان و مال. ۳ - **مَهین** : خوار.

۴ - اشارتی قرآنی؛ بقره: ۲۰۱/۲ : رَبَّنا آتِنا فِی الدُّنْیا حَسَنَةً وَ فِی الْآخِرَةِ حَسَنَةً وَ قِنا عَذابَ النّارِ: پروردگارا، به ما در دنیا بهرهٔ نیک و در آخرت هم بهرهٔ نیک عطا فرما و ما را از عذابِ دوزخ در امان بدار.

راه را بر ما چو بُستان کُن لطیف   منزلِ ما خود تو باشی ای شریف ۲۵۵۹

خداوندا، راه آخرت را برای ما چون بوستانی لطیف قرار ده؛ زیرا مقصود و مقصد ما تویی، ای خدای بزرگ.

مؤمنان در حشر گویند ای مَلَک!   نی که دوزخ بود راهِ مشترک؟[1] ۲۵۶۰

مؤمنان که همواره در نماز و دعای خود به درگاه حق تعالیٰ چنین درخواستی داشته‌اند، در روز رستاخیز به فرشتگان می‌گویند: مگر دوزخ راه مشترکِ ورود به بهشت نبود؟

مؤمن و کافر براو یابد گذار   ما ندیدیم اندر این ره دود و نار[2] ۲۵۶۱

که مؤمن و کافر می‌بایست از آن راه مشترک عبور کنند؟ ولی ما در راه دود و آتشی ندیدیم.

نک بِهشت و بارگاهِ ایمنی   پس کجا بود آن گذرگاهِ دَنی؟ ۲۵۶۲

اینک به بهشت و بارگاه امن رسیدیم؛ پس آن گذرگاهِ پستِ دهشتناک چه شد؟

پس مَلَک گوید که: آن روضهٔ خُضَر   که فلان‌جا دیده‌اید اندر گُذَر ۲۵۶۳

فرشتگان می‌گویند: آن باغ سرسبز و خرّمی را که در فلان‌جا هنگام عبور دیدید،

دوزخ آن بود و سیاستگاهِ سخت   بر شما شد باغ و بُستان و درخت ۲۵۶۴

دوزخ، آن جایگاهِ سخت مجازات، همان‌جا بود که برای شما تبدیل به باغ و بوستان و درخت شد.

چون شما این نَفْسِ دوزخْ‌خوی را   آتشیِ گبْرِ فتنه‌جوی را ۲۵۶۵

چون شما با این نَفْسِ دوزخی‌سرشتِ کافرخویِ آشوب‌طلب،

جهدها کردید و او شد پُر صفا   نار را کُشتید از بهرِ خدا ۲۵۶۶

مجاهده کردید و نَفْس را که در صمیم ذاتش آتش است، برای رضایت خداوند کشتید، دوزخِ درون شما مبدّل شد و صفایی یافت.

---

۱ - مقتبس است از خبری با همین مضمون که مؤمنان با نزدیک شدن به درهای بهشت می‌پرسند که چرا در مسیرمان به آتش جهنّم برخورد نکردیم، آن‌طور که خدا مقرّر کرده است؟ و در پاسخ به آنان گفته می‌شود که شما از آتش گذر کردید؛ امّا شرار سوزان آن بر شما سرد و سلامت شد: احادیث، ص ۲۲۱.

۲ - اشارتی قرآنی؛ مریم: ۷۱/۱۹: وَ إِنْ مِّنْكُمْ إِلاَّ وٰارِدُهٰا كٰانَ عَلٰى رَبِّكَ حَتْماً مَّقْضِيّاً: و همهٔ شما [بدون استثنا] وارد جهنّم می‌شوید. این امری است حتمی و قطعی بر پروردگارت.

آتشِ شهوت که شعله می‌زدی　　سبزهٔ تقویٰ شد و نورِ هُدیٰ ۲۵۶۷

آتش شهوت که شراره‌هایی سرکش داشت، دراثر مجاهده به سبزهٔ تقوا و نور رستگاری مبدّل شد.

آتشِ خشم، از شما هم حلم شد　　ظلمتِ جهل، از شما هم علم شد ۲۵۶۸

آتش خشم و غضب از وجود شما به حلم و بردباری تبدیل شد و تاریکیِ جهل به نورِ دانش و معرفت بدل گردید.

آتشِ حرص، از شما ایثار شد　　و آن حسد چون خار بُد، گلزار شد ۲۵۶۹

آتشِ حرص و طمع از مجاهدات شما تبدیل به بخشندگی شد و حسد که چون خاری در پای جانتان خلیده بود، به گلزار معارف بدل گردید.

چون شما این جمله آتش‌هایِ خویش　　بهرِ حق کُشتید جمله پیشْ پیش ۲۵۷۰

چون شما این آتش‌هایِ سرکشِ درونی را برای وصول به حق، پیشاپیش خاموش کردید،

نَفْسِ ناری را چو باغی ساختید　　اندر او تخم وفا[1] انداختید ۲۵۷۱

نَفْسِ آتشینِ دوزخی سرشت را به باغی مصفّا مبدّل ساختید و در آن بذر وفای به عهد را کاشتید،

بلبلان ذِکْر[2] و تسبیح اندر او　　خوش سرایان در چمن بر طَرْفِ جُو ۲۵۷۲

در باغ مصفّای جانتان، بلبلان نغمه‌سرای ذکر و تسبیح حق، در کنار جویبار دانش و معرفتی که خداوند به شما عنایت کرد، با شادمانی و خوشی به ترنّم پرداختند،

داعیِ[3] حق را اجابت کرده‌اید　　در جحیم[4] نَفْس آب آورده‌اید ۲۵۷۳

دعوت‌کنندهٔ حق را اجابت کردید و با آب ذکر، دوزخ نفس را خاموش ساختید،

دوزخِ ما نیز در حقِّ شما　　سبزه گشت و گلشن و برگ و نوا ۲۵۷۴

بنابراین، دوزخ ما نیز برای عبور شما به سبزه و گلشن و خرّمی مبدّل شد.

چیست احسان را مُکافات[5] ای پسر؟　　لطف و احسان و ثوابِ مُعْتَبَر[6] ۲۵۷۵

ای پسر، پاداش نیکی چیست؟ لطف و نیکی و پاداشی وافر.

---

۱ - **وفای به عهد** : عهدِ روزِ اَلَست: ر.ک: ۱۲۴۶/۱.　۲ - **ذِکر** : ر.ک: ۲۷۰/۲.　۳ - **داعی** : نداکننده.

۴ - **جحیم** : دوزخ.　۵ - **مکافات** : پاداش از نیک یا بد.

۶ - اشارتی قرآنی؛ رحمن : ۶۰/۵۵ : هَلْ جَزاءُ اْلإِحْسانِ إلاّ الإِحْسانُ : آیا پاداش نیکی جز نیکی است؟

نی شما گفتید: ما قربانی‌ایم؟ پیش ِ اوصافِ بقا ما فانی‌ایم؟ ۲۵۷۶

مگر نمی‌گفتید که جان ما قربان فرامینِ حق است و در برابر اوصافِ جاودانی فانی هستیم؟ چون در جهان فانی چنان گفتید و به آن عمل کردید، این پاداش ِ نیک آن است.

ما اگر قلّاش[1] و گر دیوانه‌ایم مستِ آن ساقی و آن پیمانه‌ایم ۲۵۷۷

ما اگر خراباتی یا دیوانه‌ایم، از جمالِ ساقیِ اَلَست و پیمانهٔ میثاق ِ او مست و مدهوش‌ایم.

بر خط و فرمانِ او سر می‌نهیم جانِ شیرین[2] را گِروگان می‌دهیم ۲۵۷۸

در برابر حُکم و فرمان او تسلیم هستیم و زندگیِ این جهانی ما در گروی اجرای فرامین اوست.

تا خیالِ دوست در اسرارِ ماست[3] چاکری و جانسپاری کارِ ماست ۲۵۷۹

تا خیال جمال و آرزوی دیدار او در دل و جان ماست، کارِ ما بندگی و جان سپردن است.

هر کجا شمعِ بلا افروختند صد هزاران جانِ عاشق سوختند ۲۵۸۰

هر جا که شمع آزمون الهی افروخته شد، صدها هزار عاشق جان باختند و سوختند.

عاشقانی کز درونِ خانه‌اند شمعِ رُویِ یار را پروانه‌اند ۲۵۸۱

عاشقانی که محرم حریم ستر و عفافِ حق‌اند، پروانه‌وار گِرد جمالِ یار طواف می‌کنند.

ای دل! آنجا رو که با تو روشن‌اند وز بلاها مر تو را چون جوشن‌اند ۲۵۸۲

ای دل، آنجا برو که با تو صفا دارند و بسان سپری از بلایا مصونت می‌دارند.

بر جنایاتت[4] مواسا[5] می‌کُنند در میانِ جان تو را جا می‌کنند[6] ۲۵۸۳

بدی‌هایت را تحمّل می‌کنند و کوچک می‌بینند و تو را در دل و جان جای می‌دهند.

زآن میان جانِ تو را جا می‌کنند تا تو را پُر باده چون جامی کنند ۲۵۸۴

تو را در میان جان جای می‌دهند تا وجودت را به جامی سرشار از بادهٔ معرفت مبدّل سازند.

در میانِ جانِ ایشان خانه گیر در فلک خانه کن ای بدرِ مُنیر! ۲۵۸۵

در میان جان صاحبدلان مسکن گزین تا ای ماه تابان، به غایتِ کمالِ وجودیِ خود برسی و در اوج آسمان‌های عوالم روحانی جانِ خود بر بام معارف برآیی.

---

۱ - **قلّاش :** میخواره، خراباتی، باده‌پرست، زیرک و هوشیار. ۲ - **جانِ شیرین :** زندگیِ این جهانی.
۳ - **اسرارِ ما :** اینجا دل و جانِ ما. ۴ - **جنایت :** گناه. ۵ - **مواسا :** رعایت و غمخواری.
۶ - این بیت در مقابله با اشاره به محلِّ آن در حاشیه اضافه شده، در پاورقی نسخهٔ نیکلسون آمده است.

چون عُطارد[1] دفترِ دل واکنند تا که بر تو سِرّها پیدا کنند ۲۵۸۶

همانندِ عُطارد که کاتبِ فلک است و معتقدند که عقل و دانش به او تعلّق دارد، اوراق دفترِ دل را بر تو می‌گشایند تا بر اسرار وقوف یابی.

پیش ِ خویشان باش چون آواره‌ای بر مَهِ کامل زن ار مَه پاره‌ای ۲۵۸۷

اگر ماه جان تو نوری دارد و مشتاق بدر کامل است، در محضر انسان کاملی که ماه جانش تابناک است، حضور داشته باش و نزد خویشان دنیایی که با تو تناسبِ روحی و معنوی ندارند، چون بیگانگان و آوارگان، بیقرار باش.

جزو را از کُلِّ خود پرهیز چیست؟ با مخالف این همه آمیز چیست؟ ۲۵۸۸

چرا جزو از کُلّ دوری کند؟ این همه آمیزش و مصاحبت با غیر همجنس برای چیست؟

جنس[2] را بین نوع گَشْته در رَوِش[3] غیب‌ها بین عین گشته در رَهِش[4] ۲۵۸۹

ببین که چگونه تجانس و تناسبِ روحیِ سالک سبب جذب او به مُرشد می‌شود و موجبات ارتقایِ او را فراهم می‌آوَرَد تا از مرتبهٔ «جنس» که بر انواع مختلف دلالت دارد [حیوان جنس است و انسان نوعی از این جنس به شمار می‌رود]، تعالی یابد و به مقامِ انسان برسد و در مسیرِ کمال، علوم و اسرار غیبی را که به «علم‌الیقین» بر آن مطّلع گشته بود به «عین‌الیقین» آشکار ببیند.

تا چو زن عشوه خری[5] ای بی‌خرد! از دروغ و عشوه کِی یابی مدد؟ ۲۵۹۰

ای بی‌خرد، تا وقتی که مانندِ «مظهر نفسِ امّاره» فریفتهٔ ظواهر باشی، چگونه دروغ و فریب می‌تواند برای تعالیِ جان به تو کمک کُند؟

چاپلوس و لفظِ شیرین و فریب می‌ستانی می‌نهی چون زن[6] به جیب ۲۵۹۱

چاپلوسی و تملّق دنیاپرستان را که نیرنگی بیش نیست، با شادی می‌پذیری و در دل و جان نگاه می‌داری.

---

۱ - **عطارد** : ر.ک: ۱۶۰۱/۲.

۲ - مولانا به معنیِ اصطلاحیِ «جنس» یا «نوع» در حکمت قدیم نظر داشته است و مریدان را به‌طور کلّی، «جنس» شمرده و کاملان را در مرتبهٔ برتر و جامع‌تر، یعنی «نوع» دانسته و می‌گوید: مرید با پیوستن به مُراد به مرتبهٔ جامع‌تری می‌رسد و با سلوک امور «غیبی»، «عینی» می‌شوند: با استفاده از مثنوی، تصحیح دکتر استعلامی، ج ۲، ص ۳۱۲.

۳ - **در روش** : در سلوک. ۴ - **رهش** : اسم مصدر از رهیدن. ۵ - **عشوه خریدن** : فریب خوردن.

۶ - **زن** : اینجا کنایه از «مظهرِ نَفْسِ امّاره».

مر تو را دشنام و سیلیِ شهان[1] بهتر آید از ثنای گُمرهان ۲۵۹۲

برای تو، دشنام و سیلی شاهان عالم معنا باید خوشایندتر از ستایش گمراهان باشد؛ زیرا در آن حقیقت است و در این باطل.

صَفْعِ[2] شاهان خور، مخور شهدِ خسان تا کسی گردی ز اقبالِ کسان ۲۵۹۳

ضرباتی را که شاهانِ حقیقی بر تو وارد می‌آوَرَند، با جان و دل بپذیر تا از اقبال آن بزرگان، به مقامِ والای انسان دست یابی، تملّقِ فرومایگان چه حُسنی دارد؟

زآن‌کز ایشان خِلعت و دولت[3] رسد در پناهِ روح، جان گردد جسد[4] ۲۵۹۴

زیرا در اثر توجّه ایشان، به عزّتِ «انسانیّت» و اقبالی جاودانی می‌رسی، یعنی در پناهِ حمایت و تربیتِ مُراد، جسم تو نیز به «جان» مبدّل می‌شود و حجاب‌ها از بین می‌رود.

هر کجا بینی برهنه و بی‌نوا دان که او بگریخته‌ست از اُوستا ۲۵۹۵

هر جا برهنهٔ بینوایی عاری از معرفت یافتی، بدان که از استاد خود گریخته است.

تا چنان گردد که می‌خواهد دلش آن دلِ کُورِ بدِ بی‌حاصِلش ۲۵۹۶

تا آنگونه که دلِ کور و بد و بی‌حاصلش می‌خواهد، باشد.

گر چنان گشتی که اُستا خواستی خویش را و خویش را آراستی ۲۵۹۷

اگر آن چنانکه استاد می‌خواست، می‌شد، خود و نزدیکان را به معارف می‌آراست.

هر که از اُستا گریزد در جهان او ز دولت می‌گریزد، این بدان ۲۵۹۸

این را بدان که گریختن از استاد، گریختن از بخت و اقبال است.

پیشه‌یی آموختی در کسبِ تن چنگ اندر پیشهٔ دینی بزن ۲۵۹۹

پیشه‌ای را برایِ منافعِ دنیوی آموخته‌ای، برای دین و ایمان هم کاری بکن.

در جهان پوشیده گشتی[5] و غنی چون برون آیی از اینجا، چون کُنی؟ ۲۶۰۰

در این دنیا با مال و منالی، توانگر شدی و خود را با زرّ و زیور پوشاندی، هنگامی که از این جهان بروی، چه می‌کنی؟

---

۱ - **شهان** : شاهان عالم معنا، مردان حق. ۲ - **صَفْع** : سیلی، سیلی زدن.
۳ - **خلعت و دولت** : عزّت و بخت و اقبال. ۴ - مصراع دوم: در پناه روح، جسم هم متعالی می‌شود.
۵ - **پوشیده گشتی** : با مال و زر و زیور واقعیتِ خود را پوشاندی، نعمت‌ها کمبودهایت را ظاهراً پوشاند.

پیشه‌یی آموز کاندر آخرت   اندر آید دخلِ کسبِ مغفرت ۲۶۰۱

پیشه‌ای بیاموز که ثمرهٔ آن بخشایش الهی در جهان آخرت باشد.

آن جهان شهری‌ست پر بازار و کسب   تا نپنداری که کَسْب اینجاست حَسْب[1] ۲۶۰۲

در آن جهان هم بازارها و خرید و فروش‌هایِ بسیار است، گمان نکن کسب فقط در همین دنیاست.

حق تعالی گفت: کین کسبِ جهان   پیشِ آن کسب است لعبِ کودکان[2] ۲۶۰۳

حق تعالی فرمود: کسبِ دنیوی در تقابل با کسبِ آخرت، همانند بازی کودکان است.

همچو آن طفلی که بر طفلی تَنَد[3] **   شکلِ صحبت کُن**[4] **مِساسی**[5] **می‌کند** ۲۶۰۴

مانندِ کودکی که خود را به طفل دیگری می‌چسباند و شبیه کسی که در حال آمیزش است، خود را به او می‌مالد.

کودکان سازند در بازی دکان   سود نَبْوَد جز که تعبیرِ زمان ۲۶۰۵

کودکان که در بازی دکان می‌سازند و به خرید و فروش می‌پردازند، سودی جز وقت‌گذرانی نمی‌برند.

شب شود، در خانه آید گُرسنه   کودکان رفته، بمانده یک تنه ۲۶۰۶

شب، کودک تنها و گرسنه به خانه باز می‌گردد؛ زیرا دیگر کودکان همه رفته‌اند.

این جهان بازی‌گه است و مرگْ شب   باز گردی کیسه خالی، پُر تَعَب[6] ۲۶۰۷

این جهان، «سرای بازی» و فرارسیدن مرگ، شبانگاه است که از این بازی غافلانه خسته و کوفته با کیسه‌ای تهی باز می‌گردی.

کسبِ دین عشق است و جذبِ اندرون   قابلیَّت نورِ حق را، ای حَرون[7] **!** ۲۶۰۸

ای سرکش، ثمرهٔ دین، عشق و محبّت به خالق هستی است که آدمی بنا به قابلیّت بتواند انوار الهی را جذب کند.

---

۱ - **حَسْب** : فقط، تنها، منحصراً.

۲ - اشارتی قرآنی؛ عنکبوت : ۶۴/۲۹ : وَ ما هذهِ الْحَیاةُ الدُّنْیا إلاّ لَهْوٌ وَ لَعِبٌ وَ إنَّ الدّارَ الآخِرةَ لَهِیَ الحَیَوانُ لَوْ کانُوا یَعْلَمُونَ : و نیست این زندگانی دنیا مگر سرگرمی و بازی، و همانا سرای آن جهان، زندگی جاودانی است اگر می‌دانستید. همچنین در محمّد : ۳۶/۴۷ و حدید : ۲۰/۵۷ ، دنیا لهو و لعب خوانده شده است.

۳ - **تَنَد** : می‌چسباند. ۴ - **صحبت‌کُن**: جماع‌کننده. ۵ - **مِساس** : لمس کردن.

۶ - **تعَب** : رنج و محنت و ماندگی. ۷ - **حَرون** : سرکش.

کسبِ فانی خواهدت این نَفْسِ خس   چند کسبِ خس کُنی؟ بگذار بس ۲۶۰۹

«نفس امّارهٔ»، خواهان کسبِ فناپذیر است، تا کی به کسبِ چیزهایِ بی‌قدر می‌پردازی؟ بس است.

نَفْسِ خس گر جویدت کسبِ شریف   حیله و مکری بُوَد آن را ردیف ۲۶۱۰

نَفْسِ پست اگر طالب کسبِ والا باشد، بی‌شک در آن حیله و مکری انگیخته است.

بیدار کردنِ ابلیس معاویه را که خیز وقت نمازست[۱]

معاویه در قصر خویش خوابیده و درها را به روی خود بسته بود. به ناگاه کسی او را از خواب بیدار کرد. با تعجّب به اطراف نگریست و مردی را دید که چهرهٔ خود را پشت پرده نهان داشته بود. از وی پرسید: تو کیستی و چرا مرا بیدار کردی؟ مرد پاسخ داد: من شیطان هستم. تو را بیدار کردم چون وقت نماز به آخر رسیده است و تو باید به مسجد بروی.

معاویه که نمی‌توانست بپذیرد شیطان، آدمی را به خیر رهنمون باشد، سخن او را رد کرد و خواهان حقیقت امر شد. در نتیجه میان آن دو بحث درگرفت.

در احتجاج میان شیطان و معاویه، اُمّهات اندیشهٔ صوفیانه در مورد شیطان و آنچه که در فرهنگ دینی در ارتباط با او مطرح شده است، تصویر می‌شود و در طیِّ آن عمده دفاعیّات شیطان به لحاظ عقلی و نظری این است که خالقِ نظامِ هستی، طرحی را از پیش درافکنده است و نقش او که چیزی جز یک مهره در نظامِ آفرینشِ انسان نیست، عصیان و تمرّد بوده

---

۱ - مأخذ آن احتمالاً می‌تواند حکایتی که در قصص الانبیاء ثعلبی، ص ۳۶ آمده است و مضمون آن مشابهتی با روایت مثنوی دارد، باشد و نظیر آن حکایت دیگری در البیان و التبیین، ج ۳، ص ۱۰۱ و در کتاب تلبیس ابلیس، ص ۱۳۸ با مختصر اختلافی در عبارت دیده می‌شود. ظاهراً حدیثی که در حلیة الاولیاء، ج ۳، ص ۳۳۵ نقل شده در ترکیب این حکایت مؤثّر بوده و ما ترجمهٔ آن را می‌آوریم: شیطان گناه را زیبا جلوه می‌دهد تا انسان به گناه آلوده شود؛ امّا وی از گناهی که کرده بیزار می‌گردد و به پیشگاه خداگریه و زاری و اظهار عجز می‌کند. در نتیجه خداوند نه تنها آن گناه، بلکه گناهان قبلی او را نیز می‌بخشد و این همان چیزی است که شیطان را پشیمان می‌کند. برای اینکه انسانی را وادار به گناه کرده؛ امّا در واقع سبب آمرزش همهٔ گناهان وی شده است! : احادیث، صص ۲۲۱ و ۲۲۲.
ممکن است مأخذ داستان خواب معاویه مربوط باشد به صدای ناقوس کلیسای نصاریٰ در شام، که گویند وقتی معاویه را بیدار کرد و کس به قیصر روم فرستاد که صدای ناقوس را موقوف دارند، در این صورت صدای ناقوس نزد مخالفان نصاری از آن جهت که مزاحمتی برای خلیفه ایجاد کرد، همچون صدای ابلیس تلقّی گشته که اتّفاقاً موجب خیر و مانع فوت نماز خلیفه شده است. همچنین گفت و شنود ابلیس و معاویه از پاره‌ای جهات شبیه است به آنچه در عَرَفات بین شِبلی و شیطان رفته و عطّار در خاتمه الهی‌نامه از آن یاد می‌کند: سّر نی، ج ۱، ص ۲۸۲.

است و همچنین در میان مباحث عقلی که مطرح می‌کند، بحث‌های روانشناختی را هم در میانه می‌آورد که آدمیان را عادت بر آن است که فرافکنی کنند و گناهی را که خود مرتکب شده‌اند به شیطان نسبت دهند، در حالی که او خود را محکِ افتراق حق از باطل می‌داند و خود را در مقامی نمی‌یابد که شأن آفرینندگی داشته باشد؛ پس گناه فرزندان آدم را او نمی‌آفریند و آنان خود فاعل زشتی‌های خویش‌اند.

در خبر آمد که خالِ[1] مؤمنان خفته بُد در قصر بر بستر سِتان[2] ۲۶۱۱

روایت کرده‌اند که معاویه در کاخ خویش به پشت بر بستری خوابیده بود.

قصر را از اندرون در بسته بود کز زیارت‌هایِ مردم خسته بود ۲۶۱۲

معاویه که از دیدار و ملاقات مردم خسته بود، دستور داد که درهای کاخ را ببندند.

ناگهان مردی وَرا بیدار کرد چشم چون بگشاد، پنهان‌گشت مرد ۲۶۱۳

ناگهان مردی او را از خواب بیدار کرد، چون معاویه چشم‌ها را گشود، آن مرد خود را مخفی‌کرد.

---

۱ - **خال**: نقطهٔ سیاه بر روی، مدیر و ناظم امور مردم، دایی. در اصطلاح صوفیان، خال عبارت از ظلمت معصیّت است که میان انوار طاعت باشد. همچنین وجود محمّدی را که هستی عالم است خال گویند.
نیکلسون در دفتر دوم از شرح مثنوی مولوی به نقل از ولی محمّد نوشته است: او به سبب این واقعیّت که خواهرش اُمّ حبیبه، به تزویج پیامبر(ص) در آمد و به عنوان بیوهٔ پیامبر(ص) مفتخر به لقب «اُمّ المؤمنین» گشت، «خال مؤمنان» نامیده شده است؛ امّا این توضیح نمی‌تواند قانع کننده باشد. **معاویه** فرزند ابوسفیان (۲۰ قبل از هجرت تا ۶۰ ه.ق) نخستین خلیفه از اُمویان که در سال هشتم هجری در روز فتح مکّه اسلام آورد و در جزو کاتبان رسول اکرم(ص) قرار گرفت. در زمان عمر به حکومت اردن منصوب شد؛ پس از مرگ برادرش، عمر حکومت دمشق را به او سپرد و عثمان امارت تمام شام را، چون عثمان کشته شد؛ حضرت علی(ع) او را عزل کرد؛ امّا معاویه نپذیرفت و به خونخواهی عثمان برخاست و علی(ع) را متّهم به قتل وی کرد، سرانجام در جنگ صفّین (سال ۳۷ ه. ق) که بین لشکریان علی(ع) و طرفداران معاویه رخ داد به حیلهٔ عمرو بن عاص، بین طرفداران حضرت علی(ع) اختلاف رخ داد و دست از جنگ کشیدند و امر به داوری موکول شد، باز هم نیرنگ عمرو بن عاص که به عنوان داور از طرف معاویه تعیین شده بود، کارگر واقع شد و توانست ابوموسی اَشعَری، داور علی(ع) را بفریبد و حکمیّت به نفع معاویه پایان یافت و در شام به امارت خویش باقی ماند؛ پس از شهادت علی(ع) و صلحِ حسن بن علی(ع) با معاویه در سال ۴۱ ه. ق، خود را رسماً خلیفهٔ مسلمین خواند و پس از نوزده سال در دمشق وفَات یافت. نوشته‌اند که معاویه کاخی به نام الخضراء (کاخ سبز) در دمشق ساخته بود، از اباذر که به راستگویی شهره بود پرسید: این کاخ را چگونه می‌بینی؟ گفت: اگر از مال دیگران ساختی، خیانت کردی، اگر از مال خودت ساختی، اسراف کردی: تاریخ تمدّن اسلام، جرجی‌زیدان، ص ۲۲۶.

۲ - **سِتان**: بر پشت خوابیده.
در متن کهن چنین است: «در خبر آمد که آن مُعَاویه / خُفته بُد در قصر در یک زاویه» در مقابله اصلاح کرده‌اند.

گفت: اندر قصر کس را ره نبود   کیست کین گستاخی و جُرأت نمود؟ ۲۶۱۴

اندیشید که درها بسته است و کسی نمی‌تواند وارد شود. این شخص کیست که جرأت چنین گستاخی را داشته است؟

گِرد برگشت و طلب کرد آن زمان   تا بیابد زآن نهان گشته نشان ۲۶۱۵

بلافاصله اطراف را جست‌وجو کرد تا از شخصی که پنهان شده بود نشانی بیابد.

او پسِ در مُدبِری[1] را دید کو   در پسِ پرده نهان می‌کرد رُو ۲۶۱۶

معاویه در آن سوی در، موجود بدبختی را دید که صورت خود را مخفی می‌کرد.

گفت: هی! تو کیستی؟ نامِ تو چیست؟   گفت: نامم فاش ابلیسِ شقی[2]ست ۲۶۱۷

گفت: کیستی؟ نام تو چیست؟ گفت: فاش و بی‌پرده می‌گویم که نامم ابلیس بدبخت و بیچاره است.

گفت: بیدارم چرا کردی به جِد؟   راست گو با من، مگو بر عکس و ضِد ۲۶۱۸

گفت: چرا به اصرار بیدارم کردی؟ حقیقت را بگو و سخنی بر خلاف و وارونه نگو.

از خر افکندن[3] ابلیس معاویه را و روپوش و بهانه کردن و جواب گفتن معاویه او را

گفت: هنگامِ نماز آخر رسید   سوی مسجد زود می‌باید دوید ۲۶۱۹

ابلیس گفت: آخر وقت نماز گزاردن به پایان رسیده است، باید به سرعت به سوی مسجد رفت.

عَجِّلُوا الطّاعاتِ قَبْلَ الفَوْت[4] گفت   مصطفی، چون دُرِّ معنی می‌بسُفت[5] ۲۶۲۰

مصطفی(ص) به بهترین وجه حقّ مطلب را ادا کرده و گفته است که قبل از فوت وقت برای ادای طاعات و عبادات بشتابید.

گفت: نی نی، این غرض نَبْوَد تو را   که به خیری رهنما باشی مرا ۲۶۲۱

معاویه گفت: نه نه، مقصود تو این نیست که مرا به امر خیری رهنمون باشی.

---

۱ - **مُدبِر** : بدبخت.   ۲ - **شقی** : بدبخت.   ۳ - **از خر افکندن** : گمراه کردن.

۴ - اشاره است به حدیث: عَجِّلُوا الصَّلاةَ قَبْلَ الْفَوْتِ وَ عَجِّلُوا التَّوْبَةَ قَبْلَ الْمَوْتِ. برای اقامهٔ نماز بشتابید قبل از آنکه وقت را از دست بدهید و برای توبه‌کردن نیز بشتابید قبل از آنکه مرگ فرا برسد: احادیث، ص ۲۲۳.

۵ - **دُرّ معنی سفتن** : حقّ مطلب را ادا کردن.

دزد آیـــد از نـــهان در مسکـــنم   گـــویدم کــه: پــاسبانی مــی‌کنم ۲۶۲۲
تو مانندِ دزد مخفیانه به خانه‌ام آمدی و می‌گویی از تو و خانه پاسبانی می‌کنم.

مــن کــجا بــاور کــنم آن دزد را؟   دزد کِــی دانــد ثــواب و مُـزد را؟ ۲۶۲۳
من چگونه سخنان آن دزد را باور کنم؟ رهزن جان و مال مردم چه اعتقادی به پاداش و مزدِ معنوی دارد.

باز جواب گفتن ابلیس مُعاویه را

گــفت: مــا اوَّل فــرشته بـوده‌ایـم   راهِ طاعت را بـه جـان پـیموده‌ایـم ۲۶۲۴
ابلیس گفت: ما در روزگاران گذشته جزو فرشتگان بارگاه کبریا بوده‌ایم و با جـان و دل طاعات و عبادات را به جای می‌آورده‌ایم.

ســـالکانِ راه را مـــحرم بُــدیم   ســاکـنانِ عـرش را هـمدم بُـدیم ۲۶۲۵
ما محرمِ سالکانِ راه حق بودیم و با ساکنان عرش و کرّوبیان اُلفت همدمی داشتیم.

پـــیشهٔ اوّل کـــجا از دل رود؟   مــهرِ اوَّل کِـی ز دل بـیرون شـود؟ ۲۶۲۶
طاعاتِ نخست را چگونه می‌توانیم فراموش کنیم؟ عشق و محبّتی که از آغاز در دل جای گرفته است، چگونه از دل برود؟

در ســفر گــر رُوم بـینی یـا خُـتَن[1]   از دلِ تــو کِــی رود حُبُّ آلوطـن؟ ۲۶۲۷
اگر هنگامِ سفر روم یا خُتَن را ببینی کی مهر و محبّتِ وطن از دلِ تو می‌رود؟

ما هم از مستانِ ایـن مـی بـوده‌ایـم   عـــاشقانِ درگــهِ وی بــوده‌ایــم ۲۶۲۸
ما هم از این می سرمست بوده‌ایم و از عاشقان درگاه وی به شمار می‌رفته‌ایم.

نــافِ مــا بــر مـهرِ او بُـبریده‌انـد   عشــقِ او در جـانِ مـا کـاریده‌انـد ۲۶۲۹
ما با مهرِ او سرشته شده‌ایم. عشق او را در اعماق دل و جان ما به ودیعت نهاده‌اند.

---

۱ - خُتَن: شهر معروف در ترکستان چین.

روزِ نیکو دیده‌ایم از روزگار   آبِ رحمت خورده‌ایم اندر بهار ۲۶۳۰

در روزگاران گذشته، روزهای خوشی را دیده‌ایم و در بهار عمر خود که جزو مقرّبان درگاه بوده‌ایم، رحمت الهی شامل حال ما شده است.

نی که ما را دستِ فضلش[1] کاشته‌ست؟   از عدم ما را نه او برداشته‌ست؟[2] ۲۶۳۱

مگر نه این است که بذر وجود ما به دست قدرت خداوند، در مزرعهٔ هستی پاشیده شده و ما را از نیستی به عرصهٔ هستی آورده است؟

ای بسا کز وی نوازش دیده‌ایم   در گلستانِ رضا گردیده‌ایم ۲۶۳۲

چه نوازش‌ها که از او دیده‌ایم و چه گردش‌ها که در گلستان رضای الهی داشته‌ایم.

بر سرِ ما دستِ رحمت می‌نهاد   چشمه‌هایِ لطف از ما می‌گُشاد[3] ۲۶۳۳

دست رحمت را که بر سر ما می‌نهاد، وجودِ ما چشمه‌های جوشان لطف الهی می‌شد که بر بندگان جریان می‌یافت.

وقتِ طفلی‌ام که بودم شیرجو   گاهوارم را که جنبانید؟ او ۲۶۳۴

در آن هنگام که طفلی شیرخواره بودم، چه کسی جز او گهواره‌ام را به مهر تکان می‌داد؟

از که خوردم شیر غیرِ شیرِ او؟   که مرا پرورد جز تدبیرِ او؟ ۲۶۳۵

جز شیر لطف او شیرِ چه کسی را خورده‌ام؟ جز تدبیر او چه کسی مرا پرورده است؟

خوی کآن با شیر رفت اندر وجود   کِی توان آن را ز مردم واگشود؟ ۲۶۳۶

خوی و خصلتی را که با شیر در وجود و سرشت آمیخته شود، چگونه می‌توان آن را از کسی گرفت؟

گر عِتابی[4] کرد دریایِ کرم   بسته کِی کردند درهایِ کَرَم؟ ۲۶۳۷

اگر آن دریای بخشش خشم گرفت و ملامتم کرد، درهای کَرَم الهی را که نبسته‌اند.

اصلِ نقدش داد و لطف و بخشش است   قهر بر وِیْ چون غباری از غِش[5] است ۲۶۳۸

اصلِ عطایِ او لطف و داد و بخشش است، قهر مانندِ غباری ظریف رویِ آن قرار گرفته است.

---

۱ - **فضل** : بالاترین مرتبهٔ لون حق.   ۲ - مصراع دوم: آفریده است، از نیستی به هستی آورده است.

۳ - «حق تعالیٰ مرا سبب شد تا صفاتی از قبیل: جمال، لطف و رحمت او را عیان سازم. مانند: عصا زدن بر سنگ تا از آن آب بیرون جهد. بقره : ۶۰/۲.» : شرح مثنوی مولوی، دفتر دوم، ص ۸۴۶   ۴ - **عِتاب** : خشم گرفتن.

۵ - **غِش** : کدورت.

از بـرای لطـفْ عـالم را بسـاخت ذرّه‌هـــا را آفــتابِ او نــواخت ۲۶۳۹

آفرینش عالَم و مخلوقات برای لطف بود و او از کَرَم به ذرّه‌ها عنایت کرد.

فُرقت، از قهرش اگر آبستن است بـهر قـدر وَصـل او دانسـتن است ۲۶۴۰

اگر قهر الهی سبب هجران شده، برای آن است که قدرِ ایّام وصل را بدانیم.

تا دهـد جـان را فِـراقش گـوشمال جـان بـدانـد قـدرِ ایّـامِ وصـال ۲۶۴۱

تا هجرانِ او جان را گوشمال دهد که قدر روزگار وصال را بداند.

گفت پیغمبر کـه حـق فـرموده است قصدِ من از خلق، احسان بوده است[1] ۲۶۴۲

پیامبر(ص) گفت که خداوند فرموده است: هدف من از آفرینش، نیکی بوده است.

آفــریدم تــا ز مـــن سـودی کُـنند تــا ز شــهدم دست آلودی کــنند ۲۶۴۳

آن‌ها را آفریدم تا از من بهره یابند و هستی‌شان با شهدِلطفِ الهی آمیخته شود.

نــه بــرای آنکــه تـا سـودی کـنم وز بــرهنه مــن قــبایی بــر کَـنَم ۲۶۴۴

برای آن نبود که خود بهره ببرم و از برهنه قبایی بگیرم.

چـند روزی کـه ز پـیشم رانـده است چشم من در رویِ خوبش مانده است ۲۶۴۵

اگر پروردگار چند صباحی مرا از درگاه خـویش رانـده، چشـمِ مـن هـمچنان در جـمال بی‌همتای او مانده است.

کز چنان رویی چنین قهر، ای عجب! هــر کسـی مشغول گشـته در سـبب ۲۶۴۶

که چگونه از چنان جمالی، چنین قهری ممکن است؟ هر کسی برای قهر و غضبِ الهی او، با پندار خویش علّت و سببی را می‌یابد.

من سبب را ننگرم کآن حادث است زانکه حادث حادثی را باعث است ۲۶۴۷

من به «سبب» که حادث است، توجّهی ندارم؛ زیرا هر حادث به سبب حادث دیگری به وجود می‌آید و چون حادث، «قدیم» نیست، چگونه می‌توانـد مـوجبِ اثـری قـدیم شـود؟ سجده نکردن من امری حادث است و رانده شدن من هم حادث است و می‌گذرد.

---

۱ - اشاره به حدیث قدسی: إِنَّما خَلَقْتُ الْخَلْقَ لِيَرْبَحُوا عَلَيَّ وَ لَمْ أَخْلُقْهُمْ لِأَرْبَحَ عَلَيْهِمْ: مردم را خلق کردم تا از من بهره‌مند شوند و خلقشان نکردم برای اینکه من از آنان بهره گیرم: احادیث، ص ۱۹۹.

لطفِ سابق[۱] را نظاره می‌کُنم هر چه آن حادث، دوپاره می‌کُنم[۲] ۲۶۴۸

به لطفِ «سابق» او نظر دارم و به «قهر» که «حادث» است، کاری ندارم.

ترکِ سجده از حسد گیرم که بود آن حسد از عشق خیزد، نه از جُحود[۳] ۲۶۴۹

اگر هم از حسادت سجده نکردم، حسد از عشق برخاسته است، نه انکار.

هر حسد از دوستی خیزد یقین که شود با دوستْ غیری همنشین ۲۶۵۰

همواره حسد ناشی از محبّت است، اگر محبوب با دیگری همنشین شود، رشک می‌ورزد.

هست شرطِ دوستی غیرتْ پَزی[۴] همچو شرطِ[۵] عطسه، گفتن: دیر زِي[۶] ۲۶۵۱

شرط محبّت و دوستی غیور بودن نسبت به دوست است، همان‌طور که بنا به رسم متعارَف، پس از عطسه می‌گویند: عافیت باشد، جوششِ غیرت در دوستی نیز عافیت و سلامتِ دوستی را می‌طلبد و این «غیرت»، «غیر» را بر نمی‌تابد.

موضوع شایستهٔ توجّهی که در آثار گروهی از بزرگان صوفیّه دیده می‌شود،[۷] کوششی است که در دفاع از **ابلیس** و توجیه نافرمانی او کرده‌اند. در اقوال منسوب به برخی از عارفان دوره‌های اوّلیّهٔ اسلامی، گه‌گاه نکات و عباراتی که حاکی از همدلی و همدردی با ابلیس، حسن نظر نسبت به او، کوچک شمردن گناه او، و حتّی اثبات بی‌گناهی اوست، دیده می‌شود. از قول **حسن بصری** آورده‌اند که گفت: «**انّ نور ابلیس من نار العزّة**» و اگر نور خود را به خلق ظاهر کند به خدایی پرستیده می‌شود.[۸] **ذوالنّون مصری** از طاعات و عبادات بی‌تزلزل و کمال اخلاص او در بندگی با تحسین یاد می‌کند.[۹] **بایزید بسطامی** بر حال او دل می‌سوزاند و برای او طلب بخشایش می‌کند.[۱۰]

جنید از استدلال او بر اینکه جز خدای را سجده کردن نارواست در شگفت می‌ماند.[۱۱] **ابوبکر واسطی** گوید که راه رفتن از ابلیس باید آموخت که «در راه خود مرد آمد».[۱۲] **سهل تستری** از سخن گفتن او در علم توحید به حیرت می‌افتد.[۱۳]

ابوالعباس قصاب سنگ انداختن بر ابلیس را دور از جوانمردی می‌شمارد و او را شایستهٔ مقام بزرگ در قیامت می‌داند.[۱۴]

امّا نخستین کسی که گستاخانه و با بی‌باکی تمام و بر خلاف عقاید رایج و مشهور به تقدیس ابلیس و تکریم احوال و اعمال او پرداخت **حسین بن منصور حلّاج** بود. البته در همان دوران درمیان صوفیّه و بیرون از دایرهٔ اهل

---

۱ - **لطفِ سابق**: لطف ازلی و اشاره به حدیث: رحمت من بر غضبم پیشی گرفته است: احادیث، ص ۱۱۴.

۲ - **دوپاره می‌کنم**: اینجا توجّه نمی‌کنم. ۳ - **جُحود**: انکار. ۴ - **غیرت پزی**: به جوش آمدن غیرت.

۵ - در هامش به جای «شرط»، «بعد» نوشته شده است. ۶ - **دیر زِي**: عافیت باشد.

۷ - دایرةالمعارف بزرگ اسلامی، ص ۶۰۰. ۸ - تمهیدات، عین‌القضاة همدانی، ۲۱۱. ۹ - میبدی، ۱۶۰/۱.

۱۰ - تذکرة الاولیا، عطّار، ۱۵۸/۱. ۱۱ - همان، ۱۴/۲. ۱۲ - همان، ۲۷۲/۲-۲۷۱. ۱۳ - همان، ۲۵۸/۱.

۱۴ - همان، ۱۸۶/۲.

تصوّف دربارهٔ علّت عصیان ابلیس توجیهات و تصوّرات دیگری نیز اظهار شده بود که با آرای متشرّعان و حتّی با عقاید عامهٔ صوفیّه در این‌باره مغایرت آشکار داشت. **باطنیه** معتقد بودند که زمان به شکل دوره‌هایی به هم پیوسته و به تناوب، چون شب و روز، و در پی هم می‌گذرد. یک دوره «**دور کشف**» است که در آن حقیقت اسرار الهی آشکار و باطن شرع بر آن حاکم است. دور دیگر «دور سِتر» است که در آن حقایق پوشیده است و ظواهر شرع بر آن حکومت دارد. دور حاضر، دور ستر است، و ابلیس که پیش از این، در دور کشف، حقایق اسرار و باطن امور را به عیان دیده است، در این دور در حجاب رفتن را با شأن خود سازگار نمی‌بیند و به احکام دور ستر تن در نمی‌دهد. لاجرم کارش به عصیان می‌کشد و آدم را که برای دور ستر در وجود آمده و از خوردن گندم، یعنی وقوف به «**علم قیامت**» منع شده است، می‌فریبد و از اسرار دور کشف و علم قیامت باخبر می‌سازد.

این‌گونه اقوال و اشارات گرچه با مضامین آیات قرآنی و احادیث و اخبار معتبر چندان سازگار نیست، لیکن با نوعی احتیاط همراه است و از گستاخی، و حِدّتی که در سخنان حلاّج و پس از او در گفته‌های کسانی چون **احمد غزّالی** و **عین‌القضاة همدانی** در دفاع از ابلیس دیده می‌شود، خالی است؛ امّا این جریان خاصّ که برجسته‌ترین نمایندهٔ آن حلاّج است و روشن‌ترین جلوه‌های آن در آثار عین‌القضاة منعکس است، دارای سوابقی است که بسیاری از آن‌ها را می‌توان در اوضاع و احوال فکری دوره‌های پیش و اقوال و نظریات اصحاب علم و دین و عرفان آن ادوار جست‌وجو کرد. بحث دربارهٔ **جبر و اختیار**، **قضا و قدر** و اصل **خیر و شر** از دیرباز در میان مسلمانان جریان داشته و احادیث و اخبار نشان می‌دهد که از همان آغاز، گرایش به سوی نوعی جبر بر محیط فکری و اعتقادی مسلمانان غلبه داشته است، و بعضی از علمای دین ابلیس را از قَدَریه برتر و عالم‌تر می‌شمردند؛ زیرا قَدَری گناه و خطای خود را به نَفْس خود نسبت می‌دهد؛ ولی ابلیس با گفتن «اغویتنی» اغوا و اضلال را از خدا می‌داند.[۱] این تمایل که بر اعتقاد به تقدیر الهی و قضای ازلی مبتنی است، در میان زهّاد اوّلیّه و نخستین صوفیان نیز مشهود بوده است و بسیاری از اصول نظری صوفیّه بر این اساس مبتنی است. از این دیدگاه هیچ امری در عالم وجود، بیرون از تقدیر و مشیّت خداوند نیست، و سعادت و شقاوت، هر دو در دست اوست، و طبعاً وجود ابلیس، افعال او و احوال او نیز همه در حقیقت خواسته و آفریدهٔ خداست. ابلیس خود می‌داند که در بند تقدیر ازلی است و از آن گزیری ندارد. اگر یقین داشت که با سجود به آدم نجات خواهد یافت، هر آینه چنین می‌کرد؛ امّا می‌دانست که حتّی اگر از دایرهٔ مشیت بیرون آید، از دایره‌های حکمت و قدرت و علم قدیم راه بیرون نتواند برد.[۲]

حلاّج از زبان او می‌گوید: «من خود در کتابی مبین خوانده بودم که بر من چه خواهد گذشت»[۳]، «اگر غیرِ تو را سجده کنم یا نکنم، مرا از بازگشت به اصل چاره نیست؛ زیرا که مرا از آتش آفریدی و بازگشت آتش به آتش است، و تقدیر و اختیار از توست»[۴]. ابلیس اراده و اختیار خود را از خود نمی‌داند، و خداوند است که او را به سجود به آدم امر و از آن منع می‌کند: «اختیارات به تمامی، و اختیار من، همه با توست و تو از بهر من اختیار کردی. اگر بازداشتی مرا از سجود به او، بازدارنده تویی... و اگر می‌خواستی که او را سجده کنم، فرمانبردارم.»[۵] نکاتی که در گفته‌های حلاّج دیده می‌شود در اقوال و آثار برخی از صوفیان دوره‌های بعد چون **خواجه عبدالله انصاری**، **سنایی**، **احمد غزّالی**، **عین‌القضاة**، **عطّار** و **مولوی** بسط و گسترش یافته و گاهی با لحنی بسیار تند و ملامت‌آمیز، چون این گفتهٔ

۱ - میبدی، ۵۶۹/۳-۵۶۸. ۲ - حلاّج، ص ۵۶. ۳ - همان، ص ۵۲. ۴ - همان، ص ۴۴.
۵ - حلاّج، ص ۵۳.

عین‌القضاة، بیان شده است: «گیرم که خلق را اِضلال ابلیس کند، ابلیس را بدین صفت که آفرید... دریغا، گناه خود همه از اوست، کسی را چه گناه باشد؟ خدایا این بلا و فتنه از توست، و لیکن کس نمی‌یارد چخیدن».[۱]

از این روی «اراده ازلی» بر چیز دیگر بود و «امر» الهی بر چیز دیگر. «چنانک **ابراهیم** را فرمود که حلق **اسماعیل** ببر، و خواست کی نبرد».[۲] و یا چنانکه یوسف، بنیامین را به دزدی متّهم کرد، ولی در باطن از این اتّهام قصد دیگری داشت.[۳] شاید حلاّج نخستین کسی باشد که از این عقیدهٔ اشعریان، دایر بر جدا بودنِ «اراده» از «طلب» و «امر» برای تبرئهٔ ابلیس بهره گرفته است؛ امّا پس از او **ابوطالب مکی** در این باره به بحث و نظر پرداخت.[۴]

تقابل میان اسماء جلالی و جمالی در آرای عرفانی ابن‌عربی و پیروان او هم دیده می‌شود و یکی از مهم‌ترین مباحث نظری آن مکتب است. در آنجا هم ابلیس مظهر اسماء جلالی و صفات قهر و غضب و اِضلال است. مولوی نیز از تقابل قهر و لطف سخن می‌گوید و برای بیان آن از مفاهیمِ متضاد و متخالفی چون «نور و ظلمت» و «دو عَلَم سیاه و سپید» و نظایر آن‌ها استفاده می‌کند.

در **طواسینِ** حلاّج، ابلیس چون موحدی بزرگ که غرقهٔ دریای وحدت است، و چون عاشقی صادق و پاکباز که جز معشوق هیچ نمی‌بیند و هیچ نمی‌شناسد، تصویر شده است: او را گفتند: «سجده کن»، گفت: «**لا غیر**». گفتند: «**و ان علیک لعنتی الی یوم الدین**»، بازگفت: «**لا غیر**»، اگر ابدالاباد مرا به آتش عذاب کنند، جز او را سجده نکنم و دلیل کسی نشوم و ضدّ و نِدّی برای او نشناسم.

از مجموع این مطالب چنین بر می‌آید که مسألهٔ **عصیان ابلیس** وکوشش در تبرئهٔ او از سدهٔ ۴ ق / ۱۰ م و مقارن روزگار حلاّج تا دو سه قرن به صورت یک جریان فکری خاص در میان عرفای ایران مطرح بوده و همچنانکه گروهی را به خود جذب و جلب می‌کرده، گروهی را نیز به مخالفت بر می‌انگیخته است.

و در شعر صوفیانهٔ فارسی، خصوصاً در منظومه‌های عطّار و مثنوی مولوی و غزلیّات او با بیان شاعرانه در آمیخت و رنگ و جلای ذوقی و عارفانه به خود گرفت. پایداری و وفاداری ابلیس در عشق در عین مطرودی و مهجوری؛ کشیدن گلیم سیاه لعنت بر دوش و طوق ملامت و مذلّت بر گردن و هر دو را به جان خریدن؛ برابر شمردن لطف و قهر، رحمت و لعنت، جفا و وفا از آن روی که همه از دوست می‌رسد، این‌ها و ده‌ها مضمون و اشارهٔ دیگر که گاه به تنهایی و گاه در قالب تمثیل و حکایت عرضه می‌شود، وسیلهٔ بیان معانی بلند اخلاقی و توضیح نکات دقیق عرفانی قرار گرفته و به شعر عرفانی فارسی سده‌های ۶ و ۷ ق رونق خاص بخشیده است.

این گونه دفاع ستایش‌آمیز از ابلیس و توجیه عصیان او، گرچه گاهی بسیار تند و گستاخانه به نظر می‌رسد، در حقیقت برخاسته از ماهیّت شدیداً توحیدی اسلام است. مبانی اعتقادی و فکری اسلام بر توحیدی بی‌چون و چرا مبتنی است و مفهومِ الوهیّت در این دین و تأکید شدید آن از جمیع جهات بر وحدانیّت ذات «الله» چنان است که به هیچ روی نمی‌توان اراده و قدرتی در برابر اراده و قدرت او و فعل دیگری در برابر فعل او تصوّر کرد و بنا بر این اصول، طبعاً ابلیس مخلوقی از مخلوقات خداوند است، و افعال او نیز خارج از ارادهٔ مطلق الهی نتواند بود؛ امّا اینکه چرا این گونه تفکّر دربارهٔ ابلیس در ایران و در میان گروهی از صوفیّه و عرفای ایرانی رشد و بسط می‌یابد، نکته‌ای

---

۱ - تمهیدات، عین‌القضاة، صص ۱۸۹-۱۸۸. ۲ - هجویری، ۳۲۴. ۳ - تمهیدات، ۲۲۶.

۴ - قوت القلوب، ۲۶۲/۱-۲۶۰.

است که شایستهٔ توجّه و تأمّل بیشتری است. در میان مردمی که سابقهٔ ذهنی دیرینه با جهان شناسی و جهان‌بینیِ ثنوی داشتند، و در اعماقِ اندیشهٔ آنان رسوباتی از عقایدِ مبتنی بر مقابله و مخاصمه دو اصل قدیم «نور و ظلمت» و «خیر و شر» باقی مانده بود، ابلیس به آسانی می‌توانست جای اهریمن را بگیرد و به موجودی مطلقاً «ضدّ خدا»، مستقل و جدا از اراده و قدرت او، دشمن سرسخت و خودمختار او، و خالق و فاعلِ همه شرور، مبدّل شود؛ امّا در افکار و اقوال این گروه از متفکّران صوفیّه (چنانکه در حکمتِ اِشراق) دوگانگی نور و ظلمت به یگانگی نور الهی تبدیل می‌شود. در اینجا ابلیس مظهر صفاتِ قهر و جلال الهی است؛ محکومِ سرّ قَدَر و حکمت ازلی است؛ موحّدی است که عصیانش برای گریز از شرک است؛ عاشقی است که از فرطِ عشق و غیرت، نافرمانی می‌کند؛ بنده‌ای است که چون در امر، نیّت و ارادهٔ دیگری می‌بیند، درد و بلای ذلت و حرمان و لعنت و ملامت را به جان می‌خرد؛ امّا با این همه از رحمت و عنایتِ پروردگار و از سابقهٔ لطفِ ازل ناامید نیست؛ زیراکه رحمتِ الهی همه چیز را در بر می‌گیرد.[1]

چونکه بر نَطعش[2] جز این بازی نبود　　　گفت: بازی کن، چه دانم در فزود؟ ۲۶۵۲

چون در عرصهٔ شطرنجِ هستی، حرکتی جز تمرّد برای من نبود، آن نقش را بازی کردم و از فرمان سرپیچیدم، چه چیزی می‌توانستم به آن بازی بیفزایم؟

آن یکی بازی که بُد، من باختم　　　خویشتن را در بلا انداختم ۲۶۵۳

و در این ماجرا بازنده شدم و خود را به بلا مبتلا ساختم.

در بلا هم می‌چَشَم لذّاتِ او　　　ماتِ اویم، ماتِ اویم، ماتِ او ۲۶۵۴

اینک در بلا هم لذّات او را می‌چشم و در این حال نیز ماتِ اویم، ماتِ اویم، ماتِ اویم.

چون رهانَد خویشتن را ای سَره[3]　　　هیچ کس در شش جهت از ششدره[4]؟ ۲۶۵۵

ای مرد پاک، آیا کسی که در شش جهتِ طبیعت محبوس است، می‌تواند خود را از این عالم برهانَد؟

جُزوِ شش از کُلِّ شش[5] چون وارهد؟　　　خاصه که بی‌چون مر او را کژ نهد[6] ۲۶۵۶

جزوِ ناچیزِ یک «کُلّ»، چگونه خود را از محدودهٔ قدرت و ارادهٔ «کلّ» وارهانَد، خصوصاً که او را در مکانی کژ جای دهد؟

---

۱ - میبدی، ۱۱۶/۱، ۷۵۹/۳-۷۵۷.

۲ - **نَطع** : بساط و فرش چرمین. مجازاً به معنی مطلق فرش و گستردنی چون نطع شطرنج. بساط چرمی که زیر پای شخص گناهکار که به شکنجه یا سر بریدن محکوم شده بود، می‌افکندند. ۳ - **سَرَه** : خالص و پاک.

۴ - **ششدره** : تختهٔ نرد و اصطلاح نرد، شش جهت عالم طبیعت، کنایه از عجز و تحیّر.

۵ - **کُلِّ شش** : عالم، هستی. ۶ - **کژ نهد** : اینجا شیطان‌صفت بیافریند.

۲۶۵۷ **هر که در شش[1] او درونِ آتش است　　　اُوش بِرْهانَد که خـلّاقِ شش است**

هرکس که در عالم هست، ممکن است همین آتش دامان او را هم بگیرد و تنها خالق می‌تواند نجاتش دهد.

۲۶۵۸ **خود اگر کفر است و گـر ایـمانِ او　　　دست‌بافِ[2] حـضرت است و آنِ او**

کفر یا ایمان، هر چه هست مخلوقِ قدرتِ خلّاقهٔ اوست و به او تعلّق دارد.

باز تقریر[3] کردنِ معاویه با ابلیس مکر او را

۲۶۵۹ **گفت امیر او راکه: این‌ها راست است　　　لیک بخشِ تو از این‌ها کاست است**

معاویه گفت: این‌ها راست است؛ امّا سهم تو این نیست که از دانش خود در جهت آگاهی و هدایت دیگران استفاده کنی، بهرهٔ تو در عالم هستی، گمراه کردن انسان‌هاست، سهم تو دوری است.

۲۶۶۰ **صد هزاران را چو مـن تـو ره زدی　　　حُـفره کـردی، در خـزینه[4] آمـدی**

صدها هزار نفر، همانند من را رهزنی کرده‌ای و با وسوسه به دلشان راه یافتی.

۲۶۶۱ **آتشـی، از تـو نسـوزم چـاره نـیست　　　کیست کز دست تو جامه‌ش پاره نیست؟**

تو مانندِ آتشی، سرشتت سوزاندن است و من باید از تو بسوزم، کیست که از دست تو جامه‌اش چاک‌خورده نیست؟

۲۶۶۲ **طبعت[5] ای آتش چو سوزانیدنی‌ست　　　تا نسوزانی تو چیزی، چاره نیست**

طبیعت تو سوزاندن است؛ زیرا از آتش خلق شده‌ای و آتش نمی‌تواند چیزی را نسوزاند.

۲۶۶۳ **لعنت[6] این باشد که سوزانت کـند　　　اوسـتادِ جـمله دُزدانت کـند**

لعنت خداوند این است که تو را آتشین آفریده و استادِ همهٔ رهزنان قرار داده است.

۲۶۶۴ **بـا خـدا گـفتی، شـنیدی، روبـه‌رو　　　من چه باشم پیشِ مَکْرت ای عدو؟**

ای دشمن غدّار، تو با خداوند روبه‌رو شدی و سخن گفتی، من در برابر نیرنگ تو چه هستم؟

۲۶۶۵ **معرفت‌هایِ تو چون بـانگِ صـفیر　　　بانگِ مرغان است لیکـن مـرغْ‌گـیر**

دانش‌هایِ تو مانندِ بانگِ صیّاد برای صید مرغان است که آنان را بفریبد.

---

۱ - **شش**: عالم.　۲ - **دست‌باف**: مصنوع، مخلوق.　۳ - **تقریر**: بیان.　۴ - **خزینه**: خزانهٔ دل.

۵ - **طبعت**: سرشتِ تو.　۶ - **لعنت**: بُعد، راندن، دورکردن خداوند بنده را از رحمتِ خود.

صد هـزاران مـرغ را آن ره زَدَه‌ست مــرغْ غَــرّه[1] کآشــنایی آمـده‌ست ۲۶۶۶

آن صفیر تا کنون رهزن صدها هزار پرنده شده و مرغان را فریب داده که این صدای آشنایی است.

در هوا چـون بشـنود بـانگِ صـفیر از هــوا، آیــد شــود ایـنجا اسیر ۲۶۶۷

مرغی که در حال پرواز است، چون آن بانگ صفیر را بشنود، فرود می‌آید و در دام اسیر می‌شود.

قومِ نوح[2] از مکرِ تـو در نـوحه‌انـد دل کباب و سینه شَرحه شَرحه‌اند[3] ۲۶۶۸

قوم نوح از نیرنگ تو نالان و گریان‌اند و دلی سوخته و سینه‌ای از رنج پاره پاره دارند.

عــاد[4] را تــو بـاد دادی در جـهان در فکــندی در عــذاب و اَنـدُهان ۲۶۶۹

قوم عاد را تو گرفتار باد صَرصَر کردی و آنان را به عذاب و اندوه مبتلا ساختی.

از تــو بـود آن سـنگسارِ قـومِ لوط در سـیاهابه ز تـو خـوردند غـوط[5] ۲۶۷۰

قوم لوط از فتنهٔ تو سنگسار شدند و در آب سیاه غوطه‌ور گشتند.

مــغزِ نــمرود[6] از تـو آمـد ریـخته ای هـــزاران فـــتنه‌ها انگــیخته ۲۶۷۱

مغزِ نمرود در اثرِ وسوسهٔ تو از هم پاشید، ای آنکه هزاران فتنه برپا کرده‌ای!

عــقلِ فـرعونِ[7] ذَکــیِّ فـیلسوف کور گشت از تو، نـیابید او وقـوف ۲۶۷۲

عقلِ فرعونِ باذکاوتِ فیلسوف به سببِ تو کور شد و نتوانست حقایق را دریابد.

بـولَهَب[8] هـم از تـو نـااهـلی شـده بوآلحَکَم[9] هم از تو بـوجهلی شـده ۲۶۷۳

ابولهب که عموی پیامبر(ص) و از خاندان او بود به سببِ تو نااهل شد، ابوالحکم هم با مکر و تزویر تو، ابوجهل شد.

---

۱ - **غَرّه** : فریفته، گول‌خورده. ۲ - **قوم نوح** : اشارتی قرآنی، اعراف: ۶۲/۷، ر.ک: ۱۴۱۰/۱.

۳ - **شرحَه شرحَه** : پاره‌پاره. ۴ - **قوم عاد** : ر.ک: ۸۵۸/۱.

۵ - **سنگسار قوم لوط** : اشارت قرآنی، هود: ۸۲/۱۱ و نمل: ۵۸/۲۷. ۶ - **نمرود** : ر.ک: ۱۱۹۴/۱.

۷ - **فرعون** : پادشاه مصر، مجازاً سرکش و متکبّر، ر.ک: ۹۲۵/۱ و ۲۴۵۷/۱.

۸ - **ابولهب** : عموی پیامبر(ص) که عداوت خاصّی نسبت به رسول خدا(ص) داشت. او به اتّفاق همسرش از هیچ‌گونه بدزبانی و کارشکنی مضایقه نداشتند. زبانی زشت داشت و در به کار بردن تعبیرات رکیک و زننده سرآمد تمام دشمنان پیامبر(ص) محسوب می‌شد. در سورهٔ مَسَد، ۱۱۱ به وی حملهٔ شدیدی شده است. عبدالله انصاری در تفسیر آیه اوّل این سوره می‌نویسد: بولهب شقی بود و کفر در شقاوت است، این کاری است رفته و بوده و در ازل پرداخته!

۹ - **ابوالحَکَم** : عَمرو بن هشام، از دشمنان سرسخت اسلام و حضرت محمّد(ص)، قریش او را ابوالحکم (صاحب خرد) می‌نامیدند و رسول خدا(ص) لقب او را به ابوجهل (پدر جهل) گردانید.

ای بـر ایـن شـطرنج بـهرِ یـاد را   مـات کـرده صد هـزار اُسـتاد را ۲۶۷۴

ای ابلیس، این تویی که در عرصهٔ شطرنج زندگی صدهزار استاد زبردست را مات کردی.

ای ز فـرزین[1] بـندهایِ مشکـلت   سـوخته دل‌هـا سـیه گشـته دلت ۲۶۷۵

ای ابلیس، این تویی که با نیرنگ‌ها و فریب‌ها، دل‌ها را سوزانده و دل خودت را نیز سیاه کرده‌ای.

بـحرِ مکـری تـو خـلایق قـطره‌یی   تو چو کوهی وین سَلیمان[2] ذرّه‌یـی ۲۶۷۶

تو دریایِ مکر و نیرنگی و مردم قطره‌اند. این خلقِ ساده‌لوح که گول می‌خورند، در برابر تو مانندِ ذرّه در مقابل کوه‌اند.

که رَهَد از مکرِ تو ای مُـخْتَصِم[3] ؟   غـرقِ طـوفانیم اِلاّ مَـنْ عَـصِم[4] ۲۶۷۷

چه کسی می‌تواند از نیرنگِ تو رهایی یابد؟ ما همه غرقِ توفان بلایا و خواسته‌هایِ نفسانی هستیم، مگر کسی را که خداوند حفظ کند و بِرَهاند.

بس ستارهٔ سـعد[5] از تـو مُـحتَرِق[6]   بس سپاه و جـمعْ از تـو مُـفْتَرِق[7] ۲۶۷۸

بسی افراد نیک‌بخت که ستارهٔ اقبالشان از تو نابود شده است و بسی از گروه‌ها و اجتماعات متّحد را که پراکنده و پریشان کرده‌ای.

باز جواب گفتنِ ابلیس معاویه را

گفت ابلیسش :گشای این عَـقْد[8] را   مـن مِـحَکِّم قـلب را و نـقد[9] را ۲۶۷۹

ابلیس گفت: این گِره را باز کن و بفهم که من، مانند محکِ تشخیصِ «حق» از «باطل»اَم. وظیفهٔ من آشکار کردنِ ماهیّتِ شماست، بدی‌ها را در شما نمی‌آفرینم.

---

۱ - **فرزین** : وزیر در بازی شطرنج که در صفحهٔ شطرنج در امتداد قطرهای مربع حرکت می‌کند یا در موازات قطرها و خلاصه در تمام جهات، از این رو ترکیباتی چون فرزین‌رفتار و فرزین‌نهاد به معنی کج‌نهاد و کج‌رفتار در مورد این مهره به کار رفته است.   ۲ - **سلیم** : ساده‌دل.

۳ - **مُخْتَصِم** : خصومت کننده، کسی که دشمنی و کینه می‌ورزد، ستیزه‌گر.

۴ - اشارتی قرآنی؛ هود : ۴۳/۱۱ : قٰالَ سٰاوِي إِلىٰ جَبَلٍ يَعْصِمُنِي مِنَ الْمٰاءِ قٰالَ لاٰ عاصِمَ الْيَوْمَ مِنْ أَمْرِ اللهِ إِلاّ مَنْ رَّحِمَ...: [پسر نوح]گفت: به کوه پناه خواهم برد تا مرا از آب نگاه دارد. نوح گفت: امروز دیگر نگاه‌دارنده‌ای به امر خداوند نیست، مگر کسی که مورد رحم او قرارگیرد.   ۵ - **ستارهٔ سعد** : بخت و اقبال نیکو.

۶ - **مُحْتَرِق** : نعت مفعولی از احتراق، سوخته شده.   ۷ - **مُفْتَرِق** : پراکنده.

۸ - **عَقْد** : گره بستن و پیمان کردن. عقد راگشادن کنایه ازگشاد و بست کارها. «این عقد را بگشا»: این گِره را باز کن و بفهم.   ۹ - **قلب و نقد** : سره و ناسره، کنایه از حق و باطل.

۲۶۸۰ **امتحانِ نقد و قلبم کرد حق[1] امتحانِ شیر و کَلبم کرد حق**

خداوند مرا محکِ تمییزِ حق از باطل قرار داده است؛ زیرا وجودِ من بهترین وسیلهٔ آزمودنِ «مؤمن» و «مُنکر» است.

۲۶۸۱ **قلب را من کِیْ سیه‌رو کرده‌ام؟ صَیرَفی‌ام[2] قیمتِ او کرده‌ام**

«مُنکر» را من سیاه‌رو نکردم، قیمت او را معلوم کرده‌ام.

۲۶۸۲ **نیکوان را رهنمایی می‌کنم[3] شاخه‌هایِ خشک را بر می‌کَنم**

من نیک‌سیرتان را راهنمایی می‌کنم و کسانی را که درونی تاریک دارند و مانندِ شاخه‌هایِ خشکِ بوستانِ حق‌اند، ریشه‌کن می‌کنم.

۲۶۸۳ **این علف‌ها می‌نهم، از بهرِ چیست؟ تا پدید آید که حیوان جنسِ کیست[4]**

«مکر و نیرنگ و وسوسه»هایی که به کار می‌برم، در واقع علف نهادن برای نفس امّارهٔ آنان است تا معلوم شود هر یک در چه مرحله‌ای است.

۲۶۸۴ **گرگ[5] از آهو چو زاید کودکی هست در گرگیش و آهویی شکی**

اگر گرگ از آهو دارایِ فرزندی شود، در گرگ بودن یا آهو بودنش تردید هست.

۲۶۸۵ **تو گیاه و استخوان پیشش بریز تا کدامین سو کُند او گامْ تیز**

تو علف و استخوان را پیشِ او بریز و ببین که به سوی کدام می‌شتابد.

۲۶۸۶ **گر به سویِ استخوان آید، سگ است ور گیا خواهد، یقین آهو رَگ است**

اگر به سوی استخوان بیاید، سگ است و اگر گیاه بخواهد، بی‌شک رگ آهویی در وی هست.

---

۱ - مستفاد است از مضمون این روایت: بُعِثْتُ داعِیاً و مُعَلِّماً وَ لَیْسَ إلَیَّ مِنَ الْهُدیٰ شَیْءٌ وَ جُعِلَ إبْلِیسُ مُزَیِّناً وَ لَیْسَ لَهُ مِنَ الضَّلالَةِ شَیءٌ: پیامبر(ص) فرمود: من دعوت کننده [به اسلام] و معلّم برانگیخته شده‌ام در حالی که هدایت از من نیست [از خداست] و ابلیس هم زینت دهندهٔ [گناه به مردم] است در حالی که ضلالت از او نیست، [از خداست]: احادیث، ص ۲۲۳. ۲ - **صیرفی**: صرّاف، جدا کنندهٔ زرّ و سیم خالص از ناخالص.

۳ - بنا بر حدیث: أَسْلَمَ شَیْطانِي عَلیٰ یَدِي فَلا یَأْمُرُنِي إلاّ بِخَیْرٍ: شیطان من تسلیم من شده است و مرا [نه به شرّ، بلکه] صرفاً به خیر امر می‌دهد. ابلیس مطیع اولیا می‌شود که او را مغلوب خود ساخته‌اند: شرح مثنوی مولوی، دفتر دوم، ص ۸۵۱. ۴ - عرفا نفس امّاره را به درازگوش، لَوّامه را به اسب و مطمئنّه را به شتر مانند می‌کنند.

۵ - گرگ مظهر نفس امّاره و درنده‌خویی و آهو مظهر لطافت و پاکی است، تقابل خیر و شرّ.

قهر و لطفی جُفت شد با همدگر زاد از این هر دو، جهانی خیر و شر ۲۶۸۷

«قهر و لطفِ» الهی، با هم آمیختند و از این دو جهانی «خیر و شرّ» به وجود آمد. حق تعالیٰ «مُضِلّ» است و اجازه می‌دهد کسانی که تمایل به شرّ دارند به سویِ گمراهی بروند و «هادی» است برای آنانکه تمایل به خیر و هدایت دارند.

تو گیاه و استخوان را عرضه کن قُوتِ نَفْس و قُوتِ جان را عرضه کن ۲۶۸۸

برای آنکه «قوتِ نَفْس» و یا «قوتِ جان» هر کس معلوم شود، تو غذایِ نفسانی و روحانی را با هم عرضه کن.

گر غذایِ نَفْس جوید، اَبتر[1] است ور غذایِ روح خواهد، سرور است ۲۶۸۹

اگر به سوی شهوات و بهره‌هایِ دنیوی گرایش پیدا کرد، فاقدِ کمالاتِ معنوی و ناقص است و اگر به غذایِ روح که درکِ عوالمِ معنوی و نیکی‌هاست، تمایل داشت، بر نَفْسِ خود امارت و سروری دارد.

گر کند او خدمتِ تن، هست خر ور رود در بحرِ جان، یابد گُهر ۲۶۹۰

اگر او عمر را در خدمت «تن» سپری کند، درازگوشی بیش نیست و اگر به سویِ دریایِ بیکرانِ «جان» و عوالمِ معنوی برود، بی‌شک گوهرِ معانی را صید می‌کند.

گرچه این دو مختلف خیر و شرند لیک این هر دو به یک کار اندرند ۲۶۹۱

گرچه خیر و شرّ دو پدیدهٔ مختلف و متفاوت‌اند؛ امّا هر دو اهدافِ الهی و مشیّتِ ازلی را تحقّق می‌بخشند.

انبیا طاعات عرضه می‌کنند دشمنان شهوات عرضه می‌کنند ۲۶۹۲

«انبیا»، راهِ طاعات و عبادات را به مردم نشان می‌دهند؛ امّا «شیطان و دشمنان حقیقت»، راهِ شهوات و کامجویی‌ها را عرضه می‌دارند؛ پس با ارائهٔ نیکی‌ها و بدی‌ها خلق از هم افتراق می‌یابند.

نیک را چون بد کنم؟ یزدان نِیَم داعیَم[2] مَن، خالقِ ایشان نِیَم ۲۶۹۳

من چگونه می‌توانم سرشتِ پاک را به طینتی پلید مبدّل کنم؟ من که خداوند نیستم. فقط می‌توانم آدمیان را به سوی دنیادوستی دعوت کنم، خالق ایشان که نیستم.

---

۱ - **اَبتَر** : دُم بریده، ناقص. ۲ - **داعی** : دعوت کننده.

۲۶۹۴ **خوب را من زشت سازم رب نَه‌اَمْ زشت را و خـــوب را آیـــینه‌ام**

خوب را به بد بدل کنم؟ من پروردگار نیستم، فقط مانند آیینه خوبی و بدی را نشان می‌دهم.

۲۶۹۵ **ســـوخت هـندو آیـنه از درد را کـین سـیه رُو مـی‌نماید مـرد را**

هندوی سیاه چهره، آینه را از دردِ دل و ناراحتی می‌شکند که این آینه صورت مرا تیره و تار می‌نماید.

۲۶۹۶ **گـفت آیـینه: گـناه از مـن نـبود جُرْم او را نِـهْ کـه رویِ مـن زدود**[1]

آیینه به زبان حال گفت: گناه از من نبود، جُرم را از کسی بدان که روی مرا صیقلی کرده است.

۲۶۹۷ **او مـرا غـمّاز**[2] **کـرد و راستگـو تا بگـویم زشت کـو و خـوب کـو؟**

او خواست که من راستگو باشم و به زبان حال بگویم که سیرتِ چه کس زشت است و چه کس خوب.

۲۶۹۸ **من گواهم، بر گُوا زندان کـجاست؟ اهلِ زندان**[3] **نـیستم، ایـزد گُـواست**

من گواهم بر پاکی و ناپاکی آدمیان، گواه را به زندان نمی‌برند. خدا گواه است کـه مـن مستحقِّ زندان نیستم.

۲۶۹۹ **هـر کـجا بـینم نـهالِ مـیوه‌دار تـربیت‌ها مـی‌کنم مـن دایـه‌وار**

اگر نهالِ میوه‌داری ببینم، مانندِ دایه‌ای مهربان آن را می‌پرورانم.

۲۷۰۰ **هر کجا بینم درختِ تـلخ و خُشک می‌بُرم من تا رهـد از پُشکْ**[4] **مُشک**

هر جا درختِ تلخ یا خشک را ببینم، آن را قطع می‌کنم تا مُشک از پُشک جدا گردد.

۲۷۰۱ **خشک گوید باغبان**[5] **را کِای فتیٰ**[6] **! مر مرا چه می‌بُری سـر بـی خـطا؟**

درخت خشک به باغبان می‌گوید: ای جوانمرد، چرا بی‌جُرم و خطا مرا می‌بُری و قطع می‌کنی؟

۲۷۰۲ **باغبان گوید: خمُش ای زشت‌خـو! بس نباشد خشکـیِ تـو جُـرمِ تـو؟**

باغبان می‌گوید: ای زشت‌خو، خاموش باش، آیا جُرمِ خشکی و بی‌حاصلی کافی نیست؟

---

۱ - این بیت در متن نیست، در مقابله افزوده‌اند. در پاورقی نسخهٔ نیکلسون آمده است.

۲ - **غمّاز** : غمزه کننده، اشاره کننده با چشم و ابرو، خبرکش، خبرچین. غمّاز بودن آینه آن است کـه هـمه چیز را بی‌پرده نشان می‌دهد.   ۳ - **اهلِ زندان** : مستحقِّ زندان.

۴ - **پُشک** : فضلهٔ گوسفند، پشکل، «پُشک و مُشک»: اینجا کنایه از افرادِ بد و خوب است.

۵ - **باغبان** : اینجا شیطان.   ۶ - **فتیٰ** : جوانمرد.

خشک گوید: راستم من، کژ نِیَم تو چرا بی‌جُرم می‌بُرّی پِیَم؟ ۲۷۰۳
درخت خشک می‌گوید: من راستم، کج نیستم، چرا بدون جرم بیخ مرا می‌کَنی؟

باغبان گوید: اگر مسعودیی کاشکی کژ بودیی، تر بودیی[1] ۲۷۰۴
باغبان می‌گوید: اگر سعادت داشتی، کج بودی و تر بودی، یعنی شیرهٔ گیاهی [نور حیات معنوی] در تو جریان داشت.

جاذبِ آبِ حیاتی[2] گشتیی اندر آبِ زندگی آغشتیی ۲۷۰۵
آب حیات‌بخش را جذب می‌کردی و در آن غوطه‌ور می‌شدی.

تخم تو بد بوده است و اصلِ تو با درختِ خوش نبوده وصلِ[3] تو ۲۷۰۶
اصل و نژادِ تو بد بوده است که با درختی خوش اتّصال نیافته‌ای.

شاخِ تلخ ار با خوشی وُصلت[4] کند آن خوشی اندر نهادش بر زند ۲۷۰۷
اگر شاخ تلخ با ساقهٔ خوش و شیرین پیوند یابد، آن خوشی در وی اثر می‌کند.

عُنف[5] کردن معاویه با ابلیس

گفت امیر: ای راهْزن حُجَّت مگو مر تو را ره نیست در من، ره مجو ۲۷۰۸
معاویه گفت: ای راهزن دلیل و برهان نیاور، تو به درون من راه نداری. تلاش نکن.

ره‌زنی و من غریب و تاجرم[6] هر لباساتی[7] که آری، کِیْ خِرم؟ ۲۷۰۹
تو راهزن و چپاولگری و من فریب نمی‌خورم، چگونه حقّه و مکرِ تو را بپذیرم؟

گِردِ رختِ من[8] مگرد از کافری تو نه‌ای رختِ کسی را مُشتری ۲۷۱۰
از ستمگری گِردِ من نگرد که گمراهم کنی؛ چون مشتری نیستی، دزد هستی.

---

۱ - **تر بودی** : خشک نبودی، اینجا قابلیّت رشد و کمال داشتی.
۲ - **آب حیات** : آب زندگی‌بخش، کنایه از معارف.
۳ - **وصل** : اینجا پیوستگی و اتّصال روحانی و معنوی با کاملان. ۴ - **وُصلت** : پیوند.
۵ - **عنف** : درشتی و سختی. ۶ - **غریب و تاجر** : به همه چیز توجّه دارم وگول نمی‌خورم.
۷ - **لباسات** : کنایه از حقّه‌بازی و مکر. ۸ - **رخت من** : آنچه را که از معنویّات و تعالی روحی کسب کرده‌ام.

مشتری نَبْوَد کسی را راه‌زن ورنُماید مشتری، مکر است و فن ۲۷۱۱

مشتری، رهزنی نمی‌کند. اگر دزد به هیأت مشتری در آید، جز مکر و نیرنگ نیست.

تا چه دارد این حسود اندر کدو؟[1] ای خدا! فریادْ ما را زین عدُو ۲۷۱۲

خداوندا، این حسود چه مکری دارد؟ پروردگارا، از این دشمن به فریاد ما برس.

گر یکی فصلی دگر در من دَمَد در رُباید از من این ره‌زن، نَمَد[2] ۲۷۱۳

اگر باز هم مرا وسوسه کند، تحت تأثیر قرار می‌گیرم و همه چیزم را می‌دزدد و می‌برد.

نالیدنِ معاویه به حضرتِ حق تعالی از ابلیس، و نصرت خواستن

این حدیثش[3] همچو دود است ای اِلٰه دست گیر ار نه گِلیمم شد سیاه[4] ۲۷۱۴

خداوندا، سخنِ او، چون دود سیاه است. دستم را بگیر و گرنه بدبخت می‌شوم.

من به حُجّت[5] بر نیایم با بلیس کوست فتنهٔ[6] هر شریف و هر خسیس[7] ۲۷۱۵

خداوندا، من نمی‌توانم به استدلالِ ابلیس پاسخ بدهم؛ زیرا او هر شریف و پست را می‌فریبد.

آدمی کو عَلَّمَ اَلْاَسْما[8] بَگ[9] است در تکِ[10] چون برقِ این سگ بی‌تگ[11] است ۲۷۱۶

آدمی که از حق تعالیٰ حقایق و اسرارِ هستی را تعلیم یافت، با این سگ و قدرت برق‌آسایِ او نمی‌تواند برابری کند.

از بهشت انداختش بر رویِ خاک چون سَمَک[12] در شست[13] او شد از سِماک[14] ۲۷۱۷

او آدم(ع) را از بهشت برین، بر این خاک تیره افکند، گویی آدم(ع) در قلاّبِ او مانندِ ماهی از آسمان به دام افتاد.

---

۱ - **چه دارد در کدو:** چه مکر و نیرنگی دارد؟

۲ - **نَمَد:** کنایه از تن و طبایع بشری، اینجا هستی یا همه چیز. ۳ - **حدیث:** سخن.

۴ - **سیاه گلیم شدن:** بدبخت شدن. ۵ - **حجّت:** دلیل. ۶ - **فتنه:** اینجا فریب‌دهنده.

۷ - **خسیس:** پست.

۸ - اشارتی قرآنی؛ بقره: ۳۱/۲. «عَلَّم الأَسْما بَگ»: کسی که در مقامِ تعلیم یافتنِ بی‌واسطه از خداوند است.

۹ - **بگ:** مأخوذ از «بیک» ترکی، از القاب امیران. ۱۰ - **تک:** دویدن، تند راه رفتن. ۱۱ - **تگ:** دویدن.

۱۲ - **سَمَک:** ماهی. ۱۳ - **شست:** قلاّب.

۱۴ - **سِماک:** نام ستاره‌ای و آن منزل چهاردهم قمر است، کنایه از آسمان.

نـــوحهٔ اِنّـــا ظَـلَمْنا[1] مـی‌زدی نیست دستان[2] و فسونش[3] را حدی ۲۷۱۸

با ندامت نوحه می‌کرد که «ما به خود ستم کردیم»، نیرنگ و مکرِ او حدّی ندارد.

انـدرونِ هـر حـدیثِ او[4] شَـر است صد هزاران سِحْر در وِیْ مُضمر[5] است ۲۷۱۹

در هر وسوسهٔ او شرّی نهفته است که تأثیرِ جادویی شِگفت‌انگیزی دارد.

مـردیِ مـردان بِـبندد در نَـفَس در زن و در مـرد افـروزد هـوس ۲۷۲۰

به نَفَسی و در لحظه‌ای استقامتِ مردان راه حق را می‌گیرد، اوست که آتش هوا و هوس را در مرد و زن می‌افروزد.

ای بـلیسِ خـلق‌سوزِ فـتنه‌جو بر چِیَم بیدار کـردی؟ راست گـو؟ ۲۷۲۱

ای ابلیس مردم‌سوزِ فتنه‌جو، حقیقت را بگو، چرا بیدارم کردی؟

باز تقریرِ[6] ابلیس، تلبیس[7] خود را

گفت: هر مردی که باشد بـدگـمان نشنود او راست را بـا صـد نشـان ۲۷۲۲

ابلیس گفت: هر کس به چیزی بدگمان شود، سخنان راست را در آن مورد نمی‌پذیرد و به دلیل و برهان توجّه نمی‌کند، چون تو به من بدگمان هستی، هر چه بگویم، نمی‌پذیری.

هر درونی کـه خـیال‌انـدیش[8] شـد چون دلیل آری، خیالش بیش شـد ۲۷۲۳

هر کس که نسبت به چیزی بدبین و «خیال‌اندیش» شود، اگر برای ردِّگمانِ او دلیل بیاوری، پندارِ او بیشتر می‌شود.

چون سخن در وِیْ رود، علّت شود تـیغِ غـازی[9]، دُزد را آلت شـود ۲۷۲۴

هر سخنی که در جهت رفع گُمان و خیال وی گفته شود، توهّم او را می‌افزاید و گـویی استدلالِ تو، حربه‌ای است که او را در اعتقاد خود استوارتر کند، همان‌گونه که دزد شمشیر پیکارگر را می‌گیرد تا بر علیه او به کار بَرَد.

---

۱ - اشارتی قرآنی؛ اعراف : ۲۳/۷، که آدم و حوّا پس از آگاهی از خطای خود گفتند: پروردگارا، ما به خود ستم کردیم. ۲ - **دستان** : نیرنگ. ۳ - **فسون** : افسون، مکر. ۴ - **حدیثِ او** : سخن او، اینجا وسوسهٔ او.
۵ - **مُضْمَر** : نهان، نهفته. ۶ - **تقریر** : بیان کردن. ۷ - **تلبیس** : حقیقت را پنهان کردن.
۸ - **خیال‌اندیش** : خیال باطل. ۹ - **غازی** : غزا کننده در راه دین، مرد پیکار با دشمنان دین، سپهسالار.

پس جوابِ او سکوت است و سُکون هست بـا ابـله سـخن گـفتن جـنون ۲۷۲۵

پس جوابِ او سکوت و خاموشی است، با ابله سخن گفتن و اقامهٔ دلیل جنون است.

تو ز من با حق چه نالی ای سلیم[1] تـو بـنال از شـرّ آن نـفس ِ لئـیم[2] ۲۷۲۶

ابلیس گفت: ای ساده دل، چرا از من به حق می‌نالی؟ از شرّ نفس ِ پستِ خود بنال.

تو خوری حـلوا تـو را دُنْبَل شـود تب بگیرد، طـبعِ تـو مـختل شـود ۲۷۲۷

حلوا بخوری، در بدنت دمل پیدا می‌شود، تب می‌کنی و سلامتِ طبعت مختل می‌گردد.

بـی گُـنه لعـنت کـنی ابـلیس را چون نبینی از خود آن تَـلْبیس را؟ ۲۷۲۸

چرا آن مکر و نیرنگ را از نفس خود نمی‌بینی و ابلیس را که گناهی نکرده است، لعنت می‌کنی؟

نیست از ابلیس، از توست ای غَوی[3]! کـه چـو رُوبَـه سویِ دُنبه می‌روی ۲۷۲۹

ای گمراه، این خطا و گناهِ شیطان نیست، از توست که مانند روباه به سوی دنبه می‌روی.

چـونکه در سـبزه بـبینی دنـبه را[4] دام باشد، ایـن نـدانـی تـو چـرا؟[5] ۲۷۳۰

چون در میان سبزه‌زار [عواملی برای رشد معنوی]، دنبه [جاذبه‌های دنیوی و لذّات و شهوات]، را می‌بینی، چگونه متوجّه نمی‌شوی که دامی بیش نیست؟

زآن ندانـی کِتْ[6] ز دانش دور کـرد میلِ دنبه، چشم و عقلت کـور کـرد ۲۷۳۱

از آن‌رو دام را نمی‌بینی که میل به لذّات، چشم و عقلت را تباه کرده است.

حُـبُّکَ ٱلأشـیاءَ یُـعْمیكَ، یُـصِمّ[7] نَـفسُکَ ٱلسَّـوْدَا جَـنَتْ لا تَـخْتَصِم ۲۷۳۲

شدّت علاقه به هر چیز، قدرت تشخیص در آن مورد را از آدمی می‌گیرد. نَفْس ِ پلیدِ تو گناه کرده است، با کسی دشمنی نکن.

تو گُـنه بـر مـن مَـنِه، کـژمژ[8] مـبین من ز بد بیزارم و از حرص و کـین ۲۷۳۳

گناه را از من ندان و واقعیّت‌ها را درست ببین. اِشکال از خود مردم است، من از بدی و

---

۱ - **سلیم** : ساده‌دل. ۲ - **لئیم** : پست. ۳ - **غَوی** : گمراه، پیرو خواهش نفس.

۴ - درون متن در مقابله «دنبه‌ها» را به «دنبه را» بدل کرده‌اند.

۵ - ضرب المثل عربی: دنبه در بیابان یک دام است. به این ترتیب حیوانات وحشی را در دام می‌افکنند: احادیث، ص ۲۲۶. ۶ - **کِتْ** : که تو را. ۷ - اشاره به حدیث، ر.ک: ۲۶۵۷/۱.

۸ - در متن اصلی «کژکژ» بوده و بعد اصلاح کرده‌اند.

حرص و کینه بیزارم و این زشتی‌ها را به کسی تحمیل نمی‌کنم، فقط راهِ آن را نشان می‌دهم و تو به سبب تمایلات درونی خودت، پلیدی را انتخاب می‌کنی.

من بدی کردم، پشیمانم هنوز   انتظارم، تا شبم آید به روز[۱] ۲۷۳۴

من هنوز از نافرمانی پشیمانم و منتظرم تا شب هجران سر آید و مورد بخشش قرار گیرم.

متّهم گشتم میانِ خلق من   فعلِ خود بر من نهد هر مرد و زن ۲۷۳۵

در میانِ خلق به بدی و سیاهکاری متّهم شده‌ام و اعمال پلید خود را به من نسبت می‌دهند.

گرگِ بیچاره اگر چه گُرسنه است   متّهم باشد که او در طَنْطَنه[۲] **است** ۲۷۳۶

اگر گرگ بیچاره گرسنه هم باشد، در هر حال متّهم به درندگی است.

از ضعیفی چون نتواند راه رفت   خلق گوید تُخمه[۳] **است از لوتِ زفت**[۴] ۲۷۳۷

حتّی اگر از ضعف نتواند راه برود، هیچ کس ناتوانی او را از گرسنگی نمی‌داند و می‌گوید از پرخوری این حال را دارد. در مورد من هم همین است و هر کس کار بدی می‌کند به من نسبت می‌دهد که شیطان متّهم است.

باز جُستنِ معاویه حقیقتِ غَرَض را از ابلیس[۵]

گفت: غیرِ راستی نرهانَدَت   داد[۶] **سویِ راستی می‌خوانَدَت** ۲۷۳۸

معاویه گفت: ای ابلیس، هیچ چیز جز راستی تو را نجات نمی‌دهد، خیر و صلاح تو را به راستی فرا می‌خوانَد.

راست گو تا وارهی از چنگِ من   مَکْر ننشاند غبارِ جنگِ من ۲۷۳۹

حقیقت را بگو تا از دست من رهایی یابی. نیرنگ و فریب، غبارِ خشمِ مرا فرو نمی‌نشاند.

گفت: چون دانی دروغ و راست را؟   ای خیال اندیش ِ پُر اندیشه‌ها[۷]**!** ۲۷۴۰

ابلیس گفت: «ای خیال اندیشِ» پُرگمان، چگونه راست و دروغ را تمییز می‌دهی؟

---

۱ - مصراع دوم را هنگام مقابله، در حاشیه به «انتظارم تا دَیَم گردد تموز» بدل کرده‌اند. ۲ - **طنطنه** : آوازه.
۳ - **تخمه** : سوء هاضمه. ۴ - **لوت زَفت** : غذای سنگین.
۵ - در متن کهن ابتدا «باز الحاح کردن معاویه ابلیس را» بوده است و در مقابله عنوان فوق را افزوده‌اند.
۶ - **داد** : خیر و صلاح، انصاف. ۷ - **خیال اندیشِ پُراندیش** : خیالاتیِ متوهّم، خیالبافِ پُرگمان.

۲۷۴۱ گـفت: پـیغمبر نشـانی داده است قلب و نیکو را مِحَک بـنهاده است

گفت: پیامبر(ص) برای تشخیص حق از باطل «محک» را به ما نشان داده است.

۲۷۴۲ گفته است: اَلکِذْبُ رَیْبٌ فی اَلقُلوبْ[1] گـفت: اَلصِّـدقُ طُـمأنینٌ طَـروب

پیامبر(ص) گفته است: دروغ، دل را به تردید مبتلا می‌کند و صداقت آرامش و شادی می‌بخشد. دلِ پاک، همانند «محک» صادق را از کاذب می‌شناسد.

۲۷۴۳ دل نـــیارامـــد ز گـــفتارِ دروغ آب و روغــن هــیچ نـفروزد فـروغ

دل با سخن دروغ آرامش خود را از دست می‌دهد، همان‌طور که اگر آب و روغن با هم آمیخته شوند، چراغ فروغی ندارد.

۲۷۴۴ در حـــدیثِ راست آرامِ دل است راســـتی‌ها دانـــهٔ دامِ دل است[2]

آرامشِ دل در سخن است، راستی‌ها مانندِ دانه‌ای دل را به دام می‌افکَنَد؛ یعنی در آن اثر می‌کند.

۲۷۴۵ دل مگر رنـجور بـاشد، بـد دهـان[3] کــه نـدانـد چـاشنیِ ایـن و آن

اگر دل آدمی تحتِ تأثیرِ صفاتِ رذیله صفای خود را از دست بـدهد و رنـجور بـاشد، نمی‌تواند کلام حق را از باطل بشناسد و گرنه «صدق و کذب» هر کدام طعمی دارد. دل پاک طعمِ شیرین کلامِ صادقانه و طعم تلخ سخن کذب را درمی‌یابد.

۲۷۴۶ چون شود از رنج و علّتْ[4] دل سلیم[5] طعمِ کذب[6] و راست را باشد عـلیم[7]

اگر دل از رنجوری و علّت‌ها بِرَهد، طعمِ دروغ و راست را نمی‌فهمد.

۲۷۴۷ حرصِ آدم چون سویِ گندم فزود از دلِ آدم ســـلیمی را رُبـــود

وقتی که آدم(ع) برای خوردن گندم حریص شد، حرص سلامت دل او را ربود.

۲۷۴۸ پس دروغ و عشوه‌ات[8] را گوش کرد غَرّه گشت و زهرِ قـاتل نـوش کـرد

پس دروغ و وسوسه‌ات را پذیرفت، فریب خورد و کلامِ صریحِ حق را تأویل کرد و چون از نهیِ الهی سرپیچی کرد، گویی زهر کشنده‌ای را خورد.

---

۱ - اشاره به حدیثی: از آنچه برایت شک‌برانگیز است، دوری کن و به آنچه برایت اطمینان‌بخش است، روی آور؛ زیرا نتیجهٔ یقین آرامش دل و نتیجهٔ مردّد بودن پریشانیِ خاطر است: احادیث، صص ۲۲۷-۲۲۶.

۲ - مصراع دوم: راستی در دل اثر می‌کند. ۳ - **بددهان:** اینجا بی‌صفا.

۴ - **رنج و علّت:** مرض یا ناپاک بودن. ۵ - **سلیم:** سالم. ۶ - **کذب:** دروغ. ۷ - **علیم:** آگاه.

۸ - **عشوه:** وعدهٔ دروغ.

کژدُم از گندم ندانست آن نَفَس — می‌پرد تمییز، از مستِ هوس ۲۷۴۹

در آن لحظه، کژدم را از گندم تمییز نداد، مستِ هوس، قدرت تشخیص ندارد.

خلق مستِ آرزوانَند و هوا — زآن پذیرا اَند دستانِ[1] تو را ۲۷۵۰

خلق از آرزوهای دور و دراز مست‌اند که نیرنگِ تو را می‌پذیرند.

هر که خود را از هوا خو باز کرد — چشمِ خود را آشنایِ راز کرد ۲۷۵۱

هر کس که خود را از قیدِ هوای نَفْس بِرَهانَد، چشم و دلش را آشنای اسرار کرده است.

شکایتِ قاضی از آفتِ قضا و جواب گفتنِ نایب او را[2]

قاضی را به مسند قضا نشاندند. او از احراز این منصب گریه می‌کرد و در پاسخ نایب که سبب گریهٔ بی‌دلیل او را در این مبارک وقت جویا شد، گفت: چگونه بی‌دلی که از حقایق آگاه نیست، میان دو تن که هر یک بر حقیقتِ حال و دعویِ خویش واقف‌اند، حکم برانَد؟ نایب در جوابی کوتاه و موجز، در عین تأیید قاضی گفت: طرفین دعوی به حقایق واقف‌اند؛ امّا به سبب غَرَض و مَرَض، کور شده‌اند و تو در مقام قضاوت چون عاری از هوا و غَرَض هستی، می‌توانی میان متخاصمان حکم برانی.

این قصّهٔ کوتاه اشارتی ظریف است به بیانِ این معناکه تا آدمی خود را از هوا و غَرَض مهذّب ندارد، ادراک حقایق ممکن نیست.

قاضی[3] بنشاندند و می‌گریست — گفت نایب[4]: قاضیا! گریه ز چیست؟ ۲۷۵۲

قاضی را بر مسند قضاوت نشاندند، او گریه می‌کرد، کارگزار گفت: ای قاضی، گریه برای چیست؟

این نه وقتِ گریه و فریادِ توست — وقتِ شادی و مبارک بادِ توست ۲۷۵۳

اکنون وقتِ گریه و فریاد نیست، هنگام شادی و مبارک‌بادِ توست.

---

۱ - **دستان**: نیرنگ.

۲ - مأخذ آن را مفاد این خبر دانسته‌اند: اَلْقاضِي جاهِلٌ بَيْنَ عالِمَيْنِ: قاضی، جاهلی است بین دو عالم، چون آن دو به جزئیات دعوی آگاه‌اند؛ ولی قاضی بی‌اطّلاع است: احادیث، ص ۲۲۷. ۳ - **قاضیی**: یک قاضی.

۴ - **نایب**: کارگزار، پیشکار.

گفت: آه، چون حُکم رانَد بی‌دلی[1] ؟ در میانِ آن دو عالِم جاهلی ۲۷۵۴

آهی کشید و گفت: چگونه کسی که به گفتهٔ خود مطمئن نیست و از حقایق آگاهی ندارد، میان دو نفر که از حقیقت آگاه‌اند، حُکم کند؟

آن دو خصم[2] از واقعهٔ خود واقف‌اند قاضیِ مسکین چه داند زآن دو بَند[3] ؟ ۲۷۵۵

آن دو نفری که دشمنی می‌ورزند، از واقعه‌ای که رخ داده است، آگاه‌اند، قاضیِ بینوا چگونه بفهمد که کدام یک زد و بند دارد؟

جاهل است و غافل است از حالشان چون رَوَد در خونشان و مالشان؟ ۲۷۵۶

قاضی که از حالِ آنان ناآگاه و غافل است، چگونه دربارهٔ خونِ پایمال‌شده یا مالِ هدر رفته حکم دهد؟

گفت: خصمان عالِم‌اند و عِلَّتی جاهلی تو، لیک شمعِ مِلّتی ۲۷۵۷

نایب گفت: هرچند که طرفین دعوی از حقیقت آگاه‌اند؛ امّا غَرَض دارند و غرض‌ورزی آدمی را کور می‌کند، ولی تو ای قاضی، علی‌رغم آنکه حقیقت را نمی‌دانی، در میان ملّت، مانندِ شمعِ فروزانی که به نورِ پاکیِ تو، حقیقت آشکار می‌شود.

زانکه تو علَّت[4] نداری در میان آن فراغت[5] هست نورِ دیدگان ۲۷۵۸

زیرا تو منافعی در این میان نداری و فراغِ خاطرِ ناشی از بی‌غرضی، به دیدگانت نور می‌دهد.

و آن دو عالِم را غَرَضْشان کور کرد عِلمشان را عِلَّت اندر گور کرد[6] ۲۷۵۹

آن دو نفر که حقیقت را می‌دانند، با غرض‌ورزی و سودجویی کور شده‌اند و آگاهیِ شان فایده‌ای ندارد.

جهل را، بی عِلّتی عالِم کند علم را، عِلَّت کژ و ظالم کند ۲۷۶۰

بی‌غَرَضی، جهل را به علم بَدَل می‌کند و غَرَض، علم را به جهل و ظلم مبدّل می‌سازد.

تا تو رُشوت[7] نستدی، بیننده‌ای چون طمع کردی، ضریر[8] و بنده‌ای ۲۷۶۱

تا تو بر مسند قضاوت، رشوه نگرفتی، دیدگانت بیناست، به محض اینکه طمع ورزیدی، «حرص» حقیقت را می‌پوشاند و کور و بنده می‌شوی.

---

۱ - **بی‌دل** : دل از کف داده، اینجا کسی که صاحبدل و آگاه نیست، کسی که معرفت به حقایق ندارد.

۲ - **خصم** : خصومت کننده، طرفین دعوا. ۳ - **بند** : زد و بند. ۴ - **علّت** : اینجا غَرَض، منفعت.

۵ - **فراغت** : آسودگی، اینجا بی‌غَرَضی. ۶ - **اندر گور کرد** : نابود کرد. ۷ - **رُشوت** : رشوه.

۸ - **ضریر** : کور.

از هــوا مــن خــوی را واکـرده‌ام   لقــمه‌هایِ شــهوتی کـم خـورده‌ام ۲۷۶۲

معاویه گفت: من خوی خود را از هواپرستی رهانیده‌ام و شهوات را به دور افکنده‌ام.

چـــاشنی‌گیرِ[1] دلم شـــد بـــا فـروغ   راست را دانــد حــقیقت از دروغ ۲۷۶۳

اینک دل من پرفروغ است و طعم صدق را از کذب باز می‌شناسد.

به اقرار آوردنِ معاویه ابلیس را

تــو چــرا بـیدار کـردی مـر مـرا؟   دشــمنِ بــیداریـی تـو ای دَغـا[2] ! ۲۷۶۴

معاویه گفت: ای مکّار، چرا مرا بیدار کردی؟ تو که دشمنِ بیداری و آگاهیِ آدمی هستی.

همچو خشخاشی، همه خواب آوری   همچو خمری، عقل و دانش را بَـری ۲۷۶۵

تو، مانندِ افیون خواب می‌آوری و همچو شراب، عقل و دانش را زایل می‌کنی.

چارمیخت کرده‌ام، هین راست گـو   راست را دانم، تـو حـیلت‌ها مـجو ۲۷۶۶

میخکوبت کرده‌ام. آگاه باش و راست بگو. من سخن راست را می‌شناسم. در پیِ نیرنگ نباش.

من ز هر کس آن طلب دارم که او[3]   صاحبِ آن باشد اندر طبع و خـو ۲۷۶۷

من از هر کس چیزی را توقّع دارم که سرشت و خوی او اقتضا می‌کند.

مــن ز سِــرکه مـی‌نجویم شکّـری   مـر مُـخنَّث[4] را نگـیرم لشکـری ۲۷۶۸

من از سرکه توقّع ندارم شیرین باشد و نامرد را به عنوان مردِ سپاه انتخاب نمی‌کنم.

همچو گـبران[5] مـن نـجویم از بُـتی   کو بُوَد حق، یا خود از حـق آیـتی ۲۷۶۹

مانند بت‌پرستان از بت انتظار خدایی ندارم و نمی‌گویم که حق یا نشانِ حق است.

من ز سرگین[6] می‌نجویم بـویِ مُشک   من در آبِ جُو نجویم خشتِ خُشک ۲۷۷۰

از سرگین بوی مشک را انتظار ندارم، همان‌گونه که خشتِ خشک را در آبِ جوی نمی‌جویم.

---

۱ - **چاشنی‌گیر** : ذائقه.   ۲ - **دغا** : دَغَل، ناراست.   ۳ - در متن، بالای «طمع»، «طلب» نوشته‌اند.
۴ - **مخنّث** : نامرد.   ۵ - **گبر** : مطلق کافر، بُت‌پرست.   ۶ - **سرگین** : حَدَث، فضلهٔ چهارپایان.

من ز شیطان این نجویم کوست غیر　　کو مرا بیدار گرداند به خیر ۲۷۷۱

من از شیطان جز خباثت توقّع دیگری ندارم؛ زیرا او از اغیار است، دوست نیست که مرا برای خیر بیدار کند.

گفت بسیار آن بلیس از مکر و غَدْر[1]　　میر از او نشنید، کرد استیز[2] و صبر ۲۷۷۲

بدین سان معاویه و ابلیس سخنان بسیاری گفتند و شیطان با نیرنگ، تزویر فراوان ورزید که امیر نپذیرفت و صبورانه با او مبارزه کرد.

راست گفتنِ ابلیس ضمیرِ خود را به معاویه

از بُنِ دندان[3] بگفتش: بهرِ آن　　کردمت بیدار می‌دان ای فُلان ۲۷۷۳

پس از احتجاج بسیار، ابلیس به اجبار و اکراه گفت: ای فلان، بدان که تو را از آن روی بیدار کردم،

تا رسی اندر جماعت در نماز　　از پیِ پیغمبرِ دولتْ فراز[4] ۲۷۷۴

تا به موقع به نماز جماعت با رسول خدا(ص) برسی.

گر نماز از وقت رفتی مر تو را　　این جهان تاریک گشتی بی‌ضیا ۲۷۷۵

اگر وقتِ نمازت می‌گذشت، این جهان در نظرت تاریک و بی‌فروغ می‌شد.

از غبین[5] و درد رفتی اشک‌ها　　از دو چشمِ تو، مثالِ مَشْک‌ها ۲۷۷۶

احساس می‌کردی که مغبون شده‌ای و با درد از دو چشمت اشک جاری می‌شد، مانند آبی که از مَشک فرو ریزد.

ذوق دارد هر کسی در طاعتی　　لاجرم نشکَیبد[6] از وی ساعتی ۲۷۷۷

هر کسی ذوق و اشتیاقِ طاعت و عبادت خاصّی را دارد و لاجرم برای آن بی‌طاقت است.

آن غبین و دردْ بودی صد نماز　　کو نماز و کو فروغِ آن نیاز؟ ۲۷۷۸

آن احساس زیان و درد به صدها نماز می‌ارزید. نمازِ بدون سوز و عشق کجا و نوری که از نیاز حاصل می‌شود، کجا؟

---

۱ - **غدر**: حیله و فریب.　۲ - **استیز**: ستیزه.

۳ - **بن دندان**: خواه ناخواه، در بسیاری موارد «از ته دل» و صمیمانه معنی می‌دهد.

۴ - **دولت فراز**: دولتمند.　۵ - **غبین**: زیان و افسوس.　۶ - **نشکیبد**: صبر نمی‌کند.

فضیلتِ[1] حسرت خوردنِ آن مُخلِص بر فوتِ نمازِ جماعت

شخصی برای اقامهٔ نماز در حال ورود به مسجدی بود که دید مردم در حال خروج‌اند و دریافت که پیامبر(ص) نماز را به پایان آورده و سلام داده است. آه سردی از نهاد وی بر آمد. کسی در آن میان به وی گفت: آه خود را به من ده، نماز جماعت من از آن تو.

شبانگاه مرد خریدار در خواب ندای هاتف غیب را شنید که او را تحسین می‌کرد و به او می‌گفت: آفرین بر تو که آب حیات را خریدی به حرمت این عمل تو نماز جمله نمازگزاران پذیرفته شد.

جان کلام در این قصّه در بیانِ این معناست که «طاعات و عبادات» قالبی به شمار می‌آیند که شوق و ذوق و درد و طلب، «جان و روح» آن محسوب می‌شوند.

۲۷۷۹ **آن یکی می‌رفت در مسجد درون مردم از مسجد همی آمد بُرون**

شخصی وارد مسجد می‌شد، دید مردم از مسجد خارج می‌شوند.

۲۷۸۰ **گشت پرسان که: جماعت را چه بود که ز مسجد می برون آیند زود؟**

پرسید که چه شده و چرا مردم به شتاب از مسجد بیرون می‌آیند؟

۲۷۸۱ **آن یکی گفتش که: پیغمبر نماز با جماعت کرد و فارغ شد ز راز**

شخصی گفت: پیامبر(ص) نماز را با جماعت ادا کرد و از راز و نیاز با حق تعالیٰ فارغ گشت.

۲۷۸۲ **تو کجا دَر می‌روی ای مردِ خام؟ چونکه پیغمبر بدادست السَّلام[2]**

ای مرد خام، کجا می‌روی که نماز تمام شده و پیامبر(ص) دعای ختم نماز را خوانده است.

۲۷۸۳ **گفت: آه و دود از آن آه شد برون آهِ او می‌داد از دل بویِ خون**

مرد آهی کشید که دود از آن برمی‌خاست، آه او بویِ دلِ خون شده داشت.

۲۷۸۴ **آن یکی گفتا: بده آن آه را وین نمازِ من تو را بادا عطا**

یک نفر از جمع خارج شوندگان به او گفت: آن آه خود را به من بده، نماز من از آنِ تو باد.

۲۷۸۵ **گفت: دادم آه و پذرفتم نماز او سِتَد آن آه را با صد نیاز**

گفت: آه خود را دادم و نماز تو را گرفتم و آن دیگری «آه» را با نیاز فراوان پذیرفت.

---

۱ - **فضیلت** : رُجحان، برتری. ۲ - دعای ختم نماز: اَلسَّلام عَلَیْکُمْ وَ رَحْمَةُ اللهِ وَ بَرَکاتُهُ.

شب به خواب اندر بگفتش هاتفی[1] که: خریدی آبِ حیوان و شِفا[2] ۲۷۸۶

شبانگاه هاتفی به او گفت: آب حیات و مایهٔ شفا را خریدی.

حُرمتِ[3] این اختیار[4] و این دُخول شد نمازِ جملهٔ خلقان قبول ۲۷۸۷

به احترام خیری که برگزیدی و ورود به جرگهٔ عاشقان، نماز همه پذیرفته شد.

تَتمّهٔ اقرارِ ابلیس به معاویه مکر خود را

پس عزازیلش[5] بگفت: ای میرِ راد مکرِ خود اندر میان باید نهاد ۲۷۸۸

پس ابلیس گفت: ای امیرِ جوانمرد، باید نیرنگِ خود را بر ملا کنم و حقیقت را بگویم.

گر نمازت فوت می‌شد آن زمان می‌زدی از دردِ دل آه و فغان ۲۷۸۹

اگر نماز تو در آن موقع فوت می‌شد، از درد و سوز دل آه و فغان می‌کردی.

آن تأسّف و آن فغان و آن نیاز درگذشتی از دو صد ذکر و نماز ۲۷۹۰

آن افسوس و ناله و نیاز، از دویست ذکر و نمازِ بدون نیاز برتر بود.

من تو را بیدار کردم از نهیب[6] تا نسوزاند چنان آهی حجاب[7] ۲۷۹۱

من تو را از بیم آن بیدار کردم که چنان آهی حجابِ میان تو و حق را نسوزانَد،

تا چنان آهی نباشد مر تو را تا بدآن راهی نباشد مر تو را ۲۷۹۲

تا چنان آهی نکشی که سببِ تقرّبِ تو به درگاه حق باشد.

من حسودم از حسد کردم چنین من عَدُوَّم، کارِ من مکر است و کین ۲۷۹۳

من حسودم، از حسد چنین مکری را انگیختم، کارِ من نیرنگ و کینه‌ورزی است.

گفت: اکنون راست گفتی، صادقی از تو این آید، تو این را لایقی ۲۷۹۴

معاویه گفت: اینک راست گفتی و صادقی، تو لایق همین هستی.

---

۱ - **هاتف**: آواز دهندهٔ غیبی، سروش، مُلهم غیب.

۲ - **شِفا**: شِفی بخوانید. فاتح، شِفی ضبط کرده است: شرح مثنوی مولوی، ج ۲، ص ۸۵۸ [شاید در روزگارِ مولانا، «شِفا» را «شِفی» می‌خوانده‌اند.]

۳ - **حُرمت**: احترام.

۴ - **اختیار**: برگزیدن.

۵ - **عزازیل**: ابلیس.

۶ - **نهیب**: بیم، خوف، هراس.

۷ - حجاب را حَجیب بخوانید.

۲۷۹۵ **عـنکبوتی تـو، مگس[1] داری شکـار   من نِیَم ای سگ! مگس، زحمت میار**

تو، مانند عنکبوت تاری از تزویر می‌تنی و کسانی را که چون مگس به لذایذ پست مایل‌اند، گرفتار می‌کنی، ای سگ، من مگس نیستم، زحمت را کم کن.

۲۷۹۶ **بـازِ اِسـپیدم، شکـارم شـه کـند   عـنکبوتی کِی بـه گِـردِ ما تَـنَد[2]؟**

من، مانندِ باز سپیدم که شاه می‌تواند مرا شکار کند، عنکبوتی چون تو کی می‌تواند به گِردِ وجودم تاری از فریب بپیچد؟

۲۷۹۷ **رو مگس می‌گیر تـا تـوانـی، هـلا !   سویِ دوغی زن مگس‌هـا را صـلا[3]**

هان! برو و تا می‌توانی دون‌مایگان را صید کن و به سوی دوغ دعوت نما.

۲۷۹۸ **ور بخوانی تـو بـه سـویِ انگـبین[4]   هـم دروغ و دوغ بـاشد آن یـقین**

اگر مردم را به سوی عسل فراخوانی، شکی نیست که دروغ و نیرنگ است.

۲۷۹۹ **تو مـرا بـیدار کـردی، خـواب بـود   تو نمودی کَشتی، آن گـرداب بـود**

تو مرا به ظاهر بیدار کردی؛ ولی برای بیداری نبود، برای غفلت بود. کشتی نجات را نشان دادی؛ امّا در افتادن به گرداب بود.

۲۸۰۰ **تـو مـرا در خـیر زآن می‌خوانـدی   تـا مـرا از خـیرِ بـهتر رانـدی**

تو مرا به خیر خواندی به آن سبب که از خیر افزون‌تری محروم گردم.

فوت شدنِ[5] دزد به آواز دادنِ آن شخص صاحب خانه را که نزدیک آمده بود که دزد را دریابد و بگیرد

شخصی دزدی را در خانهٔ خود یافت. به دنبال او دوید به حدّی که سخت به رنج افتاد. هنگامی که نزدیک بود او را بگیرد، کسی فریادکنان از وی خواست که بیاید و علامات بلا را ببیند. او بدین تصوّر که ممکن است دزد دیگری در خانه باشد و به اهل خانه صدمه‌ای

---

۱ - **مگس** : کنایه از افرادِ پست.   ۲ - **تَنَد** : بپیچد.   ۳ - **صلا دادن** : فراخواندن، دعوت کردن.
۴ - **انگبین** : عسل.   ۵ - **فوت شدن** : از دست رفتن.

برسانَد، دزد را رها کرد و به شتاب بازگشت و از صاحب صدا پرسید: چه شده و چرا مرا باز گرداندی؟ آن مرد گفت: بیا اینجا و نشان پای دزد را ببین و بر نشان پای او از این سو برو. مرد گفت: ای ابله، چه می‌گویی؟ من دزد را گرفته بودم به بانگ و فریاد تواو را رها کردم. دشمن در چنگ من بود، تو مرا خواندی که بیا این نشان پای اوست؟

این حکایت تقابلی است میان «علومِ عقلی و اکتسابی» با «علم عارفانهٔ اهل دل»، یعنی کشف و شهود.

این بدان مانَد که شخصی دزد دید — در وثـاق انـدر پـیِ او مـی‌دوید ۲۸۰۱

بیدار کردن ابلیس و محروم ساختن معاویه از خیر بهتر، شبیه آن است که شخصی در خانهٔ خود دزدی دید و به دنبال او دوید.

تا دو سه میدان دوید انـدر پی‌اش — تا درافکند آن تَعَب اندر خُوی‌اش[1] ۲۸۰۲

دو، سه میدان در پی او دوید تا به شدّت خسته شد و عرق کرد.

اندر آن حـمله کـه نـزدیک آمـدش — تـا بـدو انـدر جـهد، دریـابدش ۲۸۰۳

در آن لحظه که نزدیک بود با جهشی او را بگیرد،

دزدِ دیگـر بـانگ کـردش کـه بیا — تـا بـبینی ایـن عـلاماتِ بـلا[2] ۲۸۰۴

شخص دیگری صاحب‌خانه را صدا زد که بیا تا این نشانه‌های بلا را ببینی.

زود باش و بـاز گـرد ای مـردِ کـار — تـا بـبینی حـال ایـنجا زارِ زار ۲۸۰۵

ای مرد عمل، به شتاب بازگرد تا ببینی که اینجا کار خیلی زار است.

گفت: باشد کآن طـرف دزدی بُـوَد — گـر نگـردم زود، ایـن بـر مـن رود ۲۸۰۶

گفت: شاید آن طرف دزدی باشد و اگر به شتاب باز نگردم، بلایی بر سرم آید.

در زن و فـرزندِ مـن دسـتی زنـد — بسـتنِ ایـن دزد سـودم کِـی کـند؟ ۲۸۰۷

ممکن است به زن و فرزندم آسیبی برساند، چه سودی دارد که این دزد را بگیرم؟

---

۱ - **خُوی** : عرق.

۲ - همان‌گونه که در عنوان این قصّه می‌بینیم، کسی که صاحب‌خانه را به دیدن علائم و نشانه‌ها فرا می‌خواند «آن شخص» نامیده شده است؛ امّا در این بیت مولانا او را «دزد» می‌خواند؛ زیرا جوینده‌ای را که از راهی نتیجه‌بخش [یافتنِ دزد] به نشانه‌ها که همان ادلّه و براهین عقلی‌اند، دعوت می‌کند و چون عامل گمراهی به شمار می‌آید «دزد» خطاب شده است.

این مسلمان از کَرَم می‌خوانَدَم گر نگردم زود، پیش آید نَدَم[1] ۲۸۰۸

این مسلمان از راه کرم مرا می‌خوانَد، اگر به سرعت باز نگردم، پشیمان می‌شوم.

بر امیدِ شفْقتِ آن نیکخواه دزد را بگذاشت، باز آمد به راه ۲۸۰۹

به امیدِ شفقت و مهربانیِ آن خیرخواه بازگشت و دزد را رها کرد.

گفت: ای یار نکو! احوال چیست؟ این فغان و بانگ تو از دستِ کیست؟ ۲۸۱۰

گفت: ای دوست خوب، موضوع چیست؟ فغان و فریاد تو از کیست؟

گفت: اینک، بین نشانِ پایِ دُزد این طرف رفته‌ست دزدِ زن بِمُزد[2] ۲۸۱۱

مرد گفت: ببین اینجا نشان پای دزد پیداست، این دزدِ بی‌غیرت از این سو رفته است.

نک نشانِ پایِ دزدِ قَلْتَبان[3] **در پیِ او رو بدین نقش و نشان** ۲۸۱۲

این نشان پای این دزد بی‌همه چیز است، ردّ پای او را بگیر و برو.

گفت: ای ابله! چه می‌گویی مرا؟ من گرفته بودم آخِر مر ورا ۲۸۱۳

گفت: ای نادان چه می‌گویی؟ من دزد را گرفته بودم.

دزد را از بانگِ تو بگذاشتم من تو خر را آدمی پنداشتم ۲۸۱۴

با شنیدن فریادِ تو دزد را رها کردم، خری چون تو را آدمی پنداشتم.

این چه ژاژ است و چه هرزه ای فلان؟ من حقیقت یافتم، چه بْوَد نشان؟ ۲۸۱۵

ای فلان، این بیهوده و هرزه که می‌گویی، چیست؟ من حقیقت را یافته بودم، اینک تو ردِّ پا نشان می‌دهی؟

گفت: من از حق نشانت می‌دهم این نشان است، از حقیقت آگهم ۲۸۱۶

گفت: من نشانِ حقیقت را به تو می‌گویم که نشانهٔ درستی است؛ زیرا من از حقیقت آگاهم.

گفت: طَرّاری[4] **تو یا خود ابلهی بلکه تو دزدی و زین حال آگهی** ۲۸۱۷

صاحب‌خانه گفت: تو کیسه‌بُری یا احمق هستی، شاید هم دزدی و از ماجرا خبر داری؟

---

۱ - **نَدَم**: پشیمانی. ۲ - **زن بمزد**: مردِ بی‌غیرت و بی‌ناموس. ۳ - **قَلتَبان**: بی‌ناموس.
۴ - **طَرّار**: دزد.

خصم خود را می‌کَشیدم من کَشان　　تو رهانیدی وَرا، کاینک نشان! ۲۸۱۸

من داشتم دشمن خود را می‌گرفتم و کشان‌کشان می‌آوردم. تو سببِ رهایی او شدی، حال می‌گویی که بیا این ردّ پای اوست.

تو جهت گو[1]، من برونم از جهات[2]　　در وصال آیات[3] کُو یا بَیِّنات[4] ؟ ۲۸۱۹

تو از جهت سخن می‌گویی؛ یعنی راهِ رسیدن به حقایق را از طریق «ادلّهٔ عقلی و حسّی» نشان می‌دهی، در حالی که من بیرون از جهات و فراتر از عالم استدلال، به «حقیقت» رسیده‌ام. در «وصل و قُرب»، «نشانه‌ها و دلایل» چه مفهومی دارند؟

صُنع بیند مردِ محجوب از صفات　　در صفات، آن است کو گم کرد ذات ۲۸۲۰

کسی که فقط به فعل حق تعالیٰ توجّه دارد، از صفات حق غافل است و آن کس که فقط به صفات حق توجّه دارد، از ذات غافل است.

واصلان چون غرقِ ذات‌اند ای پسر!　　کِی کنند اندر صفاتِ او نظر؟ ۲۸۲۱

ای پسر، واصلان که در ذات مستغرق‌اند، کی به صفات حق نظر می‌کنند؟

چونکه اندر قعرِ جُو باشد سرت　　کِی به رنگِ آب افتد منظرت؟ ۲۸۲۲

هنگامی که سرت در اعماقِ جُو باشد، کی به رنگ و صفات آب توجّه می‌کنی؟

ور به رنگِ آب باز آیی ز قَعْر[5]　　پس پلاسی بستدی، دادی تو شَعْر[6] ۲۸۲۳

و اگر برایِ دیدنِ رنگِ آب از ژرفای آب به در آیی [استغراق در شهود وحدت]، پلاسی را گرفته و حریری را داده‌ای.

طاعتِ عامه، گناهِ خاصگان[7]　　وُصلتِ[8] عامه، حجابِ خاص دان ۲۸۲۴

طاعات و عباداتِ عوام که بدون معرفت و به صِرفِ تعبّد است، برایِ خاصگان، گناه محسوب می‌شود؛ زیرا طاعات مقصودِ بالذّات نیستند.

---

۱ - **جهت‌گو** : اینجا «اهلِ قال»، یعنی کسی که حقیقت را از طریقِ علوم رسمی و کسبی می‌جوید.
۲ - **برون از جهات بودن** : «اهل دل» یا «اهل معنا» بودن، کسی که از طریق تهذیب نَفْس به حقایق می‌رسد.
۳ - **آیات** : جمع آیة؛ نشانه.　　۴ - **بیِّنات** : جمع بَیِّنه؛ دلیل یا توضیح روشن.
۵ - مصراع اوّل: بازگشت از «محو» یا استغراق و شهود به «صحو» یا هوشیاری نَفْس.　　۶ - **شَعْر** : ابریشم.
۷ - مستفاد است از مضمون روایت: حَسَنَاتُ الْأَبْرَارِ سَیِّئَاتُ الْمُقَرَّبِینَ : کارهای نیکی که از ابرار و نیکان سر می‌زند، اگر توسّط بندگان خاصّ [خدا] انجام گیرد کافی نیست [از آنان انتظار بیشتری می‌رود] : احادیث، ص ۲۲۷.
۸ - **وُصلت** : پیوند.

مر وزیری را کند شه محتسب[1] شه عدوّ او بُوَد، نَبْوَد مُحِب[2] ۲۸۲۵

اگر پادشاهی وزیر را در حدِّ یک داروغه تنزّل دهد، با او دشمنی دارد، نه دوستی.

هم گناهی کرده باشد آن وزیر بی سبب نَبْوَد تغیُّر، ناگزیر[3] ۲۸۲۶

بدون شک وزیر مرتکب گناهی شده است و گرنه خشم شاه بی‌دلیل نیست.

آنکه ز اوّل محتسب بُد، خود وَرا بخت و روزی آن بُده‌ست از ابتدا ۲۸۲۷

کسی که از ابتدایِ کار داروغه باشد، بخت و اقبال وی از آغاز همین بوده است.

لیک آن کاوّل وزیر شه بُدَه‌ست مُحتسِب کردن، سبب فعلِ بد است ۲۸۲۸

امّا، آن کسی که از ابتدا وزیر بوده و بعد داروغه شده، بی‌شک به سبب کارِ ناروایی از چشمِ شاه افتاده است.

چون تو را شه ز آستانه پیش خواند باز سویِ آستانه باز راند ۲۸۲۹

اگر تو از آغاز جزو مقرّبان نبودی و به سببِ عنایتی جزو نزدیکان شاه شدی و دوباره تو را به جایگاه اوّلت باز گرداند،

تو، یقین می‌دان که جُرمی کرده‌ای جبر را، از جهل پیش آورده‌ای ۲۸۳۰

یقین داشته باش که جُرمی مرتکب شده‌ای و چون حاضر نیستی اعمال خود را مرور کنی و به خطای خود پی ببری، جاهلانه به جبر چسبیده‌ای که تقدیر این بود.

که: مرا روزی و قسمت این بُدَه‌ست پس چرا دِی بُودَت آن دولت به دست؟ ۲۸۳۱

می‌گویی: قسمت و مقدّر من این بوده است و نمی‌اندیشی که اگر تقدیر چنین بوده، چرا دیروز آن بخت و اقبال را داشته‌ای؟

قسمتِ خود، خود بریدی تو ز جَهل قسمتِ خود را فزاید مردِ اهل ۲۸۳۲

تو با نادانی قسمتِ خود را بریدی و ناچیز کردی، انسان شایسته، با درایت قسمتِ خویش را می‌افزاید.

---

۱ - **مُحْتَسِب** : داروغه، مأمور حکومتی که کار او بررسی مقادیر و اندازه‌ها و نظارت در اجرای احکام دین و بازدارنده از منهیّات است. نیکلسون ذیل بیت، محتسب را اشارتی به آموزگاران متعصّبِ علم و دین دانسته است.

۲ - **مُحب** : دوست‌دارنده.

۳ - مصراع دوم تبیینی است از مضمون آیه: رعد : ۱۱/۱۳ : إِنَّ اللهَ لاٰ یُغَیِّرُ مَا بِقَوْمٍ حَتّٰی یُغَیِّرُوا مٰا بِأَنْفُسِهِمْ...: به راستی که حق تعالی احوال هیچ قومی را بدتر نمی‌گرداند [یعنی لطف خود را از ایشان دریغ نمی‌دارد] تا زمانی که ایشان خود احوال خویش را [با معصیت ورزیدن نسبت به حق تعالی] بدتر گردانند.

قصّهٔ منافقان و مسجدِ ضِرار ساختنِ ایشان[1]

اهل نفاق و دورویی با پیامبر(ص) به گونه‌های مختلف نیرنگ می‌ورزیدند و نمونه‌ای از مکر و نیرنگ آنان ساختن مسجدِ ضِرار بود.

منافقان مسجدی ساختند که هدف از ساختن آن ایجاد نفاق و ترویج افکار غیر اسلامی بین مسلمانان بود. هنگامی که ساختن مسجد پایان یافت و سقف و قبلهٔ آن آراسته گردید، نزد رسول اکرم(ص) آمدند و گفتند: ما این مسجد را برای روز گِل و باران و ابر ساخته‌ایم تا مسلمانان در آن در امن و آسایش باشند؛ بنابراین به آنجا هم قدم رنجه کن و اهل آن مسجد را مورد مرحمت قرار ده. این درخواست بارها تکرار شد و پیامبر(ص) از راه رحم و شفقت هر بار وعده را به آینده موکول می‌فرمود و از جمله یک بار به ایشان یادآور شد که اینک عازم سفر هستم در بازگشت بدان‌جا خواهم آمد.

چون رسول اکرم(ص) از جنگ بازگشت، نزد او آمدند و وی را به اصرار دعوت کردند که به آن مسجد در آید؛ امّا حق به ایشان فرمود: به آن مردم منافق علنی و فاش بگو حقیقت چیست؟ لذا پیامبر از راز و قصد آن‌ها نشانی چند بر زبان آورد و فرمود که تا راز شما را کاملاً فاش نکرده‌ام، باز گردید.

قاصدان از نزد پیامبر باز گشتند، در حالی که حاشِ لِلّٰه، حاشِ لِلّٰه می‌گفتند. منافقان که این

---

۱ - این داستان روایتی است از آنچه مفسّران قرآن نوشته‌اند، توبه: ۱۰۷/۹: وَٱلَّذِينَ ٱتَّخَذُوا مَسْجِداً ضِرَاراً وَ كُفْراً وَ تَفْرِيقاً بَيْنَ ٱلْمُؤْمِنِينَ وَ إِرْصَاداً لِّمَنْ حَارَبَ ٱللَّهَ وَ رَسُولَهُ مِن قَبْلُ وَ لَيَحْلِفُنَّ إِنْ أَرَدْنَا إِلاَّ ٱلْحُسْنَىٰ وَٱللَّهُ يَشْهَدُ إِنَّهُمْ لَكَٰذِبُونَ: و کسانی هستند که مسجد را دستاویز زیان رساندن و کفر و تفرقه‌اندازی بین مؤمنان؛ و نیز کمینگاهی برای کسانی که پیش از آن با خداوند و پیامبر او به محاربه برخاسته بودند، ساختند؛ و سوگند می‌خورند که هدفی جز خیر و خدمت نداریم؛ و خداوند گواهی می‌دهد که ایشان دروغگو هستند.

مفسّران (میبدی، زمخشری، ابوالفتوح، امام فخر) و ابن هشام در سیره می‌نویسند که دوازده تن از مشاهیر منافقان با توطئه، در بیرون مدینه مسجدی ساختند تا پایگاه آنان بر علیه پیامبر(ص) و مسلمانان باشد. و ابوعامر راهب را که در جاهلیّت، نصرانی و دشمن پیامبر(ص) بود، برای امامت آن برگزیدند و او به نزد قیصر روم رفت که با کمکِ او برای براندازی اسلام بازگردد. پیامبر(ص) پا در رکاب سفر تبوک داشتند که منافقان از ایشان خواستند که برای تبرّک و در واقع رسمیّت بخشیدن به مسجدِ آنان در آنجا نماز بخوانند. حضرت(ص) فرمود: اکنون عازم سفر هستم؛ چون باز گردم خواهم آمد و نماز خواهم خواند. چون از تبوک بازگشت، دوباره آمدند و حضرت(ص) آهنگ اقامهٔ نماز در آن مسجد داشتند که وحی نازل شد و حضرت(ص) را باز داشت. پیامبر(ص) مالک بن دخشم و عاصم بن عدی و چند تن دیگر از انصار را فرمودند که آن مسجد را ویران کنند که رفتند و منافقان را تار و مار کردند و مسجد را با آتش زدن آن ویران کردند و سپس آن را مزبله ساختند: قرآن، ترجمهٔ خرّمشاهی، ذیل آیه، نقل از سیرت رسول الله، صص ۹۷۹-۹۸۰.

ماجرا را شنیدند، هرکدام مصحفی را از سر مکر زیر بغل نهادند و نزد حضرت آمدند و درخواست خویش را تکرار کردند. یکی از یاران رسول اکرم(ص) که از ماجرا بی‌خبر بود، با خود گفت: پیامبر چرا این مردان پیرِ باوقار را چنین شرمسار می‌کند؟

در همین اندیشه بود که خواب او را در ربود، در خواب مسجدِ نوساخته را پر از سرگین دید که از سنگ‌های آن دود غلیظ و تلخ بر می‌جَهَد و از نهیبِ آن دود از خواب بیدار شد و دانست که آن بنا مسجد نیست، بلکه خانهٔ مکر و فریب است.

رسول خدا(ص) فرمود تا آن مسجد را خراب کنند و زباله‌های آن را خاکستر نمایند.

جان‌کلام در این قصّه در بیانِ این معناست که با حق نمی‌توان مکر ورزید و هر کس که به پنداری واهی چنین خیال خامی را در سر بپروراند، حاصلی جز سیه‌روزی و تباهی ندارد.

همچنین در شرحِ این نکته نیز هست که منافقان از سر عنایتی که شامل حالشان شده بود، اسلام آورده بودند؛ و از آستانه به سوی تقرّب که مقامِ مؤمنان است، خوانده شدند؛ امّا قابلیّت و استعداد حفظ این جایگاه را نداشتند و حق آنان را به قرارگاه آغازینشان که کفر و نفاق بود، باز گرداند.

این داستان در سال نهم هجری رخ داد در شرایطی که پیامبر(ص) با این گروه منافقان مدینه روابط مسالمت‌آمیزی داشت. آنان مسجدی در میان قبیلهٔ بنی سالم، نزدیک مسجد قُبا ساختند و استدلال ایشان آن بود که افراد ناتوان و بیمار و ازکار افتاده در آن نماز بگزارند و در آن هنگام رسول خدا(ص) عازم تبوک بود. محمّد بن جریر طبری نوشته است: تبوک شهری است بزرگ و ترسایان آنجا بودند و آن حضرت چنان دانست که از روم سپاهی بزرگ علیه مسلمانان به آنجا آمده است تا به مدینه هجوم آرند. چون پیامبر(ص) به تبوک رسید، کس نیامده بود و مهترِ تبوک عروة بن زویده بود، بیامد و با پیامبر(ص) صلح کرد و جزیه پذیرفت و رسول خدا(ص) بازگشت، چون نزدیک مدینه رسیدند، اهل مسجد ضرار پیش رسول(ص) باز آمدند که داستان آن گفته آمد. توبه: ۹/۱۱۰-۱۰۷.

یک مثالِ دیگر اندر کژ رَوی[1] شاید ار از نقل قرآن بشنوی ۲۸۳۳

شایسته است اکنون به نقل از قرآن کریم مثال دیگری را در ارتباط با کجروی بشنوی.

این چنین کژبازیی[2] در جُفت و طاق[3] با نَبی می‌باختند اهلِ نفاق ۲۸۳۴

منافقان در کجروی‌ها و جدالی که با پیامبر(ص) داشتند، دودوزه بازی می‌کردند.

کز برای عزِّ دینِ احمدی مسجدی سازیم، و بود آن مُرتَدی ۲۸۳۵

می‌گفتند: برای عزّتِ دینِ اسلام، مسجدی بسازیم در حالی که آن کار عینِ ارتداد و بازگشت از دین بود.

---

۱ - **کژروی**: انحراف. ۲ - **کژبازی**: کجروی.
۳ - **جُفت و طاق**: اصطلاح نرد، اینجا مبارزه و جدال، مقابله.

ایـن چـنین کـژبازیی می‌باختند   مسـجدی جـز مسـجدِ او سـاختند ۲۸۳۶

منافقان این چنین کجرفتاری می‌کردند و مسجدی را با نیّتی سوء نزدیکِ مسجد «قبا» ساختند.

سـقف و فـرش و قُـبّه‌اش آراسـته   لیک تـفریقِ جـماعت[1] خـواسـته ۲۸۳۷

سقف و فرش و گنبد مسجد آراسته و نیکو بود؛ امّا هدفِ آنان ایجاد تفرقه بین مسلمانان بود.

نـزدِ پـیغمبر بـه لابـه آمـدند   هـمچو اُشـتر پیش او زانـو زدنـد ۲۸۳۸

لابه‌کنان نزد رسول خدا(ص) آمدند و بسان شتر در برابر او زانو زدند و به احترام نشستند.

کِای رسولِ حـق! بـرای مُـحسنی[2]   سویِ آن مسـجد قـدم رنـجه کُـنی ۲۸۳۹

گفتند: ای رسول خدا، احسان کن و به مسجد ما هم قدم رنجه فرما.

تـا مـبارک گـردد از اَقـدام[3] تـو   تـا قـیامت تـازه بـادا نـامِ تـو ۲۸۴۰

تا با قدوم مبارک و فرخندهٔ تو، مسجد مبارک گردد. نام تو تا قیامت جاوید باد.

مسـجدِ روزِ گِـل است و روزِ اَبْـر   مسـجدِ روز ضـرورت، وقتِ فـقر ۲۸۴۱

این مسجد برای روزهای بارانی، ابری، گل و لای، ضرورت و فقر است.

تـا غـریبی یـابد آنـجا خـیر و جـا   تا فراوان گـردد ایـن خـدمت سـرا ۲۸۴۲

این مسجد را ساخته‌ایم تا افراد غریب و بیگانه که جایی ندارند، در آنجا محلّی بیابند و این نوع خدمت‌سراها فراوان شود.

تا شِـعارِ[4] دیـن شـود بسیار و پُـر   زانکه با یاران شود خوش کارِ مُـر[5] ۲۸۴۳

این کار را کردیم تا آثار دین بسیار شود؛ زیرا همواره کارهای تلخ و سخت در کنارِ یاران شیرین و آسان می‌گردد.

سـاعتی آن جـایگه تشـریف دِه[6]   تـزکیه‌مان[7] کـن، ز مـا تـعریف دِه[8] ۲۸۴۴

ساعتی به آن مسجد تشریف بیاور و به برکت وجود پاک خود، ما را تزکیه کن و اجازه بده این مسجد به دیگران هم معرفی شود.

---

۱ - **تفریقِ جماعت :** تفرقهٔ بین مردم.   ۲ - **برای محسنی :** برای احسان.   ۳ - **اَقدام :** جمعِ قدم.

۴ - **شِعار :** نشان و علامت، سنّت و راه و رسم.   ۵ - **کار مُر :** کار تلخ.

۶ - **تشریف دِه :** بزرگ‌قدر گردانیدن.   ۷ - **تزکیه :** پاک گردانیدن.   ۸ - **تعریف ده :** معرّفی کن.

مسجد و اصحابِ مسجد را نواز تو مَهی، ما شب، دمی با ما بساز ۲۸۴۵

مسجد و اهلِ مسجد را بنواز و مرحمت کن. تو مانندِ ماه تابانی و ما شبِ تاریک‌ایم، لحظه‌ای با ما دمساز شو.

تا شود شب از جمالت همچو روز ای جمالت آفتابِ جان فروز ۲۸۴۶

تا در پرتوِ نورِ جمالت، شبِ تاریک روز شود، ای آنکه جمالت آفتابِ روشن‌کنندهٔ جان است.

ای دریغا کآن سخن از دل بُدی تا مرادِ آن نفر[1] حاصل شدی ۲۸۴۷

اگر آنان این سخنان را از روی اعتقاد می‌گفتند، بدون تردید به مقصودشان می‌رسیدند.

لطف کآید بی‌دل و جان در زبان همچو سبزهٔ تُون[2] بُوَد، ای دوستان! ۲۸۴۸

ای دوستان، سخنانِ زیبا که از دل نباشد، مانندِ سبزه‌ای است که در مزبله بروید.

هم زِ دورش بنگر و اندر گذر خوردن و بو را نشاید ای پسر! ۲۸۴۹

ای پسر، به این سخنان توجّه نکن. از دور بنگر و بگذر، سبزهٔ گُلخن شایستهٔ خوردن و بوییدن نیست.

سویِ لطفِ بی‌وفایان هین مرو کآن پلِ ویران بُوَد، نیکو شنو ۲۸۵۰

آگاه باش و فریبِ لطف کسانی را که وفای به عهد را نمی‌شناسند، نخور؛ زیرا این لطف، مانند پلی شکسته است، خوب بشنو.

گر قدم را جاهلی بر وی زند بشکند پل و آن قدم را بشکند ۲۸۵۱

اگر نادانی بر پل شکسته گام نهد، هم پل می‌شکند و هم پای آن جاهل.

هر کجا لشکر شکسته می‌شود از دو سه سستِ مخنّث[3] می‌بُوَد ۲۸۵۲

هر وقت لشکری شکست می‌خورد، سبب آن بی‌تردید، سست‌عنصریِ دو، سه نفر بی‌همّتِ نامرد است.

در صف آید با سلاح او مَردْوار دل بر او بِنْهند، کاینک یارِ غار ۲۸۵۳

آن نامرد، در هیأت و سلاحِ مردان به صف می‌پیوندد و جنگاوران به او اعتماد می‌کنند که رزمنده‌ای صمیمی است.

---

۱ - **نفر** : گروه. ۲ - مقتبس است از حدیث: از گل روییده در مزبله پرهیز کنید: احادیث، ص ۱۶۰.

۳ - **مخنّث** : نامرد.

۲۸۵۴ رُو بگـردانـد چـو بـيند زخـم را رفـتنِ او بشکـند پشتِ تـو را

امّا همین که حملات شدید و جدّی دشمن را ببیند، فرار را بر قرار ترجیح می‌دهد و کمرت را می‌شکند.

۲۸۵۵ ایـن دراز است و فـراوان مـی‌شود و آن‌چه مقصود است پنهان می‌شود

این بحث طولانی است و اگر مشروح بگویید که خیانت نامردان چه صدماتی می‌زند، مقصود اصلی پوشیده می‌مانَد.

فریفتنِ منافقان پیغامبر را، علیه السَّلام، تا به مسجدِ ضِرارش برند

۲۸۵۶ بر رسولِ حق فسـون‌ها[۱] خـوانـدند رَخش ِ دستان و حِیَل مـی‌رانـدند[۲]

آن مردم دورو و منافق برای رسول خدا(ص) افسون‌ها خواندند و تا توانستند مکر و نیرنگ به کار بردند.

۲۸۵۷ آن رسـولِ مـهربانِ رحـم کـیش جز تبسُّم، جـز بـلی، نـاورد پـیش

آن پیامبر مهربان که روشی سرشار از رحمت و مروّت داشت، جز تبسّم و تأیید عکس‌العملی نشان نداد.

۲۸۵۸ شکـرهایِ آن جـماعت یـاد کـرد در اجـابت قـاصدان را شـاد کـرد

از کارهایِ نیکِ آنان تشکّر کرد و نمایندگان ایشان را با وعدهٔ اجابت شاد ساخت.

۲۸۵۹ مـی‌نمود آن مکـرِ ایشـان پـیش ِ او یک به یک زآن سان که اندر شیر مو

امّا مکر و نیرنگ آنان بر پیامبر(ص) آشکار بود، همان گونه که تار مویی در شیر هویداست.

۲۸۶۰ مـوی را نـادیده مـی‌کرد آن لطـیف شیر را شاباش می‌گفت[۳] آن ظریف

امّا آن رسول بزرگوار که سرشار از لطف بود، سخنان شیرین آنان را می‌شنید و مکر را که در عمق کلام و رفتارشان بود، نادیده می‌انگاشت.

---

۱ - **فسون:** حیله و تزویر.

۲ - مصراع دوم: اسبِ مکر و نیرنگ را به جولان در آوردند؛ یعنی مکرِ بسیار به کار بردند.

۳ - **شیر را شاباش می‌گفت:** وانمود می‌کرد که موی را در شیر نمی‌بیند و تمجید می‌کرد.

صد هزاران موی مکر و دمدمه　　　چشم خوابانید[1] آن دم زآن همه ۲۸۶۱

آن لحظه بر صد هزاران مکر و نیرنگ و تزویر ایشان چشم‌ها را بست.

راست می‌فرمود آن بحرِ کَرَم　　　بر شما من از شما مُشفق‌تَرم[2] ۲۸۶۲

آن دریایِ رحمت، درست فرمود که من به شما از خودتان مهربان‌ترم.

من نشسته بر کنارِ آتشی　　　با فروغ و شعلهٔ بس ناخوشی ۲۸۶۳

من در کنار آتشی نشسته‌ام که فروغ و شعلهٔ بس ناخوشی دارد.

همچو پروانه شما آن سو دوان　　　هر دو دستِ من شده پروانه ران[3] ۲۸۶۴

شما، مانند پروانه در اطرافِ این آتش می‌چرخید و من شما را می‌رانم.

چون بر آن شد تا روان گردد رسول　　　غیرتِ حق بانگ زد: مشنو ز غول ۲۸۶۵

چون پیامبر(ص) مصمّم شد تا به سوی آن مسجد برود، غیرت الهی بانگ زد که به سخن این رهزنان گوش نده.

کین خبیثان مکر و حیلت کرده‌اند　　　جمله مقلوب است آنچ آورده‌اند ۲۸۶۶

این موجوداتِ پلید، مکر و نیرنگ به کار برده‌اند، هر چه می‌گویند، وارونه است.

قصدِ ایشان جز سیه‌رویی نبود　　　خیرِ دین کِی جُست ترسا و جهود؟ ۲۸۶۷

نیّت قلبی ایشان چیزی جز سیاه‌رو کردن اسلام و مسلمانان نیست، آیا هرگز ترسا و جهود خیرِ دین را خواسته‌اند؟

مسجدی بر جِسْرِ[4] دوزخ ساختند　　　با خدا نَردِ دَغاها[5] باختند[6] ۲۸۶۸

آن‌ها مسجدی روی پل دوزخ ساختند و خواستند که با خداوند نیرنگ بورزند.

---

۱ - **چشم خوابانید**: نادیده می‌گرفت.

۲ - اشاره به روایت است: أَنَا أَوْلَى بِكُلِّ مُؤْمِنٍ مِنْ نَفْسِهِ: ولایت و سرپرستی من بر مؤمن از ولایت و سرپرستی او بر خودش بیشتر است: احادیث، ص ۲۲۹.

۳ - اشاره به روایت: مَثَل من و شما همچون مردی است که آتشی برافروخته است، آنگاه ملخ‌ها و پروانه‌ها خود را در آن آتش پرتاب می‌کنند و او در صدد نجات و دفاع از آنان است، من نیز در صدد نجات و پناه دادن شما از آتش جهنّم هستم؛ امّا شما از دست من بیرون می‌پرید و خود را در آتش می‌افکنید: احادیث، ص ۲۳۰.

۴ - **جِسر**: پل.　۵ - **دغا**: نیرنگ.

۶ - اشارتی قرآنی؛ توبه: ۱۰۹/۹: آیا آن کس که بنای خود را بر تقوا و رضای الهی نهاد بهتر است یا آن کس که بنای خود را بر لبهٔ پرتگاه سستی معلّق در کنار دوزخ نهاده است که همراه او در آتش جهنّم سقوط خواهد کرد.

قصدشان تَفْریقِ اصحابِ رسول　　　فضلِ حق را کی شناسد هر فضول؟ ۲۸۶۹

نیّت آن‌ها چیزی جز ایجاد تفرقه بین یاران رسول خدا(ص) نبود. هر یاوه‌گوی نادان، چگونه فضل الهیِ شاملِ حال رسول(ص) را دریابد؟

تا جُهودی را ز شام اینجا کَشند　　　که به وعظِ او جهودان سرخوش اند ۲۸۷۰

آن‌ها می‌خواستند ابوعامر راهب را که در جاهلیّت، نصرانی و دشمن پیامبر(ص) بود از شام به مدینه بیاورند؛ زیرا او را به عنوان امام مسجد برگزیده بودند و می‌گفتند که یهودیان از وعظ او خشنود می‌شوند.

گفت پیغمبر که: آری، لیک ما　　　بر سرِ راهیم و بر عزم غزا ۲۸۷۱

پیامبر(ص) در پاسخ گفت: باشد؛ امّا اکنون به قصد جنگ عازم سفر هستیم.

زین سفر چون باز گردم آنگهان　　　سویِ آن مسجد روان گردم روان ۲۸۷۲

چون از سفر بازگردم، به آن مسجد خواهم آمد.

دفعشان گفت و به سویِ غزو[1] تاخت　　　با دغایان از دغا[2] نردی بباخت ۲۸۷۳

پیامبر(ص) دفع وقت کرد و به سوی جنگ با دشمنان شتافت. با مکّاران باید مکر ورزید.

چون بیامد از غزا باز آمدند　　　چنگ اندر وعدهٔ ماضی زدند ۲۸۷۴

چون رسول خدا(ص) از جهاد بازگشت، منافقان بازگشتند و وعدهٔ گذشته را خواستار شدند.

گفت حقّش: ای پیمبر فاش گو　　　عُذر را، وَر جنگ باشد، باش گو ۲۸۷۵

حق تعالیٰ وحی فرمود: ای رسول ما، موضوع را علنی بگو، اگر کار به جنگ هم بکشد، مهم نیست.

گفتشان: بس بد درون و دشمن اید　　　تا نگویم رازهاتان تن زَنید[3] ۲۸۷۶

پیامبر(ص) گفت: بسیار بدنهاد و دشمن‌اید، تا نیرنگ شما را فاش نکرده‌ام، دست بردارید و دور شوید.

چون نشانیِ چند از اسرارشان　　　در بیان آورد، بد شد کارشان ۲۸۷۷

چون بعضی از نشان‌های نیرنگ ایشان را بیان فرمود، کارشان زار شد.

---

۱ - **غزو**: نبرد با کفّار.　۲ - **دغا**: مردم ناراست.　۳ - **تن زنید**: خاموش باشید، دست بردارید.

قاصدان زو بازگشتند آن زمان   خاش لِلّه،[1] خاش لِلّه، دم زنان ۲۸۷۸

نمایندگان به سرعت و پناه برخداگویان بازگشتند.

هر منافق مُصحفی[2] زیر بغل   سوی پیغمبر بیاورد از دغل ۲۸۷۹

دیگر منافقان که از طریق نمایندگان خود از ماجرا اطّلاع یافته بودند، هر یک قرآنی زیر بغل گرفتند و مزوّرانه به سوی پیامبر(ص) آمدند.

بهرِ سوگندان که اَیْمان جُنَّتی‌ست[3]   زانکه سوگندان کژان را سُنَّتی‌ست[4] ۲۸۸۰

قرآن‌ها را برای سوگند یاد کردن آورده بودند؛ چون سوگند، مانندِ سپر می‌توانست تزویرِ آنان را مخفی کند؛ زیرا سوگند شیوهٔ ناراستان است.

چون ندارد مردِ کژ در دین وفا   هر زمانی بشکند سوگند را ۲۸۸۱

چون انسان کج رفتار و کج‌اندیش در دین و ایمان خود وفایی ندارد، هر لحظه ممکن است سوگند خود را بشکند.

راستان را حاجتِ سوگند نیست   زانکه ایشان را دو چشمِ روشنی‌ست ۲۸۸۲

صادقان نیازی به «سوگند» ندارند؛ زیرا آنان با دیدگانی بینا حقایق را می‌بینند و می‌دانند که سخنِ صادقانه بر دلِ پاک اثرِ نیک دارد و بر دلِ ناپاک تأثیری ندارد.

نقضِ میثاق[5] و عُهود از احمقی‌ست   حفظِ اَیْمان[6] و وفا کارِ تقی‌ست[7] ۲۸۸۳

پیمان شکنی و عدم وفای به عهد ناشی از حماقت است، همان‌طور که حفظ سوگند و وفای به عهد ویژگیِ متّقیان است.

گفت پیغمبر که: سوگندِ شما   راست گیرم یا که سوگندِ خدا؟ ۲۸۸۴

پیامبر(ص) گفت: سوگند شما را بپذیرم یا سوگند خدا را؟

باز سوگندی دگر خوردند قوم   مُصحف اندر دست و بر لب مُهرِ صَوْم ۲۸۸۵

آن قوم، قرآن در دست و مُهر روزه بر لب باز هم سوگند دیگری یاد کردند،

---

۱ - **حاش لِلّه** : پناه بر خدا.   ۲ - **مُصْحف** : قرآن.   ۳ - **جُنَّة** : سپر که مرد را می‌پوشاند.
۴ - اشارتی قرآنی؛ مجادله : ۱۶/۵۸ : اِتَّخَذُوا أَيْمانَهُمْ جُنَّةً فَصَدُّوا عَنْ سَبِيلِ اللهِ : آن‌ها سوگندهای خود را سپری قرار دادند و مردم را از راه خدا باز داشتند.   ۵ - **میثاق** : پیمان.   ۶ - **اَیْمان** : جمعِ یمین: سوگند.
۷ - **تقی** : پرهیزکار.

که: به حقِّ ایـن کـلامِ پـاکِ راست   کآن بنایِ مسجد از بـهرِ خـداست ۲۸۸۶

که به حقِّ این کلام پاک راستین که مسجد را برای رضای حق تعالیٰ بنا نهاده‌ایم.

اندر آنجا هیچ حیله و مکر نـیست   اندر آنجا ذِکر و صِدق و یارَبی‌ست ۲۸۸۷

در آنجا هیچ حیله و نیرنگی در کار نیست و یاد خدا و صداقت و یارب، یارب است.

گـــفت پـــیغمبر کـــه: آوازِ خـــدا   می‌رسد در گوشِ من همچون صدا ۲۸۸۸

پیامبر(ص) گفت: من سروش الهی را می‌شنوم، همان‌گونه که شما اصوات را می‌شنوید.

مُـــهر بـر گـوشِ شـما بـنهاد حـق   تـا بـه آوازِ خـدا نـارد سَـبَق[1] ۲۸۸۹

خداوند بر گوش شما از قهر مُهری نهاده است تا آوای حق را نشنوید.

نک صـــریح آوازِ حـــق مـی‌آیدم   هـمچو صـاف از دُردْ می‌پالایدم ۲۸۹۰

اینک به صراحت و روشنی، آوای حق به گوشم می‌رسد و مرا چون آبی صاف از دُرد و کدورتِ وجودِ شما پالایش می‌دهد و می‌گوید که نیّت درونیِ شما چیز دیگری است.

هـمچنانکه مـوسی از سـویِ درخت   بانگ حق بشنید کِای مسعود بخت![2] ۲۸۹۱

همان‌گونه که موسیٰ(ع) بر کوه طور، از درخت بانگ حق را شنید که می‌گفت: ای مرد نیکبخت!

از درخت اِنّـي اَنَـا اللّـه[3] **می‌شنید   بـــا کـــلام انـــوار مـــی‌آمد پـــدید** ۲۸۹۲

موسیٰ(ع) از درخت «من الله هستم» را می‌شنید و همراه آن انوار الهی را آشکارا می‌دید.

چـــون ز نـورِ وحـی در می‌ماندند   بـــاز نـــو ســـوگندها مـــی‌خوانـدند ۲۸۹۳

چون آن قوم مکّار، نور وحی را که بر دلِ پیامبر(ص) فـرود مـی‌آمد نـمی‌دیدند، دوبـاره سوگندها می‌خوردند که صادق‌اند.

---

۱ - **سَبَق نارَد :** نرسد، درنیاید.

۲ - اشارتی است به آغاز نبوّت و بعثت موسیٰ(ع) و اوّلین جرقه‌های وحی.

اشارتی قرآنی؛ طه : ۱۱/۲۰ : فَلَمّا أَتیٰها نُودِیَ یٰا موسیٰ : پس هنگامی که موسی نزد آتش آمد صدایی شنید که [او را مخاطب قرار داده] می‌گوید: ای موسیٰ.

۳ - اشارتی قرآنی؛ طه : ۱۴/۲۰-۱۲ : إِنّي أَنَا رَبُّكَ فَاخْلَعْ نَعْلَيْكَ إِنَّكَ بِالْوٰادِ الْمُقَدَّسِ طُوًى : من پروردگار توأم، کفش‌هایت را بیرون آر، که تو در سرزمین مقدّس طوی هستی.

وَ أَنَا اخْتَرْتُكَ فَاسْتَمِعْ لِمٰا يُوحىٰ : و من تو را برای مقام رسالت برگزیده‌ام؛ پس اکنون به آنچه به تو وحی می‌شود گوش فرا ده.

إِنَّني أَنَا اللهُ لاٰ إِلٰهَ إِلاّٰ أَنَا : من الله هستم، معبودی جز من نیست.

چون خدا سوگند را خوانَد سپر کِی نهد اِسپر زکف پیکارگر؟ ۲۸۹۴

چون خداوند «سوگند» را سپر خوانده است، چگونه پیکارگر سپر را بگذارد؟

باز پیغمبر به تکذیبِ صریح قَدْکَذَبْتُم[1] گفت با ایشان فصیح ۲۸۹۵

باز پیامبر(ص) آنان را آشکارا تکذیب کرد و گفت: شما دروغ گفتید.

اندیشیدن یکی از صحابه به انکار که رسول چرا ستّاری نمی‌کند؟

تا یکی یاری ز یارانِ رسول در دلش انکار آمد زآن نُکول[2] ۲۸۹۶

چون رسول خدا(ص) دروغگویی آنان را آشکار ساخت و به وعدهٔ خود وفا نکرد، در دلِ یکی از یارانِ حضرت انکاری پدید آمد.

که چنین پیرانِ با شیب و وقار[3] می‌کُنَدْشان این پیمبر شرمسار ۲۸۹۷

که چرا پیامبر این پیرانِ باوقار را شرمنده می‌کند؟

کو کَرَم؟ کو سِتْرپوشی؟ کو حیا؟ صد هزاران عیب پوشند انبیا ۲۸۹۸

پس بخشندگی و بخشایش چه معنی دارد؟ ستّاریّتِ خداوند که انبیا از آن برخوردارند چه شد؟ حیا کجاست؟ انبیا صد هزار عیب و زشتی را می‌بینند و نادیده می‌انگارند.

باز در دل زود استغفار کرد تا نگردد ز اعتراض او روی زرد ۲۸۹۹

باز فوراً در دل استغفار کرد تا به سبب این اعتراض شرمنده درگه حق نشود.

شومیِ یاریِ اصحابِ نفاق کرد مؤمن را چو ایشان زشت و عاق[4] ۲۹۰۰

پرتو شومیِ همدلی با منافقان، صحابیِ مؤمن را هم مانند ایشان زشت و سرکش و ناخوش کرد.

باز می‌زارید کِای علّامِ سِر مر مرا مگذار بر کفران مُصِر[5] ۲۹۰۱

باز در دل ناله می‌کرد که ای خدایی که بر اسرار آگاهی، مرا بر این کفر و معصیت پایدار نگذار.

---

۱ - **قَدْ کَذَبْتُم**: بی‌شک دروغ گفتید. ۲ - **نُکول**: باز ایستادن از سوگند و پیمان.

۳ - **با شیب و وقار**: سالخوردگانِ باوقار. ۴ - **عاق**: سرکش با پدر و مادر، ناخوش دارنده.

۵ - **مُصِر**: پایدار.

دل به دستم نیست همچون دیدِ چشم ورنه دل را سوزمی این دم ز خشم ۲۹۰۲

اختیارِ دل، همچون بینایی چشم در اختیارم نیست و چیزهایی را دیدم که سبب بدگمانی‌ام شد. اگر دل به اختیار من بود، همین لحظه دل را با خشم می‌سوزاندم.

اندر این اندیشه خوابش در ربود مسجدِ ایشانْش پر سرگین نمود ۲۹۰۳

در این افکار غوطه‌ور بود که خواب او را ربود و در رؤیا مسجد منافقان را پر از سرگین و پلیدی دید.

سنگ‌هاش اندر حدث جایِ تباه می‌دمید از سنگ‌ها دودِ سیاه ۲۹۰۴

سنگ‌هایِ مسجد در میان کثافات و نجاسات در مکانی آلوده قرار داشت و از آن‌ها دودی سیاه‌رنگ بر می‌خاست.

دود در حلقش شد و حلقش بخَست از نهیبِ دودِ تلخ از خواب جَست ۲۹۰۵

این رؤیای صادقه چنان واقعی بود که دود سیاه گلویش را آزرده کرد و از شدّت اثرِ دودهای تیره و ترس از خواب جست.

در زمان، در رُو فتاد و می‌گریست کِای خدا ! این‌ها نشانِ مُنکِری‌ست ۲۹۰۶

بلافاصله به سجده افتاد و زارزار می‌گریست و می‌نالید که ای خدا، این‌ها نشان منکِریِ آنان بود.

خِلْم[1] بهتر از چنین حلم ای خدا که کند از نورِ ایمانم جدا ۲۹۰۷

خداوندا، خشم و غضب بر این منکران بهتر از بردباری است که می‌توانست مرا از نور ایمان جدا سازد.

گر بکاوی کوششِ اهلِ مجاز تُو به تُو گَنده بُوَد همچون پیاز ۲۹۰۸

اگر کارهای مردم ظاهرپرست را جست‌وجو کنی، مانند پیاز گندیده تمامِ لایه‌های آن فاسد است.

هر یکی از یکدگر بی‌مغزتر صادقان را، یک ز دیگر نَغْزتر ۲۹۰۹

کار و بار و تلاشِ هر یک از اهل ظاهر را که بررسی کنی، همین است، هر یکی از دیگری بی‌مغزتر و پوچ‌تر؛ در حالی که کوششِ صادقان هر یک از دیگری پربارتر است.

صد کمر آن قوم بسته[2] بر قبا بهرِ هَدْمِ مسجدِ اهلِ قُبا ۲۹۱۰

آن قوم منحرف همگی مصمّم بودند تا مسجد قُبا را منهدم کنند.

---

۱ - **خِلْم** : غضب، خشم. ۲ - **صد کمر بسته بودند** : بسیار مصمّم بودند.

همچو آن اصحابِ فیل اندر حَبَش[1] کـعبه‌یی کـردند، حـق آتش زَدش ۲۹۱۱

کارِ آنان، مانندِ عملِ اصحاب فیل در حبشه بود که کعبه‌ای ساختند و حق هم آن را آتش زد.

قـصدِ کـعبه سـاختند، از انـتقام حالشان چون شد؟ فرو خوان از کلام[2] ۲۹۱۲

به قصد انتقام و انهدام کعبه عازم شدند، در قرآن بخوان که چه به روزشان آمد.

مر سیه‌رویانِ دین را خـود جِـهاز[3] نـیست الّا حـیلت و مکـر و سـتیز ۲۹۱۳

آنان که در دین و ایمان سیاه‌روی‌اند، وسیله‌ای جز حیله و نیرنگ و ستیزه‌جویی ندارند.

هر صحابی دید زآن مسجد نشان[4] واقـعه[5]، تـا شـد یـقینشان سِـرِّ آن ۲۹۱۴

هر یک از یاران رسول خدا(ص) که شاهد ماجرا بود، آن مسجد و چگونگی احوال درونی سازندگان آن، در رؤیای خویش نشانی دید تا بر همگان سِرّ آن آشکار گشت و بدان یقین آوردند.

واقعات[6] ار بـازگـویم یک بـه یک تا یقین گردد صـفا بـر اهـلِ شک[7] ۲۹۱۵

اگر واقعه و احوالی را که برای هر یک از یاران پیامبر(ص) رخ داد باز گویم، اهل شک نیز به یقین می‌رسند.

لیک مـی‌ترسم زکشـفِ رازشـان نـازنینان انـد و زیـبد نـازشان ۲۹۱۶

هر یک از صحابه به امدادِ روحانی پیامبر(ص)، حقیقتِ مسجدِ ضرار و سازندگان آن را در واقعه‌ای دیدند؛ امّا هویدا ساختن راز آنان نگرانم می‌کند؛ زیرا نازنینانی‌اند که در پردهٔ سِتر ماندن و نازشان را آشکار نکردن، برازندهٔ آنان است.

شـرعْ بـی‌تقلید مـی‌پذرفته‌انـد بـی مِـحَکّ آن نـقد را بگـرفته‌انـد ۲۹۱۷

آنان عزیزانی‌اند که شرع مقدّس و احکام آن را با ایمان کامل و دل مصفّا پذیرفته‌اند بدون آنکه تقلید یا تحقیق کنند، بی‌سنجش آن زرّ ناب را برگزیدند.

---

۱ - اشاره‌ای است به ابرهة ابن صباح، والی حبشی یمن که در صنعا معبدی ساخت و مردم یمن را از حجّ بیت ممنوع کرد؛ امّا اهل یمن کراهت می‌نمودند و از زیارت خانهٔ خدا باز نمی‌ایستادند؛ پس به قصد انهدام کعبه با پیل عازم مکّه شد و حق تعالیٰ او و سپاهش را با حجارهٔ سجّیل که طیراً ابابیل فرو باریدند هلاک فرمود.

۲ - اشارت قرآنی ؛ فیل : ۳/۱۰۵ : ر.ک: ۱۳۱۹/۱. ۳ - **جِهاز** : ساز و برگ، وسیله، ابزار.

۴ - مصراع اوّل در متن «عیان» است، در مقابله بر بالای آن «نشان» نوشته‌اند.

۵ - **واقعه** : امور غیبی که بر اهل خلوت آشکار گردد. گاه در حال استغراق گاه در حال حضور.

۶ - **واقعه** : حادثه. ۷ - مصراع دوم «پس یقین» بوده که با نوشتن «تا» روی آن اصلاح کرده‌اند.

۲۹۱۸ **حکمتِ قرآن چو ضالهٔ[1] مؤمن است　　　　هر کسی در ضالهٔ خود موقن است[2]**

حکمت قرآن، یعنی «معرفت به حقایق»، برای مؤمن مانند گمشده‌ای است که روزگاری آن را دارا بوده [از روز الست]و با پذیرفتن قالب خاکی و زندگی زمینی برای مدّتی آن را گُم کرده و مشتاقِ یافتن گمشدهٔ خویش است که اگر آن را بیابد، به یقین می‌شناسد.

قصّهٔ آن شخص که اشترِ ضالّهٔ خود می‌جُست و می‌پرسید

کاروان در حال بارگیری و حرکت است و تو هنوز شتر گمگشتهٔ خویش را نیافته‌ای و بارت بر زمین مانده است. از هر کس دربارهٔ شتر خویش می‌پرسی. برای یابنده جایزه تعیین می‌کنی. مردم ریشخندت می‌کنند و می‌گویند: شتری دیدیم که جُلی منقوش داشت یا گوشش بریده بود یا گَر بود و پشم نداشت و خلاصه گزافه می‌گویند و تو را تمسخر می‌کنند.

در این حکایت که در تأیید و بزرگداشت صحابه رسول خدا(ص) عنوان شده، نکتهٔ برجسته اینکه: آن نازنینان کِرام، وحی الهی را از سرچشمهٔ دریافت آن، بی‌محک و بی‌تقلید پذیرفتند و ایمان آوردند؛ زیرا از روز اَلَست با این حقایق آشنا بوده‌اند و داستان شتر گمشده، تمثیلی است از بیان این واقعیّت که هر مؤمنی چنین است و در میان مذاهب و ادیان گوناگون متردّد و سرگشته نمی‌گردد؛ زیرا گمشدهٔ خود را می‌شناسد.

۲۹۱۹ **اُشتری گم کردی و جُستیش چُست　　　　چون بیابی، چون ندانی کآنِ توست؟**

اگر شتری را گم کرده باشی و به چابکی در جست‌وجویش برآیی و آن را بیابی، چگونه ممکن است شتر خود را نشناسی؟

۲۹۲۰ **ضاله چه بْوَد؟ ناقهٔ[3] گم کرده‌یی　　　　از کَفَت بگریخته در پرده‌یی**

گمشدهٔ تو چیست؟ شتری گم کرده‌ای که از دست تو گریخته و در محلّی نهان است.

۲۹۲۱ **آمده در بار کردن کاروان　　　　اُشترِ[4] تو زآن میان گشته نهان**

کاروان در حال بارگیری و آمادهٔ حرکت است؛ امّا تو هنوز شترِ گم شده‌ات را نیافته‌ای.

---

۱ - **ضاله** : گمشده.　۲ - اشاره به حدیث : ر.ک: ۱۶۷۲/۲.　۳ - **ناقه** : شتر ماده.

۴ - شتر گمشده، نمادی است از معرفت حقیقی و حکمت الهی.

می‌دوی این سو و آن سو خشکْ لب کاروان شد دور و نزدیک است شب[1] ۲۹۲۲

با لبِ خشک و خسته به این سو و آن سو می‌دوی بلکه از شتر نشانی بیابی، کاروان دور شده و شب در حال فرا رسیدن است.

رخت مانده بر زمین در راهِ خـوف تو پیِ اُشـتر دوان گشـته بـه طـوف ۲۹۲۳

بار و بُنه‌ات بر زمین مانده و راه خطرناک است، تو همچنان در پیِ یافتنِ شتر همه جا را می‌گردی.

کِای مسلمانان! که دیده‌ست اُشتری؟ جَـسـته بـیـرون بـامداد از آخُـری؟ ۲۹۲۴

می‌گویی: ای مسلمانان، چه کسی شتری را که بامداد از آخور بیرون آمده، دیده است؟

هـر کـه بـر گـوید نشـان از اُشـترم مـژدگانی مـی‌دهم چـندین درم ۲۹۲۵

هر کس نشانی از شتر بدهد، به او چندین درم مژدگانی می‌دهم.

بـاز مـی‌جویی نشـان از هـر کسـی ریش خندت می‌کند زین هر خسی ۲۹۲۶

باز هم می‌جویی و از هر کسی یاری می‌خواهی، آدم‌های بی‌قدر تو را ریشخند می‌کنند.

کُاشتری دیدیم، می‌رفت این طرف اُشتری سرخی، به سویِ آن عـلف ۲۹۲۷

به تمسخر می‌گویند: شتری را دیدیم که از این طرف عبور می‌کرد، رنگ سرخی داشت و به سوی علفزار می‌رفت.

آن یکـی گـوید: بـریده گـوش بـود و آن دگر گوید: جُلش منقوش بـود ۲۹۲۸

یک نفر می‌گوید: گوشش بریده بود. دیگری می‌گوید: جُلی که بر شتر بود نقش هم داشت.

آن یکی گوید: شتر یک چشم بـود و آن دگر گوید: زِ گَـر بـی‌پشم بـود ۲۹۲۹

آن یکی می‌گوید: یک چشمش کور بود. دیگری می‌گوید: از بیماری گَر بی‌پشم بود.

از بـــرای مـژدگانی صـد نشـان از گـزافـه هـر خسـی کـرده بـیان[2] ۲۹۳۰

برای دریافتِ مژدگانی هر آدمِ بی‌سروپایی به دروغ صد نشان و علامت می‌دهد.

---

۱ - اشاره است به عمر کوتاه بشر در قالب خاکی بر زمین و فرصتی بس اندک که برای یافتن مجدّد حقایق و تعالی دارد.

۲ - اشاره به آنان که با تکیه بر علوم اکتسابی دم از معرفت راستین می‌زنند و طالبان حقیقت را به علوم نقلی و عقلی خویش فرا می‌خوانند و با نشان‌های غیر حقیقی مشتاقان ساده‌لوح را ریشخند می‌کنند.

متردّد[1] شدن در میانِ مذهب‌هایِ مخالف، و بیرون شو[2] و مَخلص[3] یافتن

همچنانکه هر کسی در معرفت　　　می‌کند موصوفِ غیبی را صِفت ۲۹۳۱

همان‌طور که هر کس بنا به معرفت و آگاهیِ خویش حق تعالیٰ را وصف می‌کند.

فلسفی[4] از نوعِ دیگر کرده شرح　　　باحِثی[5] مر گفتِ او را کرده جَرْح ۲۹۳۲

فیلسوف یا حکیم، با قوّهٔ عقل و استدلال منطقی حقایق را بررسی و شرح می‌کند و متکلّم (باحثی) در آنچه حکما گفته‌اند، بحث می‌کند و با جرح و تعدیل، فهم حقایق را با برهان و انطباق بر احکام شرع درک و شرح می‌کند.

و آن دگر[6] در هر دو طعنه می‌زند　　　و آن دگر از زَرق[7] جانی می‌کَنَد ۲۹۳۳

دیگری در هر دو طعنه می‌زند و هیچ یک را نمی‌پذیرد و آن دگر از تلاش بیهوده‌ای که برای ریاکاری دارد با حالی شبیه جان کندن یاوه‌ای می‌گوید.

هر یک از ره، این نشان‌ها زآن دهند　　　تا گمان آید که ایشان زآن دِه‌اند ۲۹۳۴

هر دسته از راهِ حق، و حقایق نشانه‌هایی به دست می‌دهند تا مشتاقان سخن آنان را بپذیرند و باور کنند که ایشان واقف به علوم الهی و اهل راز و آشنای حق‌اند.

این حقیقت دان، نه حقّ‌اند این همه　　　نه به‌کلّی گمرهان‌اند این رَمه ۲۹۳۵

این را به عنوان یک حقیقت بپذیر که این همه عقاید و نظریّات گوناگون که ابراز می‌شود، نه همه بر حق‌اند و نه می‌توان همه را باطل و گمراه نامید.

---

۱ - **متردّد** : دچار تردید.　　۲ - **بیرون‌شو یافتن** : راهِ رهایی یافتن.　　۳ - **مَخلص** : خلاصی.

۴ - **فلسفی** : فیلسوف، مخفّف فیلاسوف که دوستدار حکمت را گویند.

۵ - شارحان، باحثی را اشاره‌ای به متکلّمان اهل سنّت یا معتزله دانسته‌اند. مولانا به فیلسوف و متکلّم طعنه می‌زند و روش ایشان را مبتنی بر درک حقایق نمی‌داند؛ زیرا این دوگروه هر دو روشی استوار بر برهان و شک دارند و به عقیدهٔ عرفا و مولانا، یقین از طریقهٔ وحی و اتّصال با حق امکان‌پذیر است و به تعبیر وی «پایِ چوبینِ استدلالیان» در رسیدن به حقایق بی‌تمکین و غیر قابل اعتماد است؛ پس فلسفی که مقیّد به عقل جزوی و در بند معقولات است به ماورای عقل جزوی که عقلِ عقل است ره نمی‌برد و حکمت بحثی نیز در باب علم الهی و حریم ادراک و شهود بیگانه و بر مبنای ظنون است.

۶ - **وآن دگر** : نه فیلسوف است و نه متکلّم، مُنکر است و مُرادش ردکردن اندیشهٔ دینی است.

۷ - **زَرق** : ریا.

زانکه بی حق باطلی ناید پدید قلب را ابله به بویِ زر خرید ۲۹۳۶

زیرا اگر حقیقتی نباشد، باطل پدیدار نمی‌گردد و اگر در لابلای کلام و ادلّه‌ای که مبتنی بر معرفت کامل نیست، بویی از حقایق نباشد، نادان را نیز جذب نمی‌کند؛ پس به سببِ وجودِ سکّهٔ زر خالص، آدم ابله سکّهٔ تقلّبی را می‌خرد.

گر نبودی در جهان نقدی[۱] روان قلب‌ها[۲] را خرج کردن کِی توان؟ ۲۹۳۷

اگر در این دنیا حقیقت تحقّق نیافته بود و ظهوری خالص نداشت، دروغ و دروغگو نمی‌توانست واقعیّت یابد.

تا نباشد راست، کِی باشد دروغ؟ آن دروغ از راست می‌گیرد فروغ ۲۹۳۸

اگر راستی وجود نداشته باشد، کژی چگونه می‌تواند به ظهور برسد؟ کژی‌ها همواره در پرتوِ وجودِ راستی‌ها حیات می‌یابند.

بر امیدِ راست کژ را می‌خرند زهر در قندی رَوَد، آنگه خورند ۲۹۳۹

حق‌جویی در فطرت آدمی است، همه به امید راستی و نیکی، بدی را می‌پذیرند؛ زیرا سخن باطل را مانندِ زهر در قالبِ جملاتِ شیرین به خورد مردم می‌دهند.

گر نباشد گندمِ محبوبْ نوش چه بَرَد گندم نمایِ جوفروش؟ ۲۹۴۰

اگر گندمِ خوش‌طعم نبود، چگونه «گندم‌نمایِ جوفروش» می‌توانست کالای بی‌قدر خود را به عنوان متاعی ارزنده عرضه دارد؟

پس مگو کین جمله دَم‌ها باطل‌اند باطلان بر بویِ حقّ دامِ دل‌اند ۲۹۴۱

پس نگو که همهٔ این سخنان باطل‌اند؛ زیرا انسان‌ها به امید یافتن حق به سوی باطل می‌روند.

پس مگو جمله خیال است و ضَلال بی حقیقت نیست در عالم خیال ۲۹۴۲

همچنین نگو که ادیان و آرا و عقاید گوناگونی که در باب حقایق عرضه می‌شوند، سراسر خیال و گمراهی‌اند، اگر حقیقتی نباشد، خیال موجودیّت نمی‌یابد.

---

۱ - **نقد** : پول راستین. ۲ - **قلب** : تقلّبی.

حق شبِ قدر[1] است در شب‌ها نهان تا کند جان هر شبی را امتحان ۲۹۴۳

«حقیقت»، مانند شب قدر در میان شب‌ها نهان است، تا جان آدمی به امیدِ شبِ قدر، دیگر شب‌ها را هم قدر نهد.

نه همه شب‌ها بُوَد قدر ای جوان! نه همه شب‌ها بُوَد خالی از آن ۲۹۴۴

نه همهٔ شب‌ها، شب قدرند[2] و نه همهٔ شب‌ها از وجودِ آن بی بهره‌اند.

در میانِ دَلق پوشان یک فقیر امتحان کن، و آنکه حقّ است آن بگیر ۲۹۴۵

خرقه‌پوشان نیز چنین‌اند، نه همه بر حق و نه همه از حق تهی‌اند. فقرای إلی الله را بیازما و صدق و اخلاص را در ایشان محک بزن، در هر کس که حقیقتی بود، او را به عنوان مرشد برگزین و دست در دامان تربیت وی زن.

مؤمنِ کَیِّس[3] مُمیِّز[4] کو؟ که تا باز داند حیزکان[5] را از فتیٰ ۲۹۴۶

انسان مؤمن با کیاست و با فراستِ اهل تشخیص کجاست تا بتواند لاف‌زنانِ نامرد را که سخنِ مردان را می‌آموزند و دم از معرفت می‌زنند، از جوانمردانی که سال‌ها با طاعات و عبادات به تهذیب نفس پرداخته و به مقامات عالی معنوی رسیده‌اند، دریابد و بشناسد؟

---

۱ - **شب قدر** : از شب‌های متبرّک اسلامی است و در قرآن آمده که این شب از هزار ماه بهتر است. فرشتگان و روح، مراد از آن به قول بیشتر علما جبرائیل است، در آن شب به اذن پروردگارشان نازل می‌شوند. قرآن در این شب نازل شده است. قدر به معنی تقدیر و اندازه‌گیری است. بیشتر دانشمندان اسلامی معتقداند که این شب در ماه رمضان است؛ زیرا خداوند در قرآن کریم در یک جا فرموده که ما قرآن را در شب قدر نازل کردیم. قَدْر : ۱/۹۷ : إِنّٰا أَنْزَلْنٰاهُ فِی لَیْلَةِ الْقَدْرِ : ما قرآن را در شب قدر نازل کردیم. بقره : ۱۸۵/۲ : شَهْرُ رَمَضٰانَ الَّذِی أُنْزِلَ فِیهِ الْقُرآنُ : ماه رمضان است که قرآن در آن نازل شده است. بنا بر روایتی که از وهب نقل شده است: کتاب‌های پیامبران همه در ماه رمضان نازل گردیده است. بیشتر علمای امامیّه بر آن‌اند که شب قدر از شب بیست و یکم یا بیست سوم ماه رمضان بیرون نیست و بیست و سوم را بیشتر احتمال دهند. گفته‌اند که در میان بنی اسرائیل مردی بود که شب را تا صبح عبادت می‌کرد و روز را تا شب به جنگ و جهاد می‌گذرانید و این روش تا هزار ماه ادامه یافت. رسول خدا(ص) و مؤمنان در شگفت شدند از استقامت و پشتکار وی در عبادت و مجاهدت. خداوند سورهٔ قدر را نازل فرمود و شبی را به امّت خود داد که عبادت در آن از هزار ماه بهتر است. در تأیید این داستان روایتی است که آن را مالک نقل می‌کند که رسول خدا(ص) عمر امّت خود را کوتاه دید و ترسید که نتواند مانند امّت‌های پیشین عبادت کنند، شبی را برای امّت خود از خدا خواست که با هزار ماه برابری کند.

۲ - در اصطلاح اهل تصوّف، شب قدر شبی است که سالک در آن به تجلّی خاصّ اختصاص یابد به نحوی که قدر و مرتبهٔ خود را نسبت به محبوب خود بشناسد و این آغاز رسیدن سالک است به مقام عین‌الجمع: تعریفات جرجانی، نقل از دهخدا.

۳ - **کَیِّس** : با کیاست و با فراست. اشاره به حدیث: اَلْمُؤمِنُ کَیِّسٌ فَطِنٌ حَذِرٌ: مؤمن زیرک و هوشمند و بااحتیاط است: احادیث، ص ۲۳۰.   ۴ - **مُمیِّز** : اهل تشخیص و تمییز.   ۵ - **حیز** : نامرد.

گر نه معیوبات باشد در جهان   تاجران باشند جمله ابلهان ۲۹۴۷

اگر کالای معیوب در دنیا وجود نداشت، همهٔ آدم‌های ابله می‌توانستند تجارت کنند؛ زیرا برایِ یافتنِ کالای مرغوب باید خردمند و با فراست بود.

پس بُوَد کالاشناسی سخت سهل   چونکه عیبی نیست، چه نااهل و اهل؟ ۲۹۴۸

و شناخت کالا کاری آسان می‌شد و چون چیزهای معیوب وجود نداشت، اهل تجارت، با غیرِ اهل یکی بود.

ور همه عیب است، دانش سود نیست   چون همه چوب‌است، اینجاعود نیست ۲۹۴۹

اگر همهٔ کالاها معیوب باشند، علم تجارت حاصلی ندارد؛ زیرا همه یک جنس‌اند، مثلاً اگر هرچه هست، از جنسِ چوب باشد، کسی جویایِ عود نیست.

آنکه گوید جمله حقّ‌اَند، احمقی‌ست   وانکه گوید جمله باطل، او شقی[1]ست ۲۹۵۰

کسی که می‌گوید: همهٔ عقاید و نظریّات و مکتب‌های مختلفی که ارائه شده، مبتنی بر حقیقت است، احمقی بیش نیست و کسی که می‌گوید همه باطل‌اند، شقی است.

تاجرانِ انبیا کردند سود   تاجرانِ رنگ و بُو[2] کور و کبود[3] ۲۹۵۱

آنان که خریدارِ کالایِ الهیِ انبیا شدند و در این بازار پرغوغایِ عرضهٔ لذایذ و شهوات، به عوالم روحانی گرایش پیدا کردند، سود بردند و آنان که خریدار ظواهر شدند، زیان کردند.

می‌نماید مارْ اندر چشمْ مال   هر دو چشمِ خویش را نیکو بمال ۲۹۵۲

در این دنیای وارونه که حقایق نهان‌اند و حقیقت هر چیز آن چنانکه هست، دیده نمی‌شود، ثروت و مال که می‌تواند مانند ماری زهرآگین هلاکت‌آور باشد، خوشایند جلوه می‌کند. چشم‌ها را نیکو بمال؛ یعنی خود را از غفلت و خواب‌آلودگی برهان تا هر چیز را آن چنانکه هست، دریابی.

منگر اندر غِبطهٔ[4] این بیع و سود   بنگر اندر خُسْرِ فرعون و ثمود[5] ۲۹۵۳

غافلانه به داد و ستدِ دنیایی و سودِ این آشفته‌بازار که فریبی بیش نیست، نگاه نکن، زیانِ ابدیِ فرعون‌صفتان و سرکشانی، مانندِ قومِ ثمود را بنگر.

---

۱ - **شقی**: بدبخت.   ۲ - **رنگ و بو**: کنایه از ظواهر و بهره‌های دنیوی.   ۳ - **کور و کبود**: بی‌حاصل.

۴ - **غبطه**: رشک بردن بر حال و شرایط کسی بی‌آنکه زوال نعمت را از او خواهند.   ۵ - **ثمود**: ر.ک: ۲۵۱۹/۱.

اندر این گردون مکرّر کن نظر زانکه حق فرمود: ثُمَّ ارْجِعْ بَصَرْ[1] ۲۹۵۴

به افلاک و هستی مکرراً نگاه کن و بیندیش؛ زیرا خداوند فرموده است که: «دوباره بنگر»، آنگاه خواهی دید که در نظامِ جهان، همه چیز منسجم، مستحکم، حساب شده و دقیق است.

امتحانِ هر چیزی تا ظاهر شود خیر و شرّی که در وی است

برای ظهور صفات جلالی یا جمالی بنا بر استعداد و قابلیّت سالک، وجود محکی به نام آزمون‌های الهی اجتناب‌ناپذیر است و در ابتلای به این آزمون‌هاست که حقیقت وجودی سالک آشکار می‌گردد و تعالی یا تنزّل می‌یابد.

یک نظر قانع مشو زین سقفِ نور بارها بنگر، ببین: هَلْ مِنْ فُطور؟[2] ۲۹۵۵

قانع نشو که یک بار به سقف نورانی آسمان و کائنات نگاه کنی، بارها به آن نظر کن و ببین که «آیا شکاف و خللی در آن می‌یابی»؟

چونکه گفتت: کاندر این سقفِ نکو بارها بنگر چو مردِ عیب‌جو ۲۹۵۶

چون خداوند فرموده است که بسان مردی عیب‌جو بارها و بارها در این سقف آسمان و کائنات بنگر و در آن تعمّق کن،

پس زمینِ تیره را دانی که چند دیدن و تمییز باید در پسند؟ ۲۹۵۷

پس چه‌سان این خاکدان تیره و تار را باید دید و کاوش و تعمّق کرد تا تمییزی برای خوبی‌ها و بدی‌ها یافت؟

تا بپالاییم صافان[3] را ز دُرد[4] چند باید عقلِ ما را رنج بُرد؟ ۲۹۵۸

برای پالایشِ حقایق و صافی‌ها از باطل و ناصافی‌ها، عقل آدمی باید رنج بکشد و بیندیشد تا بتواند دریابد که چه کسی «صاف» و چه کسی «دُرد» است.

---

۱ - اشارتی قرآنی؛ مُلک: ۴/۶۷: ثُمَّ ارْجِعِ الْبَصَرَ كَرَّتَيْنِ يَنْقَلِبْ إِلَيْكَ الْبَصَرُ خاسِئاً وَ هُوَ حَسِيرٌ: بار دیگر به عالم هستی بنگر، سرانجام چشمانت به سوی تو باز می‌گردد در حالی که خسته و ناتوان شده.

۲ - اشارتی قرآنی؛ مُلک: ۳/۶۷؛ ر.ک: ۳۶۴۳/۱. ۳ - **صاف**: کنایه از حق. ۴ - **دُرد**: کنایه از باطل.

امـــتحان‌هایِ زمســـتان و خـــزان تابِ تـابستانْ، بـهارِ هـمچو جـان ۲۹۵۹

برای آشکار شدن حقیقتِ موجود در دانه یا ریشهٔ یک گیاه، فرا رسیدن زمستان و خزان یا گرمای شدید تابستان و بهار دلکش همه آزمون‌هایی هستند که از آن‌ها گریزی نیست.

بـــادها و ابـــرها و بـــرق‌ها تـا پـدید آرد عـوارض، فـرق‌ها ۲۹۶۰

وجود ابرها و وزش بادها و جهش برق‌ها همه برای آن هدف کلّی ضروری‌اند تـا ایـن عوارض طبیعی، تفاوت‌ها را مشخّص کنند.

تـا بـرون آرد زمـینِ خـاکْ رنگ هر چه اندر جَیْب دارد لعل و سنگ ۲۹۶۱

تا این زمین خاکی هر چه در نهان خویش دارد، لعل و یا سنگ را آشکار کند.

هر چه دزدیده‌ست این خـاکِ دُژَم از خـزانـهٔ حـقّ و دریـایِ کَـرَم ۲۹۶۲

هر چیزی را که این خاکِ افسرده از خزانهٔ حق و دریایِ کَرَمِ الهی دریافت داشته و مخفی کرده است، به اجبار عیان سازد.

شِـحْنهٔ[1] تـقدیر گـوید: راست گـو آنچه بردی، شـرح واده مُـو بـه مُـو ۲۹۶۳

تقدیر الهی بسان شِحنه‌ای دقیق و حسابگر به زبان حال و با فرارسیدن فصول مختلف می‌گوید: راست بگو، هر چه را که نهان داشته‌ای مو به مو عرضه کن.

دزد یعنی خـاک گـوید: هـیچ هـیچ شِحنه او را درکشـد در پـیچ پـیچ[2] ۲۹۶۴

خاک که مانند مجرمان همه چیز را نهان کرده است، می‌گوید: چیزی را به سرقت نبرده‌ام؛ امّا داروغهٔ تیزبین الهی به وسیلهٔ عوارض طبیعی او را وادار به عرضهٔ نهانی‌ها می‌کند.

شِحنه گاهش لطف گوید، چون شکر گـه بـرآویـزد، کـند هـر چـه بَـتَر ۲۹۶۵

شِحْنه گاه با لطف و شیرین سخن می‌گوید و گاه تندی می‌کند و چهرهٔ خشـن خـود را می‌نماید و با توفانی سهمگین ذرّات خاک را در هوا معلّق می‌سازد.

تا میانِ قـهر و لطـف آن خُـفیه‌ها[3] ظـاهر آیـد ز آتشِ خـوف و رَجـا ۲۹۶۶

تا در میان قهر و لطف و آتشِ بیم و امید، نهانی‌ها هویدا گردد.

---

۱ - **شِحْنه** : داروغه، نگاهبان امور شهر. ۲ - **پیچ پیچ** : فشار و سختی و تشویش و اضطراب.

۳ - **خفیه** : نهان، پوشیده.

آن بهاران لطفِ شحنهٔ کبریاست　　و آن خزانْ تهدید و تخویفِ[1] خداست ۲۹۶۷

بهارِ دلکش نشانهٔ لطف شِحْنهٔ الهی و خزان نشانهٔ تهدید و بیم دادن خداوند است.

و آن زمستان چار میخِ[2] معنوی　　تا تو ای دزدِ خفی ظاهر شوی ۲۹۶۸

و زمستان همان مصلوب شدن معنوی است تا تو ای دزد پنهان، آشکار گردی.

پس مجاهد را زمانی بسطِ[3] دل　　یک زمانی قبض و درد و غِشّ و غِل ۲۹۶۹

پس برای سالک که در جهادِ اکبر مبارزه با نفس به مجاهده مشغول است، همین آزمون‌های مختلف بهار و تابستان و خزان و زمستان در راه است تا حقیقتِ خویش را نشان دهد و تعالی معنوی‌اش آشکار گردد؛ بنابراین گاه او را با گشادِ دل و سرور می‌آزمایند و گاه با قبض و گرفتگیِ آن و احوالِ گونه‌گونی که بر وی عارض می‌شود.

زانکه این آب و گِلی کآبدانِ ماست　　مُنکِر و دزدِ ضیایِ جان‌هاست ۲۹۷۰

زیرا تن آدمی که از آب و گل است، جان او را که مجرّد و منوّر است، نهان داشته و به صرف سرشت خویش که مادّی است او را به سوی تباهی می‌کشاند و منکر روحانیّت اوست.

حق تعالی، گرم و سرد و رنج و درد　　بر تنِ ما می‌نهد ای شیر مرد! ۲۹۷۱

ای مبارز دلاور، حق تعالیٰ گرمی و سردی، رنج و درد و احوال گوناگون را در طبیعت بشری ما حکمفرما ساخته است،

خوف و جُوع و نقصِ اموال و بدن[4]　　جمله بهرِ نقدِ جان ظاهر شدن ۲۹۷۲

بیم و گرسنگی، ترس از دست دادن مال و سلامتی همه برای آن است که جان آدمی که چون نقدینه‌ای گرانبها در تن وی به ودیعه نهاده شده است، ظاهر گردد و قدرت و قوّت انوار جان با مجاهده و تهذیب از قوّه به فعل در آید.

---

۱ - **تخویف**: ترسانیدن.　　۲ - **چارمیخ**: به چهار میخ کوبیدن و شکنجه کردن.

۳ - **قبض و بسط**: دو مرتبه از مراتب سلوک‌اند که پس از خوف و رجا پدید می‌آیند. قبض برای عارف به منزلهٔ «خوف» است برای مبتدی و بسط برای عارف به مثابه «رجا» است برای مبتدی. کاشانی می‌گوید: سالک طریقت چون از محبّت عام بگذرد و به اوایل محبّت خاص برسد در زمرهٔ اهل دل و اصحاب قلوب و ارباب احوال قرار گرفته، قبض و بسط بر دل او فرود می‌آید و حق تعالی همواره او را میان این دو حال می‌دارد تا به کلّی حظوظ او را از او قبض کند و از نور خود منبسط گرداند. مخصوص متوسّطان است: ف. سجّادی، ص ۶۳۴.

۴ - اشارتی قرآنی؛ بقره: ۱۵۵/۲: وَلَنَبْلُوَنَّكُمْ بِشَیْءٍ مِنَ الْخَوْفِ وَالْجُوعِ وَ نَقْصٍ مِّنَ الْأَموالِ وَ الْأَنْفُسِ وَالثَّمَراتِ وَ بَشِّرِ الصّابِرِیْنَ: و ما به یقین شما را به چیزی از ترس و گرسنگی و نقصان اموال و نفوس و ثمرات بیازماییم؛ امّا صابران را بشارت خوش می‌دهیم.

این وعید و وعده‌ها، انگیخته‌ست   بهرِ این نیک و بدی کآمیخته‌ست ۲۹۷۳

وعده‌هایی که حق تعالیٰ برای آمرزش و عطای درجات بلند داده است و وعید و بیم از عذابِ الهی، همه از آن روست که حقّ و باطل در این جهان آمیخته‌اند، اگر هر یک به تنهایی در دنیا به ظهور رسیده بودند نیازی به وعده و وعید نبود و «اوامر و نواهی» لزومی نمی‌یافت.

چونکه حقّ و باطلی آمیختند   نقد و قلب اندر حُرُمدان[1] ریختند ۲۹۷۴

چون حقّ و باطل را با هم آمیخته‌اند، «جان مجرّد» را که «نقد و گنج» است با نَفْس که تا پالایش نیابد، «قلب و باطل» می‌مانَد، در تن قرار داده‌اند،

پس مِحَک می‌بایدش بگزیده‌یی   در حقایق، امتحان‌ها دیده‌یی ۲۹۷۵

پس برای تمییز حق از باطل و یا نقد از قلب، آدمی به مُرشدی گزیده که امتحانات الهی را پشت سر گذاشته و به کمال رسیده باشد، نیازمند است،

تا شود فاروقِ[2] این تزویرها   تا بُوَد دُستورِ[3] این تدبیرها ۲۹۷۶

تا در جهانِ آمیختگی‌ها، فرق‌گذارنده و تمییز دهندهٔ حقّ و باطل باشد و روش‌های رسیدن به معرفت را مدبّرانه به او بیاموزد.

شیر دِه ای مادرِ موسی! وَرا   واندر آب افکن، میندیش از بلا[4] ۲۹۷۷

همان‌گونه که مادر موسیٰ(ع) به او از شیر خود نوشانید و آن‌گاه وی را به رود نیل و غرقاب حوادث سپرد، مرشدِ روحانی نیز از شیرِ حقایق، سالک را سیراب می‌کند، سپس وی را با خیالی آسوده به دست امواج حوادث روزگار می سپارد و از بلا نمی‌اندیشد.

هر که در روزِ اَلَست آن شیر خَورد   همچو موسی شیر را تمییز کرد ۲۹۷۸

هر کس که در روز اَلَست از شیر حقایق سیراب شده باشد، طعم حقیقت را می‌شناسد، همان‌گونه که موسیٰ(ع) طعمِ شیر مادر را می‌شناخت و شیر دایه را نپذیرفت.

---

۱ - **حُرُمدان** : کیسهٔ چرمی، خورجین. ۲ - **فاروق** : فرق گذارنده. ۳ - **دستور** : طبیب.

۴ - بیان تمثیلی این ابیات، اشارتی است قرآنی، قصص : ۷/۲۸ : وَ أَوْحَيْنَا اِلیٰ أُمِّ مُوسیٰ أَنْ أَرْضِعيهِ فَإِذا خِفْتِ عَلَيْهِ فَأَلْقيهِ فِی الْيَمِّ وَ لا تَخافِي وَ لا تَحْزَني إِنّا رَآدُّوهُ إِلَيْكِ وَ جاعِلُوهُ مِنَ الْمُرْسَلينَ...، قصص : ۱۲/۲۸ : وَ حَرَّمْنَا عَلَيْهِ الْمَراضِعَ مِنْ قَبْلُ...: و ما به مادر موسی وحی کردیم که او را شیر ده و آن‌گاه که بر جان او بیم داری او را به دریا افکن و مترس و اندوه مخور. ما او را به تو باز خواهیم آورد و یکی از پیامبران خواهیم کرد... و ما از قبل، شیر هر دایه‌ای را بر او حرام کردیم.

گر تو بر تمییزِ طفلت[1] مُولَعی[2] این زمان یا اُمَّ موسی! اَرْضِعی ۲۹۷۹

اینک اگر تو، مشتاقی که طفلِ جانت به تمییزِ حقایق برسد و سره را از ناسره بازشناسد، باید مانند مادر موسیٰ(ع) او را از پستانِ حقایقِ مرشدی کامل، شیرِ معرفت بنوشانی.

تا ببیند طعمِ شیرِ مادرش تا فرو نایَد به دایهٔ بَدسرش ۲۹۸۰

تا طعمِ شیر حقایق و معنویّات را که از روز اَلَست با آن آشنا بوده است، باز دوباره بچشد و آگاهی‌های فراموش شدهٔ خویش را باز یابد و اسیر تعالیم باطلِ مدّعیان که بسان دایه‌ای بد همواره برای جاهلان در کمین‌اند، نشود.

شرحِ فایدهٔ حکایتِ آن شخصِ شتر جوینده

اشتری گم کرده‌ای ای مُعْتَمد[3]! هر کسی ز اشتر نشانت می‌دهد ۲۹۸۱

ای انسان قابل اعتماد و دارای اعتبار، تو شتری را گم کرده‌ای [حکمت و معرفتی را که در روز اَلَست بر آن وقوف داشتی]، هرکسی از گمگشته‌ات نشانی می‌دهد.

تو نمی‌دانی که آن اشتر کُجاست لیک دانی کین نشانی‌ها خطاست ۲۹۸۲

تو نمی‌دانی که گمشده‌ات کجاست؛ امّا با آگاهی‌های قبلی که در تو باقی مانده است، می‌دانی این‌ها نشان گمگشته‌ات نیست.

وانکه اشتر گم نکرد او از مِری[4] همچو آن گم کرده جوید اُشتری[5] ۲۹۸۳

آن کسی هم که شتری گم نکرده است از ستیزه و لجاج، همانند کسی که شترش را گم کرده، جویای گمشده می‌شود.

که: بلی من هم شتر گُم کرده‌ام هر که یابد، اُجْرَتش آورده‌ام ۲۹۸۴

می‌گوید: آری، من هم شتری گم کرده‌ام و به هر کس که از او نشانی دهد، پاداشی خواهم داد.

۱ - **طفل** : کسی که مستعدِ سیر و سلوک نشده یا در آغاز سیر و ناپختگی است. طفولیّت، ابتدایی‌ترین مقام سالک به شمار می‌آید. ۲ - **مولع** : کسی که به چیزی ولع و اشتیاق دارد. ۳ - **معتمد** : قابل اعتماد.

۴ - **مِری** : ستیزه و جدال، اینجا: از سر بازی.

۵ - اشاره‌ای است به عالمان علوم کسبی که فاقد بصیرت و معرفت‌اند.

تـا در اشـتر بـا تـو انـبازی کـند بـهرِ طـمْعِ اشـتر ایـن بـازی کـند[1] ۲۹۸۵

تا در جست‌وجو و یافتن شتر با تو همکاری و شراکت کند که منافعی از آن داشته باشد.

او نشـــانِ کَـــژ بـــنشناسد ز راست لیک، گفتنِ آن مُـقلِّد را عـصاست ۲۹۸۶

او نشان ناراست را از راست نمی‌شناسد؛ امّا نشانه و علائمی که تو از گمشدهٔ خـویش می‌دهی برای او که حقیقت را نمی‌داند، مانند عصایی است که می‌تواند به کمکِ آن دلایلی بیاورد و با تقلید از تو وانمود کند که او هم طالب است.

هر چه را گویی: خطا بود آن نشـان او بـه تـقلیدِ تـو مـی‌گوید هـمان ۲۹۸۷

به هر کس بگویی، نشانِ تو خطاست و گمشدهٔ من چنین علائمی ندارد، او نیز به تقلید همان کلام را تکرار می‌کند.

چون نشـانِ راست گـویند و شـبیه پس یقین گـردد تـو را، لاریْبَ فـیه ۲۹۸۸

چون نشانی را که می‌دهند راست باشد، تو باور می‌کنی و شک و تردیدی نخواهی داشت.

آن شـفایِ جـانِ رنـجورت شـود رنگِ روی و صحَّت و زورت شود ۲۹۸۹

رسیدن به یقین، شفای جان دردمندت می‌شود و رنگِ روی تو را شـادابـی و بـهبودی می‌بخشد و نیرویت را افزونی می‌دهد.

چشمِ تو روشن شـود، پـایت دوان جسمِ تو جان گردد و جـانت روان ۲۹۹۰

دیدگانت فروغی می‌یابد، پایت نیرو می‌گیرد، جسمت در پرتو نورِ جان متعالی می‌گردد و در اثر تکامل جانت، به جان مبدّل می‌گردد و جانت به سویِ حق روان می‌شود.

پس بگویی: راست گفتی ای امـین ایـن نشـانی‌ها بَـلاغ آمـد مُـبین ۲۹۹۱

پس می‌گویی: ای انسان امین، راست گفتی، نشانی‌هایی که دادی حقیقت را آشکارا ابلاغ می‌کند.

فـیهِ آیـاتٌ ثـقاتٌ بَـیِّناتٌ[2] ** این بـراتـی بـاشد و قـدرِ نـجات**[3] ۲۹۹۲

«در این نشانی‌ها دلیل‌های استواری آشکارا وجود دارد» کـه بـرای مـن سـندی مـعتبر و تـقدیری نجات‌بخش و نشان آزادی است.

---

۱ - تحقیق و طلب مدّعیان فاقد معرفت به جهت حظوظ دنیوی است.

۲ - اشارتی قرآنی؛ آل عمران : ۹۷/۳ : فیه آیاتٌ بیِّناتٌ : در آن خانه، نشانه‌های روشن و آشکار است.

۳ - **قدرِ نجات :** تقدیرِ نجات‌بخش.

این نشان چون داد، گویی: پیش رو　　وقتِ آهنگ است، پیش آهنگ شو ۲۹۹۳

چون از حقیقت نشان داد، می‌گویی: تو پیشاهنگ باش که وقت رفتن است.

پـی رَویِّ تـو کـنم ای راست‌گو　　بوی بردی ز اشترم، بنما که کُو؟ ۲۹۹۴

ای انسانِ کاملِ راستگو، از تو پیروی می‌کنم. بویِ حقیقت را در وجودت یافتم. دانستم که گمشدهٔ مرا می‌شناسی. اینک آن را نشان ده.

پیشِ آن کس که نه صاحب اشتری‌ست　　کو در این جُستِ شتر بهرِ مِری‌ست ۲۹۹۵

امّا نزدِ آن کس که گمشده نداشته و با تقلید جست‌وجو کرده است،

زین نشـانِ راست نـفزودش یـقین　　جز ز عکسِ نـاقه جـویِ راسـتین ۲۹۹۶

این نشانِ راست سبب افزایش یقین و ایمانِ او نمی‌شود؛ امّا پرتوِ طلب و صدقِ کسی که شترش را گم کرده است، در وی اثر می‌گذارد.

بـوی بُرد از جِـدّ و گـرمی‌هایِ او　　کـه گـزافـه نـیست ایـن هـیهایِ او ۲۹۹۷

از جدّ و جهدِ او پی می‌برد که این همه شور و شوق یا درد و سوز، گزافه و بیهوده نیست.

اندر ایـن اُشـتر نـبودش حـق، ولی　　اشتری گم کرده است او هـم، بـلی ۲۹۹۸

گمشدهٔ تو متعلّق به او نیست، ولی در واقع او هم گمشده‌ای دارد که بر آن آگاه نیست؛ زیرا هنوز به حدّی از درک نرسیده که بداند حقایق را نمی‌داند و از معرفت به دور است.

طـمْعِ نـاقهٔ غـیرْ رُوپـوشش شـده　　آنچ از او گم شد، فرامـوشش شـده ۲۹۹۹

«حکمت و معرفتِ» عارفان که سالکان در طلبش می‌کوشند، برای رقابت‌کننده، همان شترِ غیر است که در آن طمع بسته و از یاد برده که او نیز گمشده‌ای دارد.

هـر کـجا او مـی‌دَوَد، ایـن مـی‌دَوَد　　از طمع، هم دردِ صـاحب مـی‌شود ۳۰۰۰

هر جا جوینده می‌دود، مقلّد نیز می‌دود. طمع و حرصِ خودنمایی و کسبِ معارف دیگران برای جاه‌طلبی، سببِ همراهیِ او با اهلِ معرفت شده است.

کاذبی[1] با صادقی[2] چون شد روان آن دروغش[3] راستی شد ناگهان ۳۰۰۱

اگر شخصِ «کاذب» با انسانی «صادق» همراه گردد، ممکن است ناگهان در پرتوِ صدقِ صادق، کذبِ او به صدق مبدّل شود.

اندر آن صحرا[4] که آن اشتر شتافت اشترِ خود نیز آن دیگر بیافت ۳۰۰۲

در صحرایی که شتر به آنجا دویده است، ناگهان آدمِ «کاذب» به حقیقتی برخورد می‌کند که گمشدهٔ او نیز هست.

چون بدیدش، یاد آورد آنِ خویش بی طمع شد ز اشترِ آن یار و خویش ۳۰۰۳

چون حقیقت را ببیند، به یاد می‌آوَرَد که او نیز گمشده‌ای دارد و این امر او را از طمع‌ورزی کورکورانه باز می‌دارد.

آن مقلّد[5] شد مُحقّق[6] چون بدید اشترِ خود را که آنجا می‌چرید ۳۰۰۴

آن کس که با تقلید همراهِ طالبِ حقیقی شده بود، وقتی دیدگانش بینا گردید، حقایق در وجود او هم تحقّق می‌یابند.

او طلب کارِ شُتر آن لحظه گَشت می‌نجُستش، تا ندید او را به دشت ۳۰۰۵

او لحظه‌ای خواهان حقیقی و مشتاق شد که گمشده را در صحرایِ دلِ خویش یافت، اگر نمی‌یافت، جست‌وجو نمی‌کرد.

بعد از آن، تنهارَوی آغاز کرد چشمْ سویِ ناقهٔ خود باز کرد ۳۰۰۶

بعد از آن تنها به راه خود ادامه داد و فقط به گمشدهٔ خویش می‌نگریست.

گفت آن صادق: مرا بگذاشتی؟ تا به اکنون پاسِ من می‌داشتی! ۳۰۰۷

جویندهٔ صادق گفت: مرا رها کردی، در حالی که قبلاً با احترام همراهم بودی.

گفت: تا اکنون فسوسی بوده‌ام وز طمع در چاپلوسی بوده‌ام ۳۰۰۸

جویندهٔ کاذب گفت: تا کنون خود را مسخره کرده بودم، طمع مرا به چاپلوسی واداشته بود.

---

۱ - **کاذب**: ناراست، اینجا کنایه از مدّعی یا آدمِ ناآگاهی که دَم از «طلب» می‌زند و همراهِ سالکِ مشتاق می‌شود.
۲ - **صادق**: طالبِ راستینِ حق، سالک. ۳ - **دروغش**: طلبِ دروغینِ او.
۴ - **صحرا**: اینجا کنایه از صحرایِ دل. ۵ - **مقلّد**: کسی که از طلبِ دیگران تقلید می‌کند.
۶ - **محقّق**: کسی که «حقیقت» در او تحقّق یافته است.

این زمان هم‌دردِ تو گشتم که من — در طلب از تو جدا گشتم به تن ۳۰۰۹

در این لحظه که جسمِ من از تو جدا شده است، همدردِ واقعیِ تو هستم، هرچند که راه ما جداست؛ امّا هدفی مشترَک داریم.

از تو می‌دزدیدمی وصفِ شتر — جانِ من دید آنِ خود، شد چشم پُر ۳۰۱۰

من اوصافی را که تو از گمگشتهٔ خویش می‌گفتی، از تو می‌ربودم و همان سخن را می‌گفتم؛ امّا اینک که جانِ من گمشدهٔ خود را یافت، از تو بی‌نیاز شدم.

تا نیابیدم، نبودم طالبش — مِس کنون مغلوب شد، زر غالبش ۳۰۱۱

تا گمشده‌ام را نیافتم، طالب و خواهانش نبودم؛ زیرا بر آن آگاهی نداشتم، اکنون جست‌وجویِ من که مانند مس بی‌قدر بود، به طلبی حقیقی و زرّ ناب مبدّل شده است.

سیّئاتم شد همه طاعاتْ، شکر[1] — هزل شد فانی و جِد اثبات، شکر ۳۰۱۲

سپاس خدا را که اینک خطاهای گذشته‌ام به طاعات مبدّل گشت، شکر که جست‌وجوهای بی‌قدرم به جدّ و جهدِ حقیقی تبدیل شد و تقلیدم، تحقیق گردید.

سیّئاتم چون وسیلت شد به حق — پس مزن بر سیّئاتم هیچ دَق ۳۰۱۳

چون گناه و خطایِ من، وسیلهٔ رسیدن به حق شد، آن را مذمّت و نکوهش نکن.

مر تو را صدقِ تو طالب کرده بود — مر مرا جدّ و طلب صدقی گشود ۳۰۱۴

تو باور داشتی که گمگشته‌ای داری و این صدقِ اعتقاد، موجبِ طلب تو بود؛ امّا من به تقلید از تو جدّ و جهد کردم و به جست‌وجو برخاستم، این طلبِ غیرِ حقیقی، دریچه‌ای از صدق را به روی من گشود.

صدقِ تو آورد در جُستن تو را — جُستنم آورد در صدقی مرا ۳۰۱۵

صدق، تو را به جست‌وجو واداشت و جست‌وجویِ من، مرا به صدق رسانید.

تخم دولت[2] در زمین می‌کاشتم — سُخره و بیگار[3] می‌پنداشتم ۳۰۱۶

آن طلبِ غیرواقعی و ریاکارانه، تخم سعادت و اقبال بود که در زمین وجود خویش می‌کاشتم، در حالی که آن جست‌وجو را کاری بیهوده می‌پنداشتم.

آن نَبُد بیگار، کَسبی بود چُست — هر یکی دانه که کِشتم صد بِرُست ۳۰۱۷

آن تلاش من، بیهوده نبود، کاری پرمنفعت بود، از هر دانه‌ای که کاشتم، صد دانه رویید.

---

۱ - مقتبس است از قرآن، فرقان : ۷۰/۲۵ : ... یُبَدِّلُ اللّهُ سَیِّئَاتِهِمْ حَسَنَاتٍ...: خداوند سیّئاتشان را به حسنات بدل می‌کند. ۲ - **دولت** : سعادت. ۳ - **بیگار** : بیهوده.

دزد سوی خانه‌یی شد زیردست[1] چون در آمد، دید کآن خانهٔ خود است ۳۰۱۸

وضعِ من، مانند دزدی است که مخفیانه به خانه‌ای برای سرقت می‌رود؛ امّا وارد می‌شود و می‌بیند خانهٔ خودِ اوست.

گرم باش ای سرد تا گرمی رسد با درشتی ساز تا نرمی رسد ۳۰۱۹

ای کسی که عشق حق هنوز وجودت را مشتعل و گرم نساخته است، همچنان در راه حق بکوش تا گرما و لطفِ مهرِ او را حس کنی، با درشتی‌هایِ سلوک بساز و راضی باش تا نرمی و لطافت فرا رسد.

آن دو اُشتر نیست، آن یک اُشتر است تنگ آمد لفظ، معنی بس پُر است ۳۰۲۰

آن دو جویندهٔ صادق و کاذب، دو گمشدهٔ متفاوت ندارند، «حکمت و معرفت»، همچون ذاتِ حق تعالیٰ واحد است، لفظ و کلام برای بیان این مفاهیم و معانی والا و ژرف، تنگ و حقیر است.

لفظ در معنی همیشه نارسان زآن پیمبر گفت: قَدْ کَلَّ لِسٰان[2] ۳۰۲۱

الفاظ و کلام همیشه برای بیان معانی نارسا و گنگ‌اند، برای همین پیامبر(ص) گفت: «زبان بند آمد و خاموش گشت».

نطقْ اُصطرلاب[3] باشد در حساب چه قَدَر دانـد ز چرخ و آفتاب؟ ۳۰۲۲

همان گونه که اسطرلاب وسیله‌ای برای محاسبهٔ افلاک و ستارگان است و توسط آن تا حدودی می‌توان به حقیقت افلاک و کهکشان‌ها پی برد، نطق نیز وسیله‌ای برای بیان مفاهیم، معانی و حقایق است و توانایی کافی برای وصفِ عالمِ معنا ندارد.

خاصه چرخی کین فلک زو پَرّه‌ای‌ست آفتاب از آفتابش ذَرّه‌ای‌ست ۳۰۲۳

بخصوص اگر نطق و کلام برای بیانِ «حقایقِ ژرف و غیبِ مطلق» و در باب افلاک معنوی باشد که این چرخ گردون در برابرش، مانند پری بی‌قدر است و یا آفتاب عالمتاب که در مقایسه با عظمتِ «خورشید معنوی» ذرّه‌ای بیش نیست، آنگاه ناتوانی و عجز الفاظ و کلام به اعلا درجه می‌رسد.

---

۱ - **زیردست** : فرودست، در خفا.

۲ - اشاره به حدیث : مَنْ عَرَفَ اللهَ کَلَّ لِسٰانُهُ : کسی که به معرفت الهی برسد زبانش [از بیان اسرار و حالت‌های ناشی از چنین معرفتی] کُند و نارسا می‌شود: احادیث، ص ۲۳۱.
در ادراک معارف والا و استغراق در حق، آدمی متحیّر و مفتون می‌شود و در مقام تحیّر زبان تعطیل می‌گردد.

۳ - **اُصطرلاب** : اُسطرلاب: وسیله‌ای برای مشاهدهٔ ستارگان و تعیین ارتفاع آن‌ها.

بیانِ آنکه: در هر نفسی فتنهٔ مسجدِ ضِرار هست

چون پدید آمد که آن مسجد نبود   خانهٔ حیلت بُد و دامِ جهود ۳۰۲۴

چون آشکار گردید که آن بنا مسجد نیست و خانهٔ تزویر و دامی است که یهودیان افکنده‌اند،

پس نَبی فرمود کآن را بر کَنَند   مَطْرَحهٔ[1] خاشاک و خاکستر کنند ۳۰۲۵

پس پیامبر(ص) فرمود تا آنجا را ویران کنند و به زباله‌دان مبدّل سازند.

صاحبِ مسجد چو مسجد قلب بود   دانه‌ها بر دام ریزی، نیست جود ۳۰۲۶

بانی مسجد، مانند بنایی که ساخت، فاقد حقیقت بود. ریختن دانه در دام برای اسارت دیگران، جود و جوانمردی محسوب نمی‌شود.

گوشت کاندر شستِ تو ماهی رُباست   آنچنان لقمه نه بخشش نه سخاست ۳۰۲۷

گوشتِ قلّابِ ماهیگیری، طعمه‌ای برای صید است. چنین لقمه‌ای نه بخشش است و نه جوانمردی.

مسجدِ اهل قُبا[2] کآن بُد جماد   آنچه کُفْوِ[3] او نبُد راهش نداد ۳۰۲۸

مسجد قُبا که از جنس جماد و سنگ و گِلی بیش نبود، چیزی را که همتای او نبود نپذیرفت.

در جمادات این چنین حیفی[4] نرفت   زد در آن ناکُفْو امیرِ داد[5]، نفت ۳۰۲۹

چنین ستمی در جمادات نیز سابقه نداشته است؛ بنابراین، به فرمانِ آن سلطان دادگر، مسجد ریائی را آتش زدند.

پس حقایق را که اصلِ اصل‌هاست   دان، که آنجا فرق‌ها و فصل‌هاست[6] ۳۰۳۰

پس وقتی در جمادات چنین تفاوتِ عظیمی هست؛ بدان که در عالمِ حقایق که اصلِ همهٔ اصل‌هاست، نیز فرق‌ها و تفاوت‌هایی وجود دارد که برای اذهان بشری قابل درک نیست.

---

۱ - **مَطْرَحه** : زباله‌دان.

۲ - **قُبا** : قریه‌ای است در دومیلی شهر مدینه، یاران پیامبر در آنجا مسجدی ساختند و در زمان هجرت پیامبر(ص)، حضرت و یاران در این مسجد اقامهٔ جماعت نمودند. این مسجد از روز نخست بر اساس تقوا و پرهیزکاری بنا شده است.دربارهٔ این مسجد آیه‌ای در قرآن آمده‌است، توبه: ۱۰۸/۹، مسجد ضرار درنزدیکی این مسجد قرار داشته‌است.

۳ - **کُفو** : همتا و مانند.   ۴ - **حیف** : بی‌انصافی، ظلم.   ۵ - **داد** : عدل.

۶ - اشاره‌ای است به تمثیل غارِ افلاطونی که این جهان را همانند غاری توصیف می‌کند که ساکنان آن قادرند حقایق خارج از غار را به صورت سایه‌هایی مشاهده کنند و نصیب آنان از شهود آنچه که در ماورای غار می‌گذرد جز سایه نیست.

نه حیاتش چون حیاتِ او بُوَد نه مماتش چون مماتِ او بُوَد ۳۰۳۱

حیات در عالم حقایق شباهتی به حیات زمینی ندارد، مرگ در عالمِ معنا نیز نوعی دیگر است.

گورِ او هرگز چو گورِ او مدان خود چه گویم حالِ فرقِ آن جهان؟ ۳۰۳۲

در عالم حقایق، گور نیز، مانند گورِ این جهانی نیست. در ارتباط با تفاوت‌هایی که عالمِ حقایق با عالمِ شهود دارد، چه بگویم که برای شما قابل درک باشد؟

بر محک زن کار خود ای مردِ کار تا نسازی مسجدِ اهلِ ضِرار ۳۰۳۳

ای مرد عمل، اعمال و افعال خود را بسنج، تا مانند سازندگان مسجد ضِرار، بنیانی از ریا و نفاق نیفکنی.

بس در آن مسجدْکُنان تَسْخَر زدی چون نظر کردی، تو خود ز ایشان بُدی ۳۰۳۴

چه بسا که بارها سازندگان مسجد ضرار را مورد تمسخر قرار دادی؛ امّا اگر با دقّت به اعمال و افکار خود توجّه کنی، می‌بینی تو نیز یکی از آنان هستی.

حکایتِ هندو که با یارِ خود جنگ می‌کرد بر کاری و خبر نداشت که او هم بدان مبتلاست[1]

چهار هندو در مسجدی به نماز ایستادند. ناگهان بانگِ مؤذّن به گوش رسید. یکی از آنان بی‌اختیار پرسید: ای مؤذّن، بانگ کردی آیا وقت نماز فرا رسیده است؟ دیگری در همان حال گفت: سخن گفتی، نمازت باطل شد. سومی هم با ساده‌لوحیِ تمام به این یار خود می‌گوید: به او طعنه مزن که نماز تو نیز باطل شد. چهارمی خطاب به همه گفت: خدا را شکر که من مانند شما سخن نگفتم و نمازم باطل نشد، «پس نماز هر چهاران شد تباه».

در این لطیفه که در بستر فرهنگ عامّه جریان یافته و پس از داستان مسجد ضرار نقل شده، تأکیدی است بر این معنا که در هر نَفْسی فتنهٔ مسجدِ ضِرار هست، داستان چهار هندو هم به ظرافتی تام مبیّن همین معناست که «عیب‌جویی» و «عیب‌گویی» نیز فتنهٔ نفس است. «ای خُنُک جانی که عیب خویش دید»

---

۱ - مأخذ این قصّهٔ طنزآمیز حکایتی است کوتاه با همین مضمون در مقالات شمس، نسخهٔ کتابخانهٔ فاتح، ص ۳۷. همچنین حکایاتی نظیر آن در عیون‌الاخبار، ج ۲، ص ۱۷۶ و عجایب‌نامه از تألیفات قرن ششم هجری و بعضی کتب دیگر آمده است: احادیث، صص ۲۳۱ و ۲۳۲.

چار هندو در یکی مسجد شدند بهرِ طاعت راکع و ساجد شدند ۳۰۳۵
چهار هندی وارد مسجدی شدند و برای عبادت به نماز ایستادند و به رکوع و سجود پرداختند.

هر یکی بر نیَّتی تکبیر کرد در نماز آمد به مسکینی و درد ۳۰۳۶
هر یک از ایشان نیّت کرد و تکبیرة‌الاحرام گفت و با نیازمندی و سوز و درد به نماز ایستاد.

مُؤذِن آمد، از یکی لفظی بجَست کِای مُؤَذِّن! بانگ کردی، وقت هست؟ ۳۰۳۷
همان موقع، مُؤذّن وارد شد، یکی از آنان بی‌اختیار پرسید که ای مُؤذّن، آیا اکنون وقت نماز فرا رسیده است و فراموش کرد که در نماز نباید سخن گفت.

گفت آن هندویِ دیگر از نیاز هی! سخن گفتی و باطل شد نماز ۳۰۳۸
هندی دیگر از سر نیاز و درد گفت: هی، در میانهٔ نماز سخن گفتی، نمازت باطل شد.

آن سِیُم گفت آن دوم را: ای عمو! چه زنی طعنه بر او؟ خود را بگو ۳۰۳۹
هندی سوم خطاب به دومی گفت: ای عمو، چرا به او طعنه می‌زنی؟ مواظب خودت باش.

آن چهارم گفت: حمدِاللّه که من در نیفتادم به چَهْ چون آن سه تن ۳۰۴۰
هندی چهارم گفت: خدا را شکر که من مانند آن سه تن دیگر در چاه نیفتادم.

پس نمازِ هر چهاران شد تباه عیب‌گویان بیشتر گُم کرده راه ۳۰۴۱
پس نماز هر چهار نفر تباه شد. همیشه عیب‌جویان و عیب‌گویان بیشتر از صاحبان عیب گمراه‌اند.

ای خُنُک جانی که عیبِ خویش دید هر که عیبی گفت، آن بر خود خرید ۳۰۴۲
خوش به سعادت جانی که به عیوب خود توجّه کرد و هر کس که نقص و عیبی گفت، او در خود به جست‌وجو پرداخت.

زانکه نیمِ او ز عیبستان بُدَه‌ست و آن دگر نیمش ز غیبستان بُدَه‌ست ۳۰۴۳
زیرا نیمی از وجود او از عیبستان دنیا و مادیّات است و نیمی دگر از غیبستان عالم معنا.

چونکه بر سر مر تو را دَه ریش هست مَرهَمَت بر خویش باید کاربست ۳۰۴۴
چون خودِ تو در وجودت ده‌ها عیب هست، دارو را برای درمان خود به کار ببر.

عیب کردن خویش را، داروی اوست　　چون شکسته گشت، جایِ اِرْحَمُواست[1] ۳۰۴۵

عیب را بر خود نهادن، درمانِ نقایص و معایبِ درون است. اینکه کسی از چنین شکستگی و تواضعی برخوردار باشد و بپذیرد که دارای صفات مذمومی است و از درگاه حق خواهان تبدیل این صفات گردد، سزاوار رحمت و لطف الهی است.

گر همان عیبت نبود، ایمن مباش　　بوکه آن عیب از تو گردد نیز فاش ۳۰۴۶

اگر همان عیب را نداشتی، گُمان نکن که همواره از آن در امان خواهی بود، شاید روزی همان زشتی در تو نیز آشکار شود.

لا تَخافُوا[2] از خدا نشنیده‌ای　　پس چه خود را ایمن و خوش دیده‌ای؟ ۳۰۴۷

تو که از جانب حق تعالیٰ «لاٰ تَخافُوا» را نشنیده‌ای، چگونه از حوادثِ آینده بیمناک نیستی و از خطاهای گذشته غمی به دل راه نمی‌دهی؟

سال‌ها ابلیسْ[3] نیکونام زیست　　گشت رسوا، بین که او را نام چیست؟ ۳۰۴۸

ابلیس هم سال‌ها با نیک‌نامی زیست، رسوا شد و نام وی از عزازیل به ابلیس، یعنی «ناامید» تغییر کرد.

در جهان معروف بُد عَلیایِ او[4]　　گشت معروفی به عکس، ای وایِ او ۳۰۴۹

ابلیس که به بزرگی شهره بود، شهرت نیکش به بدی مبدّل شد، وای بر او.

تا نه‌ای ایمن، تو معروفی مجو　　رُو بشوی از خوف، پس بنمای رُو[5] ۳۰۵۰

شهرت آفتی بزرگ است، تا متعالی نشدی و کمال نیافتی، خواهان شهرت نباش.

تا نروید ریشِ تو، ای خوبِ من!　　بر دگر ساده زنخ طعنه مزن ۳۰۵۱

ای نیکمرد، تا موی صورتت نروییده است، جوانِ بی‌ریش را نکوهش نکن.

---

۱ - اشاره به حدیث: بر سه گروه از مردم رحمت آورید: ثروتمند فقیر شده، عزیز خوار شده، عالمی که بازیچهٔ جاهلان شده است: احادیث مثنوی، ص ۱۵۶.

۲ - اشارتی است قرآنی، فصّلت: ۳۰/۴۱ که دربارهٔ مؤمنانی است که فرشتگان الهی بر آنان نازل می‌شوند و می‌گویند: نترسید و غمگین مباشید: ر.ک: ۱۴۳۵/۱.

۳ - **ابلیس** : به معنی ناامید شده از رحمت الهی است، ر.ک: ۸۷۹/۱، ۱۰۱۹/۱ و ۲۶۷۱/۱.

۴ - **عُلیایِ او** : مرتبهٔ بلندِ او.　　۵ - همواره نگران لغزش‌ها و خطاهای احتمالی ناخودآگاه خود باش.

این نگر که مبتلا شد جانِ او　　در چهی افتاد تا شد پندِ تو ۳۰۵۲

توجّه کن که چگونه جانِ شیطان مبتلا شد و در چاهی از گمراهی افتاد، بگذار سرنوشتِ او عبرتِ تو باشد.

تو نیفتادی که باشی پندِ او　　زَهْر او نوشید، تو خور قندِ او ۳۰۵۳

تو در چاه نیفتادی که مایهٔ عبرت او شوی، زهر هلاکت را او نوشید. تو پند بگیر و خود را با شیرین‌کامی نجات ده.

قصد کردنِ غُزان به کُشتنِ یک مردی تا آن دگر بترسد

ترکان خونریز غُز برای یغما به قریه‌ای وارد شدند. دو نفر از اعیان و بزرگان قریه را بازداشت کردند و مصمّم به کشتن یکی از آن‌ها بودند، به این منظور که با کشتن یکی بر دل دیگری هیبتی افتد و زرّو سیمی را که نهان داشته است، بدهد. کسی که برای کشتن انتخاب شده بود خطاب به ترکان گفت: چون بنای کار بر وهم و پندار است، او را بکشید تا من بترسم و زرّ و سیم خود را به شما دهم.

قصّه، تصویری است غم‌انگیز از فجایعی که هجوم آن‌ها در خراسانِ ایّام خردسالی مولانا رخ داده است و اینک در لطیفه‌ای که متضمّن تعلیم است، تقریر می‌یابد.

سِرّ قصّه، عبرت گرفتن از احوال پیشینیان است، آنان که در چاه ضلالت افتاده و زهر ستیزه با حقایق را نوشیده‌اند و به سرنوشتی دردناک مبتلا گشته‌اند. اینکه ما اخبار مربوط به هلاکت اقوامِ گذشته مثل قومِ نوح و قومِ هود را شنیده‌ایم و سرنوشت آنان می‌تواند عبرتی برای ما باشد، جای خرسندی است. اگر عکس این می‌بود و حال ما برای آیندگان آیینهٔ عبرت می‌شد تا چه سان مایهٔ اندوه می‌بود؟ «(زهر او نوشید، تو خور قند او)»

آن غُزانِ[1] تُرکِ خونْریز آمدند　　بهرِ یغما بر دِهی ناگه زدند ۳۰۵۴

ترکان خونریز غُز ناگهان برای تاراج دهی هجوم آوردند.

دو کس از اعیانِ آن دِه یافتند　　در هلاکِ آن یکی بشتافتند ۳۰۵۵

دو نفر از اعیان و اشراف قریه را بازداشت کردند و تصمیم گرفتند که یکی از آنان را بکشند.

---

۱ - **غُز** : گروهی از ترکان غارتگر بودند که در زمان سلطان سنجر قوّت گرفتند و خراسان را به تصرّف آوردند. حکومت سلاجقه از میان آنان برخاسته است.

دست بستندش که قربانش کنند   گفت: ای شاهان و ارکانِ بلند! ۳۰۵۶

دست‌هایش را بستند که او را به قتل برسانند. آن مرد گفت: ای شاهان و ای بزرگان!

در چَهِ مرگم چرا می‌افکنید؟   از چه آخر تشنهٔ خونِ من اید؟ ۳۰۵۷

چرا مرا در چاه هلاکت می‌افکنید و چرا به خون من تشنه‌اید؟

چیست حِکمت؟ چه غرض درکُشتنم؟   چون چنین درویشم و عریان تنم ۳۰۵۸

کشتن من چه حکمتی دارد؟ چه نفعی از هلاکِ منِ فقیر و عریان می‌برید؟

گفت: تا هیبت بر این یارت زند   تا بترسد او و زر پیدا کند ۳۰۵۹

یکی از ترکان غُز گفت: تو را می‌کشیم تا دوستت بترسد و محلّ اختفای طلاها را بگوید.

گفت: آخِر او ز من مسکین‌تر است   گفت: قاصدکرده است،[1] او را زَر است ۳۰۶۰

مرد گفت: آخر او از من فقیرتر است. ترک غُز گفت: او عمداً خود را فقیر و نادار نشان می‌دهد، قطعاً طلا دارد.

گفت: چون وهم است، ما هر دو یکیم   در مقامِ احتمال و در شکیم ۳۰۶۱

مرد اسیر گفت: چون با گمان و وهم، ما هر دو در نظرِ شما یکی هستیم؛ یعنی هر دو در مقام احتمال و شک و شبهه قرار داریم،

خود ورا بُکْشید اوّل ای شهان   تا بترسم من، دهم زر را نشان ۳۰۶۲

بنابراین ای شهان، ابتدا او را بکشید تا من بترسم و طلا را به شما بدهم.

پس کَرَم‌هایِ الهی بین که ما   آمدیم آخر زمان[2] در انتها ۳۰۶۳

پس کَرَم‌هایِ الهی را در مورد ما بدان که در آخر زمان به جهان آمدیم و جزو متقدّمان نبودیم.

آخرینِ قرن‌ها[3] پیش از قرون   در حدیث است: آخِرُونَ اَلسّابقون[4] ۳۰۶۴

ما جزو آخرین امّت‌ها هستیم که متقدّم بر امّت‌های پیشین خواهیم بود.

---

۱ - **قاصد کرده است :** تعمّدی دارد، تظاهر می‌کند.   ۲ - **آخِر زمان :** دوران اسلام، عصر محمّدی.

۳ - **قرن :** صد سال، هر امّتی که بمیرد و از افراد آن کسی باقی نماند، گروهی بعد گروهی.

۴ - نَحْنُ اْلآخِرُونَ السّابِقُونَ : اشاره به حدیثی که مضمون آن همین است: ر.ک. احادیث، ص ۲۳۲.

تـا هـلاکِ قـوم نـوح و قـوم هـود عارض[1] رحمت به جانِ مـا نـمود ۳۰۶۵

رحمتِ الهی از طریق وحی بر پیامبر(ص)، هلاک اقوام متمرّدِ گذشته را برای ما بیان نمود.

کُشت ایشان را که ما تـرسیم از او ورخود این برعکس کردی، وایِ تو ۳۰۶۶

حق تعالیٰ اقوام سرکش را هلاک کرد تا برای آیندگان درس عبرتی باشد و از خشم و قهر او بپرهیزیم، اگر بر عکس می‌شد، وای بر ما بود.

بیانِ حالِ خودپرستان و ناشکران در نعمتِ وجودِ انبیا و اولیا، عَلَیْهِمُ السَّلام

هر که ز ایشان[2] گفت از عیب و گناه وز دلِ چون سـنگ وَز جـانِ سـیاه ۳۰۶۷

هر یک از انبیا و اولیا دربارهٔ عیب،گناه و دلِ سختِ مانندِ سنگ و از جانِ تاریک، سخن گفت.

وز ســبک داریِ[3] فـرمان‌هایِ او وز فــراغت از غـمِ فـردایِ او[4] ۳۰۶۸

دربارهٔ بی‌اعتنایی به فرمان‌هایِ الهی و از سرسری گرفتنِ زندگیِ این جهانی و بی‌خبری از پیامدِ آن در قیامت حرف زد،

وز هوس، وز عشقِ این دنیایِ دون چون زنان مر نَفْس را بـودن زبـون ۳۰۶۹

از هوا و هوس، از عشق‌ورزی به این دنیای بی‌قدر و جلوه‌هایِ آن صحبت کردند و گفتند که نباید چون زن‌صفتان اسیرِ «نَفْسِ امّاره» بود.

و آن فـرار از نکـته‌هایِ نـاصحان و آن رمـیدن از لقـایِ صـالحان[5] ۳۰۷۰

و گوشزد کردند که چگونه اقوامِ متمرّد پیشین از نکـات سـودمندی کـه انـبیا در مـقام نصیحت گفتند، روی گردانیدند و از همنشینیِ با صالحان گریختند.

بـا دل و بـا اهـلِ دل بـیگانگی بـا شـهان تـزویر و رُوبَـهْ شـانگی[6] ۳۰۷۱

بیگانگی با «دل» که حصولِ معرفت فقط از طریق آن ممکن است و بیگانگی با «اهل دل»، تزویر و نیرنگ با شاهانِ مُلکِ دل،

---

۱ - **عارض :** عرضه کننده. ۲ - **هر که ز ایشان :** هر یک از اقوامِ سرکش.

۳ - **سبک‌داری :** بی‌توجّهی، سهل‌انگاری. ۴ - مصراع دوم: به فکر قیامت نبودن.

۵ - **لِقای صالحان :** مصاحب و بهره از محضرِ مردان حق.

۶ - **روبه شانگی :** حیله‌گری و نیرنگ، اینجا خدمت دروغین و ریا با مرد حق.

۳٬۰۷۲   سیرچشمان¹ را گدا پنداشتن   از حسدشان خُفیه دشمن داشتن

انبیا و اولیا و کاملان را گدا پنداشتن و ریاست‌جو و دنیاطلب خواندن و از حسد در نهان به آنان کینه ورزیدن،

۳٬۰۷۳   گر پذیرد چیز، تو گویی: گداست   ورنه، گویی: زرق² و مکر است و دغاست³

اگر از لطف، پول و یا مالی را که مردم نیازمندانه به درگه حق تقدیم می‌دارند، بپذیرد، می‌گویی: گداست و اگر نپذیرد، می‌گویی ریا و نیرنگ‌بازی و مکر است،

۳٬۰۷۴   گر در آمیزد، تو گویی: طامع⁴ است   ورنه گویی: در تکبّر مُولَع⁵ است

اگر با مردم آمیزش و نشست و برخاست کند، می‌گویی از طمعی است که در مال و جان دیگران دارد و اگر با مردم نیامیزد، گویی از کبر و غرور است،

۳٬۰۷۵   یا منافق‌وار عُذر آری که: من   مانده‌ام در نفقهٔ فرزند و زن

یا مانند منافقان، عذر می‌آوری که من در تهیهٔ مخارج زن و فرزند خویش درمانده‌ام،

۳٬۰۷۶   نه مرا پروای سر خاریدن است   نه مرا پروای دین ورزیدن است

اشتغال به امور دنیوی برای زندگی روزمره، چنان مرا مشغول کرده است که نه فرصتِ سر خاراندن دارم و نه وقتی که به دین بپردازم.

۳٬۰۷۷   ای فلان! ما را به همّت یاد دار   تا شویم از اولیا پایانِ کار

ای مرد حق، ما را هم به همّت دعا کن تا در پایان عمر بالاخره جزو اولیای خدا شویم.

۳٬۰۷۸   این سخن نی هم ز درد و سوز گفت   خواب‌ناکی هرزه گفت و باز خُفت

این سخن را هم از سوز و درد و برای رشدِ معنوی نمی‌گوید و به آن ایمانی ندارد. سخنش مانندِ یاوه‌ای است که شخصِ خواب‌آلوده می‌گوید و دوباره می‌خوابد.

۳٬۰۷۹   هیچ چاره نیست از قوتِ عیال   از بُنِ دندان کنم کسبِ حلال

منکرِ منافق می‌گوید: من از تهیهٔ رزقِ عیال و خانواده هیچ گریزی ندارم، باید با جان و دل در کسب حلال بکوشم.

۱- سیرچشمان: انبیا و اولیا و کاملان.   ۲- زرق: ریا.   ۳- دَغا: مردمِ ناراست.
۴- طامع: طمع‌کننده.   ۵- مولع: حریص.

چه حلال؟ ای گشته از اهلِ ضَلال[1]! غیرِ خونِ تو نمی‌بینم حلال ۳۰۸۰

چه حلالی؟ ای آنکه از گمراهان شده‌ای! غیر از ریختن خون تو که با مردان حق ریا می‌ورزی، هیچ چیزی را در تو و زندگیت حلال نمی‌بینم.

از خدا چاره‌ستش و از قُوت نی چاره‌ش است از دین و از طاغوت[2] نی ۳۰۸۱

حاضر است از خدا بگذرد؛ امّا از خورد و خوراک نمی‌تواند. از دین که سببِ تعالی و بقای اوست می‌گذرد؛ امّا از افکار و اندیشهٔ باطلِ خود که برایِ او حُکم بت دارد، نمی‌تواند بگذرد.

ای که صبرت نیست از دنیایِ دون صبر چون داری ز نِعْمَ ٱلماهِدُون؟[3] ۳۰۸۲

ای کسی که به دنیای بی‌قدر و جلوه‌هایِ آن عشق می‌ورزی و نمی‌توانی اندکی آن را رها کنی، چگونه می‌توانی بر دوری از حق تعالیٰ که این زمین را گسترده است، صبور باشی؟

ای که صبرت نیست از ناز و نعیم صبر چون داری از اَللهِ کریم؟ ۳۰۸۳

ای کسی که از ناز و نعمت نمی‌توانی چشم‌پوشی کنی، چگونه می‌توانی از خدایِ بخشنده که همهٔ این ناز و نعمت را آفریده و اصلِ اصلِ همهٔ نازها و نعمت‌هاست، چشم‌پوشی کنی؟

ای که صبرت نیست از پاک و پلید صبر چون داری از آن کین آفرید؟ ۳۰۸۴

ای کسی که در برابر هر پاک و پلیدی خودداری را از کف می‌دهی، چگونه در برابر خدایی که آفریننده و قادر مطلق است، صبر می‌ورزی و مشتاق لقای او نیستی؟

کو خلیلی، کو برون آمد ز غار گفت: هذا ربٌّ، هان! کُو کِردگار؟[4] ۳۰۸۵

کجاست آن خلیل صفتی که از غارِ طبایعِ بشری بیرون آید و جویای خدای خود گردد؟

---

۱ - **ضلال**: گمراه شدن. ۲ - **طاغوت**: هر معبودی جز خدا، سرکش.

۳ - اشارتی قرآنی؛ ذاریات: ۴۸/۵۱: وَ ٱلأَرْضَ فَرَشْنَاهَا فَنِعْمَ المَاهِدُونَ: و زمین را گستردیم و چه خوب گسترانده‌ای هستیم.

۴ - اشارتی قرآنی؛ انعام: ۷۶-۷۹/۶، که در طیِ آن ابراهیم(ع) در مبارزات منطقی با بت‌پرستان، از آنجا که یقین استدلالی و فطری به یگانگی پروردگار داشت، با مطالعه و تعمّق در اسرار آفرینش، هر چیز افول و غروب کننده‌ای را شایسته مقام الوهیّت ندانست و در ماورای این مخلوقات متغیّر و محدود که خود اسیر چنگال قوانین طبیعت‌اند، خدایی قادر و حاکم بر نظام هستی را پرستید و به عنوان یک موّحد خالص همگان را به سوی حق تعالیٰ فراخواند. [مصراع دوم: گفت: این پروردگار من است؛ سپس گفت: کو کردگار؟]

من نخواهم در دو عالم بنگریست تا نبینم این دو مجلس آنِ کیست ۳۰۸۶

تا نبینم این بساط را چه کسی گسترده است، من به «این جهان» و «آن جهان» توجّهی نخواهم کرد.

بی تماشایِ صفت‌هایِ خدا گر خورم نان در گلو مانَد مرا ۳۰۸۷

تا به معرفت حقیقی نرسم و نتوانم صفات حق تعالیٰ را در مظاهر هستی تماشا کنم، از رنجِ این جهلِ عظیم، نان در گلویم گیر می‌کند.

چُون گوارَد لقمه بی‌دیدارِ او؟ بی‌تماشایِ گُل و گُلزارِ او ۳۰۸۸

چگونه لقمه بی‌دیدارِ حق و بدون نظارهٔ گل‌ها و گلستان معانیِ او گوارا شود؟

جز بر اومیدِ خدا زین آب و خَور کِی خورد یک لحظه، غیرِ گاو و خر؟ ۳۰۸۹

جز کسانی که بسان چهارپایان فاقد تفکّر و تعقّل‌اند، که می‌تواند بدون امیدِ درکِ حقایق و قُرب حق در این دنیا، بخورد و بنوشد و خوش باشد؟

آنکه کالانعام بُد بَلْ هُمْ اَضَل[1] گرچه پُر مکر است آن گَنده بغل[2] ۳۰۹۰

کسی را که خداوند، چهارپا، بلکه پست‌تر خوانده، هرچند بسیار مکر می‌ورزد و ریا می‌کند، منفور است.

مکرِ او سرزیر و او سرزیر شد روزگارک بُرد و روزش دیر شد ۳۰۹۱

مکر و حیله‌اش در جهت سقوط و اضمحلالِ اوست. روزگار کوتاهِ عمر گران‌مایه را در این راه به سر می‌بَرَد و بهره‌ای نمی‌برد.

فکرگاهش کُند شد، عقلش خَرِف عُمر شد، چیزی ندارد چون اَلِف ۳۰۹۲

حاصلِ این گونه زیستن، مغزی سست و عقلی ناتوان است، عمر سپری شده و دستِ او تهی است، مانندِ «الف» هیچ ندارد، فاقد ارزش‌های حقیقی است و هرگز جهدی برایِ ترقّیِ جان خود نکرده است.

---

۱ - اشارتی قرآنی؛ اعراف: ۱۷۹/۷: أُولٰئِكَ كَالْأَنْعَامِ بَلْ هُمْ أَضَلُّ: این‌ها در حقیقت همچون چهارپایان‌اند، بلکه گمراه‌تر و پست‌تر.

اشارت به کسانی است که در غفلت و بی‌خبری به سر می‌برند و علی‌رغم تمام استعدادها و امکانات لازم برای تکامل، در اثر هواپرستی و گرایش به پستی‌ها، تمام استعدادهای خویش را بلااستفاده می‌گذارند.

۲ - **گَنده بغل**: متعفّن، منفور.

آنـــچه مـی‌گوید: در ایـن انـدیشه‌ام　　آن هم از دَستانِ آن نَفْس است هم ۳۰۹۳

این که می‌گوید: من نیز در این باب می‌اندیشم و می‌دانم که عمر به پایان رسیده است و تهی‌دست مانده‌ام، از نیرنگ نفس مکّار اوست.

و آنچه می‌گوید: غفور است و رحیم　　نـیست آن جـز حـیلهٔ نـفس ِ لئـیم ۳۰۹۴

و اگر می‌گوید: خداوند غفور و رحیم است و بالاخره رحمتِ او شاملِ حال ما نیز خواهد شد، نیز فریبِ نفسِ فرومایهٔ اوست.

ای ز غم مُرده کـه: دست از نـان تـهی‌ست　　چون غفور است و رحیم، این ترس چیست؟ ۳۰۹۵

ای بی‌نوا! ای که از غصّهٔ رِزق و روزی جان می‌دهی، اگر باور داری که خداوند غفور و رحیم است، چرا برای رزقی که مقسوم است، چنین بیمناکی؟

شکایت گفتنِ پیرمردی به طبیب از رنجُوری‌ها، و جواب گفتنِ طبیب او را

پیری کهنسال که از ضعفِ دِماغ در رنج بود، به طبیب مراجعه کرد. طبیب گفت: ضعف دِماغ ناشی از پیری است. پیر از وجود لکه‌ای سیاه در چشمش شکوه کرد و طبیب گفت: علّت آن پیری است و به همین ترتیب بیمار کهن‌سال از ضعف معده و تنگی نفس اظهار ناراحتی کرد و طبیب گفت: این‌ها همه از پیری است: «چون رسد پیری دو صد علّت شود». بیمار که از پاسخ‌های یک‌نواخت طبیب به تنگ آمده بود، گفت: ای نادان، تـو از طبابت هـمین را آمـوخته‌ای و نمی‌دانی که خداوند برای هر درد درمانی آفریده است؟ طبیب پاسخ داد: ای کسی که عمرت به شصت سال رسیده، خشم تو نیز از پیری است: «این غضب وین خشم هم از پیری است».

در این داستان که با طنزی لطیف آمیخته است، نکته‌ای اجتماعی مورد توجّه قرار می‌گیرد و به بیان این امر می‌پردازد که زودخشمی و بی‌طاقتیِ کهن‌سالان ناشی از سال‌خوردگی و عوارض جسمانی و روحانی آن است و متذکّر این نکتهٔ عارفانه نیز می‌گردد که این امر در مورد همگان مصداق دارد، «جز مگر پیری که از حقّ است مست / در درون او حیات طیبه ست».

گفت پیری مر طـبیبی را کـه: مـن　　در زحـــیرم[1] از دمـاغِ خـویشتن ۳۰۹۶

پیری به طبیب گفت: من از ضعفِ مغز نگرانم و رنج می‌کشم.

---

۱ - **در زحیر بودن :** نگران چیزی بودن، رنج، آه سرد توأم با ناله.

گفت: از پیری‌ست آن ضعفِ دماغ گفت: بر چشمم زِ ظلمت هست داغ ۳۰۹۷
گفت: ضعفِ مغز از پیری است. پیر گفت: چشمم تار شده و لکّهٔ سیاهی در برابر چشمانم قرار دارد.

گفت: از پیری‌ست ای شیخِ قدیم! گفت: پُشتم درد می‌آید عظیم ۳۰۹۸
طبیب گفت: ای پیر کهن سال، از پیری است. پیرمرد گفت: پشتم خیلی درد می‌کند.

گفت: از پیری‌ست ای شیخِ نزار[1]! گفت: هر چه می‌خورم نَبْوَد گوار ۳۰۹۹
گفت: ای پیر نحیف، از پیری است. پیر گفت: هرچه را که می‌خورم، هضم نمی‌شود.

گفت: ضعفِ معده هم از پیری است گفت: وقتِ دَم مرا دَم‌گیری[2] است ۳۱۰۰
گفت: ناتوانیِ معده هم از پیری است. پیر گفت: هنگامِ نفس کشیدن، نفسم می‌گیرد.

گفت: آری انقطاعِ دَم[3] بود چون رسد پیری دو صد علّت شود ۳۱۰۱
گفت: آری بند آمدن نفس نیز از پیری است، پیری که فرا رسد، سببِ انواع درد و مرض می‌شود.

گفت: ای احمق بر این بر دوختی؟ از طبیبی تو همین آموختی؟ ۳۱۰۲
پیر گفت: ای نادان، تو که فقط این را تکرار می‌کنی، از طبابت فقط همین را آموخته‌ای؟

ای مُدَمَّغ[4]! عقلت این دانش نداد که خدا هر رنج را درمان نهاد؟ ۳۱۰۳
ای احمق، آیا عقلِ تو این فهم و شعور را ندارد که بدانی خداوند برای هر درد، درمانی قرار داده است؟

تو خرِ احمق ز اندک مایگی بر زمین ماندی ز کوته‌پایگی ۳۱۰۴
تو درازگوشِ کودن از بی‌مایگی و فقدان درک و دانش این چنین خوار مانده‌ای.

پس طبیبش گفت: ای عُمرِ تو شصت این غضب وین خشم هم از پیری است ۳۱۰۵
پس طبیب گفت: ای پیرِ شصت ساله، بدان که این خشم و غضب هم از پیری است.

چون همه اوصاف و اجزا شد نحیف خویشتن‌داری و صبرت شد ضعیف ۳۱۰۶
چون همهٔ اعضا و جوارح بدن ضعیف شده، خویشتن‌داری و صبرت نیز کم شده است.

---

۱ - **نزار**: نحیف. ۲ - **دَم‌گیری**: نَفَس تنگی، بند آمدنِ نَفَس. ۳ - **انقطاعِ دَم**: گرفتنِ نَفَس.
۴ - **مُدَمَّغ**: کسی که مغزش صدمه دیده باشد، احمق.

بر نتابد دو سخن زو هِیْ کند تابِ یک جرعه ندارد، قی کند ۳۱۰۷

نمی‌تواند دو سخن را تحمّل کند، زود برآشفته می‌شود، حتّی یک جرعه را نمی‌پذیرد و بر می‌گرداند.

جز مگر پیری که از حقّ است مست در درونِ او حیاتِ طیّبه‌ست[1] ۳۱۰۸

جز پیری که مستِ میِ عشقِ الهی است و در درونِ او حیاتی پاک از هرگونه آلایش جریان دارد.

از برون پیر است و در باطن صَبی[2] خود چه چیز است آن ولی و آن نبی؟ ۳۱۰۹

بر حسب ظاهر پیر است و در باطن، طراوت و صفایِ کودک را دارد. واقعاً آن ولی یا نبی چیست و کیست؟

گرنه پیدا اند پیشِ نیک و بد چیست با ایشان خسان را این حسد؟ ۳۱۱۰

اگر حیاتِ طیّبه و پاکیِ درونِ مردان حق نزد نیکان و بدان آشکار نیست، چرا این دون‌مایگان به آنان حسد می‌ورزند؟

ور نمی‌دانندشان علم الیقین چیست این بُغض و حِیَل سازی و کین؟ ۳۱۱۱

اگر هم از مردان حق و احوالشان آگاه نیستند، چرا به آنان این همه بغض و نیرنگ و کینه‌توزی دارند؟

ور بدانندی جزایِ رستخیز چون زنندی خویش بر شمشیرِ تیز؟ ۳۱۱۲

اگر کیفر روز رستاخیز را باور داشته باشند، چگونه با مردان حق در می‌افتند و خود را به شمشیرِ تیزِ حق که چیزی جز وجودِ انبیا و اولیا و کاملان نیست، می‌زنند و با برانگیختن خشمِ مقرّبانِ درگه حق، خود را به هلاکت می‌رسانند؟

بر تو می‌خندد، مبین او را چنان صد قیامت در درونستش نهان ۳۱۱۳

«انسان کامل» با تو سخن می‌گوید و می‌خندد، فقط به ظاهرِ او که بشری چون توست، توجّه نکن. جانِ متعالی او به دریای وحدانیّت اتّصال یافته و اینک خودِ دریاست و در هر لحظه می‌تواند صدها قیامت برپا دارد؛ زیرا وجودِ او، مانندِ قیامتِ مجسّم است؛ یعنی اسرارِ دل‌ها بر او آشکار است و می‌تواند این نهانی‌ها را برایِ هر کس که بخواهد هویدا سازد و حقایقِ ضمیرِ او را بر وی عیان کند، همان‌گونه که در رستاخیز همه چیز آشکار است؛ امّا ستّاریّت او تظاهر به زندگی غافلانه را مصلحت می‌یابد.

---

۱ - اشارتی قرآنی؛ نحل : ۹۷/۱۶ : مَنْ عَمِلَ صالِحاً مِنْ ذَکَرٍ اَوْ اُنْثی وَ هُوَ مُؤْمِنٌ فَلَنُحْیِیَنَّهُ حَیٰوةً طَیِّبَةً : هر کس که عمل صالح انجام دهد، چه مرد و چه زن و ایمان داشته باشد، به او حیات پاکیزه می‌بخشیم.

۲ - **صبی** : کودک.

دوزخ و جنّت همه اجـزایِ اوست　　　هر چه اندیشی تو، او بالایِ اوست ۳۱۱۴

دوزخ و جنّت اجزای اوست؛ یعنی تجلّیِ قهر و لطف اوست، از هر چه بیندیشی برتر و والاتر است.

هر چـه انـدیشی پـذیرایِ فـناست　　　آنکه در اندیشه نـاید، آن خـداست ۳۱۱۵

هر چیزی که در اندیشهٔ انسان بگنجد، فناپذیر است، فقط حق تعالیٰ است که ماورای اندیشهٔ بشری است و دل انسان کامل، محلّ ظهور و تجلّی اوست.

بر درِ این خانه گستاخی ز چیست؟　　　گر همی دانند کاندر خـانه کـیست ۳۱۱۶

اگر می‌دانند که در خانهٔ دل کاملان چه کسی حضور و ظهور و تجلّی دارد، چگونه جرأت دارند با خاصّ‌الخاصّان درگه حق چنین گستاخانه رفتار کنند؟

ابـلهانْ تـعظیمِ مسـجد مـی‌کنند　　　در جـفایِ اهـلِ دل جِـد مـی‌کنند ۳۱۱۷

آدم‌هایِ ابله در بزرگداشت بنای مسجد که از سنگ و گِل است می‌کوشند؛ امّا به کعبهٔ دلِ انسانِ کامل جفا می‌ورزند و با جدّ و جهد به آزار اهلِ دل می‌پردازند.

آن مجاز[1] است این حقیقت، ای خران!　　　نـیست مسـجد جـز درونِ سـروران ۳۱۱۸

ای درازگوشان نادان، آن بنا جنبهٔ ظاهری و مجازی دارد؛ یعنی پلِ رسیدن به حقایق است، در حالی که دل جایگاه حق و خودِ حقیقت است، مسجدِ حقیقی دل انبیا و اولیا و کاملان است.

مســجدی کآن انـدرونِ اولیـاست　　　سجده‌گاه جمله است، آنجا خداست ۳۱۱۹

مسجدِ دلِ اولیایِ حق، سجده‌گاه همه است؛ زیرا خداوند در آنجا حضور دارد.

تـا دلِ اهــلِ دلی نـامَد بـه درد[2]　　　هـیچ قـرنی[3] را خـدا رسوا نکـرد ۳۱۲۰

تا دلِ مردانِ حق به درد نیاید، خداوند هیچ امّتی را رسوا نمی‌کند.

قـصدِ جـنگِ انـبیا مـی‌داشـتند　　　جسـم دیـدند، آدمی پـنداشـتند ۳۱۲۱

منکران و معاندان با پیامبران سر جنگ داشتند، ظاهرِ آنان را می‌دیدند و ایشان را بشری چون خود می‌پنداشتند.

در تـو هست اخـلاقِ آن پـیشینیان　　　چون نمی‌ترسی که تو باشی همان؟ ۳۱۲۲

خو و خصلت امّت‌های پیشین در تو نیز هست، آیا نمی‌ترسی که به سرنوشتی مشابه آنان دچار گردی؟

---

۱ - **مجاز**: غیر حقیقی، راه عبور و گذر.

۲ - در متن چنین است: «تا دل مرد خدا...»، بر بالای مصراع اوّل علامتی گذاشته و در هامش اصلاح کرده‌اند.

۳ - **قرن**: نسل.

آن نشانی‌ها همه چون در تو هست　　　چون تو ز ایشانی، کجا خواهی بِرَست؟ ۳۱۲۳

چون همهٔ نشانه‌های حق‌ستیزی در تو نیز هست، تو هم مانند معاندان هستی؛ بنابراین چگونه می‌توانی نجات یابی؟

قصّهٔ جوحی و آن کودکی که پیشِ جنازهٔ پدرِ خویش نوحه می‌کرد[1]

کودکی پیش جنازهٔ پدر می‌نالید و بر سر می‌کوفت و اوصافِ گور را بر می‌شمرد که ای پدر، تو را به خانه‌ای تنگ می‌برند که در آن نه حصیر است و نه چراغ و نه نان، نه دری، نه بامی و نه پناهی.

جوحی که در آن جمع بود با شنیدن اوصاف آن خانهٔ تنگ، پدر را گفت: به خدا سوگند که این جنازه را به خانهٔ ما می‌برند.

جوحی یا جحی که در مثنوی و در مقالات شمس از وی به عنوان عیّاری اهل طنز یاد می‌شود، مظهر گولی و ساده‌دلی هم هست. حکایات او و «نوادر جحی» چنانکه از الفهرست ابن ندیم و رسالة فی الحکمین و همچنین کتاب البغال جاحظ استنباط می‌شود ظاهراً وی را قهرمان حکایات مضحک و نادر که در آن‌ها سادگی و عیّاری توأم بوده است، نشان می‌دهد. در هویّت تاریخی او تردید دارند، هرچند که گفته‌اند در عهد منصور دوانیقی (خلافت: ۱۵۸-۱۳۶) در صد سالگی درگذشته است. در عهد غزنوی معاصر با ابوبکر ربابی نیز دانسته‌اند.

به هر حال به تدریج از وی نوعی قهرمان طنز و بِلاهت و یا در واقع نوعی ضدّ قهرمان شبیه ملّانصرالدّین ساخته شده است.

در این قصّه «جوحی و جنازه» ذوق طنز و هزل او آشکار است و در قصّهٔ «چادر پوشیدنش میان زنان» هزل بارگی و ستم ظریفی را نشان می‌دهد و در حکایت «جوحی و زنش» نمونهٔ طرّاری است.[2]

نتیجه آنکه: نشان‌های آن «حجرهٔ شومِ تاریک»، نشان دلی است که در آن نور حق نتافته و منوّر نگشته است.

کودکی در پیشِ تابوتِ پدر　　　زار می‌نالید و بر می‌کوفت سر ۳۱۲۴

کودکی پیشاپیش تابوت پدر، به زاری می‌نالید و دست‌ها را بر سر می‌کوبید.

---

۱ - مأخذ آن حکایتی است که در اغانی، تألیف ابوالفرج اصفهانی، طبع بولاق، ج ۱۵، ص ۳۷ و در محاضرات راغب، ج ۱، ص ۳۱۴، و در المحاسن و المساوی، تألیف ابراهیم بن محمّد بیهقی، طبع مصر، ج ۲، ص ۲۳۱ نقل شده است: احادیث، ص ۲۳۳.

و همین حکایت را عبید زاکانی هم در لطایف آورده است: لطایف عبید، ص ۱۱۶.

۲ - بحر در کوزه، صص ۲۸۰-۲۷۹.

کِای پدر! آخر کجااَت می‌برند؟ تا تو را در زیرِ خاکی آورند ۳۱۲۵

کودک با گریه می‌گفت: آخر ای پدر، تو را کجا می‌برند؟ تو را می‌برند تا در زیر خاک دفن کنند.

می‌برندت خانهٔ تنگ و زحیر[1] ! نی در او قالی و نه در وی حصیر ۳۱۲۶

تو را به خانه‌ای می‌برند که تنگ و پر رنج است، در آنجا نه قالی است و نه حصیر.

نی چراغی در شب و نه روز نان نه در او بویِ طعام و نه نشان ۳۱۲۷

نه در شب تار نور دارد و نه در روز نان، نه بویی از غذاست و نه نشانی از آن.

نی درش معمور نی بر بام راه نی یکی همسایه کو باشد پناه ۳۱۲۸

نه دری آباد دارد و نه راهی به بام، نه یک همسایه که پناه باشد.

چشمِ تو که بوسه‌گاهِ خلق بود چون شود در خانهٔ کور و کبود[2] ؟ ۳۱۲۹

چشمت را که خلق بر آن بوسه می‌زدند، در آن خانهٔ تاریک و بد چه می‌شود؟

خانه‌یی بی‌زینهار[3] و جایِ تنگ که در او نه روی می‌ماند نه رنگ ۳۱۳۰

خانه‌ای بی‌امان و پناه و تنگ که در آن رنگ و رویی باقی نمی‌مانَد.

زین نَسَق[4] اوصافِ خانه می‌شُمرد وز دو دیده اشکِ خونین می‌فشرد ۳۱۳۱

بدین ترتیب، کودک که از دیدگانش اشک خونین می‌بارید، اوصافِ قبر را بر می‌شمرد.

گفت جُوحی[5] با پدر: ای ارجمند! وَ اللّـه ایـن را خانهٔ ما می‌برند ۳۱۳۲

جوحی که شاهد ماجرا بود، به پدر گفت: پدرجان، به خدا این شخص را به خانهٔ ما می‌برند.

گفت جُوحی را پدر: ابله مشو گفت: ای بابا نشانی‌ها شنو ۳۱۳۳

پدر جوحی گفت: حرف‌های ابلهانه مگو. جوحی گفت: ای پدر، نشانی‌ها را بشنو.

---

۱ - **زحیر** : رنج و درد. ۲ - **کور و کبود** : تاریک و بد. ۳ - **زینهار** : زنهار، امان. ۴ - **نَسَق** : روش.

۵ - **جُحیٰ** : ابله و مسخرهٔ معروف نزد اعراب، حکایات مضحکی از او نقل کرده‌اند، نام وی دجین بن ثابت بود و به جحیٰ شهرت داشت، از قبیلهٔ فزاره و ساکن کوفه بوده است، در اوایل قرن دوم هجری، وی را یکی از اکابر دانسته‌اند که خود را به دیوانگی زده بود. روزی در محفلی خوش‌طبعی می‌کرد، کسی متوجّه ظرافت سخن وی نشد، چون به خانه رفت، از غصّه چرخهٔ مادر را شکست. وی در نهایت ظریف و خوش‌طبع بود، او را یکی از تابعان دانسته‌اند و مادر او خادمهٔ مادر انس بن مالک است. در مضحکه‌گویی همانند ملاّنصرالدّین بود. (نقل از دهخدا)

این نشانی‌ها که گفت او یَک به یَک   خـانهٔ مـا راست بـی‌تردید و شَک ۳۱۳۴

این نشانه‌هایی که او می‌گوید، بدون هیچ شک و تردیدی، یکایک دربارهٔ خانهٔ ما مصداق دارد.

نه حـصیر و نـه چـراغ و نـه طـعام   نه درش معمور[1] و نه صحن و نه بام ۳۱۳۵

نه حصیری، نه چراغی، نه غذایی و نه درِ آبادی و نه حیاط و بامی دارد.

زین نمط دارند بر خود صد نشان   لیک کِـی بـینند آن را طـاغیان؟ ۳۱۳۶

در وجودِ آدمی نیز به همین ترتیب، صدها نشانهٔ شبیه به سرکشانِ پیشین هست؛ امّا عاصیان چگونه ممکن است این علائم را در خود ببینند؟

خـانهٔ آن دل کـه مـاند بـی‌ضیا   از شـعاعِ آفـتابِ کـبریا ۳۱۳۷

خانهٔ دلی که از پرتوِ انوارِ الهی محروم باشد،

تنگ و تاریک است چون جانِ جهود   بـی‌نوا از ذوقِ سـلطانِ وَدود ۳۱۳۸

مانند جانِ منکران و معاندان، تنگ و تاریک است و بهره‌ای از انوارِ مهرِ الهی در آن نیست.

نـه در آن دل، تـافت نـورِ آفـتاب   نـه گشـادِ عـرصه و نـه فـتحِ بـاب ۳۱۳۹

نه پرتوی از آفتابِ حقیقت بر آن تافته است و نه گشادی از عرصهٔ معنویّات یافته و نه بابی از معارف بر آن گشوده شده است.

گور خوشتر از چنین دل مر تـو را   آخِـر از گـورِ دلِ خـود بـرتر آ ۳۱۴۰

گور از چنین دلی خوش‌تر است، آخر لحظه‌ای به خود بیا تا از این مُغاک ژرف و ظلمانی برتر آیی.

زنده‌ای و زنده‌زاد ای شوخ و شنگ[2]!   دم نمی‌گیرد تـو را زیـن گـورِ تـنگ؟ ۳۱۴۱

ای شوخِ شیرین حرکات، تو زنده‌ای و از موجودِ زنده به وجود آمده‌ای، از این دلِ مُرده و تنگ و تاریک، نَفَست بند نمی‌آید؟

یـوسفِ وقـتی و خـورشیدِ سـما[3]   زیـن چَـهْ و زنـدان بـرآ و رُو نـما ۳۱۴۲

تو می‌توانی یوسف زمانهٔ خویش و خورشیدِ تابناک باشی. از چاه تاریک دل خود برآی و تن را که با تمایلات و تعلّقات مادّی، چیزی جز زندان نیست، رها کن و رخ درخشان را به همگان بنمای.

۱ - **معمور**: آباد.   ۲ - **شوخ و شنگ**: شیرین‌حرکات.   ۳ - **سما**: آسمان.

یونُسَت[1] در بطنِ ماهی[2] پخته شد — مَخلَصش[3] را نیست از تسبیحْ بُدْ[4] ۳۱۴۳

جان مجرّدت، مانندِ یونس در بطن ماهی گرفتار شده و به تحلیل می‌رود، برای نجات آن راهی جز تسبیح حق تعالیٰ نیست.

گر نبودی او مُسبِّح، بطنِ نون[5] — حبس و زندانش بُدی تا یُبْعَثُون[6] ۳۱۴۴

اگر یونس(ع) در شکم ماهی به تسبیح و ثنایِ حق تعالیٰ نمی‌پرداخت، تا روز رستاخیز در آن زندان می‌ماند.

او به تسبیح از تن ماهی بِجَسْت — چیست تسبیح؟ آیتِ روزِ الست[7] ۳۱۴۵

یونس(ع) با تسبیح رهایی یافت. تسبیح چیست؟ آیت و نشانه‌ای از روز اَلَست است که در آن روز، آدمی «جان مجرّد» و مُسبِّح بود.

---

۱ - **یونس** : یونس بن متّی از انبیای الهی است. قوم او در نینوا از سرزمین موصل بودند. خداوند یونس را به رسالت نزد آنان فرستاد، به او ایمان نیاوردند. یونس به خداوند شکایت کرد و خداوند مقرّر داشت که در ظرف سه روز آینده عذابی نازل خواهد کرد. چون آثار عذاب ظاهر شد پادشاه و مردم دعا و انابه کردند و خداوند به سبب صدق، آنان را بخشید. قوم بر خلاف ادّعای یونس عذاب نشدند. اوگفت: خدایا آن قوم اینک مرا دروغگو می‌دانند و از آن دیار رفت، وَ ذَاالنُّونِ إِذْ ذَهَبَ مُغاضِباً...، به دریا رسید و سوار کشتی شد و از قضا دریا آشفته‌گشت، قرعه زدند و بارها به نام او در آمد، تا او را به دریا انداختند و ماهی بزرگ [نون: نهنگ] او را بلعید. چهل شبانه‌روز در شکم ماهی بود، تا ماهی او را به صحرا انداخت و درخت کدویی به امر خداوند رویید تا بر او سایه افکند. چند روز بعد درخت کدو بی‌آب ماند و پژمرده شد و یونس دلتنگ گردید. خداوند به او وحی فرستاد که برای کدو بُنی دلتنگ می‌شوی، چگونه برای صد هزار تن یا بیشتر از قوم خود [که اینک ایمان آورده‌اند] دلتنگ نمی‌شوی؟ یونس تنبّه یافت و به میان قوم خود رفت: قرآن، خرّمشاهی، ذیل : صافّات : ۱۴۴/۳۷-۱۳۹، انبیاء: ۸۷/۲۱

۲ - **بطنِ ماهی** : کنایه از «تن» و نَفْس امّاره. ۳ - **مَخْلَص** : جایِ خلاص. ۴ - **بُدّ** : چاره.

۵ - **بطن نون** : شکم ماهی.

۶ - اشارتی قرآنی؛ صافّات : ۱۴۳/۳۷ و ۱۴۴ : فَلَوْلاٰ أَنَّهُ کٰانَ مِنَ الْمُسَبِّحِیْنَ لَلَبِثَ فِي بَطْنِهِ إِلٰی یَوْمِ یُبْعَثُونَ: اگرنه این بود که او در روزگار گذشته از ستایندگان بود، تا روز رستاخیز در شکم ماهی می‌ماند.

اشارتی قرآنی؛ انبیاء : ۸۷/۲۱ : وَ ذَاالنُّونِ إِذْ ذَهَبَ مُغٰاضِباً : و ذاالنّون را به یاد آر هنگامی که خشمگین [بر قوم بت‌پرست و نافرمان خویش] از میان آن‌ها رفت. فَظَنَّ أَنْ لَنْ نَقْدِرَ عَلَیْهِ: اوگمان می‌کرد که ما [زندگی را] بر او تنگ نخواهیم کرد.

او گمان می‌کرد رسالت خویش را انجام داده است و ترک اولایی نکرده، در حالی که اولیٰ این بود که در میان آن‌ها بمانَد شاید به سوی خدا آیند. سرانجام او را در فشار قرار دادیم و نهنگ عظیمی او را بلعید.

فَنٰادیٰ فِی الظُّلُمٰاتِ أَنْ لاٰ إِلٰهَ إِلاّٰ أَنْتَ : پس او در آن ظلمت‌های متراکم صدا زد، خداوندا، جز تو معبودی نیست. سُبْحٰانَكَ إِنِّي کُنْتُ مِنَ الظّٰالِمِینَ. خداوندا، پاک و منزهی، من از ستمکارانم.

۷ - اشارتی قرآنی؛ اعراف : ۱۷۲/۷: ...اَلَسْتُ بِرَبِّکِمْ قَالُوا بَلَیٰ...: آیا من پروردگارتان نیستم؟ گفتند: چرا، هستی.

گر فراموشت شد آن تسبیحِ جان بشنو این تسبیح‌هایِ ماهیان ۳۱۴۶

اگر اینک در زندگی زمینی، تسبیحِ جان را فراموش کرده‌ای، به تسبیحِ ماهیان «دریای وحدانیّت» گوش فرا ده.

هر که دید الله را، اَللّٰهی[1] است هر که دید آن بحر را، آن ماهی است ۳۱۴۷

هر کس که به شهود عارفانه نایل گردد، انسانی الهی است و آنکه به مشاهدهٔ بحرِ وحدانیّت رسید، از ماهیانِ آن دریاست.

این جهان دریاست و تن ماهی و روح یونسِ محجوبْ از نورِ صَبوح[2] ۳۱۴۸

این جهان، دریایی است که تنِ آدمی مانندِ ماهی در آن غوطه‌ور است و روحِ انسان همان یونسِ محروم از نورِ سپیده‌دمِ وصل است.

گر مُسبِّح باشد از ماهی رهید ورنه در وی هضم گشت و ناپدید ۳۱۴۹

اگر تسبیح‌گو باشد، جانِ او از حبسِ تعلّقاتِ تن رهایی می‌یابد و گرنه در قیدِ خواسته‌هایِ نازلِ دنیوی هضم می‌شود و از نور و تجرّد محروم می‌مانَد.

ماهیانِ جان در این دریا پُرند تو نمی‌بینی، که کوری ای نَژند[3]! ۳۱۵۰

در این دنیا، چه بسیارند عارفانی که ماهیانِ «بحرِ وحدانیّت»اند؛ امّا تو آن‌ها را نمی‌بینی و اگر ببینی شأن و قدرشان را در نمی‌یابی؛ زیرا تو ای آدمِ پست، چشم حق‌بین نداری.

بر تو خود را می‌زنند آن ماهیان چشم بگشا تا ببینیشان عیان ۳۱۵۱

عارفان از لطف، جانِ پاک و منوّر خود را بر جان تو می‌زنند، باشد که در پرتو این تماس، جانِ تو نیز آگاه شود. چشمِ حق‌بین را بگشا تا آن‌ها را آشکار ببینی.

ماهیان را گر نمی‌بینی پدید گوشِ تو تسبیحشان آخر شنید ۳۱۵۲

اگر به وضوح نمی‌توانی «ماهیانِ بحرِ وحدانیّت» را ببینی، گوشِ تو که نغمهٔ تسبیح و حمد و ثنایِ ایشان را می‌شنود.

صبر کردن جانِ تسبیحاتِ توست صبر کن کآن است تسبیحِ دُرُست ۳۱۵۳

جانِ «تسبیح و نیایشِ» تو، «صبر» و شکیبایی است؛ یعنی در برابر خواسته‌ها و گشوده شدنِ ابواب لطفِ الهی صبور باشی. تحمّل و بردباری به تسبیحاتِ تو روح و شأن می‌دهد و تسبیحِ جان‌دار، سببِ تعالی «جان» می‌گردد.

---

۱ - **اللّهی** : انسانِ الهی، مرد حق. ۲ - **صبوح** : صبح. ۳ - **نژند** : خوار، پست.

هیچ تسبیحی ندارد آن دَرَج[1] صبر کن، الصَّبْرُ مِفْتاحُ الفَرَج[2] ۳۱۵۴

قدر و منزلتِ هیچ تسبیحی به اندازهٔ «پرهیز از غیر حق» نیست؛ بنابراین صبر را پیشه کن و در برابر دنیا و جلوه‌هایِ آن شکیبا باش، صبر کلیدِ گشایش و رستگاری است.

صبر چون پولِ صراط، آن سو بهشت هست با هر خوب یک لالایِ[3] زشت ۳۱۵۵

«صبر»، مانند پل آدمی را به «بهشت» می‌رساند. با هر خوب‌رویِ دلفریب لَلهٔ زشتی همراه است.

تا ز لالا می‌گریزی، وصل نیست زانکه لالا را ز شاهِد[4] فصل نیست ۳۱۵۶

تا از سختی‌ها، بلایا و مرارت‌های راه حق می‌گریزی، وصالِ معبودِ ازلی ممکن نیست؛ زیرا شکیبایی بر این مصائب و سختی‌ها تو را به حق می‌رساند.

تو چه دانی ذوقِ صبر ای شیشه دل[5]؟ خاصه صبر از بهرِ آن نقشِ چگِل[6] ۳۱۵۷

ای نازک دلِ زود رنج، تو چگونه می‌توانی ذوق و لطفِ شکیبایی و صبر را دریابی؟ به‌خصوص صبر و پرهیز از غیرِ حق را که برای رسیدن به حق باشد.

مرد را ذوق از غزا و کَرّ و فر[7] مر مُخنَّث[8] را بُوَد ذوق از ذَکَر[9] ۳۱۵۸

هر کس بنا بر ویژگی‌های درونی و صفات خود از چیزی لذّت می‌برد، مثلاً مردان از جنگ و گریز ذوقی می‌یابند و خشنود می‌گردند و نامردان از آلت تناسلی مردان.

جز ذَکَر نه دینِ او و ذِکرِ او سویِ اسفل بُرد او را فِکرِ او ۳۱۵۹

نامرد «مُخنّث»، جز آلت تناسلی دین و آیینی ندارد و همین اندیشهٔ سخیف و پست او را به حقیرترین درجات کشانده است.

گر بر آید تا فلک از وی مترس کو به عشقِ سِفل[10] آموزید درس ۳۱۶۰

اگر چنین فرد دون مایه‌ای به ظاهر ارتقا یابد و حتّی سر بر فلک بساید نباید از وی ترسید؛ زیرا آموزهٔ او عشق به پستی و دون‌مایگی است.

---

۱ - **دَرَج**: درجه، مرتبه. ۲ - اشاره به حدیث: ر.ک: ۹۶/۱.

۳ - **لالا**: لَله، دایه، اینجا کنایه از سختی‌های راهِ حق.

۴ - **شاهد**: حاضر، گواه، مشاهده کننده، حق را به اعتبار ظهور «شاهد» گویند. گاه مراد از شاهد، معشوق است.

۵ - **شیشه دل**: زودرنج، کم‌طاقت.

۶ - **چِگِل**: شهری در ترکستان که مردم آن به زیبایی و خوب‌رویی شهره‌اند.

۷ - **کَرّ و فرّ**: جنگ و گریز، حمله و عقب‌نشینی. ۸ - **مخنَّث**: نامرد. ۹ - **ذَکَر**: آلت تناسلی مرد.

۱۰ - **سِفل**: پستی.

او به سوی سِفل می‌راند فَرَس[1] گرچه سوی عُلْوْ[2] جنباند جَرَس[3] ۳۱۶۱

هرچند که او ادّعای تعالی دارد؛ امّا دعویِ پوچی است و به سوی پستی‌ها می‌تازد.

از عَلَم‌هایِ[4] گدایان[5] ترس چیست؟ کآن عَلَم‌ها لقمه‌یی نان را رَهی‌ست ۳۱۶۲

چرا باید از عَلَم و پرچمی که برای دریوزگی برداشته‌اند، ترسید، آن عَلَم‌ها با لقمه نانی یا بهره و متاعی فرود می‌آیند.

عَلَم مخنّثان نیز چنین است و برای ارضای شهوات افراشته گردیده است.

ترسیدنِ کودک از آن شخصِ صاحب جُثّه و گفتنِ آن شخص که: ای کودک مترس، که من نامردم

جوان بدکار عظیم‌الجثّه‌ای کودکی را تنها یافت و قصد او کرد. کودک از بیم او هراسناک شد؛ امّا مرد فرومایه گفت: از ظاهر هولناک من نترس، مخنّثی بیش نیستم. «همچو اُشتر بر نشین می‌ران مرا»

این قصّه هزلی است مشتمل بر سِرّی لطیف در تأکید بر این معنا که سالکان راه، مردصفت‌اند و به پستی‌های دنیای دون سر فرود نمی‌آورند. آنان که راه فرومایگی و شهوات دنیوی را پیش گرفته‌اند، هرچند که از برون صورت مردان را دارند و به ظاهر آدم‌اند؛ امّا در درون همان دیو لعین‌اند. در این حکایت نیز توجّه به سرّ قصّه، همچون دیگر مواردی از این دست، مولانا را نسبت به ظاهر آن بی‌اعتنا ساخته است. شاید هم دورباشی است برای آنان که تنها به ظواهر بسنده می‌کنند و از غافلان به شمار می‌آیند.

کِنگِ[6] زَفتی کودکی را یافت فرد زرد شد کودک ز بیمِ قصدِ مرد ۳۱۶۳

جوانِ بدکارِ دُرشت‌هیکلی کودکی را تنها یافت، کودک از بیمِ نیّتِ سوء او، ترسید و رنگ چهره‌اش زرد شد.

گفت: ایمن باش ای زیبایِ من! که تو خواهی بود بر بالایِ من ۳۱۶۴

جوان بدکار گفت: ای خوب‌روی من، نگران نباش که تو سوار بر من خواهی بود.

---

۱ - **فَرَس**: اسب، کنایه از اسبِ همّت. ۲ - **عُلْوْ**: جای بلند.
۳ - **جَرَس**: درای و زنگ، «اسبِ همّت به سویِ عُلْوْ جنباندن»: ادّعای تعالی و ارتقا داشتن.
۴ - **عَلَم**: پرچم. ۵ - **گدایان**: کنایه از مدّعیانِ لاف‌زن. ۶ - **کِنگ**: اَمْرَدِ قوی جثّه، مرد عوام و پست.

من اگر هَوْلم[1] مُخنَّث دان مرا   همچو اُشتر بر نشین، می‌ران مرا ۳۱۶۵

اگر ظاهرِ من هولناک است، بدان‌که نامردم، سوارِ من شو و بران، همچنانکه بر شتر سوار می‌شوی.

صورتِ مردان و معنی این چنین   از برون آدم، درون دیوِ لعین ۳۱۶۶

صورت و ظاهر مردان را دارند و در معنا عاری از صفات عالی مردان‌اند، به ظاهر آدمی و به باطن شیطانی پلیدند.

آن دُهُل را مانی ای زَفتِ چو عاد[2]   که بر او آن شاخ را می‌کوفت باد[3] ۳۱۶۷

ای نامردِ غول پیکر، تو مانند طبلِ توخالی هستی که شاخهٔ شهوات بر تو می‌کوبد و تو را به هیاهو وامی‌دارد.

روبهی[4] اِشکارِ خود را باد داد   بهرِ طبلی همچو خیکِ پُر ز باد[5] ۳۱۶۸

روباهی صید خود را به امید شکاری فربه که چیزی جز طبل نبود، از دست داد.

چون ندید اندر دهل او فربهی   گفت: خوکی بِهْ ازین خیکِ تهی ۳۱۶۹

هنگامی که روباه دریافت که درون طبل چیزی نیست، گفت: خوک از این خیک میان‌تهی بهتراست.

روبهان ترسند ز آوازِ دهل   عاقلش چندان زند که: لاٰ تَقُل[6] ۳۱۷۰

معمولاً روباه‌صفتان از بانگ دهل و کوس لاف‌زنان می‌ترسند؛ امّا انسان عاقل و اندیشمند که بیهودگیِ دعویِ ایشان را دریافته است، چندان بر آن دهل می‌کوبد تا او را مجبور به سکوت کند.

---

۱ - **هول :** هول‌انگیز، ترس‌آور.   ۲ - **زَفتِ چو عاد :** گنده و بی‌خاصیّت مثل قوم عاد.

۳ - اشاره است بدین داستان: آورده‌اند که روباهی در بیشه‌ای رفت، آنجا طبلی دید در پهلوی درختی افکنده و هرگاه باد بجستی شاخ درخت بر طبل رسیدی آواز سهمناک به‌گوش روباه آمدی. چون روباه ضخامت جثّه بدید و مهابت آواز بشنید، طمع دربست که گوشت و پوست او فراخور آواز باشد. می‌کوشید تا آن را بدرید. الحق جز پوستی بیشتر نیافت. مرکب ندامت را در جولان کشید و گفت: ندانستم که هر کجا جثّه ضخم‌تر و آواز هائل‌تر، منفعت آن کمتر: احادیث، ص ۲۳۴ به نقل از کلیله و دمنه، طبع تهران، ۱۳۱۱، ص ۶۶.

۴ - **روبه :** اینجا کنایه از مردمِ جاهل.   ۵ - **خیک پُر باد :** اینجا کنایه از «اهل دنیا» که جنجال برانگیزند.

۶ - **لاٰ تَقُل :** مگو، حرف نزن.

قصّهٔ تیراندازی و ترسیدنِ او از سواری که در بیشه می‌رفت[۱]

تیراندازی که در بیشه‌ای روان بود، سواری مسلّح را با هیبتی ترسناک دید و از بیم جان کمان را کشید. سوار که علی‌رغم جثّهٔ ستبر و سلاح مهیب، ضعیف‌النّفس بود بانگ بر داشت که تیر نیفکن؛ زیرا بس ضعیفم هرچند که پیکری نیرومند دارم.

این قصّه طعنی است بر روبه‌صفتان مکّاری که علومِ کسبی خویش را معرفت حقیقی پنداشته و به تصوّر خود سِلاح رستمان پوشیده‌اند و در عرصهٔ کشف حقایق چاره‌ای جز گریز ندارند.

سِرّ این قصّه، تعلیم و هشداری است به این چنین کسان و طالبان حقایق تا در این نکته تعمّق کنند که رستم‌صفتان عرصهٔ معنا به سلاح ظاهر و باطن آراسته گشته‌اند. درونشان از اتّصال به قدرت حق قادر گشته و برونشان از کشف روحانی و معنوی به علوم حقیقی آراسته است؛ پس تو نیز ای سالک، سلاح مکر خویش را که علوم شومِ غرورآفرین توست، در برابر مردان حق بیفکن و چون ملائک گو: «لاٰ عِلْمَ لَنا[۲]».

۳۱۷۱ **یک سواری با سلاح و بس مَهیب   می‌شد اندر بیشه بر اسبی نجیب**

سواری مسلّح به سلاح‌های گوناگون و بسیار با هیبت، بر اسبی نشسته بود و در بیشه‌ای می‌رفت.

۳۱۷۲ **تیراندازی به حکم[۳] او را بدید   پس ز خوفِ او کَمان را در کشید**

تیراندازِ ماهری او را دید و از ترس جان زه کمان را کشید و آمادهٔ تیراندازی شد.

۳۱۷۳ **تا زند تیری، سوارش بانگ زد   من ضعیفم، گرچه زفت اَسْتَم جسد**

به محض آنکه خواست تیر را رها کند، سوارکار بانگ زد: دست نگاهدار من موجودِ ضعیفی هستم، هرچند که جثّه‌ای نیرومند دارم.

۳۱۷۴ **هان و هان! منگر تو در زَفتیِ من   که کَمَم در وقتِ جنگ از پیرزن**

مبادا که به درشتی و زمختی جثّهٔ من نگاه کنی که در وقت جنگ از پیرزنی هم ناتوان‌تر و ضعیف‌ترم.

۳۱۷۵ **گفت: رو که نیک گفتی، ورنه نیش   بر تو می‌انداختم از ترسِ خویش**

گفت: برو که به موقع این حرف را گفتی و گرنه از ترس جان خود به سویِ تو تیری می‌انداختم.

---

۱ - مأخذ آن لطیفه‌ای است کوتاه با همین مضمون در مقالات شمس، نسخهٔ کتابخانهٔ فاتح، ص ۳۵ : احادیث، ص ۲۳۴.   ۲ - قرآن، بقره : ۳۲/۲.   ۳ - **تیراندازی به حکم** : تیراندازی ماهر.

بس کســـان را کآلتِ پــیکار کُشت بی رجولیّت[1] چنان تیغی به مُشت ۳۱۷۶

بساکسانی که سِلاح و ابزار نبرد در دست گرفتند؛ ولی صفت مردانگی و مبارزه نداشتند و همان شمشیر؛ یعنی دعویِ نبرد، سبب هلاکشان شد.

گــر بپوشی تـو سـلاحِ رستمان[2] رفت جانت چـون نـباشی مـردِ آن ۳۱۷۷

اگر تو سلاح دلاوران راستینی مـانند رسـتم را بـه دست گیری و البسهٔ جنگی چنین جنگاورانی را بر تن کنی، چون مردِ میدان نیستی، این دعوی جانت را بر باد می‌دهد.

جان سپر کن تیغ بگـذار ای پسـر! هر که بی‌سر بود، از این شَه بُرد سر ۳۱۷۸

ای پسر، جان را سپرِ تیرِ بلایِ حق کن و به آنچه از دوست می‌رسد، تسلیم باش و برای این کار، تیغِ خود را که چیزی جز علومِ رسمی عُجب‌آفرین و پندارِ توانایی‌هاست، رها کن؛ زیرا جانبازی در راه او تنها راه رسیدن به حیات حقیقی است.

آن سلاحت حیله و مکرِ تـو است هم ز تو زایید و هم جانِ تو خَست ۳۱۷۹

اینکه می‌گویم تیغ را بگذار، از آن روست که سِلاح تو در برابر حق تعالیٰ چیزی جز حیله و نیرنگ نیست و این مکر از نفسِ دون مایه‌ات حیات می‌یابد و جانت را که می‌تواند متعالی و منوّر گردد، ناتوان و آزرده می‌سازد.

باید بدانی که جمیعِ علوم، جز علوم کشفی و شهودی، دانش این جهانی و متاع دنیوی‌اند و عُجب‌آفرین.

چون نکردی هیچ سودی زین حِیَل[3] ترکِ حیلت کن کـه پـیش آیـد دُوَل[4] ۳۱۸۰

چون از تظاهر به آزادگی و معرفت بهره‌ای نبردی، آن را رها کن و تسلیم حق بـاش تـا ابواب سعادت به رویت گشوده گردد.

چون یکی لحظه نخوردی بر زِ فن[5] ترکِ فن گو، مـی‌طلب رَبُّ الْمِـنَنْ[6] ۳۱۸۱

چون هرگز از این نیرنگ‌ها سودی نبردی، حیله را ترک کن و خداوند بخشنده را بطلب.

---

۱ - **رجولیّت** : مردی، مرد بودن.

۲ - **رستم** : پسر زال و پهلوانی مشهور از دلاوران اساطیری ایران باستان و از اهالی زابلستان که شرح دلاوری‌هایش در شاهنامه آمده است. ۳ - **حِیَل** : حیله‌ها، نیرنگ‌ها، کنایه از تظاهر به معرفت و ادّعای آزادگی.

۴ - **دُوَل** : جمع دولت: اقبال. ۵ - **فن** : اینجا خودبینی و اعتماد با تکیه به خود در تقابلِ با پروردگار.

۶ - **رَبُّ المِنَنْ** : خداوند بخشنده.

چون مبارک نیست بر تو این علوم خویشتن گولی[1] کن و بگذر ز شوم ۳۱۸۲

چون به سببِ کسبِ علومِ مختلف به والاترینِ دانش‌ها که معرفتِ نَفْس و معرفتِ حق است، بی‌اعتنا شده‌ای، بدان که تحصیلِ این علوم برای تو فرخنده نبوده و حاصلی جز خودپسندی نداشته که عین شومی و نکبت است؛ بنابراین از شومی بگذر و در تقابلِ با پروردگار خود را به نادانی بزن.

چون ملایک گو که: لاٰ عِلْمَ لَنا[2] یا اِلٰهی غَیْرَ ما عَلَّمْتَنٰا ۳۱۸۳

مانند فرشتگان بگو: «پروردگارا، ما چیزی جز آنچه که به ما آموخته‌ای، نمی‌دانیم» تا رهایی یابی.

قصّهٔ اعرابی و ریگ در جوال کردن و ملامت کردنِ آن فیلسوف او را[3]

اعرابی یک لنگهٔ جوال شتر را پر از دانهٔ خوراکی کرد و جوال دیگر را از ریگ، و خود بالای جوال‌ها نشست و به راه افتاد.

مردی از او سؤال کرد: این جوال‌ها را با چه پر کرده‌ای؟ اعرابی پاسخ داد: یکی را از گندم و دیگری را برای حفظ تعادل از ریگ. مرد گفت: به جای این کار بهتر است نیمی از گندم را در جوال دیگر بریزی تا هم تعادل جوال‌ها حفظ شود و هم بار تو سبک‌تر گردد.

اعرابی از سخن حکیمانهٔ مرد بسیار خرسند و متعجّب شد که چرا این مرد در عین فکر دقیق و رأی سنجیده، برهنه و بینوا و پیاده است؛ بنابراین از او خواست تا بر شتر وی سوار شود و بدین ترتیب با وی به گفت‌وگو پرداخت و در حین مکالمه دریافت که فکر دقیق و رأی سنجیدهٔ آن مرد هیچ کمکی در زندگی به وی نکرده است و او وضعی سخت فلاکت‌بار دارد؛ بنابراین به تندی وی را از خود راند تا شومی او دامنش را نگیرد و به افلاسی مشابه او مبتلا نگردد.

اعرابی اندیشید که یک جوال گندم و یک جوال ریگ بسی بهتر است از حیله‌های شوم حکیمانه‌ای که حاصلی جز برهنگی و بینوایی ندارد. من هرچند که نادانم؛ امّا این نادانی بس مبارک است؛ چون هم برگ و نوا دارم و هم جانم متّقی است.

در این داستان طعنهٔ مولانا متوجّه علوم کسبی است که خودبینی به بار می‌آورد و معرفت النّفس در پرتو آن حاصل نمی‌شود.

---

۱ - **گول**: ابله. ۲ - اشارتی قرآنی؛ بقره: ۳۲/۲: قَالُوا سُبْحَانَكَ لَا عِلْمَ لَنَا إِلَّا مَا عَلَّمْتَنَا.

۳ - مأخذ آن حکایتی است که در عیون‌الاخبار، ج ۲، ص ۳۸ و در ذیل زهر الاداب نیز با همین مضمون روایت شده است: احادیث، صص ۲۳۴ و ۲۳۵.

یک عـــرابـی[1] بـار کـرده اشـتری دو جــوال[2] زفت از دانـه پُـری ۳۱۸۴

عربی بادیه‌نشین دو کیسهٔ بزرگ پر از دانه را بر شتری بارکرده بود.

او نشســته بـر سـرِ هـر دو جـوال یک حدیث انداز[3] کرد او را سـؤال ۳۱۸۵

او در میان دو کیسه نشسته بود، در راه مردی وی را سؤال‌پیچ کرد.

از وطن پرسید و آوردش بـه گـفت واندر آن پرسش بسی دُرها بسُـفت ۳۱۸۶

از وطنش پرسید و او را به سخن گفتن واداشت و در لابه‌لای سؤالات معانی باارزشی را بیان کرد.

بعد از آن گفتش که: این هر دو جوال چیست آگنده؟ بگو مَصْدوقِ[4] حال ۳۱۸۷

بعد از آن پرسید که بگو ببینم در این دو کیسه چه چیزی است؟

گفت: اندر یک جوالم گـندم است در دگر ریگی، نه قوتِ مـردم است ۳۱۸۸

عرب گفت: در یک کیسه گندم و در کیسهٔ دیگر ریگ ریخته‌ام که قابل استفاده برای مردم نیست.

گفت: تو چون بارکردی این رِمال[5]؟ گــفت: تـا تـنها نـماند آن جـوال ۳۱۸۹

گفت: چرا کیسهٔ دوم را از ریگ پر کرده‌ای؟ بادیه‌نشین گفت: برای اینکه کیسهٔ دیگر تنها نباشد و تعادل جوال‌ها حفظ شود.

گــفت: نـیمِ گــندمِ آن تـنگ را در دگــر ریــز از پـیِ فـرهنگ[6] را ۳۱۹۰

مرد گفت: عقل حُکم می‌کند که به جای ریگ در کیسهٔ دوم، نیمی از گندم کیسهٔ اوّل را بریزی.

تا سـبک گـردد جـوال و هـم شـتر گفت: شاباش ای حکیمِ اهل و حُر[7] ۳۱۹۱

تا هم کیسه و هم بار شتر سبک‌تر گردد. بادیه‌نشین گفت: ای حکیم شایسته و آزاده، آفرین بر حکمت و دانش تو.

این چنین فکرِ دقیق و رایِ خـوب تو چنین عریان پیاده در لُغوب[8]! ۳۱۹۲

با این فکر و اندیشهٔ سنجیده و خوب، چگونه تو برهنه و پیاده و درمانده‌ای؟

---

۱ - **عرابی** : اعرابی، عرب بادیه‌نشین. ۲ - **جوال** : دوال، دوگانه، کیسه‌های بزرگ، تنگ.
۳ - **حدیث انداز** : آدم پرگو، فیلسوف‌نما، کسی که صحبتی را پیش می‌کشد تا سفر بر مسافران سهل گردد.
۴ - **مصدوق** : سخنِ راست. ۵ - **رِمال** : جمع رمل، ریگ‌ها. ۶ - **از پی فرهنگ** : به تبعیّت عقل.
۷ - **حُرّ** : آزاده. ۸ - **لُغوب** : رنج و درماندگی.

رحمش آمد بر حکیم و عزم کرد   کِش بر اشتر بر نشانَد نیکْ مرد ۳۱۹۳

نیک‌مرد بادیه‌نشین بر حکیم رحم کرد و تصمیم گرفت او را بر شتر سوار کند.

بازگفتش: ای حکیم خوش سخُن   شمّه‌یی از حالِ خود هم شرح کُن ۳۱۹۴

امّا قبل از سوار کردن از او پرسید: ای حکیمِ سخنور، اندکی از احوال خود را برای من بگو.

این چنین عقل و کفایت که تو راست   تو وزیری یا شهی؟ برگوی راست ۳۱۹۵

با این عقل و کاردانی و شایستگی که در توست، راست بگو که وزیر هستی یا پادشاه؟

گفت: این هر دو نِیَم از عامه‌ام   بنگر اندر حال و اندر جامه‌ام ۳۱۹۶

حکیم گفت: هیچ کدام از این دو نیستم، مردی عامی‌ام، به حال و لباسم نگاه کن.

گفت: اشتر چند داری؟ چند گاو؟   گفت: نه این و نه آن، ما را مکاو ۳۱۹۷

مرد بادیه‌نشین گفت: چند شتر داری و چند گاو؟ حکیم گفت: کنجکاوی نکن که نه گاو دارم و نه شتر.

گفت: رختت چیست باری در دکان؟   گفت: ما را کو دُکان و کو مکان؟ ۳۱۹۸

گفت: بگو تا بدانم چه کالایی در دکانت داری؟ حکیم گفت: ما کجا و دکان و مکان کجا؟

گفت: پس از نقد پرسم، نقد چند؟   که تویی تنهارو[1] و محبوبْ پند[2] ۳۱۹۹

گفت: پس از نقدینه‌ات بپرسم، پولِ نقد چه داری که بی‌نظیری و اندرزهایت دلنشین است؟

کیمیایِ مسِّ عالَم با تو است[3]   عقل و دانش را گُهر تُو بَر تُو[4] است ۳۲۰۰

با وجودِ تو همهٔ عالمیان عاقل می‌شوند؛ زیرا پُر از عقل و دانش هستی.

گفت: وَاللّه نیست یا وَجْهَ آلعَرَب[5]   در همه مُلکم[6] وجوهِ قُوتِ شب ۳۲۰۱

حکیم گفت: ای بزرگ‌مرد عرب، به خدا که من حتّی قادر به تأمینِ نانِ شبِ خود نیز نیستم.

پابرهنه تن برهنه می‌دَوَم   هر که نانی می‌دهد، آنجا روم ۳۲۰۲

با پای برهنه و تنی عریان می‌دوم و تلاش می‌کنم، هر کس لقمه نانی بدهد به سوی او می‌روم.

---

۱ - **تنهارو**: بی‌نظیر، بی‌قرین.   ۲ - **محبوب پند**: کسی که پندش دلنشین است.

۳ - وجودت مانند کیمیا می‌تواند مس را به زر مبدّل کند.   ۴ - **تُو بر تُو**: لایه به لایه، کنایه از زیاد بودن.

۵ - **وجه العرب**: شخص معروف در میان عرب.   ۶ - **در همه مُلکم**: در همهٔ دنیا برای من.

۳۲۰۳ **مر مرا زین حِکمت و فضل و هنر   نیست حاصل جز خیال و درد سر**

از این همه دانش و فضل و هنر، تاکنون حاصلی جز خیال و دردسر نداشته‌ام.

۳۲۰۴ **پس عرب گفتش که: رو دور از بَرَم   تا نبارد شومیِ تو بر سرم**

پس عرب گفت: از من دور شو تا شومی و نحوست تو دامن مرا نیز نگیرد.

۳۲۰۵ **دور بر آن حکمتِ[1] شومت ز من   نطقِ تو شوم است بر اهلِ زَمن[2]**

دانشِ نحس خود را از من دور کن که سخنِ تو نیز برای مردمِ این روزگار شوم است.

۳۲۰۶ **یا تو آن سو رو، من این سو می‌دوم   ور تو را ره پیش، من واپس رَوَم**

یا تو آن طرف برو و من از این سو فرار کنم و اگر جلو می‌روی، من به عقب باز گردم.

۳۲۰۷ **یک جوالم گندم و دیگر ز ریگ   بِهْ بُوَد زین حیله‌هایِ مُرده‌ریگ[3]**

اگر در جوالی گندم و در کیسهٔ دیگر ریگ بریزم، بهتر از این نیرنگ‌های وامانده است.

۳۲۰۸ **احمقی‌ام بس مبارک احمقی‌ست   که دلم با برگ[4] و جانم متَّقی‌ست**

نادانیِ من، حماقت فرخنده‌ای است که به سبب آن دلم با ایمان و جانم پرهیزگار است.

۳۲۰۹ **گر تو خواهی کِت شقاوت[5] کم شود   جهد کن تا از تو حکمت[6] کم شود[7]**

اگر تو هم می‌خواهی بدبخت نباشی، بکوش تا این جهلِ مرکب را که بر «ظنّ و گمان» استوار است، در وجودت کم و محو کنی.

۳۲۱۰ **حکمتی کز طبع زاید وز خیال   حکمتی، نی فیضِ نورِ ذوالجلال**

دانشِ حاصل از طبایع بشری و خیالات بیهوده، علمی بی‌بهره از نور الهی است.

۳۲۱۱ **حکمتِ دنیا فزاید ظنّ و شک   حکمتِ دینی بَرَد فوقِ فلک**

«علوم ظاهری» یا دانشِ مبتنی بر عقل‌گراییِ صِرف، یعنی مبتنی بر «عقل جزوی» موجب افزایش گمان و شک است؛ زیرا قوّهٔ واهمه در آن دخالت می‌کند و در بردارندهٔ خطای بسیار است؛ امّا حکمتِ الهی آدمی را به اوج افلاک می‌برد.

---

۱ - **حکمت** : اینجا مطلق دانش.   ۲ - **اهل زَمَن** : مردم این روزگار.

۳ - **مُرده‌ریگ** : میراث، بدون صاحب.   ۴ - **با برگ بودن** : اینجا برگ و نوایِ ایمان.

۵ - **شقاوت** : بدبختی، اینجا بی‌ایمانی.   ۶ - مقصود حکمت دنیوی است.

۷ - مُراد آنکه: حکمت دنیوی، فنّی است مانند سایر فنون و باید جایگاه حقیقی خویش را احراز کند نه بیش از آن.

زَوْبَعانِ[1] زیرکِ آخِر زمان[2] بر فزوده خویش بر پیشینیان ۳۲۱۲

اهریمنانِ حیله‌گرِ زیرکِ آخرالزّمان خود را برتر و افزون‌تر از پیشینیان صادق می‌پندارند.

حیله‌آموزان جگرها سوخته فعل‌ها و مکرها آموخته ۳۲۱۳

این مکّاران رنج‌ها کشیده‌اند تا اعمال و افعال حیله‌گرانه و مزوّرانه را بیاموزند.

صبر و ایثار و سخایِ نَفْس و جود باد داده، کآن بُوَد اکسیرِ سود ۳۲۱۴

کیمیایِ حقیقیِ سودبخش را که شکیبایی، بذل، بخشایش، جوانمردی است، بر باد داده‌اند و خردِ حسابگرِ سودجویی را یافته‌اند که تنها در جهت بهره‌هایِ دنیوی می‌کوشد.

فِکر آن باشد که بگشاید رهی راهْ آن باشد که پیش آید شهی ۳۲۱۵

«تفکّر» آن است که درِ حقایق را به روی آدمی بگشاید و «راه» آن است که تو را به سلطنت مُلک دلِ خودت برسانَد و هر راهی جز این گمراهی است.

شاه آن باشد که از خود شه بُوَد[3] نه به مخزن‌ها و لشکر شه شود ۳۲۱۶

سلطان، با ذات پاک و طینتِ متعالی شاه است، نه اینکه به سبب گنجینه‌ها و سپاهیان شاه شود.

تا بمانَد شاهی او سرمدی همچو عِزِّ مُلکِ دینِ احمدی ۳۲۱۷

کسی که ذاتاً شاه و امیر است، سلطنتی جاودانه دارد، مانند شکوه و جلال دین احمدی(ص) که دارای عزّتی زوال‌ناپذیر و سرمدی است.

---

۱ - **زَوْبَعان :** بدکاران، جمع زَوْبَعة؛ شیطان یا رئیسی از پریان. ۲ - **آخر زمان :** آخرین دوره.

۳ - مصراع اوّل در متن چنین است: «شاه آن باشد که پیش شه رود»، در مقابله اصلاح کرده‌اند.

کراماتِ ابراهیمِ اَدْهَم[1] قَدَّس الله سِرّه[2] بر لبِ دریا[3]

روزی ابراهیم ادهم بر لب دریا نشسته بود و بر خرقهٔ ژندهٔ خود پاره‌ای می‌دوخت. امیری از راه رسید. شیخ را شناخت و در کار وی مبهوت ماند که او سلطنت بلخ را رها کرده است و اینک چون گدایان بر خرقهٔ خود پاره می‌دوزد. ابراهیم ادهم در مقام یک انسان کامل به سبب اِشراف بر ضمایر از اندیشهٔ امیر آگاه شد و سوزنی را که در دست داشت، به دریا افکند و با صدایی بلند سوزنِ خود را خواست. ناگاه هزاران ماهی سر از آب بر آوردند و هر یک سوزنی زرّین را که در دهان داشتند، نشان دادند. شیخ خطاب به امیر گفت: سلطنت بر مُلک دل بهتر است یا بر مُلکِ گِل؟

کراماتی این چنین یادآور قصّه‌ای است تقریباً مشابه که نووالیس شاعر و نویسندهٔ آلمانی (۱۸۰۱-۱۷۷۲) در باب جادویِ هنرِ خنیاگری از یونانیان باستان نقل می‌کند. نووالیس، احوال دنیای گذشته را که در آن طبایع و عناصر با برخی انسان‌ها همدلی نشان می‌داده‌اند، ناشی از آن می‌داند که در گذشته تمام کائنات طبیعت گویی «جان‌دارتر و حسّاس‌تر» بوده‌اند. بدین ترتیب، قصّهٔ شاعری خنیاگر را نقل می‌کند که چون به چنگ دزدان دریایی افتاد، نغمهٔ او چنان امواج دریا و نهنگان و ماهیان را به شور آورد که وی به جذبهٔ شور آن‌ها توانست از دست دزدان بِرَهد و با تسلیم به امواج که از نغمهٔ او به هیجان آمده بودند، خود را بر پشت جانوری دریایی که او نیز از نغمهٔ وی به وجد و حال آمده بود، سوار ببیند و به ساحل نجات برسد.

در هر دو قصّه، مقصودِ کلّی بیانِ مقهوریّتِ عناصرِ کائنات در برابرِ قدرت و ارادهٔ انسانِ الهی است.[4]

۳۲۱۸ **هم ز ابراهیمِ ادهم آمده‌ست　　　کو ز راهی بر لبِ دریا نشست**

از ابراهیم ادهم نقل کرده‌اند که در سیر و سیاحت به ساحل دریایی رسید و نشست.

۳۲۱۹ **دلقِ[5] خود می‌دوخت آن سلطانِ جان[6]　　　یک امیری آمد آنجا ناگهان**

آن سلطان مُلک دل، نشسته بود و خرقهٔ پارهٔ خویش را می‌دوخت که به ناگاه امیری از راه رسید.

---

۱ - ابواسحاق ابراهیم بن ادهم بن منصور بن زید بلخی نام یکی از اکابر زهّاد نیمهٔ اوّل قرن دوم هجری است که به سال ۱۶۰ یا ۱۶۶ در غزای بیزنطیه به شهادت رسیده است. گویند: او شاهزادهٔ بلخ بود. روزی در شکارگاه هاتف غیب در سِرّ او ندا داد که ای ابراهیم، آیا تو بدین کار آمده‌ای؟ از شنیدن آواز، شوری در وی پدید آمد. جامهٔ خویش به شبانی داد و جامهٔ او بستد و روی به صحرا نهاد. دیرزمانی شوریده بود و سپس در مکّه ساکن شد و صحبت تنی چند از اولیا را دریافت از جمله، فضیل عیاض و سفیان ثوری و به قولی حضرت امام محمّد باقر(ع) را و سرانجام به شام رفت و تا پایان عمر در آنجا زیست. کرامت‌های بسیاری را به وی نسبت داده‌اند.

۲ - «قدّس الله سرّه» را در مقابله افزوده‌اند.

۳ - مأخذ آن حکایتی است با همین مضمون در تذکرةالاولیاء، ج ۱، ص ۱۰۵ : احادیث، ص ۲۳۵.

۴ - سرّ نی، ص ۳۱۳.　۵ - **دلق**: خرقه.　۶ - **سلطانِ جان** : شاهِ دلِ آگاهان.

آن امـــیر از بـــندگانِ[1] شـــیخ بـــود   شیخ را بشناخت، سجده کـرد زود ۳۲۲۰

آن امیر در زمان فرمانروایی ِ شیخ تحت فرمان وی بود، او را شناخت و فوراً تعظیم کرد.

خیره شـد در شـیخ و انـدر دلقِ او   شکلِ دیگر گشته خُلق و خَـلقِ[2] او ۳۲۲۱

امیر به شیخ و خرقهٔ او خیره شد و دید که ظاهر و باطن شیخ دیگرگون گشته است.

کو رها کرد آنچنان مُلکی شگـرف   بر گزید آن فقرِ بس بـاریکْ حـرف ۳۲۲۲

امیر به شیخ خیره می‌نگریست و می‌اندیشید که او چنان سلطنت عظیمی را رها کرده و فقرِ ظاهراً ناچیز را برگزیده است.

ترک کرد او مُـلکِ هـفت اقـلیم[3] را   مـی‌زند بـر دلق سـوزن چـون گـدا ۳۲۲۳

او سلطنتِ هفت اقلیم را ترک کرد و اینک چون گدایان بر خرقهٔ خود پاره می‌دوزد.

شـــیخ واقــف گشت از انــدیشه‌اش   شیخ چون شیر است و دل‌ها بیشه‌اش ۳۲۲۴

شیخ که از ضمایر و سرایر آگاه بود، از اندیشهٔ امیر مطّلع شد و دانست که در فکر او چه می‌گذرد. شیخ کامل مانندِ شیر است و دل‌ها بیشهٔ اوست.

چون رَجا و خوف[4] در دل‌ها روان   نیست مخفی بر وی اسـرارِ جـهان ۳۲۲۵

«انسانِ کامل» مانند «امید و بیم» در دل‌ها جاری است، اسرارِ هستی بر وی مخفی نیست.

دل نگــه داریــد ای بــی‌حاصلان   در حضورِ حضرتِ صـاحب‌دلان[5] ۳۲۲۶

ای کسانی که حاصلِ عمرتان جز بی‌حاصلی نیست، در حضورِ مردانِ حق، مراقبِ دل و احساس و اندیشهٔ خود باشید.

پیش ِ اهلِ تن ادب[6] بر ظاهر است   که خدا ز ایشان نهان را ساتر[7] است ۳۲۲۷

در حضور ظاهربینان، ادب، رعایتِ اصولِ ظاهری است؛ زیرا خداوند نهانی‌ها را از آنان می‌پوشانَد.

پیش ِ اهلِ دل ادب بر بـاطن است   زانکه دلشان بر سَرایر فاطن[8] است ۳۲۲۸

امّا نزد اهلِ دل، ادب، رعایت آداب باطنی است، زیرا دلِ آنان از اسرار باخبر است.

---

۱ - **از بندگان :** اینجا از امیرانِ تحت فرمان.   ۲ - **خُلق و خَلق :** ظاهر و باطن.

۳ - **هفت اقلیم :** کنایه از همهٔ دنیا، همهٔ خشکی‌ها.   ۴ - **رجا و خوف :** امید و بیم.

۵ - **صاحب‌دل :** آگاه، عارف، مرد حق.   ۶ - **ادب :** ر.ک: ۷۸/۱.   ۷ - **ساتر :** پوشنده.

۸ - **فاطن :** دانا و زیرک.

۳۲۲۹ **تو به عکسی، پیشِ کوران[1] بهرِ جاه   با حضور آیی، نشینی پایگاه**

تو برعکس نزد ظاهربینان که از حقایق کور و مهجورند، به سبب جاه و مقامِ موقّتیِ ایشان، ادب را مراعات می‌کنی و در آستانهٔ مجلس می‌نشینی.

۳۲۳۰ **پیشِ بینایان کنی ترکِ ادب   نارِ شهوت را از آن گشتی حَطَب[2]**

ولی آنجا که رعایت ادب ظاهری و باطنی ضروری است؛ یعنی نزد بینایانِ حقایق و آگاهانِ دقایق، ادب را فرو می‌گذاری و گستاخ حضور می‌یابی، از این‌روی، وجودت مانندِ هیزم آتش شهوات را تیزتر می‌کند.

۳۲۳۱ **چون نداری فِطْنت[3] و نورِ هُدیٰ   بهرِ کوران روی را می‌زن جلا!**

چون زیرکی و نورِ هدایت و رستگاری نداری، روش چگونه زیستن را نیز نمی‌دانی و برای ظاهربینان خود را می‌آرایی؛ زیرا معیار آنان در قضاوت ظواهر است.

۳۲۳۲ **پیشِ بینایان حَدَث در روی مال!   ناز می‌کن با چنین گندیده حال!**

و در محضرِ بینایان که به ظواهر اهمّیّتی نمی‌دهند و خود ظاهری ساده دارند، ادب ظاهری را هم که در توانِ درکِ توست، فراموش می‌کنی و با هیأت و کسوتی نامناسب حضور می‌یابی، گویی که کثافات بر روی خود مالیده‌ای، با این وضع و حال، به این بزرگان ناز می‌کنی و فخر می‌فروشی که در مجلس ایشان حضور یافته‌ای.

۳۲۳۳ **شیخْ سوزن زود در دریا فکند   خواست سوزن را به آوازِ بلند**

شیخ فوراً سوزن را به دریا افکند و بانگ زد که من سوزن خود را می‌خواهم.

۳۲۳۴ **صد هزاران ماهیِ اَللّهیی   سوزنِ زر در لبِ هر ماهیی**

صدها هزار ماهی که مأمور درگاه حق بودند، هر یک سوزنی زرّین در دهان داشتند،

۳۲۳۵ **سر بر آوردند از دریایِ حق   که: بگیر ای شیخ سوزن‌هایِ حق**

از دریای حق سر برآوردند و به زبان حال گفتند: ای شیخ، سوزن‌های حق را بگیر.

۳۲۳۶ **رو بدو کرد و بگفتش: ای امیر!   مُلکِ[4] دل بِهْ یا چنان مُلکِ حقیر؟**

ابراهیم ادهم به او رو کرد و گفت: ای امیر، سلطنت بر دل بهتر است یا آن مُلک حقیر؟

---

۱ - **کوران** : کنایه از ناآگاه، ظاهربین، دنیاپرست، غیرِ اهل معنا.   ۲ - **حَطَب** : هیزم.   ۳ - **فطنت** : زیرکی.
۴ - **مُلک** : خداوندِ چیزی شدن.

این نشانِ ظاهر است این هیچ نیست تا به باطن در رَوی، بینی تو بیست[۱] ۳۲۳۷

ای امیر، این کرامت نمونهٔ ناچیزی است که آشکار کردم، اگر درنگ کنی و به عالم دل روی آوری، اسرار و حقایق عظیمی را می‌بینی.

سویِ شهر از باغ شاخی آورند باغ و بستان را کجا آنجا برند؟ ۳۲۳۸

معمولاً کسانی که به باغ و بوستان می‌روند، به عنوان تحفه چند شاخه و ساقه می‌آورند، چگونه تمام باغ و بوستان را همراه خویش بیاورند؟

خاصه باغی کین فلک یک برگِ اوست بلکه آن مغز است و این عالم چو پوست ۳۲۳۹

مخصوصاً باغ و بوستانی که ماورای این عالَم مادّی است و این فلکِ گَردانِ عظیم در حدّ یک برگ آن است یا بهتر است بگوییم آن عوالم مانندِ «مغز و حقیقت»اند و دنیای مادّی، مانند قشر و پوست که بر حقیقت کشیده شده باشد.

بر نمی‌داری سویِ آن باغ گام بوی افزون جوی و کن دفع زُکام[۲] ۳۲۴۰

اگر تلاش و کوششی برای رسیدن به عوالم معنوی نمی‌کنی و گامی بدان سوی بر نمی‌داری، بکوش از نفس‌پرستی و دنیادوستی دوری کنی تا بویی از حقایق به مشامِ جانت برسد.

تا که آن بو جاذبِ جانت شود تا که آن بو نورِ چشمانت شود ۳۲۴۱

تا آن عِطر دلاویز جانت را به خود جذب کند و تو را به سوی عوالم روحانی بکشاند و چشمانت را با درکِ حقایق، فروغی ببخشد.

گفت یوسف، ابنِ یعقوبِ نَبی بهرِ بُو، اَلْقُوا عَلٰی وَجْهِ اَبی[۳] ۳۲۴۲

به همین سبب، یوسف(ع)، فرزندِ یعقوب نبی(ع)، گفت: پیراهن مرا روی صورت پدرم بیفکنید.

---

۱ - **بیست :** مخفّفِ بایست، درنگ کن. ۲ - **زکام :** خشک مغزی که مانعِ درکِ حقایق است.

۳ - اشارتی قرآنی؛ یوسف : ۹۳/۱۲ : اِذْهَبُوا بَقَمِیْصِي هذا فَأَلْقُوهُ عَلىٰ وَجْهِ أَبي يَأْتِ بَصيراً وَأْتُوني بِأَهْلِكُمْ أَجْمَعينَ : این پیراهنم را ببرید و روی صورت پدرم افکنید تا دیده‌اش بینا شود و آنگاه او را همراه خویشان خود نزد من آرید.

چون آن پیراهن از مصر به وسیلهٔ یهودا [که در گذشته آورندهٔ پیراهن خون‌آلود بود] بیرون شد، باد صبا را فرمان دادند تا بوی پیراهن را به مشام یعقوب رساند. به ذوق عارفان، این بشارت باد صبا همان نفخهٔ الهی است که گرد جهان می‌گردد تا کجا سینهٔ صافی بیند و سری خالی یابد و آنجا منزل کند: تفسیر ادبی و عرفانی قرآن، عبدالله انصاری، ج ۱، ص ۴۹۷.

بهرِ این بو گفت احمد در عِظات[1] دایـما قُـرَّةُ عَـیْنی فِـی آلصَّـلٰوة[2] ۳۲۴۳

برای استشمام همین عطر الهی، پیامبر(ص) در اندرزها همواره می‌گفت: روشنی چشم من در نماز است.

پـنج حس بـا هـمدگر پیوسته‌انـد رُسته این هـر پـنج از اصـلی بـلند ۳۲۴۴

حواسّ پنجگانهٔ ما در ارتباط با یکدیگر و به هم متّصل‌اند؛ زیرا از اصل واحدی پدید آمده‌اند. حواسّ باطنی نیز چنین‌اند و بسیار برتر از حواسّ ظاهری‌اند و همه از روح آدمی نشأت و حیات می‌یابند و کارشان درکِ ظهورِ صفات الهی است.

قـوَّتِ یک، قـوَّتِ بـاقی شـود مـابقی را هـر یکـی سـاقی شـود ۳۲۴۵

اگر یکی از حواسّ باطنی نیرومند شود، سبب قوّتِ حواسّ دیگر می‌گردد؛ یعنی اگر یکی صفا یابد، بقیه نیز مصفّا می‌شوند و صفایِ این، آن را سیراب می‌کند.

دیـدن دیـده فـزایـد عشـق را عشـق در دیـده فـزایـد صِـدق را ۳۲۴۶

اگر چشمِ دل گشوده شود، شهود عارفانه، عشقِ عارف را افزون‌تر می‌کند و ازدیادِ عشق حق در دیدهٔ دل و قوّتِ آن تأثیر می‌گذارد و بر صدق و صفا و نیروی آن می‌افزاید.

صـدقْ بـیداریِّ هـر حس مـی‌شود حسّ‌هـا را ذوقْ مـونس مـی‌شود ۳۲۴۷

صدق و صفا که از طریقِ ذکرِ حق ظهور می‌یابد، می‌تواند حواسّ باطنی را از خمودگی و خواب‌آلودگی بِرَهاند تا ذوقی درونی که ناشی از شهودِ عارفانه است، مونس و همراهِ حواس شود.

آغازِ منوَّر شدنِ عارف به نورِ غیب بین

چون یکی حس در رَوِش[3] بگشاد بند مـابقی حِس‌هـا هـمه مُبْدَل شـوند ۳۲۴۸

هنگامی که یکی از حواسّ نفسانی قوّت یابد و آن چنان نیرومند گردد که بتواند در حین سیر و سلوک، بندِ تعلّقاتِ مادّی را بگشاید و به ادراک عارفانه برسد، حواسّ باطنی دیگر نیز به تبعیّت آن مبدّل می‌شوند.

---

۱ - **عظات**: موعظه‌ها.

۲ - اشاره است به حدیث: حُبِّبَ إِلَیَّ مِنْ دُنْیَاکُمْ ثَلاَثٌ الطِّیبُ وَ النِّسَاءُ وَ قُرَّةُ عَیْنِي فِی الصَّلاَةِ: من از دنیای شما به سه چیز علاقه دارم: بوی خوش، زنان و روشنایی چشم من در نماز است: احادیث، ص ۲۳۶.

بوی خوش (عِطر)، روی خوش (جمال) و روشنایی چشم در نماز (نور)، نشانی از عالم بالا و دراین دنیا میهمان‌اند.

۳ - **رَوِش**: رفتن، سلوک در راهِ حق.

چون یکی حس غیر محسوسات دید　　گشت غیبی بر همه حس‌ها پدید ۳۲۴۹

اگر یکی از حواسّ باطنی بتواند غیر محسوسات را ببیند؛ یعنی به ادراک معنوی برسد، حواسّ دیگر نیز این توانایی را می‌یابند و امور غیبی بر عارف آشکار می‌شود.

چون ز جُو جَست از گله یک گوسفند　　پس پیاپی جمله زآن سو بر جَهند ۳۲۵۰

مبدّل شدن حواسّ نفسانی به تعاقب تعالی یک حس، مانندِ جهیدن یک گوسفند از یک رمه است که اگر از یک گلّهٔ گوسفند، یکی از جویی به آن سو بجهد، دیگران نیز به همان سو می‌جهند.

گوسفندانِ حواسَت را بِران　　در چَرا از اَخْرَجَ اَلمَرْعیٰ[1] چران ۳۲۵۱

تو نیز حواسّ ِ خود را که مانندِ گوسفندان در صحرایِ محسوسات در حال چریدن‌اند، به سوی چراگاه‌هایِ عالمِ معنا بران.

تا در آنجا سنبل و ریحان[2] چرند　　تا به گُلزارِ حقایق ره برند ۳۲۵۲

تا در عوالمِ روحانی از درکِ عارفانه بهره‌مند شوند و به گلزار حقایق راه یابند.

هر حِسَت پیغمبرِ حس‌ها شود　　تا یکایک سویِ آن جنَّت رود ۳۲۵۳

و به این ترتیب هر یک از حواسّ تو که به درکِ روحانی رسیده است، می‌تواند مانندِ رسولی هدایت دیگر حواس را بر عهده گیرد و همه را به گلزار حقایق رهبری کند.

حِسّ‌ها با حسّ ِ تو گویند راز　　بی حقیقت، بی زبان و بی مجاز ۳۲۵۴

هنگامی که حواسّ ِ باطنی متعالی و قادر به درک غیر محسوسات شد، عارف بر حواسّ باطنی خود و حواسّ دیگران اِشراف می‌یابد و بدون آنکه کلامی بر زبان رانده شود و حقیقت یا مجازی به گفت آید، حقیقت هر حس و هر چیز را در می‌یابد.

کین حقیقت قابلِ تأویل‌ها[3]ست　　وین توهّم مایهٔ تخییل‌هاست ۳۲۵۵

زیرا آنچه را که خلق «حقیقت» می‌نامند، قابل تأویل است، یعنی هر کس بنا بر ظنّ خویش آن را توجیه و تفسیر می‌کند و خیالات گونه‌گونی را به وجود می‌آورد که از حقیقت به دور است.

---

۱ - اشارتی قرآنی؛ أعْلی : ۴/۸۷ : وَالَّذی أَخْرَجَ الْمَرْعیٰ : و همان کسی که چراگاه‌ها را [سبز و خرّم] رویانید.

۲ - **سنبل و ریحان :** درک عارفانه به گل و گیاه مانند شده است.

۳ - **تأویل :** مشتق از «أول» و در لفظ به معنی رجوع است، در اصطلاح، گردانیدن کلام از ظاهر به سوی جهتی است که احتمال داشته باشد. نزد علمای علم اصول مرادف تفسیر است و به قولی تأویل ظنّ به مراد و تفسیر قطع بدان است.

آن حـقیقت را کـه بـاشد از عـیان هـیچ تأویـلی نگـنجد در مـیان ۳۲۵۶

هرگاه «حقیقت» از طریق شهود عارفانه و «عین‌الیقین» آشکار گردد، دیگر تأویل نمی‌پذیرد.

چونکه هر حس بندهٔ حسّ ِ تو شد مر فـلک‌ها را نـباشد از تـو بُـد[1] ۳۲۵۷[2]

هنگامی که حواسّ خودت و دیگران در سیطرهٔ حواسّ ِ باطنی‌ات قرار گرفت، آسمان و افلاک هم در تسلّطِ این نفوذ و انقیادند.

چونکه دعویِ رَوَد در مُلکِ پوست[3] مَـغزْ آنِ کـه بُـوَد؟ قشـر آنِ اوست ۳۲۵۸

اگر بر سر مالکیّت و بهره‌مندی از «پوست» نزاعی درگیرد، «مغز» به هر کس تعلّق داشته باشد، «پوست» هم به او تعلّق دارد.

چون تنازع در فُـتد در تَـنگِ[4] کـاه دانـه آنِ کیست؟ آن را کـن نگـاه ۳۲۵۹

اگر نزاع بر سر مالکیّت جوالی از کاه باشد، کسی مالک کاه است که دانه به او تعلّق دارد؛ زیرا وجودِ کاه ناشی از دانه است.

پس فلک قشر است و نورِ روح مـغز این پدید است، آن خفی، زین رو مَلَغْز ۳۲۶۰

پس با توجّه به مثال‌هایی که آمد، باید بگوییم که جهان هستی، چیزی جز قشر یا مظاهرِ حقیقت نیست و نوری که روح از آن هستی یافته، مغز یا حقیقت است. قشر با چشم سر قابل رؤیت است؛ امّا مغز نه، آگاه باش که نهان بودن حقیقت گمراهت نکند.

جسـمْ ظـاهر، روحْ مـخفی آمـده‌ست جسم همچون آستین، جان همچو دست ۳۲۶۱

جسم آدمی پیدا و روحِ او نهان است، مَثَل این دو، مانندِ دست است که با آستین نهان شده و جامه را به حرکت می‌آوَرَد.

بـاز عـقل[5] از روح مـخفی‌تر پَـرَد حسّ سـوی رُوح زوتـر رَه بَـرَد ۳۲۶۲

امّا عقل و فعالیّت‌های عقلانی از جنبش‌های روح حیوانی نهان‌تر است و بـدین جـهت حسّ ِ آدمی به روح حیوانی زودتر می‌تواند ره یابد.

---

۱ - **بُدّ**: چاره، گریز. ۲ - در تبیین نفوذ ارادهٔ انسان کامل در جهان هستی است.
۳ - **مُلک پوست**: عالم مادّی. ۴ - **تنگ**: یک لنگه بار. ۵ - **عقل**: ر.ک: ۱۸۱۷/۱.

جنبشی بینی، بدانی زنده است   این ندانی که ز عقل آگنده است ۳۲۶۳

اگر حرکت و جنبشی در موجودی ببینی، می‌پذیری که او زنده است؛ امّا تحرّک به تنهایی دلیلِ کافی برای عاقل بودن آن موجود نیست.

تا که جنبش‌هایِ موزون سر کند   جنبشِ مِس را به دانش زر کند ۳۲۶۴

تا تحرّکات و جنبش‌های موزون و متناسبی از آن موجود سر بزند و دریابی که این موجود عاقل است و عقل او به حدّی است که می‌تواند تمایلاتِ روحِ حیوانی [جنبش مس یا خواسته‌های نفسانی] را با حکومتِ عقل و دانش به متعالی‌ترین حالت خویش مبدّل کند.

زآن مناسب آمدن[1] افعالِ دست   فهم آید مر تو را که عقلْ هست ۳۲۶۵

از حرکاتِ متناسب و موزونِ دست در انجام کارها، در می‌یابی که صاحب آن دارایِ عقل هست.

روحِ وَحْی[2] از عقل پنهان‌تر بُوَد   زانکه او غیبی است، او زآن سر بُوَد ۳۲۶۶

«روح وحی» از «عقل انسان» نهان‌تر و در مرتبه‌ای بس والاتر است؛ زیرا عقل انسانی قوّه‌ای از قوای نفسانی است که آن را «عقل جزوی» نیز می‌خوانند. در حالی که روح وحی، جوهرِ بسیط، روحانی و «نورِ» محض است که حُکما آن را صادر اوّل از ذات باری تعالیٰ می‌دانند.

عقلِ احمد از کسی پنهان نشد   روحِ وَحْیَش مُدْرَکِ[3] هر جان نشد ۳۲۶۷

عقل پیامبر(ص) را هر کس می‌توانست درک کند، کمااینکه قبل از بعثت نیز همگان آن حضرت را به عنوان فردی عاقل می‌شناختند؛ امّا روحِ او را که از قابلیّتِ دریافت وحی برخوردار بود، هر کسی نمی‌توانست بشناسد و پس از بعثت، فَقط کسانی که خود دارای روحی لطیف بودند و شایستگیِ درکِ چنین لطافتی را داشتند، هر یک بنا بر استعدادِ خویش بر احوال روحانی ایشان معرفتی یافتند و به حق گرویدند، مانند اوّلین گروندگان و اوّلین اصحاب.

روحِ وحیی را مناسب‌هاست[4] نیز   در نیابد عقل[5]، کآن آمد عزیز ۳۲۶۸

روحی که قابلیّت دریافت وحی را دارد، دارای آثار مناسبی است که نشانِ شایستگیِ اوست؛ امّا از روی این آثار و علائم، عقل نمی‌تواند آن را درک کند؛ زیرا روح وحی با عزّتی خاص، در مرتبه‌ای والاتر از مراتبِ هستی قرار گرفته است.

---

۱ - **مناسب آمدن :** متناسب و موزون بودن.

۲ - **روح وحی :** جوهری که آن را عقل اوّل، نور محمّدی(ص) یا روح اعظم نیز می‌نامند.

۳ - **مُدْرَک :** قابل درک.   ۴ - **مناسب :** همانند بودن، ارتباط و پیوند، آشنایی، مشابهت.

۵ - **عقل :** اینجا «عقلِ معاد» یا «عقلِ حق‌جو».

گه جنون بیند،[1] گهی حیران شـود زانکه موقوف است تـا او آن شـود ۳۲۶۹

«عقل» در مقابله با «روحِ وحی» آثارِ بی‌نظیری را می‌بیند که گاه شکل جنون دارد و گاه در آن حیران می‌شود؛ زیرا نمی‌تواند از آثار به مؤثّر پی ببرد و تا به چنان مرتبه‌ای نرسد، نمی‌تواند آن را درک کند.

چـون مـناسب‌هایِ افـعالِ خَـضِر[2] عقلِ مـوسی بـود در دیـدش کَـدِر[3] ۳۲۷۰

برای ناتوانیِ درکِ عقلِ آدمی به ارتباطِ خضر(ع) و موسیٰ(ع) توجّه کنید که کارهایِ خـضر(ع) مناسبِ روح و فهمِ فرازمینی و فراعقلی بود؛ امّا عقلِ موسی(ع) علی‌رغم مقام پیغمبری، از دیدگاهِ شریعت و اوامر و نَواهیِ آن به موضوع می‌نگریست و از ادراکِ آن عاجَز بود.

نــــامناسب مــــی‌نمود افــعالِ او پیشِ موسی، چون نبودش حالِ او ۳۲۷۱

موسیٰ(ع)، حالِ خضر(ع) را که از جایگاهی فراتر به موضوعات می‌نگریست، نـداشت؛ بنابراین افعال او را نامناسب می‌دید؛ یعنی اعمالِ وی از دیدگاهِ شریعت که موسیٰ(ع) مظهر آن به شمار می‌رود، جزو نواهی محسوب می‌شد.

عقلِ موسی چـون شـود در غـیبْ بـند عقلِ موشی[4] خود کی‌است ای ارجمند؟ ۳۲۷۲

اینک که می‌بینیم عقلِ موسی(ع) با مقام نبوّت، در مرتبه‌ای از مراتبِ عوالم غیبی درمانده می‌شود و از درکِ حقیقت عاجز است، ای انسان ارجمند، عقل جزوی دیگران که در مقایسه با عقل نبیّ، مانندِ عقلِ موشی بیش نیست، در ادراک عوالم غیبی چه اعتباری دارد؟

عـلمِ تـقلیدی بـود بـهرِ فـروخت چون بیابد مشتری، خوش بر فروخت ۳۲۷۳

اینک مولانا علوم را بر مبنای «معرفت‌النّفس» به دو گروه تقسیم می‌کند: علم تقلیدی و علم تحقیقی. دانشی که از طریق اکتساب و فقط به جهت تقلید حاصل می‌شود و ثمرهٔ آن کسب مطامع دنیوی است، از هر دسته که باشد، خواه فلسفه، خواه علوم طبیعی و یا دیگر معارف، اگر با جان صاحب آن عجین نشود و از درون او نجوشد، علمی گفتاری و متاعی است این جهانی و همانند کالاهای دیگر در بازار این جهان جویای مشتری و خریدار است و هرگاه که خریدار را بیابد، شادمان می‌شود و خود را عرضه می‌کند.

---

۱ - اشارتی قرآنی؛ قلم: ۵۱/۶۸: ...یَقُولُونَ إِنَّهُ لَمَجْنُون.

۲ - اشاره به ملاقات موسیٰ(ع) با خضر نبی(ع) که در سورهٔ کهف آیه ۶۰ به بعد به تفصیل در مورد آن سخن رفته است: ر.ک: ۲۲۵/۱. ۳ - **کَدِر**: تیره، تیرگی. ۴ - **عقل موش**: کنایه از عقلِ جزویِ آدمِ کوته‌بین.

مشتریِ علمِ تحقیقی حق است   دایما بازارِ او بارونق است ۳۲۷۴

علمِ تحقیقی که در جان صاحب آن تحقّق یافته، علم مکاشفهٔ عارفانه، علم حضوری و شهودیِ است. وحی و علم لَدُنّی عالی‌ترین مرتبهٔ آن به شمار می‌آید و طالب خریدار دنیوی نیست؛ زیرا خریدار آن خداوند است. صاحب چنین علمی دانش خویش را از سر اکرام و فضل و به مناسبت‌هایی که مصلحت بداند و به مقادیری که ضرورت ایجاب کند، در اختیار مشتاقانِ راستین قرار می‌دهد.

لب ببسته، مست در بیع و شِریٰ[1]   مشتری بی حد که: اَللهُ آشْتَریٰ[2] ۳۲۷۵

صاحب علم تحقیقی مُهر بر لب نهاده و سرمست از بادهٔ عنایت الهی در حال داد و ستد با خریداری است که او را نهایتی نیست؛ زیرا مشتری خداوند است.

درسِ آدم را فرشته مشتری   محرمِ درسش نه دیو است و پری ۳۲۷۶

فرشتگان خریدارِ علومی‌اند که آدم(ع) تعلیم می‌دهد، شیاطین و پریان محرم دریافت این دانش نیستند و استعداد و قابلیّت آن را ندارند.

آدم آنْبِئْهُمْ بِأَسْما[3] درس گو   شرح کن اسرارِ حق را مو به مُو ۳۲۷۷

ای آدم، نام‌های همه چیز و حقایق و اسرار عالم هستی را به فرشتگان تعلیم ده و اسرار حق را و ماهیّت حقیقی هر چیز را آن چنانکه هست، به آنان بگو.

آنچنان کس را که کوته بین بُوَد   در تَلَوُّن[4] غرق و بی‌تمکین[5] بُوَد ۳۲۷۸

کسی که مانند شیطان کوتاه‌نظر است و هر لحظه به رنگی در می‌آید و ثباتی در رأی و اندیشه ندارد،

موش گفتم، زانکه در خاک است جاش   خاک باشد موش را جایِ معاش ۳۲۷۹

موش نامیدم؛ زیرا زندگی‌اش صرفاً مادّی است. علمِ او فقط در محدودهٔ محسوسات و برای آبادانی جهان است، هرگز به ماورای آن نمی‌اندیشد و دانشِ وی بویی از حقایق را به مشام جانش نرسانده است.

---

۱ - **بیع و شریٰ**: داد و ستد.

۲ - اشارتی قرآنی؛ توبه: ۱۱۱/۹: إِنَّ اللهَ اشْتَریٰ مِنَ الْمُؤْمِنِینَ أَنْفُسَهُمْ وَ أَمْوالَهُمْ بِأَنَّ لَهُمُ الْجَنَّةَ: خداوند، جان و مال مؤمنان را خرید تا بهشت آنان را باشد.

۳ - اشارتی قرآنی؛ بقره: ۳۳/۲: قٰالَ یا آدَمُ أَنْبِئْهُمْ بِأَسْمٰائِهِمْ...: خداوند گفت: ای آدم، فرشتگان را از اسما و اسرار این موجودات باخبر کن. ۴ - **تَلَوُّن**: رنگ به رنگ شدن. ۵ - **تمکین**: ثبات.

راه‌ها داند، ولی در زیرِ خاک   هر طرف او خاک را کرده‌ست چاک ۳۲۸۰

موش همهٔ راه‌ها و سوراخ‌های زیر خاک را می‌شناسد و در زیر خاک هر طرف را شکافته و راهی باز کرده است.

نَفْسِ موشی، نیست الاّ لقمه رَنْد[1]   قدرِ حاجت موش را عقلی دهند ۳۲۸۱

موش، در پی آن است که لقمه‌ای برباید؛ بنابراین به او متناسب با احتیاج و خواسته‌اش عقلی داده شده است که بتواند نیاز خویش را برآورد.

زانکه بی حاجت خداوندِ عزیز   می‌نبخشد هیچ کس را هیچ چیز ۳۲۸۲

این که متناسب با احتیاج و درخور نیاز به او عقل داده شده، از آن جهت است که خداوند بدونِ حاجت چیزی را به کسی نمی‌بخشد.

گر نبودی حاجتِ عالَمْ زمین   نافریدی هیچ ربّ آلعالمین ۳۲۸۳

اگر در عالم هستی، جهان نیازی به زمین نداشت، خداوندِ جهانیان، زمین را نمی‌آفرید.

وین زمینِ مضطرب محتاجِ کوه[2]   گر نبودی نافریدی پُر شکوه ۳۲۸۴

اگر این زمین جنبنده و لرزان به کوه نیازمند نبود، خداوند کوه‌هایِ عظیم را نمی‌آفرید.

ور نبودی حاجتِ افلاکْ هم   هفت گردون ناوریدی از عدم ۳۲۸۵

اگر افلاک به هفت آسمان حاجت نداشت، خداوند آن‌ها را از نیستی به هستی نمی‌آورد.

آفتاب و ماه و این استارگان   جز به حاجت کِی پدید آمد عیان؟ ۳۲۸۶

اگر جهان هستی به آفتاب و ماه و ستارگان نیازی نداشت، خداوند آن‌ها را نمی‌آفرید.

پس کمندِ هست‌ها حاجت بُوَد   قدرِ حاجت مرد را آلت دهد ۳۲۸۷

پس نیازمندی و حاجت، مانندِ کمندی است که نیستی‌ها را به هستی می‌آورد و بخششِ خداوند متناسبِ با نیازِ ذاتیِ هر کس است.

---

۱ - **لقمه رَنْد :** لقمه ربا، لقمه دزد.

۲ - اشارتی قرآنی؛ رعد : ۳/۱۳ : وَ جَعَلَ فِیها رَواسِیَ : خداوند در زمین کوه‌ها را قرار داد. همان کوه‌هایی که در نبأ: ۷/۷۸، أَوْتاد (میخ‌های) زمین معرّفی شده‌اند، شاید بدان جهت که کوه‌ها از زیر به هم پنجه افکنده‌اند و همچون زرهی تمام سطح زمین را پوشانده‌اند که هم فشارهای درونی زمین را خنثیٰ کنند و هم از بیرون نیروی جاذبهٔ بسیار ماه و جزر و مد را و به این ترتیب تزلزل و اضطراب و زلزله‌های مداوم را از میان ببرند و محیط امنی برای زندگی انسان‌ها به وجود آورند. در سوره‌های دیگری نیز به آفرینش کوه‌ها و دلایل آن اشاره می‌شود، مانند: نحل: ۱۵/۱۶ و لقمان: ۱۰/۳۱ و... .

پس بیفزا حاجت ای محتاجْ! زود تا بجوشد در کَرَم دریایِ جود ۳۲۸۸

پس ای انسان نیازمند، بر نیازِ حقیقی‌اَت که چیزی جز رسیدن به ترقّی و تعالی معنوی نیست، بیفزا تا دریای بخشش الهی بجوشد.

این گدایان بر ره و هر مُبتلا حاجت خود می‌نماید خلق را ۳۲۸۹

توجّه کن که چگونه بینوایان و مبتلایان در هر کوی و گذری، بینوایی و نیازمندی خود را به مردم می‌نمایند و می‌خواهند ترحّم و شفقت آنان را برانگیزند. تو هم بینوایی خویش را به درگاه باری عرضه دار.

کوری و شلّی و بیماری و درد تا از این حاجت بجنبد رحمِ مرد ۳۲۹۰

کوری و شَلی و بیماری و درد خود را به مردم نشان می‌دهند تا به نیازِ آنان رحمت آوَرَند.

هیچ گوید: نان دهید ای مردمان که مرا مال است و انبار است و خوان؟ ۳۲۹۱

هیچ سائلی می‌گوید: ای مردم، به من نان بدهید، چون مال و انبار و سفره و همه چیز دارم؟

چشم ننهاده‌ست حق در کورْموش زانکه حاجت نیست چشمش بهرِ نوش ۳۲۹۲

اگر خداوند به موشِ کور چشم عطا نکرده، برای آن است که نیاز ندارد و بدون چشم هم می‌تواند غذای خویش را بیابد.

می‌تواند زیست بی چشم و بصر فارغ‌است از چشمْ او در خاکِ تر ۳۲۹۳

موش کور می‌تواند بدون وجود قوّهٔ بینایی و چشم هم زندگی کند، او در زیر خاک‌های نمناک و مرطوب نیازی به چشم ندارد.

جز به دزدی او برون ناید ز خاک تا کند خالق از آن دزدیش پاک[1] ۳۲۹۴

اگر موش کور از میان خاک‌ها بیرون آید، فقط برای ربودن چیزی از سطح زمین است، وگرنه خارج نمی‌شود، مگر خداوند وضعیّت او را تغییر دهد.

بعد از آن پر یابد و مرغی شود چون ملایک جانبِ گردون رود ۳۲۹۵

اگر خداوند وضع او را تغییر دهد و پروبالی بیابد و قادر به پرواز شود، مانند فرشتگان به سوی آسمان رهسپار می‌گردد.

---

۱ - موش کور تمثیلی است از صاحبان علم تقلیدی که در تقابل با علم تحقیقی قرار می‌گیرد.
دزدی در علم تقلیدی، اکتساب و آموختن الفاظ و کلماتی است که بزرگان و عارفان و صاحبان علم لدنّی بر زبان رانده‌اند و مقلّد با آموختن جملات ایشان، همان کلام را طوطی‌وار به کار می‌برد بی‌آنکه بدان جایگاه رسیده باشد و مدّعی کمال است، بی‌آنکه کمال در جان وی تحقّق یافته باشد.

هــر زمــان درگـلشنِ شُکـرِ خـدا　　او بـر آرد هــمچو بـلبل صـد نـوا ۳۲۹۶

و هر لحظه درگلشن سپاس خداوندی، مانند بلبل صدها نوا سر می‌دهد.

کِای رهاننده مـرا از وصـفِ زشت!　　ای کُـننده دوزخـی را تـو بـهشت! ۳۲۹۷

می‌گوید: ای خدایی که مرا از صفت زشت رهانیدی، موجودی دوزخی رابه موجودی بهشتی مبدّل ساختی.

در یکـی پـیهی نـهی تـو روشـنی　　استخوانی را دهـی سَمْع ای غـنی! ۳۲۹۸

ای خدایی که در تکهٔ کوچکی از چربی [چشم] روشنایی و بـینایی قـرار داده‌ای و قـطعه استخوانی را قدرت شنوایی بخشیده‌ای.

چه تـعلُّق آن مـعانی را بـه جسـم؟　　چـه تـعلُّق فـهمِ اشـیا را بـه اسـم؟ ۳۲۹۹

آن معانی، یعنی دیدن و شنیدن، تعلّق و سنخیّتی با جسم ندارد و اموری مادّی نیست، ارادهٔ خداوند بر این امر تعلّق گرفته است که دیدن و شنیدن از طریق چشم وگوش انجام یابد. حقیقت هر شئ توسّط اسم آن چیز چگونه شناخته شود در حالی که نام امری قراردادی است و تعلّقِ ذاتی به شئ یا لفظ ندارد؟

لفظْ چون وَکْر[1] است و معنی طایر است　　جســمْ جُـوی و روحْ آبِ سـایر است ۳۳۰۰

«لفظ» مانند آشیانه و «معنا»ی آن بسان پرندهٔ آن لانه است. «جسم» آدمی نیز آشیانهٔ «روح» اوست که مانندِ آبی در تن روان است.

او روان است و تو گویی: واقف[2] است　　او دوان است و تو گویی: عاکف[3] است ۳۳۰۱

روح همواره در حرکت است و تو می‌اندیشی که چون در تن محبوس شده، از جریان باز ایستاده است. حرکات روح بسیار سریع و همیشگی است در حالی که تو تصوّر می‌کنی در بدنت معتکف شده و در حال سکون و رکود است.

گـر نـبینی سـیرِ آب از چـاک‌هـا　　چیست بر وی نو به نو خاشاک‌ها؟ ۳۳۰۲

اگر نمی‌توانی سیر و جریان روح را در جوی‌های تن خود ببینی و باور کنی، پس بگو چرا لحظه به لحظه خس و خاشاکِ افکارِگوناگون در سطح اندیشه‌ات هویدا می‌شود؟ مسلّم است که با سیرِ«روح» که مانندِ آب زلال در جوی‌های تن جاری است، خس و خاشاکِ بسیار در سطح آن پدیدار می‌شود.

---

۱ - **وَکْر**: آشیانه.　۲ - **واقف**: ایستاده، توقّف‌کننده.　۳ - **عاکف**: در جایی مقیم شونده.

۳۳۰۳ هست خاشاکِ تو صورت‌هایِ فکر نو بـه نـو در مـی‌رسد اشکـالِ بِکْـر

خاشاک، صورت‌هایِ فکرِ توست که لحظه به لحظه در شکلِ تازه و نویی پدیدار می‌شود.

۳۳۰۴ رویِ آب و جـویِ فکـر انـدر رَوِش نیست بی‌خاشاکِ محبوب و وَحِش [1]

رویِ تفکّرات و اندیشه‌ها که مانندِ جویباری در جریان است، خواه ناخواه خاشاک هست که می‌تواند خاشاکِ اندیشهٔ نیک یا زشت و وحشت‌آور باشد و چگونگی یا خیر و شرّ بودنِ آن وابسته به خاکِ جوی است؛ یعنی صفاتِ بشری و تعلّقات و شهوات.

۳۳۰۵ قشـرها بـر رویِ ایـن آبِ روان از ثِـمارِ بـاغِ غـیبی شـد دوان

خاشاک که قشرِ سطحِ این آب روان است، از میوه‌های باغِ غیبی [عوالم روحانی و معنوی] به این جوی سرازیر شده است.

۳۳۰۶ قشـرها را مـغز انـدر بـاغْ جـو زانکـه آب از بـاغ مـی‌آید بـه جُـو

چون جریان آب جوی [روح و تحرّکات آن] از باغ غیبی است؛ پس مغز یا حقیقتِ خاشاک [اندیشه و تفکّرات] را باید در باغ یا عوالم روحانیِ آن جُست.

۳۳۰۷ گـر نـبینی رفـتنِ آبِ حـیات بنگر انـدر جـوی ایـن سیْرِ نـبات

اگر جریان و حرکتِ آبِ حیات [روح عالی عِلوی] را در خود و جویِ تن نمی‌بینی، به جوی آب نگاه کن و ببین که چگونه هنگام جریان آب، خس و خاشاک و گیاهان همراه آب و در سطح آن جاری‌اند.

۳۳۰۸ آب چـون اَنـبُه‌تر آیـد در گـذر زو کـند قشـرِ صُـوَر زوتـر گـذر

اگر آبِ جوی شدّت یابد و به سرعت بگذرد، قشرِ سطحِ آب هم سریع‌تر می‌گذرد.

۳۳۰۹ چون به غایت تیز شد این جُو روان غـم نـپاید در ضـمیرِ عـارفان [2]

و اگر شدّتِ جریان بی‌نهایت سریع باشد، در سطح آب خس و خاشاکی وجود نخواهد داشت و به همین دلیل، غم و اندوه در ضمیرِ عارفان بسیار زود می‌گذرد و دیر نمی‌پاید.

۳۳۱۰ چون به غایت [3] مُمْتلی [4] بود و شتاب پس نگُـنجید انـدرو اِلاّ کـه آب

و اگر جویبار انباشته شود و سرعت آن به نهایت خود برسد، در جویبار چیزی جز آب نخواهد بود.

---

۱ - **وَحِش** : وحشت‌آور. ۲ - صورت‌های ظاهری اندیشه‌ها و افکار و خیالات و توهّمات محو می‌گردد.
۳ - **غایت** : نهایت. ۴ - **ممتلی** : پُر، انباشته.

طعن زدنِ بیگانه در شیخ، و جواب گفتنِ مُریدِ شیخ او را[۱]

بیگانه‌ای شیخی را متّهم کرد که به خرابات می‌رود و خمر می‌نوشد و ریا مـی‌ورزد. مـرید شیخ در پاسخ گفت: بُهتان تو دور از اوصاف اوست و هنگامی که طعّانه، مـرید را بـر سـرِ روزنی برد که شیخ را جام بر کف ببیند و با لحنی آکنده از تمسخر بانگ برداشت که این جام چیست؟ شیخ از مرید خواست که پایین بیاید و آن را بنگرد و چون چنین کرد، جز انگبین ناب نیافت.

جانِ کلام در این قصّه در بیانِ این معناست که برای مردان حق، آنچه که موجبات لغزش و سقوط دیگران است، می‌تواند موجبِ هدایت باشد.

آن یکی یک شـیخ را تـهمت نـهاد کو بَد است و نیست بر راهِ رشـادْ[۲] ۳۳۱۱

شخص بیگانه‌ای، شیخی را متّهم کرد که انسان بدکاری است و در راه رستگاری نیست.

شاربِ[۳] خمر است و سالوس[۴] و خبیث[۵] مـر مـریدان را کـجا بـاشد مُـغیث[۶]؟ ۳۳۱۲

شراب می‌نوشد و ریا می‌ورزد و پلید است، چگونه می‌تواند فریادرس مریدان باشد؟

آن یکی گـفتش: ادب را هـوش دار خُرد نبود این چنین ظن بـر کِـبار[۷] ۳۳۱۳

مرید گفت: به هوش باش که ادب را رعایت کنی، بدگمانی در حقِّ بزرگان کار کوچکی نیست.

دُور از او و دُور از آن اوصـــافِ او کـه ز سـیلی تـیره گـردد صـافِ او ۳۳۱۴

از مقامِ معنوی و اوصافِ او به دور است که با لغزشی ظاهری که تو می‌انـدیشی، روحِ زلال و صافِ وی آلوده شود.

این چنین بُهتان مَنِهْ بـر اهـلِ حـق کین خیالِ توست، بر گـردان ورق ۳۳۱۵

این چنین بهتان و تهمت را بر اهل حق روا ندار؛ زیرا به آسانی نمی‌توان دربـارهٔ ایشـان قضاوت کرد، این خیال و گمانِ توست، نظرت را نسبت به او تغییر ده.

---

۱ - اصل مضمون در کتب صوفیّه سابقه دارد؛ امّا به نظر می‌رسد که این داستان صورت گسترش یافته‌ای باشد از دو بیت یک غزل که در مرصادالعباد نجم رازی آمده است و با توجّه به تقدّم عهد تصنیف آن بر زمان انشای مثنوی، پیداست که مولانا به احتمال قوی از آن متأثّر گشته باشد. دوش می‌گویند پیری در خرابات آمده است: سِرّ نی، ج ۱، ص ۳۰۰. ۲ - **رشاد** : راه راست. ۳ - **شارب** : آشامنده. ۴ - **سالوس** : فریب دهنده.
۵ - **خبیث** : پلید. ۶ - **مغیث** : فریادرس. ۷ - **کِبار** : بزرگان.

این نباشد، ور بُوَد ای مرغِ خاک بحرِ قُلزم[1] را ز مُرداری چه باک؟ ۳۳۱۶

ای مرغ خاکی، آنچه تو می‌گویی، صحّت ندارد؛ زیرا پرِ پروازِ اندیشهٔ تو همین عوالم مادّی و طبایع بشری است، در حالی که وجودِ شیخ، مانندِ دریای پهناوری است که مردار آن را آلوده نمی‌کند.

نیست دونَ ٱلقُلَّتین[2] و حوضِ خُرد که تواند قطره‌ایش از کار بُرد ۳۳۱۷

روح شیخ دریایی است پهناور، آبی کمتر از دو سبو یا حوضی کوچک نیست که در اثر تماس با قطره‌ای پلید، آلوده شود، او پاک و پاک کننده است.

آتشْ ابراهیم[3] را نَبْوَد زیان هرکه نمرودی‌ست، گو: می‌ترس از آن ۳۳۱۸

آتش برای ابراهیم(ع) زیانی نداشت و سرد و سلامت شد. هر کس که مانندِ نمرود از هوایِ نَفْس پیروی کند، باید از آتش هراس داشته باشد.

نَفْس نمرود است و عقل و جان خلیل روح در عین است و نَفْس اندر دلیل ۳۳۱۹

نَفْس امّاره، مانند نمرود یاغی و طاغی است؛ امّا «عقل و جان» به منزلهٔ ابراهیم خلیل(ع) است. «روح» در عین مشاهدهٔ حقایق و «نَفْس» همواره جویای ادلّه و براهین است.

این دلیلِ راه، رَهْرو را بُوَد کو به هر دم در بیابان گم شود ۳۳۲۰

وجودِ راهنما برای مسافران یا رهروانی که در بیابان هر لحظه ممکن است گُم شوند، ضروری است.

واصلان را نیست جز چشم و چراغ از دلیل و راهشان باشد فراغ ۳۳۲۱

کاملانِ واصل که به «معرفت و حقیقت» رسیده‌اند، جز چشمی حق‌بین و چراغِ معرفتِ جان‌شان به چیز دیگری نیاز ندارند.

گر دلیلی گفت آن مردِ وِصال گفت بهرِ فهمِ اصحابِ جِدال ۳۳۲۲

اگر مردی که به وصال حقیقت نایل شده است، سخن از دلیل و راه بگوید، برای تفهیم مطلب به کسانی است که اهل بحث و استدلال‌اند، خود او از این مراحل فراتر رفته و در عین شهود است.

---

۱ - **بحر قلزم**: دریای سرخ، کنایه از دریای پهناور و بیکران.

۲ - **دونَ القُلّتین**: کمتر از دو خُمره. حکم شرعی و مستفاد از این روایت است: إذَا بَلَغَ الْمَاءُ قُلَّتَیْنِ لَمْ یَحْمَلِ الْخَبَثَ. آبی که به اندازهٔ دو سبوی بزرگ باشد (کُر است و) نجس را برطرف می‌کند: احادیث، ص ۲۳۶.

۳ - داستان ابراهیم(ع): ر.ک: ۵۵۱/۱، قرآن: انبیاء: ۶۸/۲۱ و ۶۹.

بـهرِ طـفلِ نـو، پـدر تـی‌تی[1] کـند گرچه عـقلش هـندسهٔ گـیتی کـند[2] ۳۳۲۳

پدر برای سخن گفتن و آموزش فرزندِ نورس و نوپای خود تی‌تی می‌گوید و الفاظی بی‌مفهوم را بر زبان می‌آوَرَد بدان جهت که می‌خواهد با او ارتباط برقرار کند و به او سخن گفتن بیاموزد هرچند که عقلِ خودِ او می‌تواند در حدّی از مراتبِ علمی باشد که محاسباتِ هندسیِ جهان را انجام دهد.

کـم نگـردد فـضلِ اسـتاد از عُـلُو[3] گـر اَلِـف چـیزی نـدارد گـوید او ۳۳۲۴

از فضلِ استاد، علوّ و منزلت او کاسته نمی‌شود، اگر برای تفهیمِ موضوع به نوآموز دروس پیش‌پاافتاده‌ای را تعلیم دهد و مثلاً حرف «الف» را درس دهد و بگوید که «الف» چیزی ندارد.

از پـــیِ تـــعلیمِ آن بســته دهــن از زبـانِ خـود بُـرون بـاید شـدن ۳۳۲۵

استاد برای تعلیم آن زبان بسته، ناچار کلام فاضلانهٔ خویش را ترک می‌کند و با مفاهیم و مقولاتی که برای کودک آشناست، سخن می‌گوید.

در زبـــانِ او بـــباید آمـــدن تـا بـیاموزد ز تـو او عـلم و فـن ۳۳۲۶

باید به زبانی ساده با کودک سخن گفت تا بتواند دانش و هنر را بیاموزد.

پس همه خلقان چو طفلانِ وی‌انـد لازم است این، پیر را در وقتِ پند ۳۳۲۷

از آنجا که همهٔ مردم در قیاس با انسان کامل، کودکان‌اند؛ پس پیر چاره‌ای جز این ندارد که هنگام تعلیم و اندرز به شرایط ذهنی و درک آنان توجّه کند.

آن مـــریدِ شـیخ، بـدگـوینده را آن بـه کـفر و گـمرهی آگـنده را ۳۳۲۸

مرید خطاب به شخصی که در عین کفر و گمراهی بود و از شیخ بدگویی می‌کرد،

گفت: خود را تو مزن بـر تـیغِ تـیز هین! مکن با شاه و با سلطان ستیز ۳۳۲۹

گفت: خود را به شمشیر تیز غیرت حق نزن، به هوش باش و با شاهان جدال نکن.

حوض[4] بـا دریـا[5] اگـر پـهلو زَنَـد خـویش را از بـیخِ هستی بَـر کَـنَد ۳۳۳۰

اگر حوضی کوچک [روحِ انسانیِ فردِ نامتعالی] دم از برابری با دریا [روحِ متعالی و تکامل یافته انسان کامل] بزند، در حقیقت با چنین لاف و عجبی، شالودهٔ هستی خود را از بیخ و بن برکنده است.

---

۱ - **تی تی** : ر.ک: ۱۶۳۴/۱.

۲ - از دیدگاه فرا زمینی انسان کامل واصل، اصحاب بحث و جدال، همان طفل نواند که انسانِ واصل آنان را به نظر شفقت می‌نگرد و با بیانِ ادلّه و براهین برای هدایت ایشان «تی‌تی» می‌کند. ۳ - **عُلُو** : عُلوّ.

۴ - **حوض** : اینجا کنایه از روحِ نامتعالی. ۵ - **دریا** : اینجا کنایه از روحِ انسانِ کامل.

نیست بحری کو کران دارد، که تا   تیره گردد او ز مُردارِ شما[1] ۳۳۳۱

آبی که با اندک پلیدی، تیره و آلوده گردد، به یقین، دریایِ بیکران نیست؛ زیرا دریا با مُردار آلوده نمی‌شود.

کُفر را حَدّ است و اندازه، بدان   شیخ و نورِ شیخ را نَبْوَد کران ۳۳۳۲

کُفر امری است محدود، در حالی که روحِ شیخِ کاملِ واصل و نورِ آن نامحدود است.

پیش ِ بی حد هر چه محدود است لاست   کُلُّ شَیءٍ غَیْرِ وَجْهُ اللّه[2] **فناست** ۳۳۳۳

در مقایسه با نامحدود هر چیزِ محدود، هیچ و فانی است. همهٔ اشیا فناپذیرند، جز ذاتِ باری تعالیٰ که باقی است.

کفر و ایمان نیست آنجایی که اوست   زانکه او مغز است و این دو رنگ و پوست ۳۳۳۴

در جایگاهِ او، کفر و ایمان را راهی نیست؛ زیرا این پدیده‌ها در مقایسه با حق اموری فانی‌اند و قشر محسوب می‌شوند و او در اتّصال با مغز یا «حقیقت» است.

این فناها پردهٔ آن وجه گشت   چون چراغِ خُفیه اندر زیرِ طشت ۳۳۳۵

این امور فانی، مانند پرده‌ای بر «وجه الله»اند و ذات حق، بسان چراغی فروزان است که در زیر تشتی نهان شده باشد. «کفر» حجابِ تاریک و ظلمانی است و «ایمان» در مراحلِ اوّلیهٔ آن و قبل از رسیدن به شهود، حجابی نورانی است و در مرحلهٔ حق‌الیقین که عالی‌ترین مرتبهٔ کمال معنوی و روحانی به شمار می‌آید، امری جوهری و قائم بالذّات است؛ پس این امور فانی، همانند پرده‌ای وجه الله را می‌پوشانند.

پس سرِ این تن حجابِ آن سر است   پیش ِ آن سر، این سرِ تن کافر است ۳۳۳۶

پس این «سر»، مانند پرده‌ای رویِ سرِ غیر مادّی کشیده شده است و در مقایسهٔ آن دو با هم، می‌توان تقابلِ «مؤمن» و «کافر» را دید.

کیست کافر؟ غافل از ایمانِ شیخ   کیست مُرده؟ بی‌خبر از جانِ شیخ ۳۳۳۷

کافر کیست؟ کسی که از حق غافل و از دریافتِ حقیقت عاجز است و ایمانِ انسانِ کامل را نمی‌شناسد. مُرده کیست؟ کسی که از جانِ پاکِ شیخ بی‌خبر است.

---

۱ - از بیت ۳۳۲۸ تا ۳۳۳۱ در متن اصلی نیامده، در مقابله افزوده شده و در نسخهٔ نیکلسون در پاورقی آمده است.

۲ - اشارتی قرآنی؛ قصص: ۸۸/۲۸: کُلُّ شَیْءٍ هٰالِکٌ إِلاّٰ وَجْهَهُ : همه چیز جز ذات پاک او فانی‌است و نابود می‌شود. ولیّ خدا و انسان کامل نیز همان «وَجْهُ الله» به شمار می‌آید؛ زیرا ذات او به ذات حق تعالیٰ اتّصال یافته است.

جان نباشد جز خبر در آزمون ‌ ‌ هر که را افزون خبر، جانش فزون ۳۳۳۸

جان، آگاهی از حقایق است که از طریقِ درکِ روحانی و معنوی حاصل می‌شود، هر کس که از حقایق آگاهی بیشتری داشته باشد، جانش برتر و متعالی‌تر است؛ پس جان دارای مراتب است، جانی که در مرتبهٔ والاتری قرار گرفته، از دانشِ حقیقیِ افزون‌تری برخوردار است.

جانِ ما از جانِ حیوان بیشتر ‌ ‌ از چه؟ زآن رو که فزون دارد خبر ۳۳۳۹

جانِ انسان از جانِ حیوان، ارزشمندتر است؛ زیرا دانش و آگاهیِ بیشتری دارد.

پس فزون از جانِ ما جانِ مَلَک ‌ ‌ کو منزَّه شد ز حسِّ مشترک[1] ۳۳۴۰

پس جانِ فرشتگان از جانِ آدمی، متعالی‌تر و افزون‌تر است؛ زیرا از حسِّ مشترک میان انسان و حیوان مبرّاست؛ زیرا نحوهٔ آفرینش او چنان است که نیازمند ادراکات جزئی نیست.

وز مَلَک جانِ خداوندانِ دل ‌ ‌ باشد افزون، تو تحیُّر را بِهِل ۳۳۴۱

جان صاحبدلان از فرشتگان نیز عالی‌تر است، متحیّر نشو و آن را باور کن.

زآن سبب آدم بُوَد مسجودِشان ‌ ‌ جانِ او افزون‌تر است از بودِشان ۳۳۴۲

به سببِ برتری جان انسان کامل، فرشتگان فرمان یافتند که به آدم(ع) سجده کنند؛ زیرا وجود آنان قدسی است و جامعیّت ندارد.

ورنه بهتر را سجودِ دون‌تری ‌ ‌ امر کردن، هیچ نَبْوَد در خوری ۳۳۴۳

اگر جانِ او برتری نداشت، شایسته نبود که به موجوداتِ والاتر امر به سجود در برابر موجودی فروتر شود.

کِی پسندد عدل و لطفِ کردگار ‌ ‌ که گُلی سجده کند در پیشِ خار؟ ۳۳۴۴

چگونه عدالت و لطف الهی می‌پسندد که گلی در برابر خاری سجده کند؟

---

۱ - **حسِّ مشترک**: انسان از طریق قوای مدرکهٔ نفسانیّه، یعنی: باصره، سامعه، ذائقه، شامه و لامسه که میان انسان و حیوان اشتراک دارد، می‌تواند ادراکات جزئی از شیء واحد داشته باشد؛ مثلاً با نگریستن به «غذا»، هر یک از قوای مدرکه، ادراکی از آن را در اختیار ما قرار می‌دهند، مثلاً: قوّهٔ باصره ابعاد و حجم و رنگ آن را در می‌یابد و قوّهٔ شامه، بوی آن را و هر یک از قوای مدرکه به همین ترتیب جزئی از ویژگی‌های آن را ادراک می‌کند، مجموعهٔ این ادراکات جزئی که شامل «ابعاد و بو و طعم و...» است در حسِّ مشترک آدمی به هم می‌پیوندد و ترکیب می‌شود و انسان درمی‌یابد که آنچه که دیده، بوییده، چشیده و لمس کرده، فلان غذاست.

جان چو افزون شد، گذشت از انتها　　شد مطیعش جانِ جمله چیزها ۳۳۴۵

هنگامی که جان آدمی به نهایت کمال رسید، جان همهٔ اشیا و موجودات مطیع وی می‌شوند و در تحت سیطرهٔ معنوی و روحانی او قرار می‌گیرند.

مرغ و ماهی و پری و آدمی　　زانکه او بیش است و ایشان درکمی ۳۳۴۶

پرندگان، ماهیان، پریان و آدمیان، همه و هر چه هست در تصرّف روحانی وی‌اند؛ زیرا او جانی والا دارد و ایشان در مرتبه‌ای حقیر قرار دارند.

ماهیان سوزنْ‌گر[1] دَلقش شوند　　سوزنان را رشته‌ها تابع بُوَند ۳۳۴۷

ماهیان سوزن خرقهٔ او را می‌آورند و مطیع ارادهٔ وی‌اند. همان‌گونه که رشتهٔ نخ تابع سوزن است.

بقیّهٔ قصّهٔ ابراهیمِ اَدْهَم بر لبِ آن دریا

چون نَفاذِ[2] امرِ شیخْ آن میر دید　　زآمدِ ماهی شدش وَجْدی پدید ۳۳۴۸

چون آن امیر نفوذِ فرمان و ارادهٔ شیخ را دید و متوجّه شد که ماهیان به خواست او سرها را از آب بیرون آورده‌اند، وجدی در وی پدیدار شد.

گفت: آه ماهی ز پیران آگه است　　شُهْ[3] تَنی را کو لعینِ درگه است ۳۳۴۹

با خود گفت: آه، ماهی که در مرتبهٔ وجودیِ نازلی است، از جان پیران و عارفان آگهی دارد، بدا به حال آدمی‌زاده‌ای که با غفلت و تباهی ملعون درگاه حق شده است.

ماهیان از پیر آگه، ما بعید[4]　　ما شقی[5] زین دولت و ایشان سعید[6] ۳۳۵۰

ماهیان از احوالِ روحانیِ پیران باخبرند؛ ولی ما بی‌خبریم، آگاهی از این کمال، ناشی از «معرفت» است و برخورداری از معرفت، سعادتی است که ماهیان از آن بهره دارند و ما نداریم.

سجده کرد و رفت گریان و خراب　　گشت دیوانه ز عشقِ فتحِ باب[7] ۳۳۵۱

آن امیر سجده‌ای کرد و رفت، در حالی که گریان بود و از مشاهدهٔ اسرار الهی، حالی جنون‌آمیز داشت.

---

۱ - **سوزنگر**: سوزن‌ساز.　۲ - **نفاذ**: روان شدن فرمان.　۳ - **شُهْ**: بدا.　۴ - **بعید**: دور، بیگانه.

۵ - **شقی**: بدبخت.　۶ - **سعید**: نیک‌بخت.

۷ - **فتح باب**: گشوده شدن دری از اسرار الهی و آغازِ معرفت.

پس تو ای ناشسته رُو[1] در چیستی؟ در نــزاع و در حســد بـا کـیستی؟ ۳۳۵۲

پس تو ای منکر ناپاک بی‌شرم، دریاب که در چه حال و چه کار هستی؟ و با انکارِ کمال مردانِ حق در مقام جنگ و حسادت با چه کس برخاسته‌ای؟

بـا دُمِ شـیری تـو بـازی مـی‌کنی بــر مـلایک تُــرکْ‌تازی مــی‌کنی ۳۳۵۳

انکار حقایق، مانند بازی کردن با دُم شیر خطرناک است. تو با این کار بر فرشتگان که قدسی‌اند، اعتراض و حمله می‌کنی.

بد چه می‌گویی تو خیرِ مـحض را؟ هین! تَرَفُّع[2] کم شمَر آن خَفْض[3] را ۳۳۵۴

چرا در حقِّ آنان که خیر محض‌اند، بدگویی می‌کنی؟ آگاه باش و تواضع او را تکبّر نشمار.

بد چه باشد؟ مِسِّ[4] محتاج مُهان[5] شــیخ کــه بْـوَد؟ کـیمیایِ بـی‌کران ۳۳۵۵

بد چیست؟ مسِ نیازمند بی‌ارزش و خوار. شیخ کیست؟ کیمیای بیکران.

مِسّ اگــر از کـیمیا[6] قـابل نَـبُد کــیمیا از مِسّ هــرگز مِس نشــد ۳۳۵۶

اگر وجودِ آنان که ارتقای روحانی نیافته‌اند، قـابلیّت تکـامل را نـداشته بـاشد و در محضرِ بزرگانِ معرفت، به زرّ باطنی مبدّل نگردد، این همجواری هرگز سبب تنزّل مقام کیمیا نمی‌شود.

بد چه باشد؟ سرکشی آتش عـمل شــیخ کـه بْـوَد؟ عـینِ دریـایِ ازل ۳۳۵۷

بد چه کسی است؟ کسی که در برابرِ حقایق سرکشی می‌کند و اعمالش آتش فتنه و نفاق را می‌افروزد. شیخ کیست؟ کسی که وجودش، مانندِ دریای بـیکرانِ ازلی، خـاموش کـنندهٔ آتشِ سوزانِ نَفْسِ خلق است.

دایــم آتش را بــترسانند از آب آب کِی تـرسید هـرگز ز اِلتـهاب؟ ۳۳۵۸

همواره آتش از آب می‌هراسد، هرگز آب از آتش و شراره‌های آن ترسیده است؟

در رخِ مــهْ عــیب بینی می‌کنی؟ در بـهشتی، خـارچینی مـی‌کنی؟ ۳۳۵۹

در سیمای ماهرویان به عیب‌جویی می‌پردازی و در بهشت خواهان چیدن خار شده‌ای.

گر بـهشت انـدر رَوی تـو خـارْجو هــیچ خــار آنـجا نـیابی غـیرِ تـو ۳۳۶۰

اگر برای جُستنِ خار به بهشت بروی، مطمئن باش که در آنجا هیچ خاری جز وجودِ خود نخواهی یافت.

---

۱ - **ناشسته رو**: ناپاک، اینجا کسی که هدایت‌پذیر نیست. ۲ - **تَرَفُّع**: برتری جستن.
۳ - **خَفْض**: پایین آوردن، پست کردن. ۴ - **مس**: اینجا کنایه از شخص غیر متعالی.
۵ - **مُهان**: خوارکرده شده. ۶ - **کیمیا**: ر.ک: ۵۲۰/۱.

مــی بـپوشی آفــتابی در گِــلی؟ رخــنه مــی‌جویی ز بَـدْرِ کـاملی؟ ۳۳۶۱

می‌کوشی که آفتابِ تابناکِ جانِ پاکان را با گِلِ ناچیز انکار خود بپوشانی یا در قرص کامل ماه و درخشش آن ایراد و عیبی بیابی.

آفــــتابی کــــه بـتابد در جــهان بــهرِ خُــفّاشی کـجا گـردد نـهان؟ ۳۳۶۲

آفتابی که بر جهان می‌تابد، چگونه به خاطر خفّاشی که دشمن انوار اوست، نهان گردد؟

عــیب‌ها از رَدِّ پــیران عــیب شـد غیب‌ها از رشکِ[1] ایشان غیب شد ۳۳۶۳

آنچه را که به عنوان «عیب» می‌شناسیم، چیزی است که پیرِ کامل آن را نپذیرفته و رد کرده است؛ پس پیران که محکِ تشخیصِ حق و باطل‌اند، آنچه را که معیوب و خلاف سرشت پاکشان باشد، ردّ می‌کنند و به سبب غیرتی که بر کتمان اسرار الهی دارند، اموری را که مصلحت نمی‌دانند، آشکار نمی‌کنند و چنین است که امور غیبی از غیرت ایشان مستور می‌مانَد.

باری، ار دوری ز خدمت، یار باش[2] در ندامت چـابک و بـر کـار بـاش ۳۳۶۴

باری، اگر از محضر مردان حق و پیران کامل دوری و سعادت خدمت به ایشان را نداری، بکوش تا در دل نسبت به آنان صادق و صمیمی باشی و از اینکه نمی‌توانی از حضورشان فیض ببری و خدمت کنی، نادم باش و بکوش تا این حس همواره در تو زنده بماند؛ زیرا ندامت واقعی، آتشی درونی است که آثار و برکاتی دارد و به آسانی حاصل نمی‌شود.

تـا از آن راهت نسـیمی مـی‌رسد آبِ رحمت را چه بندی از حسـد؟ ۳۳۶۵

تا از راه صدق و محبّتی که به مردان حق داری، نسیمی از رحمت به وجـودِ محتاجت برسد، چرا اجازه می‌دهی که حسد، جریان این آب رحمت را مسدود کند؟

گرچه دوری دور، می‌جنبان تو دُم حَـیثُ مـا کُـنْتُمْ فَـوَلُّوا وَجْـهَکُمْ[3] ۳۳۶۶

اگر از آنان دوری، از دور و به هر صورت که می‌توانی اظهار محبّت و ارادت کن. هرجا که هستید، روی دل خود را به سوی آنان بگردانید.

---

۱ - **رشک :** غیرت. ۲ - در متن: «باری از دوری...».

۳ - اشارتی قرآنی؛ بقره : ۱۴۴/۲ : وَ حَیْثُ مٰا کُنْتُمْ فَوَلُّوا وُجُوهَکُمْ شَطْرَهُ : هر جا باشید، روی خود را به سوی مسجدالحرام بگردانید.

شبلی گفت: قبله سه‌اند، کعبه که قبلهٔ عام است، عرش که قبلهٔ خاصّ است و قبلهٔ خاصِّ خاص که دل مریدان است و جان عارفان: تفسیر ادبی و عرفانی قرآن، خواجه عبدالله انصاری، ج ۱، ص ۶۰.

چون خری در گِل فُتد از گـامِ تـیز دَم بـه دَم جـنبد بـرای عـزمِ خـیز ۳۳۶۷

اگر خری در اثر شتاب، در گِل و لای بیفتد، لحظه به لحظه می‌کوشد که خود را بِرَهانَد.

جـای را هـموار نکْـند بـهرِ بـاش داند او که نـیست آن جـایِ مـعاش ۳۳۶۸

درازگوش که به بی‌عقلی شهره شده است، با همهٔ نادانی، می‌داند که گِـل و لای مـحلِّ استقرار نیست و نمی‌کوشد که آنجا را برای خود هموار کند.

حسِّ تو از حسِّ خر کمتر بُدَه‌ست؟ که دلِ تو زین وَحَـل‌ها[1] بـر نَـجَست ۳۳۶۹

آیا حسّ تو از حسّ درازگوش کمتر است که دلت این چنین وابستهٔ گِل و لایِ تـعلّقاتِ بی‌قدر دنیوی شده است و برای رهایی نمی‌کوشد؟

در وَحَل تأویل[2] و رخصت[3] می‌کنی چون نمی‌خواهی کز آن دل بر کَـنی ۳۳۷۰

چون نمی‌خواهی از بهره‌هایِ بی‌قدر دنیوی دل برکَنی و از آنجا که در بند خواسته‌ها گرفتار مانده‌ای، اسارت خود را توجیه می‌کنی و با تساهل و تسامح، اوامر و نواهی را سهل می‌پنداری.

کـین روا بـاشد مـرا، مـن مُـضطرم حـق نگـیرد عـاجزی را از کَـرَم ۳۳۷۱

و می‌اندیشی که پیروی از هوای نفس بر من رواست؛ زیـرا درمـانده و مـضطر هسـتم، خداوند از کرم درماندگان را به عقوبت مبتلا نمی‌کند و کیفر نمی‌دهد و به این ترتیب اعمال ناشایستِ خود را در ذهن خویش موجّه جلوه می‌دهی.

خود گرفته‌ستت، تو چون کَفْتارِ کور ایـن گـرفتن را نـبینی از غـرور ۳۳۷۲

رفتار و افکارت، مانند کفتاری کور است و متوجّه نیستی که حق تعالیٰ تو را به کیفر اعمال گرفته است؛ امّا غرور و خودپسندی‌ات مانع درکِ این حقیقت می‌شود.

می‌گُوَند: این جـایگه کَـفْتار نـیست از بُرون جویید، کاندر غـار نـیست ۳۳۷۳

شکارچیان برای فریب کفتار به یک‌دیگر می‌گویند: کفتار در این غار نیست، برویم در بیرون او را بجوییم. اعتقاد قُدَما بر این بود که کـفتار از آواز خـوش و نـوای نـی و دف لذّت مـی‌برد و هنگامی که می‌خواستند کفتار را بگیرند، با ساز و نوازندگی به سوراخ او روی می‌آوردند و در حینی که پناهگاه او را با کلنگ و تبر وسیع‌تر می‌کردند، آواز می‌خوانـدند کـه کـفتار کـو؟ کـفتار کجاست؟ و گمان می‌کردند که کفتار معنی کلام آنان را می‌فهمد و از جای نمی‌جنبد تا گرفتار آید.

---

۱ - **وَحَل** : گل و لای که چهارپا در آن بماند. ۲ - **تأویل** : تفسیر و توجیه.
۳ - **رخصت** : آسانی و سهل گرفتن.

این همی گویند و بندش می‌نهند   او همی گوید: ز من بی‌آگه اند ۳۳۷۴

کفتار، فریبِ سخنانِ مکرآمیز شکارچیان را می‌خورَد و آنان دام را در راه او می‌گسترند، در حالی که کفتار با خود می‌گوید: آن‌ها نمی‌دانند من اینجا هستم.

گر ز من آگاه بودی این عدو   کِی ندا کردی که: آن کَفتار کو؟ ۳۳۷۵

اگر دشمن می‌دانست من اینجا هستم، هرگز فریاد بر نمی‌آورد و نمی‌گفت که کفتار کو؟

دعوی کردنِ آن شخص که: خدای تعالی مرا نمی‌گیرد به‌گناه، و جواب‌گفتنِ شعیب، علیه السَّلام، مر او را[1]

شخصی گناهکار در عهد شعیب(ع) ادّعا می‌کرد که علی‌رغم گناهان بسیار، خداوند مرا کیفر نمی‌دهد. حق تعالیٰ به شعیب(ع) وحی فرمود که به او بگو: تو را کیفر داده‌ام؛ امّا درک نمی‌کنی. کیفر تو آن است که لطف و حلاوت دعا و نیایش را از تو گرفته‌ام.

آن یکی می‌گفت در عهدِ شُعَیب[2]   که خدا از من بسی دیده‌ست عَیْب ۳۳۷۶

شخصی در دوران پیامبری شعیب(ع)، مدّعی بود که تا کنون خداوند عیوب و گناهان بسیاری از من دیده است.

چند دید از من گناه و جُرم‌ها   وز کَرَم یزدان نمی‌گیرد مرا ۳۳۷۷

با آنکه خداوند بارها از من گناه و جُرم دیده؛ امّا از روی کرم مرا کیفر نداده‌است.

حق تعالی گفت در گوشِ شعیب   در جوابِ او، فصیح از راهِ غَیْب ۳۳۷۸

حق تعالیٰ در جوابِ او از راهی نهانی، به وضوح درگوش باطنی شعیب(ع) فرمود:

---

۱ - مأخذ آن روایتی است که در محاضرات الادباء، ج۲، ص ۲۲۷ و در حلیة الاولیاء، ج ۱۰، ص ۱۶۸ نقل شده است. اینک آن روایت: دربارهٔ یکی از علمای بزرگ بنی اسرائیل، گفته‌اند که در دعایش می‌گفت خدایا، من این همه معصیت کرده‌ام؛ ولی تاکنون کیفرم نداده‌ای؟ خداوند به پیامبر وقت وحی کرد که به بندهٔ من بگو: تو را کیفر داده‌ام؛ امّا خبر نداری. کیفری بالاتر از این نمی شود که حلاوت مناجات با خودم را از تو دریغ داشتم: احادیث، ص ۲۳۷.

۲ - **شُعَیب**: نام پیامبری که پدر زن موسیٰ(ع) بود، نام اصلی وی را اوثیرن نوشته‌اند وی از نسل ابراهیم(ع) بود، قوم او در نزدیکی تبوک، بین مدینه و شام می‌زیستند. پیامبر اسلام(ع) او را به سبب سخنان بلیغ وی خطیب پیامبران خواند.

کـه بگـفتی: چـند کـردم مـن گـناه وز کـرم نگـرفت در جـرمم اِلٰـه ۳۳۷۹

که گفتی: هرچه گناه کردم، خداوند از روی کرم مرا مؤاخذه نکرده است.

عکس می‌گویی و مقلوب[1] ای سفیه! ای رهـاکـرده ره و بگـرفته تـیه[2] ۳۳۸۰

ای نادان، وارونه می‌گویی، راه راست را رها کرده و بیراهه رفته‌ای.

چـند چـندت گـیرم و تـو بی‌خبر در سلاسل مـانده‌ای پـا تـا بـه سـر ۳۳۸۱

بارها تو را کیفر دادم؛ امّا چنان سراپایت با زنجیرِ تمایلات بسته است که هرگز متوجّه نشدی.

زنگِ تُو بر تُوت ای دیگِ سیاه[3] ! کـرد سـیمایِ درونت را تـباه ۳۳۸۲

لایه‌هایِ زنگارِ غفلت و گناهان سیمایِ باطنِ تو را تباه کرده و جانت مانندِ بیرونِ دیگِ سیاه شده است.

بـر دلت زنگـار بـر زنگـارها جمع شد، تا کور شـد ز اسـرارهـا[4] ۳۳۸۳

بر دلت زنگار روی زنگار چنان متراکم شده که از دریافت حقایق محروم و کور شده‌ای.

گـر زنـد آن دود بـر دیگِ نـوی آن اثـر بـنماید، ار بـاشد جُـوی[5] ۳۳۸۴

اگر اندکی از دود و زنگارِ دلت بر دلی پاک اثر کند، تأثیرش به سرعت هویدا می‌شود.

زانکه هر چیزی به ضِد پـیدا شـود بـر سـپیدی آن سیه رسـوا شـود ۳۳۸۵

زیرا هر چیزی با ضدِّ خود آشکار می‌شود، رنگِ سیاه رویِ رنگ سپید رسوا می‌گردد.

چون سیه شد دیگ، پس تأثیر دود بعد از این بر وی که بیند زود زود؟ ۳۳۸۶

هنگامی که دیگ در اثر دودهای مکرّر سیاه شود، چه کسی می‌تواند اثر دودِ جدید را بر روی آن دریابد؟

مـردِ آهـنگر کـه او زنگـی[6] بُـوَد دود را بـا رُوش هـم رنگـی بُـوَد ۳۳۸۷

مردِ آهنگرِ سیاه‌پوست که دودِ کوره با رنگِ پوستش هماهنگ است، سیاهیِ دود بر چهره‌اش دیده نمی‌شود.

---

۱ - **مقلوب** : واژگونه.

۲ - **تیه** : بیابانی در شبه جزیرهٔ سینا، جبل التیه، قوم موسی چهل سال در آن گم و سرگردان شدند، اینجا مراد بیراهه رفتن است. ۳ - **دیگِ سیاه** : سیمایِ باطنِ گناهکار به دیگ سیاه مانند شده است.

۴ - **از اسرار کور شدن** : از دریافت اسرار محروم شدن.

۵ - انسان آگاه، تأثیر خطا و گناه را در دل خویش در می‌یابد و شرمسار می‌شود. «جُویِ»: اندکی، کمی.

۶ - **آهنگرِ زنگی** : کنایه از کسی که در سرشتش استعداد و قابلیّت گناه و خطا هست.

مردِ رُومی[1] کو کند آهنگری   رویش ابلق[2] گردد از دودآوری ۳۳۸۸

اگر مردِ سپیدپوستی به آهنگری بپردازد، سیاهیِ دود رویِ سپیدیِ چهره‌اش دیده می‌شود و حالتی از سپیدی و سیاهی به وجود می‌آوَرد.

پس بداند زود تأثیرِ گناه   تا بنالد زود، گوید: ای اِلٰه ۳۳۸۹

پس کسی که دلی پاک و عاری از زنگار دارد با ارتکاب کوچک‌ترین خطا و لغزش، به سرعت تأثیر گناه را در دل خویش درمی‌یابد و با ناله از درگاهِ حق طلبِ مغفرت می‌کند.

چون کند اِصرار و بد پیشه کند   خاک اندر چشمِ اندیشه[3] کند ۳۳۹۰

امّا اگر بر انجام خطاها و گناهان اصرار ورزد و بدی را پیشه کند، چشمِ باطن و درکِ خود را با ریختنِ خاکِ هوسرانی‌ها کور می‌کند.

توبه نندیشد دگر، شیرین شود   بر دلش آن جُرم، تا بی‌دین شود ۳۳۹۱

هرگز به توبه نمی‌اندیشد، از ارتکاب گناهان لذّت می‌برد و سرانجام دین و ایمان را از دست می‌دهد.

آن پشیمانی و یارب رفت از او   شِست[4] بر آیینه زنگِ پنج تُو[5] ۳۳۹۲

احساسِ پشیمانی و «یاربّ» گفتن را به فراموشی سپرده؛ زیرا بر آیینهٔ دلش زنگاری متراکم از گناهان و خطاها نشسته است.

آهنش[6] را زنگ‌ها خوردن گرفت   گوهرش را زنگ، کم کردن گرفت ۳۳۹۳

زنگارِ درونش، سببِ تحلیل رفتن جان و گوهر معنویاتش می‌شود.

چون نویسی کاغذِ اسپید بر   آن نبشته خوانده آید در نظر ۳۳۹۴

اگر بر کاغذی سپید، کلماتی را بنویسی، می‌بینی که آن کلمات دیده و خوانده می‌شود.

چون نویسی بر سرِ بنوشته خَط   فهم ناید، خواندنش گردد غلط ۳۳۹۵

امّا اگر روی نوشته‌های قبلی بنویسی، هیچ کدام مفهوم نیست و نمی‌توان آن را به درستی خواند.

---

۱ - **مردِ رومی** : کنایه از کسی که در فطرتش قابلیّت آلایش به گناه نیست یا اندک است؛ یعنی غلبه با «وجه نورانیِ» نَفْس است. ۲ - **ابلق** : سیاه و سفید. ۳ - **چشم اندیشه** : اینجا چشمِ باطن.

۴ - **شِست** : مخفّفِ نشست، قرارگرفت. ۵ - **پنج تُو** : پنج لایه، زیاد.

۶ - **آهن** : کنایه از دل که قابلیّت صیقلی شدن دارد تا آیینه‌صفت و شفاف شود.

کآن سـیاهی بـر سـیاهی اوفـتاد هر دو خط شد کور و معنیّی نـداد ۳۳۹۶

زیرا خطوط سیاه نوشتهٔ جدید بر کلمات قبلی قرار گرفته و هر دو تیره شده و فاقدِ مفهومِ معیّن است.

ور سِـیُم بـاره نـویسی بـر سـرش پس سیه کردی چو جانِ پُر شرش ۳۳۹۷

اگر برای سومین مرتبه باز هم روی دو خط قبلی بنویسی، پس با این کار کاغذ را چنان تیره و تار کرده‌ای که گویی جان کافِر و مُنکر است.

پس چه چاره جز پـناهِ چـاره‌گـر؟ نـاامـیدی مسّ و اکسیرش نـظر ۳۳۹۸

پس در این حالت، چاره‌ای جز این نیست که به چاره‌گر پناه ببری و با عجز و انکسار، ناامیدی خود را از تیرگیِ درون به او عرضه داری؛ زیرا ناامیدی از خود و احوال درونی مانند مسی است که کیمیای نظر صاحبدلان و عارفان می‌تواند آن را به زرّ امیدواری و پاکی مبدّل کند.

نـاامـیدی‌ها بـه پـیشِ او نِـهید تـا ز دردِ بـی‌دوا بـیرون جِـهید ۳۳۹۹

ناامیدی‌ها را به محضر مردان حق عرضه کنید تا از دردهای بی‌درمان رهایی یابید.

چون شعیب این نکته‌ها با او بگفت زآن دَمِ جان در دلِ او گُل شکُـفت ۳۴۰۰

چون شعیب(ع) این نکته‌هایِ ظریف را به او گفت، بر اثر دمِ مسیحایی وی، گـل مـعطّرِ حقیقت در دل آن مرد شکفته شد.

جـانِ او بشـنید وحـیِ آسـمان گفت: اگر بگرفت ما را، کو نشان؟ ۳۴۰۱

کلام وحی در جانِ مرد گناهکار اثر کرد و آن را پذیرفت؛ امّا گفت: اگـر خـداونـد مـرا مؤاخذه کرده و کیفر داده است؛ پس نشان آن چیست؟

گفت: یا رب! دفعِ مـن مـی‌گوید او آن گـرفتن را نشـان مـی‌جوید او ۳۴۰۲

شعیب گفت: خداوندا، این مرد کلام مرا رد می‌کند و علامت و نشان می‌خواهد.

گـفت: سـتّارم نگـویم رازهـاش جـز یکی رمـز از بـرای اِبْتلاش ۳۴۰۳

حق تعالیٰ فرمود: من اسرار او را فاش نمی‌کنم؛ زیرا ستّارم و عیوب را مـی‌پوشانم، امّـا برای آگاهی وی رمزی می‌گویم تا بداند که در اثر کیفر الهی به چه بلایی مبتلا شده است.

یک نشـانِ آنکـه مـی‌گیرم ورا آنکـه طـاعت دارد و صَـوْم و دعـا ۳۴۰۴

یکی از نشانه‌هایِ او، آن است که علی‌رغم طاعات، عبادات، روزه و دعا که به جای می‌آورد،

وز نماز و از زکاة و غیرِ آن　　لیک یک ذرّه ندارد ذوقِ جان ۳۴۰۵

در نماز یا زکات یا اعمالِ نیکِ او، ذرّه‌ای ذوق و روح نیست.

می‌کند طاعات و افعالِ سَنی[1]　　لیک یک ذرّه ندارد چاشنی ۳۴۰۶

او طاعات و کارهایِ پسندیده انجام می‌دهد؛ امّا ذرّه‌ای چاشنی ذوق و حال ندارد.

طاعتش نغز است و معنی نغزْ نی　　جوزها بسیار و در وی مغزْ نی ۳۴۰۷

طاعات او مانند انبوهِ گردویِ عاری از مغز است.

ذوق باید تا دهد طاعات بَرْ　　مغز باید تا دهد دانه شَجَرْ ۳۴۰۸

برای آنکه طاعات ثمره‌ای روحانی داشته باشد و سببِ تعالی روح شود، باید انجام فیزیکی طاعات همراه با ذوقی باشد که نتیجهٔ صفای باطن و درجات اوّلیّهٔ شهود حق است. [این ذوق و شعف و کشش در حقیقت چیزی جز رضای الهی نیست.] همان‌طور که وجود مغز در دانه برای رویش گیاه ضروری است، ذوق هم مغز و حقیقت طاعات است.

دانهٔ بی مغز کِی گردد نهال؟　　صورتِ بی جان نباشد جز خیال ۳۴۰۹

چگونه دانهٔ بی‌مغز به نهال مبدّل شود؟ به همین ترتیب، حاصلِ صورت و قالبِ فاقدِ جان، جز خیال و توهّم نیست و طاعات او همان صورت بی‌جان است.

بقیّهٔ قصّهٔ طعنه زدنِ آن مردِ بیگانه در شیخ

آن خبیث از شیخ می‌لایید[2] ژاژ[3]　　کژ نگر باشد همیشه عقلِ کاژ[4] ۳۴۱۰

آن شخص پلید در مورد شیخ سخنان یاوه‌ای می‌گفت، همواره عقلِ کسی که تحتِ تأثیرِ نَفْسی منحرف باشد، دچار انحراف است.

که منش دیدم میانِ مجلسی　　او ز تقوی عاری است و مُفْلِسی[5] ۳۴۱۱

می‌گفت: من او را در میان مجلسی دیدم و دریافتم که از تقوا به دور و مفلسی بی‌ایمان است.

---

۱ - **سَنی** : بلند، عالی.　۲ - **می‌لایید** : بیهوده می‌گفت.　۳ - **ژاژ** : سخن یاوه.
۴ - **کاژ** : کج‌بین، دوبین.　۵ - **مفلس** : اینجا بی‌ایمان.

ور که باور نیستت خیز امشبان تا ببینی فسقِ[1] شیخت را عیان ۳۴۱۲

اگر باور نداری، برخیز امشب با هم برویم تا فسق و فسادِ شیخت را به وضوح ببینی.

شب بِبُردش بر سرِ یک روزنی گفت: بنگر فسق و عشرت کردنی ۳۴۱۳

شب او را بالای روزنه‌ای برد و گفت: اینک تباهی و عیش و عشرت شیخ را ببین.

بنگر آن سالوسِ[2] روز و فسقِ شب روز همچون مصطفی، شب بولَهَب ۳۴۱۴

تقوایِ ریاییِ روزانه و فساد و تباهیِ او را ببین، روزها مؤمن و شب‌ها کافر است.

روز عبد اللّه او را گشته نام شب نَعُوذُ بِاللّه[3] و در دستْ جام ۳۴۱۵

مردم او را در روز، عبدالله [بندهٔ خدا] می‌نامند [از دقّتی که در انجام طاعات و عبادات دارد] امّا در شب، پناه بر خدا، جام در دست و به میگساری می‌پردازد.

دید شیشه در کفِ آن پیر پُر گفت: شیخا مر تو را هم هست غُر؟[4] ۳۴۱۶

چون مرید شیشهٔ پُر را در دست شیخ دید، گفت: ای شیخ، تو هم فریبکاری؟

تو نمی‌گفتی که در جامِ شراب دیو می‌میزد شتابانْ ناشتاب[5]؟ ۳۴۱۷

مگر تو نمی‌گفتی که شیطان هر روز صبح به شتاب در جام شراب ادرار می‌کند؟

گفت: جامم را چنان پُر کرده‌اند کاندر او اندر نگنجد یک سپند ۳۴۱۸

شیخ گفت: جام مرا چنان لبریز کرده‌اند که در آن دانه‌ای سپند هم نمی‌گنجد.

بنگر اینجا هیچ گنجد ذرّه‌یی؟ این سخن را کژ شنیده، غَرّه‌یی[6] ۳۴۱۹

خوب نگاه کن و ببین آیا این جام گنجایش ذرّه‌ای دیگر را دارد؟ این سخن نارواست و تو گول خورده‌ای.

جامِ ظاهر، خمرِ ظاهر نیست این دور دار این را ز شیخِ غیبْ‌بین ۳۴۲۰

آنچه را که گفتیم جامِ ظاهر و مِیِ ظاهری نیست، این اعمال ناروا از شیخی که امور غیبی بر وی آشکار شده، به دور است.

---

۱ - **فِسق** : کارِ بد، گناه. ۲ - **سالوس** : فریبنده. ۳ - **نَعُوذُ بِاللّٰه** : پناه بر خدا.
۴ - **غُر** : فتق، برآمدگی در اعضا و وجود غدّه، مجازاً به معنی عیب. ۵ - **ناشتاب** : ناشتا.
۶ - **غَرّه** : فریفته، گول خورده.

جامِ مِی، هستیِ شیخ است ای فِلیو[۱] ! کـاندر او انـدر نگـنجد بـولِ دیـو ۳۴۲۱

ای موجود سرگشته، جامِ «می» که گفتیم، «هستیِ» شیخ است که سرشار از نورِ حق و مِیِ عشقِ الهی است و در آن پلیدی راهی ندارد.

پـرّ و مـالامال از نـورِ حـق است جامِ تن بشکست نورِ مـطلق است ۳۴۲۲

جامِ وجودِ شیخ لبریز از انوار الهی است. جامِ تن [صفات و تعلّقات بشری] را با تهذیب نَفْس به کلّی شکسته و نور مطلق شده است.

نورِ خورشید ار بـیفتد بـر حَـدَث[۲] او همان نور است، نپذیرد خَـبَث[۳] ۳۴۲۳

اگر نور خورشید بر روی نجاسات بتابد، در اثر پلیدی آن‌ها آلوده نمی‌شود و پاک می‌مانَد.

شیخ گفت: این خود نه جام است و نه مِیْ هـین! بـه زیـر آ مُنکِرا ! بـنگر بـه وی ۳۴۲۴

شیخ گفت: این، نه جام است و نه شراب، ای منکر، پایین بیا و ببین.

آمـد و دیـد انگـبینِ خـاص بـود کـور شـد آن دشـمنِ کـور و کـبود ۳۴۲۵

مرید آمد و دید که عسلِ خاصّ است، در نتیجه آن دشمن بدنهاد خوار شد.

گفت پـیر آن دم مـریدِ خـویش را رو بـرای مـن بـجو مِیْ ای کـیا ! ۳۴۲۶

شیخ خطاب به مرید خویش گفت: ای بزرگوار، برو و برای من شراب بیاور.

که مرا رنجی‌ست، مضطر گشـته‌ام من ز رنج از مَـخْمَصه[۴] بگـذشته‌ام ۳۴۲۷

من به درد و رنجی مبتلا شده‌ام که مرا بی‌تاب و درمانده کرده است.

در ضرورت هست هر مُردار پاک[۵] بـر سـرِ مُـنکِر ز لعـنت بـاد خـاک ۳۴۲۸

در ضرورت و ناچاری استفاده از هر مُردار رواست، خاکِ لعنت بر مُنکر باد.

گِـردِ خُـمخانه بـر آمـد آن مـرید بهرِ شیخ از هر خُمی او مـی‌چِشید ۳۴۲۹

مُرید به سویِ خُمخانه رفت و برای یافتن شراب از هر خُمی می‌چشید.

---

۱ - **فِلیو** : بیهوده، سرگشته، احمق. ۲ - **حَدَث** : نجاست. ۳ - **خَبَث** : پلیدی.

۴ - **مخمصه** : از خمص به معنی لاغر شدن شکم در هنگام گرسنگی. حالت مخمصه گرسنگی شدید است که از نظر شریعت انسان در حالت اضطرار می‌تواند از مردار یا گوشت حرام استفاده کند.

۵ - اشارتی قرآنی؛ نحل ۱۱۵/۱۶ : إِنَّما حَرَّمَ عَلَيْكُمُ الْمَيْتَةَ وَ الدَّمَ وَ لَحْمَ الْخِنزيرِ وَ ما أُهِلَّ لِغَيْرِ اللهِ بِه فَمَنِ اضْطُرَّ غَيْرَ باغٍ وَ لا عادٍ فَإِنَّ اللهَ غَفورٌ رَّحيمٌ: خداوند حرام کرد بر شما گوشت مُردار و خون و گوشت خوک را و هر آنچه جز به نام خدا ذبح کنند. و هرکس درمانده و ناچار باشد بی‌آنکه قصد تجاوز و تعدّی از حکم خدا نماید باکی نیست که خداوند بخشنده و مهربان است.

در همه خُم‌خانه‌ها او مِیْ ندید　　گشته بُد پُر از عسل خُمِّ نبید[۱] ۳۴۳۰

تمام خمخانه‌ها را گشت و در هیچ خمی شراب ندید؛ زیرا شراب‌ها به عسل تبدیل شده بود.

گفت: ای رندان[۲]! چه حال است این؟ چه کار؟　　هیچ خُمّی در نمی‌بینم عُقار[۳]! ۳۴۳۱

مرید گفت: ای می‌خواران، این چه کار و چه حالتی است که در هیچ خمی شراب نمی‌بینم.

جمله رندان نزدِ آن شیخ آمدند　　چشمْ گریان دست بر سر می‌زدند ۳۴۳۲

هنگامی که رندان متوجّه این کرامت شدند، با چشمی گریان و برسرزنان نزد شیخ آمدند.

در خرابات[۴] آمدی شیخِ اَجَل　　جمله مِیْ‌ها از قُدومت شد عسل ۳۴۳۳

گفتند: ای شیخ بزرگوار، قدم به میکده نهادی و به برکت قدومت، شراب‌ها عسل شد.

کرده‌ای مُبْدَل تو مِیْ را از حَدَث　　جانِ ما را هم بَدَل کن از خَبَث ۳۴۳۴

تو که چنان قدرتی داری که شراب را از پلیدی پاک کردی، جان ما را هم از آلودگی بِرَهان.

گر شود عالم پُر از خون مالْ مال　　کِیْ خورد بندهٔ خدا الاّ حلال؟[۵] ۳۴۳۵

اگر همهٔ عالم پر از خون و آلوده شود، کی بندهٔ خالصِ خدا رزقِ حلال می‌خورد؟

گفتنِ عایشه رَضِیَ الله عَنْها، مصطفی را علیه السَّلام، که: تو بی مُصَلّی[۶] به هر جا نماز می‌کنی، چون است؟

در تأیید نتیجه‌ای است که از قصّهٔ «طعن زدن بیگانه در شیخ» حصول می‌یابد که در بیانِ این معنا بود که شیخِ واصل، «دونَ اَلقُلَّتَین» و «حوضِ خُرد» نیست که به قطرهٔ پلیدی آلوده گردد و در شرحِ این نکته که وجود او پاک است و پاک کننده به شمار می‌آید.

عایشه «رضی الله عنها» روزی از پیامبر(ص) پرسید: چگونه که شما بی‌مُصلّی در هر جا نماز

---

۱ - **نبید**: شراب.

۲ - **رندان**: جمع رند، مردم زیرک و هوشیار، لاابالی و بی‌قید، ایشان را از این جهت رند خوانند که ظاهر خود را در ملامت دارند و باطن به سلامت بَرَند. در اصطلاح متصوّفه کسی است که جمع کثرات و تعیّنات وجوبی امکانی ظاهری را از خود دور کرده و سرافراز عالم و آدم است. می‌خواره.　۳ - **عُقار**: شراب.

۴ - **خرابات**: میکده، مقصودِ عارفان از خرابات، خانقاه و زاویه است؛ یعنی آنجا که تخلیه از ناپاکی انجام یابد.

۵ - اشارتی است به روایتی با همین مضمون: احادیث، ص ۲۳۸.　۶ - **مُصَلّی**: محلِ نماز.

را اقامه می‌داری، حال آنکه به خوبی واقف هستی که در خانه هر پاک و ناپاک آمد و شد دارند. پیامبر(ص) فرمود که خداوند برای مهان هر نجس را پاک گردانیده است؛ پس سجده‌گاه مرا به لطف و عنایت «پاک گردانید تا هفتم طبق».

عـایشه روزی بـه پـیغمبر بگـفت　　　یـا رسـولَ اللّـه! تـو پـیدا و نـهفت ۳۴۳۶

روزی عایشه به پیامبر(ص) گفت: یا رسول الله، شما آشکارا و نهان،

هـر کـجا یـابی، نـمازی مـی‌کنی　　　مـی‌دَوَد در خـانه نـاپاک و دَنـی ۳۴۳۷

هر جایی که می‌یابی، نماز می‌گزاری، در حالی‌که همه جور آدمِ ناپاک و پلید اینجا رفت‌وآمد دارند.

گرچه می‌دانی کـه هـر طـفلِ پـلید　　　کرد مُسْتعمَل به هر جـا کـه رسـید ۳۴۳۸

شما می‌دانی که هر کودکِ ناپاک از هر جا که بگذرد، آنجا را نجس می‌کند.

گـفت پـیغمبر کـه: از بـهرِ مِـهان　　　حق نجس را پـاک گـردانَـد، بـدان ۳۴۳۹

پیامبر(ص) گفت: بدان که خداوند برای بزرگان هر ناپاکی را پاک کرده است.

سجده‌گاهم را از آن رُو لطفِ حـق　　　پـاک گـردانـید[1] تـا هـفتم طَـبَق ۳۴۴۰

از آن روست که لطف الهی سجده‌گاه مرا تا طبقهٔ هفتم پاک گردانیده است.

هان و هان! ترکِ حسد کن با شهان　　　ورنــه ابـلیسی شـوی انـدر جـهان ۳۴۴۱

آگاه و به‌هوش باش که با اولیایِ حق حسد نورزی و گرنه در جهان به شیطانی مجسّم مبدّل می‌شوی.

کو اگر زهری خورَد، شهدی شـود　　　تو اگر شهدی خوری، زهـری بُـوَد ۳۴۴۲

زیرا او دارای «صحّتِ نَفْس» است و به سببِ بهره‌مندی از دنیا، نفسِ کمال یافتهٔ وی دچار نقص نمی‌شود، در حالی که سالک در میان تبِ تعلّقات می‌سوزد و چاره‌ای جز پـرهیز از جلوه‌هایِ دنیوی با انواع ریاضت‌ها ندارد.

کو بَـدَل گشت و بَـدَل شـد کـارِ او　　　لطف گشت و نـور شـد هـر نـارِ او ۳۴۴۳

او متخلّق به اخلاق الله شده و صفاتِ بشری‌اَش کمال یافته است، از حجاب مادّه گذشته و افعال و اعمالِ او عین لطف شده و آتشِ نَفْس در وجودِ پاک وی به نورِ الهی مبدّل گشته است.

---

۱ - اشاره‌ای است به روایتی از ابوهریره به نقل از رسول خدا(ص): جُعِلَتْ لِیَ ٱلأَرْضُ مَسْجِداً وَ طَهُوراً : زمین برای من سجده‌گاه و پاک و پاک‌کننده قرار داده شده است: احادیث، ص ۲۳۸.

۳۴۴۴ **قــوّتِ حــق بـود مـر بــابیل را ورنه مرغی چون کُشد مر پیل را ؟**[1]

با قدرت و ارادهٔ حق پرندگان ابابیل لشکری را منهزم کردند وگرنه مـرغ نـاچیز چگـونه می‌تواند بر سپاهِ عظیمِ فیل پیروز شود؟

۳۴۴۵ **لشکری را مرغکی چندی شکست تا بدانی کآن صلابت از حـق است**

لشکری با آن عظمت را چند پرندهٔ کوچک در هم شکست تا بدانی که قدرت و صلابتِ حق، مرغکی چند را چنین توانا کرد.

۳۴۴۶ **گر تو را وسـواس آیـد زیـن قـبیل رو بخوان تو سـورهٔ اصـحابِ فـیل**

اگر در این امر تردید و وسوسه‌ای داری، سورهٔ فیل را بخوان و با داستان اصحاب فیل آشنا شو که بدانی قدرت بی‌چون حق تعالیٰ بر هر امری قادر است و به پشتوانهٔ قـدرت و لطفِ او، ولیِّ حق به تهذیب نفس می‌پردازد و کمال می‌یابد.

۳۴۴۷ **ور کــنی بــا او مِـری و هـمسری کافرم دان، گر تو ز ایشان سر بری**

اگر با او دشمنی کنی و وی را انسانی همانند خود بدانی، مرا کافر به شمار آور، اگر جان سالم به در ببری.

کشیدنِ موش مَهار شُتر را و مُعْجِب[2] شدنِ موش در خود[3]

موش افسار شتر را گرفت و رفت، از اینکه شتر با آن جثّهٔ عظیم در پی او به راه افتاده است، غرّه شد و پنداشت که پهلوان است.

شتر اندیشه او را دریافت و با خود گفت که حقیقت را به تو نشان خواهم داد تا بدانی که مرتبهٔ تو چیست. به محض آنکه بر لب جوی بزرگی رسیدند، موش متوقّف شد، شتر به او

---

۱ - اشارتی قرآنی؛ فیل : ۳/۱۰۵ : ر.ک: ۱۳۱۹/۱. ۲ - **مُعْجِب** : متکبّر.

۳ - این حکایت را که به احتمال قوی باید از اقوال عامّه اخذ شده باشد، عطّار در اسرار نامه آورده است و در آن داستان، موشی افسار شتری را گرفته در پی خویش می‌کشد، شتر به آسانی روان می‌گردد تا موش به سوراخ خود می‌رسد و وارد آن لانهٔ تنگ می‌گردد، شتر خطاب به موش می‌گوید: مـن اینک آمـدم،کـو جـایگاهت؟ : مـضامین حکایت‌ها، ص ۵۵، نقل از اسرارنامه، ص ۱۷۴.

این حکایت در تفسیر ابوالفتوح، ج ۵، ص ۵۱۷ نیز همین مضمون را دارد: احادیث، ص ۲۳۹.

و با تفصیلی مناسب گفتهٔ مولانا این قصّه را در مقالات شمس می‌توان دید: مقالات شمس، نسخهٔ کتابخانهٔ فـاتح، ص ۱۱۲ و ۱۱۶.

گفت: چرا به راه خود ادامه نمی‌دهی؟ گفت: آب عمیق و شگرف است، می‌ترسم در آن غرق شوم. شتر برای تعیین عمق آب، پا را درون جوی نهاد و به موش گفت: آب تا زانو بیشتر نیست، برای چه می‌ترسی؟ موش گفت: از زانو تا زانو تفاوت بسیار است.

در این حکایت احوال پیامبران و کاملان که هادیان راه حق‌اند و ناجیِ غریقانِ هوای نفس، با غیر کاملان در تقابل قرار می‌گیرد. سرِّ سخن آنکه: یا باید پیامبر بود یا پیرو.
شتر نمادی از مراد است و موش نمادی از مرید.

شیخ عطّار نیز در بیان این امر به نکوهش مدّعیان و طالبان وصل حق می‌پردازد که خیالی خام در سر می‌پزند و بی‌آنکه زمینهٔ حضور او را فراهم کنند، خواهان تجلّی حق در وجود خویش‌اند و مناسب چنین حالی، «مردِ گلخنی» را می‌داند که خواستارِ حضور شاه در خانهٔ خود بود و با آمدن شاه از شوق جان باخت و خطاب به چنین بی‌خردانی می‌گوید:[1]

برو ای گلخنی گلخن همی تاب / در این آتش به صد شیون همی تاب
اگر سلطان به سوی توکند رای / چه سازی چون نه جان داری و نه جای

در بیانِ این نکته که برای دعوت از مهمانِ الهی ظرفیّت و قابلیّت شرط است.

موشکی در کف مَهارِ اُشتری / در رُبود و شد روان او از مِری[2] ۳۴۴۸

موش کوچکی، مهار شتری را در دست گرفت و با غرور به راه افتاد.

اشتر از چُستی که با او شد روان / موش غَرّه شد که: هستم پهلوان ۳۴۴۹

از اینکه شترِ عظیم به چالاکی در پی او روانه شد، موش مغرور شد که من پهلوانم.

بر شتر زد پرتوِ اندیشه‌اش / گفت: بنمایم تو را، تو باش خَوش! ۳۴۵۰

پرتوِ این اندیشهٔ ناروا بر دل شتر اثر گذاشت و با خود گفت: از تصوّرِ خود شادمان باش. توانایی و قدرتت را به تو نشان می‌دهم.

تا بیامد بر لبِ جویِ بزرگ / کاندر او گشتی زبون پیلِ سُتُرگ[3] ۳۴۵۱

موش به کنار نهر بزرگی رسید که فیل عظیم‌الجثّه هم نمی‌توانست از آن عبور کند.

موش آنجا ایستاد و خشک گشت / گفت اشتر: ای رفیقِ کوه و دشت! ۳۴۵۲

موش با دیدن نهر بر جای خود خشک شد و ایستاد. شتر گفت: ای همراهِ کوه و دشت!

---

۱ - مضامین حکایت‌ها، ص ۵۵.   ۲ - **مِری**: ستیزه و جدال.   ۳ - **سُتُرگ**: درشت، عظیم.

این توقف چیست؟ حیرانی چرا؟ پا بنه، مردانه اندر جُو در آ ۳۴۵۳

چرا متوقّف شدی؟ حیرتت برای چیست؟ مردانه گام بردار و به جوی آب وارد شو تا بگذریم.

تو قلاووزی[1] و پیش آهنگِ من در میانِ ره مباش و تن مزن ۳۴۵۴

تو پیشرو و پیشاهنگ راه من هستی، در میان راه توقّف نکن.

گفت: این آبِ شگرف[2] است و عمیق من همی ترسم ز غرقاب[3] ای رفیق! ۳۴۵۵

موش گفت: دوست من، این آب عظیم و بس عمیق است، می‌ترسم غرق شوم.

گفت اشتر: تا ببینم حدِّ آب پا در او بنهاد آن اشتر شتاب ۳۴۵۶

گفت: بگذار ببینم عمق آن تا چه حدّ است و به شتاب پا در آب نهاد.

گفت: تا زانوست آب ای کورْموش از چه حیران گشتی و رفتی ز هوش؟ ۳۴۵۷

گفت: ای موش کور، اینکه فقط تا زانوست، چرا حیران و مدهوش شده‌ای؟

گفت: مورِ توست و ما را اژدهاست که ز زانو تا به زانو فرق‌هاست ۳۴۵۸

موش گفت: برای تو مور و برای من اژدهاست؛ زیرا میان زانوی من و تو تفاوتی بسیار است.

گر تو را تا زانو است ای پُر هنر[4] مر مرا صدگز[5] گذشت از فرقِ سر ۳۴۵۹

ای پُر هنر، اگر آب برای تو تا زانو باشد، برای من صد ذرع از سرم می‌گذرد.

گفت: گستاخی مکن بارِ دگر تا نسوزد جسم و جانت زین شرر ۳۴۶۰

شتر گفت: پس اینک که تفاوت میان خود و مرا دریافتی، بار دیگر گستاخی نکن تا جسم و جانت در شراره‌های آتش نسوزد.

تو مِری[6] با مثلِ خود موشان بکُن با شتر مر موش را نَبْوَد سخُن ۳۴۶۱

تو با موش‌ها که همانند تو هستند، برابری و خودنمایی کن، موش کجا می‌تواند با شتر همکلام شود؟

گفت: توبه کردم از بهرِ خدا بگذران زین آبِ مُهلک مر مرا ۳۴۶۲

موش گفت: توبه کردم، اینک از بهر خدا مرا از این آبِ هلاکت‌آور عبور ده.

---

۱ - **قلاووز**: راهنما. ۲ - **شِگرف**: عجیب و شِگفت‌انگیز. ۳ - **غرقاب**: آبِ عمیق.
۴ - **هنر**: اینجا دانش و کمال. ۵ - **گز**: ذرع، واحدِ طول. ۶ - **مِری**: مقابله.

رحم آمد مر شتر را گفت: هین! بَرْجِه و بر کودبانِ[1] من نشین ۳۴۶۳

شتر بر موش رحم کرد و گفت: اینک جستی بزن و بر کوهان من بنشین.

این گذشتن شد مسلَّم[2] مر مرا بگذرانم صد هزاران چون تو را ۳۴۶۴

برای من عبور از این آب به سهولت ممکن است. صدهزاران مانند تو را هم می‌گذرانم.

چون پیمبر نیستی، پس رو به راه تا رسی از چاه روزی سویِ جاه ۳۴۶۵

پس ای آدمی، چون پیامبر نیستی، پیرو باش تا روزی از ظلماتِ خودبینی بِرَهی و به حشمت و جاهِ معنوی برسی.

تو رعیّت باش چون سلطان نه‌ای خود مران چون مردِ کشتیبان نه‌ای ۳۴۶۶

چون شاه نیستی؛ پس رعیّت خوبی باش. تا از فنون دریاداری و کشتیبانی به خوبی وقوف نیافته‌ای، ادّعای ناخدایی نکن و در کشتیِ امن مردان حق بنشین.

چون نه‌ای کامل، دکان تنها مگیر دستْ خوش[3] می‌باش تا گردی خمیر ۳۴۶۷

چون به کمال نرسیده‌ای، دکانِ فضل‌فروشی نگشا و سببِ گمراهیِ دیگران و رسوایی خود نشو. در کفِ قدرتِ مردانِ حق نرم باش تا مانندِ خمیر به تو شکل دهند و اسکلت معنوی و روحانی‌ات را بسازند که قابلیّت کمال بیابی.

أَنْصِتُوا[4] را گوش کن خاموش باش چون زبانِ حق نگشتی گوش باش ۳۴۶۸

فرمان حق تعالیٰ را که «خاموش باشید» است، بپذیر و با سکوت به کلامِ حق که از زبان مرشد کامل گفته می‌شود، توجّه تامّ داشته باش. تا به کمال الهی نرسیده و زبان حق نشده‌ای، سراپا گوش باش.

ور بگویی، شکلِ استفسار[5] گو با شهنشاهان تو مسکین‌وار گو ۳۴۶۹

اگر کلامی می‌گویی، به شکل سؤال مطرح کن که حاکی از عدم اطلاع و آگاهی تو باشد؛ زیرا با مردان حق باید مسکین‌وار و با تواضع سخن گفت و حدِّ خویش را شناخت.

ابتدایِ کِبر و کین از شهوت است راسخیِّ[6] شهوتت از عادت است ۳۴۷۰

ریشهٔ اصلیِ کبر و غرور و کینه‌توزی، شهوت است که در اثر عادت بد در وجود استقرار

---

۱ - **کودبان**: کوهان. ۲ - **مُسلَّم**: محقَّق، قطعی، سلامت داشته شده، مجاز.

۳ - **دست خوش**: مغلوب، زیردست، در تحت حکم کسی بودن.

۴ - « أَنْصِتُوا » برگرفته از: اعراف: ۲۰۴/۷؛ ر.ک: ۱۶۳۱/۱. ۵ - **استفسار**: پرسش. ۶ - **راسخی**: پایداری.

می‌یابد. شهوت چیزی جز میل مفرط به بهره بردن از تمایلات جسمانی و نَفْسانی نیست و با ارضای مکرّر خواسته‌ها، لذّت‌جویی به صورت خُویِ اکتسابیِ منفی در آدمی پایدار می‌شود.

چون ز عادت[1] گَشت محکم خویِ بد　　　خشم آید بر کسی کِتْ واکشد[2] ۳۴۷۱

چون در اثر استمرار خوی بد جزو عادات تو در آمد، نسبت به هر کسی که مانعی برای خواسته‌هایت باشد، خشمگین می‌شوی.

چونکه تو گِلْ‌خوار گشتی، هرکه او　　　واکشد از گِلْ تو را، باشد عدو ۳۴۷۲

اگر به گِل خوردن عادت کنی، هر کسی را که مانعِ آن شود، دشمن می‌دانی.

بُت‌پرستان چونکه گِردِ بُت تَنَند[3]　　　مانعانِ راهِ خود را دشمن‌اند ۳۴۷۳

چون بت‌پرستان با بت‌پرستی خُو می‌گیرند، با هر کس که مانع باشد، دشمنی می‌ورزند.

چونکه کرد ابلیس خو با سروری　　　دید آدم را حقیر او از خری ۳۴۷۴

چون شیطان به برتری خو کرده بود، از نادانی آدم(ع) را به دیدهٔ حقارت نگریست.

که بِهْ از من سروری دیگر بُوَد　　　تا که او مسجودِ چون من کس شود؟ ۳۴۷۵

با خود اندیشید: مگر برتر از من هم سروری هست که بر او سجده کنم؟

سروری زهر است جز آن روح را　　　کو بُوَد تریاقْ لانی[4] ز اِبتدا ۳۴۷۶

سروری زهری کشنده است، جز برای کسانی که روحی متعالی دارند و مانندِ منبعِ پادزهرند و سمِ تعظیم و تکریم دیگران در وجودشان اثر سوئی بر جای نمی‌گذارد.

کوه اگر پُر مار شد، باکی مدار　　　کو بُوَد اندر درون تریاق[5] زار ۳۴۷۷

اگر کوهِ هستیِ مردانِ حق در ظاهر پُر از مار و سمّ به نظر آید؛ یعنی در جایگاهی از مناصب دنیوی قرار گیرند که سمِّ تملّق، چاپلوسی و تعظیم و تکریم در آن بسیار باشد، باکی نیست؛ زیرا آنان در درون دارایِ معدنِ پادزهرند.

---

۱ - **عادت :** آنچه بدان خوی گیرند. استعداد اکتسابی صدور حرکات یا تحمّل تأثیراتی معیّن. عادت بر خلاف غریزه فطری نیست، بلکه هر فردی در اثر لزوم انطباق با محیط و تعقیب خواسته‌ها و اغراض خویش آن را تحصیل می‌کند و دو گونه است: مثبت و منفی. ۲ - **کِت واکشد :** که تو را باز دارد.

۳ - **گِرد کسی تنیدن :** با او مصاحبت کردن. ۴ - **تریاق لان :** محلِّ پادزهر.

۵ - **تریاق :** معرّب تریاک، معجونی از داروهای مسکّن و مخدّر که به عنوان ضدّ درد و سم به کار می‌رفته است. پادزهر معدنی که به عربی حجرالسّم نامند، سنگی است کانی. پادزهر حیوانی، حجرالتیس است که سنگی است به رنگ سبز مایل به سیاه و براق و لایه‌لایه و در شیردان بزکوهی متکوّن می‌گردد و خاصیّت ضدّ سمی دارد.

سروری چون شد دِماغت را نـدیم هر که بشکستَتْ شود خصم قـدیم ۳۴۷۸

اگر در تو ریاست‌طلبی و حسّ ِ برتری‌جویی به دیگران قوّت گرفت و به صورت یک بـاور ذهنی موجودیّت یافت، هر کس که با آن مخالفت کند، نزدت دشمنی دیرینه محسوب می شود.

چون خلافِ خویِ تـو گـوید کسـی کـینه‌ها خـیزد تـو را بـا او بسـی ۳۴۷۹

و اگر کسی بر خلاف عادت و خوی تو سخنی گوید، نسبت بـه او کـینه و عـداوت در درونت می جوشد.

کـه مـرا از خـویِ مـن بـر مـی‌کَند خویش را بر من چو سرور مـی‌کُند ۳۴۸۰

می‌اندیشی که او می‌خواهد این عادتِ مرا ریشه‌کن سازد و خود بر من سروری کند.

چون نباشد خویِ بد سرکش در او کِی فـروزد از خـلاف آتش در او؟ ۳۴۸۱

اگر در او خوی بد نباشد، چرا از مشاهدهٔ اندک مخالفتی، آتش خشم در درونش شعله می‌کشد؟

بـــا مـــخالف او مُـدارایـی کـند در دلِ او خـــویش را جـایی کـند ۳۴۸۲

کسی که خوی بدِ سروری‌طلبی و برتری جویی در وجودش استوار نشـده بـاشد، بـا شخصی که به مخالفت سخن گفته است، مدارا می‌کند و می‌کوشد بدون غَرَض و تـعصّب کلامِ او را بشنود و به این ترتیب در دلِ وی جایی برای خود باز کند.

زانکه خویِ بد نگشـته‌ست اسـتوار مورِ شهوت شد ز عادت همچو مار ۳۴۸۳

زیرا خوی بد هنوز در وجودش راسخ و محکم نشده و به صـورت عـادتی اسـتوار در نیامده است. اگر با تمایلات نفسانی مبارزه شود تا تکرار نشوند و به صـورت «عـادت» در نیایند، مانندِ موری ناتوان در کفِ قدرتِ آدمی‌اند و اگر ارضای خواسته‌های نَفْسانی مدار زندگی و هدفِ او باشند، فرد به آن معتاد می شود و این عادت ناشایست لحظه به لحظه رشد می‌کند و تبدیل به ماری عظیم‌الجثّه می‌گردد.

مـــارِ شـهوت را بکُش در ابـتلا ورنــه ایــنک گشت مـارت اژدهـا ۳۴۸۴

اگر به این عادت مذموم خو گرفته و مبتلا شده‌ای، بکوش با تهذیبِ نَـفْس بـه تـعدیلِ تمایلاتِ سرکش و نابودی آن بپردازی و گرنه به خواسته‌های سیری‌ناپذیری مبدّل می شوند.

لیک هر کس مور بیند مارِ خویش تو ز صاحب دل[1] کن استفسارِ خویش ۳۴۸۵

امّا هر کس شهوات و خواسته‌هایِ سرکش نَفْسانیِ خود را ناچیز می‌پندارد و افراطی را که در بر آوردن شهوات دارد، نمی‌پذیرد و قدرت تشخیص ِ آن را نیز ندارد. کسی که می‌تواند واقعیّت را ببیند و بگوید عارفِ صاحب دل است، جویایِ چگونگیِ احوال خویش از او باش.

تا نشُد زر[2]، مِسْ[3] نداند: من مِسم تا نشد شه، دل نداند: مُفْلِسَم ۳۴۸۶

تا تبدیلِ درونی و باطنی رخ ندهد و با رسیدن به کمال، مس ِ وجودِ آدمی به زرّ تبدیل نشود، هیچ کس نقص ِ معنوی خود را نمی‌پذیرد و به همین ترتیب، تا «دل» از زنگارِ خواهش‌ها، تعلّقات و غفلت‌ها پاک نشود و به مقامِ خود که نظرگاه حق است، نرسد، نمی‌پذیرد که مفلس و بینواست.

خدمتِ اکسیر کن مس‌وار تو جور می کَشْ ای دل از دلدار[4] تو ۳۴۸۷

ای دل، تو نیز همانند وجودی کمال نیافته مدّتی با جان و دل در خدمت مرشدِ کامل باش و جور و جفایِ او را با روی گشاده بپذیر.

کیست دلدار؟ اهلِ دل، نیکو بدان که چو روز و شب جَهان‌اند از جِهان ۳۴۸۸

دلدار کیست که باید جور او را با مهر پذیرفت؟ دلدار، اهل دل است، کسی که مانند روز و شب از جهان محسوس به عالمی ورای آن می‌جَهَد، یعنی تن وی بر زمین و جان او در عوالم روحانی و در حال شهود است.

عیب کم گو بندهٔ اَللّه را متَّهم کن به دزدی شاه را ۳۴۸۹

در وجود کسی که از بندگی هوس رهیده و به بندگی خدا رسیده است، جویای عیب و نقص نباش و سلطانِ مُلک دل را به ربودن چیزی که متعلّق به اوست متّهم نکن؛ زیرا کون و مکان در تصرّف انسان کامل است.

---

۱ - **صاحب دل :** عارف، انسان کامل، مرد حق، پیر. ۲ - **زر :** اینجا کنایه از کمال یافتن.
۳ - **مس :** اینجا جانِ ناقص و کمال نیافته. ۴ - **دلدار :** اینجا مُرادِ معنوی، انسانِ کاملِ واصل.

کراماتِ آن درویش که در کشتی متّهمش کردند[۱]

درویشی که با کشتی سفر می‌کرد، در گوشه‌ای خُفته بود، در حالی که همیان زری گم شده بود. همه را جُستند و نیافتند. به سوی او آمدند و گفتند: همه را جُسته‌ایم و اینک نوبت توست. دلِ درویش از اینکه گروهی نادان و غافل او را به دزدی متّهم کرده‌اند، به درد آمد و دست به دعا برداشت. ناگهان از هر سو هزاران ماهی سر از آب بیرون آوردند، در حالی که در دهان هر یک دُرّی گران‌بها دیده می‌شد. درویش دُرّی چند در کشتی ریخت و چون شاهان بر کرسی هوا سوار شد و به آنان گفت: کشتی از آن شما و حق از آن من.

اهلِ کشتی بر او بانگ زدند: ای بزرگ، این مقام را چگونه یافته‌ای؟ گفت: بر درویش تهمت ننهادم و به آزار کسان نپرداختم.

بــــود درویشـــــی درونِ کشـــتیی ساخته از رختِ مـردی پُشتیی[۲] ۳۴۹۰

درویشی که در سیر و سلوک از مردان راه بود، با کشتی سفر می‌کرد.

یاوه شد[۳] همیانِ زر[۴] او خُـفته بـود جمله را جُسـتند و او را هـم نـمود ۳۴۹۱

درویش در خواب بود که کیسهٔ زری گُم شد، اهل کشتی را بازرسی کردند و به او رسیدند.

کـین فـقیرِ خُـفته را جـوییم هـم کرد بـیدارش ز غـم صـاحب دِرَم ۳۴۹۲

گفتند که این فقیر خفته را هم باید بازرسی کنیم، صاحبِ دِرَم‌ها که ناراحت بود، او را بیدار کرد.

که: در این کشتی حُرُمْدان[۵] گُم شده‌ست جـمله را جُسـتیم نـتوانی تـو رَست ۳۴۹۳

گفت: در این کشتی کیسهٔ طلا گم شده است. همه را بازرسی کرده‌ایم، نوبت توست.

دلق بیرون کُـن، بـرهنه شـو ز دَلق تـا ز تـو فـارغ شـود اوهـامِ خَـلق ۳۴۹۴

خرقه و جامه را در آور و برهنه شو که تو را هم بازرسی کنیم تا مردم به تو بدگمان نشوند.

---

۱ - مأخذ آن از حکایات تعلیمی عامیانه است که در حلیة الاولیاء، ج ۱۰، ص ۱۷۶ و در رسالهٔ قشیریّه، ص ۱۶۵ از قول ذوالنّون مصری و در کشف المحجوب، ص ۱۰۹ و در کتاب تذکرة‌الاولیاء، ج ۱، ص ۴۱ با مختصر تفاوت منسوب به مالک دینار و در ص ۱۱۶ منسوب به ذوالنّون مصری نقل شده است و همین قصّه در کشف المحجوب در منزلت مالک دینار و با همین مضمون نقل شده است: و هر یک جوهری اندر دهان گرفته، از آن جمله یکی بستد و بدان مردم داد و خود قدم بر سر آب نهاد و بر روی آن به خوشی برفت: احادیث، صص ۲۳۹ و ۲۴۰.

۲ - **از رختِ مردی پشتی ساختن** : تکیه به همّت مردانهٔ خود داشتن، یعنی به قدرتِ باطنی.

۳ - **یاوه شد** : گُم شد. ۴ - **همیان زر** : کیسهٔ پول. ۵ - **حُرُمْدان** : کیسهٔ چرمی برای پول یا طلا.

گفت: یارب مر غلامت را خسان[1] مـتَّهم کـردند، فـرمان در رسان ۳۴۹۵

درویش با دلی آزرده گفت: پروردگارا، این بی‌مایگان بنده‌ات را به دزدی متّهم کرده‌اند. آنچه که مصلحت توست، اجرا کن.

چون به درد آمد دلِ درویش از آن سر برون کردند هر سو در زمان ۳۴۹۶

چون دلِ درویش به درد آمد، در همان لحظه، صدهزاران ماهی از هر سو سر بیرون آوردند.

صد هزاران ماهی از دریایِ ژرف در دهانِ هر یکی دُرّی شگرف[2] ۳۴۹۷

در حالی که در دهان هر یک مرواریدی کمیاب و گرانبها بود.

صـدهزاران ماهی از دریایِ پُر[3] در دهـانِ هر یکی دُرّ و چه دُر! ۳۴۹۸

صدهزاران ماهی از دریای پرگوهر بیرون آمدند و در دهان هر یک مرواریدی بود، آن هم چه گرانبها!

هـر یکـی دُرّی خـراجِ مُـلکتی[4] کز اِله است ایـن، نـدارد شـرکتی[5] ۳۴۹۹

قیمتِ هر مروارید معادلِ خراج و مالیات یک کشور بود و نظیر نداشت.

دُرّ چند انداخت در کشتی و جَست مر هوا را ساخت کُرسی و نشست[6] ۳۵۰۰

درویش چند مروارید را گرفت و در کشتی انداخت و به هوا جَست و نشست.

خوش مربَّع[7] چون شهان بر تختِ خویش او فـرازِ اوج و کشتی‌اش بـه پـیش ۳۵۰۱

مانندِ شاهان که بر تخت نشینند، تکیه زد و چهار زانو بر اوج هـوا نشست و کشتی در پیشاپیش او حرکت می‌کرد.

گفت: رو، کشتی شما را، حق مرا تـا نـباشد بـا شـما دُزدِ گـدا ۳۵۰۲

گفت: بروید، کشتی مال شما و حق از آن من، بروید تا پس از این دزدی فقیر با شما نباشد.

تا که را باشد خسارت زین فراق؟ من خوشم، جُفتِ حق و با خلق طاق ۳۵۰۳

تا ببینیم چه کسی از این جدایی زیان می‌بیند؟ من از اینکه با خدا هستم و از خلق جدا، خوشم.

۱ - **خَسان**: فرومایگان. ۲ - **دُرّی شگرف**: مرواریدی گرانبها. ۳ - **دریای پُر**: دریایِ پرگوهر.
۴ - **خراجِ مُلکتی**: خراجِ مملکتی. ۵ - **ندارد شرکتی**: نظیر ندارد.
۶ - **کُرسیَ ساخت و نشَست**: مانند تخت رویِ آن نشست. ۷ - **مربّع**: چهارزانو.

دفتر دوم ۵۲۱

نه مرا او تُهمت دزدی نهد   نه مَهارم را به غَمّازی[1] دهد ۳۵۰۴

او نه مرا متّهم به دزدی می‌کند و نه اختیار بندهٔ خود را به دست مردمِ تهمت‌زن و خبرچین می‌سپارد.

بانگ کردند اهلِ کشتی: کِای همام[2]!   از چه دادندت چنین عالی مقام؟ ۳۵۰۵

اهل کشتی فریاد زدند: ای بزرگوار، از چه رو به تو چنین مقامِ والایی داده‌اند؟

گفت: از تهمت نهادن بر فقیر!   وز حق آزاری پیِ چیزی حقیر! ۳۵۰۶

درویش به کنایه گفت: از تهمت زدن بر درویشان و آزردن حق برای چیزی بی‌قدر.

حاشَ لِلّه،[3] بل ز تعظیمِ شهان   که نبودم در فقیران[4] بدگمان ۳۵۰۷

پناه بر خدا اگر چنین باشم، بلکه این مقام را از آن رو یافتم که مردان حق را بزرگ داشته‌ام و هرگز در حقّ درویشان گُمان بد نبرده‌ام.

آن فقیرانِ لطیفِ[5] خوش نَفَس[6]   کز پیِ تعظیمشان آمد عَبَس[7] ۳۵۰۸

آن درویشانِ لطیف که دمِ گرمِ تأثیرگذار دارند، آنان که برای بزرگداشتشان خداوند سورهٔ «عَبَس» را نازل فرمود.

آن فقیری، بهرِ پیچاپیچ[8] نیست   بل پیِ آن که: بجز حق هیچ نیست ۳۵۰۹

فقیرانِ الهی به سبب گرفتاری در پیچاپیچ زندگی به «فقر» و درویشی روی نیاورده‌اند؛ بلکه از آن روست که جز حق چیزی نیست و مشتاق‌اند که به «حقیقت» اتّصال یابند.

متّهم چون دارم آن‌ها را که حق   کرد امینِ مخزنِ هفتم طَبَق؟ ۳۵۱۰

چگونه کسانی را که حق تعالیٰ امانت‌دار آسمان هفتم قرار داده است، متّهم کنم؟

متّهم نَفْس است نی عقلِ شریف[9]   متّهم حسّ است نه نورِ لطیف ۳۵۱۱

نَفْس متّهم است نه عقلِ حق‌جو، حواسِّ ظاهری که در درکِ امور عاجز است، متّهم به نقص و ضعف است نه نورِ لطیفِ الهی.

---

۱ - **غمّاز**: خبرچین.   ۲ - **همام**: سرور، بزرگ.   ۳ - **حاش لِلّه**: پناه بر خدا.
۴ - **فقیر**: درویش، سالک.   ۵ - **لطیف**: خوش‌خویِ نیک‌سرشت و بالطف.
۶ - **خوش نَفَس**: دارای دَمی گرم و سخنی اثربخش.   ۷ - اشارتی قرآنی؛ عَبَس: ۱/۸۰ و ۲: ر.ک: ۲۰۶۸/۲.
۸ - **پیچاپیچ**: گرفتاری و درگیری.   ۹ - **عقلِ شریف**: اینجا عقلِ حق‌جو.

نَفْس، سوفسطایی[1] آمد، می‌زنش کِشْ زدن سازد، نه حجَّت گفتنش ۳۵۱۲

هدفِ نَفْس مانند سوفسطائیان غلبه بر خصم است، نمی‌توان او را قانع کرد، هرگز با دلیل و برهان مُجاب نمی‌شود، راه مبارزه با نَفْس، زبون و خوار کردن است؛ زیرا فقط از طریقِ تحقیر و بی‌اعتبار کردن می‌توان آن را به تعالی رسانید.

معجزه بیند، فروزد[2] آن زمان بعد از آن گوید: خیالی بود آن ۳۵۱۳

نَفْسِ منکر و شکّاک آدمی با دیدن معجزات انبیا و کرامات اولیا و بزرگان لحظه‌ای تحتِ تأثیر قرار می‌گیرد؛ امّا فوراً دچار تردید می‌شود و می‌اندیشد که خیالاتی بیش نبوده است.

ور حقیقت بودی آن دیدِ عَجب چون مقیم چشم نامَد[3] روز و شب؟ ۳۵۱۴

و می‌گوید: اگر آنچه دیدم حقیقت بود، چرا روز و شب در برابر دیدگانم پایدار نماند؟

آن مقیمِ چشمِ پاکان می‌بُوَد نی قرین چشمِ حیوان[4] می‌شود ۳۵۱۵

شهود و درکِ آن حقایق، یعنی معجزات انبیا و کرامات اولیا تنها از طریق چشم سَر، حسن تأثیری مستمر ندارد و قابلیّت وجودی آدمی و بینش صافی اوست که حقیقتِ موجودیّت معجزات و کرامات را در برابر دیدگان دل مقیم می‌دارد؛ پس طبیعی است که در چشمِ کسانی که به دنیای مادّی خوگر شده‌اند، حقایق لحظه‌ای جلوه‌گر می‌شوند و استوار نمی‌مانند.

کآن عجب، زین حسّ دارد عار و ننگ کِی بود طاووس اندر چاهِ تنگ؟ ۳۵۱۶

«معجزات و کرامات»، مراتب عالیِ جلوهٔ حقیقت‌اند که ادراک و شهود آن جایگاهی بس والاتر از چشمِ سر دارد، این امور الهی پدیده‌هایی شگفت‌انگیزند که از تجلّی در قالبِ حواسِّ ظاهریِ آدمی عار دارند، مانندِ طاووسی زیبا که هرگز در چاهِ تیره مسکن نمی‌گزینند.

---

۱ - **سوفسطایی** : در اواخر قرن پنجم ق. م گروهی از اهل نظر در یونان پیدا شدند که کشف حقیقت را ضروری نمی‌دانستند، آنان شاگردان خود را در فنّ جدل و مناظره ماهر می‌ساختند تا در هر مقام خاصّه مشاجرات سیاسی بتوانند غالب شوند، این جماعت به سوفیست، یعنی دانشور معروف شدند و چون آنان برای غلبه بر مدّعی به هر وسیله‌ای متشبّث می‌شدند لفظ سوفیست که ما آن را سوفسطایی می‌گوییم عنوانی شد برای آنان که به جَدَل می‌پردازند و شیوهٔ ایشان سفسطه نامیده می‌شود. افلاطون و ارسطو در تقبیح آنان بسیار کوشیدند: سیر حکمت در اروپا، ج ۱، ص ۱۳. ۲ - **فروزد** : اینجا نور می‌یابد و تأثیر می‌پذیرد. ۳ - **مقیم نامد** : پایدار نماند.

۴ - **چشمِ حیوان** : دیدگاهِ اهل دنیا، دنیاپرستان.

تـا نگـویی مـر مـرا بسیار گـو   من ز صد یک گویم و آن هم چو مو ۳۵۱۷

برای آنکه مرا پرگو نخوانی، از صدها نکتهٔ ظریف یکی را می‌گویم آن هم بسیار دقیق.

تشنیعِ[1] صوفیان بر آن صوفی که: پیشِ شیخ بسیار می‌گوید

صوفیان از یک صوفی نزد شیخ گله بردند که او سه عیب دارد. پرگو و پرخور و پرخواب است. شیخ گلهٔ دوستان را با او در میان نهاد و گفت: در خبر است که «خَیْرُ الْأُمُورِ أَوْسَطُها» در کلیّه کارها باید میانه را برگزید. صوفی پس از عذرخواهی گفت: میانه‌روی در امور نیز نسبی است. برای شتر آب جوی کم است؛ امّا برای موش، دریایی به شمار می‌آید.

سرّ سخن در این قصّه حاکی از آن است که قابلیّت و استعداد سالکان طریقت در ادراک معانی تفاوت مراتب دارد و طیّ مقامات طریق به احوال روندگان وابسته است و هرکس که در این راه گام نهد، الزاماً به کمال الهی نخواهد رسید.

این قصّه که در ابیات پایانی داستان «کرامات آن درویش که درکشتی متّهمش کردند» تداعی شده است، به زبانِ حال در تأیید معنایی است که در انتهای آن قصّه به تقریر آمد که مولانا می‌فرماید: برای آنکه مرا پرگو ندانی «من ز صد یک گویم و آن هم چو مو»، علی‌رغم آنکه حجمِ کلام در مثنوی بسیار است؛ امّا به نسبت اقیانوس بی‌انتهای معانی که در جان و دل گوینده می‌جوشد، هیچ نیست.

صوفیان بـر صـوفیی شُـنْعه[2] زدنـد   پـیش شـیخ خـانقاهی آمـدند ۳۵۱۸

صوفیان نزد شیخ خانقاهی آمدند و از یاری شِکوه کردند و بر او طعنه زدند.

شـیخ را گـفتند: دادِ جـانِ مـا   تو از این صوفی بـجو ای پیشوا! ۳۵۱۹

به شیخ گفتند که ای رهبر و پیشوا، به فریاد ما برس و دادِ ما را از این صوفی بستان.

گفت: آخر چه گِله است ای صوفیان؟   گفت: این صوفی سه خو دارد گران ۳۵۲۰

شیخ گفت: ای صوفیان شکایت شما برای چیست؟ گفتند: این صوفی سه خصلت و خویِ غیر قابل تحمّل دارد.

در سخن بسیارگو همچون جَرَس[3]   در خورش افزون خورد از بیست کَس ۳۵۲۱

او بسیار پرحرف، مانند صدایِ پرطنینِ پیوستهٔ زنگ است و غذا هم بیش از بیست نفر می‌خورد.

---

۱ - **تشنیع**: سرزنش کردن. ۲ - **شُنْعه**: طعنه. ۳ - **جَرَس**: زنگ.

ور بخسبد، هست چون اصحابِ کهف صوفیان کردند پیشِ شیخ زَحْف[1] ۳۵۲۲

اگر بخوابد، چنان به خواب عمیقی فرو می‌رود که گویی مانند اصحاب کهف به خواب چند صد ساله فرو رفته است، بدین ترتیب صوفیان این شکایات را در حضور شیخ بازگو کردند.

شیخ رو آورد سوی آن فقیر که: زِ هر حالی که هست، اَوْساط[2] گیر ۳۵۲۳

شیخ به آن فقیر «صوفی» روی آورد و گفت که در هر حالی که هستی میانه‌رو باش.

در خبر خَیْرُ اْلاُمور اَوْسَاطُها[3] نافع آمد ز اعتدال اَخلاطها[4] ۳۵۲۴

زیرا در حدیث آمده است: بهترین امور حدّ وسط آن‌هاست، همان‌گونه که اعتدال در چهار مزاجِ بدن سودمند و سببِ سلامتی به شمار می‌رود، فضیلت در میانه‌روی است.

گر یکی خِلطی فزون شد از عَرَض[5] در تنِ مردم پدید آید مرض ۳۵۲۵

اگر یکی از مزاج‌های چهارگانه به سببِ عوامل خارجی افزایش یابد، و اعتدال از میان برود، موجب بیماری می‌شود.

بر قرینِ خویش مفزا در صفت کآن فراق آرد یقین در عاقبت ۳۵۲۶

همان‌گونه که خروج از اعتدالِ مزاج، سببِ بیماری است، خروج از اعتدال در ارتباطِ انسان‌ها نیز آن‌ها را از روابط سالم دور می‌کند؛ پس برای بیان ویژگی‌هایِ یار و همراهِ خود زیاده‌روی نکن؛ زیرا به یقین خروج از اعتدال جدایی به بار می‌آوَرَد.

نطقِ موسی بُد بر اندازه، و لیک هم فزون آمد ز گفتِ یارِ نیک ۳۵۲۷

ماجرای همراهیِ موسیٰ(ع) و خضر نبی(ع) را به یاد آور، در آن ارتباط، پرسش‌های موسیٰ(ع) از خضر(ع) در حدّ متعارف بود که عقل متعالی کلیم الله می‌پذیرفت؛ امّا از دیدگاهِ برترِ خضر(ع) زیاده‌گویی و کم‌صبری محسوب می‌شد.

---

۱ - **زَحْف** : رفتن، پیشروی آهسته طرفین درگیری و جنگ قبل از برخورد. ۲ - **اوساط** : جمع وسط: میانه.
۳ - حدیث: آن دسته از امور بهترین است که در آن‌ها اعتدال رعایت شده باشد: احادیث، ص ۲۴۰.
۴ - **چهار مزاج** : أخلاط أربعه: بلغم، خون، صفرا و سودا. رطوبتی در تن مردم روان در رگ‌ها و اندام‌های میان‌تهی. این اخلاط از غذا بر می‌خیزند.
۵ - **عَرَض** : گزند، در اصطلاحِ منطق هر چیزی که قائم به چیز دیگری باشد، مثل گرمی و سردی.
فزون شد از عَرَض : در اثر عوامل خارجی تغییر کرد و زیاد شد.

۳۵۲۸ **آن فزونی با خَضِر آمد شِقاق[1] گفت: رو، تو مُکثِری[2]، هٰذا فراق[3]**

زیاده‌روی و خروج از اعتدال موسیٰ(ع) سبب شد که خضر(ع) گفت: تو بسیار پرگویی، اینک زمان جدایی من و توست.

۳۵۲۹ **موسیا! بسیار گویی! دور شو ورنه با من گُنگ باش و کور شو**

ای موسیٰ، تو بسیار سخن می‌گویی، دور شو و اگر همراهِ من می‌شوی لال و کور باش.

۳۵۳۰ **ور نرفتی، وز ستیزه شِسته‌ای[4] تو به معنی[5] رفته‌ای، بگسسته‌ای**

امّا اگر نروی و با ستیزه‌جویی بمانی، بدان که در حقیقت تو باطناً از من جدا شده و رفته‌ای.

۳۵۳۱ **چون حَدَث کردی[6] تو ناگه در نماز گویدت: سوی طهارت رو، بتاز**

اگر در هنگام نماز به ناگاه آلودگی پیش آید، شریعت حکم می‌کند که به سرعت برای تجدید وضو اقدام کن.

۳۵۳۲ **ور نرفتی، خشک خَنْبان[7] می‌شوی خود نمازت رفت پیشین، ای غوی[8]**

ای گمراه، اگر تجدید وضو نکنی و خم و راست شوی، نمازت قبلاً باطل شده است.

۳۵۳۳ **رو بَرِ آن‌ها که هم جفتِ تواَند عاشقان و تشنهٔ گفتِ تواَند**

ای آدم پرگو، برو نزد آنان که نظیر تو هستند و مشتاقانه سخنانت را گوش می‌دهند.

۳۵۳۴ **پاسبان بر خوابناکان[9] بر فزود ماهیان[10] را پاسبان حاجت نبود**

رعایت اعتدال، مانندِ نگهبانی درونی است برای کسانی که در مراتبِ مختلف معنوی‌اند، عارفان و کاملانِ واصل [ماهیان دریای حق] نیازی به نگهبانِ درونی ندارند.

۳۵۳۵ **جامه‌پوشان[11] را نظر بر گازر[12] است جانِ عُریان[13] را تجلّی زیور است**

آنان که جامه‌ای از تعلّقات بر جان دارند، به زیور و آرایندهٔ آن نیاز دارند؛ امّا زیور و زینتِ جانِ عریان از تعلّقات، تجلّی انوار الهی است.

---

۱ - **شِقاق :** جدایی. ۲ - **مُکثِری :** پرگو، حرّاف. ۳ - اشارت قرآنی : کهف : ۷۸/۱۸.

۴ - **شسته ای :** نشسته‌ای. ۵ - **به معنی :** در حقیقت. ۶ - **حدث کردی :** دچار آلودگی شدی.

۷ - **خشک خَنْبان :** خَنْبان از خَنبیدن به معنی خم شدن، مجازاً خم و راست شدن بدون مغز و حقیقت.

۸ - **غَوی :** گمراه. ۹ - **خوابناک :** غافل، ناقص، دلبستهٔ دنیا.

۱۰ - **ماهی :** عارف، سالکِ رونده که زیرِ چتر حمایت و تربیتِ استاد است.

۱۱ - **جامه پوش :** کنایه از جانِ غیر متعالی که جامه‌اش تعلّقات است.

۱۲ - **گازُر :** جامه‌شوی، اینجا کنایه از حالت و شرایطی که آن‌ها را جلوه بدهد و بیاراید.

۱۳ - **جانِ عریان :** جانی که تعلّقات را رها کرده است.

۳۵۳۶ یـــا ز عُــریانان بـه یکسـو بـاز رو یا چو ایشان فارغ از تـن‌جامه شـو

تو هم یا یکباره از آنان که از تعلّقات رهیده‌اند، کناره‌گیری کن، یا مانند ایشان بشو.

۳۵۳۷ ور نمی‌توانی که کُـل عـریان شـوی جـــامه کـم کُـن تـا رَهِ اَوسـط روی

اگر قابلیّت و استعداد آن را نداری و نمی‌توانی به کلّی و یک مرتبه از تعلّقات عریان و رها شوی؛ پس بکوش آن را کم کنی و میانه‌رو باشی.

عذر گفتنِ فقیر به شیخ

۳۵۳۸ پس فقیر آن شیخ را احـوال گـفت عذر را بـا آن غـرامت کـرد جُـفت

پس آن درویش احوال را برای شیخ بیان کرد و عُذری برای گناهِ خود آوَرد.

۳۵۳۹ مــر سـؤالِ شــیخ را داد او جـواب چون جواباتِ خَضر خوب و صواب

او به سؤال شیخ پاسخ داد، جواب‌هایی که مانند دلایلِ خضر(ع) خوب و سنجیده بود.

۳۵۴۰ آن جـــوابـــاتِ سـؤالاتِ کـلیم کِش خَـضِر بـنمود از رَبِّ عـلیم[1]

پاسخی که خضر(ع) به سؤالات موسیٰ(ع) داد، الهامی الهی بود.

۳۵۴۱ گشت مشکل‌هاش حل و افزون ز یاد از پـیِ هـر مشکـلش مـفتاحْ[2] داد

برای هر موردی که در ذهن موسیٰ(ع) مشکلی بود، کلیدی در اختیار او قرار داد.

۳۵۴۲ از خَضِر درویش هم میراث داشت در جوابِ شیخ، همَّت[3] بر گُماشت

درویش هم از خضر(ع) میراثی معنوی داشت و کمر همّت را بربست که پاسخ شیخ را بگوید.

۳۵۴۳ گفت: راهِ اوسط ار چه حکمت است لیک اوسط نیز هـم بـا نسـبت است

گفت: هرچند که «راه میانه» نشانهٔ دانش و حکمت است؛ امّا «حدّ وسط» نیز امری نسبی است.

۳۵۴۴ آبِ جُو نسبت به اُشتر هست کـم لیک باشد مـوش را آن هـمچو یَـم

آب جوی نسبت به شتر ناچیز است؛ امّا همان جوی برای موش دریاست.

---

۱ - **ربِّ علیم** : خدایِ دانا. ۲ - **مفتاح** : کلید. ۳ - **همّت** : نفوذ باطنی و معنویِ مردِ حق.

هر که را باشد وظیفه چار نان دو خورد یا سه خورد، هست اوسط آن ۳۵۴۵

هر کس که با چهار نان سیر می‌شود، اگر دو یا سه نان بخورد، حدّ وسط را برگزیده است.

ور خورد هر چار، دور از اوسط است او اسیرِ حرصْ مانندِ بط[1] است ۳۵۴۶

اگر چهار نان بخورد، حدّ وسط را رها کرده و مانند بط اسیر حرص و طمع است.

هر که او را اشتها دَه نان بُوَد شش خورد، می‌دان که اوسط آن بُوَد ۳۵۴۷

کسی که اشتهایِ ده نان را دارد، اگر شش نان بخورد، حدّ وسط را انتخاب کرده است.

چون مرا پنجاه نان هست اشتها مر تو را شش گِرده، هم دستیم؟ نی ۳۵۴۸

چون من ظرفیّتِ پنجاه قرصِ نان را دارم و تو شش گِرده را، آیا ما مثل یک‌دیگریم؟

تو به دَه رکعت نماز آیی ملول من به پانصد در نیایم در نُحول[2] ۳۵۴۹

تو با ده رکعت نماز خسته می‌شوی من با پانصد رکعت هم ملول نمی‌شوم.

آن یکی تا کعبه حافی[3] می‌رود وین یکی تا مسجد از خود می‌شود ۳۵۵۰

انسان‌ها متفاوت‌اند، آن یکی چنان شیدای حق است که پای برهنه تا کعبه می‌رود و خسته نمی‌شود. آن دیگری از خانه تا مسجد آزرده و خسته می‌شود.

آن یکی در پاکْبازی جان بداد وین یکی جان کَند تا یک نان بداد ۳۵۵۱

یکی در راه حق چنان پاکباز است که جان را ایثار می‌کند، دیگری چنان وابسته به مادّیّات دنیوی است که برای بذل قطعه‌ای نان به مسکین جان می‌کَنَد.

این وسط در با نهایت می‌رود که مر آن را اوّل و آخِر بُوَد[4] ۳۵۵۲

«حدّ وسط» در مواردی مصداق دارد که بتوان برای آن نهایتی را اندیشید و با توجّه به اوّل و آخر، حدّ وسط را تعیین کرد.

اوّل و آخِر بباید تا در آن در تصوّر گنجد اوسط یا میان ۳۵۵۳

یک چیز باید دارای ابتدا و انتها باشد تا بتوان «حدّ وسط» را برای آن متصوّر بود.

---

۱ - **بط** : مرغابی، اردک. ۲ - **نُحول** : ضعف، نزاری. در هامش به جای «نحول»، خُمول» نوشته‌اند.
۳ - **حافی** : برهنه پای.
۴ - در تبیین فلسفهٔ عاشقانهٔ مولاناست، که عشق حدّی ندارد و عاشق همواره زیاده‌جو است.

بـی‌نهایت چـون نـدارد دو طَـرف   کِـی بُـوَد او را مـیانه مُـنصرَف[1] ؟ ۳۵۵۴

امّا امری که بی‌منتهاست و ابتدا و انتهایی ندارد، چگونه می‌توان برای آن «حدّ وسط» را برگزید؟

اوّل و آخِــــر نشـــانش کس نـــداد   گـــفت: لَـو کـانَ لَـهُ آلبَـحْرُ مِـداد[2] ۳۵۵۵

برای ذاتِ باری تعالیٰ هیچ کس نمی‌تواند ابتدا و انتهایی تعیین کند که گفته است: «اگر آب دریا مرکّب شود».

هــفت دریـا گـر شـود کـلّی مـداد   نیست مر پایان شدن را هیچ امید[3] ۳۵۵۶

اگر هفت دریا و آب‌های زمین مرکّب (مِداد) شود، کلمات الهی پایان نمی‌یابد.

بـاغ و بـیشه گـر بُـوَد یکسـر قـلم   زین سخن هـرگز نگـردد هـیچ کـم ۳۵۵۷

اگر باغ‌ها، جنگل‌ها و بیشه‌ها به قلم تبدیل گردد و کلمات حق تعالیٰ را بنویسد، از سخنانِ حضرت باری چیزی کاسته نمی‌شود؛ زیرا کلام یا فعل او بی‌منتهاست.

آن هـــمه حِـبْر[4] و قـلم فـانی شـود   ویـــن حـــدیثِ بـی‌عدد بـاقی بـود ۳۵۵۸

آن همه مرکّب و قلم پایان می‌یابد؛ امّا فعل و کلامِ حق تعالیٰ، باقی می‌مانَد.

حـــالتِ مـن خـواب را مـانَد گـهی   خـــواب پـندارد مـر آن را گـم‌رهی ۳۵۵۹

صوفی گفت: گاه حالت من چنان است که گمرهان تصوّر می‌کنند در خواب هستم.

چشـــم مـن خُـفته، دلم بـیدار دان   شکـــلِ بـی‌کارِ مـرا بـر کـار دان ۳۵۶۰

در آن حالت، چشم من خُفته و دلم بیدار است. حالت ظاهری من نشان می‌دهد که در حال استراحت و بیکاری‌ام؛ امّا در همان شرایط، دلِ من متوجّه حق است.

---

۱ - **مُنْصَرَف** : جای برگشتن، مرجع، بازگشت.

۲ - حق تعالیٰ در قرآن کریم فرموده است: کهف : ۱۰۹/۱۸ : قُلْ لَوْ کٰانَ الْبَحْرُ مِداداً لِکَلِمٰاتِ رَبّي لَنَفِدَ البَحْرُ قَبْلَ أَنْ تَنْفَدَ کَلِمٰاتُ رَبّي وَ لَوْ جِئْنا بِمِثْلِهِ مَدَداً : بگو اگر دریا جملگی مرکّب شود تا کلمات مرا نویسد، تمام شود، پیش از آنکه کلمات من تمام شود، گرچه مانند آن، دریاهای دیگری نیز به کمک آید.

۳ - مراد از کلمات الهی، کلمات تکوینی است نه کلمات تدوینی، در آیهٔ ۲۷ سورهٔ لقمان شبیه به همین معنی می‌فرماید: و اگر آنچه درخت در زمین است، قلم شود و دریا چون مرکّب باشد و سپس هفت دریا به آن مدد برساند، کلمات الهی به پایان نرسد که خداوند پیروزمند فرزانه است. [تکلّم او همان فعل او و افاضهٔ وجود است.]

۴ - **حِبْر** : مرکب.

۳۵۶۱ **گـفت پـیغمبر کـه: عَـینٰایَ تَـنام   لا یَـنامُ قَـلْبی[1] عَـنْ رَبِّ اَلاَنـام**

پیامبر(ص) گفت: چشمانم می‌خوابد؛ امّا دلم که به خداوند توجّه دارد، بیدار است.

۳۵۶۲ **چشمِ تو بیدار و دل خُفته به خواب   چشمِ من خُفته، دلم در فـتحِ بـاب**

چشم تو بیدار است و دلت خفته، در حالی که چشم من خفته و دلم با توجّه بـه حق، درهای علوم و اسرار الهی را گشاده می‌یابد.

۳۵۶۳ **مـر دلم را پـنج حسِّ دیگـر است   حسِّ دل را هر دو عالم منظر است**

غیر از حواسّ ظاهری، دل من که از هوا پاک شده است، حواسّی برتر دارد که نظرگاهش هر دو عالم است.

۳۵۶۴ **تو ز ضعفِ خود[2] مکـن در مـن نگـاه   بر تو شب، بر من همان شب چاشتگاه[3]**

تو با دیدگاهِ بشریِ ناتوانِ خود در مورد من قضاوت نکن؛ زیرا مـیان مـا تـفاوت بسیار است، آنچه که برایِ تو شب است، برای من روز است.

۳۵۶۵ **بر تو زندان، بر من آن زندان چو باغ   عـینِ مشـغولی، مـرا گشـته فـراغ**

آنچه را که تو زندان به شمار می‌آوری، برای من باغ است و در عین اشتغال به هر کاری، چون دلم تعلّقی به غیرِ حق ندارد، فارغ‌البال و آسوده‌ام.

۳۵۶۶ **پایِ تو در گِل، مـرا گِـل گشـته گُـل   مر تـو را مـاتم، مـرا سـور و دهُـل**

پای تو در گِلِ مادّیّات و تعلّقاتِ دنیوی فرو رفته در حالی که همان امور برای من مانندِ گلستان است؛ زیرا دلم بدان‌ها وابسته نیست و آنچه را که انجام می‌دهم برای حق و رضای اوست؛ پس چیزی که برای تو اندوه به شمار می‌رود، برای من شادی است، چون آن را از حق می‌دانم و به رضای او راضی‌ام.

۳۵۶۷ **در زمینم، با تـو سـاکـن در مـحل   می‌دَوَم بر چرخِ هفتم چـون زُحـل**

جسم من در کنار تو بر زمین ساکن است و جان من، مانندِ کیوان بر فراز آسمان هفتم در جولان است.

۳۵۶۸ **همنشینت من نِیَم، سایهٔ مـن است   بـرتر از انـدیشه‌ها پـایهٔ مـن است**

آن کس که کنارِ توست من نیستم، سایهٔ من است، حقیقتِ من برتر از اندیشه است.

---

۱ - مقتبس از حدیثی با همین مضمون: ر.ک: ۳۹/۲.   ۲ - **ز ضعفِ خود**: با معیار دنیویِ خود.
۳ - **چاشتگاه**: نیمروز.

زانکه من ز اندیشه‌ها بگذشته‌ام   خارجِ اندیشه پویان گشته‌ام ۳۵۶۹

زیرا من چنان متعالی شده‌ام که اندیشه را بدان راهی نیست، در ورای عقل و اندیشه سیر می‌کنم.

حاکمِ اندیشه‌ام،[1] محکوم نی   زانکه بنّا حاکم آمد بر بِنا ۳۵۷۰

من بر فکر و اندیشهٔ خود تسلّط دارم؛ زیرا اندیشه بنایی است که توسط سازنده‌ای ساخته می‌شود و طرح و نقشهٔ آن با سازنده است.

جمله خلقان سُخرهٔ اندیشه‌اند   زآن سبب خسته دل و غم پیشه‌اند ۳۵۷۱

مردم مغلوب اندیشه‌هایِ نَفْسانی خویش‌اند و غالباً دل‌خسته و اندوهگین‌اند.

قاصدا خود را به اندیشه دهم   چون بخواهم، از میانْشان بر جهم ۳۵۷۲

من گاه به اختیار خود را به اندیشه‌ها می‌سپارم؛ امّا هرگاه بخواهم، خود را از آن‌ها می‌رهانم.

من چو مرغِ اوجم، اندیشه مگس   کِی بُوَد بر من مگس را دست‌رس؟ ۳۵۷۳

من مانندِ پرنده‌ای بلندپروازم که جایگاهم اوج افلاک است و اندیشه در مقایسه با من مگسی حقیر، چگونه مگس می‌تواند به چنان اوجی دسترسی یابد؟

قاصدا زیر آیم از اوجِ بلند   تا شکسته پایگان بر من تَنَند ۳۵۷۴

گاه عمداً از اوج احوال معنویِ خود فرود می‌آیم تا آنان که شکسته‌پای‌اند و قدرتِ حرکتِ معنوی و روحی ندارند، به دور من جمع آیند و بهره برند.

چون ملالم گیرد از سِفلی صفات[2]   بر پرم همچون طُیُورُ ٱلصّافّات[3] ۳۵۷۵

و چون از صفاتِ این جهانی، ملالی یابم، در عوالمِ معنوی پرواز می‌کنم.

پرّ من رُسته‌ست هم از ذاتِ خویش   بر نچفسانم دو پر من با سِریش ۳۵۷۶

این بال و پر از ذات من روییده است، عاریتی نیست که آن را با چسب به خود بچسبانم.

---

۱ - عارف فراتر از ذهن و خود سازندهٔ اندیشه است.

۲ - **سِفلی صفات** : صفاتِ پست، صفات و ویژگی‌هایِ زندگیِ این جهانی.

۳ - **طُیُورُ ٱلصّافّات** : تعبیری قرآنی، ملک: ۱۹/۶۷، همچنین نور: ۴۱/۲۴: والطیر صافّات: پرندگانِ صف کشیده.

جعفرِ طیّار[1] را پر جاریه‌ست[2] جعفرِ طَرّار[3] را پر عاریه‌ست ۳۵۷۷

بال و پرِ «جعفر طیّار» از وجود او روییده بود و به سبب شجاعت و پاکی، این عنایت شامل حالش شده بود، در حالی که بال و پر «جعفر طرّار» عاریتی است.

نزدِ آنکه لم یَذُق، دعوی‌ست این نزدِ سُکّانِ اُفُق، معنی‌ست این ۳۵۷۸

این امر نزد کسی که طعم عوالم معنوی را نچشیده، دعوی و لاف و گزاف است؛ امّا برای آن کس که دارای مقام روحانی والاست و به آفاقِ قدسی و عالی‌ترین مقام قلب رسیده است، این سخن سرشار از معناست.

لاف و دعوی باشد این پیشِ غُراب[4] دیگِ تی و پُر یکی پیشِ ذُباب[5] ۳۵۷۹

این کلام نزد زاغ‌صفتان، دعوی و یاوه‌گویی به نظر می‌رسد؛ زیرا به پلیدی شهوات خُو گرفته‌اند و عوالم روحانی را انکار می‌کنند. همان گونه که برای مگس دیگ تهی و دیگ پر، یک‌سان است، کلامِ معرفت‌آمیز عارفان و سخنانِ عاری از حقیقت مدّعیان یکسان است.

چونکه در تو می‌شود لقمه گُهر تن مزن، چندانکه بتوانی بخور ۳۵۸۰

اگر به درجه‌ای از تعالی معنوی و کمال روحی رسیده‌ای که غذا در وجودت به گوهر مبدّل می‌شود؛ یعنی ثمره‌ای روحانی دارد و نیروی حاصل از آن در خدمت حق و حقیقت است، امساک نکن، هر قدر میل داری، بخور.

شیخ روزی بهرِ دفعِ سوءِ ظن در لگن قَیْ کرد، پر دُر شد لگن ۳۵۸۱

روزی یکی از مشایخ برای رفعِ بدگمانی، در لگنی استفراغ کرد، لگن پر از مروارید شد.

گوهرِ معقول را محسوس کرد پیرِ بینا، بهرِ کم عقلیِّ مرد ۳۵۸۲

شیخ کامل واصل، گوهر و مرواریدهای معنوی را که شایستهٔ درکِ روحانی‌اند، با کرامت به صورت محسوس عرضه کرد. این کار پیرِ دانا برای جلبِ اعتماد عقول نازلهٔ مردم بود.

---

۱ - **جعفر طیّار** : جعفر بن ابی‌طالب، متوفّیٰ به سال هشتم هجری. برادر علی(ع). وی در واقعهٔ مؤته در بلقاء [از سرزمین شام] درفش را به دوش گرفت؛ امّا دست راستش قطع شد، درفش را با دست چپ گرفت، آن را نیز قطع کردند، درفش را بر سینه نهاد تا شهید شد. گویند خداوند به جای دو دست در بهشت به او دو بال داد و وجه تسمیه او به جعفر طیّار از همین روست. [رمزی از اهل تحقیق]

ناصر خسرو : پرّت از پرهیز و طاعت کرد باید کز حجاز جعفر طیّار برعلیا بدین طاعت پرید

۲ - **جاریه** : نعمت خداوند، جاری.

۳ - **جعفر طرّار** : کیسه‌بر، دزد، طرّار و مکّار. شاید هم در روایات عامیانه، جعفرنامی در عیّاران مشهور بوده است.

۴ - **غُراب** : کلاغ، زاغ. ۵ - **ذُباب** : مگس.

چونکه در معده شود پاکت پلید قفل نِهْ بر حلق و پنهان کن کلید ۳۵۸۳

چون تو فاقدِ احوال معنوی هستی، هر چه می‌خوری پلید می‌شود و حاصلی جز ازدیاد تمایلات نفسانی ندارد، دهان خود را ببند و در خوردن امساک کن تا کلید این تبدیل و تحوّل را بیابی.

هر که در وی لقمه شد نورِ جلال هر چه خواهد تا خورَد او را حلال ۳۵۸۴

هر کس که غذا در وجودش به نور جلال الهی مبدّل می‌گردد، درونی پاک و منوّر دارد و هر چه بخورد بر وی رواست.

بیان دعوی‌یی که عینِ آن دعوی گواهِ صدقِ خویش است

گر تو هستی آشنایِ جانِ[1] من نیست دعوی[2] گفتِ معنی لانِ[3] من ۳۵۸۵

اگر تو با جان من آشنا باشی، نزد تو کلام من که سرشار از معناست، لاف و گزاف نیست.

گر بگویم: نیم‌شب پیشِ تُوام هین! مترس از شب، که من خویشِ تُوام ۳۵۸۶

اگر نیمه شبی بگویم، من کنار تو هستم، از ظلمات شب نترس؛ زیرا خویشاوند پیشِ توست.

این دو دعوی پیشِ تو معنی بُوَد[4] چون شناسی بانگِ خویشاوندِ خَود ۳۵۸۷

در کلامی که گفته‌ام دو ادّعا وجود دارد: اینکه «نزد تو هستم» و «خویشاوند توأم»؛ امّا این دو دعوی نزدِ تو حقیقت است؛ زیرا هم صدایم را می‌شناسی و هم پیوستگی‌اَم را می‌دانی.

پیشی و خویشی دو دعوی بود، لیک هر دو، معنی بود پیشِ فهمِ نیک ۳۵۸۸

«پیش تو بودن» و «خویشاوندی»، هر دو ادّعاست؛ امّا نزد کسی که فهمیده است، واقعیّت دارد.

قُربِ آوازش گواهی می‌دهد کین دَم از نزدیکِ یاری می‌جهد ۳۵۸۹

نزدیک بودن صدا، گواه این است که صوت از جانب یاری در این نزدیکی می‌آید.

---

۱ - **آشنایِ جان :** کسی که ارتباط معنوی با آدمی دارد. ۲ - **دعوی :** ادّعا.

۳ - **لان :** پسوند، به معنی جا و مقام و محلّ انبوهی از چیزها مثل: نمک‌لان: نمک‌سار یا نمک‌زار. «گفتِ معنی لان»: سخنِ راست، سخنِ حقیقت. ۴ - **معنی بُوَد :** حقیقت دارد.

لذّتِ آوازِ خـــــــویشاوند نـــــیز　　　شد گوا بر صدقِ آن خویش ِ عـزیز ۳۵۹۰

حسّ ِ خوش ِ صدایِ خویشاوند نیز گواه آن است که خویشاوند عزیز در گفتهٔ خویش صادق است.

باز بی‌الهام[1] احمق، کو ز جهل　　　مـی‌ندانـد بـانگِ بـیگانه ز اهـل ۳۵۹۱

امّا، نادان که از الهام و ادراک غیبی بهره‌ای ندارد و صدای بیگانه را از آشنا باز نمی‌شناسد،

پـیش ِ او دعـوی بُـوَد گـفتارِ او　　　جـهلِ او شـد مـایهٔ انکـارِ او ۳۵۹۲

نزد چنین جاهلی، گفتار خویشاوندِ راستین یا «آشنای جان» دعوی به شمار می‌آید؛ زیرا عدم آگاهی سببِ انکار اوست.

پیش ِ زیرک کاندرونش نـورهاست　　　عـینِ ایـن آواز، مـعنی بـود راست ۳۵۹۳

نزد انسان زیرک که درونی منوّر دارد، همین بانگ عین معنا و دلیل است.

یا به تازی گـفت یک تـازی زبـان　　　کـه: هـمی دانـم زبـانِ تـازیان ۳۵۹۴

اگر یک عرب زبان به عربی بگوید: من زبان عربی را می‌دانم،

عـینِ تـازی گـفتنش مـعنی بُـوَد　　　گرچـه تـازی گـفتنش دعـوی بُـوَد ۳۵۹۵

همان کلام که به عربی ادا شده، دلیلِ ادّعایِ او و دانستن زبان عربی است.

یـا نـویسد کـاتبی بـر کـاغذی　　　کاتب و خط خوانم و من اَمْجَدی[2] ۳۵۹۶

اگر نویسنده روی کاغذی بنویسد که من نویسنده‌ام و می‌توانم خط بخوانم و اهل فضل هستم،

این نوشته، گرچه خود دعـوی بُـوَد　　　هـم نـوشته شـاهدِ مـعنی بُـوَد ۳۵۹۷

هرچند این نوشته ادّعا به شمار می‌آید؛ امّا همان سطور گواهِ صدق دعوی است.

یا بگوید صوفیی: دیـدی تـو دوش　　　در میانِ خـواب سـجّاده بـه دوش ۳۵۹۸

یا اگر یک صوفی بگوید: شخص ِ سجّاده بر دوشی را که دیشب در خواب دیدی،

من بُدم آن، و آنچه گفتم خوابْ دَر　　　با تو انـدر خـواب در شـرحِ نـظر[3] ۳۵۹۹

من بودم و آنچه در رؤیا به تو گفتم شرحی دربارهٔ «نظر» بود که توجّه و دقّت در امور و حقایقِ موجودات است و نیز توجّه الهی به سالک راه حق، و توجّه بنده به حق،

---

۱ - **بی‌الهام**: کسی که به عالم معنا راه ندارد.　۲ - **اَمْجَد**: بزرگوار و دارای شرف.

۳ - **نظر**: «نظر» یا انسانی است یا رحمانی، انسانی آن است که تو به خود نگری و رحمانی آن است که حق به تو نگرد و تا نظر انسانی از دل تو رخت بر نبندد، نظر رحمانی به دلت نزول نکند.

۳۶۰۰ **گوش کن، چون حلقه اندر گوش کن آن سخن را پیشوایِ هوش کن**

کلام مرا بشنو و مانندِ حلقه درگوشِ جانت بیاویز و آن را پیشوایِ عقل خویش قرار ده.

۳۶۰۱ **چون تو را یاد آید آن خواب این سخن معجزِ نو باشد و زرِّ کهن**

این سخن، آن خواب را به یاد تو می‌آوَرَد و برایت مانندِ معجزهٔ تازه و گرانبهایی است.

۳۶۰۲ **گرچه دعوی می‌نماید این، ولی جانِ صاحب واقعه گوید: بلی**

هرچند که کلام صوفی ظاهراً دعوی به نظر می‌رسد؛ ولی جان کسی که این واقعه در خواب برایش رخ داده است، صحّت آن را تأیید می‌کند.

۳۶۰۳ **پس چو حِکمت[۱] ضالهٔ[۲] مؤمن بُوَد[۳] آن زِ هر که بشنود، موقن[۴] بُوَد**

پس، بنابر دلایلی که گفته شد، چون حکمت و دانش الهی گمشدهٔ مؤمن است [جانِ مؤمن قبل از تعلّق به تن دارای حکمت و دانش بوده و با تنزّل در تن، گَردِ تعلّقات و غفلت‌ها سببِ نسیان و فراموشیِ او شده است] آن را از هر کس بشنود، به یقین می‌داند که حقیقتِ گمشدهٔ خویش را می‌شنود.

۳۶۰۴ **چونکه خود را پیشِ او یابد فقط چون بُوَد شک؟ چون کند او را غلط؟**

زیرا مؤمن با شنیدن کلام حکیمانهٔ عارف، حقیقت و گمشدهٔ خود را در سخن او می‌یابد؛ پس چگونه تردید کند و بپندارد گوینده خطا می‌گوید؟

۳۶۰۵ **تشنه‌یی را چون بگویی تو: شتاب در قدح آب است، بستان زود آب**

حکایت مؤمن و گمشدهٔ او مانندِ تشنه‌ای است که اگر به او بگویی در این پیاله آب است، بشتاب و بستان،

۳۶۰۶ **هیچ گوید تشنه کین دعوی‌ست، رو از بَرَم ای مدَّعی مهجور شو؟**

آیا تشنه به تو می‌گوید: این حرف ادّعاست، ای مدّعی، از بَرِ من برو و دور شو؟

۳۶۰۷ **یا گواه و حجّتی بنما که: این جنسِ آب است و از آن ماءِ مَعین[۵]**

یا می‌گوید: دلیلی بیاور و نشانه‌ای بنما که محتوی این پیاله آبی گواراست.

---

۱ - **حکمت** : حکمت الهی، معرفت. ۲ - **ضاله** : گمشده.

۳ - ایمان با جان آدمی عجین است و نیازی به احتجاج عقلانی ندارد. ۴ - **موقن** : یقین دارنده.

۵ - **ماءِ معین** : آبِ گوارا.

یـا بـه طـفلِ شـیر، مـادر بـانگ زد که: بیا من مـادرم، هـان! ای وَلَـد[۱] ۳۶۰۸

یا مادر به طفلِ شیرخوار خویش می‌گوید: ای فرزند، بیا به تو شیر دهم، من مادر تو هستم.

طـفل گـوید: مـادرا ! حـجّت بـیار تا که با شیرت بگـیرم مـن قـرار؟[۲] ۳۶۰۹

آیا طفلِ شیرخوار می‌گوید: ای مادر، دلیل و نشانه‌ای بیاور که ثابت کند تو مادر من هستی تا شیرت را بنوشم و آرام یابم.

در دلِ هر امّتی کز حق مـزه[۳] **است رُوی و آوازِ پـیمبر مـعجزه است** ۳۶۱۰

به این ترتیب، می‌توان نتیجه گرفت، در دلِ هر امّتِ جویای حق که ذوقِ درکِ حقایق باشد، چهرهٔ صادق و کلام خالص پیامبران تأثیر معجزه‌آسایی دارد و گمشدهٔ خویش را در آن وجود می‌یابد و نیازی به معجزهٔ خارجی نمی‌بیند.

چـون پـیمبر از بـرون بـانگی زنـد جـانِ امَّت در درون سـجده کـند[۴] ۳۶۱۱

تأثیر معجزه‌آسای کلام پیامبران چنان بود که هنگام سخن گفتن ایشان، جان امّت با شنیدن کلام الهی، به علّت سنخیّت و تعلّق خاطری که به حقایق داشت، به وجد می‌آمد و بی‌اختیار سجده می‌کرد و در تعظیمِ حق پیشانی بر خاک می‌سایید.

زانکه جنسِ بانگِ او انـدر جـهان از کسی نشنیده باشد گـوشِ جـان ۳۶۱۲

زیرا گوشِ جانِ اُمّت از جنس کلام او که کلام حق بود، کلامی از دیگری نشنیده بود.

آن غـریب[۵] **از ذوقِ آوازِ غـریب**[۶] **از زبـانِ حـق شـنود: اِنّـی قـریب**[۷] ۳۶۱۳

آن «غریب» که در جهان مادّی اسیر و از حق دور است، از ذوقِ کلامی ناآشنا گویی حقیقت را از حق تعالیٰ شنید که فرموده است: من نزدیک هستم.

---

۱ - **وَلَد** : فرزند.

۲ - سرّ سخن در این ابیات آن است که جانِ مؤمن با «حکمت» یا «معرفت» آشناست، آنچنان که تشنه با آب و طفل با شیر مادر. ۳ - **مزه** : ذوق و شوق، اوّلین درجات شهود و درکِ حقایق.

۴ - کلام انبیا با جان پاکان سنخیّت و جنسیّت دارد. ۵ - **غریب** : عاشقِ حق که در دنیا غریب است.

۶ - **آواز غریب** : صدای عاشق دیگری که او هم در جهان غریب و آشنایِ حق است.

۷ - اشارتی قرآنی؛ بقره : ۱۸۶/۲ : و چون بندگان من دربارهٔ من از تو بپرسند، هان، من نزدیکم، دعای آن کس که مرا خوانده اجابت کنم.

سجده کردنِ یحیی، علیه السّلام، در شکمِ مادر مسیح را، عَلَیْهِ السّلام[۱]

مادر یحیی(ع) به مریم(س) گفت: من یقین دارم که در درون تو بزرگی پرورش می‌یابد که اولوالعزم و رسول الهی است؛ زیرا هنگامی که مقابل تو رسیدم، جنینی که در بطن من است به جنین تو سجده کرد به گونه‌ای که من از این سجده، دردی را حس کردم. مریم گفت من هم حس کردم که فرزندم به سجده در آمد.

زکریّا(ع) پیامبر بنی اسرائیل، یکی از آخرین انبیای عهد قدیم که نسبش به سلیمان بن داوود(ع) می‌پیوندد. زکریّا(ع) از جوانی تا پیری آرزومند فرزندی بود، لکن زنش که ایشیا نام داشت عقیم بود و ایشان دو خواهر بودند، ایشیا و حَنّه و هر دو عقیم. حَنّه در کِبر سن حامله گشت به اتّفاق عمران شوی خود که پسر عمّ زکریّا بود، نذر کرد که چون آن فرزند متولّد گردد، به شغل دنیا اشتغال ننماید، پس مریم(س) تولّد یافت و زکریّا(ع) او را به خانهٔ خود برد و همّت عالی به تربیت او مصروف داشت و چون قابلیّت خدمت مسجد یافت، جهت او غرفه‌ای در مسجد اختصاص داد و هرگاه زکریّا از مسجد اقصیٰ بیرون می‌رفت در غرفهٔ مریم را قفل می‌کرد و گاه که نزد مریم می آمد در زمستان ثِمار صیفی و در تابستان میوه‌های شتوی نزد او مشاهده می‌کرد. در همان ایّام زوجهٔ زکریّا در نود و هشت سالگی به یحیی حامله شد. بعد از حملِ ایشیا که نامِ وی را اشیاع نیز نوشته‌اند، مدّت سه روز زکریّا(ع) بر تکلّم قادر نگشت.

چون عیسی(ع) در شکم مریم(س) پدید آمد و گران گشت، هاتفی آواز داد که از این صومعه برو، جایگاه دیگری از بهر ولادت طلب کن. مریم(س) از صومعه بیرون آمد و به خانهٔ خالهٔ خویش ایشیا زن زکریّا(ع) آمد. وی در آن وقت بار داشت یحیی(ع) را. چون مریم اندر آمد، وی قصد کرد پیش وی باز شود، یحیی(ع) در شکم وی سجود کرد عیسی(ع) را در شکم مریم(س). ایشیا گفت: عجب کاری افتاد، این که در شکم من است، آن را که در شکم توست، سجود کرد و من به جای آوردم. مریم از نزد مادر یحیی(ع) برفت و روی به بیابان نهاد.

چون جُهودان خبر یافتند که مریم بار گرفت، گفتند: از زکریّاست. وی بگریخت و در بیابان می‌دوید و جهودان در پی وی تا درختی او را پیش آمد، گفت: ای درخت، مرا پنهان کن. درخت شکافت و زکریّا در میان آن شد و ریشهٔ ردای او از میان شکاف پیدا بود، اعدا رسیدند و ابلیس پیش آمد و ایشان را گفت که در میان این درخت به جادویی نهان شده است. ارّه‌ای دو دستی بیاوردند و درخت را با زکریّا(ع) به دو نیم کردند؛ امّا اعتقاد وهب بن منبه آن است که زکریّا(ع) به مرگ طبیعی مرده است.[۲]

---

۱ - اصل این قصّه باید از روایات مأخوذ از انجیل لوقا: ۳۹/۱ نقل و اخذ شده باشد: سِرّ نی، ج ۱، ص ۲۸۹. همچنین مأخذ آن را روایاتی در قصص الانبیای ثعلبی، ص ۳۱۷ و ۳۲۴ و تفسیر طبری، ج ۳، ص ۱۵۷ دانسته‌اند. روایت حاکی از آن است که یحیی(ع) اوّلین کسی است که به نبوّت عیسی(ع) ایمان آورد و هنگامی که در بطن مادر بود به عیسی(ع) که در بطن مریم(س) بود، ادای احترام و سجده بزرگداشت کرد: احادیث، ص ۲۴۱.

۲ - قصص قرآن سورآبادی، ابوبکر عتیق نیشابوری، صص ۲۲۸-۲۲۳.

مـــادرِ یـــحیی بـه مـریم در نـهفت   پیشتر از وضعِ حملِ خویش گـفت ۳۶۱۴

مادر یحیی(ع) پیش از زادنِ فرزند در نهان به مریم(س) گفت:

که: یقین دیدم درونِ تو شـهی‌ست   کو اولواَلعَزْم[1] و رسولِ آگـهی‌ست ۳۶۱۵

که: یقین دارم در بطن تو شاهی پرورده می‌شود که از پیامبران اُولوالعَزم و رسولی برای هدایت مردم است.

چـــون بـرابـر اوفـتادم بـا تـو مـن   کرد سجده حملِ من ای ذواَلفِطَن[2] ۳۶۱۶

ای زیرک، چون روبروی تو قرار گرفتم، متوجّه شدم که جنین من به جنینِ تو سجده کرد.

این جنین مر آن جنین را سجده کرد   کـــز ســـجودش در تـــنم افـــتاد درد ۳۶۱۷

به سببِ سجده‌ای که جنین من بر جنین تو کرد، دردی را حس کردم.

گفت مریم: من درونِ خـویش هـم   سجده‌یی دیدم از این طـفلِ شکـم ۳۶۱۸

مریم(س) گفت: من هم حس کردم که جنینم سجده کرد.

اشکال آوردن بر این قصّه

مولانا اشکالی راکه معترضانِ ظاهربین می‌توانند بر این قصّه، از جهت عدم تطابق زمانی، وارد بدانند، و به استناد آنکه حق تعالیٰ فرموده است: مریم پس از حمل به مکان دوری رفت، قرآن : ۲۲/۱۹، احتمال وقـوع آن را غـیر ممکن بدانند، همچون قولِ ابلهان نقل و رد می‌کند و خاطر نشان می‌سازد که اهلِ دل و صاحبانِ اسرار، وقوع چنین امری را در عوالمِ روحانی محتمل می‌دانند و فقط ظاهربینان‌اند که به قالب قصّه توجّه تام دارند.

ابـــلهان گـــویند کـــین افســـانه را   خط بکش، زیرا دروغ است و خطا ۳۶۱۹

ابلهان می‌گویند: این افسانه را رها کن و خطّ بطلان بکش که دروغ و اشتباه است.

زانکه مریم وقت وضعِ حملِ خویش   بود از بـیگانه دور و هـم ز خـویش[3] ۳۶۲۰

زیرا مریم(س) هنگام بارداری از همگان دور بود و در بیرون شهر به سر می‌برد.

---

۱ - در متنِ «اُلوالعزم». واژهٔ قرآنی؛ احقاف: ۳۵/۴۶.

۲ - **ذوالفِطَن** : فِطَن جمع فِطنة: زیرکی و دانایی، دانستن چیزی را.

۳ - اشارتی قرآنی؛ مریم : ۲۲/۱۹ : سرانجام مریم باردار شد. این امر سبب شد که او [از بیت‌المقدّس] به مکان دور دستی برود.

| شرح مثنوی معنوی | ۵۳۸ |

۳۶۲۱   از بُرونِ شهر، آن شیرینْ فسون¹   تا نشد فارغ، نیامد خود درون

آن شیرین سخن تا از بارداری فارغ نشد، از بیرون شهر به نزد مردم نیامد.

۳۶۲۲   چون بزادش، آنگهانش بر کنار   بر گرفت و بُرد تا پیشِ تبار

چون عیسی(ع) را به دنیا آورد، آنگاه او را در آغوش گرفت و نزد خانواده و وابستگانش برد.

۳۶۲۳   مادرِ یحیی کجا دیدش که تا   گوید او را این سخن در ماجرا؟

مادر یحیی(ع) با مریم(س) برخورد و دیداری نداشت که این ماجرا را به او بگوید.

جواب اِشکال

۳۶۲۴   این بداند کآن که اهلِ خاطر² است   غایبِ آفاق،³ او را حاضر است

اهلِ دل که از رازها آگاه است، می‌داند که اشخاصِ غایب نزدِ صاحبدلان حاضرند.

۳۶۲۵   پیشِ مریم حاضر آید در نظر   مادر یحیی که دور است از بصر

مادر یحیی(ع) که ظاهراً غایب و دور از چشم مریم(س) است، می‌تواند در نظر او حاضر باشد.

۳۶۲۶   دیده‌ها بسته، ببیند دوست را   چون مُشَبَّک کرده باشد پوست را⁴

صاحبدل می‌تواند با چشم بسته و دیدهٔ دل دوست را ببیند، گویی که پوستِ او روزنه‌دار است و از ورای آن حقیقتِ هر چیز را می‌بیند.

۳۶۲۷   ور ندیدش، نه از برون، نه اَز اندرون   از حکایت گیر معنی ای زبون!

ای آدم بی‌مایه، اگر مریم(س) مادر یحیی(ع) را با چشم سر یا چشم دل ندیده باشد، از حکایت به معنای مورد نظر توجّه کن.

۳۶۲۸   نی چنان کافسانه‌ها بشنیده بود   همچو شین بر نقشِ آن چفسیده بود

مانند آن کس نباش که افسانه‌ها را می‌شنود و مانند حرف «شین» به «نقشِ» آن می‌چسبد.

---

۱ - شیرین فسون : شیرین سخن.   ۲ - اهلِ خاطر : اهلِ دل، اهلِ باطن، اهلِ الهام، انسانِ کامل.
۳ - غایبِ آفاق : رازِ هستی، نهانی و غایب.   ۴ - مشبّک کرده باشد پوست را : از ظاهر به باطن نفوذ می‌کند.

تـا هـمی گـفت آن کـلیله[۱] بـی‌زبان   چون سخن نوشد[۲] ز دِمْنِه بی‌بیان؟ ۳۶۲۹

یا، در مورد کتاب کِلیله و دِمْنه که در آن «کلیله» و «دِمنه» نام دو شغال است که داستان بر محور ایشان حرکت می‌کند، می‌گوید: کِلیله که شغالی بی‌زبان است، چگونه کلامِ دمنه را که او هم شغال است، می‌شنود و پاسخ می‌گوید؟

ور بـــدانســـتند لحــنِ هــمدگر   فهمِ آن چون کـرد بـی‌نُطقی، بشـر؟ ۳۶۳۰

همچنین می‌گوید: حتّی اگر تصوّر کنیم که دو شغال زبان یک‌دیگر را می‌دانند، انسان چگونه می‌توانست سخن آنان را دریابد؟

در میانِ شـیر و گـاو، آن دِمْـنه چـون   شد رسول و خواند بر هر دو فسون[۳]؟ ۳۶۳۱

چگونه یک شغال پیام‌آورِ بین شیر و گاو شد و هر دو را فریب داد؟

چـون وزیـرِ شـیر شـد گـاوِ نـبیل[۴]؟   چون ز عکسِ ماه ترسان گشت پیل؟ ۳۶۳۲

یا چگونه گاوِ شریف وزیرِ شیر شد یا فیل از عکس ماه ترسید.

این کِـلیله و دِمْـنه، جـمله افـتراست[۵]   ورنه کِی با زاغ لَکْلَکْ را مِریٰ[۶] است؟ ۳۶۳۳

این ماجرایِ «کلیله» و «دمنه» سراسر دروغ است و گرنه چگونه زاغ با لک‌لک مجادله و پیکار کند؟

ای برادر! قصّه چون پیمانه‌ای‌ست   مـعنی انـدر وی مـثالِ دانـه‌ای‌ست ۳۶۳۴

ای برادر، داستان و حکایت مانند پیمانه و قالبی است که در آن باید جویای دانه و مغز بود.

---

۱ - **کِلیله و دِمنه :** مجموعهٔ داستان‌های هندی و از جمله کُتُبی است که از سانسکریت به پهلوی و از پهلوی توسط عبدالله بن المقفّع به تازی ترجمه شد، سپس به فرمان نصر بن احمد به نثر دری و سپس از روی آن توسّط رودکی به شعر پارسی در آمد. در اوایل قرن ششم، توسط ابوالمعالی نصرالله بن محمّد بن عبدالحمید منشی با نثری بلیغ به زبان پارسی ترجمه شد که کلیله و دمنه بهرامشاهی است.
ابوالمعالی، در مقدّمه به نکته‌ای که مولانا بدان اشارت دارد، پرداخته است که چکیده‌ای را نقل می‌کنیم: پس از کتب شرعی در مدّت عمر عالم از این کتابی پرفایده‌تر نکرده‌اند، بناء ابواب آن بر حکمت و موعظه نهاده و آن‌گاه آن را در صورت هزل فرانموده‌اند تا چنانکه خواصّ مردمان برای شناختن تجارب بدان مایل باشند، عوام هم به سبب هزل بخوانند و به تدریج حکمت درمزاج ایشان متمکّن گردد. این کتاب را ترجمه‌ها کرده‌اند، لیکن می‌نماید که مراد ایشان تقریر حکایت بوده است نه تفهیم حکمت و ایضاح موعظت، اینک در این ترجمه در بسط سخن و کشف اشارات و شرح رموز اشباعی رفته است تا آن را احیایی باشد: تاریخ ادبیّات ایران، دکتر صفا، ج ۲، ص ۹۴۸.

۲ - **نوشد :** بشنود.   ۳ - **فسون خواند :** گول زد.   ۴ - **نبیل :** نجیب، شریف.   ۵ - **افترا :** دروغ.

۶ - **مِریٰ :** پیکار و جَدَل.

دانـهٔ مـعنی بگـیرد مـردِ عـقل نـنگرد پـیمانه را گـر گشت نـقل ۳۶۳۵

انسان خردمند، مغز و معنا را می‌بیند و چندان توجّهی به قالبی که حقایق را با آن عرضه می‌کنند، ندارد.

مـاجرایِ بـلبل و گـل گـوش دار گرچه، گفتی نـیست آنـجا آشکـار ۳۶۳۶

ماجرای «بلبل و گل» را گوش کن و بشنو که میان آنان چه گفت‌وگویی است، هرچند که به ظاهر کلامی ردّوبدل نمی‌شود.

سخن گفتن به زبانِ حال و فهم کردنِ آن

مـاجرایِ شـمع بـا پـروانـه، تـو بشنو و مـعنی گُـزین ز افسـانه، تـو ۳۶۳۷

ماجرای شمع با پروانه را بشنو و از این افسانه معنای مورد نظر را دریاب.

گرچه گفتی نیست، سِرِّ گفت هست هین به بالا پر، مَپَر چون جُغْد پست ۳۶۳۸

هرچند که در میان شمع با پروانه کلامی نیست؛ امّا سِرّی هست که باید به آن توجّه کنی. آگاه باش تا رمز و راز کلام را بیابی و چون پرندگان بلندپرواز به اوج عالم معنا بروی، نه مانندِ جغدِ حقیر سیران و طیرانت در پستی‌هایِ عالم خاکی باشد.

گفت در شطرنجْ کین خانهٔ رُخ است گفت: خانه ازکجاش آمد به دست؟ ۳۶۳۹

در بازی شطرنج، شخصی گفت: این خانهٔ رُخ است. مخاطب به جای آنکه از این آموزه تعلیم گیرد، گفت: رُخ، این خانه را از کجا به دست آورده است؟

خانه را بـخرید یـا مـیراث یـافت؟ فَرُّخ آن کس کو سویِ معنی شتافت ۳۶۴۰

رخ، خانه را خرید یا به ارث برد؟ خوشا به سعادت آن کس که به معنا توجّه می‌کند.

گفت نحوی: زَیْد عَمْرَاً قَـدْ ضَـرَبْ گفت: چونش کرد بی‌جرمی ادب؟ ۳۶۴۱

یکی از نحویون برای مثال گفت: زید عَمْرو را زد [ضَرَبَ زَیْدٌ عَمْرواً]، شخصی شنید و گفت: چرا بدون جرمی او را تأدیب کرد؟

عَمْرو را جُرمش چه بُدکآن زیدِخام بـی‌گنه او را بـزد هـمچون غـلام؟ ۳۶۴۲

مگر گناه عمرو چه بود که آن زیدِ نسنجیده بدون خطا او را مانندِ غلامی زد و تنبیه کرد؟

گـفت: ایـن پـیمانهٔ مـعنی بُـوَد　　گندمی بسـتان، کـه پـیمانه‌ست رَد ۳۶۴۳

گفت: این پیمانهٔ معنا بود، به «مغز و معنا» توجّه کن که «پوست یا پیمانه» شأنی ندارد.

زید و عَمْرو از بهرِ اِعراب است و ساز　　گر دروغ است آن، تو با اِعراب[1] ساز ۳۶۴۴

«زید و عمرو» را برای آموزش إعراب‌گذاری می‌گوییم، اگر هم غیرواقعی است، تو آموزهٔ آن را که إعراب‌گذاری است، فراگیر.

گفت: نی مـن آن نـدانـم، عَـمْرو را　　زیـد چـون زد بـی‌گناه و بـی‌خطا؟ ۳۶۴۵

شنونده گفت: نه من به إعراب کاری ندارم، چرا زید عمرو را بدون گناه و خطا زد؟

گـفت: از نـاچار و لاغـی بـرگشود　　عَمْرو[2] یک واوِ فزون دزدیـده بـود ۳۶۴۶

نحوی از ناچاری مزاحی کرد و با خوش‌طبعی گفت: سبب تأدیب عمرو آن بود که یک «واو» دزدیده بود.

زیــد واقـف گشت، دزدش را بـزد　　چونکه از حد بُرد، او را حـد سـزد ۳۶۴۷

زید از این کار مطّلع شد و او را زد، چون عمرو از حد تجاوز کرده بود؛ پس سزاوار حد خوردن بود.

پذیرا آمدنِ سخنِ باطل در دلِ باطلان

گفت: اینک راست، پذرفتم به جان　　کَـژ نـماید راست در پـیشِ کـژان ۳۶۴۸

شنونده گفت: این سخنِ راست را پذیرفتم، کج، نزدِ کج‌بین و کج‌اندیش راست می‌نماید.

گــر بگــویی احــولی را: مَـه یکـی‌ست　　گویدت: این دُوست و در وحدت شکی‌ست ۳۶۴۹

اگر به شخص دوبین بگویی: «ماه» یکی است، خواهد گفت: دوتاست و در یکی بودن آن تردید است.

ور بر او خندد کسی، گوید: دو است　　راست دارد، این سزایِ بدخو است ۳۶۵۰

و اگر کسی برای استهزا بگوید: دو ماه بر آسمان است، باور می‌کند، این تمسخر سزای کسانی است که جاهل و گمراه‌اند.

---

۱ - **إعراب**: حرکات حروف آخر کلمات در عربی است، عدم رعایت إعراب‌گذاری معنی را خدشه‌دار می‌کند.

۲ - در زبان عربی برای آنکه عَمرو از عُمَر تفکیک شود، حرف واوی در آخر آن می‌گذارند.

بـر دروغـان جـمع مـی‌آید دروغ   لِـلْخَبیثات اَلْـخَبیثین[1]، زد فـروغ ۳۶۵۱

دروغ پیرامونِ مردم دروغین گرد می‌آید، چنانکه «زنانِ پلید از آنِ مردانِ پلید هستند».

دل فـراخـان را بُـوَد دستِ فـراخ   چشم کـوران را عِـثار[2] سـنگْلاخ ۳۶۵۲

آنان که دلی بزرگ و وسیع دارند دارای دستی گشاده‌اند و کسانی که چشمی حقیقت‌بین ندارند و به چشم سر قناعت کرده‌اند، همواره در سنگلاخِ حوادثِ زندگی دچار لغزش و سقوط می‌شوند.

جُستنِ آن درخت که هر که میوهٔ آن درخت خورَد نمیرد[3]

حکیمی گفت: در هندوستان درختی است که هرکس از میوهٔ آن بخورد، عمر جاوید می‌یابد. شاه با شنیدن این خبر مشتاق یافتن درخت شد و کسی را بـرای آوردن آن بـه هـندوستان فرستاد. فرستادهٔ شاه هر چه جُست، نیافت و هنگامی کـه مأیـوس شـد و قـصد بـازگشت داشت، به شیخی بر خورد و ماوقع را گفت. شیخ شرح داد که آن درخت، «علم» است؛ امّا تو به صورت و نام اکتفا کرده و رنج بیهوده برده‌ای.

گـــفت دانـــایی بـرای داســتان   کـه: درخـتی هست در هـندوستان ۳۶۵۳

دانایی به عنوان نقل یک داستان گفت که درختی در هندوستان وجود دارد.

هر کسی کز مـیوهٔ او خـورد و بُـرد   نـی شـود او پـیر، نـی هـرگز بـمُرد ۳۶۵۴

هر کس که از میوهٔ آن درخت بخورد و ببرد، هرگز پیر نمی‌شود و نمی‌میرد.

---

۱ - اشارتی قرآنی؛ نور: ۲۶/۲۴: زنان بدکار و ناپاک، شایستهٔ مردانی بدین وصف‌اند و مردان زشت‌کار ناپاک نیز، شایستهٔ زنانی بدین وصف‌اند و بالعکس زنان پاکیزهٔ نیکو، لایق مردانی چنین و مردان پـاکیزهٔ نیکو، لایق زنانی همین‌گونه‌اند... .   ۲ - **عِثار**: لغزش.

۳ - مأخذ آن حکایتی است که در شاهنامهٔ فردوسی دفتر چهارم و در دیباچهٔ کِلیله و دِمْنه بهرامشاهی، چاپ قریب، ص ۷ و نیز در عجایب نامه و در کتاب فرائدالسلوک، باب هفتم نقل شده است: احادیث، ص ۲۴۲.

در مأخذ اخیر، داستان مربوط به روزگار انوشیروان است و جویندهٔ این دارو که مُرده را زنده می‌کند هم اوست که در پی حصول آن، کس به ولایات می‌فرستد و در ولایت سراندیب یکی از متقدّمان به وی می‌گوید که این دارو جز «حکمت» نیست که دل‌های مرده را زنده می‌گرداند.

در روایت کلیله، اشارت به سرزمین هند و وجود دارویی است که موجب نیل به حیات ابدی می‌شود و اینکه در هر دو جا چنین دارویی به «علم» تأویل می‌شود، وحدت مأخذ را نشان می‌دهد: بحر در کوزه، صص ۱۷۶ و ۱۷۷.

۳۶۵۵ **پادشاهی این شنید از صادقی   بر درخت و میوه‌اش شد عاشقی**

شاهی این حکایت را از صفای دل شنید، باور کرد و عاشقِ درخت و میوه‌اش شد.

۳۶۵۶ **قاصدی دانا ز دیوانِ ادب[1]   سویِ هندستان روان کرد از طلب**

قاصدی دانا را که از منشیان دیوان و مکاتبات بود، برای یافتن آن به هندوستان فرستاد.

۳۶۵۷ **سال‌ها می‌گشت آن قاصد از او   گِردِ هندستان برای جُست و جو**

قاصد چند سال در پی یافتن میوه و درخت اقصا نقاط هندوستان را گشت.

۳۶۵۸ **شهر شهر از بهرِ این مطلوب گشت   نی جزیره ماند و نی کوه و نه دشت**

برای یافتن مطلوب از شهری به شهری گشت و هرجا جزیره، کوه و دشتی بود، جُست.

۳۶۵۹ **هر که را پرسید، کردش ریش خند   کین که جوید؟ جز مگر مجنونِ بند**

از هر کس در مورد درخت پرسید، او را استهزا کرد و گفت: چنین چیزی را چه کسی جز دیوانهٔ زنجیری می‌جوید؟

۳۶۶۰ **بس کسان صَفعش[2] زدند اندر مزاح[3]   بس کسان گفتند: ای صاحب فلاح[4]!**

بسیاری از آنان بر سبیلِ مزاح به صورتش سیلی زدند و بسیاری به او گفتند که ای آدمِ رستگار،

۳۶۶۱ **جُست‌وجویِ چون تو زیرک سینه صاف[5]   کِی تهی باشد؟ کجا باشد گزاف؟**

جست‌وجویِ شخصی مانند تو زیرک و خالص، چگونه بیهوده باشد؟

۳۶۶۲ **وین مراعاتش یکی صَفعِ دگر   وین ز صفعِ آشکارا سخت‌تر**

و اینکه با چنین سخنانی مراعات حالش را می‌کردند، گویی سیلی دیگری بر روح و روانِ او می‌زدند که سخت‌تر از سیلی آشکار بود.

۳۶۶۳ **می‌ستودندش به تَسْخَر[6] کِای بزرگ!   در فلان اقلیم بس هول[7] و سُترگ[8]**

عدّه‌ای با تمسخر او را ستایش می‌کردند و می‌گفتند: ای مرد بزرگ همّت، در فلان جا که بس بزرگ و دهشتناک است،

---

۱ - **دیوان ادب** : دبیرخانهٔ شاه.   ۲ - **صَفع** : سیلی.   ۳ - **اندر مزاح** : برای شوخی.

۴ - **صاحب فلاح** : رستگار.   ۵ - **سینه صاف** : دارایِ دلی روشن و آگاه.   ۶ - **تَسْخَر**: تمسخر.

۷ - **هول** : هولناک، وحشت.   ۸ - **سُتُرگ** : بزرگ.

در فلان بیشه، درختی هست سبز بس بلند و پهن و هر شاخیش گَبز[1] ۳۶۶۴

در میان بیشه‌ای انبوه، درخت سرسبزِ بس بلند و قطوری است که شاخ و برگِ ضخیمی دارد.

قاصدِ شه بسته در جُستن کمر می‌شنید از هر کسی نوعی خبر ۳۶۶۵

فرستادهٔ شاه که در جُستنِ درخت کمر همّت بسته بود، از هرکس به نوعی خبری را می شنید.

بس سیاحت کرد آنجا سال‌ها می‌فرستادش شَهَنْشه مال‌ها ۳۶۶۶

قاصد شاه سال‌ها در هندوستان گشت و شاه هم هزینهٔ او را تأمین می‌کرد و می‌فرستاد.

چون بسی دید اندر آن غربت تَعَب[2] **عاجز آمد آخِرآلامر از طلب** ۳۶۶۷

چون در دیار غربت رنجِ فراوان دید، در نهایت از جست‌وجو و طلب خسته و عاجز شد.

هیچ از مقصود اثر پیدا نشد زآن غرض غیرِ خبر پیدا نشد ۳۶۶۸

از درخت و میوه‌اش اثری یافت نشد و از مقصود جز اخبارگوناگون هیچ نیافت.

رشتهٔ اومیدِ او بُگْسسته شد جُستهٔ او عاقبت ناجُسته شد ۳۶۶۹

رشتهٔ امیدش پاره شد و به ناامیدی بدل گردید، مطلوب او دست نیافتنی به نظر می‌رسید.

کرد عزمِ بازگشتن سویِ شاه اشک می‌بارید و می‌بُرّید راه ۳۶۷۰

قاصد تصمیم گرفت که به سوی شاه باز گردد، اشک‌ریزان راه را طی می‌کرد.

شرح کردنِ شیخ، سرِّ آن درخت با آن طالبِ مقلّد

بود شیخی، عالمی، قطبی کریم اندر آن منزل که آیِس[3] **شد ندیم** ۳۶۷۱

در یکی از منازل راه‌که ندیم و فرستادهٔ شاه از جست‌وجو ناامید شد، شیخی عالم و قطبی بزرگوار بود.

گفت: من نومید پیشِ او رَوم ز آستانِ او به راه اندر شوم ۳۶۷۲

فرستادهٔ شاه با خود گفت: من که ناامیدم، پیشِ این قطب کریم هم می‌روم و پس از زیارت درگاه او به راه ادامه می‌دهم.

---

۱ - **گبز** : ضخیم، ستبر. ۲ - **تَعَب** : رنج. ۳ - **آیس** : ناامید و مأیوس.

تــا دعــایِ او بُــوَد هــمراهِ مــن   چونکه نومیدم مـن از دلخـواهِ مـن ۳۶۷۳

باشد که دعای خیر او همراه من گردد، چون از یافتن مطلوب خود بسیار مأیوسم.

رفت پیشِ شیخ بـا چشمِ پُـر آب   اشک مــی‌بارید مــانندِ سـحاب ۳۶۷۴

فرستاده شاه نزد شیخ رفت، در حالی که مانند ابر گریان بود.

گفت: شیخا وقتِ رحم و رِقَّت است   نا‌امیدم، وقتِ لطف این ساعت است ۳۶۷۵

گفت: ای شیخ، اینک وقت رحم و شفقت است؛ زیرا بسیار ناامیدم.

گفت: واگو کـز چـه نـومیدیستَت؟   چیست مطلوب تو؟ رُو با چیستَت؟ ۳۶۷۶

شیخ گفت: بگو چرا ناامیدی؟ خواسته و هدفِ تو چیست؟

گــفت: شــاهنشاه کــردم اخـتیار   از بــرای جُســتنِ یک شــاخسار ۳۶۷۷

قاصد گفت: شاه مرا برای یافتن یک درخت برگزیده و روانه کرده است.

که درختی هست نـادر در جـهات   مــیوهٔ او مــایهٔ آبِ حــیات ۳۶۷۸

شاه به من گفت: درختی بسیار کمیاب وجود دارد که میوه‌اش مانند آب حیات است.

ســال‌ها جُسـتم نـدیدم یک نشـان   جز که طنز و تَسْخَرِ این سَرخوشان ۳۶۷۹

سال‌ها جست‌وجو کردم، نشانه و اثری جز ریشخند و استهزایِ این مردمِ بی‌خبر نیافتم.

شیخ خندید و بگفتش: ای سلیم[1] !   ایـن درختِ عـلم بـاشد در عـلیم[2] ۳۶۸۰

شیخ خندید و گفت: ای ساده‌دل، این درخت، درختِ «دانش و معرفت» در وجودِ شخصِ عالِم، عارف و آگاه است.

بس بلند و بس شگرف و بس بسیط[3]   آبِ حــیوانـی[4] ز دریــایِ مـحیط[5] ۳۶۸۱

این درخت که بسیار بلند و شگفت‌انگیز و گسترده است، آب حیاتِ دریای بیکرانِ علم الهی است.

تو به صورت رفته‌ای،[6] ای بی‌خبر!   زآن ز شــاخِ مَـعْنیی بـی‌بار و بـر ۳۶۸۲

ای بی‌خبر، تو فقط به صورت و ظاهر توجّه کرده‌ای و از معنا بی‌خبر مانده‌ای.

---

۱ - **سلیم**: ساده‌دل.   ۲ - **علیم**: دانا.   ۳ - **بسیط**: گسترده.   ۴ - **آب حیوان**: آبِ حیات.
۵ - **دریایِ محیط**: کنایه از علمِ الهی.   ۶ - **به صورت رفته‌ای**: به ظاهر توجّه کرده‌ای.

گه درختش نام شد، گه آفتاب گاه بحرش نام گشت و گه سحاب ۳۶۸۳

آن دانش ناب و خِرد بی‌منتها را که دانشی الهی است، گاه درخت معرفت گویند، گاه خورشید نامند، گاه دریای علم و گاه ابر خوانند و سبب تعدّد اسامی برای نامیدن یک حقیقت واحد به جهت صورتی است که جلوه‌گر می‌گردد، تجلّی دانش الهی در عارفان بالله و کاملان اگر به شکل علم باشد و دیگران از آن بهره‌مند گردند، درخت، اگر روشنگر حقایق و جاذب دل‌های عاشق باشد، آفتاب، اگر اشراف بر حقایق باشد، بحر و اگر رحمت و فیوضات الهی باشد، ابر نامند.

آن یکی، کِش صد هزار آثار خاست کمترین آثارِ او عمرِ بقاست ۳۶۸۴

آن حقیقت یکتا، صدها هزار جلوه و اثر دارد و کمترین آن‌ها عمر جاوید است.

تجلّی حقیقت در لباس اسما و صفات، صُوَرِ اعیان ثابته و عالمِ کِثرت را هویدا ساخت.

گرچه فرد است او، اثر دارد هزار آن یکی را نام شاید بی‌شمار ۳۶۸۵

اگرچه آن «حقیقت» واحد است؛ امّا چون جلوه‌های متعدّدی دارد، به اندازهٔ همان اثرات و جلوه‌ها نام‌های مختلف یافته است.

آن یکی شخصی تو را باشد پدر در حقِ شخصی دگر باشد پسر ۳۶۸۶

به عنوان مثال، شخصی که پدر توست، در ارتباط با دیگری، پسر او محسوب می‌شود.

در حقِ دیگر بُوَد قهر و عدو در حقِ دیگر بُوَد لطف و نکو ۳۶۸۷

با شخص دیگری دشمن قهّار به شمار می‌رود و در حقِ فردی دیگر مهربان و خوب است.

صدهزاران نام و او یک آدمی صاحبِ هر وصفش از وصفی عَمی[۱] ۳۶۸۸

به این ترتیب، پدر تو که یک نفر بیش نیست، از دیدگاه هر کس و بنابر معرفتی که به او دارد و متناسب با ارتباطی که با وی برقرار کرده، نامی دارد، هر یک صفتی از صفاتِ او را می‌شناسد و پدر را بدان توصیف می‌کند و از بقیهٔ اوصاف بی‌خبر است. این مثال از آن رو گفته شد که شرحی باشد بر چگونگیِ تجلّی حقیقت در لباس اسما و صفات، که صفات حضرت باری نیز به سببِ آثارِ ناشی از آن صفات آشکار می‌شوند و بنا به اسامی مختلف به وصف می‌آیند، در حالی که هیچ یک از آن اسامی نمی‌توانند اصلِ حقیقتِ حق و ذاتِ باری را توصیف کنند.

---

۱ - **عَمی**: کور، اینجا بی‌خبر.

۳۶۸۹ **هر که جوید نام، گر صاحب ثِقه[1] است   همچو تو نومید و اندر تفرقه است**

هرکس که مانند تو فقط در پی نام و ظواهر باشد، حتّی اگر قابل اعتماد هم باشد، چون تو دچار ناامیدی می‌شود؛ زیرا به حقیقت دست نمی‌یابد و در کثرت و تفرقه باقی می‌ماند.

۳۶۹۰ **تو چه بر چفسی براین نامِ درخت؟   تا بمانی تلخ کام و شوربخت**

تو چرا به نامِ درخت اکتفا کرده‌ای تا روزگارت با تلخ‌کامی و تیره‌بختی بگذرد؟

۳۶۹۱ **درگذر از نام و بنگر در صِفات   تا صفاتت ره نماید سویِ ذات[2]**

از نام بگذر و به صفات توجّه کن تا صفات تو را به سوی ذات رهنمون باشد.

۳۶۹۲ **اختلافِ خلق از نام اوفتاد   چون به معنی رفت آرام اوفتاد**

اختلاف میان مردم به علّت اختلاف در الفاظ و نام‌هاست؛ وقتی که به معنا توجّه کنند، آرامش برقرار می‌گردد.

---

۱ - **ثقه** : مرد معتمد و امین، اطمینان.

۲ - تعیّن اوّل وحدتی صِرف و قابلیّتی محض است، مشتمل بر جمیع قابلیّات که نمایش ذات احدیّت‌اند و واحدیّت و احدیّت طرفین آن است. اَحدیّت؛ از نظر صوفیّه محلّی است که چیزی از اسما و صفات در آن ظهور نمی‌کند و در واحدیّت تجلّی می‌نماید. در الوهیّت اسما و صفات به حکم استحقاق ظهور می‌کند، مثلاً: منعم ضدّ منتقم و برعکس؛ پس در واحدیّت، ذات در صفت تجلّی می‌کند و صفت در ذات، مثلاً در منتقم عین خدا تجلّی می‌کند و در خدا عین منتقم ظاهر می‌گردد. همچنین هنگامی که واحدیّت در خود، نعمت را متجلّی می‌کند، نعمت عین آن است و آن نعمتی است که در عین حال نقمت و قهر است. تمام آن‌ها از نظر ظهور ذات در صفات و آثار آن است: کشّاف اصطلاحات الفنون، ص ۱۴۷۶، نقل از: دهخدا. الوهیّت؛ در اصطلاح صوفیّه، نام مرتبه‌ای است جامع تمام مراتب اسما و صفات. یا به عبارتی، شمول مراتب الهیّه و کونیّه، یعنی حق و خلق است. الله نام صاحب این مرتبه است و بلندترین مظاهر ذات الوهیّت است: همان، ذیل الوهیّت. تکثّر ذات در مقام اسما و صفات، ناشی از تکثّر صفات است و صفات منشأ تکثّر اسما حق‌اند و تکثّر صفات منبعث از مراتب غیبیّه صفات است که در احدیّت ذات عین ذات‌اند و علّت پیدایش تفصیلی صفات و اسما مفاتیح غیب‌اند که در غیب و باطن ذات موجوداند: شرح مقدّمهٔ قیصری، سیّد جلال الدّین آشتیانی، صص ۲۴۵-۲۴۴. حاصل کلام آنکه: حقایق الهیّه که اسما و صفات حق‌اند در مقام علم حق، دارای مظاهر خارجیّه و اعیان ثابته‌اند، که همان صور و تعیّنات اسما و صفات حق می‌باشند و ظهور حق در خارج، همان تعیّن خلقی اسما و صفات است و فرق بین حقیقت وجود و این حقایق به اطلاق و تقیید است و چون حقایق خارجی اثر و ظهور حقیقت وجودند، اثر و ظهور شئ در مقابل شئ امری مستقل نیست؛ پس اثر و ظهور حقیقتِ وجود، حقیقت وجود نیست. اثر شمس، شمس نیست، صورت انسان، انسان نیست، اَحْوَل گمان می‌کند که حقایق وجودی در قِبال حقیقتِ وجود اموری موجود و مستقل‌اند: همان، صص ۲۲۹ و ۲۳۰.

منازعتِ[1] چهار کس جهتِ انگور، که هر یکی به نامِ دیگر فهم کرده بود آن را

چهار نفر که هر یک به زبانی خاص تکلّم می‌کردند، در کنار یک‌دیگر جمع شدند. مردی به آنان یک درم داد که هر چه می‌خواهند، بخرند. فارس زبان گفت: آن را انگور بخریم. عرب زبان گفت: نه، من عنب (انگور) می‌خواهم. ترک زبان گفت: من اوزوم (انگور) می‌خواهم. رومی، استافیل (انگور) را خواست. میان آنان نزاع درگرفت و جهل ایشان را به جان یک‌دیگر انداخت.

این است رمز و راز جنگ و ستیزها و اکثر درگیری‌ها و مناقشاتی که فیمابین خلق دیده می‌شود. منازعتی که ناشی از تفاوت تلقّی و زبان قال است و کسانی که به زبانِ حال توجّه دارند، از اختلافِ الفاظ به خطا نمی‌افتند. همچنین این قصّه به‌طور رمزآمیزی در بیانِ این معنا نیز هست که خلق معمولاً از حقیقت واحدی ذوق می‌یابند هرچند که تفاوت میان الفاظ مانع درکِ این مفهوم می‌شود.

چار کس را داد مردی یک دِرَم   آن یکی گفت: این به انگوری دهم ۳۶۹۳

مردی به چهار نفر یک دِرَم داد. فارس زبان گفت: این پول را به انگور می‌دهم.

آن یکی دیگر عرب بُد، گفت: لا   من عِنَب[2] خواهم نه انگور ای دَغا[3]! ۳۶۹۴

آن دیگری که عرب زبان بود، گفت: ای حیله گر، من عِنَب می‌خواهم، نه انگور.

آن یکی ترکی بُد و گفت این بَنُم[4]   من نمی‌خواهم عنب خواهم اُزُم[5] ۳۶۹۵

یکی از آنان که ترک زبان بود، گفت: این پول مال من است و عِنَب نمی‌خواهم، بلکه اُزُم می‌خواهم.

آن یکی رُومی بگفت: این قیل را   ترک کن، خواهیم اِستافیل[6] را ۳۶۹۶

رومی گفت: این سخنان را کنار بگذارید، ما استافیل می‌خواهیم.

در تنازع آن نفر جنگی شدند   که ز سِرِّ نام‌ها غافل بُدند ۳۶۹۷

بدین ترتیب آن چهار نفر به جنگ و ستیز برخاستند؛ زیرا معانی الفاظ گوناگون را نمی‌دانستند.

مُشت بر هم می‌زدند از ابلهی   پر بُدند از جهل و از دانش تُهی ۳۶۹۸

آن چهار نفر با نادانی به یک‌دیگر مشت می‌زدند؛ زیرا پر از جهل و از دانش تهی بودند.

---

۱ - **منازعت** : درگیری و کشاکش، منازعه. ۲ - **عِنَب** : انگور. ۳ - **دغا** : ناراست، دَغَل.
۴ - **بَنُم** : مال من است، واژهٔ ترکی. ۵ - **اُزُم** : انگور، واژهٔ ترکی. ۶ - **استافیل** : انگور، واژهٔ یونانی.

صاحبِ سرّی،[1] عزیزی، صد زبان[2] گر بُدی آنجا بدادی صلحشان ۳۶۹۹

اگر عزیزی از درگه حق که آشنا به اسرار است، آنجا بود، آنان را آشتی می‌داد.

پس بگفتی او که: من زین یک درم آرزویِ جُمله‌تان[3] را می‌دهم ۳۷۰۰

به آنان می‌گفت: من با این یک درم، خواستهٔ همهٔ شما را برآورده می‌کنم.

چونکه بسپارید دل را بی‌دغل این دِرَم‌تان می‌کند چندین عمل ۳۷۰۱

اگر با صفا و بدون ریا دل خود را به من بسپارید، همین پول چندین کار انجام می‌دهد.

یک درم‌تان می‌شود چار، اَلْمُراد چار دشمن می‌شود یک، زِ اتّحاد ۳۷۰۲

این یک درم آرزوی هر چهار نفر شما را برآورده می‌کند و چهار دشمن به سببِ اتّحاد یکی می‌شوند.

گفتِ هر یک‌تان دهد جنگ و فراق گفتِ من آرد شما را اِتّفاق ۳۷۰۳

سخن هر یک از شما مایهٔ جنگ و جدایی است؛ امّا کلام من شما را متّحد می‌کند.

پس شما خاموش باشید، اَنْصِتوا[4] تا زبان‌تان من شوم در گفت و گو ۳۷۰۴

پس شما سخن نگویید تا من به جای شما به گفت و گو بپردازم.

گر سخن‌تان می‌نماید یک نَمَط[5] در اثر مایهٔ نزاع است و سَخَط[6] ۳۷۰۵

اگر سخنان شما به ظاهر یکی باشد؛ امّا پیوستگی و اتّفاق حقیقی میان شما نباشد، تأثیر کلام، جنگ و خشم است.

گرمیِ عاریّتی[7] ندهد اثر گرمی خاصیّتی دارد هنر[8] ۳۷۰۶

گرما و محبّتی که از دل و جان برنخیزد، تأثیری در دل و جان شنونده ندارد، «گرمای خاصیّتی» که گرمای مهر و محبّتِ برخاسته از دل است، با هنرمندی بر دل و جان مخاطب می‌نشیند و وجودِ او را گرم می‌کند.

---

۱ - **صاحبْ سِرّ**: اهلِ راز، عارفِ کامل.

۲ - **صد زبان**: اهل معنا که زبانِ دل همه را می‌داند و با اسرار آشناست. ۳ - **جُملتان**: جمله‌تان.

۴ - اشارتی قرآنی؛ اعراف: ۲۰۴/۷؛ ر.ک: ۱۶۳۱/۱. ۵ - **نَمَط**: نوع. ۶ - **سَخَط**: ناخشنودی.

۷ - **عاریه**: اینجا غیر واقعی. ۸ - در متن «اثر» نوشته شده، در مقابله بالای آن «هنر» نوشته‌اند.

۳۷۰۷ **سِرکه را گر گرم کردی ز آتش، آن چون خوری سردی فزاید بی‌گمان**

اگر سرکه را که خاصیّت سردی دارد، گرم کنی و بخوری، علی‌رغم گرمای ظاهری، خاصیّتِ خود را دارد و به مزاج تو سردی می‌افزاید.

۳۷۰۸ **زانکه آن گرمیِ او دهلیزی است[1] طبعِ اصلش سردی است و تیزی است**

زیرا گرمایِ آتش برای سرکه ناپایدار است و سرشتِ سرد و تیزش را تغییر نمی‌دهد.

۳۷۰۹ **ور بُوَد یخ بسته دوشاب[2] ای پسر! چون خوری گرمی فزاید در جگر**

ای پسر، اگر شیرهٔ انگور یخ زده خورده شود، طبعِ گرمِ آن دگرگون نمی‌شود و به مزاج گرمی می‌افزاید.

۳۷۱۰ **پس ریایِ شیخ بهْ ز اخلاصِ ماست کز بصیرت باشد آن، وین از عماست**

پس روابطِ گرم و سردِ مردم که بدونِ آگاهی و بصیرت است؛ حتّی اگر از سرِ صدق و اخلاص باشد، ارج و قدرِ ریای شیخِ متعالی را ندارد؛ زیرا هر فعلِ او از وقوف بر حقایق و بینایی بر امور است.

۳۷۱۱ **از حدیثِ شیخ جمعیَّت رسد تفرقه آرد دَمِ اهلِ جسد**

از کلام شیخ متعالی، جمعیّتِ خاطر و همبستگی حاصل می‌شود؛ امّا سخنِ اهلِ تن موجب جدایی و تفرقه است.

۳۷۱۲ **چون سلیمان کز سویِ حضرت بتاخت کو زبانِ جمله مرغان را شناخت[3]**

همان‌گونه که سلیمان(ع) پس از مبعوث شدن به رسالت، زبان همهٔ پرندگان را می‌دانست و با همه ارتباط برقرار می‌کرد، مرد الهی نیز زبان دل و جان همگان را می‌داند.

۳۷۱۳ **در زمانِ عدلش آهو با پلنگ اُنس بگرفت و بُرون آمد ز جنگ**

در زمان سلطنت عادلانهٔ او، آهو و پلنگ که به حکم سرشت در ستیز و گریزند، انس گرفتند.

۳۷۱۴ **شد کبوتر آمِن از چنگالِ باز گوسفند از گرگ ناورد احتراز**

کبوتر از چنگال باز رهایی یافت و گوسفند از گرگ وحشتی نداشت.

---

۱ - **دهلیز** : مکانی میان دروازه و خانه. اینجا کنایه از بیرونی و بی‌حاصل، از دل نیست. ۲ - **دوشاب** : شیره.
۳ - اشارتی قرآنی؛ نَمْل : ۱۶/۲۷ ؛ ر.ک: ۱۲۰۸/۱.

او میانجی شد میانِ دشمنان اتّحادی شد میانِ پَرزنان ۳۷۱۵

او میان دشمنان واسطه شد و سببِ اتّحاد و همبستگی پرندگان گردید.

تو چو موری، بهرِ دانه می‌دوی هین! سلیمان جو، چه می‌باشی غَوی[1]؟ ۳۷۱۶

تو مانند موری که بهر دانه می‌دود، فقط برای اموری دنیوی می‌کوشی، آگاه باش و سلیمان صفتی را بیاب، چرا در گمراهی به سر می‌بری؟

دانه جو را دانه‌اش دامی شود و آن سلیمانْ جوی را هر دو بُوَد ۳۷۱۷

کسی که هدف زندگیش فقط امور مادّی باشد، همان اهداف برای وی دامی می‌شوند که در آن گرفتار می‌آید و آن کس که جویای مردِ حق است، هر دو را می‌یابد و در امور مادّی و معنوی موفّق می‌شود.

مرغِ جان‌ها را در این آخر زمان[2] نیستشان از همدگر یک دم امان ۳۷۱۸

در این دورهٔ آخرالزّمان، مرغِ جان آدمیان لحظه‌ای از یک‌دیگر در امان نیست.

هم سلیمان هست اندر دورِ ما کو دهد صلح و نماند جورِ ما[3] ۳۷۱۹

در دوران ما نیز سلیمان‌خویی هست که بتواند میان جانِ آدمیان صلح و صفا برقرار کند.

قولِ اِنْ مِنْ اُمَّةٍ را یادگیر تا بِه اِلاّ و خَلا فیها نَذیر[4] ۳۷۲۰

این کلام را آویزهٔ گوش خود ساز که: «هیچ امّتی نیست مگر آنکه در میانشان بیم‌دهنده‌ای بوده است».

گفت: خود خالی نبوده‌ست امّتی از خلیفهٔ حقّ و صاحبْ همّتی[5] ۳۷۲۱

حق تعالیٰ فرمود: هیچ امّتی نیست که در آن خلیفهٔ حق و صاحب همّتی نباشد.

مرغِ جان‌ها را چنان یکدل کُند کز صفاشان بی‌غِش و بی‌غِل کند ۳۷۲۲

انسانِ کامل، چنان مرغِ جان آدمیان را یکدل و متّحد می‌کند که در دل مصفّایشان اثری از کدورت‌ها نمی‌ماند.

---

۱ - **غَوی**: گمراه. ۲ - **آخر الزّمان**: واپسین قسمت دوران که به قیامت می‌پیوندد.

۳ - اشاره به وجود انسان کامل که در هر عصری حضور دارد.

۴ - اشارتی قرآنی؛ فاطر: ۲۴/۳۵: وَ إِنْ مِّنْ أُمَّةٍ إِلاَّ خَلاَ فیها نَذِیرٌ: و هیچ امّتی نیست، مگر آنکه در میان آنان بیم دهنده‌ای است.

۵ - **صاحب همّت**: کسانی را که توجّه تام و صرف به حق دارند، اربابِ هِمَم عالیه و صاحب همّت عالی را گویند.

مشفقان گردند همچون والده مُسلمون را گفت نَفْسِ واحده[1] ۳۷۲۳

در نتیجه آنان نسبت به یک‌دیگر مانندِ مادر مهربان می‌شوند، به همین مناسبت، پیامبر(ص)، مسلمانان را «نفس واحده» خوانده است.

نفسِ واحد از رسولِ حق شدند ورنه هر یک دشمنِ مطلق بُدند ۳۷۲۴

مسلمانان به برکت وجودِ پیامبر(ص)، «نفس واحد» شدند و گرنه پیش از آن خصومت بسیار می‌ورزیدند.

برخاستنِ مخالفت و عداوت[2] از میانِ انصار به برکاتِ رسُول، عَلَیْهِ السَّلام

اوس و **خزرج** نام دو قبیله است از قبایل بزرگ عرب و از انصار که در مدینه زندگی می‌کردند و در تاریخ اسلام غالباً نام این دو قبیله که با یک‌دیگر مناسبات و معارضاتی داشته‌اند، با هم ذکر می‌گردد. موطن اصلی اوس یمن بود و پس از مهاجرت به مدینه، مدّت‌ها با قبایل یهود مدینه و خزرج در آن شهر زندگی کردند. میان اوس و خزرج جنگ‌هایی روی داد که بیش از ده سال دوام داشت. با هجرت پیامبر(ص) به مدینه، این دو قبیله به یاری حضرت برخاستند و در پیشرفت اسلام کوشیدند و به نام **انصار** معروف شدند.

دو قبیله کاوْس و خَزْرَج نام داشت یک ز دیگر جانِ خون آشام داشت ۳۷۲۵

اوس و خزرج نام دو قبیلهٔ عرب بود که به خون یک‌دیگر تشنه بودند.

کینه‌هایِ کهنه‌شان از مصطفی محو شد در نورِ اسلام و صفا ۳۷۲۶

کینه‌هایِ کهنهٔ این دو قبیله با ظهور اسلام و وجودِ حضرت محمّد مصطفیٰ(ص)، محو شد.

اوّلا اِخوان شدند آن دشمنان همچو اعدادِ عِنَب در بوستان ۳۷۲۷

در ابتدای امر، آن دشمنان، برادر شدند، مانند دانه‌های انگور که علی‌رغم تعدّد، به یک شاخه متّصل‌اند.

وز دَمِ المُؤمنون اِخوَه[3] به پند در شکستند و تنِ واحد شدند ۳۷۲۸

از کلام حق که فرمود: «مؤمنان برادرانند»، پند گرفتند و با در هم شکستن «انانیّت» و خودپرستی، مجموعاً به «تن واحد» مبدّل شدند.

---

۱ - اشاره به حدیث: ر.ک: ۱۸۸/۲. ۲ - **عداوت**: دشمنی.

۳ - اشارتی قرآنی؛ حُجُرات: ۱۰/۴۹: إِنَّمَا الْمُؤْمِنُونَ إِخْوَةٌ: همانا مؤمنان، برادر یک‌دیگراند.

صـورتِ انگـورها اِخـوان بُـوَد　　　چـون فشـردی شـیرهٔ واحـد شـود ۳۷۲۹

صورت ظاهر دانه‌های انگور، مانند تعدادی برادر در کنار یک‌دیگر است، هنگامی که دانه‌ها را بفشاری از تعدّد و تکثّر اثری نمی‌ماند.

غـوره و انگـور ضـدّان انـد، لیک　　　چونکه غوره پخته شد، شد یارِ نیک ۳۷۳۰

غوره ترش و انگور شیرین است و این دو با هم تضادّ دارند، ولی غوره که پخته شود و به کمال برسد، تضادّ از میان می‌رود و وحدت پدید می‌آید.

غوره‌یی[1] کو سنگ بست[2] و خام ماند　　　در ازل حـقْ کـافرِ اصـلیش خـوانـد ۳۷۳۱

غوره‌ای که مانند سنگ سفت شده و به کمال وجودی‌اش نرسیده، تمثیلی است از کسی که حق تعالیٰ در روز ازل او را کافر اصلی خوانده است.

نه اخی[3]، نه نفس ِ واحـد بـاشد او　　　در شقاوت[4] نحس ِ ملحد[5] باشد او ۳۷۳۲

او نه برادرِ مسلمانان و نه نَفْس واحد به شمار می‌رود، شقی و شوم و کافر است.

گـر بگـویم آنـچه او دارد نـهان　　　فـتنهٔ اَفـهام خـیزد در جـهان ۳۷۳۳

اگر آنچه را که در باطنِ اشقیاست، آشکارا بگویم، فهم نازلهٔ مردم در جهان فتنه برپا می‌کند.

سِـرِّ گـبرِ کـور[6] نـامذکور بِـهْ　　　دودِ دوزخ از اِرَم[7] مـهجور[8] بِـهْ ۳۷۳۴

اسرارِ کافرِ کوردل بهتر است مسکوت بماند و دودِ دوزخی آن از بهشتِ مجلس ِ ما دور باشد.

غوره‌هایِ نیک[9] کـایشان قـابل انـد　　　از دَمِ اهـلِ دل آخِـر یک دل انـد ۳۷۳۵

غوره‌های نیک سرشت که قابلیّت و استعداد ذاتی تکامل را دارند به برکت انفاس قدسی اهل دل کمال می‌یابند و یک‌دل و یک‌جان می‌شوند.

سـویِ انگـوری هـمی رانـند تـیز　　　تا دویی بـرخـیزد و کـین و سـتیز ۳۷۳۶

به سوی کمال وجودی خود با سرعت می‌شتابند تا دوگانگی و دشمنی از میان برخیزد.

---

۱ - **غوره :** دنیاپرست.　۲ - **سنگ بست :** سفت شد.　۳ - **اخی :** برادر.　۴ - **شقاوت :** بدبختی.
۵ - **مُلحد :** کافر.　۶ - **گبرِ کور :** کافرِ کوردل که هیزمِ دوزخ است.
۷ - **اِرَم :** نام باغ یا شهری که شداد پسر عاد بنا کرد. هر چیز که وصف بهشت است در آن نهاد، چون خواست به درون رود، جانش را قبض کردند. مکان آن بین صنعا و حَضْرَموت در عربستان است، اینجا کنایه از مجلسِ تقریر مثنوی.　۸ - **مهجور :** دور.　۹ - **غوره‌های نیک :** تمثیلِ سالکانی که قابلیّت ارتقا و کمال را دارند.

پس در انگوری همی درّند پوست تا یکی گردند و وحدت وصفِ اوست ۳۷۳۷

در مرحلهٔ پختگی و کمال، پوست و قشر را می‌درند و از آن رهایی می‌یابند، اینک وصفِ یگانگیِ آنان «وحدت» است.

دوستْ دشمن گردد، ایرا هم دو است هیچ یک با خویش جنگی دَر نَبَست ۳۷۳۸

تا دوگانگی حکمفرماست، ممکن است دوست دشمن شود؛ امّا تفرقه که از میان برخاست و یگانگی حاکم شد، جنگ و ستیزی نیست؛ زیرا هیچ کس با خود دشمنی و کینه نمی‌ورزد.

آفرین بر عشقِ کُلّ[1] اوستاد صد هزاران ذرّه را داد اتّحاد ۳۷۳۹

آفرین بر «عشق حق» که با استادیِ بی‌نظیر صدها هزار ذرّهٔ پراکندهٔ هستی را متّحد می‌کند.

همچو خاکِ مُفترِق[2] در رَه گذر یک سَبُوشان کرد دستِ کوزه‌گر ۳۷۴۰

مانند خاکِ پراکندهٔ گذرگاه‌ها که دستِ هنرمندِ کوزه‌گر با توانمندی از آن یک کوزه می‌سازد.

که اتّحادِ جسم‌هایِ آب و طین[3] هست ناقص، جان نمی‌ماند بدین ۳۷۴۱

مثالی که گفته شد از اتّحاد و یگانگی جسم‌هاست که از آب و گِل پدید آمده‌اند، یگانگی میان اجسام، «وحدتِ» کامل نیست، یگانگیِ جان‌ها، کامل است و شباهتی به یگانگی اجسام ندارد.

گر نظایر گویم اینجا در مثال فهم را، ترسم که آرد اختلال ۳۷۴۲

اگر برای بیان اتّحادِ جان‌ها، نظایر دیگری را بگویم، فهمِ خلق قدرتِ درکِ آن را ندارد و به لغزش می‌افتد.

هم سُلیمان هست اکنون، لیک ما از نشاطِ دوربینی[4] در عَمی ۳۷۴۳

در دوران ما نیز «سلیمان‌خو و سلیمان‌صفت» هست؛ امّا عادت کرده‌ایم که به مقاصد و چیزهای دور از دسترس توجّه کنیم و چنان از امور دنیوی به نشاط می‌آییم که مردان حق را احتمالاً در کنارِ خود نمی‌بینیم.

دوربینی کور دارد مرد را همچو خُفته در سرا، کور از سرا ۳۷۴۴

دوربینی، آدمی را از دیدن حقایقی که در اطراف اوست، محروم می‌کند، مانند کسی که در سرایی بخوابد و آن خانه را نبیند.

---

۱ - **عشقِ کُلّ** : عشقِ حق. ۲ - **مفترق** : پراکنده. ۳ - **طین** : خاک.
۴ - **نشاطِ دوربینی** : کنایه از توجّه به امور دنیوی و بهره‌هایِ آن.

مُـولعیم[1] انـدر سـخن‌هایِ دقـیق[2] در گِـره‌ها بـاز کـردن مـا عشـیق[3] ۳۷۴۵

ما حرصِ عجیبی به «ادلّه و براهین» عقلی داریم و به گره‌گشایی نظری، عشق می‌ورزیم.

تـا گِـره بـندیم و بگشـاییم مـا در شِکـال و در جـواب آیـین فـزا ۳۷۴۶

ما عاشق گره زدن و گره‌گشودن هستیم. ترقّی و کمال خود را در اشکال‌تراشی و رفع اشکال می‌یابیم.

هـمچو مـرغی کـو گشـاید بـندِ دام گاه بـندد، تـا شـود در فـن تـمام[4] ۳۷۴۷

مانندِ پرنده‌ای که بندِ دام را می‌گشاید و باز می‌بندد تا در این فنّ، استاد شود.

او بُوَد مـحروم از صـحرا و مَـرْج[5] عُمرِ او اندر گِـره کـاری‌ست خـرج ۳۷۴۸

او از پریدن و تفرّج در صحرا و کشتزار محروم است و عمرش به بستن و گشودن گره می‌گذرد.

خـود زبـونِ او نگـردد هـیچ دام لیک پـرّش در شکست اُفـتد مـدام ۳۷۴۹

علی‌رغم گره‌زدن‌ها و گشودن‌های مکرّر، هیچ دامی در برابر او ناتوان نیست و تلاش بیهوده پر و بالش را می‌شکند.

با گـره کـم کـوش تـا بـال و پـرّت نَسْکُلَد[6] یک یک از این کَرّ و فَرت[7] ۳۷۵۰

درگشودن گره مشکلات و معضلاتی که جهان‌بینی تو را با اشکال روبرو می‌سازد، تلاشِ بیهوده نکن تا استعداد و توانایی پروازِ معنوی را از دست ندهی.

صدهزاران مرغ[8] پرهاشان شکست و آن کمین‌گاهِ عوارض[9] را نبَست[10] ۳۷۵۱

بال و پرِ صدها هزار مرغِ «جان» در تکاپوی پرواز ریخت و شکست؛ امّا از دامِ عوارض نَفْسانی نجات نیافت و برای همیشه گرفتار ماند.

---

۱ - **مُولع** : حریص. ۲ - **سخن‌هایِ دقیق** : اشاره به حُکما و فلاسفه که اهلِ استدلال‌اند.

۳ - **عشیق** : عاشق.

۴ - این نکته که «اهلِ برهان» با «قیل و قال» عمر گرانمایه را صرف طرح و حلّ نکاتی می‌کنند که آنان را از جست‌وجو و رسیدن به حقایق باز می‌دارد، تمثیل مرغی تداعی‌گر می‌شود که دائم بندها را می‌گشاید و می‌بندد و با صرف عمر در این کار از پرواز در صحرا و اوج آسمان باز می‌ماند. ۵ - **مَرْج** : مرتع و چراگاه.

۶ - **نَسْکُلَد** : نَگُسَلَد. ۷ - **کَرّ و فَرّ** : حمله و گریز، تلاش، جدّ و جهد. ۸ - **مرغ** : کنایه از جان.

۹ - **کمینگاهِ عوارض** : دنیا و زندگیِ مادّی که دامِ عوارضِ نَفسانی است.

۱۰ - اشاره است به آنان که عمر درگره زدن و گره‌گشودن صرف کردند، بال و پر پرواز خویش را شکستند و این اعمال بیهوده هرگز نتوانست آن‌ها را از کمینگاه حوادث ایمن کند و یا پاسخی مناسب برای اشکالاتشان بیابد.

حالِ ایشان از نُبی[1] خوان ای حریص! نَقَّبُوا فیها ببین، هَلْ مِنْ مَحیصْ؟[2] ۳۷۵۲

ای که در بحث و جدل حریصی، حال این مردم را در قرآن بخوان و ببین که حق تعالی در ارتباط با ایشان چه می‌فرماید؟

از نزاعِ تُرک و رومی و عرب حل نشد اِشکالِ انگور و عِنَب ۳۷۵۳

از جدال ترک، رومی و عرب، اِشکالِ «عِنب» و «انگور» حل نشد.

علی‌رغم جنگ و ستیز اقوام گوناگون، اختلافِ آنان که به سبب توجّه به ظواهر و قشر و الفاظ به وجود آمده، باقی است.

تا سلیمانِ لَسینِ[3] معنوی در نیاید، بر نخیزد این دُوی[4] ۳۷۵۴

تا «انسان کامل» در این کشاکش طرف اعتماد طرفین نباشد، دوگانگی پابرجا می‌مانَد.

جمله مرغانِ منازع[5]! بازْوار بشنوید این طبلِ بازِ شهریار ۳۷۵۵

ای جان‌هایِ ستیزه‌جو، همگی مانندِ شاهینِ دست‌آموز به بانگِ طبلِ شاه توجّه کنید که شما را به سویِ خود فرا می‌خوانَد تا هادیِ راهتان باشد.

ز اختلافِ خویش سویِ اتّحاد هین! ز هر جانب روان گردید شاد ۳۷۵۶

شما را از دوگانگی به اتّحاد و وحدت فرامی‌خوانَد، آگاه باشید و شادمان از هر سو به او روی آورید که شما را به یک‌رنگی و صفا دعوت می‌کند.

حَیثُ ما کُنتُمْ فَوَلُّوا وَجْهَکُم[6] نَحْوَهُ هٰذَا الَّذی لَمْ یَنْهَکُم ۳۷۵۷

هر جا که هستید، رویِ خود را به سویِ قبلهٔ وحدت بگردانید، این چیزی است که خداوند شما را از آن نهی نمی‌کند.

کورْ مرغانیم و بس ناساختیم[7] کآن سلیمان[8] را دمی نشناختیم ۳۷۵۸

ما مانندِ مرغانِ کوری هستیم که دست‌آموز نشده‌ایم؛ بنابراین «سلیمان‌صفتِ» دوران را نشناختیم و از وجودش بهره نبردیم.

---

۱ - **نُبی** : قرآن.

۲ - اشارتی قرآنی؛ ق : ۳۶/۵۰ : وَکَمْ أَهْلَکْنا قَبْلَهُمْ مِنْ قَرْنٍ هُمْ أَشَدُّ مِنْهُمْ بَطْشاً فَنَقَّبُوا فِی البِلادِ هَلْ مِنْ مَحِیصٍ : و چه بسیار کسان که پیش از ایشان نابود کردیم که از آن‌ها قدرتمندتر بودند و در دیارها به جست‌وجو پرداختند ولی آیا راه نجاتی بهر آنان بود؟ ۳ - **لَسین** : زبان‌آور، آن کس که زبانِ حال را می‌داند و در بند قال نیست.

۴ - **دُوی** : دوگانگی. ۵ - **منازع** : ستیزه‌جو. ۶ - اشارتی قرآنی؛ بقره : ۱۴۴/۲.

۷ - **بس ناساختیم** : ساخته و تربیت نشده‌ایم، تربیتِ معنوی نداریم.

۸ - **سلیمان** : سلیمان‌صفت، مرد حق، عارف.

همچو جُغدان[1] دشمنِ بازان[2] شدیم لاجـرم وامـاندهٔ ویـران شـدیم ۳۷۵۹

ماننـدِ جُغد با شاهبازانِ عالمِ معنا دشمنی ورزیـدیم، لاجـرم در عـالَمِ مـادّه مـاندیم و نتوانستیم پرواز کنیم.

مـی‌کنیم از غـایتِ جـهل و عَـما قـصدِ آزارِ عـزیزانِ خـدا ۳۷۶۰

از نهایت نادانی و کوردلی و فقدان بصیرت، در پی آزار عزیزان درگه حق برآمده‌ایم.

جمعِ مرغان کز سلیمان روشن انـد پـرّ و بـالِ بی‌گُنه کِی بر کَـنند؟ ۳۷۶۱

پرندگانی که در محضر سلیمان روشنی و تعالی یافته‌اند، چگونه در پی آزار بی‌گناه باشند؟

بـلکه سـویِ عـاجزان چـینه کَشَـند[3] بی خلاف و کینه آن مرغان خوش اند ۳۷۶۲

بلکه برای پرندگانی که از پرواز وامانده‌اند، رِزق معنوی و دانه‌های معرفت می‌نهند. این «جان‌هایِ بلندپرواز» که تربیت شدگانِ سلیمان صفتانِ روزگار خویش‌اند، به دور از کینه و ستیز و در عوالمِ روحانی خویش سرخوش و شادمان‌اند.

هُـدهدِ[4] ایشـان پـیِ تـقدیس[5] را مـی‌گشاید راهِ صـد بـلقیس را ۳۷۶۳

هُدهُدِ این قوم که با قافله‌سالاری سلیمان همّت روزگـار خـویش، راهـیِ کـوی دوست است، از پی تقدیس و بزرگداشتِ حقایق، راه صدها بلقیس را به کوی سلیمان می‌گشاید.

زاغِ ایشان گر بـه صـورت زاغ بـود بـازِ هـمّت آمـد و مـازاغ[6] بـود ۳۷۶۴

هرچند که صدایِ زاغِ ایشان برحسب ظاهر زاغ می‌نمود؛ امّا «بازِ معنوی» بود که نمی‌لغزید و خطا نمی‌کرد.

لکلکِ ایشـان کـه لک‌لک[7] مـی‌زند آتشِ تـوحید در شک مـی‌زند ۳۷۶۵

لک‌لک این قوم نغمهٔ توحید سر می‌دهد و با ایمان خالصانه، آتشی در خرمن اهل شک می‌زند.

---

۱ - **جُغد :** کنایه از دنیاپرست. ۲ - **باز :** کنایه از اهل معنا.

۳ - **چینه کشند :** به آنان برای یافتنِ رزقِ روحانی و معنوی کمک می‌کنند.

۴ - **هدهد :** شانه سر، پرنده‌ای که به دربار سلیمان(ع) خبری از سرزمین ملکهٔ سبا در یمن آورد که در برابر خورشید سجده می‌کنند؛ بنابراین مأمور شد تا پیام توحید را به سبا بَرَد و آنان را به ایمان فراخوانَد. بلقیس با هدایای فراوان به نزد سلیمان(ع) شتافت؛ امّا هدایای خود را در مقایسه با شوکت و ثروت سلیمان(ع) بی‌قدر یافت و چون دید که کسان سلیمان(ع) تخت باشکوه وی را از راه علم و حکمت به دربار حاضر آورده‌اند، تحت تأثیر قرارگرفت و با قوم خود مسلمان شد. نوشته‌اند که پس از آن همسر سلیمان(ع) شد: قرآن، نمل: ۲۰/۲۷ به بعد.

۵ - **تقدیس :** بزرگداشت.

۶ - اشارتی قرآنی؛ نجم : ۱۷/۵۳ : ما زاغَ الْبَصَرُ و ما طَغیٰ : دیده‌اش [پیامبر] کژتابی و سرپیچی نکرد. (از مشاهدهٔ جمال حق به سویی دیگر میل نکرد.)

۷ - **لک لک :** فریاد لکلک. با فریاد «لَکَ الْمُلْك» می‌گوید: «مُلک و قدرت و عزّت از آن توست». اشاره‌ای است به خواندن غزل خوانان و قوّالان در مجالس سماع صوفیان. «لک»: از آنِ توست.

و آن کبوترشان[۱] ز بازان[۲] نَشْکُهَد[۳] باز، سر پیشِ کبوترشان نهد ۳۷۶۶

کبوتر این قافله [مبتدیان سلوک] از بازان تنومند [اهل زر و زور، توانمندان] بیمی ندارد و بازان علی‌رغم قدرت‌های ظاهری خویش، خود را در برابر این مبتدیان، ناچیز می‌یابند و به آنان حُرمت می‌نهند.

بلبلِ ایشان که حالت آرَد[۴] او در درونِ خویش گلشن دارد او ۳۷۶۷

بلبل این قوم که با خواندن ترانه‌ها و نغمه‌های عاشقانه همگان را به وجد و حال و شعف می‌آورد، در درون خویش گلشنی از گلبوته‌های علوم و اسرار دارد.

طوطیِ ایشان ز قند[۵] آزاد بود کز درون، قندِ ابد رویش نمود ۳۷۶۸

طوطی این گروه رغبتی به قند و شکّرخایی ندارد؛ زیرا فتح بابی از درون، دری از علوم و دانش غیبی را به رویش گشوده و او را از دانش ظاهری [قند] بی‌نیاز کرده است.

پای طاووسان[۶] ایشان در نظر بهتر از طاووسْ پَرّانِ دگر ۳۷۶۹

پای طاووسان این قوم [بی‌قدرترین ادراکات روحانی و معنوی آنان] در نظر صاحب‌نظران و اهل دل، عالی‌تر از دانشِ مدّعیان است.

منطق اَلطَّیرانِ خاقانی[۷] صداست منطق اَلطَّیرِ سلیمانی[۸] کجاست؟ ۳۷۷۰

مَنْطِقُ الطَّیْرانِ خاقانی [بلاغت او در قصیده‌سرایی و ابیاتی راکه در زهد و وعظ سروده است] در مقایسه با مَنْطِقُ الطَّیْر سلیمانی [کلامی تعلیمی از علمی الهی] فقط پژواکی از نطقِ مرغانِ حق است، حقیقت نیست، منطق‌الطّیرِ سلیمانی کجاست؟

---

۱ - **کبوتر** : کنایه از سالک مبتدی. ۲ - **بازانِ تنومند** : کنایه از قدرتمندانِ دنیوی.

۳ - **نَشکُهَد** : از شکوهیدن به معنی ترسیدن، واهمه داشتن، بیم. ۴ - **حالت آرَد** : وجد و حال می‌آوَرَد.

۵ - **قند** : کنایه از ظواهرِ زندگیِ دنیوی که شاملِ علوم ظاهری هم هست که به آن بسنده نمی‌کند.

۶ - **پای طاووس** : پاهای طاووس در زشتی ضرب المثل است، اینجا کنایه از درکِ نازلِ معنوی.

۷ - **خاقانی** : حسان العجم افضل الدّین بدیل (ابراهیم) بن علی خاقانی حقایقی شروانی. یکی از بزرگ‌ترین شاعران ایران که به روش سنایی در زهد و وعظ نظر داشت. او به غیر از شروانشاه مدحِ امرای اطراف را نیز می‌گفت. خاقانی در قرن ششم هجری قمری می‌زیست. از وی دیوان اشعار و مثنوی تحفة‌العراقین بر جای مانده است. خاقانی با ابوالعلاء گنجوی که استاد وی در شعر و ادب بود و او را بعد از تربیت، دختر داد و به دربار شروانشاه برد، کارش به نقار و هجو کشید و در تحفة‌العراقین ابیاتی در هجو استاد هست، لیکن پاداش این بی‌ادبی را از شاگرد خود مجیرالدّین بیلقانی گرفت و از بدزبانی‌های او چنانکه باید آزرده شد. رشیدالدّین وطواط شاعر، استاد عهد خاقانی هم چندی با استاد دوستی داشت و بعد در آخر کارشان به هجو یک‌دیگر رسید: تاریخ ادبیّات ایران، ج ۲، صص ۷۸۲-۷۷۶. [خاقانی چند بار سخن خود را منطق‌الطیر خوانده است.]

۸ - **منطق‌الطیرِ سلیمانی** : زبانِ مرغان حق، زبان اهل دل یا سالکان.

تو چه دانی بانگِ مرغان را همی؟ چون ندیدستی سلیمان را دمی[1] ۳۷۷۱

تو چگونه می‌توانی معنی و مفهومِ بانگِ مرغانِ جان را که در عشق حق نغمه می‌سرایند، دریابی، در حالی که لحظه‌ای از محضر سلیمان‌همّتی، فیض نبرده‌ای؟

پرِّ آن مرغی که بانگش مُطرب است[2] از برونِ مشرق است و مغرب است ۳۷۷۲

بال و پرِ پروازِ آن مرغی [سالک متعالی] که آوای دل‌انگیزش جان‌ها را به وجد و شعف می‌آوَرَد، ماورای مشرق و مغرب و در عوالم روحانی است.

هر یک آهنگش، ز کُرسی تا ثَرِیٰ‌ست[3] وز ثَرِیٰ تا عرش در کَرّ و فَری‌ست ۳۷۷۳

شکوهِ نغمهٔ سالکِ منوّر آسمان تا زمین را در بر می‌گیرد.

مرغ، کو بی این سلیمان می‌رود عاشقِ ظلمت چو خفّاشی بُوَد ۳۷۷۴

جانی که تحت تربیت و ارشاد چنین سلیمان‌همّتی نباشد [سالکی که بدون مرشد کامل به سلوک بپردازد]، مانند خفّاش به ظلمات عشق می‌ورزد.

با سلیمان خو کن ای خفّاشِ رَد تا که در ظلمت نمانی تا ابد ۳۷۷۵

ای آنکه مانندِ خفّاش به تاریکیِ نَفْس خُو گرفته و مردود درگه حق شده‌ای، بکوش تا با مُرشدی کامل انس یابی تا برای ابد در ظلمتِ نَفْس گرفتار نمانی.

یک گزی[4] رَه که بدان سو می‌روی همچو گز، قطبِ مساحت می‌شوی[5] ۳۷۷۶

اگر یک قدم به سوی حق بروی و بتوانی پا بر روی خواسته‌های نَفْسانی و تعلّقات بگذاری، چنان منوّر و متعالی می‌گردی که معیارِ سنجش می‌شوی.

وانکه لنگ و لوک[6] آن سو می‌جهی از همه لنگی و لوکی می‌رهی ۳۷۷۷

اینکه با پای لنگ و عاجزانه به سوی درگه حق روی آوری و در جهت تعالی بکوشی، از حقارتِ معنوی و لنگی و لوکیِ باطنی می‌رهی.

---

۱ - مضمون این بیت از منظومهٔ سنایی به نام سیرالعباد مأخوذ است: تو چه دانی زبان مرغان را؟ که با اندک اختلاف در مرصادالعباد و شرح شطحیّات روزبهان نیز نقل شده است و شهرت و سابقهٔ کلام سنایی را نشان می‌دهد و اقتباس آن را در کلام مولانا قطعی می‌کند: سِرّ نی، ج ۱، ص ۲۵۷. ۲ - **مطرب است :** وجدآور است.

۳ - **کرسی تا ثریٰ :** عرش تا فرش، آسمان تا زمین. ۴ - **گز :** ذراع، واحد طول.

۵ - انسان کامل محک و معیار حق و باطل است.

۶ - **لنگ و لوک :** لنگ به معنی شَل، کسی که پای او نقصی دارد، لوک به معنی أقطع یا کسی است که با هر دو زانو و کف‌های دست راه برود. عاجز و زبون.

قصّهٔ بطْ بچگان که مرغِ خانگی پروردشان[۱]

در این تمثیل، تخم بط را مرغِ خانگی دایگی می‌کند و چون جوجه از تخم برآید، مرغ را مادر خود می‌یابد و بطَ و دریا راکه نمادی از مادر حقیقی اوست، از یاد می‌برد؛ امّا همواره فطرت وی میلی مبهم را در وجودش به جوشش می‌آوَرَد و او را به اصل خود فرا می‌خوانَد.

جان و روح آدمی در این تمثیل همان تخم بط است که توسط عالم محسوس پرورده می‌شود و اصل خویش را که عوالمی ماورای حس است، فراموش می‌کند؛ امّاکشش درونی وی به سوی اصلی است که از آن برخاسته و سرانجام تیرگی‌های عالم مادّه را رها می‌کند و بدان سو می‌شتابد.

تخمِ بطّی[۲] گرچه مرغِ خانه‌اَت　　　کرد زیرِ پر چو دایه تربیت ۳۷۷۸

اصل و حقیقت تو، «جان مجرّد»ی است که مشتاق بازگشت به مبدأ یا دریای وحدت است، هرچند که این جان مجرّد در دامان و زیرِ بال و پرِ مرغ خانگی [طبیعت بشری و قالبی مادّی] تربیت می‌شود و تعالی می‌یابد.

مادرِ[۳] تو بطِّ آن دریا[۴] بُده‌ست　　　دایه‌ات[۵] خاکی بُد و خُشکی پرست ۳۷۷۹

اصلِ تو روحِ مجرّدی است که مانند مرغابیِ دریای وحدت، بدان خُو گرفته است و نَفْسِ تو [روح حیوانی] مانندِ دایه‌ای است که اهل این خاک است و آن را دوست دارد.

میلِ دریا که دلِ تو اندر است　　　آن طبیعت، جانْت را از مادر است ۳۷۸۰

اشتیاقی که آدمی به عوالم معنوی و روحانی دارد [میل به دریا] به سبب فطرت و سرشت اوست.

---

۱ - شمس تبریزی در این باب تمثیلی را بیان کند: از عهد خُردَکی، این داعی را واقعه‌ای عجب افتاده بود. کس از حال داعی واقف نی پدر من از من واقف نی. می‌گفت: تو اوّلا دیوانه نیستی، نمی‌دانم چه روش داری؟ گفتم: یک سخن از من بشنو. تو با من چنانی که خایهٔ بط [تخم بط] را زیر مرغ خانگی نهادند، پرورد و بط بچگان برون آورد، بط بچگان کلان تَرَک شدند با مادر به لب جو آمدند. دَرآب در آمدند. مادرشان مرغ خانگی است. لب لب جو می‌رود. امکان در آمدن در آب نی. اکنون ای پدر من دریا می‌بینم مرکب من شده است. و وطن و حال من این است. اگر تو از منی یا من از توام درآ درین دریا. و اگرنه برو برِ مرغان خانگی: احادیث، صص ۲۴۳ و ۲۴۴، نقل از مقالات شمس، نسخهٔ ولی‌الدّین، ص ۱۱.

جامی در نفحات‌الانس این مطلب را در ضمن حکایتی از مجدالدّین بغدادی روایت می‌کند: روزی شیخ مجدالدّین با جمعی از درویشان نشسته بود. سکری بر وی غالب شد. گفت: بیضهٔ بط بودیم برکنار دریا و شیخ ما شیخ نجم‌الدّین مرغی بود. بال تربیت به سر ما فرود آورد. ما از بیضه بیرون آمدیم و چون بیضهٔ بط بودیم در دریا رفتیم و شیخ برکنار دریا بماند.　۲ - **بط** : مرغابی.　۳ - **مادر** : کنایه از «اصل».　۴ - **دریا** : کنایه از «حقیقتِ هستی».

۵ - **دایه** : کنایه از سرشت طبیعی، نَفْس و عالم مادّه.

۳۷۸۱ **میلِ خشکی مر تو را زین دایه است   دایـه را بگـذار، کـو بَـدرایـه است**

میل و شوقی که آدمی را به عوالم مادّی و سفل می‌کشاند، در اثرِ وسوسهٔ دایه [نفس یا روح حیوانی] است، او را رها کن؛ زیرا سخت بداندیش است و رأی غلط دارد.

۳۷۸۲ **دایـه را بگـذار در خشک و بـران   اندر آ در بـحرِ مـعنی چـون بـطان**

نَفْس [روح حیوانی] را در همان پستی و خشکی [عوالم مادّی] رها کن و در بحر معنا [عوالم معنوی و ادراکات روحانی] مانند بطان آن دریا شناور شو.

۳۷۸۳ **گـر تـو را مـادر بـترساند ز آب   تو مترس و سویِ دریا ران شـتاب**

اگر مادر، [طبایع بشری، نَفْس]، تو را از دریا بترساند، نترس و به شتاب به سویِ بحرِ معانی روانه شو.

۳۷۸۴ **تو بطی، بر خشک و بر تر زنـده‌ای   نی چو مـرغِ خـانه، خـانه گَـنده‌ای**

خداوند تو را مانند «بط» آفریده، خلقت تو چنین است که بر خاک و آب می‌توانی زندگی کنی، در وجودت عوالم «معنوی و مادّی» هست، مانند مرغ خانه نیستی که خانه‌اش بوی گند می‌دهد و جز در خاک نمی‌تواند مسکن گُزیند.

۳۷۸۵ **تـو ز کَـرَّمْنا[1] بـنی آدم، شـهی   هم به خشکی هم به دریـا پـا نـهی**

خداوند، کرامتی بزرگ در حقِّ فرزندان آدم کرد که آنان را با دانش، خرد، هوش، سخن، فرهنگ و معرفت بیاراست تا از «عالم مادّه» بگذرند و به دریایِ «عالمِ معنا» وارد شوند.

۳۷۸۶ **که حَمَلناهُمْ[2] عَلَی آلبَحرِ به جـان[3]   از حَمَلناهُم عَـلَی آلبَـر، پـیش ران**

تو به کمکِ روح انسانی‌اَت [جان مجرّد] می‌توانی واردِ دریایِ معانی شوی و از مرحلهٔ سیر و زندگیِ مادّیِ صِرف عبور کنی.

۳۷۸۷ **مر ملایک را سـویِ بـر راه نـیست   جنسِ حیوان هم ز بحر آگاه نیست**

فرشتگان مخلوقاتی روحانی و بدون نَفْس‌اند که از عقل سرشته شده‌اند؛ پس سنخیّتی با عوالم مادّی ندارند. حیوان نیز مخلوقی است فاقد عقل و آکنده از شهوت و غضب که سنخیّتی با عوالم معنوی ندارد.

---

۱ - اشارتی قرآنی؛ إسرا: ۷۰/۱۷: وَ لَقَدْ کَرَّمْنا بَنِي آدَمَ: و ما فرزندان آدم راگرامی داشتیم.
۲ - اشارتی قرآنی؛ إسراء: ۷۰/۱۷: وَ حَمَلْناهُمْ فِی الْبَرِّ وَ الْبَحْرِ: و ما آن‌ها را [با مرکب‌های مختلف] در خشکی و دریا حمل کردیم. ۳ - **جان**: روحِ انسانی که ودیعه‌ای الهی است.

تو به تن حیوان، به جانی از مَلَک   تا روی هم بر زمین هم بر فلک ۳۷۸۸

ای بنی آدم، در تو مجموعه‌ای از هر دو وجود دارد. به علّت وجود تن، به عوالم مادّی تمایل داری، همانند حیوان؛ امّا جانت مشتاق عوالم روحانی است تا بتوانی در زندگیِ زمینی با قوّتِ جان بر افلاک سیر نمایی.

تا به ظاهر مِثلُکُمْ[1] باشد بشر   با دل یُوحیٰ اِلَیْهِ دیده‌وَر ۳۷۸۹

این برای آن است که پیامبر(ص) بر حسب ظاهر بشری چون دیگران جلوه کند در حالی که به سببِ دلِ پاک و مصفّا به او وحی می‌شد و بینای حقایق بود.

قالبِ خاکی فُتاده بر زمین   روحِ او گردان برایـن چرخِ برین ۳۷۹۰

جسمِ آدمی بر خاک است و روحِ او می‌تواند بر اوج افلاک معنوی سیر کند.

ما همه مرغابیانیم[2] ای غلام[3]!   بحر می‌داند زبانِ ما تمام ۳۷۹۱

ای نوجوان، اگر حقیقت را بخواهی ما همه مانند مرغابیان و شناوران بحر معانی هستیم و زبان حال ما را آن دریای بیکران به خوبی می‌داند.

پس سلیمان بحر آمد ما چو طَیْر   در سلیمان تا ابد داریم سیر ۳۷۹۲

پس سلیمان(ع) و سلیمان همّتان هر روزگار، همان بحرِ معانی و دریایِ حقایق‌اند و ما نیز همان مرغابیانیم که تا ابد در آن سیر می‌کنیم.

با سلیمان پای در دریا بِنِه   تا چو داوود آب سازد صد زِرِه ۳۷۹۳

بکوش تا سلیمان همّتی دستت را بگیرد و در ظلِ توجّهات مرد حق گام در دریای روح بگذار و سیر و سلوک را در جهت تعالی و کمال آغاز کن تا همان‌گونه که داوود(ع) از آهن زره می‌ساخت، «بحرِ معانی» برای تو به همّتِ مُرشد کامل، صدها زره بسازد و در مسیر حرکت‌های روحی، از آفات و هجوم خواهش‌هایِ نفسانی و مهالکِ راه محفوظت بدارد.[4]

آن سلیمان پیشِ جمله حاضر است   لیک غیرت چشم بند و ساحر است ۳۷۹۴

آن سلیمانی را که می‌گویم، همیشه و همه‌جا هست؛ امّا غیرت حق، مانندِ چشم‌بند مانع می‌شود که غافلانِ نامحرم او را بشناسند.

---

۱ - اشارتی قرآنی؛ کهف: ۱۱۰/۱۸.   ۲ - **مرغابیانیم**: اهلِ عالمِ معناییم.   ۳ - **غلام**: جوان.

۴ - اشارت قرآنی: ر.ک: ۹۱۷/۲.

تا ز جهل و خـوابـناکـی و فُـضول — او به پـیشِ مـا و مـا از وی مـلول ۳۷۹۵

تا در جهل و غفلت و یاوه‌گویی به سر می‌بریم، با وجود آنکه او نزد ماست، از وی دل‌زده و روی‌گردان‌ایم.

تشــنه را دردِ سـر آرد بـانگِ رعـد — چون نـدانـد کـو کشـاند ابـرِ سَـعْد ۳۷۹۶

احوال ما بسان تشنه‌ای است که با شنیدن صدای رعد و برق دچار وحشت و سردرد می‌شود و نمی‌داند که این بانگ، ابری پرباران را در پی دارد، ما نیز اگر از کلام «انبیا و اولیا» و محضرِ مردان حق ملول و روی‌گردان باشیم، در همان جهل غوطه‌وریم.

چشمِ او مانده‌ست در جـویِ روان — بـــی خـبر از ذوقِ آبِ آســمان ۳۷۹۷

آن تشنهٔ غافل، تمام همّت خویش را متوجّه محسوسات و اسباب ظاهری [جوی روان] کرده، بی‌آنکه بداند توجّه به عوالم روحانی [آب آسمان] چه ذوقی دارد.

مـرکبِ هـمَّت سـویِ اسـباب رانـد — از مُسبِّب لاجـرم مـحجوب مـاند ۳۷۹۸

توجّه تشنهٔ غافل به «علل و اسباب» ظاهری است، در نتیجه از «سبب‌ساز» محجوب و محروم می‌مانَد.

آنکــه بـیند او مسـبِّب را عـیان — کِی نهد دل بـر سـبب‌هایِ جـهان؟ ۳۷۹۹

آن کس که سبب‌ساز را آشکار ببیند، چگونه اعتباری برای سبب‌های ظاهری قائل شود؟

حیران شدنِ حاجیان در کراماتِ آن زاهد که در بادیه تنهاش یافتند

زاهدی در بیابانی زندگی می‌کرد و همواره مستغرقِ عبادت بود. حاجیان از آن بادیه گذشتند و او را در حال نماز خواندن ملاقات کردند و در کمال حیرت دیدند که در آن صحرای خشک، آبِ وضو از دستانش می‌چکد. پرسیدند: آب را از کجا آورده‌ای؟ به آسمان اشاره کرد. حاجیان از وی خواستند برای آنان دعا کند. زاهد پذیرفت و بارانی شدید بارید و جمله را سیراب کرد. با مشاهدهٔ این کرامت جمعی از حاجیان ایمان آوردند و گروهی ناپذیرا و ترش، ناقصان سرمدی ماندند.

سرّ سخن در بیانِ این معناست: ناقصان سرمدی که ناپذیرا و ترش و خام‌اند با شهود معجزات و کرامات هم ایمان نمی‌آورند و همچنان کافر و حق ستیزند که بوده‌اند و این سرّی است از اسرار قَدَر الهی که با آشکار شدن آن، بیم فتنهٔ افهام خلق می‌رود.

۳۸۰۰ **زاهـــدی بُــد در مــیانِ بــادیه　　　در عــبادت غـرق چـون عَـبّادیه**[1]

زاهدی پارسا در صحرایی خشک زندگی می‌کرد و همواره مستغرق در عبادت بود.

۳۸۰۱ **حــاجیان آنــجا رسـیدند از بـلاد　　　دیـده‌شان بـر زاهـدِ خشک اوفـتاد**

حاجیان که از شهرهای مختلف آمده بودند به آن بادیه رسیدند و مرد پارسا را دیدند.

۳۸۰۲ **جایِ زاهد خشک بود، او تر مـزاج　　　از ســمومِ بـادیه بـودش عـلاج**

محلِ زندگی زاهد را بی‌آب و علف یافتند، در حالی که آن مرد پارسا، تر و تازه بود، گویی که باد گرم و سوزان بادیه، درمان مِزاج اوست.

۳۸۰۳ **حاجیان حیران شدند از وحـدتش　　　و آن ســلامت در مـیانِ آفـتش**

حاجیان از تنهایی او در میان آن صحرای سوزان بسیار حیرت کردند بخصوص که در میان آن همه آفات بیابان او را در عین سلامتی و شادابی می‌یافتند.

۳۸۰۴ **در نـماز اِستاده بُـد بـر رویِ ریگ　　　ریگ کز تَـفَّش**[2] **بـجوشد آب دیگ**

مردِ پارسا برای نماز رویِ ریگِ سوزان بیابان بـا آسـودگی ایسـتاده بـود، ریگی کـه از حرارتِ آن آب به جوش می‌آمد.

۳۸۰۵ **گفتیی سرمست در سبزه و گُل است　　　یـا سـواره بـر بُـراق و دُلدُل است**[3]

چنان حال خوشی داشت که گویی سرمست در میان سبزه‌زار و گلستان ایستاده یا سوار بر بُراق و دُلدُل شده است.

۳۸۰۶ **یا که پایش بر حریر و حُلّه‌هاست**[4]　　　**یا سموم او را بِـهْ از بـادِ صـباست**

یا گویی که پاها را بر پارچه‌های نرم حریر و ابریشم نهاده است یا اینکه تف گرم و سوزان بادیه برای او بهتر و خوشایندتر از باد صبا است.

---

۱ - **عَبّادیه** : به گفتهٔ ویلسون اشارت است به اعراب مسیحی حیره که گروهی از زاهدان نامور در قرن دوم هجری در عَبّادان واقع در خلیج فارس نزدیک بصره سکنی داشتند: شرح مثنوی مولوی، دفتر دوم، ص ۹۴۹.

۲ - **تَف** : حرارت.　۳ - **براق و دلدل** : ر.ک: ۳۴۵۱/۱.　۴ - **حُلّه** : لباس بهشتی.

پس بماندند آن جماعت با نیاز   تا شود درویش فارغ از نماز ۳۸۰۷

حاجیان منتظر ایستادند تا درویش از نماز و عبادت فارغ گردد.

چون زِ استغراق[1] باز آمد فقیر   زآن جماعت زنده‌یی روشن ضمیر ۳۸۰۸

چون آن درویش از نماز و استغراق در حق به حالت هوشیاری عادی [صحو] باز گشت، فردی روشن‌روان از میان جمع حاجیان نکته‌ای غیر متعارف را در آن پارسا مشاهده کرد.

دید کآبش می‌چکید از دست و رُو   جامه‌اَشْ تر بود از آثارِ وضو ۳۸۰۹

مرد روشن‌ضمیر دید که از دست و روی درویش آب می‌چکد و جامه‌اش بر اثر وضو مرطوب به نظر می‌رسد.

پس بپرسیلش که: آبت از کجاست؟   دست را برداشت کز سویِ سماست ۳۸۱۰

بسیار متعجّب شد که در این صحرای بی‌آب و علف، آب از کجا یافته‌ای؟ مرد درویش با دست به آسمان اشاره کرد، یعنی از آنجاست.

گفت: هر گاهی که خواهی، می‌رسد؟   بی ز چاه و بی ز حَبْلٍ مِن مَسد؟[2] ۳۸۱۱

پرسید: یعنی هرگاه که اراده کنی آب می‌رسد، بدون وجود چاه و بدون ریسمان؟ و آیا این احوال برای تو همیشگی است، یا گاه واقع می‌شود؟

مشکلِ ما حل کن ای سلطانِ دین!   تا ببخشد حالِ تو ما را یقین ۳۸۱۲

ای سلطان دین و ایمان، مشکل را بگشا تا با وقوف بر احوال و کراماتِ تو، به این امر یقین آوریم.

وانما سِرّی ز اسرارت به ما   تا بِبُرّیم از میانْ زُنّارها[3] ۳۸۱۳

سرّی از اسرار خود را بر ما آشکار کن تا زنّار کفر و شک و تردید را از میان بدریم و ایمان آوریم.

چشم را بگشود سوی آسمان   که: اجابت کن دعایِ حاجیان ۳۸۱۴

مرد عابد و زاهد به آسمان نگاه کرد و گفت که خدایا، حاجت حاجیان را برآور.

---

۱ - **استغراق**: محو در حق.

۲ - **حَبْلٍ مِنْ مَسَدٍ**: ریسمان بافته از طناب خرما، اشارتی قرآنی و اقتباسی لفظی از: تَبَّت: ۵/۱۱۱.

۳ - **زُنّار**: ر.ک: ۳۶۰/۱.

رزقْ جـــویی را ز بــالا خــوگَرَم   تــو ز بــالا بــر گشــودستی دَرَم ۳۸۱۵

خدایا، عادت کرده‌ام که رزق و روزی خود را فقط از تو بخواهم، این عنایت الهی توست که دری از عالم بالا بر من گشوده و مرا بدان خوگر نموده است.

ای نـموده تـو مکـان از لامکـان   فـی آلسَّماءِ رِزْقُکُـم[1] کـرده عـیان ۳۸۱۶

ای خدایی که از لامکان [از اوصاف جواهر مجرّده، نور خدا] مکان را [حالی در قلب برای اهل کمال، شهود حق در سِرّ قلب به نعت تجلّی در همهٔ اوقات] عیان ساختی و آشکارا فرمودی: روزی شما در آسمان است.

در میانِ ایـن مـناجاتْ ابرِ خَـوش   زود پـیدا شـد چـو پـیلِ آب کَش[2] ۳۸۱۷

در حالی که مرد پارسا در حال این مناجات و راز و نیاز بود، ابـری خـوش و پـر بـاران هویدا گشت.

همچو آب از مَشک باریدن گـرفت   در گَـو و در غـارها مسکـن گـرفت ۳۸۱۸

باران به شدّت تمام شروع به بارش کرد، مانند آبی که به سرعت از مَشک فرو می‌ریزد و گودال‌ها و پستی‌های زمین را می‌پوشاند.

ابر مـی‌بارید چـون مَشک اشک‌هـا   حـاجیان جـمله گشـاده مَشک‌هـا ۳۸۱۹

قطرات باران از ابر چنان می‌بارید که گویی آب با شدّت از مشک فرو می‌ریزد، حاجیان با شادی و حیرت مشک‌های آب خویش راگشوده و از آب پر می‌کردند.

یک جـماعت زآن عـجایب کـارها   مـــی‌بُریدند از مـــیان زُنّــارها ۳۸۲۰

عدّه‌ای از جماعت حاجیان از این امر شگفت‌انگیز حیران شدند و به خلوص و تقرّب او به درگه حق ایمان آوردند.

قـومِ دیگـر را یـقین در ازدیـاد   زیـن عـجب، وَاللهُ اَعْـلَمْ بِـالرَّشاد ۳۸۲۱

تعداد دیگری، اعتقاد قلبی‌شان از مشاهدهٔ این امر عجیب و شِگفت‌انگیز افزون‌تر شد. و خداوند بر راه راست و رستگاری داناتر است.

---

۱ - اشارتی قرآنی؛ ذاریات : ۲۲/۵۱ : وَ فِی السَّماءِ رِزْقُکُمْ.

۲ - **پیلِ آبکش** : ترکیب وصفی، کنایه از ابر سیاه باران‌بار.

قومِ دیگر ناپذیرا، تُرش و خام   ناقصانِ سَرمدی، تَمَّ ٱلکَلام[1] ۳۸۲۲

گروه دیگری از آنان علی‌رغم اینکه کرامتِ مرد پارسا و عنایت الهی را دیدند، باز هم در انکار ماندند، آن‌ها درونی ترش و افسرده داشتند و ناقصان سرمدی هستند. آشکار شدن اسرار سببِ یقین ایشان نمی‌شود. این سرّی از اسرارِ قَدَر الهی است که به قول مولانا آشکار شدن آن فتنهٔ افهام را در جهان بر می‌انگیزد.

۱ - «تَمَّ الکلام» عبارتی است که اهل تحقیق و عارفان واصل در انتهای کتب و اقوال خود به عنوان ختم سخن ذکر می‌کنند.

A Commentary on the Mathnavi

A Fresh Approach to the
Foundations of Theoretical Mysticism

Vol. II

Authur : Nahid Abghari

2 0 1 6